Flexibilisierung von Arbeitsbedingungen

Studien zum Arbeitsrecht und zur Arbeitsrechtsvergleichung

Herausgegeben von Manfred Weiss und Spiros Simitis

Band 17

PETER LANG
Frankfurt am Main · Berlin · Bern · Bruxelles · New York · Oxford · Wien

Cessy Kühl

Flexibilisierung von Arbeitsbedingungen

Vergleich ausgewählter arbeitsrechtlicher Gestaltungsmittel zwischen dem deutschen und dem tschechischen Individualarbeitsrecht

PETER LANG
Internationaler Verlag der Wissenschaften

Bibliografische Information der Deutschen Nationalbibliothek
Die Deutsche Nationalbibliothek verzeichnet diese Publikation in der Deutschen Nationalbibliografie; detaillierte bibliografische Daten sind im Internet über <http://www.d-nb.de> abrufbar.

Zugl.: Passau, Univ., Diss., 2007

Die Promotion wurde durch den
Bayerischen Unternehmensverband Metall und Elektro e.V.
(BayME) gefördert.

D 739
ISSN 1615-4606
ISBN 978-3-631-57396-9

www.peterlang.de

Meiner Familie
und meinen engsten Freunden

„Flexibilisierung heißt, die - als unzureichend empfundene –
Flexibilität von Arbeitsbedingungen zu erhöhen.“

Vorwort

Die vorliegende Arbeit wurde im Wintersemester 2006/2007 bei der Rechtswissenschaftlichen Fakultät der Universität Passau als Dissertation angenommen. Der Arbeit liegt die Rechtslage in der Tschechischen Republik bis zum Mai 2007 zugrunde.

Mein herzlichster Dank gilt zunächst meinen beiden Doktorvätern, Herrn Prof. Dr. Markus Stoffels, Universität Passau und Herrn Prof. JUDr. Petr Tröster, Karlsuniversität Prag für die zügige Erstellung der Gutachten. Insbesondere ist Herrn Prof. JUDr. Tröster für die inhaltlichen Anregungen und zahlreichen Diskussionen zu danken.

Besonderer Dank gilt auch Frau Rechtsanwältin Angelika Schmid und Frau Rechtsanwältin JUDr. Alena Čechtická, Ph.D. sowie Frau Mgr. Soňa Rau, LL.M, Rechtsanwaltskonzipientin von Nörr Stiefenhofer Lutz in München und Prag für die vielfältige Unterstützung und konstruktive Zusammenarbeit. Herzlicher Dank gilt darüber hinaus Frau Mgr. Ilona Kostadinovová vom Tschechischen Arbeits- und Sozialministerium für die vielen wertvollen Gespräche zu diesem Thema.

Besondere Erwähnung gebühren Frau Linda Poláková, Frau Mgr. Lenka Veberová und Herrn Kaj Ständer für die Übersetzungsleistungen, ohne die es unmöglich gewesen wäre, diese Arbeit zu verfassen.

Des Weiteren möchte ich mich bei Herrn Rechtsanwalt und advokát Arthur Braun, M.A. von Braun Haškovcová in Prag für das Gegenlesen der Arbeit herzlichst bedanken. Für die computertechnische Hilfe bin ich Frau Karin P. Wagner zu Dank verpflichtet.

Ganz besonderen Dank schulde ich meiner Mutter, Renate Kühl, die mich sehr bei der Erstellung dieser Arbeit unterstützt und gefördert hat sowie für das unermüdliche Korrekturlesen.

Für die Aufnahme dieser Arbeit in die Reihe Studien zum Arbeitsrecht und zur Arbeitsrechtsvergleichung danke ich den Herausgebern. Die Promotion wurde durch den Bayerischen Unternehmensverband Metall und Elektro e.V. (BayME) gefördert.

Passau, im Juli 2007 Cessy Kühl

Inhaltsverzeichnis

Einleitung

A. Allgemeines - Flexibilisierung der Arbeitsbedingungen

Flexibilität von Arbeitsbedingungen bedeutet nicht nur die Änderung von Arbeitsbedingungen. *„Flexibilisierung heißt, die - als unzureichend empfundene - Flexibilität von Arbeitsbedingungen zu erhöhen."*[1] Das häufig verwendete Schlagwort der Flexibilisierung von Arbeitsbedingungen[2] bzw. einer flexiblen Personalpolitik ist bis zum heutigen Tage ein wesentlicher Arbeitsmarktfaktor, denn es drückt zugleich die Chance aus, die Arbeitsbedingungen in einem gewissen Umfang an sich verändernde wirtschaftliche Rahmenbedingungen anzupassen, zu *„flexibilisieren"*. Flexibiliät ist eine zentrale Voraussetzung für die Bewältigung des Strukturwandels, für wirtschaftliches Wachstum und für den Abbau der Arbeitslosigkeit.

In Deutschland stellte sich durch die so genannte Hartz - Reformen - Gesetz zu Reformen am Arbeitsmarkt - die Frage nach einem Schutz der Arbeitnehmer durch ein Weniger an Arbeitsrecht - einer Lockerung des Kündigungsschutzes.[3] Jedenfalls sollte dabei der Grundsatz gelten: *„wenn es nicht notwendig ist, ein Gesetz zu erlassen, ist es notwendig, kein Gesetz zu erlassen"*[4].

Indessen wurde in der Tschechischen Republik das seit 1965 bestehende - danach mehrfach novellierte - Arbeitsgesetzbuch zum 1.1.2007 endgültig liberalisiert.

Flexibilisierung bedeutet nicht den Verlust von Sicherheit, sondern vielmehr die Chance für Arbeitgeber und Arbeitnehmer, das Arbeitsverhältnis entsprechend ihrer beiderseitigen Bedürfnisse zu gestalten und es anpassungsfähig für die nahe und spätere Zukunft zu erhalten.[5] Auch das BAG stellt insoweit ausdrücklich fest, dass die Arbeitsverhältnisse nicht *„versteinern"*[6] dürfen. Dabei muss Berücksichtigung finden, dass die Auswahl der arbeitsrechtlichen Gestaltungsmit-

---

[1] *Rieble*, NZA 2000, 34, 35.

[2] Gleichzeitig wird neben der Flexibilisierung von Arbeitsbedingungen auch als Schlagwort die Deregulierung des Arbeitsmarktes genannt, vgl. dazu das Projekt *Regulierung des Arbeitsmarktes (REGAM)* der WSI (Hans-Böckler-Stiftung), www.boeckler.de.

[3] BT-Drucksache 15/1204, S.8, dort heißt es: *„Änderungen sind dort notwendig, wo... sich starre Regelungen als Einstellungshemmnis erweisen"*.

[4] So schon Charles de Montesquieu (1689 - 1755), original französisch: *"Si j'étais accusé d'avoir volé les tours de Notre-Dame, je commencerais par m'enfuir."*, http://www.raffiniert.ch/smontesquieu.html.

[5] So schon die Bundesvereinigung der Deutschen Arbeitgeberverbände (BDA) in Ihrer Innovationsinitiative unter dem Titel *„BDA-pro-job"*, Flyer Innovative Arbeitsformen, im Internet abrufbar unter www.BDA-pro-job.de.

[6] BAG, AP Nr. 142 zu § 242 BGB Ruhegehalt; siehe auch *Wank*, RdA 2005, 271.

tel, insbesondere zur Personalkostensenkung eine unternehmerische, strategische Entscheidung ist, die von mehreren Faktoren abhängt.

Die klein- und mittelständischen Betriebe (KMU) machen nahezu 99 % der Unternehmen in der EU aus.[7] Gerade sie müssen sich dem internationalen Wettbewerb stellen, einem der Eckpfeiler der Globalisierung[8]. Dies erfordert eine Erschließung der ausländischen Beschaffungsmärkte, sog. *„global sourcing"*.[9] Überdies kann auch eine ganze oder teilweise Verlagerung von Know-how oder Produktionsstätten in Frage kommen, um wettbewerbsfähig zu bleiben.[10] Dabei spielt die Kenntnis des jeweiligen ausländischen Rechts eine gewichtige Rolle, um schon im Vorfeld Flexibilisierungspotenziale zu erkennen und zu nutzen. Außerdem gilt: „wenn sich wirtschaftliche Beziehungen globalisieren, kann das Recht nicht in nationalen Kategorien stecken bleiben".[11]

B. Gegenstand der Untersuchung

Gegenstand der Untersuchung ist es zu analysieren, wie Deutschland im Vergleich zu einem (mittel- und osteuropäischen) MOE - Staat sich den ständig ändernden Wirtschaftsbedingungen, gerade vor dem Hintergrund des EU-Beitritts der Tschechischen Republik, dem zunehmenden Konkurrenzdruck sog. Billiglohnländer anpasst, sowie auch umgekehrt. Durch einen Vergleich möglicher Flexibilisierungsinstrumente bei der Begründung, Durchführung und Beendigung von Arbeitsverhältnissen sowie der kollektivrechtlichen Regelungen soll es ermöglicht werden, bestehende oder verloren geglaubte Standortvorteile Deutschlands zu sichern und einen Schritt in diese Richtung anzuregen. Dabei wird der Frage nachzugehen sein, was Deutschland von den arbeitsrechtlichen Rahmenbedingungen Tschechiens lernen kann bzw. auch umgekehrt. Ferner soll aufgezeigt werden, wie auf unterschiedlichen Wegen Arbeits- und Entgeltbedingungen gestaltet werden können bzw. Möglichkeiten zu deren Anpassung diskutiert werden. Dabei kann es nur punktuell um eine nähere Auseinandersetzung mit Flexibilisierungsinstrumenten gehen. Das Aufzeigen eines Gesamtüberblicks würde den Rahmen der Arbeit sprengen.

---

[7] *Ebke*, ZVglRWiss 104 (2005), 1, 3.

[8] Als Globalisierung bezeichnet man das Entstehen weltweiter Beziehungen, aber auch wechselseitiger Beeinflussungen und Abhängigkeiten in wirtschaftlicher, sozialer, politischer, ökologischer, rechtlicher und kultureller Hinsicht, siehe *Beck*, Was ist Globalisierung?, 1997, 27.

[9] Vgl. *Ebke*, ZVglRWiss 104 (2005), 1, 3.

[10] Mittelosteuropa ist nicht nur als Absatzmarkt für die Nachfrage nach westlichen Konsumgütern interessant, sondern auch gerade wegen der niedrigen Löhne für eine Standortverlagerung von EU-Unternehmen sowie als Importquelle von Vor- und Endprodukten zunehmend attraktiv, vgl. hierzu *Welfens*, S. 23.

[11] *Ebke*, ZVglRWiss 104 (2005), 1, 8.

Darüber hinaus sollen vor dem Hintergrund einer noch nicht vollständig abgeschlossenen Transformation des EU-Rechts[12], der Übernahme des *„acquis communautaire"*, des sog. gemeinschaftlichen Besitzstandes, in der Tschechischen Republik verschiedene Möglichkeiten einer Rezeption[13] von arbeitsrechtlichen Normen aus dem deutschen Arbeitsrecht aufgezeigt werden. Zu diesem Zweck werden die oben genannten Besonderheiten des tschechischen Arbeitsrechts hervorgehoben und offensichtliche Unterschiede zum deutschen Arbeitsrecht herausgearbeitet. Bei auftretenden Rechtsproblemen, Gesetzeslücken wird versucht, eine rechtliche Lösung zu finden bzw. das deutsche Arbeitsrecht vergleichend heranzuziehen.

Im Wesentlichen setzt sich dabei die Untersuchung mit den wichtigsten drei Novellen des tschechischen Arbeitsgesetzbuches seit dem Jahr 2004 - den Gesetzen Nr. 46/2004 Slg. (Befristung von Arbeitsverhältnissen), Nr. 435/2004 Slg. (Beschäftigungsgesetz), Nr. 436/2004 Slg. (Durchführungsgesetz zum Beschäftigungsgesetz) - auseinander.
Ebenso wird der Entwurf eines neuen Arbeitsgesetzbuches - der Regierungsentwurf Nr. 1153 vom 21.09.2005 - im Hinblick auf die einzelnen Flexibilisierungsinstrumente angesprochen. Auch befasst sich die vorliegende Arbeit mit dem neuen Arbeitsgesetzbuch (*zákon zákoník práce*), dem Gesetz Nr. 262/2006 Slg. Gerade im Hinblick auf den EU-Beitritt der Tschechischen Republik gibt diese Bearbeitung einen Überblick über die Grundzüge des Arbeitsrechts, das sehr dynamisch ist. Mit den Worten von *Dauses/Verny/Zemánek* ausgedrückt, „die Kompatibilisierung des tschechischen Rechts mit dem EU-Recht wird .. eine der anspruchsvollsten und herausforderndsten Aufgaben für die Verfassungs- und Gesetzgebung, Verwaltung und Justiz der ČR in den kommenden Jahren sein".[14]

Es findet also kein klassischer formaler Ost-West-Rechtsvergleich, sondern ein funktionaler statt.[15] Dies bedeutet nicht einen eher formalen Vergleich zweier einander entsprechender Rechtsinstitute, also ihrer Grundlagen, Ausnahmen und Besonderheiten, sondern einen Vergleich der Lösungen, die die jeweilige Rechtsordnung für konkrete Sachprobleme anbietet.[16] Denn das Ziel eines jeden

---

[12] Es geht ja nicht nur um eine Rezeption des kommunitären Rechts, sondern auch um eine sachgemäße Auslegung und Fortbildung sowie der Schaffung einer verbindlichen Verwaltungspraxis, orientiert an der EuGH-Rechtsprechung.

[13] Die Idee, Vorbilder rechtlicher Regelung fremden Rechts zu entnehmen, um das eigene zu verbessern, ist sehr alt, vgl. *Schnitzer*, S. 42 f.

[14] *Dauses/Verny/Zemánek*, Allgemeine Methodik der Rechtsangleichung, Hrsg. Dauses, S. 91.

[15] Die sog. funktionale Rechtsvergleichung. Mehr dazu bei *Brand*, JuS 2003, 1082, 1086 ff; *Schlachter*, RdA 1999, 118, 119 und *Zweigert/Kötz*, S. 12 f.

[16] *Kischel*, ZVglRWiss 104 (2005), 10, 16.

Rechtsvergleichs ist es, durch einen Blick ins Ausland, Erkenntnisse über die Interdependenzen, Abläufe, Ursachen und der Rechtswirklichkeit, der *„law in action“*[17] zu gewinnen.[18] Dabei ist nicht nur die Rechtsentwicklung ausschlaggebend, sondern auch die Rechtspraxis, insbesondere die Rechtsprechung. Zudem hat sich auch in der Tschechischen Republik die Erkenntnis durchgesetzt, dass die bloße Rezeption des Gemeinschaftsrechts ohne vertiefte Kenntnis der Umsetzungs- und Anwendungspraxis in den EG-Mitgliedstaaten ein hohes Risikopotenzial hinsichtlich des Nachweises der Qualität und Funktionalität der Rechtsangleichung mit sich bringt. Das nationale Recht der Mitgliedstaaten, insbesondere das österreichische und deutsche Rechtssystem, übt eine starke Vorbildfunktion aus.[19] Fraglich bleibt indes, ob die wirtschaftlichen, politischen und sozialen Verhältnisse der Tschechischen Republik die notwendigen Voraussetzungen für eine effektive Rezeption mitbringen. Dies ist jedoch nicht Gegenstand der vorliegenden Arbeit.

Ob und inwieweit sich arbeitsrechtliche Regelungen westeuropäischer Staaten auf die Reformstaaten Osteuropas übertragen lassen, bedarf im Einzelfalle vorsichtiger Prüfung. Sofern man die Gesetzesänderungen nach ausländischem Vorbild auf punktuelle Ergänzungen beschränkt, ist die Gefahr einer Disharmonie mit dem wirtschaftlichen und sozialen Umfeld des Importlandes weit weniger groß als bei einem Import fertiger Gesetze. Allerdings wird die Bedeutung der Rechtsvergleichung für die Entwicklung der eigenen Rechtsordnung zunehmend größer.[20] Auch für den Gesetzgeber kann die Kenntnis ausländischen Rechts wichtige Hinweise geben und Erkenntnisse sowie Anregungen vermitteln. Insofern ist Arbeitsrechtsvergleichung auch durchaus praktisch wichtig.[21]

---

[17] Schon *Max Weber* meint, dass es nicht ausreichend ist, dass Recht nur aus der normativen Sicht der Juristen zu betrachten. Es sollte immer danach gefragt werden, welche Beziehung zwischen *„Rechtsanspruch“* und *„Rechtswirklichkeit“*, also zwischen *„law on the books“* und *„law in action“* besteht; *Weber*, S. 181.

[18] Mehr dazu bei *Brand*, JuS 2003, 1082, 1084 bzw. *Schwintowski*, JA 1991, 241, 244.

[19] Vgl. *Verny*, Rechtsangleichung und EU-Integration, S. 270, 271 und *Wyrzykowski*, S. 141, 142.

[20] Siehe dazu *Schlachter*, RdA 1999, 118, 122.

[21] So auch *Schlachter*, RdA 1999, 118, 123 u. 124.

C. Aufbau der Untersuchung

Ausgangspunkt eines Rechtsvergleiches sollten stets die historischen Bedingungen sein, unter denen sich die zu vergleichenden Rechtsinstitute entwickelt haben.[22] Denn das rechtskulturelle Umfeld ist richtungsweisend für das Recht und die Rechtswirklichkeit, für das Denken und Handwerkszeug des Juristen. Zum Beispiel dienten in sozialistischen Staaten, wie ehemals die Tschechische Republik, die Grundrechte gar nicht dazu, die individuelle Sphäre des Einzelnen gegenüber dem Staat zu sichern.[23] Vielmehr dienten sie der Agitation und Propaganda.[24] Es galt ein sozialistisches Grundrechtsverständnis nach dem Vorbild der Sowjetunion, dem stalinistischen Verfassungsmodell.[25] Es wurde die sog. sozialistische Konzeption der Menschenrechte durchgesetzt, in der die kommunistische Partei als die führende Kraft in der Gesellschaft und im Staat bezeichnet wurde.[26] Besonders in den Staaten – wie der ehemaligen ČSSR[27] – *„...die sich offiziell zur marxistisch-leninistischen Lehre*[28] *bekannten, stand hinter der systematischen Missachtung von Verfassungsrecht oder auch jedem anderen Recht eine offizielle Ideologie und Rechtstheorie“.*[29]

Eine konkrete Rechtsvergleichung ist nicht als bloßer Normenvergleich möglich und sinnvoll, sondern er kann nur dann „...fruchtbar sein, wenn sie die konkreten Bedingungen, die der jeweiligen Rechtsnormen zugrunde liegen, mit einbezieht“.[30] Deshalb befasst sich der erste Teil der Arbeit mit der geschichtlichen

---

[22] *Brand*, JuS 2003, 1082, 1083; *Kischel*, ZVglRWiss 104 (2005), 10, 17; auch als sog. Rechtskultur bezeichnet.

[23] Siehe dazu *Roggemann*, ROW 1996, 177, 178; hingegen sind in Deutschland die Grundrechte als Abwehrechte des Einzelnen gegenüber dem Staat ausgestaltet, jedoch wurde das westliche Grundrechtsmodell der Abwehrrechte aufgrund des Systemwechsels in Tschechien rezipiert.

[24] Siehe dazu auch *Kischel*, ZVglRWiss 104 (2005), 10, 21.

[25] Vgl. dazu mehr bei *Kahl*, S. 15, 17 ff.

[26] Siehe *Malenovský*, ROW 1993, 12 sowie Art. 4 der tschechoslowakischen Verfassung von 1960 Nr. 100/1960 Slg, ebenso *Bohata*, JOR, Bd. XXXV/1, 1994, 25, 27.

[27] Tschechisch-slowakische sozialistische Republik. Erst nach der sanften Revolution 1989 wurde durch das Verfassungsgesetz v. 29.3.1990 über die Änderung der Bezeichnung der Tschechoslowakischen Sozialistischen Republik Nr. 81/1990 Slg., die Staatsbezeichnung in Tschechoslowakische Föderative Republik geändert. Jedoch gab man sich in der Slowakei mit dieser Namensänderung nicht zufrieden, deshalb hob die Bundesversammlung am 20.4.1990 diese Verfassungsänderung wieder auf - durch das Verfassungsgesetz über die Änderung der Bezeichnung der Tschechoslowakischen Föderativen Republik Nr. 101/1990 Slg. - und änderte die Bezeichnung in Tschechische und Slowakische Föderative Republik (ČSFR), vgl. *Slapnicka*, Osteuropa Recht 1991, 257, 262, 272.

[28] Der Marxismus-Leninismus versteht den Menschen nicht als Staatsbürger, zum Begriff vgl. *Ahlberg*, S. 412 ff.

[29] *Boulanger*, S. 7.

[30] *Westen*, ROW 1991, 1, 2.

Entwicklung des tschechischen Arbeitsrechts. Hier wird der Versuch unternommen, im Rahmen einer Übersichtsdarstellung wesentliche Reformschritte hervorzuheben und zugleich auf entscheidende Rechtsquellen, Rechtstradition und erkennbare Orientierungspunkte der Arbeit hinzuweisen.

Der danach folgende Hauptteil der Arbeit gliedert sich in drei Abschnitte. Er folgt in methodischer Hinsicht den drei Phasen eines eigentlichen Rechtsvergleichs: die Darstellung der verglichenen Rechte, das Auffinden der Gemeinsamkeiten und Unterschiede sowie deren Erläuterung.[31] Dabei werden die verglichenen Flexibilisierungsinstrumente im ersten Abschnitt dargestellt und im zweiten aufgezeigt, wo Unterschiede und Gemeinsamkeiten liegen, als zwischenstaatlicher Vergleich. Bei Bedarf wird vorab auch ein innerstaatlicher Vergleich eingefügt, um an sich die Vor- bzw. Nachteile der einzelnen Rechtsinstitute aufzuzeigen. Abschließend werden Gründe, Sinn und Zweck der Unterschiede und Gemeinsamkeiten im jeweiligen Vergleichsabschnitt und Kontext offenbart. Ebenso erfolgt eine Beurteilung der Konsequenzen bestimmter Lösungsvorschläge, gegebenenfalls Gesetzesvorschläge.

Bei Bedarf wird versucht, aus einem punktuellen Rechtsvergleich heraus Institute des tschechischen Rechts zum Import zu empfehlen, sog. legal transplants[32] und umgekehrt. Natürlich muss beachtet werden, dass Einzelaspekte eines Gesamtsystems nicht getrennt betrachtet werden oder sich gar einfach verpflanzen lassen, allein schon aufgrund der historischen Wurzeln. Denn die Rezeption fremden Rechts ist ein sozialer Prozess, in welchem rechtliche Ideen und Ideale inhaltlich übernommen werden.[33]

Mit einer formalen Rechtsangleichung ist es noch nicht getan; es bedarf vielmehr einer entsprechenden Praxis, des Aufbaus *„ideologisch prä- und deformierter Denkmuster"*[34], einer Wandlung auch in der Rechtsgesinnung und der Rechtskultur. Denn das Rechtssystem ist auch ein Ausdruck der Rechtskultur. In jeder Umgebung folgt es seiner eigenen Denkweise, Gesetzmäßigkeiten und Wertsystem.[35]

In der ehemaligen Tschechoslowakei wurde aber eine spezifische Rechtskultur, die sog. *„sozialistische Rechtsordnung"*[36], aufgebaut, die heute durchaus in den Köpfen der Menschen noch nachwirkt. Denn die sozialistischen Rechtsverhält-

---

[31] Siehe hierzu *Brand*, JuS 2003, 1082, 1087 m.w.N..
[32] Zur Begrifflichkeit, *Brand*, JuS 2003, 1082, 1087.
[33] *Wyrzykowski*, S. 142.
[34] *Isak*, S. 86.
[35] Vgl. *Kranjc*, S. 39.
[36] Vgl. *Westen* bei David/Grasmann (Hrsg.), S. 225 ff sowie *Isak*, S. 90.

nisse haben die Vorstellungen der Bürger von Recht und Gerechtigkeit tief beeinflusst.[37]

Der letzte Teil der Arbeit enthält eine zusammenfassende Darstellung sowie einen rechtspolitischen Ausblick.

[37] *Kranjc*, WiRO 1993, 409.

Teil 1. Grundlagen

A. Transformationsentwicklung der Tschechischen Republik

Die Transformation des Wirtschafts- und Rechtszustands wurde zu einer zentralen politischen und wirtschaftlichen Gestaltungsaufgabe der mittel- und osteuropäischen Länder nach dem Ende der kommunistischen Ära.[38]

Nach der Wende im November 1989 und dem damit einhergehenden politischen Umbruch der ehemaligen ČSSR[39] begann ein umfassender und langer sowie schmerzhafter Anpassungs- und Reformprozess.[40] *Heydebrand* konstatiert eine *„Transformationskrise" bei dem „... Übergang von staatssozialistischer Legalität zu einer demokratischen Version von Rechtsstaatlichkeit".*[41]

Historischer Ausgangspunkt war jedoch der Machtwechsel in der Sowjetunion im Jahre 1985. Dieser leitete den Zusammenbruch der kommunistischen Herrschaft in Mittel- und Osteuropa ein. Denn *Michail Gorbatschow* betrieb eine *„Politik der Nichteinmischung in die inneren Angelegenheiten der sozialistischen ‚Bruderländer'".*[42] Insbesondere hatte die Massenflucht ehemaliger DDR-Bürger und die Besetzung der westdeutschen Botschaft in Prag 1989 einen psychologischen Effekt; *„...zeigten diese doch, daß (!) die kommunistischen Regimes zu bröckeln begannen".*[43]

Als Symbolfigur des nationalen Widerstands wählten die tschechischen Landsleute Ende Dezember 1989 *Václav Havel* zum Staatspräsidenten der ehemaligen ČSFR.[44] Nach seinem Amtsantritt wurde in den Massenmedien eine richtige *„Havlomanie"*[45] entzündet. Der Slogan von der *"Rückkehr nach Europa - Zpět do Evropy"* tauchte schon in dieser ersten Phase des (politischen) Umbruchs

---

[38] Siehe dazu *Kranjc*, S. 33.
[39] Tschechoslowakische Sozialistische Republik, spätere Tschechische und Slowakische Föderative Republik (ČSFR); siehe *Bohata*, Die Tschechische Republik und die Slowakische Republik fünf Jahre nach der Revolution, JOR, Bd. XXXVI, 1995, 235.
[40] Der Wandel von einem postkommunistischen – sozialistischen Land hin zu einem marktwirtschaftlichen Staat wird auch als Systemtransformation bezeichnet; dazu *Welfens*, S. 8, 10; *Kosta*, Tschechoslowakei nach der „sanften Revolution", S. 145.
[41] *Heydebrand*, S. 14.
[42] *Haarland/Niessen*, Der Transformationsprozess in der Tschechischen und Slowakischen Republik, S. 14.
[43] *Haarland/Niessen*, Der Transformationsprozess in der Tschechischen und Slowakischen Republik, S. 14.
[44] Dazu nur *Bohata*, ROW 1991, 233, 234.
[45] *Brokl/Mansfeldová*, S. 168 (Fn. 13).

auf.[46] Nach der Teilung des Landes in die Slowakei und Tschechien war *Václav Havel* bis 2003 tschechisches Staatsoberhaupt.

Viele sehen in der komplexen ökonomischen Adaptionsphase einen turbulenten Übergang von der zentral gesteuerten *„Planwirtschaft"*[47] hin zu einer reinen *„Marktwirtschaft"*[48]. Denn *„in demselben Maße, wie planwirtschaftliche Institutionen nicht gleichsam ‚über Nacht aus dem Boden gestampft' wurden, können deren negative Effekte ebenso nicht ‚über Nacht' beseitigt werden."*[49] Immerhin wurden über 97% der Produktion vom Staatssektor erzeugt, das damals registrierte Vermögen befand sich nur zu 2% in privater Hand.[50] Fast alle Produktionsmittel konzentrierten sich in der Hand des Staates bzw. deren Organisationen und Betrieben. Den Bürgern der ČSFR verblieb fast nur noch das persönliche Eigentum, das Eigentum an den Gebrauchsgegenständen.[51] *Keilhofer* und *Kosta* sprechen sogar von einer *„Schock-Therapie"*, da innerhalb kürzester Zeit die Güterpreise freigegeben wurden, der Außenhandel liberalisiert und der Zutritt ausländischer Direktinvestitionen erleichtert wurde.[52]

Die Transformation vom Staatssozialismus und von der Planwirtschaft zu einer überwiegend auf Privateigentum beruhenden Marktwirtschaft indizierte gerade den Wegfall der ideologischen, sozialistischen Bestimmung des Rechts und sei-

---

[46] So *Václav Havel* vor dem polnischen Sejm und Senat am 25. Januar 1990, teilweise abgedruckt in: Rhodes, M.: The idea of Central Europe and Visegrad cooperation. In: International politics, Heft 35, Juni 1998, S. 165-186 (hier S. 174); *Trägler*, S. 91 Auch wurde die Europapolitik des *Václav Klaus* als *„persönliche Marotte"* des Ministerpräsidenten bezeichnet; vgl. *Hudalla*, S. 145, 151, ebenso *Handl*, S. 127.

[47] Nach der sozialistischen Verfassung der ČSFR basierte das wirtschaftliche Leben auf der zentralen Planung und Leitung der Volkswirtschaft, Art. 11 Abs. 3 der Verfassung der ČSFR; dazu auch *Gärtner*, S. 70.

[48] *Václav Klaus*, der damalige Premierminister der Tschechischen Republik, sprach sich für eine *„Marktwirtschaft ohne Attribute"* aus; vgl. nur *Schwiesau*, S. 44 und *Schmid*, S. 5 u.7. Das Attribut *„sozial"* betrachtet die tschechische Regierung als Synonym für *„sozialistisch"* und dies wird gleichgesetzt mit Kommunismus; *Hanák*, S. 900, 905; *Martinsen*, S. 1067; *Kosta* Osteuropa Recht 1992, 984, 987.

[49] *Rose/Haerpfer*, Das subjektive Wirtschaftsklima in Ungarn, der Tschechoslowakei und in Polen, S. 319; auch als Phänomen des *„Dilemmas der Gleichzeitigkeit"* bezeichnet, nämlich die Notwendigkeit, zur gleichen und innerhalb kurzer Zeit, die wirtschaftlichen, sozialen, politischen und kulturellen sowie psychologischen Übergangsprobleme zu lösen, so *Offe*, S. 57f.

[50] Vgl. *Schwarz/Wenzel*, S. 84; *Bohata*, JOR, Bd. XXXVI/1, 1995, 235, 240 und *Jerman*, WiRO 1994, 37.

[51] *Lazar*, S. 116.

[52] *Keilhofer*, Fünf Jahre *„Schock-Therapie"* in der Tschechischen Republik, Süddeutsche Zeitung v. 30.11.1995, Seite IV; Start der Schock-Therapie war 1991/92; mehr dazu bei *Keilhofer*, Wirtschaftliche Transformation in der Tschechischen Republik und in der Slowakischen Republik, 1995; *Juchler*, S. 25; *Kosta* Osteuropa Recht 1992, 984, 987, *ders.* Stand und Perspektiven der ökonomischen Transformation, S. 130, 131.

ner Instrumentalisierung für politische Zwecke.[53] Diese Aussage von *Kuss* kann bejaht werden. Exemplarisch kann dafür folgendes Beispiel herangezogen werden. Für die zentral gelenkte Planwirtschaft war der Kontrahierungszwang charakteristisch. Es war sowohl die Abschluss- als auch die Gestaltungsfreiheit eingeschränkt. Das Recht, insbesondere das Wirtschaftsgesetzbuch[54], bestimmte, wer mit wem Vertragsbeziehungen einzugehen hatte sowie gleichzeitig die Bedingungen für derartige Beziehungen.[55] Nachdem die Vertragsfreiheit als einer der Eckpfeiler für den Aufbau einer Marktwirtschaft formell wiederhergestellt wurde (§ 39 BGB CZ[56]), übernahm man damit auch gleichzeitig das westliche Begriffsverständnis[57]. Es wurde die aus dem deutschen Recht bekannte Sittenwidrigkeitsschranke rezipiert. In § 39 BGB CZ heißt es, dass Rechtsgeschäfte, die den guten Sitten widersprechen, unwirksam sind. Deshalb lässt sich auch zusammenfassend sagen, dass im Zuge des Systemwechsels allgemein für die osteuropäischen Staaten von einer ideologischen Zweckbestimmung des Rechts keine Rede mehr sein kann.[58]

Die Transformation beginnend mit dem Aufbau eines neuen Nationalstaates, der Demokratisierung der alten Parteidiktatur, dem Systemwechsel zur Marktwirtschaft und der Integration in den Weltmarkt[59] hat auch ihre Schattenseiten. Nichtsdestotrotz sind *„die Begriffe ‚kleine*[60] *und große*[61] *Privatisierung' und*

---

[53] *Kuss*, ZVglRWiss 91 (1992), 405, 407.

[54] Gesetz Nr. 109/1964 Slg., mehrfach novelliert.

[55] *Hajn*, JOR, Bd. XXXI/1, 1990, 417, 418.

[56] Bürgerliches Gesetzbuch Nr. 40/1964 Slg. v. 26.2.1964 i.d.g.F., zuletzt geändert durch Gesetz Nr. 47/2004 Slg., nachfolgend abgekürzt mit BGB CZ; übersetzt von *Giese/Giese*, in: Breidenbach (Hrsg.), Handbuch Wirtschaft und Recht in Osteuropa, Verlag C.H. Beck, München, Bd. 1, Kapitel BGB 200 CS.

[57] So ist die Vertragsfreiheit nach deutschem Rechtsverständnis als auf den Rechtsverkehr des Bürgers im Allgemeinen bezogenes, bürgerliches - rechtliches Rechtsinstitut einzuordnen; vgl. nur *Larenz*, Allgemeiner Teil des BGB, S. 34-36.

[58] So auch *Kuss*, ZVglRWiss 91 (1992), 405, 421.

[59] Diese vier politischen und ökonomischen Transformationen sind eng miteinander verbunden; mehr dazu bei *Dauderstädt*, Vom Ostblock in die Europäische Union: Reformen, Anpassung, Konflikte, 2004, 1 ff; vgl. zur tschechischen Handelsbilanz mit den Entwicklungsländern *Halaxa/Jelinek/Krouzek* in EU-Osterweiterung und Entwicklungspolitik bei *Dauderstädt* (Hrsg.), S. 21 ff.

[60] Gesetz v. 25.10.1990, Nr. 427/1990 Slg. über die Übertragung des Staatseigentums an einigen Sachen auf andere juristische oder natürliche Personen; es regelte die Veräußerung kleiner Betriebe des Handwerks, Dienstleistungsanbieter, sog. Betriebseinheiten, vornehmlich durch öffentliche Auktionen, siehe *Knüpfer* S. 68; *Havlan*, Osteuropa Recht, S. 102, 105 f.; Abdruck bei *Daubner*, S. 354 ff.

[61] Gesetz v. 26.02.1991, Nr. 92/1991 Slg. über die Bedingungen der Übertragung des Staatseigentums auf andere Personen; die große Privatisierung betraf vor allem die Industrie - beschäftigte sich mit den Modalitäten des Verkaufs großer Staatsbetriebe. Ausnahmen blieben der Direktverkauf durch die Regierung, bspw. VW-Škoda; Abdruck bei *Daubner*, S. 365 ff.

‚Kuponprivatisierung[62]*' inzwischen zum Markenzeichen des tschechischen Aufschwungs geworden".*[63] Zuvor mussten aber die zum Zeitpunkt der kommunistischen Machtübernahme bestehenden Eigentumsverhältnisse wiederhergestellt werden, also die Verstaatlichungen zwischen 1948 und 1990, die aus der Sicht eines Rechtsstaates als rechtswidrig anzusehen sind, rückgängig gemacht werden.[64] Dies wurde durch das Gesetz zur Linderung der Folgen von einigen Vermögensschäden[65], das Gesetz über die außergerichtliche Rehabilitation (Restitutionsgesetz)[66] und das Bodengesetz[67] erreicht, wobei der Grundsatz galt: Restitution vor Entschädigung.

In der Tschechischen Republik entschied man sich für eine schnelle und radikale *„Kuponprivatisierung"* [68]. Durch das umfangreiche Privatisierungsprogramm der tschechischen Regierung wollte man bis Ende 1994 das Verhältnis zwischen Staats- und Privateigentum an den Zustand entwickelter Marktwirtschaften angleichen. Es sollten nicht mehr als 10-15% des Vermögens in staatlicher Hand verbleiben.[69] Nach Auffassung von *Václav Klaus* und *Tomáš Ježek*, der von 1990 bis 1992 Privatisierungsminister in Tschechien war, wollte man ausländische Investoren erst nach dem *‚großen Knall'* der ersten Privatisierungswelle zulassen.[70] Dadurch konnte ein Großteil der staatlichen Unternehmen in private Hand übergehen. Allerdings behielt man eine Reihe strategisch wichtiger Unternehmen in Staatseigentum.[71]

---

[62] Gesetz Nr. 222/1993 Slg. über die Herausgabe und die Verwendung der Investitionskupons; vgl. dazu *Schwarz/Wenzel*, S. 79 ff, in der Literatur werden Kupon- und Voucherprivatisierung synonym verwendet.

[63] *Bohata*, JOR, Bd. XXXVI/1, 1995, 235, 242.

[64] *Bohata*, JOR, Bd. XXXII/2, 1991, 325, 335.

[65] Gesetz v. 2.10.1990, Nr. 403/1990 Slg. Dieses Gesetz betraf vorrangig die von den sozialistischen Organisationen gemieteten oder gepachteten Objekte.

[66] Gesetz v. 21.2.1991, Nr. 87/1991 Slg. Siehe dazu *Bohata*, JOR, Bd. XXXII/2, 1991, 325, 335 ff.

[67] Gesetz v. 21.5.1991, Nr. 229/1991 Slg. über die Eigentumsverhältnisse am landwirtschaftlichen Boden und anderen landwirtschaftlichen Einrichtungen. Mehr dazu bei *Bohata*, JOR, Bd. XXXII/2, 1991, 325, 340 ff.

[68] Im Rahmen der *„großen Privatisierung"*, mit dem Ziel der Veräußerung der großen Staatsbetriebe an Privatpersonen oder Privatunternehmen erfolgte das Kuponverfahren neben den üblichen Privatisierungsmethoden; siehe dazu *Haarland/Niessen*, S. 23; *Kosta*, Transformation des Wirtschaftssystems in der Tschechoslowakei und den beiden Nachfolgestaaten, S. 168; *Knauf*, S. 117.

[69] *Jerman*, WiRO 1994, 37.

[70] Vgl. *Tomášek*, S. 65.

[71] *Dauderstädt*, 2004, 1; durch staatliche Vermögensfonds oder Investmentprivatisierungsfonds, die zum größten Teil den wichtigsten Banken gehörten, die wiederum noch immer unter staatlicher Kontrolle waren, das bedeutete, das der Staat eine Aktienmehrheit besaß, ver-

Beim sog. Kuponverfahren, einer Form der kostenlosen Übertragung, durften alle volljährigen Einwohner Tschechiens verbilligt[72] Kupons kaufen. Fast 80 % der tschechischen Bevölkerung besaßen Aktien oder Anteile an Investmentprivatisierungsfonds.[73] In Zahlen ausgedrückt bedeutete dies, dass von den etwa 11 Mio. Berechtigten (bei 15,5 Mio. Einwohnern) rund 8,5 Mio. von dem Kuponverfahren Gebrauch machten.[74] Die Gebühr für den Erwerb der Kupons deckte lediglich die Verwaltungskosten des Privatisierungsverfahrens ab[75], stellte folglich kein geldwertes Äquivalent für den Erwerb der Vermögensrechte dar. Diese Art Wertpapiere konnten sie dann gegen Aktien an einem Unternehmen, das zu einer Aktiengesellschaft umgewandelt wurde oder gegen den Erwerb sonstiger Beteiligungsformen - sog. Investmentfonds - an einem Unternehmen, eintauschen, §§ 22 Abs. 1, 25 des Gesetzes Nr. 92/1991 Slg.[76] Aber vor allem die Kuponprivatisierung setzte einen funktionierenden Aktienmarkt voraus, um den Wert der Aktien nach marktwirtschaftlichen Gesichtspunkten zu eruieren.[77] Dieser befand sich im postsozialistischen Tschechien indessen erst im Entstehen.

Ein Großteil der Bevölkerung forderte auch 1994/5 eine sozialere Ausgestaltung des Reformprozesses. Die Unzufriedenheit mit der Preisliberalisierung und Privatisierung[78] wuchs. Immer mehr wurde der Ruf nach sozialer Abfederung der Reformmaßnahmen[79] – einem Mindestmaß an materieller Absicherung – laut, wobei schon im Jahr 1991 der Staat ein Maßnahmenpaket[80] in Kraft setzte, um einen sozialen Schutz der Mindesteinkommen zu garantieren.[81]

---

blieben wichtige Unternehmen in Staatshand, ebenso *Tomášek*, S. 71, *Knauf*, S. 118, *Bohata*, JOR, Bd. XXXVI/1, 1995, 235, 244.

[72] Für 35 US Dollar konnten die Bürger Kupons erwerben, mit denen Sie dann Aktien kaufen konnten. Ca. 80% der Bevölkerung nahmen am Kuponverfahren teil und jeder erhielt ca. einen Buchwert von 1.250 US Dollar; *Haarland/Niessen*, S. 23; *Bohata*, JOR, Bd. XXXVI/1, 1995, 235, 244 f.

[73] So die Angaben bei *Juchler*, S. 27; hingegen beteiligten sich nach Auffassung *Tomášek* mehr als 95 % der berechtigten Bevölkerung an der ersten Kuponprivatisierungswelle, *Tomášek*, S. 71.

[74] Vgl. *Kosta*, Tschechoslowakei nach der *„sanften Revolution“*, S. 147.

[75] Haarland/Niessen, 23.

[76] Zákon č. 2/1991 Sb. o podmínkách převodu majetku státu na jiné osoby (Übersetzung: Gesetz Nr. 2/1991 Slg. über die Bedingungen der Übertragung des Staatseigentums auf andere Personen).

[77] Vgl. dazu nur *Löblich*, 2004, 35.

[78] *Tomášek* bezeichnete die Privatisierung gar als gesetzlose *„Wildost“*-Privatisierung, jeder wollte etwas ergattern, die Korruption explodierte; vgl. mit Beispielen *Tomášek*, S. 77.

[79] Siehe dazu die empirischen Untersuchungen bei *Haarland/Niessen*, S. 43-72, insb. S. 66.

[80] Das Gesetz über das Existenzminimum (Zákon o životním minimu) Nr. 463/1991 Slg. v. 29.10.1991.

[81] *Keilhofer*, Wirtschaftliche Transformation in der Tschechischen Republik und in der Slowakischen Republik, S. 262.

Kritisch beobachtete man vor allem die Zunahme der Einkommensunterschiede.[82] Nach mehreren Jahren sinkenden realen Bruttosozialprodukts verzeichnete Tschechien 1994 die ersten positiven Wachstumsraten.[83] Die positiven Wachstumsraten schlugen sich nur bedingt in sinkender Arbeitslosigkeit nieder, da die Unternehmen die enorme Überbeschäftigung aus der Planwirtschaft abbauen mussten, um die Produktivität zu steigern und wettbewerbsfähig zu werden. Auch stellte die außenwirtschaftliche Anpassung ein Problem dar. Die neuen Grenzen und Währungen schufen neue Hindernisse. Der alte osteuropäische Handel brach im Ergebnis zusammen, was wesentlich zur Transformationsrezession beitrug.[84] Zwar flossen ausländische Direktinvestitionen nach Tschechien, aber dem höheren Wachstum ab Mitte der 90er Jahre stand eine Verschlechterung der Leistungsbilanz entgegen. Den enormen Importen standen keine ebenbürtigen Exporte gegenüber. In der Folge des Außenhandelsdefizits kam es zu einer Abschwächung des Wachstums. Ab 1995 führten die ausländischen Investoren auch sog. *greenfield* Investitionen durch, die neue Arbeitsplätze entstehen ließen. Sie benutzten die EU - Beitrittsländer mehr und mehr für die Produktion für den westeuropäischen Markt.[85] Inzwischen sind ausländische Unternehmen für wichtige Teile des Exportes verantwortlich, häufig im Rahmen von Produktionsverbünden, bei denen arbeitsintensive Teilschritte nach Tschechien ausgelagert wurden, z. B. Škoda, eine 100 %-ige Tochter von der Volkswagen AG (VW) in Mladá Boleslàv. Hier gründete VW eine eigene Gesellschaft. Diese neue Gesellschaft übernahm wirtschaftlich von dem Staatsunternehmen Škoda Automobile das Automobilkerngeschäft, ohne damit aber zum Rechtsnachfolger des Staatsunternehmens zu werden, also ohne Übernahme von rechtlichen Verbindlichkeiten.[86] Es bleibt festzuhalten, dass sich der Außenhandel der Tschechischen Republik mit der EU auf die Marktsegmente konzentriert, die sich durch niedrige Qualität und Preise, sog *down markets*, auszeichnen.[87] Allerdings gilt dies weniger für Importe, sondern eher für Exporte.

Als Fazit kann mit *Dauderstädt* folgender Schluss gezogen werden. In den sozialistischen Zeiten waren die Unternehmen durch eine starke Überbelegung an Personal, also verstecke Arbeitslosigkeit, gekennzeichnet, die der Modernisie-

---

[82] Haarland/Niessen, S. 79.

[83] *Dauderstädt*, 2004, 1, 4; 1995 betrug das Wirtschaftswachstum 4% (1994: 2,6%), Arbeitslosenquote von 3,2% (1994: 3,2%) sowie eine Inflationsrate von 9% (1994: 10%), siehe dazu *Hudalla*, Der Beitritt der Tschechischen Republik zur Europäischen Union, S. 87.

[84] *Dauderstädt*, 2004, 1, 6.

[85] *Dauderstädt*, 2004, 1, 7.

[86] *Ehinger*, S. 297, 302; zu den rechtlichen und praktischen Schwierigkeiten beim Erwerb eines ehemals sozialistischen Unternehmens am Beispiel VW/Škoda, vgl. *ders.*, S. 297 ff.

[87] So auch *Dauderstädt*, 2004, 1, 8.

rungsprozess nun in eine *„offene Arbeitslosigkeit“*[88] verwandelt hat. Nur in den Ballungszentren wie Prag gelang der Strukturwandel reibungslos, ansonsten sind immer noch große regionale Unterschiede in Arbeitslosigkeit und Einkommen zu verzeichnen.[89]

Der gewerkschaftliche Dachverband – der gleichwohl als ein mit vielen Hoffnungen ausgestatteter Ordnungsfaktor eine politisch starke Rolle spielt – konnte auch in der Transformationsphase eine die den Regierungswechsel 1997 mitauslösende gewerkschaftliche Massendemonstration mit über 100.000 Teilnehmern organisieren. *„Dieses latente Druckpotential wird aber zu aktiven Lohnkämpfen und Streikbewegungen auf Branchenebene nicht aktiviert.“*[90]

Festzuhalten bleibt, dass mit dem 16.12.1991, dem Tag der Unterzeichnung der Assoziierungsabkommen[91] zwischen der ČSSR, Polen und Ungarn einerseits und der Europäischen Gemeinschaft und ihren Mitgliedstaaten andererseits für die ehemals ČSFR die EU-Ära begonnen hat. Aufgrund der zum 31.12.1992 erfolgten Teilung der ehemaligen Tschechoslowakei konnte das Europa-Abkommen nicht mehr ratifiziert werden und in Kraft treten. Deshalb haben am 4.10.1994 die EG und die ČR ein *„neues“* Europa-Abkommen unterzeichnet, das nach Beendigung des Ratifizierungsprozesses am 1.2.1995 in Kraft trat.[92] Dieses aus völkerrechtlicher Sicht *„gemischte Abkommen“*[93] wurde in der Sammlung der Tschechischen Gesetze[94] veröffentlicht und sichert damit die

---

[88] *Kosta*, Transformation des Wirtschaftssystems in der Tschechoslowakei und den beiden Nachfolgestaaten, S. 164.

[89] Vgl. *Dauderstädt*, 2004, 1, 8.

[90] *Kohl/Lecher/Platzer*, Arbeitsbeziehungen in Ostmitteleuropa zwischen Transformation und EU-Beitritt, S. 5.

[91] Das Assoziierungsabkommen wurde auch als sog. Europa-Abkommen bezeichnet, da dieses in seiner Präambel den Wunsch der drei neuen Vertragspartner ČSFR, Ungarn und Polen nach Vollmitgliedschaft in der EU erwähnte sowie wichtige Schritte bei der Übernahme des EG-Vertragswerkes markiert. Mehr zu diesem Assoziierungsvertrag bei *Langhammer*, S. 3 ff; Jedoch nimmt die EU den Beitrittswunsch der assoziierten Länder lediglich zur Kenntnis, eröffnet den MOEL jedoch keinerlei konkrete Beitrittsperspektive, *Hedri*, S. 157; dem folgend *Arnold*, S. 323; *Knauf*, S. 109; *Isak*, S. 74.

[92] Vgl. *Dauses/Verny/Zemánek*, Allgemeine Methodik der Rechtsangleichung, Hrsg. Dauses, S. 28 sowie *Hošková*, Die tschechische Perspektive, Hrsg. Stern, S. 115, 116; *Kuschel*, S. 93; *Hudalla* geht davon aus, dass das Europa-Abkommen am 4.10.1993 geschlossen wurde, Der Beitritt der Tschechischen Republik zur Europäischen Union, S. 72, 73.

[93] So *Höland*, EU-Recht auf dem Weg nach Osten. Rechtssoziologische Fragen, S. 82, da das Abkommen sowohl zwischen der EU als auch ihrer Mitgliedstaaten vereinbart wurde; *Gärtner* ROW 1993, 332.

[94] Das EG - Abkommen wurde unter der Nr. 7/1995 Slg. veröffentlicht; *Tröster*, Právo a zaměstnání, 11/1997, 8, 11.

nach Art. 10 der tschechischen Verfassung notwendige unmittelbare Verbindlichkeit[95].[96]

Das Europa-Abkommen[97] in Art. 69 stellt auch ausdrücklich fest, dass *„die Angleichung der bestehenden und künftigen Rechtsvorschriften der Tschechischen Republik an das Gemeinschaftsrecht eine wesentliche Voraussetzung für die wirtschaftliche Integration der Tschechischen Republik in die Gemeinschaft darstellt“.*[98] Das Europa-Abkommen enthält jedoch keine Vorschrift, die die assozziierten MOE-Länder verpflichten, die Abkommen gemäß der Auslegung des EuGH auszulegen und anzuwenden.[99] Aber bei der Angleichung des tschechischen Rechts an das Recht der EU ist es nötig, neben der Beachtung der wirtschaftlichen, sozialen, historischen und kulturellen Bedingungen des Landes auch Kenntnisse über die gerichtliche Entscheidungspraxis des EuGH (Richterrecht) zu haben. Dies ist essentiell für den *„Harmonisierungsprozess“.*[100]

Es wurde von der Europäischen Kommission der EG eine Finanzhilfe gegeben, um den Angleichungsprozess unterstützend zu erleichtern, das sog. PHARE-Programm.[101] Im Rahmen des PHARE-Programms wurde prioritär Ende Juli 1994 eine sog. Kommission (aus Anwaltsfirmen und Bildungsinstitutionen) zur Beratung bei der Harmonisierung des tschechischen Rechts gebildet, die bei der Rechtsvereinheitlichung, der so genannten Implementierung des Gemeinschaftsrechts die ČR unterstützten.[102] Dabei geht es bei der *„Rechtsvereinheitli-*

---

[95] Art. 10 der tschechischen Verfassung, Slg. Nr. 1/1993 v. 16.12.1992 erklärt ratifizierte völkerrechtliche Verträge für allgemeinverbindlich und vor den eigenen Gesetzen vorrangig, soweit diese Menschen- oder Grundrechte betreffen. Das Europa-Abkommen ist also nicht per se allgemeinverbindlich. Siehe dazu nur *Isak*, S. 81.

[96] Vgl. dazu *Schlemann/Verny*, WiRO 1996, 89; *Dauses/Verny/Zemánek*, Allgemeine Methodik der Rechtsangleichung, Hrsg. Dauses, S. 71.

[97] Alle Europa-Abkommen mit den MOE-Staaten sind im Internet in drei Amtssprachen verfügbar; http://europa.eu.int/comm/enlargement/pas/europe_agr.htm.

[98] Schon die sog. Kopenhagener Kriterien setzen für einen Beitritt u.a. eine funktionierende Marktwirtschaft sowie die Fähigkeit, dem Wettbewerbsdruck und den Marktkräften innerhalb der Europäischen Union standzuhalten voraus, siehe *Hatje*, S. 149; *Hudalla*, S. 80; *Cermak*, S. 5.

[99] So *Isak*, S. 81.

[100] *Tröster*, Právo a zaměstnání, 11/1997, 8, 13.

[101] Vgl. Art. 71, 98 des Europa-Abkommens, das eine finanzielle und technische Unterstützung vorsieht; siehe zu PHARE auch *Hudalla*, S. 75 ff u. Was ist PHARE? Eine Initiative der Europäischen Union für die wirtschaftliche Integration mittel- und osteuropäischer Länder. Hrsg. Von der Europäischen Kommission. PHARE Informationsbüro, Brüssel 1995, S. 5.

[102] Vgl. *Verny/Schlemann*, WiRO 1996, 89, auch zum bisherigen Verlauf des Harmonisierungsprozesses sowie allgemein zum Rechtsangleichungsprozess *Dauses/Verny/Zemánek*, Allgemeine Methodik der Rechtsangleichung an das EU-Recht am Beispiel der Tschechischen Republik, S. 5 ff., insbes. S. 46 ff und *Verny*, Vorbereitung der MOEL auf den Beitritt, S. 226 hins. der materiellrechtlichen Probleme der Rechtsangleichung sowie *Knauf*, S. 166-

chung"[103] nicht nur um die Umsetzung von EG-Richtlinien; sie umfasst vielmehr die Übernahme des sog. *acquis communautaire*, des gesamten EG-Rechts.[104] Die Deutsche Stiftung für internationale rechtliche Zusammenarbeit e.V. (IRZ-Stiftung) gibt Rechtsberatung und trägt zum *„Rechtstransfer nach Osteuropa"*[105] bei.

Václav Klaus überreichte am 23.1.1996 dem amtierenden Ministerratsvorsitzenden der EU, *Lamberto Dini*, in Rom ein Dokument, in dem die ČR offiziell um die Aufnahme in die EU ersucht.[106] Am 1.05.2004 wurde dann die Tschechische Republik in die Europäische Union feierlich aufgenommen.[107] Das gesetzte Ziel, in der damaligen ČSFR und in der heutigen Tschechischen Republik Demokratie und Marktwirtschaft, eine Ordnung der bürgerlichen Freiheit aufzubauen, scheint erreicht.

B. Rechtsquellen des Tschechischen Arbeitsrechts

I. Allgemeiner Überblick

Nach der *„samtenen*[108] *Revolution*[109] *"* im November 1989 wurde in der ehemaligen ČSSR eine umfassende Reform der gesamten Rechtsordnung durchgeführt. Hauptziel der Reform oder des Systemwechsels[110] war neben der grundle-

---

168; allgemein zum juristischen Know-how-Transfer in die Staaten Mittel- und Osteuropas, *Kinkel*, WiRO 1992, 2 ff.

[103] *Hiller*, WiRO 1997, 281.Im Gegensatz zur Rechtsvereinheitlichung bezieht sich der Terminus Rechtsangleichung auf die rechtlich einheitliche Regelung der für den Binnenmarkt wichtigen Branchen und Rechtsregelungen. Dies bedeutet überwiegend die EG-richtlinienkonforme Ausgestaltung der nationalen Rechtsordnung.

[104] Vgl. *Hiller*, WiRO 1997, 281; *Palivec*, Právník 1/2005, 66.

[105] *Fadé*, WiRO 1993, 87.

[106] Siehe *Hudalla*, Der Beitritt der Tschechischen Republik zur Europäischen Union, S. 7.

[107] Damit vollzog (vollzieht) sich rein rechtlich gesehen die Übernahme des sog. *„acquis communautaire"*, also des gesamten Gemeinschaftsrecht als eine Voraussetzung für die Aufnahme der Beitrittsländer in die EU; mehr zur Osterweiterung der EU bei *Weiss*, S. 1 ff.

[108] Der Begriff der sog. samtenen Revolution (*sametová revoluce*) kennzeichnete den Beginn zur Rückkehr zur Demokratie und ebnete den Weg für den Transformationsprozess der ehemaligen Tchechoslowakei; vgl. nur dazu *Haarland/Niessen*, S. 7. sowie *Otáhal*, Der raue Weg zur *„samtenen Revolution"*, Vorgeschichte, Verlauf und Akteure der antitotalitären Wende in der Tschechoslowakei, S. 28 ff; *Hanák*, S. 902, dort heißt es: *„nicht mit lautem Krach und Donner, sondern eher mit einem sanften Knistern, wie es sich für Samt gebührt..."* kam die Revolution; *Juchler*, S. 26; *Kosta*, Tschechoslowakei nach der *„sanften Revolution"*, S. 143; *ders.*, Transformation des Wirtschaftssystems in der Tschechoslowakei und den beiden Nachfolgestaaten, S. 157; *Knüpfer* S. 67 sowie *Fuchs/Tröster*, ZESAR 2005, 155.

[109] Die Revolution ist juristisch durch den Wechsel der Staatsform definiert, es kommt also zu einem Bruch der Rechtskontinuität, *Quaritsch*, S. 314.

[110] Wie einige Autoren diese Reform nennen; *Kuss*, ZVglRWiss 91 (1992), 405, 408.

genden Änderung der Staatsverfassung die rechtliche Transformation für die Verwirklichung der sozialen Marktwirtschaft.[111] Die primäre Aufgabe bestand darin, so schnell wie möglich den Regelungsgegenstand der entscheidenden privatrechtlichen Gesetzbücher zu reformieren. Dabei setzte sich die Vorstellung durch, dass *„...es für die tschechische Gesellschaft einfacher sein wird, sich zu der bisherigen Kontinuität mit dem kommunistischen Recht zu bekennen und dieses allmählich an die Bedürfnisse einer demokratischen bürgerlichen Gesellschaft und des freien Marktes zu adaptieren“.*[112]

Richtungsweisend war in diesem Zusammenhang das Gesetz vom 18. April 1990 Nr.105/1990 Slg. über die private Unternehmertätigkeit von Bürgern – dies war vor der Wende 1989 verboten[113] – und das Gesetz Nr. 103/1990 Slg., das die Bildung von Gesellschaften natürlicher Personen erlaubte. Dadurch schuf man die Rechtsgrundlagen für die Beseitigung der sozialistischen Planwirtschaft und legte den Grundstein für privates Unternehmertum.[114] Auf höchster Ebene stellen die Verfassung[115] und die Charta der Grundrechte und Freiheiten[116] essentielle Rechtsquellen der ČR dar. Rangniedriger folgen völkerrechtliche Verträge und Gesetze (*zákony*). Nochmals untergeordnet folgen die untergesetzlichen Normen, die auch zum Kreis der normativen Rechtsakte gehören, wie Regierungsverordnungen (*nářízení vlády*) und die von hierzu ermächtigten staatlichen Behörden[117] erlassenen Rechtsvorschriften wie Verordnungen (*vyhlášky*), Erlasse (*výnosy*) und Richtlinien (*směrnice*). Alle Gesetze und untergesetzliche Rechtsvorschriften werden in der ČR in der Sammlung der Gesetze der Tschechischen Republik (*Sbírka*)[118] veröffentlicht.

Weitere Rechtsquellen stellen die Kollektivverträge, die sog. Firmen[119]- und Verbandstarifverträge[120] dar. Sie zählen auch zu den normativen Rechtsakten, den

---

[111] Siehe *Kostečka*, AuR 1992, 321.
[112] *Eliáš*, Osteuropa Recht, 2000, 427, 431.
[113] *Tröster*, IOR, Bd. 39, S. 50; *Bohata*, Tschechoslowakei, S. 79, 83.
[114] Vgl. *Fuchs/Tröster*, ZESAR 2005, 155 sowie *Fuchs/Tröster*, Arbeit und Sozialpolitik 1998, 43, 45.
[115] Ústavní zákon č. 1/1993 Sb., Ústava České republiky (Übersetzung: Verfassungsgesetz Nr. 1/1993 Slg., Verfassung der Tschechischen Republik v. 16.12.1992).
[116] Ústavní zákon č. 23/1991 Sb., kterým se uvozuje Listina základních práv a svobod jako Ústavní zákon (Übersetzung: Verfassungsgesetz Nr. 23/1991 Slg., das die Charta der Grundrechte und Freiheiten als Verfassungsgesetz einführt).
[117] Nach Art. 78, 79 Abs. 3 der tschechischen Verfassung sind die Regierung, die Ministerien und anderen unterstaatliche Verwaltungsbehörden ermächtigt, sog. Regierungsverordnungen und andere Rechtsvorschriften zu erlassen.
[118] Im Tschechischen Sb. (*Sbírka zákonů České republiki*) abgekürzt, im Deutschen Slg. für das amtliche Gesetzesblatt.
[119] Betriebskollektivverträge (*podnikové kolektivní smlouvy*).

sog. formellen Rechtsquellen. Dies folgt aus § 2 Abs. 1 des Gesetzes über die Kollektivverhandlung (GKV) Nr. 2/1991 Slg. Danach werden durch Tarifverträge die Rechte und Pflichten der Vertragsparteien geregelt. Zu den rangniedrigeren Rechtsquellen zählen die betrieblichen Regelungen und der Arbeitsvertrag, wobei allgemein die Individualvereinbarungen zwischen Arbeitnehmer und Arbeitgeber nicht zu den Rechtsquellen im formellen Sinne gehören. Betriebliche Regelungen, auch als interne Vorschriften bezeichnet, sind einseitige Rechtshandlungen des Arbeitgebers. Zu den wichtigsten betrieblichen Regelungen zählen die Betriebsordnung[121] i.S.v. § 21 Abs. 1 ArbGB sowie die Arbeitsordnung gemäß § 82 ArbGB. Eine betriebliche Regelung sollte man nicht mit der im deutschen Recht bekannten Betriebsvereinbarung gleichsetzen. Zum einen ist diese zwischen dem Arbeitgeber und dem Betriebsrat vereinbart. Zum anderen wirkt diese unmittelbar und zwingend auf die Arbeitsverhältnisse ein. Hingegen stellt eine betriebliche Regelung einen einseitigen Rechtsakt des Arbeitgebers dar. Eine Betriebsvereinbarung wie im deutschen Arbeitsrecht kennt das tschechische Arbeitsgesetzbuch nicht.

Grundsätzlich geht höherrangiges Recht niedrigeren Regelungen vor, sog. Rangprinzip. Innerhalb der gleichen Ebene gilt - auch wie im deutschen Arbeitsrecht - das Ablösungs- und das Spezialitätsprinzip, das auch Ordnungsprinzip genannt wird.[122]

II. Arbeitsrecht vor der Wende 1989

Um zu realisieren, welche immensen Schwierigkeiten der Paradigmenwechsel vom Plan zum Markt und vom totalitären Staat zur freiheitlichen Demokratie für das Arbeitsrecht aufwirft, ist es notwendig, sich an die für das Arbeitsrecht zur Zeiten des realen Sozialismus charakteristischer Züge zu erinnern.[123]

Das Arbeitsrecht in der Tschechischen Republik entwickelte sich seit dem Ende des 18. Jahrhunderts im Einklang mit der Entwicklung der Industrie und der Abschaffung der Leibeigenschaft. Der Dienstvertrag stammte aus dem Jahr 1811, aus dem Österreichischen Bürgerlichen Gesetzbuch. Dieser hatte persönlichen Charakter, der in der Pacht der Arbeitskraft gegen Entgelt bestand. Es kam allmählich zu der Entstehung der arbeitsrechtlichen Gesetzgebung, in dem der pri-

[120] Auch als Kollektivverträge höherer Stufe bezeichnet (*kolektivní smlouvy vyššího stupně*).
[121] Die Möglichkeit der Betriebsregelung ist für den Arbeitgeber, bei dem kein Gewerkschaftsorgan tätig ist, wichtig, weil er dadurch tarifvertraglich regelbare Arbeitnehmeransprüche durch eine interne Vorschrift einseitig bestimmen kann. Dadurch kann von zwingenden gesetzlichen Vorschriften zugunsten der Arbeitnehmer abgewichen werden, bei denen ein Tarifvorbehalt besteht.
[122] Dazu *Klikar*, S. 25.
[123] Vgl. *Weiss*, ROW 1994, 209, 211.

vatrechtliche Grundsatz der Vertragsfreiheit durch die Notwendigkeit des Schutzes der Arbeitnehmer zurückgedrängt wurde.

In der zweiten Hälfte des 19. Jahrhunderts entwickelte sich eine Schutzgesetzgebung, in der man bemüht war, bessere Arbeits- und Lohnbedingungen zu garantieren. Im Rahmen der demokratischen Änderungen aus dem Jahr 1867 wurde es möglich, die Gewerkschaftsorgane der Arbeitnehmer sowie die Vereinigungen der Arbeitgeber zu schaffen. Es herrschte eine Koalitionsfreiheit vor.

Am Anfang des 20. Jahrhunderts bildete sich der Staatsdienst. Der Trend der Schutzgesetzgebung, der Regelung der Arbeitsbedingungen der Arbeitnehmer, die verschiedenen Formen der Arbeitstätigkeiten zu verrichten, setzte sich auch nach der Entstehung der Tschechoslowakei im Jahre 1918 fort. Im Ergebnis bestand eine umfangreiche Arbeitsgesetzgebung, die speziell der dispositiven Regelung des Dienstvertrages im Bürgerlichen Recht diente.

In der Zeit der Ersten Tschechischen Republik gewann die Kollektivverhandlung immer mehr an Bedeutung, die nachdrücklich zur Verbesserung der Stellung des Arbeitnehmers, besonders durch die Lohn- und Arbeitsbedingungen beitrug. Im Jahr 1937 wurden die Tarifverträge als rechtlich verbindlich angesehen bei der Regelung von Fragen, die nicht gesetzlich reguliert wurden bzw. bei Vereinbarungen von günstigeren Arbeitsbedingungen der Arbeitnehmer gegenüber der gesetzlichen Regelung. Individuelle Arbeitsverträge durften nur von der tariflichen Regelung abweichen, sofern sie günstigere Bedingungen für die Arbeitnehmer schufen. Für die Interessenvertretung der Arbeitnehmer war es möglich, bei dem Arbeitgeber einen Betriebsrat (Betriesbsausschuss) zu wählen, der die wirtschaftlichen, sozialen und kulturellen Interessen der Arbeitnehmer vertrat. Insbesondere kontrollierte dieser die Einhaltung der Lohn- und Arbeitsbedingungen, der Arbeitsverträge. Diese Betriebsräte arbeiteten mit den Gewerkschaftsorganen zusammen.

Nach dem Jahr 1945 setzte sich der Arbeitnehmerschutz fort. Dieser wurde aber im Februar 1948 gewaltsam unterbrochen. Durch die politische Lage änderte sich aufgrund des sozialistischen Regimes der Charakter des Arbeitsrechts. Man verließ die Form der Vertragsbeziehung zwischen dem Arbeitgeber und dem Arbeitnehmer. Nunmehr wurden die Arbeitnehmer Besitzer der Produktionsmittel und in die Stellung des Arbeitgebers trat die sozialistische Organisation, die mit dem Staatsvermögen wirtschaftete. Privates Eigentum und die damit verbundene Vereinbarung von arbeitsrechtlichen Beziehungen zwischen den einzelnen Bürgern wurde verboten. Die Arbeitsvertragsfreiheit hatte in einem sozialistischen System nur eine marginale Bedeutung. Sie räumte man ein, sofern sie den Interessen der Planerfüllung nicht zuwiderlief.

Die rechtliche Ausgestaltung der arbeitsrechtlichen Beziehungen in einem Arbeitsgesetzbuch (ArbGB)[124] stellte im Jahr 1965 die Krönung des Prozesses der Kodifikation des Arbeitsrechts dar. Das ArbGB schuf eine einheitliche Ausgestaltung der Beziehungen unter den Arbeitnehmern und den Arbeitgebern. Durch das ArbGB wurden fast alle Fragen der arbeitsrechtlichen Beziehungen erschöpfend geregelt. Die Regelungen des ArbGB hatten überwiegend zwingenden Charakter und erlaubten keine Abweichung aufgrund des Willens der *``Subjekte``*.

Das ArbGB wurde auch als Kodex des selbständigen Charakters abgefasst, das eine subsidiäre Anwendung der Normen des Bürgerlichen Gesetzbuches (BGB CZ) auf die arbeitsrechtlichen Beziehungen ausschloss. Im Zusammenhang mit der Partikularisation des Privatrechts kam es zu einer Trennung des Arbeitsrechts von dem Bürgerlichen Recht. Im Arbeitsrecht wurde der Vertragscharakter der arbeitsrechtlichen Beziehungen, was typisch für das BGB CZ ist, verlassen. Es wurde die Aufgabe der Arbeitnehmer realisiert, durch eigene Arbeit die sozialistische Gesellschaft zu entwickeln. Man muss anmerken, dass die tschechoslowakische Regelung in dieser Zeit, besonders in der Liquidierung des privaten Sektors, viel weiter als andere damalige sozialistische Staaten gegangen ist. Das ArbGB regelte auch die allgemeinen Fragen der rechtlichen Ausgestaltung, wie zum Beispiel die rechtliche Subjektivität, Rechtshandlungen, Erlöschen von Rechten und Pflichten aus den arbeitsrechtlichen Beziehungen – de lege lata auch noch.

Die rechtliche Ausgestaltung des ArbGB war in der damaligen Zeit auf hohem Niveau. Denn es hatte eine einheitliche geschlossene Konzeption und garantierte den Arbeitnehmern adäquate Arbeitsbedingungen und gleichzeitig gewährte es genügend Schutz. Es entsprach formal den Mindeststandards der Internationalen Organisation der Arbeit (ILO). Die ratifizierten Übereinkommen der Internationalen Arbeitsorganisation wurden oft im ArbGB überboten. Jedoch kam es aufgrund der politischen Lage und der zentralen Planwirtschaft zu einer Schwächung der Wirksamkeit des Rechts.[125] Zum Beispiel enthielt das ArbGB im Bereich der Arbeitssicherheit und des Gesundheitsschutzes ein Schutzniveau, das indes bei weitem keine Entsprechung in der Realität gefunden hat; *„zwischen gesetzlicher Regelung und deren praktischer Umsetzung klaffte zumindest hier*

[124] Arbeitsgesetzbuch Nr. 65/1965 Slg., trat mit Wirkung zum 1.1.1966 in Kraft. Vorschriften des Arbeitsgesetzbuches, die bis zum 1.1.2007 gegolten haben, werden im Folgenden mit ArbGB abgekürzt. Das ab dem 1.1.2007 geltende ArbGB wird mit „neues ArbGB" bzw. „ArbGB n.F." bezeichnet.

[125] Zu Vorstehendem sowie zu der Entwicklung der rechtlichen Ausgestaltung der arbeitsrechtlichen Beziehungen im Gründebericht des Regierungsentwurfs Nr. 1153 aus 2005 zur Vorlage des neuen Arbeitsgesetzbuches, S. 171 ff; deutsche Übersetzung von *Veberová*, S. 1 ff.

eine große Lücke“.[126] Es kam darauf an, das Recht so umzusetzen, dass es mit der vorrangigen Planerfüllung nicht in Widerspruch geriet.

Seit dem Inkrafttreten des ArbGB wurden einige Teilnovellen bis in das Jahr 1989 erlassen, die bestimmte Änderungen im Bereich der Verbesserungen der Arbeitsbedingungen mit sich brachten. Die Konzeption des ArbGB blieb jedoch unverändert.

Im Vergleich zu der vorherigen rechtlichen Ausgestaltung der Koalitionsfreiheit im Jahr 1937 wurde die Kollektivverhandlung sehr abgeschwächt. Das Gewerkschaftsorgan erfüllte die gesetzgebende Funktion und ging mit dem Staat (dem Arbeitgeber) einher. Dadurch konnte die Gewerkschaft die Interessen der Arbeitnehmer nicht mehr wirklich wahrnehmen. Auch Betriebsräte gab es nicht. Demzufolge war auch keine echte Interessenvertretung der Arbeitnehmer möglich. Der Zentralgewerkschaftsrat bereitete die Entwürfe des ArbGB vor. Er kümmerte sich auch aufgrund der Nichtexistenz eines Arbeitministeriums um die arbeitsrechtlichen Angelegenheiten. Somit wurden genuine Staatsfunktionen auf gesellschaftliche Organisationen übertragen. Die Gewerkschaften waren funktional nichts anderes als der verlängerte Arm der kommunistischen Partei. Die Hauptaufgabe der Gewerkschaft bestand zwar darin, Kollektivverträge mit der Regierung bzw. einzelnen Kombinaten (Betrieben) abzuschließen. Aber dabei ging es weniger um eine Kompromissfindung in einem Interessenkonflikt – wie dies für Tarifverträge im westlichen Kontext charakteristisch ist – als vielmehr um Konkretisierung der oft vagen Planvorgaben.[127] Funktional handelte es sich daher eher um die ... *“staatliche Gesetzgebung spezifizierende Verordnungen als um Tarifverträge westlicher Prägung“.*[128] Angesichts der fehlenden Autonomie der Gewerkschaften in der Rechtswirklichkeit bzw. in der Praxis gab es ein kollektives Arbeitsrecht im westlichen Sinne nicht. *„Insoweit existierten lediglich Ähnlichkeiten der Begrifflichkeit“*, wie *Weiss* zutreffend formulierte.[129]

Das tschechische Arbeitsrecht war insbesondere durch folgende Merkmale geprägt:

- Nationalisierung der Produktionsmittel,
- Nichtexistenz des Arbeitgebers und des Betriebs als selbständige Institutionen, weil Staat und Arbeitgeber weitgehend zusammenfielen (der Staat als sog. mittelbarer Arbeitgeber),

---

[126] *Weiss*, ROW 1994, 209, 212.
[127] Siehe zu Vorstehendem *Weiss*, ROW 1994, 209, 211.
[128] *Weiss*, ROW 1994, 209, 211.
[129] *Weiss*, ROW 1994, 209, 211.

- Beseitigung der Koalitionsfreiheit; die Gewerkschaften waren in den Staats- und Parteiapparat integriert;
- Gestaltung der Arbeitsbedingungen unter staatlicher Kontrolle und im durch den Staat festgelegten Rahmen,
- das Prinzip der sozialistischen Rechtmäßigkeit bei der Anwendung des Arbeitsrechts.[130]

Durchweg stießen alle arbeitsrechtlichen Reformen in der Zeit vor der sanften Revolution auf das Grundprinzip des Sozialismus. Deshalb konnte sich keine Arbeitgebervertretung entwickeln, weil der Staat die Rolle des Arbeitgebers ausübte. Die Arbeitsvermittlung war immer noch auf dem Prinzip der staatlichen Verteilung der Arbeitnehmer aufgebaut. Eine Liberalisierungen im Tarifrecht war den Grenzen des Prinzips der staatlichen Kontrolle der Arbeits- und insbesondere der Lohnbedingungen unterworfen.

Abschließend lässt sich feststellen, dass es typisch für die Tschechische Republik war, genauso wie für andere ehemalige Ostblockstaaten auch, dass die arbeitsrechtlichen Beziehungen ein Arbeitskodex (ArbGB) regelte. Das ArbGB enthielt eine eigene und unabhängige Regelung der arbeitsrechtlichen Verhältnisse, bei der kaum die Möglichkeit bestand, zivilrechtliche Vorschriften auf die arbeitsrechtlichen Beziehungen anzuwenden. Das Arbeitsrecht als ein Mittel der nationalen Wirtschaftslenkung (Planwirtschaft) gehörte eher zum öffentlichen Recht und war vom Zivilrecht, aus dem es ursprünglich stammte, vollständig abgetrennt. Die vertragsrechtliche Natur der arbeitsrechtlichen Beziehungen (Vertragsfreiheit, Gleichheit der Parteien) wurde fast komplett verleugnet. Vom Standpunkt der individuellen Vereinbarungen gesehen, gab das ArbGB mit seinen Regelungen rechtsverbindliche, bestimmende Rechte und Pflichten für die Vertragsparteien vor, ohne die Möglichkeit einer Abweichung durch eine gemeinsame (übereinstimmende) vertragliche Willenserklärung. Das für das öffentliche Recht so typische Prinzip *„alles was nicht erlaubt ist, ist verboten"*, wurde im Arbeitsrecht angewandt.

III. Merkmale des Arbeitsgesetzbuches

In der Rechtsanwendung sind Gesetze die wichtigsten Quellen des tschechischen Arbeitsrechts, zuvorderst das ArbGB [131] von 1965. Das ArbGB ist die

---

[130] In diesem Sinne *Szurgacz* für das polnische Arbeitsrecht, S. 397.

[131] Arbeitsgesetzbuch Nr. 65/1965 Slg., trat mit Wirkung zum 1.1.1966 in Kraft, in der Fassung des Gesetzes Nr. 436/2004 Slg. vom 01.10.2004 (=*Zákonik práce*), Vorschriften des Arbeitsgesetzbuches werden im Folgenden mit ArbGB abgekürzt, vgl. auch dazu Fn. 124; *Barancova/Schronk*, Tschechisch-Slowakisches Arbeitsrecht - Systematische Darstellung und Gesetzestext; *Babůrková*, Tschechisches Arbeitsgesetzbuch.

Grundvorschrift des Arbeitsrechts, das komplex die individuellen arbeitsrechtlichen Verhältnisse regelt.[132] Vor dem Hintergrund der primären Aufgabe des ArbGB, nämlich die Stellung der Werktätigen im Verhältnis zum sozialistischen Regime[133] zu regeln, kennzeichnen vier Merkmale das ArbGB bis heute.

1. Einheitlichkeit

Das ArbGB bezieht sich grundsätzlich auf alle Arbeitnehmergruppen. Es differenziert nicht zwischen Angestellten und Arbeitnehmern, sondern kennt nur den Rechtsstatus eines Arbeitnehmers (Werktätigen).[134] Prinzipiell müssen alle arbeitsrechtlichen Beziehungen für alle Arbeitnehmer gleich ausgestaltet sein. Ausnahmsweise ist eine rechtliche Unterscheidung dort erlaubt, wo es die Art der Tätigkeit voraussetzt. So kennt das ArbGB den Begriff der leitenden Arbeitnehmer (Angestellten), § 27 Abs. 5 ArbGB.

Jedoch führte das Prinzip der Einheitlichkeit zu einer Nivellierung der Arbeitsbedingungen sowie der Löhne. Letztendlich erfolgte keine erhoffte Stärkung der Arbeitsdisziplin und das Konzept der Planwirtschaft war dem Grunde nach zum Scheitern verurteilt.[135]

2. Komplexität

Mit dem Merkmal der Komplexität kennzeichnet man den Umstand, dass das ArbGB alle arbeitsrechtlichen Fragen abschließend, geradezu umfassend regelte. Nur in besonderen Fällen, wo häufige Novellierungen zu erwarten waren, kamen besondere Durchführungsverordnungen hinzu, wie zum Beispiel zum Gesundheitsschutz am Arbeitsplatz und zum Lohn.[136]

3. Zwingender Charakter

Zudem ist das ArbGB von 1965 vorwiegend zwingend ausgestaltet, die keine Abweichungen zu Gunsten oder zu Ungunsten der Parteien eines Arbeitsverhältnisses zulassen. Im Vergleich zum deutschen Arbeitsrecht gilt also in der ČR die Regel, dass auch zu Gunsten der Arbeitnehmer keine Abweichungen zulässig sind.

Indessen meint *Kostečka*, dass dies nur bis 1990 so war und die letzten Novellen zum ArbGB in den Jahren 1991-1992 eine Reihe dieser Regelungen als Mini-

---

[132] So zutreffend *Vysokajová*, Právní fórum 8/2005, 314.
[133] *Fuchs/Tröster*, ZESAR 2005, 155.
[134] *Kostečka*, AuR 1992, 321.
[135] *Löblich*, S. 49.
[136] Vgl. *Löblich*, S. 49.

malnormen neu gefasst und damit auch ein Spielraum für kollektive Verhandlungen und für tarifvertragliche Regelungen eröffnet wurden.[137] Im kollektiven Arbeitsrecht mag dies zwar mehr oder weniger zutreffend sein, trotzdem ist dies auf das Individualarbeitsrecht, insbesondere im Arbeitsvertragsrecht nicht übertragbar. So ist es aufgrund des überwiegend zwingenden Charakters der Rechtsvorschriften nicht immer möglich, durch individualrechtliche Maßnahmen günstigere Arbeitsbedingungen für die Arbeitnehmer zu vereinbaren. Beispielsweise kann der gesetzliche Mindesturlaubsanspruch nicht durch eine arbeitsvertragliche Regelung erweitert werden. Dies ist in einem bestimmten Rahmen nur den Tarif- bzw. Kollektivvertragsparteien gemäß § 102 Abs. 3 ArbGB vorbehalten. Auch nach *Vysokajová* ist ein typisches Merkmal des ArbGB sein zwingender Charakter, der auch trotz der Novellierungen in den letzten Jahren andauert.[138] Die zwingenden Bestimmungen garantieren dem Arbeitnehmer einen relativ sicheren Schutz, nicht nur hinsichtlich der Arbeitsbedingungen.

Es gilt nach wie vor der Grundsatz: *„Es ist alles verboten, was nicht ausdrücklich erlaubt ist“.*[139] Dieser Grundsatz gilt auch nach den bisherigen Novellierungen des ArbGB als Überbleibsel der zentralen Planwirtschaft weiter, nur das Ausmaß des Erlaubten hat sich erheblich erweitert.[140] Beispielsweise kennt das tschechische Arbeitsrecht keine - aus dem deutschen Recht bekannte - betriebliche Übung.
Dispositive Vorschriften, die ausdrücklich abweichende individual- bzw. kollektivrechtliche Regelungen zulassen, gibt es nur sehr wenige. Im Rahmen dieser Arbeit wird bei den einzelnen arbeitsrechtlichen Gestaltungsmitteln bei Bedarf darauf eingegangen. Der zwingende Charakter des ArbGB hatte zur Folge, dass es selbst viele Ermächtigungen zur Regelung von Durchführungsvorschriften vorsah, sowie dass die Zahl der normativen Akte und deren Umfang enorm wuchsen. Denn der Charakter der arbeitsrechtlichen Normen brachte es mit sich, jedes Detail und jede Ausnahme ausdrücklich zu regeln, da sie sonst verboten wären. Andere Regelungsmöglichkeiten als die normativen Akte, insbesondere Individual- oder Kollektivverträge sind sehr eingeschränkt zulässig.[141]

Ferner folgt aus dem zwingenden Charakter des ArbGB, dass eine analoge Anwendung anderer arbeitsrechtlicher Regelungen ausgeschlossen ist. Sonst würde

---

137 *Kostečka*, AuR 1992, 321.
138 So *Vysokajová*, Právní fórum 8/2005, 314.
139 *Fuchs/Tröster*, ZESAR 2005, 155; de lege ferenda ist geplant diesen Grundsatz dahingehend umzukehren, dass zukünftig *alles erlaubt, was nicht ausdrücklich verboten ist.* Dieses Prinzip ist im neuen ArBGB, Gesetz Nr. 262/2006 Slg., das am 1.1.2007 in Kraft trat, in § 2 festgeschrieben.
140 Vgl. *Kostečka*, AuR 1994, 433, 434.
141 Ähnlich *Löblich*, S. 50.

dies den zuvor aufgestellten Grundsatz konterkarieren. Ausnahmen sollen nur in Betracht kommen, wenn sie das Gesetz vorsieht, wie zum Beispiel in § 28 S. 3 ArbGB, der ausdrücklich auf andere Vorschriften des ArbGB verweist.[142] In dem Punkt muss zukünftig das tschechische Arbeitsrecht flexibel auf die sich ändernden Lebensbedingungen reagieren können.

Der erhöhte Arbeitnehmerschutz aufgrund der zwingenden Rechtsregelung begrenzt auf der anderen Seite die Vertragsfreiheit. Der Arbeitgeber und der Arbeitnehmer können somit durch eigene Rechtshandlungen die Rechte und Pflichten aus dem Arbeitsverhältnis nur in dem Rahmen der Bestimmungen des ArbGB begründen und nicht vertraglich weitere Ansprüche regeln. Dies ist auch nicht im Interesse der Verbesserung der Arbeitsbedingungen des Arbeitnehmers möglich, soweit es das Gesetz nicht ausdrücklich erlaubt.[143]

4. Eigenständigkeit

Eine grundsätzliche Besonderheit gegenüber dem deutschen Arbeitsrecht ist, dass das Arbeitsrecht in der ČR einen völlig selbständigen, vom Zivilrecht abgekoppelten, Rechtszweig darstellt. Natürlich auch mit einer eigenständigen Kodifikation[144], dem ArbGB, das für ein zentralistisches Modell einer sozialistischen Planwirtschaft 1965 konzipiert wurde.[145] Aufgrund der Sonderstellung und seiner Trennung zum Bürgerlichen Recht enthält das ArbGB auch Regelungen zu nicht arbeitsrechtlichen Fragen wie der allgemeinen Rechts-(Geschäfts)fähigkeit[146], zu Rechtshandlungen und ihrer Wirksamkeit[147], zum Untergang[148] und Übergang von Rechten und Pflichten[149] aus arbeitsrechtlichen Beziehungen und zur allgemeinen Haftung[150].[151]

Die derzeitige Regelung der arbeitsrechtlichen Verhältnisse, die durch das ArbGB bestimmt sind, ist selbständig. Auf die arbeitsrechtlichen Verhältnisse

---

[142] *Klikar*, S. 41 mit entsprechenden Nachweisen; einige Stimmen in der Literatur lassen eine Analogie in Ausnahmefällen zu, wenn es unumgänglich sei oder sich gerade zu aufdrängte.
[143] So zutreffend auch *Vysokajová*, Právní fórum 8/2005, 314.
[144] Zwar hat die ČR im Gegensatz zu Deutschland ein eigenes Arbeitsgesetzbuch, andererseits aber keine eigenständige Arbeitsgerichtsbarkeit. In Tschechien entscheiden die allgemeinen Zivilgerichte arbeitsrechtliche Streitigkeiten.
[145] *Kostečka*, AuR 1992, 321.
[146] §§ 11, 12 ArbGB.
[147] §§ 9a, 242 ArbGB.
[148] §§ 252 ff, 261 ArbGB.
[149] § 249 ArbGB.
[150] Die Schadenshaftung des Arbeitnehmers ist in den §§ 172 – 185 ArbGB, die des Arbeitgebers in den §§ 187 - 205d ArbGB geregelt.
[151] Siehe dazu auch *Fuchs/Tröster*, Arbeit und Sozialpolitik 1998, 44; *dies.*, ZESAR 2005, 155.

kann man somit nicht direkt die Normen eines anderen Rechtszweigs, des bürgerlichen Rechts u.a. anwenden. Es handelt sich um die Verhältnisse zwischen den Arbeitnehmern und den Arbeitgebern, deren Subjekt die Ausübung einer Arbeit ist. Im Unterschied zu den Tätigkeiten, die im BGB CZ geregelt sind, kennzeichnet sich die Arbeit durch eine organisatorische Unterordnung aus. Anders als in den bürgerlich-rechtlichen Verhältnissen ist also der Arbeitgeber mit dem Arbeitnehmer nicht in einer gleichwertigen Position. Deshalb stärkt das ArbGB wegen des Schutzes des Arbeitnehmers seine Stellung.[152]

Aufgrund dessen ist auch eine subsidiäre Anwendung von Vorschriften anderer Rechtsbereiche, insbesondere dem tschechischen Zivilrecht, mit Ausnahme des Verfassungsrechts grundsätzlich unzulässig.[153] Dies folgt aus der Eigenständigkeit des ArbGB.

IV. Einzelne wichtige Rechtsquellen, Novellen nach 1989

Die geänderten marktwirtschaftlichen Rahmenbedingungen machten auch eine Reform des Arbeitsrechts unentbehrlich. Zu den wichtigsten neuen arbeitsrechtlichen Gesetzen nach 1989 zählen - neben den Novellierungen des seit 1965 bestehenden ArbGB - das Gesetz über die Beschäftigung Nr. 1/1991 Slg.[154] sowie das Gesetz über die Kollektivverhandlung (GKV) Nr. 2/1991 Slg[155].

1. Charta der Grundrechte und Freiheiten

Die Charta der Grundrechte und Freiheiten[156] der ČSFR[157] ist als Teil eines Verfassungsgesetzes vom 9.1.1991 am 8.2.1991 in Kraft getreten.[158] Hierbei ist anzumerken, dass die tschechische Rechtsordnung – anders als die deutsche – ne-

---

[152] Vgl. dazu nur *Vysokajová*, Právní fórum 8/2005, 314.
[153] *Klikar*, S. 41; *Löblich*, S. 51; *Fuchs/Tröster*, Arbeit und Sozialpolitik 1998, 44; *Tröster*, IOR, Bd. 39, S. 50.
[154] Zákon č. 1/1991 Sb. o zaměstnanosti.
[155] Zákon č. 2/1991 Sb. o kolektivním vyjednávání; auch als Tarifverhandlungsgesetz bezeichnet, mehr dazu bei *Hromadka/Jung-Vonnahme*, RdA 1992, 194 f. bzw. *Kühl*, ZESAR 2006, 17 ff.; *dies.*, ZESAR 2006, 113 ff.
[156] Vergleichbar mit dem Grundgesetz (GG) der Bundesrepublik Deutschland.
[157] Die ehemals tschechische und slowakische föderative Republik, sog. Tschechoslowakei.
[158] Die Charta der Grundrechte und Grundfreiheiten ist im Gesetzesblatt der ČSFR vom 8.2.1991 abgedruckt (Slg. Nr. 23/1991) und somit verkündet und damit an diesem Tag in Kraft getreten. Die Charta wurde später für die selbständige Tschechische Republik unter der Nr. 2/1993 Slg. neu verkündet. Deutsche Übersetzung von *Hošková* in EuGRZ 1991, 397 ff, siehe auch *dies.*, Verfassungsgerichtsbarkeit in der Tschechischen Republik, Hrsg. *Brunner/Hofmann/Holländer*, S. 464 ff. sowie *Bohata*, Liste der Grundrechte und Freiheiten, JOR, Bd. XXXII/1, 1991, S. 175 ff, *ders.*, ROW 1991, 145 und *Slapnicka* Osteuropa Recht 1991, 257, 275 ff; vgl. auch Fn. 116.

ben der Verfassung[159] noch so genannte Verfassungsgesetze kennt. Dazu zählt die Charta. Hier ist der Grundrechtskatalog verankert.[160] Im Gegensatz zu den Verfassungen anderer Staaten im Allgemeinen enthält die tschechische Verfassung also keinen Grundrechtsteil. Hingegen enthält die Charta, auch Akte genannt, eine umfassende Garantie der Grundrechte und -freiheiten. Sie ist neben der Verfassung der ČR eine grundlegende Quelle des tschechischen Arbeitsrechts.

Nach der sanften Revolution war es eines der essentiellen außenpolitischen Ziele des Staatspräsidenten der damaligen ČSFR, *Václav Havel*, dass das ehemals sozialistische Land der Europäischen Gemeinschaft beitrat.[161] Dafür war der Beitritt zur EMRK erforderlich. Deshalb ist die Charta an den Erfordernissen der EMRK ausgerichtet.[162]

Vorangestellt ist der Charta ein Einführungsgesetz (Verfassungsgesetz), in dem eher technische Bestimmungen, aber auch wichtige Normen von allgemeiner Bedeutung zu finden sind. Grundlegend und wegweisend ist schon § 1 Abs. 1 des sog. Einführungsgesetzes. Diese Norm besagt, dass alle Gesetze und andere Rechtsnormen sowie ihre Auslegung und Anwendung mit der Charta im Einklang stehen müssen. Weiterhin, in § 1 Abs. 2 des o. g. Einführungsgesetzes, werden die in der Charta aufgeführten Grundrechte und Grundfreiheiten durch das Verfassungsgericht geschützt.[163] Gemäß § 2 des Einführungsgesetzes sind auch von der ČSFR ratifizierte völkerrechtliche Verträge über Menschenrechte und Grundfreiheiten[164] auf dem Gebiet der ehemals tschechisch- und slowakischen föderativen Republik allgemeinverbindlich und gehen ihren eigenen Ge-

---

159 Verfassungsgesetz der Tschechischen Republik, Nr. 1/1993 Slg. v. 16.12.1992; deutsche Übersetzung von *Slapnicka*, Osteuropa Recht, 1994, 28, 45 ff.

160 Vgl. dazu *Hošková*, Die tschechische Perspektive, Hrsg. Stern, S. 123.

161 Der Text der Charta ist Teil des vom ehemaligen Staatspräsidenten, *Václav Havel*, am 14.3.1991 vorgelegten Präsidentenentwurf für die neue Verfassung der ČSFR. Die Charta wurde später dann auch Bestandteil der Verfassung vom 16.12.1992 der ČR.

162 Daneben sind inhaltlich viele Normen an einschlägigen Vorschriften der Verfassung der ČSFR von 1920, der UN-Pakte von 1966 sowie etlicher europäischer Verfassungen orientiert. Anfänglich wurde sogar erwogen, den Schutz der Grundrechte allein durch die Übernahme der EMRK als Verfassungsgesetz zu gewährleisten; dieses Vorhaben wurde aber nicht realisiert, da man einen über den Inhalt der EMRK hinausgehenden Grundrechtsschutz ermöglichen wollte; vgl. dazu *Hošková* in EuGRZ 1991, 369 u. 370.

163 Das Verfassungsgesetz, Ústavní zákon č. 91/1991 Sb. über das Verfassungsgericht der ČSFR v. 27.2.1991 ist abgedruckt im Gesetzesblatt der ČSFR v. 22.3.1991.

164 Der Begriff des „*völkerrechtlichen Vertrags über Menschenrechte und Grundfreiheiten*" ist im Verfassungssystem der ČR und bisher auch in der Rechtsprechung des Verfassungsgerichts nicht definiert. Nach der Rechtstheorie gehören hierher solche Verträge, die die in der „*Allgemeinen Menschenrechtsdeklaration*" verankerten Rechte und Freiheiten schützen, *Dauses/Verny/Zemánek*, Allgemeine Methodik der Rechtsangleichung, Hrsg. Dauses, S. 72.

setzen vor.[165] Dies ist so zu verstehen, dass bestimmte völkerrechtliche Verträge wie die EMRK und der UN-Pakt[166] unmittelbar von den staatlichen Behörden anzuwenden und sich die Bürger auch auf deren Bestimmungen vor den nationalen staatlichen Behörden, Organen berufen können.[167]

Die Charta, insbesondere in den Vorschriften des Art. 2 Abs. 2 und 3, zeigt eine deutliche Abkehr vom sozialistischen Verständnis der Staatsgewalt und ihres Verhältnisses zu den Staatsbürgern, hin zu einem freiheitlichen Menschenrechtsverständnis. Die Charta enthält neben dem allgemeinen Gleichheitssatz in Art. 1 auch wesentliche Komponenten eines Rechtsstaatsprinzips. Jedoch ist zu der Normierung des speziellen Gleichheitssatzes in Art. 3 Abs. 1 zu sagen, dass eine positivrechtliche Bestimmung zur Gleichberechtigung von Mann und Frau, wie etwa in Art. 3 Abs. 2 Grundgesetzes des Bundesrepublik Deutschland (GG) fehlt. Aber die im GG bekannte Wesensgehaltsgarantie[168] in Art. 19 Abs. 2 GG ist in Art. 4 Abs. 4 der Charta wieder zu finden. Essentiell ist die Ausgestaltung des Eigentums als Grundrecht in Art. 11 der Charta. *„Eigentum verpflichtet"*, lauten Art. 14 Abs. 2 S. 1 des deutschen GG und Art. 11 Abs. 2 S. 1 der tschechoslowakischen Charta der Grundrechte und Freiheiten. [169] Hier wird offensichtlich, dass sich die tschechische verfassungsrechtlichte Norm in der Eigentumsfrage vom deutschen Grundgesetz hat inspirieren lassen.[170]

---

[165] Vgl. auch Art. 10 der Tschechischen Verfassung, der auf § 2 des Einführungsgesetzes zur Charta der Grundrechte und -freiheiten zurückgeht, der dasselbe aussagt. Solche völkerrechtlichen Verträge stehen daher im Rang über dem einfachen Gesetz, *Gärtner* ROW 1993, 332, 333.

[166] UN-Pakt über die bürgerlichen und politischen Rechte v. 19.12.1966, der für die -damalige - ČSFR am 23.3.1976 in Kraft getreten war.

[167] So jedenfalls *Hošková*, EuGRZ 1991, 369, 370 und *Hofmann (Hošková)* zur unmittelbaren Verbindlichkeit, S. 87, 88; natürlich sind solche rechtlichen Verträge, die nur völkerrechtliche Verpflichtungen der Mitgliedstaaten und keine unmittelbar anwendbaren Normen enthalten, nicht von § 2 des Einführungsgesetzes der Charta erfasst. *Malenovský* geht sogar noch weiter und kommt durch eine systematische Auslegung zu dem Ergebnis, dass die Verträge über Menschenrechte die Rechtskraft eines Verfassungsgesetzes haben, ROW 1993, 12, 14.

[168] Die Wesensgehaltsgarantie meint, dass bei der Anwendung der die Grundrechte und Grundfreiheiten einschränkenden Bestimmungen der Kerngehalt (Wesensgehalt) dieser Rechte und Freiheiten gewahrt bleiben muss.

[169] Allerdings sieht Art. 11 Abs. 2 bestimmte Einschränkungen des Privateigentums zu Gunsten wichtiger staatlicher Belange vor; auch ist eine Sozialbindung ähnlich dem Art. 14 Abs. 2 GG im Abs. 3 des Art. 11 der Charta aufgenommen worden sowie sind Enteignungen nur aus Gründen des öffentlichen Interesses, auf gesetzlicher Grundlage und gegen Entschädigung zulässig, Art. 11 Abs. 4.

[170] So jedenfalls u.a. *Havlan*, S. 102.

Es erfolgte eine Umwandlung von sozialistischen Nutzungsrechten, das sog. Volkseigentum – sozialistische Staatseigentum, in Eigentum und Besitz.[171]

Hinzuweisen ist auch ferner auf die Bestimmung des Art. 20, der die Vereinigungsfreiheit regelt. In Abs. 4 ist ausdrücklich die Trennung des Staates von politischen Parteien und Bewegungen sowie anderen Vereinigungen vorgeschrieben. Dies ist nur vor dem geschichtlichen Hintergrund der damaligen ČSFR erklärbar.[172]

Als wichtigstes wirtschaftliches Recht ist die in Art. 26 verankerte Berufsfreiheit zu sehen, das in seiner Ausgestaltung neben dem Recht der Berufswahl auch die Berufsausübung umfasst. Besonderes Augenmerk verdient dabei der Abs. 3, der sich *„möglicherweise als marktwirtschaftliche Variante des den sozialistischen Rechtsordnungen so wichtigen Rechts auf Arbeit“*[173] interpretieren lässt. Denn durchweg war in den Verfassungen der sozialistischen Staaten das Recht auf Arbeit als Grundrecht verankert.[174] Im Arbeitsgesetzbuch der ehemaligen Tschechoslowakei hieß es im Art. 3: *„Die Bürger haben das Recht auf Arbeit und auf freie Berufswahl, auf gerechte und befriedigende Lebensbedingungen und auf Schutz vor Arbeitslosigkeit... “*.[175]

Von Bedeutung ist auch die in Art. 27 geschützte positive wie negative Koalitionsfreiheit. Demnach werden Gewerkschaften unabhängig vom Staat gegründet. Weiterhin gibt es keine Begrenzung der Anzahl der Gewerkschaften und vergleichbarer Organisationen[176], noch darf eine von ihnen in einem Unternehmen oder einem Wirtschaftszweig bevorzugt behandelt werden, Art. 27 Abs. 2 der Charta. Zudem ist das Streikrecht ausdrücklich in Art. 27 Abs. 4 genannt und wird unter den gesetzlich bestimmten Bedingungen gewährleistet.[177]

---

[171] Mehr dazu *Daubner*, Verfassungsumwandlung, Privatisierung und Privatrechtskodifikation in der Tschechischen Republik, S 76, 86, 116 ff und *Havlan*, Eigentum des Staates – Probleme seiner Umwandlung in der Tschechischen Republik, S. 102 ff.

[172] Im Zusammenhang mit diesem Artikel ist auch die in Art. 16 Abs. 2 der Charta ausdrücklich normierte Trennung von Staat und Kirche zu nennen.

[173] *Hošková*, EuGRZ 1991, 369, 373; Die deutsche Übersetzung des Art. 26 Abs. 3 S. 1 lautet: *„Jedermann hat das Recht, die Mittel zur Bestreitung seines Lebensunterhalts durch Arbeit zu erwerben“.*

[174] Siehe *Westen*, S. 135; Art. 21 der Verfassung der ehemaligen ČSFR v. 11.7.1960 i.d.F. v. 1978; Art. 24 der Verfassung der ehemaligen DDR v. 6.4.1968 als w. Bsp.

[175] Deutsche Übersetzung bei *Weber*, S. 4 ff., Arbeitsgesetzbuch der ČSFR Nr. 65/1965 Slg. i.d.F. Nr. 3/1991 Slg. durchgeführten Änderungen und Ergänzungen.

[176] Hierunter fallen auch Arbeitgeberverbände.

[177] Das Streikrecht ist für Richter, Staatsanwälte und Angehörige der Streit- und Sicherheitskräfte verfassungsrechtlich ausgeschlossen, das Arbeitskampfmittel der Aussperrung ist hingegen nicht verfassungsrechtlich verankert.

Durch Art. 28 der Charta haben Arbeitnehmer einen Anspruch auf einen angemessenen Lohn für ihre Arbeit und auf zufriedenstellende Arbeitsbedingungen. Nähere Regelungen trifft das Gesetz.[178]

Jedoch ist bei der gerichtlichen Durchsetzung der eben genannten Rechte, insbesondere des Rechts der Berufsfreiheit, der Koalitionsfreiheit, des Streikrechts sowie des Rechts auf angemessenen Lohn Art. 41 Abs. 1 der Charta zu beachten. Danach können diese Rechte nur im Rahmen der diese Vorschriften verwirklichenden Gesetze geltend gemacht werden. Deshalb werden diese Rechte auch nicht als genuin subjektive Rechte angesehen, da sie der Ausgestaltung durch einfache Gesetze bedürfen.[179] Zudem wird grundsätzlich der Zugang zu einem Gericht gewahrt, wenn jemand behauptet, durch eine Entscheidung der öffentlichen Gewalt in seinen Rechten verletzt zu sein, es sei denn ein Gesetz bestimmt etwas anderes, Art. 36 Abs. 2 der Charta. Also besteht die Möglichkeit durch einfaches Gesetz den Zugang zu der Judikative auszuschließen. Jedoch darf die Überprüfung von Entscheidungen, die die in der Charta enthaltene Grundrechte und Freiheiten betreffen, der Zuständigkeit der Gerichte nicht entzogen werden, Art. 36 Abs. 2 S. 2 der Charta.[180]

Die Charta der Grundrechte und Freiheiten ist nach Art. 3 und 112 Abs. 1 des Verfassungsgesetzes des Tschechischen Nationalrates auch nach der Entstehung der Tschechischen Republik formal Bestandteil der tschechischen Verfassungsordnung geworden[181], nach Ansicht *Daubners* im Rang eines Verfassungsgesetzes.[182] Insbesondere wurden mit der Liste der Grundrechte und Grundfreiheiten

---

[178] Das Gesetz Nr. 1/1992 Slg. v. 10.12.1991 über Lohn, Entlohnung für Arbeitsbereitschaft und über den Durchschnittsverdienst (=LohnG); das Gesetz Nr. 143/1992 Slg. v. 13.3.1992 über Gehalt und Entlohnung für Arbeitsbereitschaft in staatlich finanzierten und weiteren Organisationen und Organen, in der Fassung späterer Vorschriften (vollständiger Wortlaut Nr. 47/1995 Slg.) und in der Fassung des Gesetzes Nr. 118/1995 Slg. und Nr. 201/1997 Slg. (=GehaltsG); die Verordnung der Regierung Nr. 303/1993 v. 6.12.1995 Slg. über das Mindestlohngesetz, in der Fassung der VO der Reg. Nr. 320/1997 Slg. (=MindestlohnVO).

[179] Vgl. dazu *Hošková*, EuGRZ 1991, 369, 373; die beschriebenen Rechte sind in ihrer Bedeutung vergleichbar mit dem aus dem deutschen Verfassungsrecht bekannten Staatszielbestimmungen, *dieselbe* a.a.O.

[180] Es drängt sich der Vergleich zur Rechtsweggarantie des Art. 19 Abs. 4 GG auf.

[181] So auch *Seibold*, S. 7.

[182] *Daubner*, WiRO 1996, 92, 95; nach der Verabschiedung der neuen Verfassung der Tschechischen Republik entstand die Pflicht, dass Rechte und Pflichten nur durch ein Gesetz auferlegt werden dürfen, sog. Gesetzesvorbehalt, dadurch waren vor allem die untergeordneten Normativakte wie Verordnungen, die noch aus der kommunistischen Zeit herrührten, *„...verfassungswidrig oder hart an der Grenze der Verfassungswidrigkeit"*, dazu *Bohata*, WiRO 1994, 314.

die verfassungsrechtlichen Voraussetzungen für ein rechtsstaatliches Gerichts- und Verwaltungsverfahren geschaffen.[183]

Alles in allem gab die ehemalige ČSFR mit der Verabschiedung der Charta der Grundrechte und Grundfreiheiten ein klares Bekenntnis zum demokratischen und sozialen Rechtsstaat ab.[184] Damit wurde eine essentielle rechtliche Rahmenbedingung für die Entwicklung einer jungen Demokratie geschaffen. Kurz zusammengefasst wurde ein entsprechender Grundrechtsstandard, basierend auf einem bürgerlich-liberalen Verfassungsverständnis neu geschaffen, das auch als *„postsozialistisches Grundrechtsverständnis"*[185] bezeichnet wird.

---

[183] *Bohata*, JOR, Bd. XXXIII/1, 1992, 35, 36.
[184] Vgl. *Wyrzykowski*, S. 145, 148.
[185] *Kahl*, S. 67.

2. Gesetz Nr. 1/1991 Slg. (BeschäftigungsG)

Das Beschäftigungsgesetz (*zákon o zaměstnanosti*) löste die zentralistische staatliche Regelung der Beschäftigung ab und schaffte die Voraussetzungen für einen privaten Arbeitsmarkt.[186] Die Beschäftigungspolitik wurde nunmehr ein Teil der Marktwirtschaft.[187] Die aktive Arbeitsmarktpolitik beseitigte die staatlichen Maßnahmen wie die staatliche Bewilligung der Anwerbung von Arbeitnehmern, die Verteilung der Arbeitskräfte durch staatliche Anordnung sowie die Verteilung der Absolventen der Mittel- und Hochschulen.[188] Außerdem kam es zur Schaffung von regionalen Arbeitsämtern, die Umschulungen, Arbeitsbeschaffungsmaßnahmen sowie Berufsvermittlung anbieten, um die Arbeitnehmer der *„versteckten"* Arbeitslosigkeit nicht in eine *„offene"* geraten zu lassen.[189]

Mit dem Gesetz wurde es möglich, dass der Arbeitgeber seine Arbeitnehmer nun selber nach seinen Bedürfnissen einstellen konnte, ohne dass der Staat unmittelbar eingriff. Ausnahmen bestanden nur bei behinderten Arbeitnehmern, diese wurden zugewiesen, und bei der Anstellung ausländischer Arbeitnehmer. Dies bedurfte einer staatlichen Genehmigung.[190]

Gleichzeitig wurde dem Arbeitnehmer ein Recht auf Beschäftigung eingeräumt, § 3 des BeschäftigungsG. Dieses Recht sollte nunmehr der Staat gewährleisten. Dies tat er, indem er Ansprüche auf Arbeitsvermittlung, auf Umschulung sowie finanzielle Unterstützung bei Arbeitslosigkeit gewährte.[191] Somit war - wie *Kostečka* zutreffend feststellt - das Gesetz Nr. 1/1991 Slg. eine Art Arbeitsförderungsgesetz.[192]

Dieses BeschäftigungsG wurde mit dem Inkrafttreten des neuen BeschäftigungsG Nr. 435/2004 Slg. am 1.10.2004 ersetzt.

3. Erste große Novelle des AbGB, Gesetz Nr. 3/1991 Slg.

Das Gesetz Nr. 3/1991 Slg., das am 1.2.1991 in Kraft trat, stellte die 11. Novelle des ArbGB dar und brachte wesentliche Änderungen im Mitbestimmungsrecht mit sich. Bis zu dem Zeitpunkt waren alle grundlegenden Rechte, die anderorts den Betriebsvertretungen zuerkannt waren, in der ČSFR als Rechte der Ein-

---

[186] Siehe dazu *Fuchs/Tröster*, Arbeit und Sozialpolitik 1998, 45.
[187] Vgl. Bělina - *Bělina*, S. 423.
[188] Beispiele bei *Löblich*, S. 146.
[189] Vgl. *Seibold*, S. 11, 12.
[190] Siehe *Löblich*, S. 146.
[191] Vgl. *Gralla/Leonhardt*, ROW 1991, 200, 210.
[192] *Kostečka*, AuR 1992, 321.

heitsgewerkschaft (ROH)[193] formuliert. Die ROH vereinigte nahezu 90-95 % aller Arbeitnehmer. Die Zustimmung des betrieblichen Gewerkschaftsorgans war für alle wichtigen Maßnahmen des Arbeitgebers wie Kündigung, einseitige Änderung von Arbeitsbedingungen vorgesehen.[194] Nunmehr wurden überwiegend die echten Mitbestimmungsrechte in Erörterungs- und Informationsrechte, sog. Mitwirkungsrechte ersetzt. Jedoch wurden von der Gewerkschaft unabhängige Arbeitnehmerräte (Betriebsräte) noch nicht eingeführt. Als Vertreter der Arbeitnehmer gab es nach wie vor nur die Gewerkschaften, die im Allgemeinen die Arbeitskollektive (Betriebe) ohne Rücksicht auf die Branchenzugehörigkeit der Mitglieder vertraten.

Des Weiteren wurde das materielle Tarifvertragsrecht eingeschränkt. Die 11. Novelle des ArbGB führte zur Einfügung des § 20 Abs. 2 Satz 2 ArbGB, der bis jetzt noch seine Gültigkeit hat.[195] Dieser lautet: *„Sofern dieses Gesetz (Anm.d.Verf.:ArbGB) festlegt, in welchen Fällen in den Tarifverträgen die arbeitsrechtlichen Ansprüche der Arbeitnehmer erhöht oder erweitert werden können, bezieht sich dies auf die unternehmerische Tätigkeit ausübenden Arbeitgeber, falls ausdrücklich nichts anderes bestimmt ist."* Dieser Satz enthält zwei Beschränkungen. Zum einen ist es allgemein verboten, tarifliche Ansprüche über den Rahmen der zwingenden Vorschriften des ArbGB hinaus zu vereinbaren.[196] Zum anderen sind die öffentlichen Arbeitgeber, insbesondere die Staatsverwaltung und der öffentliche Dienst von den Kollektivverhandlungen ausgeschlossen. Hier behält sich der Staat selber das Recht vor, die Lohn- und Arbeitsbedingungen bei diesen durch Rechtvorschriften zu regeln. Allerdings ist dieser Vorbehalt heute unverständlich. Was spricht gegen Tarifverhandlungen im öffentlichen Bereich? Jedenfalls nicht das Argument aus der Zeit nach der Wende 1989, wo die Befürchtung bestand, dass die Direktoren der bis dahin staatlichen, vor der Privatisierung stehenden Unternehmen verantwortungslos mit dem Staatseigentum umgingen sowie den Arbeitnehmern ökonomisch unbegründete Vorteile verschafften und eventuell zum Bankrott führten.[197] Insbeson-

---

[193] Die tschechische Abkürzung für die revolutionäre Gewerkschaftsbewegung. Die Betriebsausschüsse der damaligen Einheitsgewerkschaft wurden als einzige Vertreter der Arbeitskollektive anerkannt; dies wurde später durch das Gesetz Nr. 37/1959 Slg. über die Stellung der Betriebsausschüsse der ROH-Organisation bestätigt; vgl. *Kostečka*, 1994, 433, 437.
[194] *Kostečka*, AuR 1992, 321, 322.
[195] Arbeitsgesetzbuch Nr. 65/1965 Slg. in der Fassung des Gesetzes Nr. 436/2004 Slg. vom 01.10.2004.
[196] *Kostečka*, AuR 1992, 321, 323; *ders.* in AuR 1994, 433, 437.
[197] *Kostečka*, AuR 1992, 321, 323; *ders.* in AuR 1994, 433, 437.

dere wurde durch diesen Vorbehalt eine staatliche Monopolstellung geschaffen, die die verfassungsrechtlich garantierte Vereinigungsfreiheit[198] verletzt.

Überdies kam es auch zu einer Erweiterung der Handlungsmöglichkeiten der Tarifvertragsparteien bei der Frage des Entgelts. Die 11. Novelle des ArbGB eröffnete ab dem 1.2.1991 einen breiteren Spielraum für Lohnvereinbarungen in überbetrieblichen und betrieblichen Kollektivverträgen, die bei der Entlohnung über die Grenzen der Rechtsvorschriften hinausgehen können. Konkret beinhaltet dies, dass der Arbeitgeber die Lohnbedingungen durch einen überbetrieblichen Kollektivvertrag[199] und in seinem Rahmen durch einen Betriebskollektivvertrag bzw. durch eine innere Lohnvorschrift oder individuellen Arbeitsvertrag vereinbaren kann.[200]

Weitere wesentliche - positive Änderungen - waren im Bereich des Individualarbeitsrechts die Einführung von vertraglichen Vereinbarungen[201] sowie die Abschaffung einiger sozialistischer Rechtsinstitute wie die disziplinarische Verantwortung bei Störung der Arbeitsdisziplin und das Schiedsverfahren, das den Gewerkschaften die Beilegung individualrechtlicher Streitigkeiten erlaubte.[202]

4. Zweite große Novelle des ArbGB, Gesetz Nr. 74/1994 Slg.[203]

Hauptziel dieser Novelle, die am 1.6.1994 ihre Gültigkeit erlangte, war die Beseitigung bestimmter Probleme, die sich bei der Anwendung des bisherigen ArbGB offenbarten. Dagegen blieb der zwingende Charakter des ArbGB.

Einzelne wichtige Neuerungen sind unter anderem die Einführung der arbeitsrechtlichen Subjektivität von natürlichen Personen als Arbeitgeber[204], der gesetzlichen Abfindung[205] bei Beendigung des Arbeitsverhältnisses sowie der

---

[198] Vgl. Art. 27 Abs. 1 der Charta der Grundrechte und Grundfreiheiten Nr. 2/1993 Slg. Gemäß Art. 3, Art. 112 der Verfassung der Tschechischen Republik Nr. 1/1993 Slg. ist die Charta Bestandteil der Verfassung.

[199] Diese tschechische Terminologie entspricht dem deutschen Tarifvertrag.

[200] *Kostečka*, AuR 1994, 433, 435, 436.

[201] Hingegen wurde die Vertragsabschlussfreiheit zwischen Ehegatten eingeschränkt. Diese können miteinander kein arbeitsrechtliches Verhältnis eingehen, § 269 ArbGB. Diese Einschränkung ist mehr als fragwürdig, aber de lege lata.

[202] Vgl. dazu *Löblich*, S. 151.

[203] Zur Novellierung des ArbGB siehe WiRO 1994, 188, 258 und 401 (Chronik der Rechtsentwicklung).

[204] Vgl. § 8 a ArbGB i.d.g.F, dadurch wurden die Unterschiede zwischen natürlichen und juristischen Personen als Arbeitgeber beseitigt sowie *Bohata*, JOR, Bd. XXXVI/1, 1995, 96, 97.

[205] Vgl. § 60 a-c ArbGB i.d.g.F., bisher im Gesetz über Abfindungen Nr. 195/1991 Slg. geregelt, das nunmehr aufgehoben wurde; neu ist, dass eine tarifvertragliche Erhöhung der Abfin-

Anwendbarkeit des ArbGB auf private Arbeitgeber, den natürlichen Personen neben den juristischen Personen als Arbeitgeber.[206]

Durch die Novelle wurde die Regierungsverordnung über arbeitsrechtliche Beziehungen bei Privatunternehmen natürlicher Personen Nr. 121/1990 Slg. aufgehoben. Dadurch wurde die Differenzierung zwischen juristischen und natürlichen Personen als Arbeitgeber aufgegeben.[207] Die *„Grundprinzipien"*, die dem eigentlichen Arbeitsgesetzbuch als Präambel vorangestellt waren, wurden aufgehoben. Damit ist das auch in Art. 3 enthaltene Recht auf Arbeit aufgehoben worden.[208]

Ansonsten ist die ohnehin selbstverständlich geltende Vertragsfreiheit explizit durch die Novelle in § 17 Abs. 1 ArbGB (a.F.) aufgenommen worden. Zugleich wurde die Beschränkung für befristete Arbeitsverhältnisse abgeschafft, § 30 Abs. 2 ArbGB a.F. Die Novelle ermöglicht den Abschluss von befristeten Arbeitsverträgen. Diese Regelung ist jedoch nicht auf alle Arbeitnehmer anwendbar. Von der Befristung ausgenommen sind Jugendliche, Hochschulabsolventen in den ersten zwei Berufsjahren, Personen mit verminderter Erwerbsfähigkeit sowie Arbeitnehmergruppen, für die eine solche Regelung durch Kollektivvertrag ausgeschlossen wird.[209] Im Übrigen sind direkt aufeinander folgende Arbeitsverträge (Kettenverträge) möglich.[210] Dazu gibt es keine Bedingungen für befristete Arbeitsverhältnisse, weder die Existenz eines sachlichen Grundes noch ein Wiederholungsverbot.[211]

Außerdem eröffnet das ArbGB Möglichkeiten, in betriebsinternen Kollektivverträgen bestimmte individualrechtliche Fragen wie Urlaub etc. zu vereinbaren. In Betrieben, in denen keine Gewerkschaftsorganisation tätig ist und deshalb kein Tarifvertrag abgeschlossen werden kann, darf der Arbeitgeber die sonst tariflich regelbaren Ansprüche der Arbeitnehmer - beispielsweise den Urlaubsanspruch verlängern - einseitig in einer internen Vorschrift regeln. Dieser ersetzt somit

---

dung durch das Gesetz Nr. 74/1994 Slg. ausgeschlossen wurde, nach jetzigem geltenden Recht aber wieder zulässig ist, § 60 a Abs. 1 S. 2 ArbGB.

[206] Mehr dazu bei *Klikar*, S. 18.

[207] *Thaeter*, WiRO 1994, 401, 402.

[208] Vgl. Fn. 175; *Thaeter*, WiRO 1994, 401, 402; In der tschechischen Verfassung ist nunmehr an die Stelle des Rechts auf Arbeit das Grundrecht, durch eigene Arbeit die Mittel zur Befriedigung der Bedürfnisse des Lebens zu erwerben, getreten.

[209] Siehe *Bohata*, WiRO 1994, 188.

[210] Ebenso *Thaeter*, WiRO 1994, 401, 402.

[211] Auch *Kostečka*, AuR 1994, 433, 435; jedoch ist durch das Gesetz Nr. 46/2004 Slg. eine Höchstbefristung von zwei Jahren eingeführt worden.

den Kollektivvertrag. Die Möglichkeit der internen Lohnvorschrift kam neu durch die Novelle des ArbGB 1994 hinzu[212], § 21 Abs. 1 ArbGB.

Zudem wurde die Terminologie des Arbeitsgesetzbuches den geänderten wirtschaftlichen und politischen Rahmenbedingungen nach der sanften Revolution von 1989 angepasst. So wird jetzt durchgehend statt „sozialistische Organisation" (*socialistická organizace*) der Begriff *„Arbeitgeber"* (*zaměstnavatel*) und statt *„Arbeiter"* (*pracovník*) der Begriff *„Arbeitnehmer"* (*zaměstnanec*) verwendet.[213]

Neu geregelt wurden u.a. das Recht auf Arbeitszeugnis, Abschlagszahlungen bei Kündigungen durch den Arbeitgeber in bestimmten Fällen, die Nachtarbeit, insbesondere von Frauen, und die Pflichten der Arbeitnehmer und Arbeitgeber beim Arbeitsschutz.[214]

Eine Darstellung der 17. Änderung des ArbGB im Einzelnen würde den Rahmen dieses
Überblicks sprengen. Die Ausführungen sind auf die wichtigsten Änderungen beschränkt.

5. Dritte große Novelle des ArbGB, Gesetz Nr. 155/2000 Slg.

Das Gesetz Nr. 155/2000 Slg. vom 18.5.2000, das am 1.1.2001 in Kraft trat, wurde nicht umsonst als *„Euronovelle"*[215] bzw. *„Harmonisierungsnovelle"*[216] bezeichnet. Insgesamt bezweckten die weit mehr als 100 Änderungspunkte eine Anpassung der tschechischen arbeitsrechtlichen Vorschriften an die Bestimmungen der EU.[217] Jedoch berührte auch diese große Novelle nicht die grundlegende Konzeption des ArbGB von 1965. Das ArbGB bleibt so auch weiter eine im Grunde zwingende Norm, die nicht genügend Raum für die Vertragsfreiheit lässt und vollständig vom bürgerlichen Recht getrennt ist.[218]

---

[212] Vgl. dazu *Kostečka*, AuR 1994, 433, 437; durch interne Vorschrift sind aber nicht Lohnansprüche und Ansprüche auf Reisekostenersatz regelbar, § 21 Abs. 1 ArbGB.

[213] *Thaeter*, WiRO 1994, 401 sowie *Gralla/Leonhardt*, WiRO 1994, 258; *Klikar*, S. 14.

[214] Hierzu *Gralla/Leonhardt*, WiRO 1994, 258.

[215] *Löblich*, S. 147; Die Euronovelle änderte und ergänzte das Gesetz über die Beschäftigung Nr. 1/1991 Slg.

[216] Siehe *Kusak/Čechtická*, WiRO 2000, 409; *Poljaková*, WiRO 2005, 193; *Štangová*, Právo a zaměstnání 3-4/2000, 3.

[217] Vgl. *Bohata*, WiRO 2000, 323; *ders.* in JOR, Bd. 42/1, 2001, 184, 188 f; *Štangová*, Právo a zaměstnání 3-4/2000, 3.

[218] Siehe dazu nur *Bělina/Pichrt*, Právní rozhledy 11/2005, 381, 382.

Insbesondere kam es zu einer Ausweitung der Diskriminierungsverbote[219] und zur Ermöglichung der Arbeitnehmerfreizügigkeit innerhalb der Europäischen Union, wobei letztere erst mit dem Beitritt der Tschechischen Republik am 01.05.2004 in Kraft trat.

Umfassend entstand die Pflicht des Arbeitgebers, für alle Arbeitnehmer die gleichen Arbeitsbedingungen einschließlich der Entlohnung sicherzustellen, § 1 Abs. 3 ArbGB (*Gleichbehandlungsgebot*).

Ferner ist das indirekte und direkte Diskriminierungsverbot aufgenommen worden, § 1 Abs. 4 ArbGB. Wegen etwaiger Diskriminierung hat der Arbeitnehmer einen Unterlassungsanspruch, ggf. einen Anspruch in Geld wegen eines immateriellen Schadens, § 7 Abs. 4, 5 ArbGB.

Erwähnenswert ist, dass durch diese Novelle erstmalig zwei neue Rechtsinstitute eingeführt wurden, nämlich der Betriebsrat[220] und die so genannten Arbeitnehmervertreter auf dem Gebiet der Arbeitssicherheit und des Gesundheitsschutzes[221]. Nunmehr dürfen Arbeitnehmer, die bei einem Arbeitgeber beschäftigt sind, bei dem keine Gewerkschaftsorganisation tätig ist, Betriebsräte, ggf. Arbeitnehmervertreter wählen, § 24 Abs. 1 ArbGB. Betriebsräte dürfen gewählt werden, wenn in dem Betrieb mehr als 25 Arbeitnehmer beschäftigt sind sowie keine Gewerkschaft vertreten ist.

Die Arbeitnehmer haben auch das Recht, durch ihre Arbeitgeber direkt über die Belange des Betriebes und der zu entrichtenden Arbeit dann informiert zu werden, wenn keine Gewerkschaftsorganisation tätig ist oder kein Betriebsrat gegründet wurde, § 18 Abs. 1 ArbGB. Dieses Recht umfasst die entsprechende Unterrichtung, Anhörung und Erörterung.

Weder der Arbeitnehmerrat (Betriebsrat) noch die Vertreter für die Sicherheit und den Gesundheitsschutz am Arbeitsplatz haben eine Rechtssubjektivität.[222]

---

[219] Gleichbehandlung von Männern und Frauen, Verbot der geschlechtsbedingten Diskriminierung u.ä., mehr dazu bei *Štangová*, Právo a zaměstnání 3-4/2000, 3, 4.

[220] § 25 Abs. 1 ArbGB, in der Terminologie des Gesetzes Arbeitnehmerrat *(rady zaměstnanců)*; jedoch sind diese vom Umfang ihrer Rechte und Pflichten her nicht mit den deutschen Betriebsräten gleichzusetzen.

[221] § 24 Abs. 1 ArbGB, in der Terminologie des ArbGB Arbeitssicherheitsobleute für den Bereich der Sicherheit und des Gesundheitsschutzes am Arbeitsplatz (*zástupci pro oblast bezpečnosti a ochrany zdraví při práci = BOZP, abgekürzt*).

[222] Vgl. *Štangová*, Právo a zaměstnání 3-4/2000, 3, 4.

Weiterhin wurden umfassende Neuregelungen zur Einführung eines Europäischen Betriebsrates und eines Verhandlungsausschusses geschaffen, die mit dem EU-Beitritt Tschechiens in Kraft traten, §§ 25 d ff. ArbGB.

Erstmals wurde die Massenentlassung (*hromadné propouštění*) geregelt und definiert, § 52 ArbGB.[223]

Die Grundbegriffe der Arbeitszeit (*pracovní doba*) definierte man gesetzlich in § 83 ArbGB.[224] Überdies wurde die flexible Arbeitszeit gesetzlich fixiert. Es wurde ausdrücklich die Möglichkeit eingeführt, gleitende Arbeitszeiten zu vereinbaren, §§ 85 a-d ArbGB.

Des Weiteren wurde die Pflicht für die Arbeitgeber eingeführt, die Arbeitnehmer spätestens innerhalb eines Monats nach Beginn des Arbeitsverhältnisses schriftlich über die Art der Arbeit und den Arbeitsplatz, die Höhe des Anspruchs auf Urlaub, das Gehalt sowie die Art der Bezahlung, die wöchentliche Arbeitszeit sowie deren Aufteilung und andere gesetzlich festgelegten Tatsachen zu informieren, § 32 Abs. 3 ArbGB.[225] Dies entspricht der Nachweispflicht nach dem Nachweisgesetz in Deutschland - § 2 NachwG - nur mit dem Unterschied, dass in der Tschechischen Republik bei einer Verletzung von Arbeitgeberpflichten unter Umständen Bußgelder verhängt werden können.

Weiter ist hervorzuheben, dass das zuvor umstrittene nachvertragliche Wettbewerbsverbot gesetzlich geregelt wurde.[226] Die Möglichkeit von Wettbewerbsklauseln wurde nunmehr ausdrücklich in den §§ 29 Abs. 2, 3 ArbGB a.F. geregelt. § 29 Abs. 2 Satz 2 der Novelle lautet[227]: *Im Vertrag kann schriftlich geregelt werden, dass der Arbeitnehmer für eine bestimmte Zeit, längstens jedoch für ein Jahr nach Beendigung des Arbeitsverhältnisses, nicht für einen anderen Arbeitgeber oder auf eigene Rechnung eine Tätigkeit ausüben darf, welche zum Gegenstand der Tätigkeit des Arbeitgebers gehörte oder die Wettbewerbscharakter gegenüber der unternehmerischen Tätigkeit des Arbeitgebers hat und zwar zu Bedingungen, zu denen dies vom Arbeitnehmer gerechterweise erwartet werden kann; für die Verletzung einer solchen Verpflichtung kann eine ange-*

---

223 Mehr dazu bei *Štangová*, Právo a zaměstnání 3-4/2000, 3, 6.

224 Siehe *Štangová*, Právo a zaměstnání 3-4/2000, 3, 6.

225 Hierzu näher *Štangová*, Právo a zaměstnání 3-4/2000, 3, 5.

226 Zwar hatte sich das tschechische Verfassungsgericht in seinem Beschluss v. 1.11.1995 – Az. II ÚS 192/95 – grundsätzlich für die Zulässigkeit nachvertraglicher Wettbewerbsverbote ausgesprochen, aber keine genaueren Richtwerte beispielsweise für die Dauer, die Höhe einer Vertragsstrafe gegeben. Die bestehende Rechtsunsicherheit wurde durch die Novelle teilweise beseitigt; mehr dazu später unter dem Punkt: Flexibilisierung durch individualarbeitsrechtliche Maßnahmen; vgl. auch *Kusak/Čechtická*, WiRO 2000, 409 ff.

227 Dt. Übersetzung entnommen aus *Kusak/Čechtická*, WiRO 2000, 409, 409.

messene Vertragsstrafe vereinbart werden. Jedoch macht diese Regelung außer der Höchstdauer eines Wettbewerbsverbots keinerlei weitere Angaben. Bestimmungen über die Höhe der Vertragsstrafe wurden nicht eingeführt. Zwar kennen das tschechische HGB[228] und BGB CZ die Vertragsstrafe, jedoch sind wegen der Selbständigkeit des Arbeitsrechts gegenüber dem Bürgerlichen Recht, die Vorschriften im BGB CZ oder HGB CZ nicht auf arbeitsrechtliche Verhältnisse anwendbar, nicht einmal subsidiär.[229] Die Literatur ist auch der Auffassung, dass die Regelung des BGB CZ oder HGB CZ nicht auf die nach dem ArbGB vereinbarte Vertragsstrafe angewendet werden darf.[230]

Durch spätere Novellierungen des ArbGB wurde zwar wiederum nicht die Höhe der Vertragsstrafe[231] geregelt, aber eine Mindestkarenzentschädigung für den Arbeitnehmer eingeführt, der ein nachvertragliches Wettbewerbsverbot mit dem Arbeitgeber eingeht; § 29 a Abs. 2 ArbGB i.d.g.F.

Der Kündigungsgrund in § 46 Abs. 1 b ArbGB ist auch weggefallen. Danach konnte der Arbeitgeber den Arbeitsvertrag kündigen, wenn das Unternehmen des Arbeitgebers erlischt oder ein Teil des Unternehmens auf einen anderen Arbeitgeber übertragen wird und dieser übernehmende Arbeitgeber keine Weiterbeschäftigungsmöglichkeit hatte. Durch die Streichung dieses Kündigungsgrundes wird es künftig zu einem automatischen Übergang der Arbeitsverhältnisse auf den Erwerber kommen, ohne dass es hierzu einer Beendigung der bestehenden und eines Abschlusses von neuen Arbeitsverträgen bedarf.[232] Nunmehr gibt es zwei selbstständige Kündigungsgründe. Künftig kann der Arbeitgeber das Arbeitsverhältnis kündigen, wenn der Arbeitgeber oder ein Teil des Arbeitgebers aufgelöst wird oder wenn der Arbeitgeber oder ein Teil des Arbeitgebers an einen anderen Ort verlegt wird, § 46 Abs. 1 a und b ArbGB i.d.g.F.

Weiterhin ist es nun möglich, die Abfindung (*odstupného*) durch Tarifvertrag oder eine interne Vorschrift zu erhöhen beziehungsweise weitere Bedingungen festzulegen, § 60 a Abs. 1 S. 2 ArbGB. Früher war die Höhe der Abfindung zwingend geregelt und eine Erhöhung dieser unmöglich.[233]

---

[228] Handelsgesetzbuch (*obchodní zákonik*) vom 5.11.1991, Gesetz Nr. 513/1991 Slg., i.d.F. seiner späteren Änderuungen und Ergänzungen; nachfolgend abgekürzt mit HGB CZ.

[229] Ebenso *Linhart/Schwarz/Hladký*, Arbeitsrecht in Europa, S. 1203, Rn. 88.

[230] *Gregorová*, Právo a zaměstnání 1/2000, S. 7.

[231] Die Literatur geht aufgrund der Entscheidung des Verfassungsgerichts vom 1.11.1995 davon aus, dass die Obergrenze der Vertragsstrafe bei sechs Monatsgehältern liegt. Denn eine Vertragsstrafe in Höhe von sechs Monatslöhnen lag der Entscheidung zu Grunde.

[232] *Kusak/Čechtická*, WiRO 2000, 409, 410; auch *Štangová*, Právo a zaměstnání 3-4/2000, 3, 6.

[233] Vgl. *Štangová*, Právo a zaměstnání 3-4/2000, 3, 6.

Darüber hinaus wurde die Begrenzung der Vereinbarung einer Probezeit mit bestimmten Arbeitnehmergruppen, § 31 Abs. 4 a.F. ArbGB[234] aufgehoben. Somit kann ab dem 1.1.2001 eine Probezeit mit jedem Arbeitnehmer vereinbart werden.

Zusätzlich gibt es eine neue Definition des Dienstreisebegriffs in § 38 Abs. 1 ArbGB. Danach ist eine Dienstreise eine *zeitlich begrenzte Entsendung eines Arbeitnehmers durch den Arbeitgeber außerhalb des vereinbarten Arbeitsorts.* Diese Form der Entsendung muss aber Bedingung im Arbeitsvertrag sein, also schriftlich geregelt werden, sonst kann der Arbeitgeber keine Dienstreise anordnen. Man spricht auch von der Arbeitsreise (*pracovní cesta*).[235] Es ist aber der Begriff der Dienstreise (*služební cesta*) mehr geläufig.

Außerdem wurde der gesetzliche Mindesturlaub von vier Wochen eingeführt, § 102 Abs. 1 ArbGB. Früher richtete sich dieser nach der Dauer des Arbeitsverhältnisses und dem Alter des Arbeitnehmers. Dazu hat der Arbeitnehmer einen Urlaubsabgeltungsanspruch für nicht in Anspruch genommenen Urlaub, wenn er diesen auch bis zum Ende des darauf folgenden Kalenderjahres nicht nehmen konnte. Diese Regelung ist aber durch das Gesetz Nr. 436/2004 Slg. aufgehoben und die Abgeltung neu geregelt worden.

Abschließend lässt sich jedoch konstatieren, dass der zwingende Charakter des ArbGB beibehalten wurde. Es kam nicht zu einer grundsätzlichen Änderung der Konzeption des ArbGB, die zu einer Liberalisierung der arbeitsrechtlichen Beziehungen führte.

6. Vierte große Novelle des ArbGB, Gesetz Nr. 436/2004 Slg.

Die Neuregelung des Beschäftigungsgesetzes[236] führte zur Änderung von weiteren 55 Gesetzen, die durch ein Änderungsgesetz - Gesetz Nr. 436/2004 Slg. - an die neuen Regelungen angepasst wurden.[237] Durch dieses Gesetz Nr. 436/2004 Slg., das als Begleitgesetz zum neuen Beschäftigungsgesetz ebenfalls am 01.10.2004 in Kraft trat, wurde u.a. eine Novelle des Arbeitsgesetzbuches vorgenommen, die die Arbeitnehmerüberlassung legalisierte, § 38 a ff. ArbGB n.F. Damit wurden insbesondere Änderungen des ArbGB bezüglich der Beschäftigung von Personen (Zeitarbeitskräfte) durch die privaten Arbeitsvermittlungs-

---

[234] Diese Vorschrift besagte, dass eine Probezeit nicht mit solchen Arbeitnehmern vereinbart werden darf, mit welchen kein befristetes Arbeitsverhältnis abgeschlossen werden kann; ebenso *Štangová*, Právo a zaměstnání 3-4/2000, 3, 5.
[235] *Štangová*, Právo a zaměstnání 3-4/2000, 3, 5.
[236] Nr. 435/2004 Slg.
[237] Siehe *Bohata*, JOR, Bd. 46/1, 2005, 130, 133 sowie *ders.*, WiRO 2004, 378, 380.

agenturen vollzogen. Dabei wurde mit der Neuregelung der Zeitarbeit komplett die Bestimmung über eine zeitweilige Überlassung eines Arbeitnehmers zur Arbeitsausübung an eine andere Person, so genannte Entsendung von Arbeitnehmern, § 38 Abs. 4 ArbGB a.F. gestrichen.[238]

Insbesondere wurde die Urlaubsabgeltung durch das Gesetz Nr. 436/2004 Slg. neu im Arbeitskodex in § 109 Abs. 2 ArbGB geregelt. Nunmehr ist es nicht mehr länger möglich, den Urlaub, der in den vorangegangenen Kalenderjahren angesammelt wurde, auszuzahlen. Die einzige Ausnahme gibt es bei der Beendigung des Arbeitsverhältnisses.[239] Dadurch erlischt der Anspruch des Arbeitnehmers auf den 4-wöchigen Mindesturlaub, wenn er nicht bis zum Ende des darauf folgenden Kalenderjahres in Anspruch genommen wird, § 109 Abs. 2 S. 4 ArbGB. Außerdem müssen nunmehr die Arbeitnehmer, die bis zum 31. Oktober des Folgejahres ihren Vorjahresmindesturlaub noch nicht vollständig genommen haben, diesen Resturlaub automatisch an dem darauf folgenden Arbeitstag in Anspruch nehmen, es sei denn gesetzlich festgelegte Arbeitshindernisse stehen dem entgegen.[240]

Zusammenfassend betreffen die Änderungen unter anderem die Bereiche der allgemeinen Arbeitsbedingungen, die Rolle der Aufsichtsbehörden, allgemein die Vermittlung und Überlassung von Arbeitskräften, die Umschulungen, die Beschäftigung behinderter Personen sowie die Beschäftigung ausländischer Arbeitnehmer.

7. Beschäftigungsgesetz Nr. 435/2004 Slg.

Ein neues Gesetz über die Beschäftigung, Gesetz Nr. 435/2004 Slg. (BeschäftigungsG) löst die früheren Regelungen[241] von 1991 ab. Die weitere gesellschaftlich-ökonomische Entwicklung und die Notwendigkeit der Kompatibilität der rechtlichen Regelung in diesem Bereich mit dem Recht der Europäischen Union machte die Verabschiedung eines neuen BeschäftigungsG erforderlich.[242]

---

[238] Nach Auffassung von Rödl & Partner CZ, Herrn Dr. *Ondřej Doležal* bringt damit der Gesetzgeber offenbar zum Ausdruck, dass eine Überlassung eines Arbeitnehmers an eine andere Person künftig nur in Form von Zeitarbeit zulässig ist, und zwar durch hierzu berechtigte Träger bzw. Zeitarbeitsunternehmen; Mandantenbrief 08/2004, S. 5, abrufbar unter http://www.roedl.cz/www/download/N-Letter/MB0408D.pdf, zuletzt am 28.6.06 aktualisiert.

[239] Vgl. *Jouza*, Práce a mzda 10-11/2004, 38 u. 45.

[240] § 109 Abs. 2 S. 3 ArbGB; dies bedeutet, dass Arbeitnehmer, die ihren Mindesturlaub für 2005 noch nicht vollständig genommen haben, von Gesetzes wegen am 1. November 2006 ihren Resturlaub antreten müssen. Siehe dazu auch *Jouza*, Práce a mzda 10-11/2004, 38, 45.

[241] Gesetz über die Beschäftigung Nr. 1/1991 Slg., siehe unter Teil 1. B. IV. 2.

[242] Mehr dazu bei Bělina - *Bělina*, S. 424 ff.

a) Beschäftigung von EU-Bürgern

Im Zusammenhang mit dem Beitritt der Tschechischen Republik zur Europäischen Union entstand unter anderem auch die Notwendigkeit, die Beschäftigung von Unionsbürgern in der Tschechischen Republik neu zu regeln, insbesondere die bestehenden Hürden EU-konform zu lockern. Die entsprechenden Änderungen spiegeln sich in dem neuen BeschäftigungsG wider, das am 1.10.2004 in Kraft trat.

§ 85 Abs. 1 S. 2 des BeschäftigungsG[243] regelt nunmehr, dass als ausländischer Arbeitnehmer (ein *„Ausländer"*) für die Zwecke dieses Gesetzes weder ein EU-Bürger noch seine Familienangehörigen unabhängig von deren Staatsangehörigkeit angesehen werden. EU-Staatsangehörige werden nach dem BeschäftigungsG nicht als Ausländer angesehen. Damit erfolgt erstmalig eine gesetzliche Gleichstellung zu tschechischen Arbeitnehmern.[244] Es bedarf nun grundsätzlich für die Ausübung einer Tätigkeit in der Tschechischen Republik keiner Arbeitsgenehmigung mehr.[245]

Es besteht lediglich eine Nachweis- und Informationspflicht des Arbeitgebers gegenüber dem zuständigen Arbeitsamt. Diese sog. EU-Bürgerevidenz führt das Arbeitsamt, § 102 Abs. 1 BeschäftigungsG. Überdies ist der Arbeitgeber selber verpflichtet, eine Evidenz der EU-Bürger und aller Ausländer (Nicht-EU-Bürger), die er beschäftigt oder die ihm zur Arbeitsausübung durch einen ausländischen Arbeitgeber entsandt worden sind, zu führen, § 102 Abs. 2 BeschäftigungsG.

---

[243] § 85 Abs. 1 S. 2 BeschäftigungsG lautet: Als Arbeitnehmer aus dem Ausland (weiter nur *"Ausländer"*) wird für Zwecke der Beschäftigung nach diesem Gesetz eine natürliche Person, die kein Staatsbürger der Tschechischen Republik, der Europäischen Union oder sein Familienangehörige ist, betrachtet. Nichtamtliche Übersetzung von *Rau* (ehemals *Rydlová*).

[244] In diesem Sinne auch *Bohata*, WiRO 2004, 378, 380.

[245] Einer besonderen Aufenthaltsgenehmigung bedarf es für EU - Bürger nicht mehr, wenn die Gesamtdauer drei Monate nicht überschreitet. Nach Überschreitung kann eine vorübergehende EU - Aufenthaltsgenehmigung beantragt werden, die bei Vorlage der vorgeschriebenen Dokumente (gültiger Pass, Nachweis des Aufenthaltszwecks, zwei Passfotos) erteilt wird. Es besteht jedoch keine Antragspflicht. Eine unbefristete EU - Aufenthaltserlaubnis kann erst nach mindestens dreijähriger Beschäftigung und Aufenthalt in der Tschechischen Republik beantragt werden. Eine Ausnahme besteht nur für EU-Bürger, die in der Tschechischen Republik unternehmerisch oder als Mitglieder eines gesetzlichen Vertretungsorgans (Geschäftsführer, Vorstände) tätig sind, diese können eine unbefristete EU-Aufenthaltserlaubnis sofort beantragen.

b) Nachweis- und Informationspflicht des Arbeitgebers über die Beschäftigung

Der Arbeitgeber muss eine Nachweis- und Informationspflicht gegenüber dem zuständigen Arbeitsamt beachten.

Der Arbeitgeber ist verpflichtet, einen Nachweis darüber zu führen, wen er, auf welchem Arbeitsplatz und seit wann beschäftigt. Diese Nachweispflicht gilt auch für solche Arbeitnehmer, die zu ihm aus dem EU-Gebiet zur Beschäftigung entsandt werden und auf die nachfolgend ebenfalls kurz eingegangen wird.

Der Nachweis muss grundsätzlich die folgenden Angaben enthalten und sollte im Fall von Kontrollen durch das zuständige Arbeitsamt vorgelegt werden können, §§ 102 Abs. 2 i.V.m. 91 Abs. 1 lit. a - c und e des BeschäftigungsG:

a) Angaben zur Identifikation des beschäftigten EU-Bürgers oder seines Familienangehörigen,
b) Anschrift in dem Land, in dem sich der EU-Bürger oder sein Familienangehöriger dauerhaft aufhält und die Adresse für die Zustellungen von Sendungen[246],
c) Nummer des Reisedokuments und Behörde, die diesen ausgestellt hat,
d) Arbeitsart, Arbeitsort und die Dauer, für die die Beschäftigung ausgeübt werden soll,
e) Geschlecht des Arbeitnehmers,
f) Brancheneingliederung je nach (fachlicher) Qualifikation,
g) die höchste von dem Arbeitnehmer erlangte Bildungsstufe,
h) die für die Berufsausübung erforderliche Ausbildung,
i) Zeitpunkt des Arbeitsantritts und sofern dieser bereits feststeht oder das Arbeitsverhältnis beendet ist, den Zeitpunkt der Beendigung der Beschäftigung bzw. der Entsendung,
j) Angaben zur Identifikation des Arbeitgebers.

Der § 87 BeschäftigungsG sieht in diesem Zusammenhang vor, dass der Arbeitgeber das zuständige Arbeitsamt über die Beschäftigung von EU-Bürgern oder seiner Familienangehörigen schriftlich informieren muss und dies spätestens am Tag des Arbeitsantritts dieser Personen. Der Inhalt der Informationspflicht deckt sich mit dem Inhalt des oben genannten Nachweises. Weiterhin ist zu beachten, dass der Arbeitgeber gemäß § 87 Satz 3 des Beschäftigungsgesetzes auch verpflichtet ist, beim Ende der Beschäftigung das zuständige Arbeitsamt spätestens bis zehn Tage nach dessen Beendigung davon zu unterrichten.

---

[246] Das wird meistens die Zustelladresse auf dem Gebiet der Tschechischen Republik sein.

Die Einhaltung der Nachweis- und Informationspflichten wird von den zuständigen Arbeitsämtern in Zusammenarbeit mit dem tschechischen Zoll kontrolliert. Nach den Neuregelungen durch das BeschäftigungG können Verstöße gegen die für die Beteiligten obliegenden Pflichten erheblich schärfer als bisher sanktioniert werden.[247]

Schließlich ist zu beachten, dass der Arbeitgeber gemäß § 87 S. 3 BeschäftigungsG verpflichtet ist, das zuständige Arbeitsamt spätestens 10 Kalendertage nach der Beendigung der Beschäftigung oder Entsendung über diese Tatsache ebenfalls in Kenntnis zu setzen.

Der § 103 BeschäftigungsG eröffnet der tschechischen Regierung die Möglichkeit, nationale Maßnahmen im Bereich der Beschäftigung von EU-Bürgern und deren Familienangehörigen zu treffen, sofern ein EU-Mitgliedstaat gegenüber tschechischen Staatsbürgern und deren Familienangehörigen eine nationale Maßnahme trifft oder das Grundrecht der Arbeitnehmerfreizügigkeit im Rahmen der Gemeinschaft vollständig oder zumindest teilweise aufhebt. Die tschechische Regierung kann gegenüber einem solchen EU-Staat gleichwertige Gegenmaßnahmen treffen. Dies könnte jederzeit z.B. gegenüber Deutschland der Fall sein, die beide solche nationalen Maßnahmen für einen Übergangszeitraum von max. 7 Jahren als sog. unten näher ausgeführtes *„2+3+2"*-Modell bereits ergriffen haben.

c) Vermittlung der Beschäftigung

Nach § 14 Abs. 3 BeschäftigungsG wird eine Beschäftigung unter den Bedingungen nach diesem Gesetz durch

a) die Arbeitsämter,
b) juristische oder natürliche Personen, falls sie eine Erlaubnis zur Beschäftigungsvermittlung besitzen (weiter nur Arbeitsagenturen – *„agentura práce"*),

vermittelt.

---

[247] Vgl. §§ 125 bis 141 BeschäftigungsG, insbesondere § 139 Abs. 2 lit b., Abs. 6. Im Falle einer Verletzung einer aus den arbeitsrechtlichen Vorschriften, inklusive Arbeitsgesetzbuch resultierenden Pflicht kann dem Arbeitgeber eine Strafe von CZK 1.000.000,--bis CZK 2.000.000,-- auferlegt werden.

Als Beschäftigungsvermittlung gilt nach § 14 Abs. 1 BeschäftigungsG

a) die Suche nach einer Beschäftigung für eine natürliche Person, die sich um Arbeit bewirbt, und die Suche nach Arbeitnehmern für einen Arbeitgeber, der neue Arbeitskräfte sucht,
b) die Beschäftigung natürlicher Personen für die Zwecke der Ausübung ihrer Arbeit für einen Nutzer; ein Nutzer ist eine andere juristische oder natürliche Person, die Arbeit zuteilt und die die Ausübung der Arbeit überwacht (weiter nur Nutzer - *„uživatel"*), sog. Verleihung der Arbeitskraft (*tzv. pronájem pracovní síly*)[248]
c) beratende und informative Tätigkeit auf dem Gebiet der Arbeitsgelegenheiten.

Nach § 14 Abs. 5 BeschäftigungsG dürfen die Arbeitsämter nur eine Vermittlungstätigkeit nach Absatz 1 a) und c) durchführen. Die Arbeitsagenturen dürfen auch die Vermittlungstätigkeit nach Absatz 1 b) durchführen.

aa) Vermittlung durch Arbeitsamt

Die Arbeitsämter vermitteln die Beschäftigung vor allem durch eine kostenlose Vermittlung der geeigneten Beschäftigung für eine natürliche Person, vgl. § 18 BeschäftigungsG.

Der Arbeitgeber ist verpflichtet innerhalb von 10 Kalendertagen freie Arbeitsplätze und deren Beschreibung dem zuständigen Arbeitsamt mitzuteilen. Unverzüglich, spätestens innerhalb von 10 Kalendertagen, hat er deren Besetzung mitzuteilen. Freie Arbeitsplätze sind neu geschaffene oder befreite Arbeitsplätze, die der Arbeitgeber zu besetzen beabsichtigt. Die Mitteilungsfrist beginnt mit dem folgenden Tag nach der Schaffung, dem Freiwerden oder der Besetzung des Arbeitsplatzes, § 35 BeschäftigungsG.[249]

Die natürliche Person kann sich um die Beschäftigung mittels des Arbeitsamtes als ein Beschäftigungsinteressent oder als ein Beschäftigungsbewerber bemühen. *Ein Beschäftigungsinteressent ist eine natürliche Person, die an der Vermittlung einer Beschäftigung Interesse hat und aus diesem Grund ihre Aufnahme in die Evidenz der Beschäftigungsinteressenten bei jeglichem Arbeitsamt auf dem Gebiet der Tschechischen Republik beantragt. Das Arbeitsamt vermittelt dem Beschäftigungsinteressenten eine geeignete Beschäftigung und kann ihm eine Umschulung zusichern*, § 22 Abs. 1 BeschäftigungsG. *Der Beschäftigungs-*

[248] So *Jouza*, Práce a mzda 10-11/2004, 38.
[249] Nichtamtliche Übersetzung von *Rau (ehemals Rydlová)*; mehr zu der Vermittlung der Beschäftigung durch die Arbeitsämter Bělina - *Bělina*, S. 427 ff.

bewerber ist eine natürliche Person, die persönlich die Vermittlung einer geeigneten Beschäftigung bei dem Arbeitsamt, in dessenVerwaltungsbezirk sie ihren Wohnsitz hat, beantragt und die nach Erfüllung der gesetzlichen Voraussetzungen in die Beschäftigungsbewerberevidenz durch das Arbeitsamt aufgenommen wird, § 24 Abs. 1 BeschäftigungsG.

In § 30 des BeschäftigungsG sind abschließend die Gründe eines Ausscheidens eines Bewerbers aus der Evidenz (Bewerberkartei) durch eine Entscheidung des Arbeitsamtes aufgezählt. Es handelt sich beispielsweise um Fälle, in denen der Bewerber eine illegale Arbeit nachgeht, eine geeignete Beschäftigung ablehnt oder eine vereinbarte Umschulung oder anderweitig die Zusammenarbeit mit dem Arbeitsamt stört.

Bei der Beschäftigungsvermittlung wird erhöhte Fürsorge den Beschäftigungsbewerbern, die sie wegen Gesundheitszustand, Alter, Sorge um ein Kind oder aus anderen ersthaften Grüngen benötigen, gewidmet. In § 33 Abs. 1 lit. a) - h) BeschäftigungsG sind die Personen abschließend aufgelistet.[250]

bb) Vermittlung durch Arbeitsagentur

Die Beschäftigungsvermittlung durch die Arbeitsagenturen ist in den §§ 58 ff. BeschäftigungsG geregelt. *Die Arbeitsagenturen dürfen die Beschäftigungsvermittlung in der Tschechischen Republik oder aus der Tschechischen Republik ins Ausland und aus dem Ausland in die Tschechische Republik ausüben*, § 58 Abs. 1 BeschäftigungsG. *Die Beschäftigungsvermittlung können die Arbeitsagenturen sowohl kostenlos als auch kostenpflichtig, inklusive Zahlungen, bei denen man Gewinn macht, ausüben. Bei einer kostenpflichtigen Beschäftigungsvermittlung darf keine Zahlung von der natürlichen Person, für die die Beschäftigung vermittelt wird, verlangt werden*, vgl. § 58 Abs. 2 BeschäftigungsG.

Als Beschäftigungsvermittlung gilt nach § 14 Abs. 1 lit. b) BeschäftigungsG auch die Beschäftigung natürlicher Personen für die Zwecke der Ausübung ihrer Arbeit für einen Nutzer/Entleiher. Im Unterschied zu den Arbeitsämtern können die Arbeitsagenturen auch eine Beschäftigung in Form einer einstweiligen Zuteilung des Arbeitnehmers zur Ausübung der Tätigkeit für eine andere juristische oder natürliche Person vermitteln.[251] Das bedeutet, dass die klassische Arbeitnehmerüberlassung durch die Arbeitsagenturen, entweder als natürliche oder als juristische Person ausgeübt wird.

[250] Vgl. Bělina - *Bělina*, S. 429.
[251] Siehe hierzu Bělina - *Pichrt*, S. 430.

(1) Erlaubnispflicht der Vermittlung

Die Arbeitsagenturen bedürfen für die Ausübung der Beschäftigungsvermittlung einer Erlaubnis durch das Arbeits- und Sozialministerium. Nach § 60 Abs. 1 BeschäftigungsG wird die Erlaubnis zur Beschäftigungsvermittlung nach § 14 Absatz 3 b) durch das Ministerium auf Gesuch einer juristischen oder natürlichen Person um

a) eine Erlaubnis zur Beschäftigungsvermittlung in der Tschechischen Republik,
b) eine Erlaubnis zur Beschäftigungsvermittlung von Ausländern in die Tschechische Republik, oder
c) eine Erlaubnis zur Beschäftigungsvermittlung ins Ausland

erteilt.

§ 60 regelt weiterhin die Voraussetzungen zum Erwerb einer Erlaubnis für eine natürliche oder juristische Person. Dabei ist das Ministerium berechtigt, deren Fähigkeit, die Vermittlungstätigkeit anzubieten zu überprüfen, falls ein begründeter Verdacht existiert, dass es zu einer ernsthaften Gefährdung geschützter Interessen oder zu einem unberechtigten Anbieten der Vermittlungstätigkeit kommt, vgl. § 60 Abs. 7 BeschäftigungsG.

Sofern eine Arbeitsagentur die Beschäftigung ohne Erlaubnis vermittelt oder auf eine andere Weise dieses Gesetz bei der Vermittlung von Beschäftigung verletzt, kann sie bis zu 2.000.000 CZKc Geldstrafe zahlen.[252]

(2) Erlaubnispflicht der Vermittlung auch bei Entsendung

Das neue BeschäftigungsG wirkt sich auch auf die Entsendung von Arbeitnehmern durch deutsche Arbeitgeber in die Tschechische Republik aus. So werden diese Arbeitgeber nach der ausdrücklichen Regelung und Auslegung des Beschäftigungsgesetzes derart beurteilt, als ob sie der sog. Agenturtätigkeit - Zeitarbeit nachgehen.[253]

Nach den Änderungen zum 01.10.2004 können Arbeitnehmerentsendungen zu anderen Unternehmen nur dann vorgenommen werden, wenn der Arbeitgeber

---

[252] Für natürliche Personen als Verstoß in § 139 Abs. 1 lit. b) i.V.m. Abs. 6 lit. b) und für juristische Personen als Verwaltungsdelikt in § 140 Abs. 1 lit. c) i.V.m. Abs. 3 lit. b) BeschäftigungsG geregelt.

[253] Vgl. *Klikar*, Rödl & Partner Newsletter, Mandantenbrief 08/2004, S. 2, zuletzt abgerufen am 19.07.2005 unter http://www.roedl.cz/www/download/N-Letter/MB0408D.pdf.

über eine Zulassung als Arbeitsvermittlungsagentur verfügt, §§ 60 Abs. 1, 14 Abs. 1 lit. b) BeschäftigungsG.

Der § 66 BeschäftigungsG bestimmt, in dem unter dem Titel *„Die Beschäftigungsvermittlung in der Form einer zeitweiligen Entsendung eines Arbeitnehmers zur Ausübung von Arbeit für eine andere juristische oder natürliche Person"* aufgeführt wird: *als Beschäftigungsvermittlung durch eine Arbeitsagentur nach § 14 Absatz 1 b) gilt der Abschluss eines Arbeitsverhältnisses oder einer Vereinbarung über eine Arbeitstätigkeit zwischen einer natürlichen Person und einer Arbeitsagentur für Zwecke der Ausübung von Arbeit bei einem Nutzer. Eine Arbeitsagentur kann ihren Arbeitnehmer zeitweilig zur Ausübung von Arbeit für einen Nutzer nur aufgrund einer schriftlichen mit dem Nutzer nach einer besonderen Rechtsvorschrift* [254] *abgeschlossenen Vereinbarung über die zeitweilige Entsendung des Arbeitnehmers entsenden.*[255]

Diese Neuregelung betrifft grenzüberschreitende sowie inländische Entsendeverträge, nach denen Arbeitnehmer über einen festgelegten Zeitraum für und nach Weisungen einer entleihenden tschechischen Gesellschaft tätig werden, sog. Arbeitnehmerüberlassung.[256] Die Entsendung von Arbeitnehmern aus sog. Drittstaaten, also aus Staaten, die nicht der Europäischen Gemeinschaft angehören, gilt nach § 14 Abs. 2 BeschäftigungsG[257] auch als Beschäftigungsvermittlung. Daher bedarf es auch für die Entsendung aus Drittstaaten einer Erlaubnispflichtigkeit der Vermittlungstätigkeit. Zum Beispiel ein Unternehmen aus der Ukraine, das sich mit der Vermittlung der Beschäftigung von Bauarbeitern in das Bauwesen der tschechischen Republik beschäftigt, sofern die Arbeitnehmer ein Arbeitsverhältnis mit einer ukrainischen Baufirma geschlossen haben und diese ihnen auch den Lohn gewährleistet, muss dieses ukrainische Unternehmen auch die tschechische Genehmigung vom Ministerium für Arbeit und Soziales beantragen.[258]

---

[254] Anmerkung Verfasserin: mit der besonderen Rechtsvorschrift ist das ArbGB, die §§ 38 a, b ArbGB bzw. die § 308 f. ArbGB n.F.(neues ArbGB) gemeint.

[255] Mehr zum § 66 BeschäftigungsG bei *Jouza*, Práce a mzda 10-11/2004, 58 f.

[256] *Ozwald/Hoffmann/Schindler*, Zeitschrift plus říjen 2004, S. 18 von der DTIHK, Oktober 2004, zuletzt abgerufen am 26.11.2006 unter http://www.dtihk.cz/StartDE.htm.

[257] § 14 Abs. 2 BeschäftigungsG lautet: Als Beschäftigungsvermittlung nach Absatz 1 b) gilt auch die Entsendung eines Ausländers durch seinen ausländischen Arbeitgeber zur Ausübung von Arbeit in die Tschechische Republik aufgrund eines Vertrages mit einer tschechischen juristischen oder natürlichen Person, desses Inhalt die Vermietung einer Arbeitskraft bildet. Nichtamtliche Übersetzung von *Rau (ehemals Rydlová).*

[258] Vgl. *Kahle*, Práce a mzda 3/2005, 51, 58.

d) Schutz vor Diskriminierung

Ein wichtiger Aspekt des BeschäftigungsG sind die Maßnahmen zur Förderung und Erreichung der Gleichbehandlung von Frauen und Männern, von Personen mit gesundheitlichen Behinderungen und von weiteren Personengruppen, die eine erschwerte Position auf dem Arbeitsmarkt haben, soweit es um den Zugang zum Beruf, die Umschulung oder Vorbereitung zur Arbeit sowie um die Maßnahmen zur Beschäftigung dieser Personen geht. *Bei der Betätigung des Rechts auf Beschäftigung ist sowohl die direkte als auch indirekte Diskriminierung aufgrund des Geschlechts, sexueller Orientierung, der Rassenangehörigkeit oder ethnischer Herkunft, Nationalität, Staatsbürgerschaft, sozialer Herkunft, der Herkunft, der Sprache, des Gesundheitszustandes, des Alters, des Vermögens, des Ehe- und Familienstandes oder der Familienpflichten, politischer oder anderer Gesinnung, der Mitgliedschaft und Tätigkeit in politischen Parteien oder politischen Bewegungen, in Gewerkschaften oder Arbeitgeberorganisationen verboten*, § 4 Abs. 2 BeschäftigungsG. *Als Diskriminierung gilt nicht eine ungleiche Behandlung aus dem im Absatz 2 genanntem Grund, falls es sich aus der Natur der Beschäftigung oder aus den Zusammenhängen ergibt, dass dieser Grund eine wesentliche und entscheidende Anforderung zur Ausübung der von der natürlichen Person auszuübenden Beschäftigung darstellt und dass diese Anforderung für die Ausübung der Beschäftigung unentbehrlich ist*, § 4 Abs. 3 BeschäftigungsG. [259] Falls es bei der Betätigung des Rechts auf Beschäftigung zur Verletzung der Rechte und Pflichten, die von der Gleichbehandlung ausgehen, oder zur Diskriminierung kommt, kann die natürliche Person verlangen, dass

a) die Verletzung aufgegeben wird,
b) die Folgen dieser Verletzung beseitigt werden,
c) sie angemessene Entschädigung bekommt (§ 4 Abs. 10 BeschäftigungsG).[260]

e) Recht auf Beschäftigung

Gemäß § 10 BeschäftigungsG ist das Recht auf Beschäftigung das Recht einer natürlichen Person, die arbeiten will und kann und die sich um Arbeit bewirbt, auf Beschäftigung in einem Arbeitsrechtsverhältnis (weiter nur "Beschäftigung"), auf Vermittlung einer Beschäftigung und auf Gewährleistung anderer Dienstleistungen unter in diesem Gesetz bestimmten Bedingungen.

---

[259] Nichtamtliche Übersetzung von *Rau (ehemals Rydlová).*
[260] Vgl. dazu auch Bělina - *Bělina*, S. 424 f.

Eine natürliche Person hat das Recht ihre Beschäftigung selber frei zu wählen und zu besorgen und sie frei auszuüben auf dem gesamten Gebiet der Tschechischen Republik oder sie kann sich eine Beschäftigung im Ausland besorgen, § 11 BeschäftigungsG.[261]

Unter dem Recht auf Beschäftigung wird vor allem das Recht verstanden:

a) auf Vermittlung einer Arbeitsbetätigung in einer passenden Beschäftigung
b) auf die Förderung bei Arbeitslosigkeit in dem Fall, das die Beschäftigung nicht sichergestellt ist. [262]

Natürlich hat die betreffende Person erstens das Recht auf Sicherstellung der Beschäftigung und nur wenn das Arbeitsamt keine geeignete Beschäftigung hat, sollte es ihr eine Umschulung, die für die Arbeitstätigkeit erforderlich ist, besorgen. Die Bewilligung von Arbeitslosenleistungen ist somit die finale und selbstverständlich am wenigsten befriedigende Lösung und hat nur den Charakter einer Ersatzleistung.[263]

8. Weitere wichtige Gesetze

Das Gesetz Nr. 1/1992 Slg. über den Lohn, das Entgelt für die Arbeitsbereitschaft und den Durchschnittsverdienst (LohnG)[264] sowie die Regierungsverordnung Nr. 303/1995 Slg. über den Mindestlohn[265], die aufgrund § 111 Abs. 4 ArbGB erlassen wurde, sind weitere wichtige Gesetze.

Das Gesetz über die Kollektivverhandlung Nr. 2/1991 Slg.[266] ist dem Grunde nach eine Verfahrensregelung über den ganzen Prozess der Tarifverhandlung in ihren drei möglichen Abschnitten (Vermittlung, Schlichtung, Streik). Im Mittelpunkt stehen der Tarifvertragsabschluss selbst, die Lösung von Kollektivstrei-

---

261 Nichtamtliche Übersetzung von *Rau (ehemals Rydlová).*
262 So zutreffend Bělina - *Bělina*, S. 425.
263 Vgl. Bělina - *Bělina*, S. 426.
264 Bei den öffentlich-rechtlichen Arbeitgebern, Arbeitnehmern gilt das Gesetz Nr. 143/1992 Slg. über das Gehalt und die Vergütung für Arbeitsbereitschaft in haushaltsfinanzierten und einigen anderen Organisationen und Behörden (=GehaltsG); siehe hierzu Fn. 178.
265 In der Fassung der Regierungsverordnung Nr. 313/1999 Slg., mit späteren Änderungen.
266 Das Gesetz Nr. 2/1991 Slg., über die Kollektivverhandlung, im Wortlaut des Gesetzes Nr. 519/1991 Slg., des Gesetzes Nr. 118/1995 Slg., des Gesetzes Nr. 155/195 Slg., des Gesetzes Nr. 220/2000 Slg., des Gesetzes Nr. 151/2002 Slg., des Beschlusses des Verfassungsgerichts Nr. 199/2003 Slg. und des Gesetzes Nr. 255/2005 Slg, im weiteren abgekürzt GKV; siehe auch Fn. 155.

tigkeiten sowie die Bedingungen des Arbeitskampfes inklusive Streik und Aussperrung.[267]

[267] So *Kostečka*, AuR 1994, 433, 436.

V. Bewertung des gegenwärtigen ArbGB – de lege lata[268] (bis zum 1.1.2007)

Nach dem Jahr 1989 kam es zu einer langsamen Anpassung der im ArbGB verankerten Regelung an die Anforderungen der Marktwirtschaft und der privaten Unternehmerschaft.[269]

Die gegenwärtige Ausgestaltung der arbeitsrechtlichen Beziehungen, die durch das ArbGB geregelt wird, ist eine komplexe und selbständige Regelung. De lege lata steht das Arbeitsrecht an der Grenze zwischen dem privaten und öffentlichem Recht und hat einen selbständigen Charakter. Auf die Arbeitsverhältnisse sind daher nicht die Normen anderer Rechtsgebiete anwendbar, beispielsweise Normen des BGB. Die Selbständigkeit der arbeitsrechtlichen Regelung bringt viele Vorteile bei der Anwendung und Auslegung der rechtlichen Normen. Dagegen führen auch die völlige Loslösung von dem BGB und der zwingende Charakter des ArbGB zu negativen Auswirkungen bei dem selbständigen Schutz der Arbeitnehmer. Denn unter den gegenwärtigen gesellschaftlichen und ökonomischen Bedingungen kommt es zu einer Umgehung der arbeitsrechtlichen Regelung sowie zu einer Ausnutzung der Mittel des BGB, das Vertragsfreiheit berücksichtigt.

Der zwingende Charakter des ArbGB, das trotz seiner Novellierungen fortbesteht, ist ein enormes Hindernis für die weitere Entwicklung der arbeitsrechtlichen Beziehungen. Die Arbeitgeber und die Arbeitnehmer können durch Rechtshandlungen die Rechte und Pflichten nur im Rahmen der Regelungen des ArbGB begründen und dürfen ihren übereinstimmenden Willen nicht abweichend von den Fragen regeln, die das ArbGB nicht ausdrücklich erlaubt. Deshalb gelangt die zwingende Regelung des ArbGB in den Fällen, wo der übereinstimmende Wille des Arbeitgebers und des Arbeitnehmers eine Verbesserung der Arbeitsbedingungen des Arbeitnehmers zur Folge hätte, mit der grundlegenden Funktion des Arbeitsrechts, nämlich dem Arbeitnehmerschutz, insbesondere der Verbesserung der Bedingungen der Arbeitnehmer bei der Arbeitsausübung, in einen Widerspruch.

Das ArbGB sowie die weiteren arbeitsrechtlichen Vorschriften stehen im Einklang mit den internationalen rechtlichen Dokumenten, die für die Tschechische Republik verbindlich sind. Ebenso stehen diese in Übereinstimmung mit dem

[268] Der Ausdruck de lege lata bezeichnet hier das ArbGB, was bis zum 31.12.2006 galt, da die vorliegende Arbeit Ende 2006 fertiggestellt wurde. Das neue ArbGB (Gesetz Nr. 262/2006 Slg.) trat zum 1.1.2007 in Kraft. Bis zur Fertigstellung der Arbeit war noch nicht klar, ob das neue ArbGB auch tatsächlich in Kraft tritt oder um ein Jahr verschoben wird; vgl auch dazu Fn. 124.

[269] Siehe insoweit *Štangová*, Právo a zaměstnání 3-4/2000, 3.

Recht der Europäischen Gemeinschaft, wobei die Harmonisierung mit dem Recht der Europäischen Gemeinschaft ein stetiger Prozess ist. Insbesondere die rechtliche Ausgestaltung der Arbeitsbedingungen, der Arbeitszeit, des Schutzes des Arbeitnehmers vor der einseitigen Beendigung des Arbeitsverhältnisses entspricht den Standards, die aus den internationalen rechtlichen Dokumenten, besonders aus betreffenden Abkommen der Internationalen Organisation der Arbeit stammen. Jedoch ist das ArbGB nicht konform mit dem Verfassungsgesetz der Tschechischen Republik und der Charta der Grundrechte und Freiheiten. Es besteht ein Widerspruch zu der bisherigen zwingenden Regelung des Arbeitsrechts, die von dem Grundsatz: *„was nicht erlaubt ist, ist verboten"*, ausgeht und zu dem Art. 2 Abs. 3 der Charta sowie Art. 2 Abs. 4 der Verfassung der Tschechischen Republik, nach dem jeder alles tun kann, was durch das Gesetz nicht verboten wird und niemand kann gezwungen werden, etwas zu tun, was durch Gesetz nicht vorgeschrieben ist.

Das bisherige ArbGB begrenzt ungenügend den Gegenstand seiner Wirksamkeit. Es fehlt an der Begrenzung des Charakters der so genannten abhängigen Arbeit, die ausschließlich durch die arbeitsrechtlichen Vorschriften bestimmt ist. In der Praxis kommt es daher zum Umgehen des ArbGB und zum Abschluss einer rechtlichen Vereinbarung, deren Gegenstand eine Leistung abhängiger Arbeit ist, nach dem BGB CZ bzw. nach dem Handelsgesetzbuch (HGB CZ). Denn eine Person, für die die Arbeit ausgeübt wird (Auftraggeber), wird in einem bürgerrechtlichen Verhältnis von vielen Pflichten entlastet, die die zwingenden arbeitsrechtlichen Normen festlegen. Auf der anderen Seite ist die natürliche Person, die die Arbeit leistet (Auftragnehmer), des Schutzes entlastet und wird mit dem Subjekt gleichgestellt, für das sie die Arbeit leistet.[270]

Abschließend lässt sich somit Folgendes feststellen: obwohl in diesem Jahrhundert einige Angleichungs- oder Euronovellen erlassen wurden, die mit dem Beitritt der Tschechischen Republik zu der EU zusammenhängen, handelt es sich immer um formelle und außerdem in einigen Punkten oftmals misslungene Novellen, die nur formell die Kompatibilität mit den Vorschriften der EU oder ILO sichern. In Wirklichkeit steht das totalitäre ArbGB mit der liberalen arbeitsrechtlichen Regelung der alten Mitgliedsländer der EU im Widerspruch.[271] Auf den Punkt gebracht mit *Eliáš*, einem der Überarbeiter des neuen BGB, ist das derzeitige ArbGB ein Kodex sowjetischen Zuschnitts, da dieser ganz selbständig und komplex verfasst ist.[272]

---

[270] Zum Vorstehendem vgl. den Gründebericht des Regierungsentwurfs Nr. 1153 aus 2005 zur Vorlage des neuen Arbeitsgesetzbuches, S. 178; deutsche Übersetzung von *Veberová*, S. 10.

[271] So drastisch *Kahle*, Právo a zamestnání 4/2005, 3, 4.

[272] So geäußert in Lidove noviny am 21.6.2005, aufgegriffen bei *Šubrt*, Práce a mzda 11/2005, 2.

VI. Hauptprinzipien des neuen ArbGB – de lege ferenda[273] (ab dem 1.1.2007)

1. Einleitung

Das bisherige ArbGB von 1965 zählt zu den am längsten geltenden Rechtsvorschriften und wurde bis jetzt 45-mal novelliert. Das bisherige ArbGB gilt als veraltet und wird im Hinblick auf die derzeitigen gesellschaftlichen und wirtschaftlichen Bedingungen als unzureichend empfunden.[274] Bereits seit der samtenen Revolution wusste man, dass das ArbGB der neuen Verfassungsordnung *„was nicht verboten ist, ist erlaubt"*[275] und der neuen wirtschaftlichen Situation, der Marktwirtschaft, anzupassen ist.[276] Auch die Entscheidung des Verfassungsgerichts in der Sache *„Minolta"* vom 1.11.1995 konstatierte eindeutig, dass auch im Arbeitsrecht die Regel gelten muss, was nicht verboten ist, ist erlaubt.[277] Schon früher forderte ein Teil der Literatur und Fachöffentlichkeit, dass der zitierte Verfassungsgrundsatz *„was nicht verboten ist, ist erlaubt"*, unbedingt (*nutně*) auch ein geltendes Prinzip des Arbeitsrechts sein muss.[278]

Mit Wirksamkeit zum 1.1.2007 wurde ein neues ArbGB[279] im Parlament verabschiedet, das nicht nur das alte ArbGB aufhebt, sondern auch auf ca. 60 weitere arbeitsrechtliche Vorschriften Einfluss hat.[280] Gleichzeitig wurde mit dem neuen ArbGB ein Begleitgesetz unter der Nummer 264/2006 in der Gesetzessammlung verkündet, durch welches einige Paragrafen von Gesetzen geändert werden, zum Beispiel das BeschäftigungsG, das Gesetz über die Einkommensteuer, das BGB, die ZPO, das Gesetz über die Inspektion der Arbeit oder das Gesetz über die Kollektivverhandlung.[281]

---

[273] Der Ausdruck de lege ferenda bezeichnet vorliegend das seit dem 1.1.2007 geltende Recht. Die Begrifflichkeit rührt daher, dass die Arbeit vor dem Inkrafttreten des neuen ArbGB fertiggestellt wurde. Vgl. auch Fn. 268.

[274] Vgl. *Vysokajová*, Právní fórum 8/2005, 314; *Šubrt*, Práce a mzda 11/2005, 2.

[275] Art. 2 Abs.3 der Charta der Grundrechte und Grundfreiheiten sowie Art. 2 Abs. 4 der Verfassung der Tschechischen Republik, wonach jeder tun kann, was nicht durch das Gesetz verboten ist und niemand darf gezwungen werden, etwas zu tun, was das Gesetz nicht auferlegt.

[276] Vgl. *Kahle*, Právo a zamestnání 4/2005, 3, 4; *Havlík*, Práce a mzda 10-11/2004, 93.

[277] Entscheidung des Verfassungsgerichts der Tschechischen Republik v. 1.11.1995, sp.zn. II ÚS 192/95; Anmerkung von *Kahle*, Právní rozhledy 8/1996, 366 ff; *Steiner*, Práce a mzda 4/1997, 25 ff.

[278] Siehe dazu nur *Havlík*, Práce a mzda 10-11/2004, 93.

[279] Gesetz Nr. 262/2006 Slg. v. 21.4.2006, am 23.5.2006 im Parlament beschlossen, im Gesetzesblatt am 7.6.2006 verkündet, trat am 1.1.2007 in Kraft; fortfolgend als neues ArbGB bzw. ArbGB n.F. bezeichnet.

[280] So zutreffend *Švéda*, Rödl & Partner Mandantenbrief, 06/2006, S. 1, zuletzt abgerufen am 3.8.2006 unter www.roedl.cz.

[281] *Bukovjan/Chládková*, Práce a mzda 7-8/2006, 2, 3.

Das Veto des Präsidenten der Tschechischen Republik gegen das Arbeitsgesetzbuch hat das Parlament mit der entsprechenden Mehrheit überstimmt (Gesetz Nr. 263/2006 Slg.).[282]

Es ist allerdings nicht auszuschließen, dass das neue Gesetz nach dem Inkrafttreten am 1.1.2007 weitere Änderungen erfährt. Es wird zurzeit eine technische Novelle des neuen ArbGB vorbereitet.

2. Einteilung des neuen ArbGB

Der Inhalt des neuen Arbeitsgesetzbuches (396 Paragraphen) ist in 14 Teile gegliedert:[283] Mit Blick auf die von ihr geregelte Problematik entspricht es oft dem bisherigen Arbeitsgesetzbuch, obwohl es inhaltlich zahlreiche Änderungen erfuhr.

I. *Die allgemeinen Bestimmungen*
II. *Das Arbeitsverhältnis*
III. *Die Vereinbarungen über die Arbeiten, die außerhalb des Arbeitsverhältnisses ausgeübt werden*
IV. *Die Arbeitszeit und die Ruhezeit*
V. *Die Sicherheit und der Schutz der Gesundheit während der Arbeit*
VI. *Die Entlohnung für die Arbeit, die Belohnung für die Arbeitsbereitschaft und die Abschläge von dem Einkommen aus der arbeitsrechtlichen Beziehung*
VII. *Der Ersatz der Ausgaben, die dem Arbeitnehmer im Zusammenhang mit der Arbeitsausübung gewährt werden*
VIII. *Die Arbeitsverhinderungen*
IX. *Der Urlaub*
X. *Die Fürsorge um den Arbeitnehmer*
XI. *Der Schadenersatz*
XII. *Die Erörterung, die Verhandlung in den arbeitsrechtlichen Verhältnissen und die Berechtigung der Gewerkschaftsorganisation, des Betriebsrates und der Vertreter für den Bereich der Sicherheit und des Schutzes der Gesundheit während der Arbeit*
XIII. *Gemeinsame Bestimmungen*
XIV. *Vorübergehende -und Schlussbestimmungen*

---

[282] *Bohata*, WiRO 2006, 247, 251.
[283] Vgl. Gründebericht des Regierungsentwurfs Nr. 1153 aus 2005 zur Vorlage des neuen Arbeitsgesetzbuches; deutsche Übersetzung von *Veberová*, S. 22; *Bukovjan/Chládková*, Práce a mzda 7-8/2006, 2; *Jakubka*, Nový zákoník práce, S. 9.

3. Grundlegende Konzept - Änderungen

a) „Was nicht verboten ist, ist erlaubt"

Der grundlegende Zweck des neuen ArbGB ist es, einen rechtlichen Rahmen für die Leistung der abhängigen Arbeit des Arbeitnehmers für den Arbeitgeber gegen Lohn zu schaffen, dies unter der Garantie der entsprechenden rechtlichen Stellung des Arbeitnehmers und der Bedingungen für die Leistung seiner Arbeit. Bei der gegenwärtigen Entwicklung der Gesellschaft wurde jedoch die bisherige selbständige Konzeption des ArbGB in der Rechtsordnung als zu ungenügend empfunden und es ist an der Zeit, diese zu ändern und diese dem allgemeinen zivilrechtlichen Prinzip der Vertragsfreiheit, der im BGB enthalten ist, näherzubringen. Von daher war es notwendig, die arbeitsrechtlichen Beziehungen, das ArbGB zu liberalisieren und ihre Beziehung von dem geltenden BGB so abzugrenzen, dass bei der Erhaltung der Kodifikation des ArbGB der gemeinsame privatrechtliche Charakter der Regelung unterstrichen wird. Die Neukonzeption des ArbGB wird daher nach dem Grundsatz: *„was nicht verboten ist, ist erlaubt"* [284] abgefasst. Dies entspricht auch den internationalen Trends der Entwicklung des Arbeitsrechts.[285] Dieser neue Grundsatz soll eine Liberalisierung der arbeitsrechtlichen Beziehungen gewährleisten und das Prinzip der Vertragsfreiheit der Beteiligten stärken.[286]
Das neue Prinzip *„was nicht verboten ist, ist erlaubt"* wird durch das § 2 Abs. 1 S. 1 des neuen ArbGB eingeführt. Danach können *die Rechte oder Pflichten in arbeitsrechtlichen Verhältnissen abweichend von dem Gesetz geregelt werden, soweit es dieses Gesetz nicht ausdrücklich verbietet oder sich aus dem Charakter seiner Bestimmungen ergibt, dass es nicht möglich ist, davon abzuweichen.* Darüber hinaus ist ein Abweichen bei folgenden Regelungen unzulässig:

- *Regelung der Teilnehmer der arbeitsrechtlichen Beziehungen,*
- *Regelungen, die auf die Anwendung des BGB verweisen,*
- *Regelung des Schadensersatzes, soweit nicht im ArbGB etwas anderes vorgesehen ist,*
- *Regelungen, die eine Pflicht statuieren; dies gilt nicht, insoweit zugunsten des Arbeitnehmers abgewichen wird;*

---

[284] Vgl. Fn. 273; näher dazu *Kahle*, Právo a zamestnání 4/2005, 3; *Kühl/Čechtická*, WiRO 2007, 101.

[285] Siehe dazu den Gründebericht des Regierungsentwurfs Nr. 1153 aus 2005 zur Vorlage des neuen Arbeitsgesetzbuches, S. 178; deutsche Übersetzung von *Veberová*, S. 10; *Jakubka*, Nový zákoník práce, S. 6.

[286] Vgl. nur *Vysokajová*, Právní fórum 8/2005, S. 314 sowie *Kühl/Čechtická*, WiRO 2007, 101.

- *in § 363 Abs. 1 angeführte Regelungen, durch welche die Vorschriften der Europäischen Gemeinschaften umgesetzt werden; dies gilt nicht, insoweit zugunsten des Arbeitnehmers abgewichen wird;*
- *in § 363 Abs. 2 angeführte Fälle (abschließende Aufzählung konkreter ArbGB-Bestimmungen, von denen kein Abweichen möglich ist, z.B. Regelungen über Gleichbehandlung und Diskriminierungsverbot, Pluralität der Gewerkschaften im Betrieb, Institut der Kollektivverträge, Folgen einer ungültigen Auflösung eines Arbeitsverhältnisses, nachvertragliches Konkurrenzverbot und dgl.)* .

Der § 2 Abs. 2 des neuen ArbGB bestimmt, durch welche Regelung vom Gesetz folgendermaßen abgewichen werden kann: *Zu der abweichenden Regelung der Rechte oder Pflichten nach Abs. 1 kann es durch einen Vertrag und unter den Bedingungen, die dieses Gesetz und auch die internen Vorschriften festlegen, kommen.*

Das Bemühen des Gesetzgebers, die Vertragsfreiheit in arbeitsrechtlichen Beziehungen durch die Einführung des Grundsatzes *„erlaubt ist alles, was nicht gesetzlich verboten ist"* auszubauen, ist zweifelsohne positiv zu bewerten. Jedoch wird der Grundsatz durch die zahlreichen Ausnahmen zum Teil abgeschwächt. Die Fachkreise werten damit das neue ArbGB eher negativ: Nach Auffassung von *Šubrt* ist *„...der Umfang dieser unabdingbaren Regelungen in dem neuen ArbGB so wesentlich, dass die reale Vertragsfreiheit nur um ein wenig größer ist, als in dem derzeitigen ArbGB. Auch wenn eine Reihe von dispositiven Bestimmungen vorgeschlagen wurden, sind diese schwer zu finden."*[287]

Von zahlreichen Problemen ist auch bei der Anwendung des missglückt ausformulierten Grundsatzes auszugehen, demzufolge *die Rechte oder Pflichten in arbeitsrechtlichen Verhältnissen abweichend von dem Gesetz geregelt werden können, soweit ... sich aus dem Charakter seiner Bestimmungen ergibt, dass es nicht möglich ist, davon abzuweichen.* Obwohl in bestimmten Fällen der zwingende Charakter der betreffenden Bestimmung leicht abzuleiten sein dürfte (vgl. *Vysokajová*, von den Bestimmungen zu der Beendigung von Arbeitsverhältnissen dürfe nicht abgewichen werden[288]), werden sich bei den meisten Bestimmungen wohl Auslegungsschwierigkeiten ergeben. Eine eindeutige Aussage zur zwingenden bzw. dispositiven Natur dürfte dann schwer fallen, so dass ein großer Interpretationsspielraum bestehen wird. Es erübrigt sich zu sagen, dass dies für die Rechtssicherheit nicht förderlich sein kann.

---

[287] So kritisch *Šubrt*, Práce a mzda 11/2005, 2, 3; ähnlich *Bělina/Pichrt*, Právní rozhledy 11/2005, 381, 383.
[288] Siehe *Vysokajová*, Právní fórum 8/2005, 314, 316.

Diese Bedenken hätten von vorneweg ausgeräumt worden können, wenn der Gesetzgeber den formell ungenauen Grundsatz folgendermaßen formuliert hätte *„was nicht Sinn und Zweck der Norm verbietet, ist erlaubt"*. Bei der Geltung des kodifizierten Grundsatzes ist indessen der Charakter einzelner Bestimmungen beim Normadressaten unklar. Dies liegt vor allem nach *Vysokajová* auch daran, dass im Widerspruch zu den Regeln eines Gesetzgebungsprozesses vor der Überarbeitung des Wortlauts in den Paragraphen nicht die Intentionserläuterung des neuen Gesetzbuches vorgelegt wurde.[289] In der Praxis wird es deshalb auch zu Streitigkeiten und Unklarheiten kommen, weil man nicht genau weiß, was von Gesetzes wegen auch konkludent verboten ist; auch weil die Absicht des Gesetzgebers bei der Rekodifikation des ArbGB nicht klar definiert wurde. Ein Gesetz, das für alles eine Erklärung braucht, ist in der Praxis nach Ansicht von *Šubrt* nur schwer greifbar. Die Fachleute werden für die Interpretationen der Bestimmungen verschiedene Ansichten haben.[290] Dem ist zuzustimmen, denn es ist unklar, bei welchen Bestimmungen das Prinzip *„was nicht verboten ist, ist erlaubt"* anwendbar sein soll. Dieser Grundsatz beinhaltet – wie eingangs angesprochen – eine formelle Ungenauigkeit. Eigentlich müsste es zusätzlich heißen: *„was nicht Sinn und Zweck der Norm verbietet, ist erlaubt"*.

Zusammenfassend lässt sich Folgendes konstatieren:
Das grundlegende Prinzip der neuen Regelung der arbeitsrechtlichen Verhältnisse ist der Grundsatz *„was nicht verboten ist, ist erlaubt"*. Die Rechte und Pflichten können durch die Beteiligten abweichend vereinbart werden, soweit es dieses Gesetz nicht ausdrücklich verbietet oder soweit es sich nicht um eine Bestimmung handelt, aus deren Charakter es sich ergibt, dass es nicht möglich ist von ihr abzuweichen. Eine nähere Abgrenzung der Fälle, *wann es nicht möglich ist von der rechtlichen Regelung abzuweichen (kdy se nebude lze od právní úpravy odchýlit)*[291], bzw. der Bedingungen, unter deren es möglich sein wird die Vertragsfreiheit zu nutzen, beinhaltet die Norm § 2 Abs. 1 bis 3 und § 363 Abs. 2 des neuen ArbGB.

Das neue ArbGB geht von der Vertragsfreiheit zwischen Arbeitgeber und Arbeitnehmer aus. Diese ist jedoch durch einige zwingende Bestimmungen beschränkt, von denen man nicht abweichen kann, vgl. §§ 2, 363 ArbGB. Daher ist fraglich, ob die Änderung des ArbGB überhaupt spürbar sein wird.

---

[289] So mit Recht *Vysokajová*, Právní fórum 8/2005, 314, 320.

[290] Siehe insoweit *Šubrt*, Práce a mzda 11/2005, 2, 3 und *Kühl/Čechtická*, WiRO 2007, 101, 102.

[291] *Bukovjan/Chládková*, Práce a mzda 7-8/2006, 2, 3.

b) Prinzip der Delegation

Die bisherige absolute Trennung von dem Bürgerlichen Recht wird für ein Hindernis für die weitere Entwicklung des Arbeitsrechts gehalten. Die neue Regelung der arbeitsrechtlichen Verhältnisse soll sich deshalb der allgemeinen bürgerlich-rechtlichen Grundlage in den Arbeitsverhältnissen dadurch annähern, dass sie die Applikation der Bestimmungen des Bürgerlichen Gesetzbuchs in den Fällen ermöglicht, in denen dies das Arbeitsgesetzbuch ausdrücklich bestimmt (die Technik der Delegation/Verweistechnik).[292] Nunmehr verweist das neue ArbGB auf die Normen des BGB und diese sind anwendbar, sofern das ArbGB dies ausdrücklich festlegt. Diese Verweistechnik ist in § 4 des neuen ArbGB festgeschrieben. Bis zum Inkrafttreten eines neuen BGB herrscht das Prinzip der Delegation vor. Die Gegner dieser gesetzlichen Lösung verlangen die Durchsetzung des Subsidiaritätsprinzips. Demzufolge soll das BGB subsidiär angewandt werden, soweit im ArbGB nichts geregelt ist.[293]

Im Fall des Subsidiaritätsprinzips würde das BGB immer auf die arbeitsrechtlichen Beziehungen angewendet, es sei denn, das ArbGB sähe etwas anderes vor. Das ArbGB wäre mithin eine Spezialregelung, die Abweichungen von der Anwendung des BGB bestimmt. Das Subsidiaritätsprinzip wird in den meisten EU-Staaten verwendet und wird auch für das neue ArbGB in der Slowakischen Republik gebraucht. Zu den Vorteilen gehören die engere Verbindung gesetzlicher Bestimmungen und die erweiterten Möglichkeiten, zivilrechtliche Grundsätze auf arbeitsrechtliche Beziehungen anzuwenden. Das Problem von Defiziten wäre in den neuen arbeitsrechtlichen Regelungen ausgeschlosssen, da die zivilrechtlichen Regelungen in solchen Fällen angewendet werden können.[294]

Beim Verweisprinzip würde im Gegensatz dazu das BGB für die arbeitsrechtlichen Beziehungen nur angewendet, wenn das ArbGB dies vorsähe. Das ArbGB würde damit den Anwendungsbereich des BGB definieren. Das Prinzip der Delegation hat den Vorteil, dass klar ist, welche Paragraphen des BGB angewendet werden sollen. Andererseits müssten beide Normtexte bei Änderungen abgeglichen werden. Die Regelung wäre daher zu unflexibel und starr. Indessen wären bei dem Subsidiaritätsgedanken die Bestimmungen nicht genau definiert, was

---

[292] So *Vysokajová*, Právní fórum 8/2005, 314 und der Gründebericht des Regierungsentwurfs Nr. 1153 aus 2005 zur Vorlage des neuen Arbeitsgesetzbuches; deutsche Übersetzung von *Veberová*, S. 12.

[293] Vgl. dazu *Šubrt*, Práce a mzda 11/2005, 2, 3; ähnlich *Bělina/Brádlerová*, Právo a zamestnání 4/2005, 23, die Verfasser lehnen das Prinzip der Delegation im neuen ArbGB auf das bisherige BGB ab.

[294] So auch *Hůrka*, Vortrag über „*The view of Eastern Europe*" bei dem 3. ZAAR-Kongreß - Reformdruck auf das Arbeitsrecht in Europa - am 5.5.2006, München, ZAAR Schriftenreihe Bd. 6, S. 95, Rn. 12.

eine weit fundierte Kenntnis des Bürgerlichen Rechts voraussetzen würde. Die Verständlichkeit der rechtlichen Regelung würde auch für einen weiten Kreis der vor allem kleinen Arbeitgeber und auch für die Arbeitnehmer erschwert werden.[295] Da das Arbeitsrecht nicht nur für *„...die Anwälte und Theoretiker..."* gemacht ist, sondern der *„Benutzerkreis"* weit ist, kann man mit dem Prinzip der Delegation zurechtkommen.[296] So oder so wird die eine oder andere Lösung der Beziehung zwischen dem BGB und dem ArbGB für die Zukunft verlangen, dass sich der Verwender mit beiden Gesetzen befassen muss.

Hingegen ermöglicht das Subsidiaritätsprinzip stabile rechtliche Regelungen. Es ist eher ein allgemeines Prinzip, das auf alle Gesetzesauslegungen und -anwendungen bezogen werden kann. Jedoch muss das neue ArbGB mit dem existierenden BGB, das aus den 1960-er Jahren stammt, verknüpft werden. Das neue BGB wird gerade vorbereitet, aber es wird frühestens in fünf Jahren (2011) in Kraft treten.[297] Daher sollte man bedenken, dass das bestehende BGB auf anderen Grundlagen basiert und nicht für die Anwendung auf arbeitsrechtliche Beziehungen gedacht ist. Beide Gesetzesbücher haben auch die ganze Zeit unabhängig voneinander bestanden. Schon allein deshalb sollte nach *Hůrka* eine erzwungene Umstellung auf die Anwendung des BGB, die mit einem Subsidiaritätsprinzip einhergeht, vermieden werden.[298] Darum scheint die Anwendung des Verweisprinzips (Delegation) in der Zeit bis zur Einführung des neuen BGB einfacher, sowohl für die Rechtsprechung als auch für die Nutzer. In dieser rechtlichen Situation in der Tschechischen Republik kann die Verweistechnik ein wohl überlegter Zwischenschritt auf dem Weg zu einer umfassenden zivilrechtlichen Gesetzgebung sein.[299]
Verweise auf die entsprechende Bestimmungen des BGB *(odkazy na příslušná ustanovení občanského zákonníku)* sind vor allem in § 6 Abs. 2 vorgesehen (die Aufhebung oder Begrenzung der Rechtsfähigkeit des Arbeitnehmers), § 8 (die

---

[295] So mit Recht *Šubrt*, Práce a mzda 11/2005, 2, 3.
[296] So kritisch jedenfalls *Šubrt*, Práce a mzda 11/2005, 2, 3.
[297] *Hůrka*, Vortrag über *„The view of Eastern Europe"* bei dem 3. ZAAR-Kongreß - Reformdruck auf das Arbeitsrecht in Europa - am 5.5.2006, München, ZAAR-Schriftenreihe Bd. 6, S. 95, Rn. 12; ähnlich *Eliáš*, einer der Überarbeiter des neuen BGB, der schon im Jahr 2000 mit der Rekodifikation des BGB bis zum Jahre 2010 rechnete, *Eliáš*, Osteruropa Recht 2000, 427, 436.
[298] So zutreffend *Hůrka*, Vortrag über *„The view of Eastern Europe"* bei dem 3. ZAAR-Kongreß - Reformdruck auf das Arbeitsrecht in Europa - am 5.5.2006, München, ZAAR-Schriftenreihe Bd. 6, S. 95, Rn. 12 .
[299] *Hůrka*, Vortrag über *„The view of Eastern Europe"* bei dem 3. ZAAR-Kongreß - Reformdruck auf das Arbeitsrecht in Europa - am 5.5.2006, München; *Hůrka* wörtlich: *„Under this legislate situation in the Czech Republic, delegation can be a considerate intermediate link on the way to a comprehensive private-law regulation."*, ZAAR-Schriftenreihe Bd. 6, S. 95, Rn. 12 .

Stellung des Arbeitgebers als einer juristischen Person), § 10 Abs. 2 (die Aufhebung oder Begrenzung der Rechtsfähigkeit einer natürlichen Person, die ein Arbeitgeber ist), § 11 Abs. 1 (die Rechtsgeschäfte der juristischen Person, als Arbeitgeber), § 12 (die Stellvertretung), § 18 (die Rechtsgeschäfte), § 28 (die Ausnahme für den Kollektivvertrag), § 324 (die ungerechtfertigte Bereicherung), § 326 (die Verpflichtungen in den arbeitsrechtlichen Verhältnissen) und in §§ 329-333 (die Verjährung und der Untergang des Rechts) des neuen ArbGB zu finden.[300]

Nach der Absicht des Gesetzgebers kommt eine subsidiäre Anwendung der Rechtsnormen des BGB erst in Betracht, wenn das neue BGB in Kraft tritt, wodurch es zu einer sog. Rehabilitation des Privatrechts kommen soll.[301] Mit *Bělina/Pichrt* sollte das BGB in Zukunft die Rolle des lex generalis auch für den Bereich des Arbeitsrechts einnehmen.[302]

Zusammenfassend lässt sich sagen, dass die Möglichkeit die bürgerlichrechtlichen Bestimmungen anzuwenden, begrüßenswert ist.[303] Denn die derzeitige Isolation des Arbeitsrechts von dem Bürgerlichen Gesetzbuch und die wiederholende Regelung von Instituten im ArbGB (rechtliche Subjektivität, Unwirksamkeit von Rechtshandlungen, Fristen, Untergang von Rechten und Pflichten), die bereits im BGB enthalten sind, ist negativ zu beurteilen. Auch wenn äußerlich das neue ArbGB den Schein der Selbständigkeit bewahrt, ist es dennoch nicht selbständig und unabhängig von dem Privatrecht.

c) Definition der abhängigen Arbeit

Im Unterschied zu dem derzeitigen ArbGB beinhaltet das neue ArbGB eine Differenzierung zwischen der abhängigen Arbeit und den arbeitsrechtlichen Verhältnissen. Zum ersten Mal wird der Begriff der abhängigen Arbeit (*závyslá práce*) definiert und abgegrenzt. Dies ist ein Novum. Nunmehr wird unter der abhängigen Arbeit, die in dem Verhältnis der Überordnung des Arbeitgebers und Unterordnung des Arbeitnehmers ausgeübt wird, ausschließlich die persönliche Ausübung einer Arbeit des Arbeitnehmers für den Arbeitgeber gemäß den Weisungen und im Namen des Arbeitgebers, für eine Vergütung und in einer bestimmten oder anders vereinbarten Arbeitszeit auf der Arbeitsstelle des Arbeitgebers, ggf. auf einen anderen vereinbarten Arbeitsort, auf Kosten des Ar-

---

300 Siehe *Bukovjan/Chládková*, Práce a mzda 7-8/2006, 2, 3.

301 So zumindest der Gründebericht des Regierungsentwurfs Nr. 1153 aus 2005 zur Vorlage des neuen Arbeitsgesetzbuches; deutsche Übersetzung von *Veberová*, S. 24; vgl. auch *Kühl/Čechtická*, WiRO 2007, 101, 102.

302 In diesem Sinne *Bělina/Pichrt*, Právní rozhledy 11/2005, 381, 382.

303 So schon zutreffend *Vysokajová*, Právní fórum 8/2005, 314, 315.

beitgebers und auf dessen Verantwortung, verstanden (§ 2 Abs. 4 des neuen ArbGB).

Für eine abhängige Arbeit muss man auch die Arbeitsausübung im Rahmen der so genannten Agenturbeschäftigung (*agenturní zaměstnávání*) halten. Der Begriff der abhängigen Arbeit umfasst auch solche Fälle, in denen die Arbeitsagentur (Verleiher) zeitweilig seinen Arbeitnehmer zu der Arbeitsausübung einem anderen Arbeitgeber (Entleiher) auf Grund einer Vereinbarung in dem Arbeitsvertrag oder einer Vereinbarung über die Arbeitsausübung zuteilt (§ 2 Abs. 5 des neuen ArbGB).[304] Daher werden auch die Entsendung und die Arbeitnehmerüberlassung unter dem Begriff der abhängigen, nichtselbständigen Arbeit erfasst.

Dagegen werden als arbeitsrechtliche Verhältnisse die Rechtsbeziehungen bezeichnet, die bei der Ausübung der abhängigen Arbeit zwischen dem Arbeitgeber und dem Arbeitnehmer entstehen. Als arbeitsrechtliche Verhältnisse, die durch das ArbGB geregelt sind, werden das Arbeitsverhältnis und die Vereinbarungen über die Arbeiten, die außerhalb des Arbeitsverhältnisses ausgeübt werden, verstanden (§ 3 S. 2 des neuen ArbGB).

In diesem Zusammenhang bestimmt das neue ArbGB in § 3 S. 1 ArbGB n.F., dass die abhängige Arbeit ausschließlich in einem arbeitsrechtlichen Verhältnis nach dem ArbGB ausgeübt werden kann (*závislá práce může být vykonávána výhradně v pracovněprávním vztahu*)[305], soweit nicht durch eine besondere Rechtsvorschrift (z.B. Dienstgesetz[306]) etwas anderes geregelt wird. Unter den arbeitsrechtlichen Beziehungen (Verhältnissen) versteht dabei das neue ArbGB ein Arbeitsverhältnis[307], eine Vereinbarung über die Arbeitstätigkeit oder über die Durchführung einer Arbeit (Vereinbarungen über außerhalb des Arbeitsverhältnisses zu leistende Arbeiten, §§ 74 bis 77 ArbGB n.F.)[308] Aufgrund dessen wird durch ein Begleitgesetz zum neuen ArbGB das Gesetz Nr. 264/2006 Slg.,

---

[304] Vgl. dazu auch *Vysokajová*, Právní fórum 8/2005, 314, 316; *Kühl/Čechtická*, WiRO 2007, 101, 103.

[305] *Bukovjan/Chládková*, Práce a mzda 7-8/2006, 2, 3.

[306] z.B. das Gesetz Nr. 218/2002 Slg. über den Dienst der staatlichen Angestellten in den Verwaltungsbehörden und über die Entlohnung dieser Angestellten und anderen Angestellten in den Verwaltungsbehören (Dienstgesetz), im Wortlaut der späteren Vorschriften; das Gesetz Nr. 361/2003 Slg., über das Dienstverhältnis der Angehörigen der Sicherheitscorps, im Wortlaut der späteren Vorschriften.

[307] Das Arbeitsverhältnis entsteht durch einen Arbeitsvertrag zwischen dem Arbeitnehmer und dem Arbeitgeber, sofern im ArbGB nichts anderes bestimmt ist. (§ 33 Abs. 1 ArbGB n.F.) Grundsätzlich entsteht mithin ein Arbeitsverhältnis durch die Eingehung eines Arbeitsvertrages.

[308] Zu Vorstehendem *Bukovjan/Chládková*, Práce a mzda 7-8/2006, 2, 3.

der § 13 des BeschäftigungsG[309] aufgehoben. Der § 13 beinhaltet das Verbot des so genannten Schwarzsystems (*švarcsystému*). Diese Norm statuiert die Pflicht für Arbeitgeber, die Erfüllung ihrer Aufgaben, die sich aus dem Subjekt ihrer Tätigkeit ergeben, durch eigene Angestellte zu erfüllen und sie zu diesem Zweck in arbeitsrechtliche Beziehungen gemäß des ArbGB einzustellen. Es handelt sich dabei um den Schutz des Arbeitsmarktes vor dem Umgehen der arbeitsrechtlichen Verhältnisse durch das Eingehen von handelsrechtlichen Beziehungen auf der Grundlage gewerblicher Berechtigung der natürlichen Person, die die Arbeitstätigkeit ausübt.[310] Eine Flucht in die bürgerlich-rechtlichen und handelsrechtlichen Verhältnisse oder gar eine Schwarzarbeit sollte durch § 13 BeschäftigungsG vermieden werden.

Durch die Definition der abhängigen Arbeit in § 2 Abs. 4 ArbGB n.F. und die Klarstellung, in § 3 S. 1 ArbGB n.F. dass eine solche grundsätzlich im Arbeitsverhältnis ausgeübt werden soll, ist der § 13 BeschäftigungsG überflüssig.

d) Einbeziehung von eigenständigen Gesetzen

Das neue neue ArbGB wird nunmehr auch Bereiche einbeziehen, die bisher durch eigenständige Gesetze geregelt wurden. Das LohnG[311], was die Vergütungen im Unternehmensbereich sowie das GehaltsG[312], die die Vergütung von Arbeitnehmern von aus öffentlichen Haushalten finanzierten Arbeitgebern regelt, werden ein Teil (6. Teil) des neuen ArbGB. Ferner wird das Reisekostenerstattungsgesetz[313] in das neue Arbeitsgesetz (7. Teil) aufgenommen. Das Gesetz über die Zuständigkeiten und Berechtigung der Gewerkschaften[314] wird auch im 12. Teil des neuen ArbGB enthalten sein.[315]

Lediglich das Gesetz über die Kollektivverhandlung[316], das auch als Tarifvertragsgesetz bezeichnet wird[317], bleibt erhalten (*bude samostatně existovat zákon*

---

[309] Gesetz zur Beschäftigung Nr. 435/2004 Slg. i.d.F. des Gesetzes Nr. 202/2005 Slg.
[310] Zu Vorstehendem Bělina - *Bělina*, S. 427.
[311] Vgl. Fn. 178.
[312] Vgl. Fn. 178 u. 264.
[313] Gesetz über Reisekostenerstattung, Gesetz Nr. 119/1992 Slg., vom 4.3.1992 (ReisekostenerstattungsG).
[314] Gesetz Nr. 120/1990 Slg., über die Regelung der Verhältnisse zwischen Gewerkschaftsorganisationen und Arbeitgebern, auch als Gesetz über die Gewerkschaftspluralität bezeichnet.
[315] Vgl. dazu den Gründebericht des Regierungsentwurfs Nr. 1153 aus 2005 zur Vorlage des neuen Arbeitsgesetzbuches; deutsche Übersetzung von *Veberová*, S. 12.
[316] Vgl. Fn. 155 u. 266.
[317] Siehe *Lang*, Osteuropa Recht 1995, S. 225 ff.

o kolektivním vyjednávání).[318] Es soll allerdings im Zusammenhang mit dem Erlass des neuen ArbGB geändert werden.[319]

e) Antidiskriminierung

In den einleitenden Bestimmungen des geltenden ArbGB ist zurzeit eine ausführliche Regelung der Gleichbehandlung und des Diskriminierungsverbotes enthalten. Der Vorschlag des neuen arbeitsrechtlichen Kodex führt eine Regelung dieser Institute nur im begrenzen Umfang an, da es den Erlass eines speziellen Gesetzes über die Gleichbehandlung und über die rechtliche Mitteln des Schutzes vor der Diskriminierung (das Antidiskriminierungsgesetz), das auch die arbeitsrechtliche Verhältnisse betreffen wird, voraussetzt.[320] Obwohl das neue ArbGB die Existenz eines so geannten Antidiskriminierungsgesetzes (*antidiskriminačný zákon*) voraussetzt, wurde dieses Gesetz bisher noch nicht erlassen.

f) Sicherheit und Schutz der Gesundheit bei der Arbeit

Eine weitere Konzeptänderung bezieht sich auf die Regelung der Rechte und Pflichten der Arbeitgeber und der Arbeitnehmer in dem Bereich der Sicherheit und des Schutzes der Gesundheit bei der Arbeit (5. Titel des 2. Teiles des ArbGB). Hier enthält das neue ArbGB nur eine grundlegende Regelung der Rechte und Pflichten der Arbeitgeber und Arbeitnehmer in diesem Bereich. Die sog. technische Aspekte der Sicherheit und des Schutzes der Gesundheit während der Arbeit, die sich aus der Gesetzgebung der Europäischen Gemeinschaft ergeben, werden zum Gegenstand eines selbständigen Gesetzes. Dieses Gesetz soll auch weitere Erfordernisse der Sicherheit und des Schutzes der Gesundheit während der Arbeit in den arbeitsrechtlichen Verhältnissen und die Gewährung der Sicherheit und des Schutzes außerhalb der arbeitsrechtlichen Verhältnisse regeln.[321] Diese Rechtsnorm soll gemeinsam mit dem neuen ArbGB wirksam werden, d.h. zum 1.1.2007.

g) Zusammenfassung

In dem neuen ArBGB werden insbesondere folgende grundlegende Themen geregelt:

---

[318] Vgl. auch *Bukovjan/Chládková*, Práce a mzda 7-8/2006, 2.

[319] So jedenfalls *Vysokajová*, Právní fórum 8/2005, 314, 315; vgl. dazu auch *Kühl/Čechtická*, WiRO 2007, 101, 103.

[320] So im Ergebnis *Vysokajová*, Právní fórum 8/2005, 314, 315.

[321] Hierzu *Vysokajová*, Právní fórum 8/2005, 314, 315 sowie den Gründebericht des Regierungsentwurfs Nr. 1153 aus 2005 zur Vorlage des neuen Arbeitsgesetzbuches; deutsche Übersetzung von *Veberová*, S. 14.

- Anwendung der Normen des Bürgerlichen Gesetzbuchs, um diese für die arbeitsrechtlichen Beziehungen abzugrenzen (Prinzip der Delegation, Subsidiarität),
- den Gegenstand (Objekt) der arbeitsrechtlichen Beziehungen zu definieren, der die Leistung der abhängigen Arbeit sein wird (Definition der abhängigen Arbeit),
- Prinzip der Liberalisierung durch Erweiterung der Vertragsfreiheit, für die der Teilnehmer der arbeitsrechtlichen Beziehungen, bei gleichzeitiger Stärkung des Prinzips der Gleichbehandlung von Arbeitnehmern, durch zwingende Normen den Arbeitnehmern Grundrechte und Mindestarbeitsbedingungen zu garantieren, in weiteren Fragen einen Raum, insbesondere für die Vertragsvereinbarung zu schaffen,
- als grundlegende arbeitsrechtliche Beziehung den Arbeitsvertrag zu bestimmen,
- in den arbeitsrechtlichen Beziehungen gleichzeitig die Leistung der abhängigen Arbeit außerhalb des Arbeitsverhältnisses zu regeln, und zwar in den Vereinbarungen über außerhalb des Arbeitsverhältnisses ausgeübte Arbeiten (Vereinbarung über Durchführung der Arbeit und Vereinbarung über Arbeitstätigkeiten), wie es nach der bisherigen rechtlichen Ausgestaltung der Fall ist, sowie Vorschläge zur Aufhebung einiger Einschränkungen,
- in dem Arbeitsverhältnis als in dem grundlegenden arbeitsrechtlichen Verhältnis für die Leistung der abhängigen (untergeordneten) Arbeit als auch in den Vereinbarungen über außerhalb des Arbeitsverhältnisses ausgeübte Arbeiten dem Arbeitnehmer Schutz und Garantie der entsprechenden Arbeitsstellung zu sichern,
- die gegenseitige Beziehung des Gesetzes, des Tarifvertrags, Arbeitsvertrags, Vereinbarungen über außerhalb des Arbeitsverhältnisses ausgeübte Arbeiten bzw. der internen Vorschrift so abzugrenzen, dass die gesetzliche Regelung die grundlegenden Fragen (Standards) abgrenzen (regeln) wird und eine Ebene für Vertragsvereinbarungen der Teilnehmer in den arbeitsrechtlichen Beziehungen schaffen wird, in diesem Rahmen ist es möglich, für die Arbeitnehmer eine günstigere Regelung im Tarifvertrag zu vereinbaren, wobei durch den Arbeitsvertrag bzw. durch die Vereinbarungen über außerhalb des Arbeitsverhältnisses ausgeübte Arbeiten es möglich wird, günstigere Bedingungen als im Tarifvertrag zu vereinbaren (Günstigkeitsprinzip); gleichzeitig wird es notwendig sein, die Beziehungen zwischen einzelnen rechtlichen Handlungen bzw. der internen Vorschrift abzugrenzen,
- die Zuständigkeiten der bei den Arbeitgebern wirkenden Gewerkschaftsorgane abzugrenzen,

- ähnlich wie in dem bisherigen ArbGB wird der Grundsatz der Gleichheit und das Diskriminierungsverbot dadurch respektiert, dass man den Erlass des Gesetzes über Gleichbehandlung, Schutz vor Diskriminierung und über Rechtsmittel (Antidiskriminierungsgesetz) voraussetzt.[322]

4. Befürworter / Kritiker des neuen ArbGB

Das neue ArbGB, das trotz teils massiver Ablehnung durch die Opposition, großer Teile der Wirtschaft und gegen viele Stimmen der Fachöffentlichkeit von der Abgeordnentenkammer vor den Parlamentswahlen im Juni 2006 verabschiedet wurde, trat zum 1.1.2007 in Kraft.

Die Vorbereitung des neuen ArbGB begleitete von Anfang an eine Reihe von Diskussionen. Nicht nur dass das neue ArbGB durch die obere Parlamentskammer, dem tschechischen Senat sowie durch ein Veto des Staatspräsidenten *Vaclav Klaus* abgelehnt wurde und nur mit Hilfe der Kommunisten (KSCM) und der regierenden Sozialdemokraten (CSSD) letztendlich am 23.5.2006 im Parlament, der unteren Kammer, überstimmt und verabschiedet wurde. Von 179 anwesenden Parlamentarien folgten 107 dem Entwurf der Regierung zu einem neuen Arbeitsgesetz, den Präsident *Vaclav Klaus* zuvor als *„unmodern"* und *„ungerecht"* bezeichnet hatte.[323] Die liberal-konservative Demokratische Bürgerpartei (ODS) und der konservativ dominierende Senat hatten die Novelle abgelehnt.

Der Arbeits- und Sozialminister *Zdeněk Škromach* begrüßte das neue ArbGB. Das neue Gesetz bringe eine größere Vertragsfreiheit zwischen den Arbeitnehmern und den Arbeitgebern und schütze die Arbeitnehmer. Mit dem Grundsatz „Erlaubt ist, was nicht verboten ist" habe man die bisherige Rechtspraxis in diesem Bereich umgekehrt. Es sei den modernen Gegebenheiten angepasst und ermögliche eine größere Flexibilität. *Škromach* erkärte: *„Es ermöglicht, in Gewerkschaften kollektiv um gute Bedingungen für die Angestellten zu verhandeln, und gleichzeitig schützt es den Arbeitgeber dadurch, dass das Verhältnis zu den Angestellten in einen klaren rechtlichen Rahmen gestellt wird. Die Arbeitgeber können dann zum Beispiel die Arbeitszeiten aufteilen, Leute einstellen oder entlassen, und das Gesetz überträgt bestimmte Pflichten auf die Arbeitsämter. Das neue Gesetz räumt damit viel mehr Platz für weitere Verhandlungen ein, etwa*

---

[322] Vgl. zu Vorstehendem den Gründebericht des Regierungsentwurfs Nr. 1153 aus 2005 zur Vorlage des neuen Arbeitsgesetzbuches, S. 179; deutsche Übersetzung von *Veberová*, S. 11.
[323] Vgl. *Zöller*, Onlineartikel des Radio Prags v. 24.5.2006, Rubrik: Tagesecho, Titel des Beitrags: Präsidentenveto wird von den linken Parteien überstimmt, www.radio.cz, zuletzt abgerufen am 3.8.2006.

über Kollektivverträge oder Arbeitsverträge und es soll den Arbeitsmarkt auch bei Einstellungen und Entlassungen flexibler machen.... "[324]

Die Gegner befürchten, dass das neue ArbGB zu sehr auf die Gewerkschaften zugeschnitten sei und steigende Ausgaben für die Unternehmen und sehen die Konkurrenzfähigkeit der tschechischen Wirtschaft gefährde.[325] Nach *Hůrka* ist das neue ArbGB gewerkschaftsfreundlicher.[326] Hingegen kritisiert die oppositionelle ODS-Partei den Fakt, dass zu der Annahme des Gesetzes im Parlament den sozialen Demokraten nur die Kommunisten geholfen haben. Vielmehr haben die Kommunisten der ČSSD-Partei zu dem Erlass des Gesetzes geholfen. Die neue Regelung des ArbGB gefällt auch den Ökonomen nicht. Nach Ihnen bringt sie nicht die erwartete Flexibilität auf dem Arbeitsmarkt und reagiert nicht auf die sich ändernen Bedingungen in der Welt. „*Die einzige progessive Änderung sind die Konten der Arbeitszeit. Wegen einer solchen Änderung war es aber doch nicht notwendig ein ganz neues Gesetz zu erlassen*", beklagte sich der Ökonom *Pavel Sobíšek* von der HVB Bank.[327]

Zu bedenken ist auch, dass sich die neue Konzeption des ArbGB an das derzeitige BGB bindet (Delegation), obwohl bereits Arbeiten an der Vorbereitung des neuen BGB begonnen haben. Das bedeutet, dass mit der Neukodifikation des BGB auch das zum 1.1.2007 novellierte ArbGB wieder geändert werden muss. Hier hätten beide Gesetze parallel in Kraft treten müssen. Dies war auch ursprünglich geplant. Denn die Vorbereitung der beiden Gesetzesbücher sollte zeitlich koordiniert werden und die Gesetze am selben Tag in Kraft treten. Allerdings wurde gemäß des Gründeberichts zum Regierungsentwurf des neuen ArbGB angesichts der Tatsache, dass sich die Arbeiten an der Vorbereitung des neuen BGB verspäteten, beschlossen „ *...mit der Koordinierung der neuen Regelung der Arbeitsverhältnisse nicht abzuwarten und diese Regelung in der Bin-*

---

[324] Siehe *Zöller*, Onlineartikel des Radio Prags v. 24.5.2006, Rubrik: Tagesecho, Titel des Beitrags: Präsidentenveto wird von den linken Parteien überstimmt, www.radio.cz, zuletzt abgerufen am 3.8.2006 und *Kirschner*, Onlineartikel des Radio Prags v. 24.4.2006, Rubrik: Tagesecho, Titel des Beitrags: Rot-rotes Bündnis drückt neues Arbeitsrecht durch, www.radio.cz/de/artikel/78226, zuletzt abgerufen am 27.4.2006.

[325] So *Kirschner*, Onlineartikel des Radio Prags v. 24.4.2006, Rubrik: Tagesecho, Titel des Beitrags: Rot-rotes Bündnis drückt neues Arbeitsrecht durch, www.radio.cz/de/artikel/78226, zuletzt abgerufen am 27.4.2006; vgl. auch *Kubátová*, hn.ihned.cz v. 24.10.2006.

[326] *Hůrka*, Vortrag über „*The view of Eastern Europe*" bei dem 3. ZAAR-Kongreß - Reformdruck auf das Arbeitsrecht in Europa - am 5.5.2006, München; *Hůrka* wörtlich: „ *New labour code is more suitable for trade unions as for the employer.* "

[327] Vgl. *Štefek*, Zeitungsartikel über die Verabschiedung des neuen ArbGB in der Tschechischen Republik, Titel des Artikels: Das Arbeitsgesetzbuch: die Kommunisten haben geholfen.

dung an dem geltenden, dass heißt bisherigen BGB CZ zu konzipieren...".[328] Eine solche Vorgehensweise gefährde nach den Ansichten von Sachverständigen aus Wissenschaft und Praxis die *„vorausgesetze Stabilität"* [329] der neuen arbeitsrechtlichen Regelung. Denn das ArbGB müsste nach dem Inkrafttreten des neuen BGB wieder grundsätzlich novelliert oder vielleicht sogar abgeschafft und durch eine neue Regelung ersetzt werden.[330]

Nach dem neuen ArbGB (§§ 321-323) sollen die Gewerkschaften die Sicherheit der Arbeit kontrollieren und können bei ihrer Gefährdung die Stilllegung der Produktion beschließen, vgl. § 322 Abs. 2 lit. a) des neuen ArbGB.[331] Die Unternehmer befürchten, dass die Gewerkschaften dadurch die wirtschaftliche Politik der Firmen beeinflussen wollen. Die Arbeitgebervertreter hatten von anfang an Vorbehalte gegen das neue ArbGB. Nach *Zdeněk Liška* vom Wirtschafts- und Handelsverband bringt die Novelle außer der Stärkung der Position der Gewerkschaften keine bedeutenden Änderungen mit sich. Lediglich die Arbeitszeitkonten ermöglichen den Firmen nunmehr flexibel auf die Menge der Aufträge zu reagieren. Dagegen finden die (großen) Gewerkschaften das Gesetz modern und funktionell. *„Es schützt die Arbeitnehmer"*, erklärte der Präsident des Böhmisch-Mährischen Gewerkschaftsverbandes *Milan Štěch.*[332]

Das Gesetzbuch hat kurz vor den Wahlen die ČSSD mit den Kommunisten durchgesetzt. Die ODS ist vom Anfang an dagegen gewesen. Sie meinen, dass das neue ArbGB die Konkurrenzfähigkeit der Firmen senkt, die Ausgaben steigert und in den Folgen dadurch die Arbeitnehmer schädigen wird, die erfolglos Arbeit suchen. Im Gegensatz dazu sagen die Fürsprecher, dass es sich um eine moderne Vorschrift handelt, die eine größere Vertragsfreiheit ermöglicht, aber gleichzeitig den zwingenden Arbeitnehmerschutz erhalten lässt.

---

[328] Vgl. Gründebericht des Regierungsentwurfs Nr. 1153 aus 2005 zur Vorlage des neuen Arbeitsgesetzbuches, S. 180; deutsche Übersetzung von *Veberová*, S. 12 sowie *Vysokajová*, Právní fórum 8/2005, 314, 315.

[329] Vgl. dazu nur *Vysokajová*, Právní fórum 8/2005, 314, 315.

[330] So die Ansicht des Ausschusses der Gesellschaft für das Arbeitsrecht und des Rechts der sozialen Sicherung zu dem Vorschlag des Arbeitsgesetzbuches, *Bělina/Brádlerová*, Právo a zamestnání 4/2005, 23, 24.

[331] § 322 Abs. 2 lit. a) lautet: *„Gewerkschaftsorgane sind berechtigt, durch eine verbindliche Anweisung dem Arbeitgeber die Entfernung der Beanstandungen im Betrieb an den Maschinen und Einrichtungen, bei Arbeitsverfahren zu verlangen und im Falle der unmittelbaren Bedrohung des Lebens oder der Gesundheit der Arbeitnehmer die weitere Arbeit (Anmerkung d. Verf. Weiterarbeit) zu verbieten."*

[332] Vgl. *Štefek*, Zeitungsartikel über die Verabschiedung des neuen ArbGB in der Tschechischen Republik, Titel des Artikels: Die Linken haben das Arbeitsgesetzbuch durchgesetzt.

5. Stellungnahme zum neuen ArbGB (ab 1.1.2007)

In den meisten der entworfenen Bestimmungen im Regierungsentwurf Nr. 1153 ist der ursprüngliche Text fast wortwörtlich übernommen worden, der die bisher entsprechende Problematik geregelt hat.[333] Dies spiegelt sich größtenteils auch in der endgültigen Fassung des ArbGB wider. Denn obwohl es in der Vorbereitung um ein ganz neues ArbGB, als eine vollständig neue und grundsätzliche Regelung ging, wurde es versäumt, eine Analyse der bisherigen rechtlichen Regelung durchzuführen, um eine einheitliche konzeptionelle Grundlage für die neue rechtliche Regelung zu bestimmen.[334] Dies zeigte sich auch daran, dass anfänglich nur ein Paragraphen-Wortlaut ohne Auseinandersetzung mit den Anmerkungen des sachlichen Vorschlags und ohne die Verabschiedung des sachlichen Vorschlags durch die Regierung als Gesetzesvorschlag in das Anhörungsverfahren vor dem Parlament gebracht wurde.[335] Daran mag auch der nachgeschobene Gründebericht zum Regierungsentwurf Nr. 1153 des Arbeitsministerums nichts ändern. Hier brachte das Arbeitsminsterium den Gesetzgebungsvorschlag des neuen ArbGB in das Parlament ein.

Es bleibt daher mit *Bělina/Brádlerová* festzuhalten, dass sich schon im Entwurf des neuen ArbGB die Tatsache widerspiegelt, dass dieser im Widerspruch zu den gesetzgeberischen Grundsätzen der Regierung, ohne die Verabschiedung der sachlichen Absicht des neuen ArbGB erlassen wurde.[336] Dieser Fauxpas zieht sich wie ein roter Faden durch das neue ArbGB hindurch. Denn wie mag man es erklären, dass das tschechische Ministerium für Arbeit und Soziales derzeit einen Kommentar erarbeitet, wie die Rechtsvorschriften des neuen ArbGB auszulegen sind.[337]

Ohne ein sachliches Vorhaben kann kein Gesetz geschrieben werden, geschweige denn nach *Kahle* ein ganzes Gesetzesbuch. Die fehlende Auseinandersetzung mit den Anmerkungen zu dem sachlichen Vorschlag (Entwurf) des neuen ArbGB wird zur Folge haben, dass es noch viel mehr Anmerkungen zu dem Paragraphen-Wortlaut geben wird.[338] Auch habe man nach der Auffassung von *Bělina/Brádlerová* das Grundprinzip des Verfassungsrechts: *jeder kann alles tun, was ihn durch das Gesetz nicht verboten ist und niemand darf gezwungen*

---

[333] Vgl. dazu *Bělina/Brádlerová*, Právo a zamestnání 4/2005, 23, 24 sowie auch *Kühl/ Čechtická*, WiRO 2007, 101, 106.

[334] So kritisch *Bělina/Brádlerová*, Právo a zamestnání 4/2005, 23, 24.

[335] So jedenfalls *Kahle*, Právo a zamestnání 4/2005, 3, 4; *Bělina/Pichrt*, Právní rozhledy 11/2005, 381, 382.

[336] *Bělina/Brádlerová*, Právo a zamestnání 4/2005, 23, 24.

[337] Auskunft von *Kostadinovová*, Mitarbeiterin beim Arbeitsminsterium, Abteilung Arbeitsrecht und Kollekivverhandlung v. 22.6.2006, www.mpsv.cz.

[338] So mit Recht *Kahle*, Právo a zamestnání 4/2005, 3, 4.

werden, etwas zu tun, was ihm durch das Gesetz nicht auferlegt, nicht konsequent, eingehend im Entwurf des neuen ArbGB umgesetzt.[339]

Die Kritik am Entwurf des neuen ArbGB lässt sich zwar nicht pauschal auf das neue ArbGB übertragen. Meines Erachtens setzt sich die Kritik teilweise im neuen ArbGB fort. Mit Ausnahme des neuen § 363, der in Absatz 1 die Normen des ArbGB auflistet, durch die die Regelungen der EU umgesetzt werden und § 363 Abs. 2 ArbGB n.F., der die Normen auflistet, von denen die Teilnehmer der arbeitsrechtlichen Beziehungen nicht abweichen dürfen, und kleineren Änderungen zur Klarstellung, wurde der ursprüngliche Wortlaut des Vorlagenberichts des Regierungsentwurfs Nr. 1153 zum neuen ArbGB im ArbGB n.F. übernommen.

Bei der neuen Kodifikation des ArbGB ist ganz klar die Stärkung der Vertragsfreiheit, die in § 2 S. 1 der zentralen Norm des ArbGB n.F. verankert ist, zu begrüßen. Die Sätze 2 bis 4 des § 2 ArbGB n.F. hingegen schränken den Grundsatz der Vertragsfreiheit wieder ein und normieren, wann ein Abweichen nicht möglich ist, insbesondere in den angeführten Fällen des § 363 ArbGB n.F. Dies ist wenig übersichtlich. Denn man muss die Vorschriften des neuen ArbGB nunmehr immer im Zusammenhang mit den zentralen Normen des § 2 sowie § 363 ArbGB n.F. lesen.

Ein Beispiel: Die Konkurrenzklausel (nachvertragliches Wettbewerbsverbot), die in § 310 ArbGB n.F. normiert ist, ist vom Grundsatz der Vertragsfreiheit her nicht zwingend. Denn es obliegt den Arbeitsvertragsparteien, ob und wie die Konkurrenzklausel gestaltet wird. Allerdings statutiert § 363 Abs. 2 i.V.m. § 2 Abs. 2 S. 5 ArbGB n.F., dass ein Abweichen von § 310 nicht möglich ist. Wie ist dies zu verstehen? Denn nach dem Verständnis der Vertragsfreiheit müsste die Konkurrenzklausel doch nicht zwingend ausgestaltet sein. Jedoch hat der Gesetzgeber ein Abweichen in § 363 Abs. 2 ausdrücklich verboten. Muss man den Gesetzgeber etwa so verstehen, dass ein Abweichen von den Mindestanforderungen an eine Konkurrenzklausel (Karenzentschädigung, Bindungsdauer) nicht möglich ist. Dies erscheint meines Erachtens verständlich. Festzuhalten bleibt indes, dass die meisten Vorschriften im neuen ArbGB auf den ersten Blick nicht zwingend ausgestaltet sind. Allerdings sollte man genau hinschauen und die Auslegungs- bzw. Abweichungsstatute in § 2 i.V.m. § 363 ArbGB n.F. beachten. Anzumerken ist nach dem Beispielsfall aber, dass eine rechtliche Regelung in dem liberalisierten ArbGB einen zwingenden Charakter nur dort haben sollte, wo ein öffentliches Interesse besteht. Bei einer Konkurrenzklausel, die ohnehin meistens nur bei leitenden Mitarbeitern vereinbart wird, ist ein öf-

[339] Siehe *Bělina/Brádlerová*, Právo a zamestnání 4/2005, 23, 24

fentliches Interesse im Sinne eines Arbeitnehmerschutzes eher zu verneinen. Selbstverständlich müsste der Begriff des öffentlichen Interesses im ArbGB oder zumindest im Gründebericht, in den Gesetzesmaterialien definiert sein. Jedoch sind lediglich in § 363 Abs. 2 die Vorschriften aufgeführt, von denen die Teilnehmer der arbeitsrechtlichen Beziehungen nicht abweichen dürfen, ohne jegliche Begründung.

Indes bleibt auch abzuwarten, ob der § 363 Abs. 2[340] ArbGB n.F., der normiert, von welchen Vorschriften die Teilnehmer der arbeitsrechtlichen Beziehungen nicht abweichen können, auch richtig angewandt wird bzw. transparent genug ist. Denn § 363 ArbGB n.F. bildet zum einen eine Ausnahme von dem Grundsatz: *es ist alles erlaubt, was nicht gesetzlich verboten oder sich aus dem Charakter, der Beschaffenheit der Bestimmung ergibt, dass keine zwingende Regelung besteht und daher ein Abweichen möglich ist* (§ 2 Abs. 1 S. 1 ArbGB n.F.). Zum anderen könnte man die Vorschrift des § 363 Abs. 2 ArbGB n.F. so interpretieren, dass von sämtlichen Vorschriften, die nicht als zwingend in der Norm des § 363 Abs. 2 ArbGB n.F. aufgeführt werden, abgewichen werden darf. Allerdings muss man meines Erachtens noch die grundsätzliche Regel in § 2 Abs. 1 S. 1 sowie die anderen in § 2 Abs. 1 S. 2 bis 4 aufgestellten Abweichungsstatute beachten. Die Relation des § 2 Abs. 1 zu § 363 ArbGB n.F. ist in einigen Fällen ein wenig unverständlich.

Ein weiteres Beispiel: Die Agenturbeschäftigung (Arbeitnehmerüberlassung) ist in den §§ 308, 309 ArbGB n.F. geregelt. Auf den ersten Blick scheinen die Vorschriften nicht zwingend ausgestaltet zu sein. Dies bestätigt auch ein Blick in den § 363 Abs. 2 ArbGB n.F. Denn in dieser Vorschrift sind die Regelungen der Agenturbeschäftigung nicht als zwingende Normen aufgeführt. In der Konsequenz könnten also die Vertragsparteien von den Regelungen der Agenturbeschätigung abweichen. Das daran aus Gründen des Arbeitnehmerschutzes kein öffentliches Interesse besteht, widerspricht eher einer liberalen Auslegung. Für eine zwingende Regelung der Agenturbeschäftigung sprechen die Prinzipien der arbeitsrechtlichen Verhältnisse, so genannte Grundsätze der arbeitsrechtlichen Beziehungen, die in § 13 ArbGB n.F. statuiert sind. Diese Norm gibt Grundprinzipien für die Auslegung möglicher Streitfragen in den arbeitsrechtlichen Verhältnissen.

§ 13 Abs. 2 lit. h) ArbGB n.F. erlaubt dem Arbeitgeber, seine Arbeitnehmer vorübergehend zur Arbeitsleistung bei einer anderen juristischen oder natürlichen

---

[340] § 363 Abs. 1 ArbGB n.F. beschäftigt sich mit aufgeführten Regelungen, die die Vorschriften der EU einarbeiten und von diesen ist ein Abweichen nicht möglich, dies gilt indes nicht, wenn es um ein Abwichen zugunsten des Arbeitnehmers geht, vgl. § 2 Abs. 1 S. 4 ArbGB n.F.

Person nur (*jen*) nach den § 2 Abs. 5 zuzuteilen (zu überlassen). § 2 Abs. 5 ArbGB n.F. zählt zu der abhängigen Arbeit auch die Arbeitnehmerüberlassung und verweist auf die Agenturbeschäftigung. Infolgedessen kann ein Arbeitgeber seine Arbeitnehmer nur auf Grundlage der Regelungen der Agenturbeschäftigung einem anderen Arbeitgeber vorübergehend überlassen. Somit muss ein Verleiharbeitgeber die Vorschriften der Agenturbeschäftigung zwingend anwenden.

Alles in allem sind daher einzelne Vorschriften des ArbGB in Relation zueinander nicht klar verständlich und das ArbGB wirkt daher etwas unübersichtlich. Trotzdem ist das neue ArbGB ein großer Schritt in Richtung Liberalisierung des Arbeitsrechts, da es die erste umfassende Rekodifikation des Arbeitsrechts in den neuen gesellschaftlich-wirtschaftlichen Rahmenbedingungen seit der Einführung der Marktwirtschaft ist.

Die Hauptprinzipien des neuen ArbGB und die Harmonisierung der arbeitsrechtlichen Regelung mit den Verfassungsgesetzen der Tschechischen Republik sind begrüßenswert. Diesem vor allem auch aus internationaler Sicht, denn in den demokratischen Staaten gilt ein entsprechender Grundsatz, der nunmehr jetzt appliziert wird (*„was nicht verboten ist, ist erlaubt“*). Es handelt sich um eine notwendige Liberalisierung des Arbeitsrechts in dem Zusammenhang mit der geltenden Verfassung, das dem Übergang von der Planwirtschaft auf die Marktwirtschaft entspricht.[341] Jedoch ist sich die Fachöffentlichkeit bewusst, dass das neue ArbGB auf keinem guten Niveau fußt.[342]

VII. Resümee / Ausblick

Mit der grundlegenden Einführung der Marktwirtschaft war auch die Aufstellung von neuen juristischen Grundsätzen erforderlich. Dabei war die Frage, ob der neue Regelungsbedarf nach dem Systemwechsel durch eine Wiedereinführung der vom kommunistischen Regime 1950 aufgehobenen Gesetzesbücher oder durch die Rezeption von Regelungen anderer Staaten befriedigt werden sollte. Eine Rückkehr zum alten Recht schied schon aufgrund des historischen Rechtstandes aus. Eine Übernahme fremder bewährter Regelungen war problematisch. Eine solche hätte Schwierigkeiten mit der Abstimmung mit den einheimischen Rechtstraditionen mit sich gebracht. Deshalb hat man sich „für die Rechtskontinuität mit anschließender Ergänzung und Novellierung der geltenden Rechtsordnung entschieden“.[343]

---

[341] Zutreffend auch *Kahle*, Právo a zamestnání 4/2005, 3, 4.
[342] Vgl. *Braun/Wiesnerová*, Magazin Plus, August 2006, Hrsg. DTIHK, www.dtihk.cz/StartDE.htm. und *Kühl/Čechtická*, WiRO 2007, 101, 106.
[343] *Morký*, JOR, Bd. XXXVI/1, 1995, 59, 64.

Bereits 1997/98 konstatierte *Kanda*, dass in der Tschechischen Republik kein Gesetzbuch existiert, das den politischen, gesellschaftlichen, ethischen und wirtschaftlichen Verhältnissen entsprach.[344] Dies gilt heute immer noch. Aber welcher Staat kann schon von sich behaupten, zeitgemäße Gesetze zu haben.

Die Rechtsordnung respektive die Rechtsvorschriften der tschechischen Republik entwickelten sich durch die endlosen Novellierungen außerordentlich dynamisch. Das Arbeitsgesetzbuch erinnert derzeit mehr an ein Flickwerk als ein Gesetzesbuch. Die Ursache liegt - wie meistens - in der Vergangenheit. Denn das (derzeit) heute gültige Arbeitsgesetzbuch stammt aus dem Jahr 1965 und ist inzwischen durch zahlreiche, lückenhafte Novellen, geändert worden. Aber es ist bekannt, dass eine gute Gesetzgebung viel Zeit und *„kritische Augen"*[345] braucht. Da sich gerade das tschechische ArbGB in der kommunistischen Zeit an den Sozialismus anlehnte, sind die aufrechterhaltenden Restnormen für Regelungen der jetzt bestehenden arbeitsrechtlichen Beziehungen kaum geeignet.
„Sinn jeder Kodifizierung ist die möglichst zusammenfassende Regelung eines bestimmten Bereichs und dessen systematische Gestaltung. Die Kodifizierung schließt nicht aus, daß auch Sondergesetze existieren, aber diese haben an den Komplex anzuknüpfen, d.h. an dessen Sachprinzipien und Systematik." [346]

Nächstes Etappenziel sollte also die völlige Neugestaltung des Arbeitsgesetzbuches sein, das auf einer privatautonomen-liberalen Grundhaltung basiert. Im Zusammenhang mit der endlos diskutierten Reform des ArbGB kam eine anfängliche Diskussion über die Rekodifikation[347] des ArbGB unter Beibehaltung seiner Selbständigkeit gegenüber dem Bürgerlichen Gesetzbuch oder über die Dekodifikation[348], das heißt eine Eingliederung der arbeitsrechtlichen Vorschriften in das Bürgerliche Gesetzbuch, auf. Da im Bürgerlichen Gesetzbuch der Tschechischen Republik das Prinzip vorherrscht: *„es ist alles erlaubt, was nicht ausdrücklich oder konkludent verboten ist"*, gemäß dem § 2 Abs. 3 BGB CZ, befürworten viele die Eingliederung des Arbeitsgesetzbuches in das schon liberale Bürgerliche Gesetzbuch.[349] Außerdem sollten der Arbeitsvertrag und die sich

---

344 Vgl. *Kanda*, WiRO 1997, 441, 443.
345 *Goleva*, S. 57, 61.
346 *Tröster*, JOR, Bd. XL/1, 1999, 27, 34 u. 35.
347 Anhänger einer Rekodifikation sind u.a. *Tröster*, *Bělina*; vgl. dazu *Löblich* S. 149 m.w.N.
348 ähnlich dem deutschen Arbeitsrecht; Anhänger einer Dekodifikation sind u.a. *Kahle*, *Přib*, siehe hierzu *Löblich* S. 151 m.entspr.N. sowie *Kanda*, WiRO 1997, 441, 443.
349 Vgl. nur *Löblich*, S. 150, 151; Auch die tschechische Verfassung formuliert in Art. 2 Abs. 4 folgendes: *„Jeder Bürger kann alles tun, was gesetzlich nicht verboten ist, und keiner darf gezwungen werden, etwas zu tun, was ihm nicht durch Gesetz auferlegt ist."* Dt. Übersetzung von *Horský*, in: *Brunner/Schmid/Westen* (Hrsg.), Wirtschaftsrecht der osteuropäischen Staaten (WOS), abgedruckt unter ČR I 1 a, S. 1-7 als Auszug.

daraus folgenden Rechtsbeziehungen, da sie privatrechtlicher Natur sind, Bestandteil des Zivilgesetzbuches sein.[350]

Dennoch bleibt es bei einer umfassenden Rekodifizierung des Arbeitsrechts. Dies zeigt auch der Regierungsentwurf zum neuen ArbGB[351] sowie das neue ArbGB. Zu bedenken ist auch, dass es an sich ein selbständiger Zweig bleibt; mehr noch, es hat sich auch als ein eigenes Rechtsgebiet in das tschechische Rechtsbewusstsein eingeprägt.[352]

Nunmehr wurde eine umfassende Neukodifizierung des Arbeitsgesetzbuches beschlossen. Von 179 Parlamentarien folgten 107[353] Abgeordnete der Sozialdemokraten und Kommunisten dem Entwurf der Regierung zu einem neuen Arbeitsgesetz. Am 23.5.2006 beschloss das Abgeordnetenhaus, die untere Parlamentskammer der Tschechischen Republik, dass das neue ArbGB[354] zum 1.1.2007 in Kraft treten wird. Das neue ArbGB wird vom Gedanken der Liberalisierung des Arbeitsrechts getragen. Es gilt dann der Grundsatz: *„was das Gesetz nicht verbietet, ist erlaubt"*.[355] Aufgrund der öffentlichen Gespaltenheit über das neue ArbGB ist es allerdings nicht ausgeschlossen, dass das neue Gesetz nach dem Inkrafttreten am 1.1.2007 weitere Änderungen erfährt.

Zwar bedeutet das neue ArbGB die größte Änderung des gesamten Systems von dem Jahre 1990 an, jedoch ist ein grundlegender Konsens der Vertreter der Arbeitnehmer, der Arbeitgeber und des Staates erforderlich. Dies ist im Vorfeld, der Vorbereitung des neuen ArbGB nicht gelungen.[356] Denn das neue ArbGB wurde zum Gegenstand eines starken politischen Vor-Wahlkampfs gemacht und die fachliche Diskussion ist leider in den Hintergrund getreten.[357]

---

[350] So explizit *Kanda*, WiRO 1997, 441, 443.

[351] Regierungsentwurf Nr. 1153 aus 2005 zur Vorlage des neuen Arbeitsgesetzbuches; deutsche Übersetzung von *Veberová.*

[352] Zu Vorstehendem *Kanda* WiRO 1997, 441, 443 *„Jedoch darf nicht übersehen werden, daß es in den Rechtsordnungen der europäischen Staaten (Anm. Verf. der Alt-EU-Staaten) - mit Ausnahme von Frankreich... - kein Arbeitsgesetzbuch gibt."*

[353] 101 Stimmen sind nötig, um die kleinstmögliche Mehrheit für Abstimmungen im Abgeordnetenhaus zu erreichen; mehr dazu *Procházková*, Onlineartikel des Radio Prags v. 20.7.2006, Rubrik: Tagesecho, Titel des Beitrags: Magische 101 Stimmen im Abgeordnetenhaus, www. radio.cz/de/artikel/81308, zuletzt abgerufen am 31.7.2006.

[354] Vgl. Fn. 277.

[355] So auch der Regierungsentwurf Nr. 1153 aus 2005 zur Vorlage des neuen Arbeitsgesetzbuches; deutsche Übersetzung von *Veberová.*

[356] So ähnlich *Vysokajová*, Právní fórum 8/2005, 314, 320.

[357] Vgl. *Šubrt*, Práce a mzda 11/2005, 2 sowie *Bělina*, Právní rozhledy 9/2006, 2, der sinngemäß sagt: die Diskussion im Abgeordnetenhaus über das neue ArbGB ähnelte eher an einer Vorwahl-Agitation als an eine Diskussion über den neuen Kodex.

Es gab nach der Auffassung von *Šubrt* nicht genügend Zeit für eine vielseitige fachliche und politische Beurteilung, einschließlich der fachlichen Diskussionen[358] zu den konkreten Inhalten des Entwurfes des neuen ArbGB. Mit den Arbeiten beeilte man sich nach *Šubrt* aus dem Grund der bevorstehenden Wahlen im Juni 2006, was nachteilig für die Qualität war. Auch trotz der mehr als zweijährigen Vorbereitung kann man daher sagen, dass der Text in großer Eile geschrieben wurde.[359]

Nach dem unentschiedenen Ausgang der Juni-Parlamentswahlen gibt es eine Dreierkoalition aus Bürgerdemokraten (ODS), Christdemokraten (KDU-CSL) und Grünen (SZ), welche von den Sozialdemokraten (CSSD) toleriert werden,[360], die das Land bis zur Übernahme der Ratspräsidentschaft der EU im Jahr 2009 und zu vorgezogenen Neuwahlen[361] führen soll. Grundsätzliche Reformen werden bei einem derart schwachen Regierungsmandat wohl kaum möglich sein. Jedenfalls wäre es erstrebenswert, wenn in der Grundkonzeption des ArbGB ein Konsens zwischen allen parlamentarischen Parteien und den Sozialpartnern erreicht würde. Dies ist zurzeit nicht der Fall, wie die langwierigen Verhandlungen um die Regierungsbildung nach dem *„Wahlpatt vom ersten Juniwochenende“*[362] 2006 bestätigen. Es wäre sicherlich sehr unglücklich, wenn bei einer Änderung der Zusammensetzung der Regierung nach jeder Wahl das ArbGB radikal geändert würde, so wie es in der Slowakischen Republik passierte.[363]

Man kann den Eindruck gewinnen, dass das Bestreben, die arbeitsrechtlichen Bestimmungen schnell an die aktuelle Situation und deren Erfordernisse anzupassen, auf Kosten der Qualität der gesetzgeberischen Bearbeitung, der Geset-

---

[358] *Šubrt*, Práce a mzda 11/2005, 2; so auch *Bělina/Pichrt*, Právní rozhledy 11/2005, 381, 382.

[359] So kritisch *Šubrt*, Práce a mzda 11/2005, 2; ähnlich *Bělina/Brádlerová*, Právo a zamestnání 4/2005, 23 ff.; *Bělina/Pichrt*, Právní rozhledy 11/2005, 381 ff.

[360] Vgl. *Janzer*, Onlineartikel des Radio Prags v. 09.01.2007, Rubrik: Tagesecho, Titel des Beitrags: Neue Regierung ernannt – ein Kabinett mit Gegensätzen, www.radio.cz/de/artikel/87047, zuletzt abgerufen am 14.06.2007 sowie Schneibergova, Onlineartikel des Radio Prags v. 22.01.2007, Rubrik: Tagesecho, Titel des Beitrags: Sieben Monate nach den Wahlen: Endlich ein Kabinett, http://www.radio.cz/de/artikel/87509, zuletzt abgerufen am 14.06.2007.

[361] Vorgezogene Neuwahlen sollen nicht schon im Jahr 2007 stattfinden, sondern später (evtl. 2008/2009). Darauf einigten sich die Parteichefs der ODS und ČSSD, vgl. *Janzer*, Onlineartikel des Radio Prags v. 14.11.2006, Rubrik: Tagesecho, Titel des Beitrags: Durchbruch in den Regierungsgesprächen – erstmals einigten sich Paroubek und Topolanek, www. radio.cz/de/artikel/85268, zuletzt abgerufen am 15.11.2006.

[362] *Kirschner*, Onlineartikel des Radio Prags v. 15.6.2006, Rubrik: Tagesecho, Titel des Beitrags: Wahl 2006: Regierung kommt, Lösung nicht in Sicht, www. radio.cz/de/artikel/80123, zuletzt abgerufen am 3.8.2006.

[363] So zutreffend *Šubrt*, Práce a mzda 11/2005, 2.

zesnovellen geht. Andererseits muss man sich vor Augen halten, dass die Gesetzgebung ein andauernder Prozess ist, der mit den gesellschaftlichen Veränderungen Schritt halten muss. Deshalb sind Gesetzesänderungen unvermeidbar.[364] Am 1.1.2007 trat das neue ArbGB in Kraft und es bringt wesentliche Änderungen sowie Neuerungen im tschechischen Arbeitsrecht mit sich.

[364] So auch *Knieper*, WiRO 1998, 361, 366.

Teil 2. Flexibilisierung der Arbeitsbedingungen durch individualrechtliche Maßnahmen

Der globalisierte Wettbewerb macht es heute stärker als früher notwendig, eine Anpassung an veränderte Umstände hinsichtlich des Marktes und der Produktionsbedingungen durch Änderungen der Arbeitsbedingungen vorzunehmen. Das Arbeitsverhältnis sollte daher insoweit dem Stabilitätsinteresse des Arbeitnehmers als auch dem Flexibilisierungsinteresse des Arbeitgebers Rechnung tragen. Flexibilität kann bereits dadurch erreicht werden, dass der Arbeitsvertrag selbst Anpassungsklauseln enthält oder dass der Arbeitgeber bzw. Arbeitnehmer später auf veränderte Umstände reagiert. Es können sowohl Änderungen einseitig (Direktionsrecht) durch den Arbeitgeber als auch zweiseitig (Änderungsvertrag, Annahme gegenüber der Änderungskündigung) vorgenommen werden.

A. Deutschland

I. Allgemeines Direktionsrecht

1. Begriff und Rechtsgrundlage des Direktionsrechts

Das Direktionsrecht ist wesentlicher Inhalt eines jeden Arbeitsverhältnisses. Nach allgemeiner Ansicht wird unter dem arbeitgeberseitigen Direktionsrecht das Recht des Arbeitgebers verstanden, die im Arbeitsvertrag nur rahmenmäßig umschriebene Leistungspflicht des Arbeitnehmers einseitig näher zu konkretisieren.[365] Daher ergibt sich aus dem Arbeitsvertrag, welche Tätigkeiten dem Arbeitnehmer per Direktionsrecht zugewiesen werden können.

Nach § 106 Satz 1 GewO kann der Arbeitgeber Inhalt, Ort und Zeit der Arbeitsleistung nach billigem Ermessen näher bestimmen, soweit diese Arbeitsbedingungen nicht durch den Arbeitsvertrag, Bestimmungen eines anwendbaren Tarifvertrages oder einer Betriebsvereinbarung bzw. durch gesetzliche Vorschriften festgelegt sind. § 106 GewO ist nach der Änderung der GewO im Jahr 2002 nicht mehr nur für gewerbliche Arbeitnehmer, sondern grundsätzlich für alle Arbeitnehmer anwendbar.[366] Dies ergibt sich schon aus der Stellung im Gesetz, wo von *„Allgemeinen arbeitsrechtlichen Grundsätzen"* gesprochen wird. Damit kommt das allgemeine Direktionsrecht als einziges Flexibilisierungsinstrument in Betracht, wenn weder ein Gesetz noch der Arbeitsvertrag, noch ein anwendbarer Tarifvertrag oder eine Betriebsvereinbarung spezielle Bestimmungen ent-

---

[365] Siehe dazu nur *Weber/Ehrich*, BB 1996, 2246 m.w.N.

[366] Vgl. nur dazu *Lindemann*, Gestaltung von Arbeitsbedingungen, S. 23; Preis - *Lindemann/Urmersbach*, Innovative Arbeitsformen, S. 23.

halten. Allgemein ist das Direktionsrecht stark von der Rechtsprechung des BAG ausgestaltet und geprägt.

2. Inhalt und Grenzen des Direktionsrechts

Schon das BAG urteilte, dass das auf dem Arbeitsvertrag beruhende Weisungs-(Direktions)recht wesentlicher Inhalt eines jeden Arbeitsverhältnisses sei.[367] Da die Art der zu erbringenden Tätigkeit im Arbeitsvertrag zumeist nur schlagwortartig, beispielsweise mit der Berufsbezeichnung umschrieben ist, kann die vertragliche Leistungspflicht des Arbeitnehmers durch Anweisungen des Arbeitgebers in Ausübung seines Direktions- oder Weisungsrechts konkretisiert werden.[368] Welchen Umfang dieses Direktionsrecht hat, bestimmt sich danach, welche Regelungen im Arbeitsvertrag getroffen wurden. Diese können sehr konkret, mit der Folge eines sehr eingeschränkten oder sogar ausgeschlossenen allgemeinen Direktionsrechts gehalten sein.[369] Wenn die Regelungen im Arbeitsvertrag ganz allgemein gehalten sind, zieht dies ein weites Direktionsrecht nach sich. Es kann also festgehalten werden, dass die arbeitsvertragliche Formulierung von ganz erheblicher Relevanz ist, weil von ihr der Umfang des allgemeinen Direktionsrechts abhängt.[370] Je genauer die Arbeitsbedingungen im Arbeitsvertrag geregelt sind, desto enger ist das allgemeine Direktionsrecht und umgekehrt.[371] Wenn beispielsweise eine konkret zugewiesene Tätigkeit nicht mehr von der vertraglich vereinbarten Tätigkeitsbeschreibung gedeckt ist, bleibt dem Arbeitgeber nur die Alternative des Änderungsvertrages oder der Änderungskündigung.[372] Das enge Direktionsrecht hilft hier nicht weiter.

Alles in allem geht es bei der Ausübung des Direktionsrechts um eine einseitige Vertragskonkretisierung. Hingegen kommt als arbeitsrechtliches Gestaltungsmittel (nur) die einvernehmliche Vertragsänderung oder eine Änderungskündigung in Betracht, wenn durch die konkrete Weisung der *„vertragsfeste Bereich“*[373] des zu Grunde liegenden Arbeitsvertrages berührt wird. Anders mit dem *BAG* ausgedrückt, die vertragliche Vereinbarung, insbesondere einzelvertragliche Änderungsvorbehalte dürfen nicht in den kündigungsrechtlich geschützten

---

[367] Siehe nur BAG, Urt. v. 23.6.1993 - 5 AZR 337/92, AP Nr. 42 zu § 611 BGB Direktionsrecht, st. Rspr.: BAG, Urt. v. 14.12.1961, AP Nr. 17 zu § 611 BGB Direktionsrecht; BAG, Urt. v. 27.3.1980, AP Nr. 26 zu § 611 BGB Direktionsrecht.

[368] *Preis*, Individualarbeitsrecht, S. 173.

[369] Preis - *Lindemann/Urmersbach*, Innovative Arbeitsformen, S. 23.

[370] Preis - *Preis*, Der Arbeitsvertrag, II D 30 Rn. 16.

[371] So schon Preis - *Lindemann/Urmersbach*, Innovative Arbeitsformen, S. 24.

[372] Vgl. ErfK/*Preis*, § 611 BGB Rn. 800.

[373] Spirolke/Regh - *Spirolke*, S. 41.

„Kernbereich" [374] des Arbeitsverhältnisses eingreifen. Der gesetzliche Kündigungsschutz in § 2 KSchG umfasst nicht nur den Beendigungsschutz, sondern auch den *„Vertragsinhaltsschutz"*[375], *„Änderungsschutz"*[376]. Ein Eingriff in den Kernbereich liegt bei einer grundlegenden Störung des Gleichgewichts zwischen Leistung und Gegenleistung vor.[377]

Die Ausübung des Weisungsrechts darf nach ständiger Rechtsprechung des BAG[378] vom Arbeitgeber nur nach billigem Ermessen gemäß § 315 BGB i.V.m. § 106 GewO erfolgen. Selbst dann, wenn der Arbeitgeber kraft seines Direktionsrechts grundsätzlich befugt ist, den Aufgabenbereich des Arbeitnehmers zu verkleinern, muss seine Maßnahme billigem Ermessen entsprechen (§ 315 BGB). Dazu gehört, dass alle wesentlichen Umstände des Falles abgewogen und die beiderseitigen Interessen angemessen, erkennbar für die andere Vertragspartei[379] berücksichtigt werden.[380] Werden beispielsweise Grundrechte des Arbeitnehmers nicht berührt, geht das betriebliche Interesse des Arbeitgebers vor.[381] Weitere Einschränkungen des Direktionsrechts können sich aus Gesetz, insbesondere dem ArbZG, dem MuSchG, Tarifvertrag oder Betriebsvereinbarung ergeben.

3. Einzelfälle von Weisungen zur Arbeit, Versetzung kraft Direktionsrechts

a) Art der Tätigkeit

aa) Zuweisung gleichwertiger Tätigkeiten

Häufig werden Art und Umfang der Tätigkeit im Arbeitsvertrag nicht konkretisiert, sondern allgemein umschrieben. Dann muss die geschuldete Arbeitsleistung durch Auslegung ermittelt werden. Dabei helfen zum einen das Berufsbild und die tarifliche Eingruppierung. Falls eine Vergütungseingruppierung erfolgte, kann dem Arbeitnehmer grundsätzlich jede Tätigkeit zugewiesen werden, die

---

[374] BAG, Urt. v. 21.4.1993, AP Nr. 34 zu § 2 KschG 1969; ebenso *Rost* in FS Dieterich, S. 506.
[375] *Rost* in FS Dieterich, S. 518.
[376] *Maschmann*, RdA 2005, 212, 215; vgl. auch, BAG v. 13.6.1986, AP Nr. 19 zu § 2 KSchG 1969.
[377] Vgl. *Rost* in FS Dieterich, S. 507 m.w.N.
[378] Vgl. dazu nur *Weber/Ehrich*, BB 1996, 2246, 2248 m.w.N, *Wank*, RdA 2005, 271, 277.
[379] Preis - *Preis*, Der Arbeitsvertrag, II D 30 Rn. 24; LAG Düsseldorf, Urt. v. 5.6.2003 - 11 Sa 292/03.
[380] BAG, Urt. v. 23.6.1993 - 5 AZR 337/92, AP Nr. 42 zu § 611 BGB Direktionsrecht; BAG, Urt. v. 24.4.1996 - 5 AZR 1031/94, AP Nr. 48 zu § 611 BGB Direktionsrecht; BAG, Urt. v. 7.12.2000 - 6 AZR 444/99, AP Nr. 61 zu § 611 BGB Direktionsrecht; zuletzt BAG, Urt. v. 23.9.2004 - 6 AZR 567/03.
[381] Vgl. BAG, Urt. v. 17.1.1979, AP Nr. 2 zu § 613 BGB. (bei Weber/Ehrich, BB 1996, 2246)

den Merkmalen dieser Vergütungsgruppe entsprechen.[382] Auch können Dienstanweisungen oder Organisationspläne dabei berücksichtigt werden.[383] Das BAG entschied zu Recht im Jahr 1980, dass bei einer Einstellung eines kaufmännischen Angestellten, jenem jede Tätigkeit zugewiesen werden kann, die diesem Berufsbild entspricht.[384] Insbesondere kann auch über das Direktionsrecht ein Wechsel in der Art der Beschäftigung vorgenommen werden oder der Arbeitsbereich des Arbeitnehmers verkleinert werden.[385]

Von einer weiten Fassung[386] der Tätigkeitsbeschreibung ist aber abzuraten[387], weil schon das NachwG in § 2 Abs. 1 Nr. 5 verlangt, dass der Arbeitgeber spätestens nach einen Monat nach vereinbarten Beginn des Arbeitsverhältnisses eine kurze Charakterisierung oder Beschreibung der vom Arbeitnehmer zu leistenden Tätigkeit schriftlich abgibt.

bb) Zuweisung geringwertiger Tätigkeiten

Grundsätzlich ist eine Zuweisung geringwertiger Tätigkeiten nicht durch das allgemeine Direktionsrecht des Arbeitgebers möglich, auch wenn die bis dahin geltende Vergütung beibehalten wird.[388] Denn eine solche Versetzungsklausel bedeutet zugleich einen Eingriff in das synallagmatische Arbeitsverhältnis. Jedoch darf in Notfällen[389], außergewöhnlichen, unvorhersehbaren Ereignissen wie etwa in einem Katastrophenfall[390] sowie dringenden Gründen des Gemeinwohls der Arbeitnehmer auch zu geringwertigen Tätigkeiten vorübergehend herangezogen werden. Solche Arbeiten sind dann auch vom allgemeinen Direktionsrecht des Arbeitgebers aufgrund der Rücksichtnahmepflicht des Arbeitnehmers hinsichtlich des Arbeitgebereigentums, der Produktionsmittel etc. gedeckt.[391] Jedoch sind von der Rechtsprechung des BAG vorhersehbare betriebli-

---

382 BAG, Urt. v. 30.8.1995, AP Nr. 44 zu § 611 BGB Direktionsrecht; BAG, Urt. v. 24.4.1996, AP Nr. 49 zu § 611 BGB Direktionsrecht.

383 So auch *Preis*, Individualarbeitsrecht, S. 174.

384 Bsp. bei *Preis*, Individualarbeitsrecht, S. 174.

385 BAG, Urt. v. 23.6.1993 - 5 AZR 337/92, AP Nr. 42 zu § 611 BGB Direktionsrecht.

386 So Preis - *Preis*, Der Arbeitsvertrag, II D 30, Rn. 44.

387 Andere Ansicht *Preis* als in Fn. 384 in ErfK/*Preis*, § 611 Rn. 800.

388 St. Rspr., vgl. nur BAG, Urt. v. 11.6.1958, AP Nr. 2 zu § 611 BGB Direktionsrecht; BAG, Urt. v. 8.10.1962 - 2 AZR 550/61, AP Nr. 18 zu § 611 BGB Direktionsrecht; BAG, Urt. v. 14.7.1965 - 4 AZR 347/63, AP Nr. 19 zu § 611 BGB Direktionsrecht; BAG, Urt. v. 24.4.1996 - 4 AZR 976/94, AP Nr. 49 zu § 611 BGB Direktionsrecht; KR/*Rost*, § 2 KSchG, Rn. 42. Bei einer Zuweisung geringwertiger Tätigkeiten wäre dann eine vertragliche Regelung im Sinne einer Direktionsrechtserweiterung notwendig.

389 Zum Begriff des Notfalls siehe § 14 ArbZG.

390 *Bauer/Opolony*, NJW 2002, 3503; *Hromadka*, DB 1995, 2601, 2602.

391 Ebenso Preis - *Preis*, Der Arbeitsvertrag, II D 30 Rn. 46.

che Engpässe wie etwa Organisationsmängel, Transportprobleme oder Auftragsspitzen nicht als Notfälle anerkannt.[392]

Es stellt sich aber die Frage, was geringwertige Tätigkeiten darstellen bzw. wie diese zu ermitteln sind. Die Wertigkeit der Arbeit ist durch einen wertenden Gesamtvergleich zu ermitteln.[393] Dabei geht *Preis* zutreffend davon aus, dass die Vergütung nicht ausschlaggebend sein kann, sondern vielmehr alle Vor- und Nachteile, das Berufsbild und das Ansehen der Arbeit in der Gesellschaft sowie unter Arbeitskollegen zu berücksichtigen sind. Indiz für eine geringwertige Tätigkeit ist beispielsweise die Einschränkung der Funktionen und Vertretungsbefugnisse.[394] Als ungleichwertig sieht die Rechtsprechung die Tätigkeit eines Angestellten und Arbeiters an.[395]

cc) Zuweisung höherwertiger Tätigkeiten

Der Fall der Zuweisung einer höherwertigen Tätigkeit, in der Regel mit einer entsprechenden Vergütungsanpassung, ist ohne weiteres dem der Zuweisung einer geringerwertigen Tätigkeit gleichzustellen. Eben sowohl ist dies vom allgemeinen Zuweisungsrecht des Arbeitgebers jedoch nicht gedeckt; auch wenn man die Auffassung vertreten könnte, dass dies ja einer Beförderung des Arbeitnehmers gleichkommt und nicht zu seinen Lasten geht. Denn auch hier wird in das Arbeitsverhältnis als solches einseitig durch den Arbeitgeber eingegriffen und durch die Zuweisung einer neuen Tätigkeit der Bestand des Arbeitsverhältnisses gleichsam als Ganzes geändert und praktisch ein neues Arbeitsverhältnis begründet.[396] Ein solcher Eingriff in die wesentlichen Arbeitsbedingungen ist lediglich durch Gesetz, Kollektivvertrag bzw. Einzelarbeitsvertrag durch eine entsprechende Klausel[397] möglich.

dd) Zusammenfassung

Zusammenfassend bleibt festzuhalten, dass der Tätigkeitsbereich im Wege der Auslegung zu ermitteln ist. Die Zuweisung geringwertiger bzw. höherwertiger Tätigkeiten im Wege des Direktionsrechts ist grundsätzlich nicht möglich. Will der Arbeitgeber den Arbeitnehmer auf einen geringerwertigen bzw. höherwertigen Arbeitsplatz versetzen, so kann er sich nicht auf sein allgemeines Direktionsrecht stützen. Hier ist eine Vertragsänderung oder eine Änderungskündigung

---

[392] BAG, Urt. v. 3.12.1980, DB 1981, 799; *Hromadka*, DB 1995, 2601, 2602 m.w.N.
[393] Preis - *Preis*, Der Arbeitsvertrag, II D 30 Rn. 47.
[394] Beispiel nach *Preis*, Der Arbeitsvertrag, II D 30 Rn. 47.
[395] LAG Rheinland-Pfalz, Urt. v. 19.8.1999 - 6 Sa 171/99.
[396] BAG, Ur. v. 12.12.1984 - 7 AZR 509/83, AP Nr. 6 zu § 2 KSchG.
[397] Mit einer entsprechenden Vergütungsanpassung nach oben, sonst liegt eine massive Synallagmastörung (mehr Leistung bei gleichem Lohn) vor.

erforderlich. Falls eine tarifliche Vergütungsgruppe besteht, kann dem Arbeitnehmer kraft Direktionsrecht alle Aufgaben übertragen werden, die in dieser Gruppe fallen.

b) Versetzung an einen anderen Arbeitsort

Grundsätzlich ergibt sich aus dem Arbeitsvertrag der Leistungsort, also der Ort, an dem die Arbeitsleistung erbracht werden soll. Ist der Arbeitgeber jedoch nicht für einen bestimmten Arbeitsort eingestellt, kann der Arbeitgeber im Rahmen des Direktionsrechts auch den Arbeitsort konkretisieren.[398]

Allgemein anerkannt ist, dass eine Versetzung innerhalb eines Betriebes im Rahmen des allgemeinen Weisungsrechts möglich ist.[399] Eine besondere vertragliche Versetzungsklausel in Form einer Direktionsrechtserweiterung ist nicht erforderlich. Man spricht auch terminologisch von einer Umsetzung. Anders ausgedrückt nach *Wank*: *„alle Veränderungen, die sich im Rahmen der im Arbeitsvertrag bestimmten Arbeitsaufgabe sowie des Arbeitsortes und der Arbeitszeit bewegen, lassen sich durch eine Umsetzung, das heißt, durch eine einseitige Ausübung des Direktionsrechts bewirken"*.[400]

Auch wenn der betreffende Arbeitnehmer nur für einen bestimmten Betrieb und nicht für einen bestimmten Ort eingestellt ist, kann er an einen anderen, für ihn leicht erreichbaren Ort ebenfalls aufgrund des allgemeinen Direktionsrechts versetzt werden.[401] Im Rahmen des Weisungsrechts ist im Umkehrschluss jedoch keine Versetzung an einen anderen schwer erreichbaren oder weit entfernten Ort sowie eine Versetzung in ein anderes konzernangehöriges Unternehmen oder gar ins Ausland möglich. Sofern also eine Zuweisung eines anderen Arbeitsplatzes nicht mehr durch den Arbeitsvertrag und damit durch das Direktionsrecht gedeckt ist, bedarf es einer Vertragsänderung, einer (Versetzung)sklausel im Vertrag.

---

398 *Preis*, Individualarbeitsrecht, S. 175.
399 Preis - *Lindemann/Urmersbach*, Innovative Arbeitsformen, S. 26.
400 *Wank*, RdA 2005, 271, 272.
401 So jedenfalls Preis - *Lindemann/Urmersbach*, Innovative Arbeitsformen, S. 26; a. A. *LAG Nürnberg*, Urt. v. 17.2.2004 - 6 Sa 518/03, NZA RR 2004, 628.: Ohne Versetzungsvorbehalt kommt auch eine Versetzung an einen nur 13 km entfernten Standort im Wege des Direktionsrechts nicht in Betracht; ähnlich *Weber/Ehrich*, BB 1996, 2246, 2247, dort heißt es: *„Die Zuweisung von Tätigkeiten in einem anderen Betrieb ist regelmäßig nicht vom Direktionsrecht des Arbeitgebers gedeckt, selbst wenn es sich um einen Betrieb desselben Unternehmens handelt."*

c) Arbeitszeit

aa) Rechtliche Grenzen / Direktionsrecht

Das Arbeitszeitgesetz (ArbZG) schafft Rahmenbedingungen für flexible Arbeitszeiten. Es definiert grundsätzlich die Arbeitszeiten, Ruhezeiten und –pausen sowie Nacht- und Schichtarbeit. Daneben werden im ArbZG Mindestzeiten (z.B. bei Ruhezeiten) und Maximalzeiten (z.B. bei der täglichen Arbeitszeit) sowie Ausgleichsräume für Mehrarbeit festgelegt.[402]

Der Arbeitsvertrag gibt in der Regel die Arbeitszeitdauer an. Gesetzliche Grenzen der Gestaltungsmöglichkeit gibt das ArbZG vor. Gemäß § 3 ArbZG darf die werktägliche Arbeitszeit acht Stunden nicht überschreiten. Sie darf nur dann auf zehn Stunden ausgedehnt werden, wenn innerhalb von sechs Monaten oder 24 Wochen im Durchschnitt eine werktägliche Arbeitszeit von acht Stunden nicht überschritten wird. Jedoch wie mit den Arbeitszeiten verfahren werden soll, die die (vertragliche) Wochenarbeitszeit des Arbeitnehmers überschreiten, aber nicht die gesetzliche festgelegte 48 Stunden/Woche[403], wird vom ArbZG offen gelassen.[404] Aus arbeitsrechtlicher Sicht werden die gesetzlichen Bestimmungen lediglich als Mindestbedingungen interpretiert. Es werden weitere und abweichende Ausgestaltungen durch Tarifvertrag, Betriebsvereinbarungen oder Individualvertrag erwartet.[405] Allerdings erlaubt § 7 ArbZG auch für die Arbeitnehmer ungünstigere Regelungen gegenüber dem § 3 ArbZG zu vereinbaren, wenn dies durch Tarifvertrag oder Betriebsvereinbarung, also kollektivrechtlich geregelt wird. Das ArbZG gilt für alle Arbeitnehmer. § 2 Abs. 2 ArbZG enthält eine Legaldefinition des allgemeinen Arbeitnehmerbegriffs. Danach sind Arbeitnehmer i.S.d. Gesetzes Arbeiter und Angestellte sowie die zu ihrer Berufsbildung Beschäftigten. Hierunter fallen eigentlich auch die leitenden Mitarbeiter und Führungskräfte. Die in § 5 Abs. 2 BetrVG enthaltende Einschränkung des Arbeitnehmerbegriffs hat der Gesetzgeber nämlich nicht übernommen.[406] Jedoch findet nach § 18 Abs. 1 ArbZG das Arbeitszeitgesetz unter anderem keine Anwendung auf leitende Angestellte und Chefärzte sowie Dienststellen- und Personalleiter im öffentlichen Dienst.[407]

---

[402] Vgl. Wehrhahn/Holzbach/Heinen, S. 80.

[403] 6 Werktage/Woche mal 8 Stunden/Werktag.

[404] Vgl. *Däubler*, S. 181, Rn. 587.

[405] So wird z.B. in Tarifverträgen die Mehrarbeit definiert und deren Kompensation oder das andere Verteilungszeiträume der Arbeitszeit gewählt werden; mehr zur Arbeit in Verteilungszeiträumen bei *Knörzer*, S. 39 f; bzgl. zuschlagspflichtiger Mehrarbeit bei flexiblen Arbeitszeitmodellen, *BAG*, Urt. v. 25.10.2000 - 4 AZR 596/99, AP Nr. 174 zu § 1 TVG Tarifverträge Metallindustrie.

[406] ErfK/*Wank*, § 2 ArbZG Rn. 3.

[407] In diesem Sinne auch *Däubler*, S. 179, Rn. 578.

Die Dauer der Arbeitszeit ist eng an das Entgelt gekoppelt und somit gehört sie zum Austauschverhältnis. Deshalb steht sie nicht zur Disposition des Arbeitgebers im Rahmen des allgemeinen Weisungsrechts.[408] Das BAG vertritt in ständiger Rechtsprechung, dass der Umfang der beiderseitigen Hauptleistungspflichten (Vergütungs- und Arbeitspflicht) nicht dem allgemeinen Weisungsrecht des Arbeitgebers unterliegen. Die Regelung der synallagmatischen Hauptleistungspflichten gehöre zum Kernbereich des Arbeitsverhältnisses, mit der Folge, dass diese Arbeitsbedingungen nur durch Gesetz, Kollekiv- oder Einzelarbeitsvertrag gestaltbar sind.[409] Darum umfasst das allgemeine Direktionsrecht nicht die Befugnis, die zunächst festgelegte Arbeitszeit später einseitig bei Bedarf zu reduzieren, bei einer arbeitszeitabhängigen Vergütung.

Allerdings ist die Lage der täglichen Arbeitszeit[410] vom Direktionsrecht des Arbeitgebers erfasst, jedenfalls dann, wenn im Arbeitsvertrag pauschal auf die betriebsübliche Arbeitszeit Bezug genommen wird. So umfasst das Direktionsrecht zum Beispiel die Festsetzung von Beginn und Ende der täglichen Arbeitszeit, die Bestimmung der Pausen sowie die Verteilung des zeitlichen Umfangs der geschuldeten Arbeitsleistung auf die einzelnen Wochentage.[411] Dadurch kann beispielsweise die Arbeitszeitdauer erhöht oder verringert werden, ohne dass sich die Vergütung ändert.[412] Das Direktionsrecht wird durch die Einführung von Arbeitszeitkonten auch nicht beeinträchtigt. Diese Art der Flexibilisierung beinhaltet zwar eine gewisse *„Arbeitszeitsouveränität"*[413] des Arbeitnehmers, er ist jedoch trotzdem an Rahmenvorgaben des Arbeitgebers, wie z.B. an die Festlegung von Höchstgrenzen und der täglichen Sollarbeitszeit bei der Arbeitszeitverteilung gebunden.[414]

---

[408] *Preis*, Individualarbeitsrecht, S. 176, *ders*., Der Arbeitsvertrag, II D 30 Rn. 114, BAG, Urt. v. 12.12.1984, AP Nr. 6 zu § 2 KSchG 1969. Ein entsprechender vertraglicher Änderungsvorbehalt zur Reduzierung der Arbeitszeit mit der Folge entsprechender Entgeltabsenkung ist auch wegen Umgehung des Kündigungsschutzes nach § 134 BGB nichtig. *„Bei der Vereinbarung einer zeitlichen Höchtgrenze (...) kann der Arbeitgeber das Arbeitsverhältnis faktisch dadurch ohne Ausspruch einer Beendigungskündigung beenden, dass er die Arbeitszeit des Arbeitnehmers auf Null reduziert."* a.A. Preis - *Lindemann/Urmersbach*, Innovative Arbeitsformen, S. 27, *Lindemann*, Arbeitsbedingungen, S. 253. Danach sollen unter engen Voraussetzungen Klauseln, nach denen die Vergütung an die Dauer der Arbeitszeit gekoppelt ist, zulässig sein.

[409] BAG, Urt. v. 12.12.1984 - 7 AZR 559/83, AP Nr. 6 zu § 2 KSchG 1969 m.w.N., so auch Spirolke/Regh - *Spirolke*, S. 52.

[410] Unter Beachtung des Mitbestimmungsrechts des Betriebsrates nach § 87 Abs. 1 Nr. 2 BetrVG.

[411] So *Weber/Ehrich*, BB 1996, 2246, 2247 m.w.N; zur Arbeit auf Abruf vgl. BAG, Urt. v. 7.12.2005 - 5 AZR 535/04, NZA 2006, 423 ff.

[412] Ebenso *Lindemann*, Gestaltung von Arbeitsbedingungen, S. 253.

[413] Preis - *Necati/Suhre*, Innovative Arbeitsformen, S. 163.

[414] So Preis - *Necati/Suhre*, Innovative Arbeitsformen, S. 174.

Für die konkrete Einführung flexibler Arbeitszeiten im Betrieb sind neben dem ArbZG meist nur die individuellen und kollektiven Rechtsquellen zu berücksichtigen, das heißt die Berücksichtigung des Tarifvertrages bei entsprechender Tarifbindung, die Betriebsvereinbarung, der Arbeitsvertrag sowie das Direktions- und Weisungsrecht des Arbeitgebers.

bb) Flexibilisierungsmöglichkeiten

(1) Gleitarbeitszeit

Die Vereinbarung der gleitenden Arbeitszeit, auch kurz Gleitzeit genannt, stellt eine Flexibilisierung der Arbeitszeit im dem Sinne dar, diese bedarfsorientiert – variabel – zu gestalten. Meistens geht es darum, die Arbeitsstunden an den betrieblichen Arbeitsanfall anzupassen.

Im Rahmen der Gleitzeit kommt es nicht nur zu einer Verschiebung von Beginn und Ende der täglichen Arbeitszeit, sondern auch zu einer unterschiedlich langen Arbeitszeit mit einem Zeitausgleich innerhalb eines länger andauernden Zeitraums. Zusätzlich charakteristisch ist, dass der Arbeitnehmer die Lage und Dauer der Arbeitszeit in einem gewissen Umfang selber bestimmen kann. Dies ist wiederum vom Arbeitszeitgleitmodell abhängig, für welches sich der Arbeitgeber entschieden hat.[415] Das Gleitarbeitsmodell bildete den *„Prototyp"*[416] einer flexiblen Arbeitszeitgestaltung. Das Gleitzeitkonto gilt als die am meisten verbreitete Form des Arbeitszeitskontos. Es ist gewissermaßen die Urform des Arbeitszeitkontos.[417]

Bei der gleitenden Arbeitszeit gibt es zwei Arten bzw. Alternativen; zum einen die einfache Gleitzeit, die sog. *„Gleitzeit mit fester Kernarbeitszeit"*[418] sowie die qualifizierte Gleitzeit, die auch *„Gleitzeit ohne feste Kernarbeitszeit"*[419] genannt wird. Wie die Bezeichnung der einfachen Gleitzeit erahnen lässt, bestimmt die sog. Kernarbeitszeit den Zeitraum, in dem alle Arbeitnehmer im Betrieb anwesend sein müssen. Variabel und für den Arbeitnehmer demzufolge gestaltbar ist hier nur die Zeit, die zwischen den Rahmenvorgaben der Kernzeit und dem Anfang und Ende der Kernarbeitszeit liegt.[420] Daher wird auch die gleitende Arbeitszeit als *„Flexibilisierung im Arbeitnehmerinteresse"*[421] bezeichnet. Im Unterschied zur qualifizierten Gleitzeit verzichtet diese gänzlich

---

[415] Zu Vorstehendem Preis - *Necati*, Innovative Arbeitsformen, S. 197, 198.
[416] Preis - *Necati*, Innovative Arbeitsformen, S. 198.
[417] Vgl. Klenner/Seifert - *Seifert*, S. 11; *Flüter-Hoffmann/Solbrig*, S. 28.
[418] Preis - *Necati*, Innovative Arbeitsformen, S. 199.
[419] Preis - *Necati*, Innovative Arbeitsformen, S. 201.
[420] Mehr dazu mit Beispielen bei Preis - *Necati*, Innovative Arbeitsformen, S. 200.
[421] *Däubler*, S. 188, Rn. 621.

auf die Bestimmung einer Kernarbeitszeit bzw. reduziert die Breite der Kernarbeitszeit auf ein Minimum. Hier ist lediglich eine bestimmte durchschnittliche Wochenarbeitszeit[422] durch den Arbeitgeber vorgegeben. Dadurch kann der Arbeitnehmer hinsichtlich seiner Arbeitszeitplanung, beispielsweise die Lage und Dauer der Arbeitszeit an den einzelnen Tagen, selber bestimmen.[423] Wichtig ist nur, dass das Direktionsrecht hinsichtlich der Arbeitszeitgestaltung bei der einfachen Gleitzeit bei dem Arbeitgeber verbleibt, da die Arbeitsaufnahme innerhalb der relativ engen Arbeitszeitvorgaben lediglich die Erfüllung der arbeitsvertraglichen Pflicht des Arbeitnehmers ist.[424] Hingegen kommt es bei der qualifizieren Gleitzeit zu einer Übertragung des zeitlichen Leistungsbestimmungsrechts[425] bezüglich der Arbeitszeitregelung auf den Arbeitnehmer. Insbesondere hat dabei der Arbeitnehmer seine Arbeitszeit nach billigem Ermessen zu gestalten (§ 315 BGB), er hat auch Rücksicht auf die betrieblichen Belange zu nehmen.[426]

Das klassische Gleitzeitkonto diente früher eher der Arbeitszeitsouveränität der Arbeitnehmer. In den heutigen Generationen von Gleitzeitvereinbarungen wird das betriebliche Interesse an einer Mindestbesetzung zu bestimmten Zeiten deutlich stärker betont.[427]

(2) Arbeitszeitkonten

Das Gleitarbeitszeitmodell dient als Vorbild für weitere und noch flexiblere Arbeitszeitmodelle wie die Arbeitszeitkonten. Da die Wettbewerbsfähigkeit eines Unternehmens auch von dessen Reaktionsschnelligkeit auf die jeweilige Marktsituation abhängt, müssen die Arbeitnehmer gezielt *„betriebs-, produkt- und kundenorientiert"*[428] einsetzbar sein. Daher ist eine Flexibilisierung der Arbeitszeit essentiell für jedes Unternehmen.

Unter dem Begriff der Arbeitszeitkonten ist im weitesten Sinne ein Instrument der Arbeitszeiterfassung zu verstehen. Arbeitszeitkonten haben die Aufgabe, eine ungleichmäßige Arbeitszeitverteilung nachzuvollziehen.[429] Sie ermöglicht

---

[422] Oder Monats- bzw. Jahresarbeitszeit.
[423] Vgl. zu Vorstehendem Preis - *Necati*, Innovative Arbeitsformen, S. 201.
[424] Siehe nur Preis - *Necati*, Innovative Arbeitsformen, S. 202.
[425] Synonym für das Direktionsrecht des Arbeitgebers.
[426] Preis - *Necati*, Innovative Arbeitsformen, S. 203.
[427] Vgl. dazu *Bosch/Schief/Schietinger*, Trends in der Arbeitszeitpolitik, S. 29.
[428] Preis - *Necati/Suhre*, Innovative Arbeitsformen, S. 162.
[429] Vgl. dazu mehr bei *Kroll*, S. 38 ff.

die Kontrolle und Planung flexibler Arbeitszeitverteilung. Sie werden mittlerweile als *„unentbehrlich"* bezeichnet.[430]
Es gibt vielfältige Modelle von Arbeitszeitkonten. Neben dem Gleitzeitkonto gibt es das Überstundenkonto, Kurzzeitkonto, Ampelkonto, Langzeitkonto, Lebensarbeitszeitkonto, Jahresarbeitszeitkonto bis hin zu der Flexi - Zeit, dem Arbeitszeitkorridor, Brandbreitenmodell, Ansparkonto u.a.[431] Die wissenschaftliche Auseinandersetzung bietet bislang keine einheitliche Begrifflichkeit und definiert keine einheitliche Typen von Arbeitszeitkonten.[432] Während die einen vier *„Grundmodelle"*[433] unterscheiden (Gleitzeitmodelle, Überstundenkonten, Ansparmodelle und Breitbandenmodelle), kommen andere lediglich auf zwei *„Grundtypen"*[434], die Kurzzeitkonten - *„Flexibilisierungskonten"*[435] und die Langzeitkonten - *„Ansparkonten"*[436]. In der betrieblichen Praxis verschwimmen teilweise die Grenzen. In vielen Unternehmen werden klassische Gleitzeitkonten immer mehr zur Flexibilitätsreserve genutzt und entwickeln sich zu Jahresarbeitszeitkonten.[437]

Alle flexiblen Arbeitszeitmodelle haben eins gemeinsam: Sie dienen in der Praxis dazu, sämtliche Abweichungen der täglichen Arbeitszeit von der vertraglich vereinbarten zu dokumentieren. Es wird eine Art Konto geführt, in dem die geleistete Arbeitszeit stundenweise verbucht wird, so dass ein Guthaben entweder auf (Plussaldo)- oder abgebaut (Minussaldo) wird. Die Zeitguthaben oder -verluste werden auf dem Zeitkonto gutgeschrieben und müssen innerhalb eines festgelegten Zeitraums ausgeglichen werden. Der Umfang sowie der Ausgleichszeitraum sind meistens knapp bemessen und betragen in der Regel 20 bis 50 Arbeitsstunden innerhalb von ein bis zwei Monaten.[438]

Die Arbeitszeitkonten können als Zeit- oder Geldkonten geführt werden.[439] Dies sind die zwei Grundmodelle, die die vielen Arbeitszeitkonten mit ihren unterschiedlichen betrieblichen - individuellen Ausgestaltungen haben können. Bei den Geldkonten werden lediglich das Zeitguthaben und Zeitdefizit umgerechnet und in einem Geldbetrag ausgewiesen. Ansonsten schließen sämtliche Arbeitszeitkonten *„...drei elementare Grunddaten, die bei der Einführung und Ausges-*

---

[430] Siehe Klenner/Seifert - *Bispinck*, S. 72; *Wehrhahn/Holzbach/Heinen* bezeichnen die Arbeitszeitkonten als Grundlage einer flexiblen Arbeitszeitverteilung, S. 1 ff.
[431] Vgl. Klenner/Seifert - *Seifert*, S. 11.
[432] Vgl. nur *Flüter-Hoffmann/Solbrig*, S. 27; *Groß*, S. 13; *Lohmann*, S. 8.
[433] Klenner/Seifert - *Seifert*, S. 11.
[434] So jedenfalls *Flüter-Hoffmann/Solbrig*, S. 27; *Lohmann*, S. 8.
[435] *Lohmann*, S. 8.
[436] So die Bezeichnung bei *Lohmann*, S. 9.
[437] Vgl. *Haipeter/Lehndorff*, S. 113, 114.
[438] So *Bosch/Schief/Schietinger*, Trends in der Arbeitszeitpolitik, S. 29.
[439] Vgl. zu Vorstehendem Preis - *Necati/Suhre*, Innovative Arbeitsformen, S. 161 ff.

taltung jedes Kontenmodells zu berücksichtigen sind"[440], ein. Zum einen ist das die Schwankungsbreite, der Ausgleichszeitraum und zum anderen sind dies die Höchstgrenzen für Zeitguthaben bzw.- schulden.[441]

Es gibt keine gesetzlichen Vorschriften über Arbeitszeitkonten. Lediglich die Insolvenzsicherung von Langzeitkonten wird in § 7 d SGB IV[442] sowie für Arbeitszeitguthaben aus Alterszeitvereinbarungen im Blockmodell in § 8 a ATG[443] geregelt. Es erscheint noch immer problematisch, welche Regelungsebene geeignet erscheint, Vereinbarungen über Arbeitszeitkonten interessengerecht zu treffen.[444] Tarifvertragliche Bestimmungen könnten dem Interesse einzelner Arbeitgeber entgegenstehen. Denn diese sind darum bemüht, Vereinbarungen über die Errichtung und Ausgestaltung der Arbeitszeitkonten den betrieblichen Bedürfnissen anzupassen.[445] Daher enthält der Tarifvertrag oftmals Öffnungsklauseln, in denen die Ausgestaltung der Vereinbarungen ausdrücklich den Betriebspartnern überlassen wird.[446] Auf tariflicher Ebene werden insoweit nur Rahmenbedingungen und Richtlinien für die flexible Verteilung des tariflich festgelegten Arbeitszeitdeputats festgelegt.[447] Die Betriebspartner sind mitunter besser in der Lage, die Ausgestaltung der Arbeitszeitkonten und die Zeitgutschriften zu vereinbaren.[448]

Bei einer Betriebsvereinbarung sind dem Betriebsrat die Mitbestimmungsmöglichkeiten eröffnet. Gerade bei einer Verknüpfung von Arbeitszeitvereinbarung und Arbeitszeitkonto ergeben sich zwingende Mitbestimmungsrechte nach § 87 Abs. 1 Nr. 2, 3, 7 BetrVG. Hier könnten indes Probleme entstehen, wenn der Arbeitgeber auf eine kurzfristig flexible Verteilung der Arbeitszeit aus ist. Denn das Mitbestimmungsverfahren nach § 87 Abs. 1 BetrVG ist zeitaufwendig.[449]

---

[440] Preis - *Necati/Suhre*, Innovative Arbeitsformen, S. 164.

[441] Mehr zu den Begrifflichkeiten bei Preis - *Necati/Suhre*, Innovative Arbeitsformen, S. 164 ff.

[442] Die Insolvenzversicherung von Arbeitszeitguthaben wurde erstmals im Jahr 1998 im § 7 a geregelt, im Jahr 2001 wurde daraus der § 7 d SGB IV.

[443] Im Jahr 2004 wurde für die besondere Form des Langzeitkontos, der Altersteilszeit im Blockmodell separat eine Insolvenzsicherung im Altersteilzeitgesetz (ATG) eingeführt.

[444] Vgl. *Kroll*, S. 22, 105 ff.

[445] So auch *Kroll*, S. 22; Oftmals entwickelten sich auch identische Arbeitszeitmodelle sowie die an sie gekoppelten Arbeitszeitkonten in Abhängigkeit von betrieblichen Besonderheiten, *ders.* S. 109.

[446] Vgl. dazu *Kroll*, S. 109 m.w.N.

[447] Bsp. bei *Linnenkohl/Rauschenberg/Gressierer/Schütz*, S. 175. Allgemeinverbindlicher Bundesrahmentarifvertrag für das Baugewerbe; Hier beschränken sich Bestimmungen über Arbeitszeitkonten auf Rahmenregelungen.

[448] Siehe *Hümmerich*, DB 1996, 1182, 1185 mit einem Bsp. für eine Betriebsvereinbarung über flexible Arbeitszeit.

[449] So zutreffend *Kroll*, S. 22.

(3) Tarifvertrag

Schätzungsweise fallen 90 % der Arbeitsverhältnisse mit Arbeitern und Angestellten unter Tarifverträge unmittelbar oder mittelbar, da die tariflichen Regelungen im zweiten Fall auch bei nicht tarifgebundenen Arbeitgebern und Arbeitnehmern arbeitsvertraglich in Bezug genommen werden, durch so genannte Verweisungsklauseln.[450]

Die Gewerkschaften wirkten in den letzten 35 Jahren kontinuierlich darauf hin, dass die Arbeitszeit tariflich verkürzt und zunächst die 40- Stunden Woche bei vollem Lohnausgleich eingeführt wurde. Nunmehr liegt die durchschnittliche tarifliche Wochenarbeitszeit für alle Arbeitnehmer bei ca. 37,5 Stunden.[451] Tarifverträge begrenzen meistens die Arbeitszeit auf die Tage von Montag bis Freitag. Nach dem ArbZG ist der Samstag als ein Werktag ausgestaltet. Dies hat zur Folge, dass Samstagsarbeit nur im Wege von Überstunden möglich ist, die der Zustimmung des Betriebsrates bzw. der Einigungsstelle bedürfen. [452] (§§ 87 Abs. 1 Nr. 2, Abs. 2 BetrVG) Bei Überschreitung der *„tariflichen Normalarbeitszeit“* von wöchentlich 40 bzw. 37 Stunden werden auch Überstundenzuschläge fällig.[453]

Ebenso kann in einem Tarifvertrag bzw. aufgrund eines Tarifvertrags in einer Betriebsvereinbarung die werktägliche Zehn-Stunden-Arbeitszeit-Grenze überschritten werden, wenn in die Arbeitszeit regelmäßig und in erheblichem Umfang Arbeitsbereitschaft
oder Bereitschaftsdienst fällt, § 7 Abs. 1 Nr. 1 ArbZG. Durch tarifvertragliche Vereinbarungen ist also eine noch stärkere Arbeitszeitflexibilisierung möglich. Zusätzlich können durch Tarifverträge auch weitergehende *„Ausgleichsmaßnahmen“* festgelegt werden. So legt das ArbZG beispielsweise den Rahmen für Arbeitszeitkonten fest, indem es das Wachstum der Gutschriften durch die Bestimmungen begrenzt sowie Tarif- bzw. Betriebspartner dazu auffordert durch abweichende Regelungen diese Grenzen selbst zu setzen. Dementsprechend sieht der § 7 Abs.1 Nr. 1 b) ArbZG vor, dass in einem Tarifvertrag oder in einer Betriebsvereinbarung abweichend von § 3, das den Ausgleichszeitraum für die werktägliche Überschreitung der Arbeitszeit bestimmt, ein anderer Ausgleichszeitraum festgelegt werden kann.

---

[450] Vgl. Wehrhahn/Holzbach/Heinen, S. 87.
[451] Zu Vorstehendem *Däubler,* S. 180, Rn. 583, 584.
[452] *Däubler*, S. 188, Rn. 618.
[453] Siehe dazu nur *Däubler*, S. 192, Rn. 639.

Denkbar ist auch eine variable Wochenarbeitszeit. Die ist in der Tarifpraxis weit verbreitet. Beispielsweise werden in einer Woche 35, in der anderen 40 Stunden gearbeitet, sofern nur im Durchschnitt von sechs Monaten die tariflich vorgesehene Wochenarbeitszeit von 37 Stunden erreicht wird.[454] In der Regel ist die Betriebsvereinbarung das richtige Mittel für diese Form der Flexibilisierung.[455]

Früher war nach der Rechtsprechung des BAG[456] eine tarifvertragliche Regelung wirksam, die dem Arbeitgeber ein einseitiges Änderungsrecht hinsichtlich der Arbeitszeitdauer einräumte, also dem Arbeitgeber ein unbegrenztes Bestimmungsrecht über die Arbeitszeitdauer gab.[457] Das BAG schränkte seine weite Rechtsprechung 1994 zu Gunsten des Arbeitnehmerschutzes ein und erklärte eine Tarifnorm für unwirksam, die die arbeitgeberseitige unbegrenzte Einführung von Kurzarbeit ohne inhaltliche Festlegung der Voraussetzungen, Umfang, Höchstdauer beinhaltete.[458] Denn eine solche Tarifklausel ermächtige den Arbeitgeber, in einem von ihm bestimmten Zeitraum und Umfang den Beschäftigungs- und Lohnanspruch des Arbeitnehmers auf unbestimmte Zeit zu verkürzen oder sogar ganz auszuschließen.[459] Dies stellt eine Umgehung des zwingenden Kündigungsschutzrechtes dar, der auch für die Tarifvertragsparteien gilt.[460]

Durch die Einführung der *„bereichsspezifischen Tariföffnungsklausel“*[461] bei der Arbeit auf Abruf/Teilzeitarbeitsverhältnissen[462], § 12 Abs. 3 TzBfG, wird ein uneingeschränktes Direktionsrecht des Arbeitgebers bezüglich des Umfangs der Arbeitszeit auch tarifvertraglich unzulässig[463], trotz des größeren Gestaltungsspielraums der Tarifparteien. Aufgrund des § 12 Abs. 3 TzBfG ist es ausreichend, wenn ein Tarifvertrag dem Arbeitgeber ein Direktionsrecht innerhalb einer bestimmten Bandbreite gibt.[464] Der Tarifvertrag muss Regelungen über die tägliche und wöchentliche Arbeitszeit und die Vorankündigungsfrist beinhalten.

---

[454] Beispiel nach *Däubler*, S. 192, Rn. 637.
[455] So auch *Däubler*, S. 192, Rn. 637.
[456] BAG v. 12.3.1992, AP Nr. 1 zu § 4 BeschFG 1985; vgl. dazu *Mosler*, Anm. zu BAG v. 12.3.1992. AP Nr. 1 zu § 4 BschFG 1985.
[457] Vgl. *Lindemann*, S. 257.
[458] BAG v. 27.1.1994, AP Nr. 1 zu § 15 BAT-O; BAG v. 18.10.1994, AP Nr. 11 zu § 615 BGB Kurzarbeit.
[459] BAG v. 18.10.1994, AP Nr. 11 zu § 615 BGB Kurzarbeit.
[460] So auch *Lindemann*, S. 258.
[461] *Lindemann*, S. 258.
[462] Bei Vollzeitabeitsverhältnissen wurde bis zum 31.12.2001- der Schuldrechtsreform - § 12 TzBfG analog angewandt, weil dieser Paragraph als eine Ausgestaltung des Verbots einer unangemessenen Benachteiligung angesehen wurde; *Lindemann*, S. 263.
[463] Siehe *Preis/Gotthardt*, DB 2000, 2065, 2069, wonach eine tarifvertragliche Festlegung, die wöchentliche Arbeitszeit beträgt zwischen null und vierzig Stunden, unzulässig ist.
[464] Vgl. *Däubler*, ZIP 2000, 1961, 1965; *Lindemann*, S. 258.

So sind tarifvertraglich durchaus Bandbreitenregelungen (*„20 bis 30 Wochenstunden"*) oder Durchschnittsregelungen („bezogen auf das Jahr durchschnittlich 20 Stunden wöchentlich") möglich.[465] § 12 TzBfG gilt in seinem Wortlaut nur für Teilzeitarbeitsverhältnisse. Schon vor der Schuldrechtsreform war die entsprechende Anwendung auf Vollzeitarbeitsverhältnisse strittig.[466] Im Zuge der Schuldrechtsreform[467] unterliegt das Arbeitsrecht dem Recht der Allgemeinen Geschäftsbedingungen. In den §§ 307 ff. BGB wird dadurch eine Grundlage für die (Angemessenheits-)Kontrolle einseitiger Leistungsbestimmungsrechte geschaffen. Es sollen unangemessene Benachteiligungen des Arbeitnehmers verhindert werden. Jedoch sind Tarifverträge nach dem eindeutigen Wortlaut von § 310 Abs. 4 S. 1 BGB von einer unmittelbaren Inhaltskontrolle freigestellt. Dies ist auch sinnvoll, sonst würde das System der grundrechtlich gewährleisteten Tarifautonomie konterkariert werden.[468] Insoweit bleibt es bei der allgemeinen Rechtskontrolle. Tarifverträge müssen dementsprechend vorrangigem Gesetzesrecht entsprechen.[469]

Festzuhalten bleibt, dass so genannte Bandbreitenregelungen tarifvertraglich vereinbart werden können. Somit ist es denkbar, dass im Tarifvertrag lediglich ein Arbeitszeitkorridor vorgegeben wird und die genaue Festlegung der Arbeitszeit einer Betriebsvereinbarung überlassen wird.[470] Dann enthält der Tarifvertrag eine so genannte Tariföffnungsklausel im Sinne des § 77 Abs. 3 S. 2 BetrVG. Beispielsweise kann so im Tarifvertrag eine durchschnittliche Wochenarbeitszeit sowie eine Bandbreite festgelegt werden und die tatsächliche Ausgestaltung, also die eigentliche Arbeitszeitflexibilisierung, den Betriebsparteien überlassen werden.

---

[465] *Kliemt*, NZA 2001, 63, 70.
[466] Siehe nur *Lindemann*, S. 262; ErfK/*Preis*, § 12 TzBfG, Rn. 6.
[467] Gesetz zur Modernisierung des Schuldrechts v. 26.11.2001, in Kraft seit dem 01.01.2002, BGBl. I 2001, 3137 ff.
[468] Vgl. Begr. des Rechtsausschusses des Bundestages, BT-Dr. 14/6857, S. 54 und Art. 9 Abs. 3 GG.
[469] So auch *Richardi*, NZA 2002, 1057, 1059 und *Witt*, NZA 2004, 135; vgl. auch die Gesetzesbegründung BT-Dr. 14/6857, S. 54.
[470] Vgl. *Lindemann*, S. 85.

Tarifvertragliche Regelungen zu den Arbeitszeiten umfassen meistens:

- die regelmäßige Wochenarbeitszeit, Anzahl der zu arbeitenden Werktage, mögliche Schwankungsbreite der Wochenarbeitszeit, weitere Variationsmöglichkeiten wie Rufbereitschaft,
- Zeitkonto, maximaler Ausgleichszeitraum, Ausgleichsregelungen für die Arbeitszeitguthaben,
- Mehrarbeit, Definition, Zuschläge,
- Tarifliche Beschränkungen/Regelungen für einzelne Arbeitszeitmodelle,
- Bestimmungen über Lohnfortzahlung bei Ausfallzeiten (Urlaub, Krankheit etc.), die Urlaubsdauer sowie das Urlaubsgeld,
- Öffnungsklauseln, Regelungen, in welchen Bereichen der Arbeitszeitflexibilisierung keine Beschränkungen durch den Tarifvertrag vorgegeben sind und eine betriebsinterne Regelung durch eine Betriebsvereinbarung oder durch Direktions- und Weisungsrecht erfolgen kann.[471]

(4) Betriebsvereinbarung

Neben individualvertaglichen Regelungen zwischen Arbeitgeber und Arbeitnehmer kann eine Arbeitszeitflexibilisierung auch generell für alle betroffenen Arbeitnehmer durch eine entsprechende Betriebsvereinbarung abgeschlossen werden. Sofern ein Tarifvertrag – Tarifgebundenheit der Parteien vorausgesetzt – bereits darüber exisitiert, können abweichende Betriebsregelungen tarifvertraglich zugelassen werden – so genannte Öffnungsklauseln oder die betrieblichen Arbeitszeitregelungen sind für die Arbeitnehmer objektiv günstiger, vgl. § 4 Abs. 3 Tarifvertragsgesetz (TVG). Zum Teil enthalten Tarifverträge Öffnungsklauseln für weitere Regelungen in Betriebsvereinbarungen, welche den Betriebsparteien daher Regelungsfreiheiten über den Tarifvertrag hinaus ermöglichen.[472] Zwar hat der Betriebsrat kein Mitbestimmungsrecht, ob flexible Arbeitszeiten vereinbart werden, jedoch kann der Arbeitgeber mit dem Betriebsrat eine entsprechende Betriebsvereinbarung abschließen, wenn die Voraussetzungen im vorhergehenden Satz erfüllt sind. Die Mitbestimmungsrechte des Betriebsrates und damit auch der mögliche Inhalt einer Betriebsvereinbarung durch die bestehenden Tarifverträge sind auch zum Teil eingeschränkt. Denn die Arbeitsentgelte und die sonstigen Arbeitsbedingungen, wozu auch die Arbeitszeit zählt, die durch Tarifvertrag geregelt sind oder üblicherweise geregelt werden, können nicht Gegenstand einer Betriebsvereinbarung sein, vgl. § 77 Abs. 3 S. 1 BetrVG. Dies gilt nach § 77 Abs. 3 S. 2 BetrVG nicht, wenn ein Tarifvertrag den Abschluss ergänzender Betriebsvereinbarungen ausdrücklich zulässt, durch eine so genannte Öffnungsklausel. Betriebsvereinbarungen über mitbestim-

---

[471] Vgl. Wehrhahn/Holzbach/Heinen, S. 88, 89.

[472] Siehe Wehrhahn/Holzbach/Heinen, S. 92.

mungspflichtige soziale Angelegenheiten im Sinne des § 87 BetrVG sind auch nicht zulässig, soweit die zu regelnde Frage bereits in einem im Betrieb anwendbaren Tarifvertrag geregelt ist. Die Sperrwirkung nach § 77 Abs. 3 BetrVG (der Tarifvorbehalt) und § 87 Abs. 1 BetrVG gelten auch für nicht tarifgebundene Arbeitgeber.[473]

Als Beispiel kann die aktuelle Rahmenbetriebsvereinbarung über die flexible Arbeitszeit zwischen dem Vorstand und dem Gesamtbetriebsrat der Hamburg - Mannheimer Versicherungs - AG angeführt werden. Das Ziel ist eine flexible Arbeitszeit sowie mehr Servicebereitschaft herzustellen. Die Rahmenbetriebsvereinbarung richtet sich an die örtlichen Betriebsparteien. Die Sollarbeitszeit beträgt in der Regel montags bis freitags 1/5 der jeweiligen tariflichen Wochenarbeitszeit. Die Normalarbeitszeit ist von 7.45 Uhr bis 15.50 Uhr einschließlich der Mittagspause.[474] Die Betriebsvereinbarung regelt unter anderem ferner den Arbeitszeitrahmen[475], die Gleittage, die Mittagspause, das Zeitkonto[476] einschließlich der Überstunden[477], der Mehrarbeit[478], das Freizeitkonto[479], die Arbeitszeiterfassung sowie die Kündigung[480] und Schlichtungsstelle.[481]

(5) Beispiel: Sonntagsarbeit

An Sonntagen dürfen nach § 9 Abs. 1 ArbZG keine Arbeitnehmer von 0 bis 24 Uhr beschäftigt werden. Dies folgt auch schon aus Art. 140 GG in Verbindung mit der Weimarer Reichsverfassung, Art 139 WRV. Danach ist die Sonntagsarbeit grundsätzlich verboten. Deshalb darf der Gesetzgeber die Sonntagsarbeit

---

473 Vgl. *Dräger*, S. 11.

474 Vgl. Broschüre, Die neue, flexible Arbeitszeit in der Hamburg-Mannheimer, S. 32.

475 Der früheste Arbeitsbeginn ist um 06.30 Uhr, das späteste Arbeitsende um 20.00 Uhr festgelegt.

476 Das Zeitkonto ist in drei Zonen (grün- die persönliche Arbeitszeit, gelb- die Regelungszone, rot- die Überstundenzone) aufgeteilt. Man nennt es daher auch Ampelkonto, nach den drei Farben der Verkehrsampel.

477 Überstunden sind vergütungspflichtige Mehrarbeit und werden mit einem Zuschlag von 25 % in Geld oder Freizeit ausgeglichen, je nachdem wie es der Mitarbeiter wünscht. Überstunden können aber nur mit der Einwilligung der Führungskraft des Mitarbeiters gemacht werden.

478 Für alle Stunden in der roten Zone wird ein Mehrarbeitszuschlag von 25 % in Geld gewährt oder die Mehrarbeit wird vom Freitzeitkonto *„abgebummelt"*.

479 Im Freizeitkonto wird die Überstunden/Mehrarbeit erfasst.

480 Sollte die Betriebsvereinbarung nicht funktionieren, gibt es einen *„Notausstieg"* für beide Betriebsparteien. Die Regelung kann innerhalb einer 3-Monats-Frist zum Schluss eines Kalendermonats gekündigt werden.

481 Mehr dazu in der Broschüre, Die neue, flexible Arbeitszeit in der Hamburg-Mannheimer, S. 1 ff.

nur „...*im Rahmen des Unumgänglichen*"[482] zulassen. Die ausnahmsweise Beschäftigung an Sonn- und Feiertagen hat der Gesetzgeber daher in den §§ 10-13 ArbZG geregelt. Für *Däubler* hat hier der Gesetzgeber weit über die verfassungsrechtlichen Vorgaben agiert.[483] Nach dem ArbZG dürfen die in § 10 gesetzlich aufgelisteten Arbeiten, die nicht an den Werktagen vorgenommen werden können, ausnahmsweise an Sonntagen erfolgen. Dies sind insbesondere dringliche Arbeiten zur Vermeidung von Schäden an der Gesundheit, also Not- und Rettungsdienste sowie unter anderem im Gastsstättengewerbe. Jedoch muss ein Sonntagsarbeitnehmer für jeden Sonntag einen Ersatzruhetag erhalten, der in Verbindung mit der Ruhezeit zu gewähren ist, §§ 11 Abs. 3, 4, 5 ArbZG. Außerdem ist der Arbeitgeber verpflichtet, mindestens 15 Sonntage im Jahr beschäftigungsfrei zu halten, § 11 Abs. 1 ArbZG. In einem Tarifvertrag oder aufgrund eines Tarifvertrages, können in einer Betriebsvereinbarung abweichende Regelungen getroffen werden, die im Gesetz aufgelistet sind, § 12 ArbZG.

II. Direktionsrechtserweiterung an Beispielen

1. Allgemeines

Als Direktionsrechtserweiterung bezeichnet man das vertraglich vereinbarte Recht einer Vertragspartei, die Leistungen über den Umfang des allgemeinen Direktionsrechts hinaus einseitig zu bestimmen.[484] Natürlich kann das allgemeine Direktionsrecht neben der einzelarbeitsvertraglichen auch durch Gesetz, Tarifvertrag oder Betriebsvereinbarung erweitert werden.

Im Allgemeinen wird dem Arbeitgeber dieses Flexibilisierungsinstrument eingeräumt, es kann sich jedoch auch auf die Leistung des Arbeitnehmers[485] beziehen. Dadurch wird dem Arbeitgeber die Möglichkeit gegeben, dem Arbeitnehmer Tätigkeiten zu übertragen, die seine vertraglich geschuldete Leistungspflicht[486] überschreiten. Die einzelvertragliche Direktionsrechtserweiterung kann sich beispielsweise auf die Arbeitszeit als auch auf die Art der Tätigkeit sowie die Vergütung beziehen. Dabei kann sich der Arbeitgeber das Recht zur Zuweisung geringerwertiger als auch höherwertiger Tätigkeiten vorbehalten. Solche Ände-

---

[482] *Däubler*, S. 188, Rn. 619.

[483] Vgl. Fn. 480.

[484] Preis - *Preis*, Der Arbeitsvertrag, II D 30 Rn. 116.

[485] Etwa in der Form, dass dem Arbeitnehmer im Bereich der Arbeitszeit ein (Leistungs-)Bestimmungsrecht eingeräumt wird, wenn der Arbeitnehmer im Rahmen einer Gleitzeitregelung die Lage seiner Arbeitszeit selber bestimmen kann. *Lindemann*, Arbeitsbedingungen, S. 31.

[486] Preis - *Preis*, Der Arbeitsvertrag, II D 30 Rn. 116.

rungsvorbehalte können mit[487] oder ohne Vergütungsanpassung[488] erfolgen. Eine Direktionsrechtserweiterung erfolgt in der Weise, dass dem Arbeitgeber schon zum Zeitpunkt des Vertragsschlusses das Recht eingeräumt wird, später durch Änderung des besonderen Weisungsrechts den Inhalt des Arbeitsvertrages zu ändern[489], sog. vertraglich vereinbarter Änderungsvorbehalt. Beispielsweise ermöglicht eine Versetzungsklausel dem Arbeitgeber einen einseitigen Eingriff in die Hauptleistungspflicht des Arbeitnehmers.

Das Direktionsrecht kann auch durch Tarifvertrag zu Gunsten des Arbeitgebers erweitert werden.[490]

Grundsätzlich ist bei der Ausübung von einseitigen Leistungsbestimmungsrechten im Einzelfall die Grenze billigen Ermessens i.S.v. § 106 GewO zu wahren.[491] Im Allgemeinen sollte mit der Direketionsrechtserweiterung ein angemessener Ausgleich zwischen den Interessen des Arbeitnehmers an einem unveränderten Fortbestand seines Arbeitsverhältnisses und dem Interesse des Arbeitgebers an einer flexiblen Gestaltung der Arbeitsbedingungen gefunden werden; nur dann ist sie wirksam.

---

[487] Eine einzelvertragliche,- tarifvertragliche Versetzungsklausel auf einen geringerwertigen Arbeitsplatz bei Fortzahlung der alten Vergütung wird für allgemein zulässig angesehen. Vgl. nur die Nachweise bei *Preis*, Der Arbeitsvertrag, II D 30 Rn. 160.

[488] Die Zuweisung einer geringerwertigen Tätigkeit mit einer entsprechenden geringeren Vergütung ist umstritten. Nach Ansicht des BAG ist ein solcher Änderungsvorbehalt wegen Umgehung der Kündigungsschutzvorschriften (Änderungskündigung) unzulässig. BAG, Ur. v. 12.12.1984 - 7 AZR 509/83, AP Nr. 6 zu § 2 KSchG 1969 Dort heißt es: *„durch die einzelvertragliche Einräumung - eines nicht fristgebundenen – einseitigen Leistungsbestimmungsrechts hinsichtlich des Umfangs der Arbeitszeit wird in den kündigungsschutzrechtlich geschützten Kernbereich des Arbeitsverhältnisses eingegriffen."*; hingegen *Lindemann*, bei es vielmehr auf die Frage der unangemessenen Benachteiligung nach § 307 Abs. 1 BGB ankommt, S. 347.

[489] Preis - *Preis*, Der Arbeitsvertrag, II D 30 Rn. 116.

[490] Kollektivvertragliche Direktionsrechtserweiterungsklauselen, etwa im Tarifvertrag oder einer Betriebsvereinbarung behandeln. Vgl. nur BAG, Urt. v. 11.6.1958, AP Nr. 2 zu § 611 BGB Direktionsrecht; BAG, Urt. v. 27.1.1996, AP Nr. 21 zu § 611 BGB Direktionsrecht; BAG, Urt. v. 22.5.1985, AP Nrn. 6 und 7 zu § 1 TVG Tarifverträge - Bundesbahn, BAG, Urt. v. 14.11.1990, AP Nr. 25 zu § 611 BGB Arzt – Krankenhaus - Vertrag; BAG, Urt. v. 15.1.1995, AP Nr. 20 zu § 1 TVG Tarifverträge Lufthansa (dort wird das Recht zur einseitigen Änderung einzelner Vertragsbedingungen als Widerrufsvorbehalt bezeichnet; *Schaub/Linck* - ArbR-Hdb., § 45 Rn. 16.

[491] Aktuell dazu BAG, Urt. v. 23.9.2004 - 6 AZR 442/03, NZA 2005, 475, 477, 478 sowie *Rost* in FS Dieterich, S. 505, 517.

2. Vertragliche Versetzungsvorbehalte

Ein Arbeitsverhältnis ist regelmäßig auf lange Dauer angelegt. Es lässt sich somit bei Abschluss eines Arbeitsvertrages nicht absehen, wie sich das Unternehmen und der Arbeitnehmer selbst entwickeln. Man unterscheidet hinsichtlich Versetzungen in sachlicher und der Versetzung in örtlicher Hinsicht.

In sachlicher Hinsicht ist von der vertraglichen versprochenen Arbeitsleistung auszugehen. Beispiel: *„Der Arbeitnehmer wird als Sachbearbeiter beschäftigt."* Schwierig wird es jedoch, wenn die Tätigkeit zu Beginn des Arbeitsverhältnisses konkret definiert wird. Dann muss eine Versetzungsklausel weitere mögliche Tätigkeiten, die der Arbeitgeber gegebenenfalls anordnen können will, ebenso genau definieren. Wenn etwa der Arbeitnehmer als Sachbearbeiter im Bereich Buchhaltung beschäftigt wird, sollte eine Versetzungsklausel folgendermaßen lauten: *„Der Arbeitnehmer kann in die Position eines Sachbearbeiters Marketing oder Sachebarbeiters Allgemeine Betriebswirtschaft versetzt werden"*.

Der Arbeitsvertrag kann z.B. einen Versetzungsvorbehalt in andere Betriebe des Unternehmens vorsehen. Allerdings kann der Arbeitgeber einen solchen Ortswechsel nur dann durchsetzen, wenn seine besondere Weisung die Grenzen des billigen Ermessens[492] beachtet.[493] Eine solche *„Mobilitätsklausel"* lautet zum Beispiel: *„ Der Arbeitnehmer kann auch in allen anderen Niederlassungen des Unternehmens (des Konzerns) innerhalb (und außerhalb) der Bundesrepublik eingesetzt werden"*.[494]

Eine übliche Konzernversetzungsklausel im Arbeitsvertrag lautet: *„Der Arbeitnehmer kann vorübergehend eine andere angemessene Tätigkeit in einem mit dem Arbeitgeber wirtschaftliche verbundenen, aber rechtlich selbständigen Unternehmen im In-/Ausland übertragen werden. Der Arbeitnehmer verpflichtet sich, mit dem aufnehmenden Unternehmen einen entsprechenden Dienst- oder Arbeitsvertrag abzuschließen. Mit Wirksamwerden des Vertrages wird der vorliegende Arbeitsvertrag ruhend gestellt. Macht der Arbeitgeber von diesem Versetzungsrecht Gebrauch, ist der Arbeitnehmer berechtigt, das Arbeitsverhältnis zum Zeitpunkt der vorgesehenen Versetzung zu kündigen."*[495] Jedoch erscheint es zweifelhaft, ob die Rechtsprechung eine solche Klausel in jedem Fall billigen

---

[492] Siehe dazu oben unter Punkt: Allgemeines Direktionsrecht Teil 2 A.I.2.

[493] *Preis*, Individualarbeitsrecht, S. 178.

[494] So *Weber/Ehrich*, BB 1996, 2246, 2247.

[495] *Worzalla* auf dem 20. Passauer Arbeitsrechtssymposion am 23.6.2006; die Klausel stammt aus der Arbeitsvertragsgestaltung in der Chemischen Industrie.

wird.[496] Einzelheiten sind hier umstritten.[497] Eine tiefere Auseinandersetzung mit dieser Thematik verfolgt die vorliegende Arbeit nicht.

Zu den arbeitsvertraglichen Direktionsrechtserweiterungen zählt auch die so genannte Versetzungsklausel bezüglich der Tätigkeit. Üblich ist folgender Wortwahl: *„Dem Arbeitnehmer können - unter Berücksichtigung der Ausbildung und seiner Fähigkeiten - jederzeit (zusätzlich) auch andere zumutbare Tätigkeiten übertragen werden".*[498] Beispielsweise ist auch eine Versetzung auf einen geringwertigen Arbeitsplatz bei Fortzahlung der alten Vergütung[499] bei einem ausdrücklichen Direktionsrechtserweiterungsvorbehalt im Vertrag zulässig.[500]

3. Tarifvertragliche Versetzungsbefugnis – niedrigere Vergütungsgruppe

Wie vorhergehend schon angesprochen ist eine Direktionsrechtserweiterung auch durch Tarifvertrag möglich.[501] Dies wird durch Art. 9 Abs. 3 GG, die Koalitionsfreiheit gewährleistet. Da aber der Bestandsschutz von Arbeitsverhältnissen, der sich auch auf den Schutz von Vertragsbedingungen vor einseitigen Eingriffen des Arbeitgebers erstreckt, tangiert wird, ist aus verfassungsrechtlichen Gründen ein Mindestschutz des Arbeitnehmers geboten.[502] Das bedeutet nach dem BAG, das der Kernbereich eines Arbeitsverhältnisses vor einseitigen Eingriffen des Arbeitgebers geschützt wird, aber ohne dass das BAG festlegt, was zum essentiellen Kernbereich gehört. Jedenfalls dürfen die zwingenden kündigungsschutzrechtlichen Vorschriften nicht umgangen werden.[503]

---

[496] *Worzalla* auf dem 20. Passauer Arbeitsrechtssymposion am 23.6.2006.

[497] Während *Worzalla* die gesetzliche Wertung des § 309 Nr. 10 BGB hier einschlägig hält, will *Preis* die Konzernversetzungsklausel allein der Prüfung nach §§ 305c und 307 BGB unterwerfen, vgl. ErfK/*Preis*, §§ 305-310 BGB, Rn. 83.

[498] So bei *Weber/Ehrich*, BB 1996, 2246, 2247.

[499] Eine gleichzeitige Absenkung des Entgelts wäre durch eine einzelvertragliche Klausel wegen des damit verbundenen Eingriffs in den Kernbereich der Entgeltzahlungspflicht jedoch nicht zulässig. ErfK/*Preis*, §§ 305 – 310 BGB Rn. 55.

[500] St. Rspr., vgl. nur BAG, Urt. v. 11.6.1958, AP Nr. 2 zu § 611 BGB Direktionsrecht; BAG, Urt. v. 27.3.1989, EzA § 611 BGB Direktionsrecht Nr. 2 sowie Literatur KR/*Rost*, § 2 KSchG, Rn. 42; Preis - *Preis*, Der Arbeitsvertrag, II D 30 Rn. 160.

[501] Für die tarifgebundenen Arbeitnehmer gilt der Tarifvertrag, somit auch die einzelnen Regelungen ohnehin, für nicht tarifgebundene Arbeitnehmer kraft arbeitsvertraglicher Bezugnahme, sog. Gleichstellungsabrede. Indessen ist auch ein Ausschluss einer tarifvertraglichern Regelung denkbar. Dies wäre nur dann der Fall, wenn sich aus dem Arbeitsvertrag ergäbe, dass die im Arbeitsvertrag vereinbarte Tätigkeit unabänderlich gelten sollte. BAG in NZA 2005, 475, 476. Also eine sog. Unabänderlichkeitsklausel vereinbart wird, die damit auch eine Überführung in eine andere Tätigkeit ausschließt.

[502] Hierzu BAG, Urt. v. 23.9.2004 - 6 AZR 442/03, NZA 2005, 475, 477.

[503] Ebenso *Wank*, RdA 2005, 271, 273.

Allerdings soll eine tarifliche Regelung, die dem Arbeitgeber ohne jede Vorgabe Einschränkungen bis hin zur Suspendierung des Arbeitsverhältnisses erlaubt, nicht möglich sein.[504] Dementsprechend ist eine tarifliche einseitige Anordnung des Arbeitgebers von Kurzarbeit, die die Vergütung des Arbeitnehmers auf unbestimmte Zeit verkürzt oder gar ausschließt, unwirksam. Dagegen ist eine tarifliche Direktionsrechtserweiterung wirksam, wenn deren Ausübung nach Grund und Umfang an konkrete Voraussetzungen gebunden ist und eine damit verbundene Entgeltminderung gemildert wird.[505] In diesem Sinne hat das BAG folgende tarifliche Versetzungsbefugnis in eine niedrigere Vergütungsgruppe für zulässig erachtet.

Nach § 27 Abs. 3 des Bundesmanteltarifvertrages für Arbeiter gemeindlicher Verwaltungen und Betriebe (BTM-G 2) ist *„die Einweisung eines Arbeiters in eine niedrigere Vergütungsgruppe nur zulässig, wenn bestimmte betriebliche Gründe, Arbeitsmangel oder ein an anderer Stelle dringend notwendiger Bedarf aus dienstlichen oder betrieblichen Gründen eine vorübergehende Personalumsetzung erforderlich machen. In diesem Fall ist der Lohn der bisherigen Lohngruppe für zwei Wochen weiterzuzahlen....Sobald die Gründe für die Einweisung weggefallen sind, ist der Arbeiter wieder in seine frühere Lohngruppe zu überführen."* Diese tarifliche Regelung ist auch nicht deshalb unbestimmt, weil die Norm nicht festlegt, um wie viele Lohngruppen die dem Arbeitnehmer zugewiesene Tätigkeit niedriger liegen darf als die bisher ausgeübte Tätigkeit. Daraus folgt, dass dem Arbeitnehmer jede (geringerwertige) Tätigkeit übertragen werden darf, deren vorübergehende Besetzung erforderlich ist.[506] Eine solche Maßnahme ist zudem zeitlich begrenzt. Allerdings lässt sich die Rechtsprechung des *BAG* wegen der Besonderheiten der Eingruppierung und der Versetzung im öffentlichen Dienst nicht verallgemeinern.

Es kann somit festhalten werden, dass eine tarifvertragliche vorübergehende Versetzungsbefugnis, die nach Grund und Umfang sowie dessen Ausübung an konkrete Voraussetzungen geknüpft ist und auch dem Bestandsschutz eines Arbeitsverhältnisses Rechnung trägt, mit einer entsprechenden Entgeltabsenkung gestattet sein kann. Allerdings muss ihr der jeweilige Tarifvertragspartner, die Gewerkschaft neben dem Arbeitgeber auch einer solchen Regelung zustimmen.

---

[504] Vgl. BAG in NZA 2005, 475, 477.
[505] BAG in NZA 2005, 475, 477.
[506] So in der Quintessenz des BAGs in NZA 2005, 475, 478.

III. Beteiligungsrechte des Betriebsrates

1. Allgemein

Bei der Ausübung des Direktionsrechts sind außerdem mögliche Beteiligungsrechte des Betriebsrates zu berücksichtigen; vor allem bei Fragen der betrieblichen Ordnung und des Verhaltens des Arbeitnehmers[507] im Betrieb nach § 87 Abs. 1 Nr. 1 BetrVG, bei der Lage der Arbeitszeit gemäß § 87 Abs. 1 Nr. 2 BetrVG und bei Versetzungen im Sinne von § 95 Abs. 3 BetrVG nach § 99 BetrVG.

2. Versetzung

Im Einzelfall ist zu beachten, dass eine (Zu-)Weisung auch dem Mitbestimmungsrecht des Betriebsrates unterliegen kann. Handelt es sich bei der einseitigen Änderung der Arbeitsbedingungen durch den Arbeitgeber zugleich um eine Versetzung im Sinne von § 95 Abs. 3 S. 1 BetrVG, so hat der Arbeitgeber in Betrieben mit in der Regel mehr als 20 wahlberechtigten Arbeitnehmern das Mitbestimmungsrecht des Betriebsrates nach § 99 BetrVG zu berücksichtigen. Dies gilt selbst dann, wenn der Arbeitgeber aufgrund seines Direktionsrechts arbeitsvertraglich - durch Versetzungsvorbehalt - die Maßnahme an sich einseitig anordnen kann. Auch ein etwaiges Einverständnis des Arbeitnehmers mit der entsprechenden Änderung der Arbeitsbedingungen schließt das Mitbestimmungsrecht des Betriebsrates nicht aus, genauso wenig wie umgekehrt die Zustimmung des Betriebsrates zur Versetzung die individualarbeitsvertraglichen Voraussetzungen.[508]

Bei der betriebsverfassungsrechtlichen Versetzung ist aber entscheidend, ob die Zuweisung eines anderen Arbeitsbereichs(-platzes)[509] mit einer erheblichen Änderung der Umstände verbunden ist, unter denen die Arbeit zu leisten ist bzw. die Versetzung voraussichtlich die Dauer von einem Monat überschreitet, § 95 Abs. 3 S. 1 BetrVG. Versetzungen im betriebsverfassungsrechtlichen Sinne sind somit räumliche und oder funktionale (inhaltliche) Veränderungen der Tätigkeit.[510] Die Zuweisung eines anderen Arbeitsbereichs liegt dann vor, wenn dem

---

[507] Das Direktionsrecht umfasst auch Anweisungen zum so genannten arbeitsbegleitenden Verhalten des Arbeitnehmers; eingehend dazu *Hromadka*, DB 1995, 2601, 2604.

[508] Vgl. BAG, Urt. v. 19.2.1991, AP Nr. 25 zu § 95 BetrVG 1972 sowie *Fitting*, BetrVG, § 99 Rn. 100, 136.

[509] Die Frage der Änderung der Arbeitsumstände beurteilt sich nach der Rechtsprechung allein nach den objektiv vorliegenden tatsächlichen Verhältnissen im Betrieb. Ausschlaggebend ist, dass sich das Gesamtbild der Tätigkeit des Arbeitnehmers in der Perspektive eines mit den betrieblichen Verhältnissen vertrauten Dritten geändert hat. BAG, Urt. v. 2.4.1996, AP Nr. 34 zu § 95 BetrVG 1972; BAG, Urt. v. 22.4.1997, AP Nr. 14 zu § 99 BetrVG 1972 Versetzung.

[510] Vgl. *Fitting*, BetrVG, § 99 Rn. 102.

Mitarbeiter ein neuer Tätigkeitsbereich zugeordnet wird, so dass sich das Gesamterscheinungsbild der Tätigkeit des Mitarbeiters wesentlich ändert.[511] Eine räumliche Versetzung ist gegeben, wenn der Arbeitnehmer - selbst bei gleichbleibender Tätigkeit - an einen anderen Arbeitsort entsandt wird - auch bis zu einem Monat -, wenn dies mit einer wesentlichen Änderung der Arbeitsumstände verbunden ist. Hingegen handelt es sich um eine funktionale Versetzung bei allen - voraussichtlich länger als einen Monat dauernden - Änderungen der inhaltlichen Arbeitsbedingungen.[512] Dieser eigene Versetzungsbegriff bzw. die betriebsverfassungsrechtliche Versetzungsbefugnis ist aber unabhängig davon, ob dem Arbeitgeber vertraglich ein Versetzungsrecht eingeräumt wird.[513]

Es ist also zu beachten, dass der Betriebsrat u.U. selbst auch dann ein Mitbestimmungsrecht hat, wenn die Versetzung individualrechtlich zulässig ist.[514] Die Zustimmung des Betriebsrates ist auch dann erforderlich, wenn eine Versetzung zwar nicht aufgrund des Arbeitsvertrages, aber aufgrund einer dringenden ärztlichen Empfehlung gegenüber dem betreffenden Arbeitnehmer zulässig ist.[515] Wird das Mitbestimmungsrecht missachtet, ist die Versetzung gegenüber dem Arbeitnehmer unwirksam[516], also individualrechtlich nicht verbindlich.

3. Arbeitszeit

Bei der Einführung und Ausgestaltung der Gleitzeitmodelle wird sich eine Beteiligung des Betriebsrates in der Regel auf die Mitbestimmung von Rahmenregelungen beschränken, weil es in einem gewissen Maße zu einer Verschiebung des zeitlichen Leistungsbestimmungsrechts auf den Arbeitnehmer kommt.[517] Abgesehen davon hat der Betriebsrat gemäß § 80 Abs. 2 S. 2 BetrVG einen Anspruch auf Überwachung der Gleitzeitkonten. Danach kann er im Rahmen der Wahrnehmung seiner allgemeinen Aufgaben i.S.v. § 80 Abs. 1 BetrVG vom Arbeitgeber verlangen, dass ihm die dafür erforderlichen Unterlagen zur Verfügung gestellt werden.[518] Dies werden regelmäßig die Stech- und Stempelkarten bzw. computertechnischen Unterlagen zu den Arbeitszeitkonten sein.

---

[511] Siehe nur *Weber/Ehrich*, BB 1996, 2246, 2250.
[512] So *Weber/Ehrich*, BB 1996, 2246, 2250 m.w.N.
[513] So schon BAG, Urt. v. 26.5.1988, AP Nr. 13 zu § 95 BetrVG 1972; BAG, Urt. v. 30.9.1993, AP Nr. 33 zu § 2 KschG 1969; Preis - *Preis*, Der Arbeitsvertrag, II D 30 Rn. 29.
[514] Preis - *Preis*, Der Arbeitsvertrag, II D 30 Rn. 29.
[515] BAG, Urt. v. 17.2.1998, AP Nr. 27 zu § 618 BGB.
[516] BAG, Urt. v. 26.1.1988, AP Nr. 50 zu § 99 BetrVG 1972; BAG, Urt. v. 7.11.2002, AP Nr. 98 zu § 615 BGB.
[517] Preis - *Necati*, Innovative Arbeitsformen, S. 213.
[518] Preis - *Necati*, Innovative Arbeitsformen, S. 214.

In der Praxis werden meistens Betriebsvereinbarungen nach § 77 BetrVG über Gleitzeit zwischen Arbeitgeber und Betriebsrat vereinbart. Die Einführung sowie die Abschaffung von gleitender Arbeitszeit unterliegt dem Mitbestimmungsrecht des Betriebsrates nach § 87 Abs. 1 Nr. 2 BetrVG.

Wenn keine gesetzliche oder tarifliche Regelung besteht, hat der Betriebsrat ein Mitbestimmungsrecht in den in § 87 Abs. 1 S. 2 BetrVG angeführten Angelegenheiten. So hat der Betriebsrat beispielsweise gemäß § 87 Abs.1 Nr. 2 BetrVG bei der Aufstellung und bei der Änderung des Ausgleichszeitraums beim Arbeitszeitkonto ein zwingendes Mitbestimmungsrecht. Eine pauschale Trennung zwischen dem erzwingbaren Mitbestimmungsrecht des Betriebsrates bei der Einführung von Arbeitszeitkonten und einem mitbestimmungsfreien Raum bei der Ausgestaltung und Abwicklung von Arbeitszeitkonten ist auch nicht möglich, sofern es um die flexible Verteilung der Arbeitszeit geht.[519] Vielmehr kann der Betriebsrat über das Ob, die Einführung von Arbeitszeitkonten und über das Wie, die Ausgestaltung und Abwicklung, mitbestimmen,[520] so genannte Rahmenvereinbarungen mit dem Arbeitgeber treffen.

IV. Änderungsvertrag

1. Allgemein

Der Änderungsvertrag wird lediglich in § 311 Abs.1 BGB erwähnt[521], ansonsten fehlt aber eine gesetzliche Regelung. Mit einem Änderungsvertrag kann der Arbeitsvertrag insgesamt oder auch nur einzelne Arbeitsbedingungen daraus verändert werden. Allerdings ist diese Art der Flexibilisierung nur dann möglich, wenn sich Arbeitgeber und Arbeitnehmer über die neuen Arbeitsbedingungen (einvernehmlich) einigen.[522]

Dabei sind Arbeitgeber und Arbeitnehmer in der einvernehmlichen Änderung des Arbeitsvertrages weitestgehend frei – soweit, wie das *„dispositive Arbeitnehmerschutzrecht"*[523] es zulässt. Dies ist nur durch die allgemein für Arbeitsverträge geltenden Normen begrenzt. Sollte der Arbeitgeber Formulararbeitsver-

---

[519] Vgl. *Kroll*, S. 113 ff. u. 133.
[520] Vgl. hierzu nur *Kroll*, S. 133.
[521] Dort heißt es: *„Zur Begründung eines Schuldverhältnisses durch Rechtsgeschäft sowie zur Änderung des Inhalts eines Schuldverhältnisses ist ein Vertrag zwischen den Beteiligten erforderlich...."*
[522] Preis - *Lindemann/Urmersbach*, Innovative Arbeitsformen, S. 22.
[523] Spirolke/Regh - *Spirolke*, S. 40.

träge verwenden, was in der Praxis[524] durchaus die Regel ist, findet eine AGB - Kontrolle des Inhaltes dieser vorformulierten Vertragsbedingungen statt.

2. Voraussetzungen einer Inhaltsänderung

Eine konkludente Vertragsänderung ist auch möglich. Nach ständiger Rechtsprechung des BAG[525] kann in einer widerspruchslosen Fortsetzung der Tätigkeit des Arbeitnehmers gemäß der §§ 133, 157 BGB nach einem Änderungsangebot seitens des Arbeitgebers als eine Annahme der Vertragsänderung ausgelegt werden. Voraussetzung ist jedoch, dass diese Änderung unmittelbare Auswirkungen auf das Arbeitsverhältnis nach sich ziehen, deren Folgen müssen sichtbar sein.[526] Denn nur bei einer direkt eintretenden Änderung im Arbeitsverhältnis hat der Arbeitnehmer Veranlassung, dieser sofort zu widersprechen.

Der Arbeitnehmer muss aber erkennen, dass seine widerspruchslose Fortsetzung der Tätigkeit als Einverständnis mit der angebotenen Vertragsänderung verstanden wird. Falls der Arbeitnehmer seine Arbeit nach der Unterbreitung des Änderungsangebotes widerspruchslos fortsetzt, darf der Arbeitgeber darin das Einverständnis sehen, also eine konkludente Annahme des Änderungsangebots. Nach der Rechtsprechung des BAG soll dies auch dann gelten, wenn sich das Änderungsangebot des Arbeitgebers nicht in allen Punkten unmittelbar im Arbeitsverhältnis auswirkt.[527] Ein Änderungsangebot umfasst ja oftmals ein Bündel von komplexen Vertragsänderungen. Hier soll es aber nicht erforderlich sein, dass sich alle Modifikationen unmittelbar auswirken. Denn der Arbeitnehmer hat nach dieser Rechtsprechung auch dann Veranlassung zum sofortigen Widerspruch, wenn dies nur teilweise der Fall ist. Dies ist auch einleuchtend, da sich typischerweise alle Vertragsänderungen nicht unmittelbar im Arbeitsverhältnis sofort auswirken, wie zum Beispiel Urlaubsregelungen, Weihnachtsgeld. Es ist aber kein Grund ersichtlich, warum solche Regelungen von einer konkludenten Vertragsänderung ausgenommen werden sollten. Es ist allgemein anerkannt, dass ein Arbeitsvertrag und somit auch Vertragsänderungen nicht nur ausdrücklich abgeschlossen werden können. Dies wird schon durch die Existenz der §§ 133, 157 BGB deutlich.

---

[524] Vgl. dazu nur die (Praxis-)Handbücher zum Formulararbeitsvertrag; *Hümmerich*, NZA 2004, 809, 816 sowie NJW 2004, 2921, 2930.

[525] Siehe dazu nur BAG, Urt. v. 19.6.1986, AP Nr. 16 zu § 2 KSchG 1979, wonach in der widerspruchs- und vorbehaltslosen Weiterarbeit zu geänderten - vertraglich nicht geschuldeten - Arbeitsbedingungen auf Weisung des Arbeitgebers eine stillschweigende Annahme der vom Arbeitgeber angebotenen neuen Arbeitsbedingungen zu sehen sei, wenn sich die neuen Arbeitsbedingungen alsbald auf das neue Arbeitsverhältnis auswirkten.

[526] BAG, Urt. v. 1.8.2001 - 4 AZR 129/00. BB 2002, 258; anstatt aller vgl. *Thüsing/Mengel*, Arbeitsbedingungen, S. 2. m. N.

[527] BAG v. 1.8.2001 - 4 AZR 129/00, AP Nr. 20 zu § 157 BGB, RdA 2002, 235.

V. Änderungskündigung

1. Begriff und Rechtsgrundlage der Änderungskündigung

Die Änderungskündigung ermöglicht dem Arbeitgeber einseitig die Arbeitsbedingungen, also ohne Zustimmung des Arbeitnehmers, zu ändern. Der Arbeitgeber muss ohnehin das Instrument der Änderungskündigung wählen, wenn er ohne Einverständnis des Arbeitnehmers die Arbeitsbedingungen ändern möchte, sofern keine anderen vertraglichen Flexibilisierungsabreden[528] zur Verfügung stehen. Die Änderungskündigung kann auch als Versetzung gegen den Willen des Arbeitnehmers bezeichnet werden. Außerdem ist auch eine *Änderungs-Kündigung* eine Kündigung eines bestehenden Arbeitsvertrages nach § 1 KSchG, lediglich verbunden mit dem neuen Angebot, gemäß § 1 Abs. 2, 3 KSchG zu geänderten – regelmäßig verschlechterten[529] – Arbeitsbedingungen weiterbeschäftigt zu werden. Damit handelt es sich bei der Änderungskündigung um ein zusammengesetztes Rechtsgeschäft, bestehend aus einer echten unbedingten[530] Beendigungskündigung des Arbeitsverhältnisses verbunden mit dem Angebot zum Abschluss eines neuen Arbeitsvertrages zu geänderten - schlechteren[531] - Bedingungen.

2. Voraussetzungen

Nach der Legaldefinition in § 2 Satz 1 KSchG liegt eine Änderungskündigung vor, wenn

> erstens der Arbeitgeber das bisherige Arbeitsverhältnis kündigt und zweitens er im Zusammenhang mit der Kündigung dem Arbeitnehmer die Fortsetzung des Arbeitsverhältnis zu geänderten Arbeitsbedingungen anbietet. So kann der Arbeitnehmer dieses Angebot unter dem Vorbehalt annehmen, dass die Änderung der Arbeitsbedingungen nicht sozial ungerechtfertigt ist.

---

[528] Wie der Widerrufsvorbehalt, Freiwilligkeitsvorbehalt, Anrechnungsvorbehalt, Befristung einzelner Arbeitsbedingungen, Bezugnahmeklauseln (Verweisungsklauseln) oder die Direktionsrechtserweiterung und der Versetzungsvorbehalt.

[529] Es sei anzumerken, dass es zur Einigung auf einen Vertrag mit, aus der Sicht des Arbeitnehmers günstigeren Arbeitsbedingungen wohl schwerlich einer Änderungskündigung des Arbeitgebers bedarf.

[530] Entgegen der herrschenden Meinung *Wank*, der von einer auflösend bedingten Beendigungskündigung ausgeht, RdA 2005, 271, 274.

[531] Wahrlich bedarf es zu einer Einigung auf einen Vertrag mit aus der Sicht des Arbeitnehmers günstigeren Arbeitsbedingungen schwerlich einer Änderungskündigung des Arbeitgebers.

Damit ist die Änderungskündigung ein aus zwei Willenserklärungen zusammengesetztes Rechtsgeschäft[532], nämlich aus der Kündigung des Arbeitsverhältnisses und einem neuen Vertragsangebot. Dabei muss das Änderungsangebot so unmissverständlich und vollständig die neuen Vertragsbedingungen fixieren, dass es der Arbeitnehmer mit einem einfachen *„Ja"* annehmen kann.[533] Weiterhin ist für die Wirksamkeit der Änderungskündigung die Einhaltung der Schriftform gemäß § 623 BGB erforderlich. Dies bedeutet, dass das Kündigungsschreiben sowie das Änderungsangebot[534] vom Arbeitgeber eigenhändig unterschrieben sein müssen.

Hinzu kommt, dass die Änderungskündigung nur ultima ratio[535] sein darf. Zuvorderst sind andere Möglichkeiten auszuschöpfen, wie die Ausübung des allgemeinen Direktionsrechts im Rahmen billigen Ermessens, §§ 106 GewO, 315 BGB oder der Änderungsvertrag sowie die betriebsbedingte Änderungskündigung[536] als milderes Mittel gegenüber der betriebsbedingten Beendigungskündigung.

Ebenso bedarf es einer Änderungskündigung, wenn in den Kernbestand des Arbeitsverhältnisses eingegriffen wird, also Vergütungs- oder Arbeitspflichtbestandteile angetastet werden sollen.[537] Außerdem können vertragliche Konkretisierungen des Arbeitsvertrages auf eine bestimmte Arbeitsaufgabe oder einen Arbeitsort, z.B. bei Betriebsverlegungen sowie Versetzungen als vorrangig zu nutzende Mittel in Betracht kommen.[538]

---

[532] Anstatt vieler vgl. nur *Stück*, AuA 2005, 212, 212 und Spirolke/Regh - *Regh*, S. 14.

[533] LAG Berlin, Urt. v. 12.1.2001 - 10 Sa 2194/99, NZA-RR 2000, 302; LAG Hamm, Urt. v. 10.2.2000 - 16 Sa 1482/99. Nach dem BAG, Urt. v. 16.9.2004 - 2 AZR 628/03, ist es aber ausreichend, wenn der Inhalt des Änderungsangebots im Kündigungsschreiben hinreichenden Anklang gefunden hat. Im Leitsatz 1. heißt es: *„Das mit der Änderungskündigung unterbreitete Änderungsangebot muss wie jedes Angebot i.S.v. § 145 BGB eindeutig bestimmt bzw. bestimmbar sein, d.h. dem gekündigten Arbeitnehmer muss aus ihm ersichtlich werden, welche Arbeitsbedingungen künftig gelten sollen und welchen Inhalt das Arbeitsverhältnis zukünftig haben soll."* Dabei genügt eine *„Bestimmbarkeit"* des Angebots.

[534] BAG, Urt. v. 16.9.2004 - 2 AZR 628/03, BB 2005, 946, 947=NZA 2005, 635. Auch das Änderungsangebot bedarf der Schriftform; ebenso ErfK/*Müller-Glöge*, § 623 BGB Rn. 22; von Hoyningen-Huene/Linck, § 2 KSchG Rn. 11a; Stahlhacke/*Preis*, Rn. 1258.

[535] Entgegen der Rechtsprechung von *BVerfG* und *BAG* ist nach *Annuß* ein verfassungsrechtlich verankerter Bestandsschutz und damit einhergehend, dass in dem Grundsatz des Vorrangs der Änderungs- vor der Beendigungskündigung verkörperte Ultima - Ratio - Prinzip nicht anzuerkennen; grundlegend *Annuß*, Betriebsbedingte Kündigung und arbeitsrechtliche Bindung, 2004, 13 ff.

[536] Hierzu BAG, Urt. v. 19.5.1993, AP Nr. 31 zu § 2 KSchG 1969.

[537] *Friedhofen/Weber*, NZA 1986, 145, 146 m.w.N.

[538] Vgl. dazu *Stück*, AuA 2005, 212, 212.

Bei Versetzungen gilt es aber zu beachten, dass nach der Rechtsprechung auch eine Versetzung an einen nur 13 km entfernten Standort im Wege des Direktionsrechts nicht möglich ist. Ohne einen arbeitsvertraglichen Versetzungsvorbehalt muss der Arbeitgeber, falls keine einvernehmliche Lösung mittels eines Änderungsvertrages erzielt werden kann, den Weg der Änderungskündigung wählen.

3. Soziale Rechtfertigung der Änderungskündigung

Nach ständiger Rechtsprechung des BAG ist eine Änderungskündigung sozial gerechtfertigt, wenn *„...so dringende betriebliche Erfordernisse für die geplante Änderung der Arbeitsbedingungen gegeben sind, dass diese Gründe unter vernünftiger Abwägung des Interesses des Arbeitgebers an der erstrebten Änderung gegenüber dem Interesse des Arbeitnehmers an der Aufrechterhaltung seiner gegenwärtigen Arbeitsbedingungen es als billigenswert und angemessen erscheinen lassen, um dieser Änderung willen das Mittel einer Kündigung zu gebrauchen und damit das Arbeitsverhältnis zu gefährden oder unter Umständen zu beenden"*.[539]

Die soziale Rechtfertigung ist in der gerichtlichen Überprüfung der Änderungskündigung zweistufig zu prüfen. Erstens ist zu prüfen, ob Gründe in der Person oder dem Verhalten des Arbeitnehmers oder dringende betriebliche Erfordernisse das Änderungsangebot bedingen. In einem zweiten Schritt ist zu fragen, inwiefern sich der Arbeitgeber darauf beschränkt hat, nur solche Änderungen anzubieten, die der Arbeitnehmer billigerweise in Kauf nehmen muss.[540]

Jedoch kann nach ständiger Rechtsprechung des BAG eine Änderungskündigung auch dann sozial gerechtfertigt und damit wirksam sein, wenn die geänderten Arbeitsbedingungen auch durch schlichte direktionsrechtliche Weisung zu erreichen sind.[541] Diesem kann so nicht zugestimmt werden. Kann der Arbeitge-

---

[539] BAG, Urt. v. 12.1.1961 - 2 AZR 171/59, AP Nr. 10 zu § 620 BGB Änderungskündigung; vgl. zuletzt *BAG*, Urt. v. 22.4.2004 - 2 AZR 385/03 bei einer betriebsbedingten Änderungskündigung, NZA 2004, 1158, 1160.

[540] Siehe *Weber/Ehrich*, BB 1996, 2246, 2252.

[541] BAG, Urt. v. 26.1.1995 - 2 AZR 371/94, AP Nr. 36 zu § 2 KSchG1969 (unter B II 3) dort heißt es: *„Die Möglichkeit, eine Änderung der aktuellen Arbeitsbedingungen durch Ausübung des Direktionsrechts zu bewirken, führt deshalb bei der Annahme des mit der Änderungskünd. verbundenen Angebots unter Vorbehalt nicht zur Unwirksamkeit der Änderung der Arbeitsbedingungen aus dem Gesichtspunkt der Verhältnismäßigkeit. Unverhältnis wäre allenfalls das Element der Künd., nicht dagegen das mit der Künd. verbundene Änderungsangebot. Infolge der seitens der Kl. erklärten Annahme unter Vorbehalt ist jedoch die Künd. als solche gegenstandslos."; Dennoch ist das Kündigungselement der Änderungskündigung keineswegs „(„)vom Tisch"(„); dieses bleibt subjektiv gesehen vielmehr das Druckmittel des Arbeitgebers, den Arbeitnehmer zur Annahme der Änderungskündigung zu animieren. Denn „zur An-*

ber die Änderung der Arbeitsbedingungen durch vertragskonforme Gestaltung bewirken, etwa über sein Direktionsrecht oder durch die Ausübung eines vertraglich vereinbarter Änderungs- oder Widerrufsvorbehalts, so ist eine Änderungskündigung des bestehenden Arbeitsvertrages weder geeignet noch erforderlich, um eine Änderung durchzusetzen.[542] Das BAG missachtet seinen eigenen aufgestellten Grundsatz. Auch die *Änderungskündigung* ist als eine Form der Kündigung ultimo ratio. Allein deshalb muss eine Änderungskündigung, die gerade zum Zweck der Vertragsanpassung erklärt wird, unwirksam sein, wenn eine vertragsimmanente Änderung der Arbeitsbedingungen möglich ist. Eine dann erklärte Änderungskündigung wäre eigentlich überflüssig. Bei einer normativen Vertragsänderung erkennt das BAG eine überflüssige Änderungskündigung an. Eine *„überflüssige Änderungskündigung"* nennt die Rechtsprechung eine Änderungskündigung dann, wenn die angestrebte Änderung der Arbeitsbedingungen bereits auf anderem Wege eingetreten ist, z.B. durch eine tarifliche Änderung oder der Arbeitgeber sie auf anderem Weg erreichen kann, z.B. durch Geltendmachung eines Gestaltungsrechts, vorwiegend wohl das Widerrufsrecht.[543]

Im entschiedenen Fall erfolgte eine Änderung der Arbeitsbedingungen durch Tarifvertrag (Herabgruppierung durch Tarifautomatik).[544] Bereits mit Inkrafttreten der Tarifänderung wirkte die geringere Vergütungsgruppe normativ auf den Inhalt des Arbeitsverhältnisses. Jedoch entschied sich der Arbeitgeber eine entsprechende Änderungskündigung zu erklären. Vielmehr ist mit *Berkowsky* anzunehmen, dass eine *„überflüssige Änderungskündigung unwirksam ist, weil sie ins Leere geht, weil sie einen Arbeitsvertrag kündigen will, der in dieser Form überhaupt nicht mehr vorhanden ist, weil sie infolgedessen keine Rechtswirkungen zu erzeugen vermag"*.[545] Jedoch ist die Rechtsprechung zu den Fällen

---

nahme unter Vorbehalt entschließt sich er sich nur und allein wegen des dahinter stehenden Kündigungsdrucks". *Berkowsky*, NZA 1999, 293, 296, 298.

[542] So zutreffend *Berkowsky*, NZA 1999, 293, 299.

[543] So zusammenfassend *Benecke*, NZA 2005, 1092.

[544] BAG, Urt. v. 9.7.1997 - 4 AZR 635/95, AP Nr. 233 zu § 22 BAT1975 (unter B IId) dort heißt es: *„Nach ständiger Rechtsprechung des BAG ist eine überflüssige Änderungskündigung wegen der damit verbundenen Bestandsgefährdung unverhältnismäßig mit der Folge der Unwirksamkeit, wenn der Arbeitnehmer das Änderungsangebot nicht angenommen hat. Demgegenüber führt eine „(„) überflüssige"(„) Änderungskündigung bei der Annahme des mit der Änderungskündigung verbundenen Angebots unter Vorbehalt nicht zur Unwirksamkeit der Änderung der Arbeitsbedingungen wegen eines Verstoßes gegen den Grundsatz der Verhältnismäßigkeit."* Trotzdem kann die Wirksamkeit einer Änderungskündigung nicht daran gemessen werden, ob der Arbeitnehmer die angebotene Änderung unter Vorbehalt annimmt oder nicht. Entgegen BAG, Urt. v. 15.11.1995 - 2 AZR 521/95 zum tariflichen Widerrufsvorbehalt und Änderungskündigung, NZA 1996, 603 so aber *Boewer*, BB 1996, 2618.

[545] *Berkowsky*, NZA 1999, 293, 297; zustimmend *Benecke*, NZA 2005, 1092, 1095.

der überflüssigen Änderungskündigung *„paradox"*. Nach dem BAG verstößt eine solche gegen das Verhältnismäßigkeitsprinzip als allgemeines Prinzip des Kündigungsschutzrechts und ist daher unwirksam. Jedoch soll die gegen die überflüssige Änderungskündigung gerichtete Änderungsschutzklage des betroffenen Arbeitnehmers grundsätzlich unbegründet sein und werde daher verloren.[546] Denn Streitgegenstand der Kündigungsschutzklage sei nur die Änderung der Arbeitsbedingungen und einer sozialen Rechtfertigung bedürfe es nicht, wenn die Änderung der Arbeitsbedingungen beispielsweise ohnehin eingetreten sei. Insgesamt hält das BAG in seiner ständigen Rechtsprechung daran fest, dass die überflüssige Änderungskündigung unverhältnismäßig ist und damit unwirksam. Die dagegen gerichtete Änderungsschutzklage ist aber unbegründet, weil ihr Streitgegenstand nur die Änderung der Arbeitsbedingungen ist und das Änderungsangebot nicht unverhältnismäßig ist im Falle einer überflüssigen Änderungskündigung.[547]

Weiterhin hat der Arbeitgeber von sich aus dem Betroffenen vor Aussprache einer Änderungskündigung eine beiden Parteien zumutbare Weiterbeschäftigung auf einem freien Arbeitsplatz zu geänderten (verschlechterten) Bedingungen anzubieten, wenn der Mitarbeiter über die objektiv dafür erforderlichen Fähigkeiten und Kenntnisse verfügt (vorgeschaltete Verhandlungslösung).[548] Dabei muss der Arbeitgeber bei diesen Verhandlungen mit dem betroffenen Arbeitnehmer unmissverständlich klarstellen, dass bei Ablehnung des Änderungsangebots eine (Beendigungs-)Kündigung beabsichtigt ist und ihm eine Überlegungsfrist von mindestens einer Woche[549] bzw. drei Wochen[550] einräumen.[551]
Zu einer gerichtlichen Kontrolle kommt es aber nur, wenn der Arbeitnehmer das Änderungsangebot des Arbeitgebers unter der auflösenden Bedingung, dass eine Beendigungskündigung sozial nicht gerechtfertigt ist, annimmt und Kündigungsschutzklage erhebt. In diesem Fall überprüft das Arbeitsgericht die Sozialwidrigkeit der Kündigung. Falls die Kündigung sozial gerechtfertigt ist, so ist

[546] Vgl. dazu die Ausführungen bei *Benecke*, NZA 2005, 1092.
[547] Zuletzt BAG, Urt. v. 24.8.2004 - 1 AZR 419/03, NZA 2005, 51, darin heißt es: *„Eine Änderungsschutzklage nach § 4 S. 2 KSchG (a. F.) ist unbegründet, wenn zum Kündigungstermin die dem Arbeitnehmer angetragene Änderung der Arbeitsbedingungen bereits auf Grund anderer Umstände, wie etwa der normativen Wirkung einer Betriebsvereinbarung, eingetreten war."* Zwar ist diese Entscheidung noch zu der alten Fassung von § 4 S. 2 KSchG ergangen, es ist aber eher unwahrscheinlich, dass sich die gefestigte Rechtsprechung aufgrund der Neufassung seit dem 1.1.2004 grundsätzlich ändern wird, da Gegenstand der Gesetzesänderung mit der Hartz-Reform vorrangig die Ausdehnung des Geltungsbereichs der Dreiwochenfrist war. *Benecke*, NZA 2005, 1092, 1093 (Fn. 11).
[548] *Stück*, AuA 2005, 212, 213.
[549] BAG, Urt. v. 27.9.1984 - 2 AZR 62/83, BB 1985, 1130 bzw. NZA 1985, 455.
[550] LAG Köln, Urt. v. 20.11.2003 - 6 Sa 645/03, AuA 2004, 53.
[551] *Stück*, AuA 2005, 212, 213.

die auflösende Bedingung nicht eingetreten und der Arbeitsvertrag besteht zu den geänderten vertraglichen Bedingungen fort. In Falle der Sozialwidrigkeit der Kündigung ist die auflösende Bedingung der Annahmeerklärung des Arbeitnehmers eingetreten und das Arbeitsverhältnis wird zu den ursprünglichen Bedingungen fortgesetzt.[552]

4. Beteiligungsrecht des Betriebsrates

Die Änderungskündigung bedarf als eine echte Kündigung auch einer Anhörung des Betriebsrates gemäß § 102 Abs. 1 BetrVG. Im Rahmen dieses formellen Anhörungsverfahrens muss der Arbeitgeber nicht nur die Kündigungsgründe, sondern auch das Änderungsangebot anzeigen sowie die Mitteilung, dass bei Ablehnung des Änderungsangebots durch den Arbeitnehmer eine Beendigungskündigung geplant ist.[553] Sofern die Anhörung unterbleibt bzw. nicht ordnungsgemäß - fehlerhaft - erfolgt, ist die ausgesprochene Änderungskündigung unwirksam.[554] Ferner ist zu beachten, dass neben der Anhörung bzw. Unterrichtung des Betriebsrates nach § 102 Abs. 1 BetrVG auch die Zustimmung des Betriebsrates nach § 99 Abs.1 BetrVG eingeholt werden muss, sofern mit der Änderungskündigung eine Versetzung oder Umgruppierung verbunden wird.[555]

5. Problematik der Änderungskündigung

Die Änderungskündigung ist aus folgenden Gründen nicht zur kurzfristigen und rechtssicheren Änderung von Arbeitsbedingungen geeignet.[556] Falls der Arbeitnehmer das Änderungsangebot ohne Vorbehalt ablehnt, wird das Arbeitsverhältnis vollständig beendet. In diesem Fall wirkt die Änderungskündigung als Beendigungskündigung. Nach herrschender Meinung kann der Arbeitgeber jetzt direkt eine Beendigungskündigung aussprechen.[557] Damit verliert der Arbeitgeber aber möglicherweise einen Arbeitnehmer, mit dem er an sich, wenn auch zu geänderten Bedingungen, weiter zusammenarbeiten möchte.

Wenn der Arbeitnehmer das Änderungsangebot unter dem Vorbehalt der sozialen Rechtfertigung fristgerecht annimmt und anschließend die soziale Rechtfertigung gerichtlich überprüfen lässt, muss er ab dem Kündigungszeitpunkt zu den

---

[552] Ebenso *Wank*, RdA 2005, 271, 274, 275.
[553] Vgl. *Fitting*, BetrVG, § 102 Rn. 9.
[554] Vgl. dazu nur *Weber/Ehrich*, BB 1996, 2246, 2253 m. zahlreichen N.
[555] Vgl. zum Mitbestimmungsrecht des Betriebsrates nach § 99 Abs. 1 BetrVG, vorhergehend Teil 2. § 1 A. III.
[556] Vgl. dazu die Aufzählung bei Preis - *Lindemann/Urmersbach*, Innovative Arbeitsformen, S. 23.
[557] BAG, Urt. v. 27.9.1984 - 2 AZR 62/83, NZA 1985, 455; LAG Berlin, Urt. v. 13.1.2000 - 10 Sa 2194/99, NZA-RR 2000, 302.

geänderten neuen Bedingungen weiterarbeiten. Jedoch stellt sich später, unter Umständen in einem mehrjährigen Gerichtsverfahren heraus, dass die Änderung nicht sozial gerechtfertigt ist, muss er wieder zu den ursprünglichen Vertragsbedingungen weiterbeschäftigt werden. Dies macht deutlich, dass eine gerichtliche Durchsetzung der Änderungskündigung schwierig ist. Die Anforderungen, die die Rechtsprechung beispielsweise an die soziale Rechtfertigung einer Entgeltreduzierung stellt, sind hoch. Unter welchen Voraussetzungen die Änderungskündigung zur Entgeltreduzierung sozial gerechtfertigt ist, wird in Rechtsprechung und Literatur unterschiedlich beurteilt.[558]

Ein weiterer entscheidender Aspekt tritt nach *Annuß* hinzu. § 2 KSchG enthält keinerlei Aussage, unter welchen Bedingungen der Arbeitgeber dem Arbeitnehmer vor Ausspruch einer Beendigungskündigung die Fortsetzung des Arbeitsverhältnisses zu geänderten Bedingungen anbieten muss. Mit anderen Worten: *„die Änderungskündigung ist nichts anderes als eine Beendigungskündigung, die vom Arbeitgeber mit einem Änderungsangebot verknüpft ist"*.[559] Darüber hinaus trifft § 2 KSchG keine Aussage, *„...wann eine solche Verknüpfung vorzunehmen ist oder welchen Inhalt das Änderungsangebot haben muss"*.[560] In gewisser Hinsicht ist *Annuß* Recht zu geben. Ein Arbeitgeber kann durch einen Blick ins Gesetz kaum die Anforderungen an die Voraussetzungen eines Änderungsangebots feststellen. Zweifelsohne benötigt er dafür juristischen Rat bzw. die Kenntnis der Rechtsprechung. Meines Erachtens kann man mit der Formel des BAG leben, auch wenn man über die *„Griffigkeit"* derselben streiten mag. Jedoch übersieht *Annuß*, dass der Gesetzgeber keine Einzelfälle regeln kann, sondern in einer abstrakten Normierung eine in seiner Gesamtschau befriedigende Lösung geben muss. Außerdem ist die inhaltliche Ausgestaltung des Änderungsangebots Sache der Vertragspartner.

VI. Zusammenfassung

Zusammenfassend kann festgehalten werden, dass alle vom Arbeitsvertrag umfassten Arbeitspflichten der Arbeitgeber durch sein allgemeines Direktionsrecht dem Arbeitnehmer zuweisen darf. Falls der Arbeitgeber dem Arbeitnehmer ein Mehr auferlegen möchte, ist eine explizite vertragliche Regelung in Form der Direktionsrechtserweiterung notwendig, also die Einräumung eines einseitigen Leistungsbestimmungsrechts.

Aus dem Ganzen lässt sich die Erkenntnis gewinnen, dass mit Hilfe des allgemeinen Direktionsrechts ein flexibler Personaleinsatz nur im Rahmen der ver-

---

[558] Vgl. nur *Lindemann*, S. 26 ff. m.w.N.
[559] *Annuß*, NZA 2005, 443, 444.
[560] *Annuß*, NZA 2005, 443, 444.

traglich vereinbarten Tätigkeit zulässig ist. Indessen sind die Aufgaben in einer modernen Arbeitswelt zunehmend komplexer und spezialisierter ausgestaltet und dadurch wird der Tätigkeitsbereich, für den der Arbeitnehmer beschäftigt wird, immer enger gefasst werden. Deswegen sind aufgrund des allgemeinen Direktionsrechts beispielsweise Versetzungen nur noch in geringem Maße möglich. Deshalb gewinnen vertragliche Flexibilisierungsinstrumente wie die Direktionsrechtserweiterungsklauseln immer mehr an Bedeutung. Ebenso erfordert die ständig wechselnde Marktlage, dass der Arbeitgeber in seinem Unternehmen, seiner betrieblichen Struktur und seinen Bedürfnissen entsprechend, ein zugeschnittenes individuelles Arbeitszeitkontenmodell errichtet. Der Änderungsvertrag kann auch eine gute Möglichkeit sein, das Arbeitsverhältnis den betrieblichen Bedürfnissen anzupassen, sofern der Arbeitnehmer zustimmt. Dann muss der Arbeitgeber seine betrieblichen Interessen dem Arbeitnehmer gegenüber richtig mitteilen. Jedoch wenn die gewünschten arbeitgeberseitigen Änderungen das Arbeitsverhältnis aus Sicht des Arbeitnehmers verschlechtern, wird keine einvernehmliche Änderung des Arbeitsverhältnisses getroffen werden können. Dann verbleibt dem Arbeitgeber nur das Mittel der Änderungskündigung. An dieses stellt die Rechtsprechung - wie eingangs erörtert – aber sehr hohe Anforderungen.

B. Tschechische Republik

Der Inhalt eines Arbeitsverhältnisses kann grundsätzlich nur im Einvernehmen zwischen den Arbeitsvertragsparteien geändert werden. Nur ausnahmsweise lässt das tschechische ArbGB einen einseitigen Eingriff in vereinbarte Arbeitsbedingungen durch den Arbeitgeber zu.[561]

Eine Änderung des Inhalts des Arbeitsverhältnisses kann erfolgen durch:

a) Vereinbarung über die Änderung des Arbeitsvertrages,
b) Vereinbarung über die zeitweilige Zuweisung (Leiharbeit),
c) Versetzung (Zuweisung) auf eine andere (Art von) Arbeit,
d) Verlegung (Versetzung) an einen anderen Ort der Arbeitsleistung,
e) Dienstreise,
f) Änderung der arbeitsrechtlichen Regelungen.

I. Vereinbarung über die Änderung des Arbeitsvertrages

Ein Arbeitsvertrag zwischen dem Arbeitgeber und Arbeitnehmer kann immer aufgrund einer Vereinbarung - beidseitiger übereinstimmender Willenserklärun-

---

[561] So auch *Linhart/Schwarz/Hladký*, Arbeitsrecht in Europa, S. 1192, Rn. 50 u. *Štangová*, Právo a zaměstnání 5/1996, 12, 13.

gen - zwischen beiden Vertragsparteien geändert oder ergänzt werden, § 36 Abs. 1 ArbGB. Ein entsprechendes Angebot des Arbeitgebers auf Änderung des Arbeitsverhältnisses kann der Arbeitnehmer ausdrücklich oder schlüssig annehmen.[562]

Die Vereinbarung über die Änderung des Arbeitsvertrages (*dohada o změně pracovní smlouvy*) ist mit dem aus dem deutschen Arbeitsrecht bekannten Änderungsvertrag vergleichbar. Dieser Änderungsvertrag muss jedoch schriftlich abgeschlossen werden. Aber die Nichteinhaltung der Schriftform hat keine Unwirksamkeit dieser Vereinbarung zur Folge, § 242 Abs. 2 Satz 1 ArbGB.[563] Das Gesetz sieht hier explizit keine Nichtigkeit der Änderung vor.

Wenn ein schriftlicher Arbeitsvertrag abgeschlossen wurde, ist auch die Änderungsvereinbarung schriftlich abzuschließen. Zu Beweiszwecken empfiehlt sich die schriftliche Form immer, auch wenn die mündliche Vereinbarung zur Änderung des Arbeitsvertrages wirksam ist.

Natürlich können durch eine Vereinbarung über die Änderung des Arbeitsverhältnisses nur diejenigen Rechte und Pflichten geändert werden, die eine vertragliche Grundlage haben oder Rechte und Pflichten, bei denen das Gesetz die Möglichkeit einer abweichenden vertraglichen Regelung nicht verbietet.[564] Denn bei unabdingbaren gesetzlichen Regelungen wie die maximale Anzahl von Überstunden oder Pflichten im Bereich der Arbeitssicherheit kann nur eine Änderung der gesetzlichen Bestimmungen auch eine Änderung des Inhalts mit sich bringen.[565] Dispositive gesetzliche Regelungen können durch die Vertragsparteien gemeinsam geändert werden.

Zukünftig – ab dem 1.1.2007 neues ArbGB – muss auch eine Änderung des Arbeitsvertrages schriftlich erfolgen und ist nur mit Zustimmung des Arbeitnehmers möglich. Ein Arbeitsvertrag zwischen Arbeitgeber und Arbeitnehmer kann immer aufgrund einer Vereinbarung zwischen beiden Vertragsparteien geändert oder ergänzt werden, § 40 Abs. 1 ArbGB n.F. Dies bedarf aber der Schriftform. Fehlt die Schriftform, hat dies nicht die Ungültigkeit des Vertrages zur Folge. Gemäß dem im § 21 ArbGB n.F. statuierten Grundsatz ist eine Rechtshandlung wegen Nichteinhaltung der vorgeschriebenen Form nur dann ungültig, wenn die Folge der Ungültigkeit im Gesetz ausdrücklich festgelegt ist. Das neue ArbGB

---

562 Vgl. *Štangová*, Právo a zaměstnání 5/1996, 12, 14.

563 Vgl. dazu auch *Linhart/Schwarz/Hladký*, Arbeitsrecht in Europa, S. 1193, Rn. 53 sowie Galvas/*Gregorová*, tsch. ArbR, S. 138, Rn. 2.5.4.

564 So auch *Klikar*, S. 115; *Štangová*, Právo a zaměstnání 5/1996, 12, 13 f.

565 Bsp. bei *Tröster*, in: Breidenbach (Hrsg.), Handbuch Wirtschaft und Recht in Osteuropa, Verlag C.H. Beck, München, Bd. 1, Kapitel D.X. CS, S. 9, Rn. 57.

sieht jedoch eine Ungültigkeit der Änderung des Arbeitsvertrages bei fehlender Schriftform nicht vor.

II. Vereinbarung über die zeitweilige Zuweisung (Leiharbeit / Arbeitnehmerüberlassung) – Versetzung zu einem anderen Arbeitgeber

1. Allgemeines

Eine Versetzung zu einem anderen Arbeitgeber (*přeložení k jinému zaměstnavateli*) ist auch möglich. Diese vorübergehende Abordnung eines Arbeitnehmers zu einem anderen Arbeitgeber wird auch als Arbeitnehmerüberlassung (*přenechaní zaměstnance*) bzw. Arbeitskräfteüberlassung[566] oder Zeitarbeit sowie Leiharbeit (*dočasné převedení zaměstnance zaměstnavatelem k jinému zaměstnavateli*) bezeichnet.

a) Frühere Rechtslage bis 1.10.2004

Die Vereinbarung über die einstweilige Zuteilung eines Arbeitnehmers zur Arbeit bei einem anderen Arbeitgeber wurde in § 38 Abs. 4 ArbGB a.F.[567] und in der Regierungsverordnung Nr. 108/1994 Slg. geregelt.[568] Die Bestimmung in § 38 Abs. 4 ArbGB sah die Möglichkeit einer vorübergehenden Abordnung (Zuweisung) eines Arbeitnehmers zu einem anderen Arbeitgeber vor. Hier ging es um die zeitweilige Leihe eines Beschäftigten an einen anderen Arbeitgeber.

In der Praxis wurde diese Rechtsvorschrift gebraucht: bei einer vorübergehenden Unmöglichkeit als Folge äußerer Einflüsse (Naturkatastrophe, z.B. Hochwasser) einem Arbeitnehmer Arbeit zuzuweisen, bei einem vorübergehenden Mangel an Arbeit aus betrieblichen Gründen oder bei einer Leihe von Arbeitnehmern an einen anderen Arbeitgeber als Folge zweckmäßiger Zusammenar-

---

[566] So *Šimečková*, S. 121.

[567] § 38 Abs. 4 ArbGB a.F. lautete: Der Arbeitgeber, bei dem der Arbeitnehmer im Arbeitsverhältnis ist, kann mit ihm in einer schriftlichen Vereinbarung übereinkommen, dass er ihn zur Leistung der Arbeit bei einer anderen natürlichen oder juristischen Person zuweist. In der Vereinbarung müssen die Bezeichnung der juristischen Person oder der Vor- und Nachnahme der natürlichen Person, der der Arbeitnehmer zugewiesen wird, der Tag, an dem die zeitweilige Versetzung entsteht, die Arbeit und die Zeit, für die die zeitweilige Zuweisung vereinbart wurde, angeführt werden. Die Regierung legt durch Anordnung (Anmerkung Verfasserin: die Regierungsverordnung Nr. 108/1994 Slg.) die näheren Bedingungen der zeitweiligen Zuweisung des Arbeitnehmers fest. Aus *Babůrková*, Tschechisches Arbeitsgesetzbuch, 3.Aufl. 2004.

[568] Vgl. dazu auch *Krenk*, Práce a mzda 10-11/2004, 90 sowie *Jouza*, Práce a mzda 10-11/2004, 38, 41.

beit der beiden Arbeitgeber (z.B. bei einer Sicherung von Lieferungen, bei saisonbedingter Aushilfe während der Erntezeit u.a.).[569]

b) Geltende Rechtslage – Einführung der Arbeitsagentur

Am 24.06.2004 genehmigte das Abgeordnetenhaus der Tschechischen Republik ein neues BeschäftigungsG - Gesetz Nr. 435/2004 Slg. - sowie das Gesetz Nr. 436/2004 Slg.[570], mit dem es zu einer Änderung der betroffenen Gesetze (vor allem ArbGB) im Zusammenhang mit der Änderung des BeschäftigungsG kam. Durch das Gesetz Nr. 436/2004 Slg. wurde der § 38 Abs. 4 ArbGB abgeschafft, nach welchem der Arbeitgeber, bei dem der Arbeitnehmer beschäftigt ist, mit diesem eine schriftliche Vereinbarung abschließen konnte, dass der Arbeitgeber ihn vorübergehend für die Arbeitsausübung an einen anderen Arbeitgeber zuweist. Im Anschluss daran wurde konsequenterweise auch § 2 der Regierungsverordnung Nr. 108/1994 abgeschafft, der die Vereinbarung zwischen den beiden (ent-)leihenden Arbeitgebern näher regelte.[571] In dieser Folge wurde durch das Gesetz Nr. 436/2004 Slg. die §§ 38 a, b in das ArbGB eingeführt und somit das ArbGB novelliert.[572]

Die bisherige rechtliche Regelung (§ 38 Abs. 4 ArbGB) hat nämlich das sog. *„Personaloutsourcing"* nicht erfasst und ein großer Teil der Zeitarbeitsunternehmen gewährte ihre Dienstleistungen in einer gesetzlichen Grauzone aufgrund diverser Gewerbeberechtigungen. Damit war jedoch eine unerlaubte wirtschaftliche Tätigkeit verbunden.[573] Eine Legalisierung, auch aufgrund der Praxis in den EU - Mitgliedstaaten, wurde insbesondere nach dem Beitritt der Tschechischen Republik zur EU notwendig.

Der § 38 Abs. 4 ArbGB a.F. wurde durch das Gesetz Nr. 436/2004 Slg., das am 1.10.2004 in Kraft trat, gestrichen. Das neue BeschäftigungsG konkretisiert die Bedingungen bei der Vermittlung von Arbeitsplätzen durch sog. Arbeitsagenturen (*agentura práce*)[574]. Das Gesetz ermöglicht den Arbeitsagenturen (Zeitar-

---

[569] Vgl. zu den Beispielen *Kahle*, Práce a mzda 3/2005, 51, 52; *Jouza*, Práce a mzda 10-11/2004, 38, 42.

[570] Gesetz Nr. 436/2004 Slg, Begleitgesetz, durch welches sich einige Gesetze im Zusammenhang mit der Annahme des BeschäftigungsG ändern, v. 24.06.2004, in Kraft getreten am 1.10.2004.

[571] Siehe *Kahle*, Práce a mzda 3/2005, 51.

[572] Vgl. hierzu Bělina - *Pichrt*, S. 430.

[573] Vgl. dazu nur *Doležal*, Mandanten-Newsletter, Rödl & Partner, August 2004, S. 5.

[574] Bei den *agentura práce* handelt es sich um natürliche oder juristische Personen, die eine Bewilligung zr Vermittlung von Arbeitsplätzen haben. Ein Zeitarbeitsunternehmen wird im Gesetz als Arbeitagentur – Agentur für Arbeit (*agentura práce*) bezeichnet. In der Tschechischen Republik darf die Beschäftigungsvermittlung nach § 14 Abs. 3 BeschäftigungsG nur

beitsunternehmen bzw. Verleiher) im Rahmen der Vermittlung von Arbeitsplätzen Personen zu beschäftigen, die bei einer anderen natürlichen oder juristischen Person Arbeit verrichten.

Dabei geht die Regelung der Zeitarbeit davon aus, dass die Arbeitsagentur (das Zeitarbeitsunternehmen) Arbeitnehmer im Hauptarbeitsverhältnis beschäftigt, die dann nach Erfüllung von bestimmten Voraussetzungen zeitweilig einem anderen Arbeitgeber
„überlassen", zugeteilt werden - nachfolgend nur Klienten - Kunden bzw. Entleiher genannt[575], § 38 a Abs. 1 ArbGB. Folglich handelt es sich dabei um eine dreiseitige Rechtsbeziehung, in deren Rahmen es zwischen dem Kunden und dem Zeitarbeitsunternehmen zum Abschluss einer Vereinbarung über die zeitweilige Überlassung eines Arbeitnehmers und des Weiteren zum Abschluss eines Arbeitsvertrages oder einer Vereinbarung über eine Arbeitstätigkeit zwischen dem Arbeitnehmer und dem Zeitarbeitsunternehmen kommt.[576]

Die Einführung der Arbeitsagenturen/Zeitarbeitsunternehmen soll den Arbeitgebern wegen der höheren Flexibilität der Arbeitskräfte entgegenkommen. Das neue BeschäftigungG reagiert auf die Praxis, dass die Arbeitsstellenvermittlung aufgrund verschiedenster Verträge vielfach unter unklaren Bedingungen vorgenommen wurde.[577]

c) Gründe für die Abschaffung des § 38 Abs. 4 ArbGB a.F.

Anlass für die Abschaffung des § 38 Abs. 4 ArbGB a.F. waren vor allem gesetzgeberische Gründe. Ausgangspunkt für die Abschaffung waren die Umsetzung des Abkommens der Internationalen Arbeitsorganisation Nr. 181/1997[578] über private Arbeitsagenturen sowie die Empfehlung der Internationalen Arbeitsorganisation Nr. 188 über private Arbeitsagenturen.[579] Mit diesen internati-

---

durch die Arbeitsämter und Arbeitsagenturen ausgeübt werden. In Deutschland wird hingegen unter „Agentur für Arbeit" das Arbeitsamt verstanden. Um Missverständnisse zu vermeiden, wird der sinngemäße Begriff des Zeitarbeitsunternehmens für *„Agentur für Arbeit"* zusätzlich verwandt. vgl. zur *„Agentur der Arbeit"* auch *Štefko*, in: Tröster/Coester, S. 31.

575 Der Leiharbeitgeber bzw. Entleiher wird wörtlich als Verwender, Benutzer (*uživatel*) bezeichnet; in der Übersetzung auch als Klient bzw. Kunde, vgl. *Babůrková*, Tschechisches Arbeitsgesetzbuch.

576 So im Ergebnis auch *Doležal*, Mandanten-Newsletter, Rödl & Partner, August 2004, S.4.

577 *Šimečková*, S. 121.

578 Das Abkommen über private Arbeitsagenturen wurde durch die Bekanntgabe des Ministeriums für auswärtige Angelegenheiten unter der Nr. 38/2003 der Sammlung der internationalen Verträge verkündet; mehr dazu bei Bělina - *Pichrt*, S. 429.

579 Vgl. dazu den Gründebericht des Regierungsentwurfes Nr. 1153 zum Entwurf des neuen ArbGB zu §§ 308, 309, deutsche Übersetzung *Veberová*, S. 120; *Kahle*, Práce a mzda 3/2005, 51, 52 u. 54; Bělina - *Pichrt*, S. 429.

onalen Dokumenten ist die Abschaffung des § 38 Abs. 4 ArbGB a.F. vollständig kompatibel.[580] Beide Dokumente regeln die Tätigkeit der Arbeitsagenturen, also derjenigen Arbeitgeber, die Arbeitnehmer in ein Beschäftigungsverhältnis bringen, sie einem anderen Arbeitgeber entleihen können. Allerdings haben die internationalen Dokumente gar nichts mit den gewöhnlichen Arbeitgebern zu tun, die natürliche Personen in arbeitsrechtlichen Verhältnissen (vornehmlich aufgrund von Arbeitsverträgen) zur Erfüllung ihrer Aufgaben beschäftigen, also zur Ausübung einer Tätigkeit, für welche sie als Beschäftigungssubjekt eingestellt wurden, gleich ob es sich um eine unternehmerische oder nicht unternehmerische Tätigkeit handelt.[581]

Die Umsetzung der internationalen Abkommen entspricht der Regelung der Tätigkeit von Arbeitsagenturen im BeschäftigungsG Nr. 435/2004 Slg. und in den §§ 38 a, b ArbGB. Daher können die Arbeitsagenturen ihre Leiharbeitnehmer nicht mehr nach § 38 Abs. 4 ArbGb a.F. zuteilen. Denn ein Belassen des § 38 Abs. 4 ArbGB a.F. im Arbeitsgesetzbuch hätte auf Dauer eine indirekte Arbeitsvermittlung durch die Arbeitgeber legalisiert.[582] Aufgrund der Umgehung der vorgeschlagenen Regelung aus dem BeschäftigungsG (Regelung der Beschäftigungsvermittlung durch Arbeitsagenturen) durch das Ausnutzen der Bestimmung aus dem ArbGB (§ 38 Abs. 4) über die zeitweilige Zuweisung / Überlassung eines Arbeitnehmers an eine andere juristische oder natürliche Person, wird vorgeschlagen, letzteres, in der gegenwärtigen Zeit überholtes Rechtsinstitut abzuschaffen, so die Begründung des Gesetzgebungsvorschlags (Nr. 436/2004 Slg.) durch die sich einige Gesetze im Zusammenhang mit dem neuen BeschäftigungsG ändern.[583]

In der Tschechischen Republik befand sich die gesetzgeberische Regelung der Tätigkeit der Arbeitsagenturen (früher so genannte Arbeitsvermittlungsstellen) früher im Gesetz über die Beschäftigung Nr. 1/1991 Slg. Die Agenturen haben indes mehr den § 38 Abs. 4 ArbGB a.F. für die so genannte zeitweilige Verleihung der Arbeitskräfte benutzt. Diesem Missbrauch musste nach *Jouza* durch die Abschaffung des § 38 Abs. 4 ArbGB a.F. entgegengewirkt werden.[584]

Des Weiteren sicherte § 38 Abs. 4 ArbGB a.F. nicht den erforderlichen Schutz der zeitweilig zugeteilten Arbeitnehmer, soweit es zum Beispiel um die Arbeits- und Gehaltsbedingungen ging. Die Richtlinie der EU Nr. 91/383 vom 25.6.1991 über die Arbeitsbedingungen der Leiharbeitnehmer bestimmt jedoch, dass vorü-

---

[580] So *Jouza*, Práce a mzda 10-11/2004, 38, 42.
[581] So zutreffend *Kahle*, Práce a mzda 3/2005, 51, 52.
[582] Vgl. nur *Jouza*, Práce a mzda 10-11/2004, 38, 43.
[583] Vgl. *Kahle*, Práce a mzda 3/2005, 51, 53.
[584] Siehe *Jouza*, Práce a mzda 10-11/2004, 38, 43 u. 46.

bergehend Beschäftigten die gleichen Arbeitsbedingungen genießen wie die Arbeitnehmer des Arbeitgebers (Entleiher, Nutzer). Der Arbeitgeber wäre nach dem § 38 Abs. 4 ArbGB a.F. nicht verpflichtet, die Gleichheit der Arbeitsbedingungen, insbesondere der Lohnbedingungen sicherzustellen.

Die neue legislative Regelung, die in der Abschaffung von § 38 Abs. 4 ArbGB a.F. und der Erweiterung der Handlungsfähigkeit von Arbeitsagenturen durch das Gesetz Nr. 435/2004 Slg. liegt, ist nach *Jouza* nichts anderes als die Einführung der Praxis, die bereits in vielen Staaten der EU gewöhnlich ist. Andererseits würde eine Beibehaltung von § 38 Abs. 4 ArbGB a.F. eine Umgehung des BeschäftigungsG Nr. 435/2004 Slg. bedeuten, denn die Arbeitsagenturen könnten ihre Arbeitnehmer weiterhin aufgrund von § 38 Abs. 4 ArbGB verleihen, wofür allerdings das BeschäftigungsG eine Genehmigungspflicht für diese Vermittlungstätigkeit nach dem BeschäftigungsG vorsieht.[585]

d) Stellungnahme / Kritik

Die Mehrheit der Fachöffentlichkeit und der Stimmen im Anhörungsverfahren zur der Annahme des neuen BeschäftigungsG war mit der Abschaffung des § 38 Abs. 4 ArbGB a.F. nicht einverstanden. Die Konföderation der Arbeitgeber- und Unternehmensverbände, der Verband der tschechischen und mährischen Produktions- und Herstellervereinigungen, das Gesundheitsminsterium, das Außenministerium, der Ombudsmann, die Staats- und Rechtsanstalt der Akademie der Wissenschaften der Tschechischen Republik, die tschechische Nationalbank, die Assoziation für die Entwicklung der kollektiven Verhandlung und der Arbeitsverhältnisse (AVK), die Konföderation der Künste und Kultur, der Fachverband der im Gesundheitswesen Beschäftigten und der Industrie- und Verkehrsverband gehören zum Kreise der Kritiker. Besonders Arbeitgeber mit ausländischem Kapital und Muttergesellschaften im Ausland wiesen auf die Notwendigkeit hin, ihre Arbeitnehmer zu einem anderen in- oder ausländischen Arbeitgeber zu entsenden, mit dem Ziel, sich neues Know-How anzueignen.[586]

Insbesondere gegen die Herausnahme des § 38 Abs. 4 ArbGB a.F. war ebenfalls der Legislativrat der Regierung für Privatrecht, wider dessen Standpunkt die Regierung dem Entwurf eines Begleitgesetzes (Nr. 436/2004 Slg.) zum BeschäftigungsG Nr. 435/2004 Slg. – in dem es bei der Streichung des § 38 Abs. 4 ArbGB a.F. blieb – zustimmte.[587]

---

[585] Siehe *Jouza*, Práce a mzda 10-11/2004, 38, 43.

[586] Aufzählung der kritischen Stimmen bei *Kahle*, Práce a mzda 3/2005, 51, 54.

[587] So daher auch *Kahle* als Mitglied der Kommission des Legislativrates der Regierung in Práce a mzda 3/2005, 51, 54 und *Bělina* als Berichterstatter des Legislativrates in *Bělina/Pichrt*, Právní rozhledy 11/2005, 381, 384, dort heißt es sinngemäß übersetzt: *mit der*

Eine Gegenposition hat die Abschaffung von § 38 Abs. 4 auch in der Abgeordnetenkammer des Parlaments der Tschechischen Republik ausgelöst. Die Stellvertreterin des Vorstandes des Ausschusses für soziale Politik und des Gesundheitswesen, die Abgeordnete Frau *Alena Páralová* sagte (übersetzt) Folgendes: *Ich halte die Abschaffung des § 38 Abs. 4 des Arbeitsgesetzbuches für problematisch. Dieses Institut (Anmerkung Verfasserin: der Entleihung) wird in der Praxis genutzt. Solange der Arbeitgeber für den Arbeitnehmer vorübergehend keine Arbeit hat und der Arbeitgeber diesen nicht entlassen möchte, kann er ihn vorübergehend einem anderen Arbeitgeber nur durch die Arbeitsagenturen zuteilen, die er dafür bezahlen muss und diese Regelung begünstigt in verdächtiger Weise die Arbeitsagenturen, die von den vorübergehenden Problemen der Unternehmen zehren werden. Interessant ist, wie das Ministerium für Arbeit und Soziales diese verdächtige Abänderung begründet hat. Bei der urspünglichen Versendung des Gesetzesvorschlags in das Anhörungsverfahren war die Begründung anders als sie heute in dem Vorschlag steht*[588]. *Beide Begründungen sind sehr unkorrekt und werden durch die fachliche Öffentlichkeit kritisiert und obwohl die fachliche Öffentlichkeit argumentativ die Gründe in dem Gesetzesvorschlag vernichtete, hat die Regierung dieses nicht zur Kenntnis genommen. Mit der Abschaffung von § 38 Abs. 4, die die Arbeitsagenturen begünstigt und die Flexibilität der Arbeitskräfte schwächt, sind die meisten Verbände (Anmerkung Verfasserin: die oben aufgeführten Kritiker) nicht einverstanden. Es ist erkennbar, dass die Lobby des Minsteriums für Arbeit und Soziales sehr stark ist.*[589]
Daraus ergibt sich nach zutreffender Ansicht von *Kahle*, dass die Abschaffung des § 38 Abs. 4 ArbGB a.F. nicht aus fachlichen, sondern aus politischen Gründen erfolgte. Es ging um eine politische Entscheidung mit dieser Maßnahme, Klienten der Arbeitsagenturen zu gewinnen, die als einzige das Monopol der Arbeitnehmerüberlassung haben, selbstverständlich gegen ein Entgelt.[590]

Unterstützung von einigen Vertretern aus den Reihen der gewerkschaftlichen Gsetzgebern wurde eine der wenigen liberalen Bestimmungen, nämlich der § 38 Abs. 4 ArGB aus dem Arbeitsgesetzbuch herausgenommen.

[588] Anmerkung Verfasserin: Ursprünglich war die Begründung, dass aufgrund der Umgehung der Regelung im neuen BeschäftigungsG durch das Ausnutzen der Bestimmung in § 38 Abs. 4 ArbGB über die zeitweilige Überlassung eines Arbeitnehmers an eine andere juristische oder natürliche Peron, diese Bestimmung als ein überholtes Rechtsinstitut abzuschaffen sei, dagegen wurden diese Gründe in den der Regierung und dem Parlament vorgelegten Materialien wie folgt geändert: Der Vorschlag über die neue Regelung, welche darin besteht, den § 38 Abs. 4 abzuschaffen, geht aus der unterzeichneten Vereinbarung Nr. 181 der Internationalen Arbeitsorganisation über die privaten Arbeitsagenturen und der Empfehlung Nr. 188 hervor und steht mit dieser im Einklang. Vgl. dazu *Kahle*, Práce a mzda 3/2005, 51, 53 u. 54.

[589] Siehe das Protokoll vom 23. Treffen der Abgeordnetenversammlung der Tschechischen Republik, Nachweis bei *Kahle*, Práce a mzda 3/2005, 51, 55.

[590] *Kahle*, Práce a mzda 3/2005, 51, 55.

Zu der Problematik der Abschaffung des § 38 Abs. 4 ArbGB a.F. ist anzumerken, dass es im Falle des Gebrauchs des § 38 Abs. 4 nicht um Arbeitsvermittlung so wie im Fall des BeschäftigungsG, der Regelung der Agenturbeschäftigung geht, sondern um die zeitweilige Entleihung eines Arbeitnehmers an einen anderen Arbeitgeber. Somit kann es entgegen der zuvor geschilderten Ansicht von *Jouza*[591] zu keiner Umgehung des § 38 Abs. 4 ArbGB a.F. kommen, da dieser Paragraph und das BeschäftigungsG einen anderen Zweck verfolgen. *Jouza* setzt mithin die gewöhnlichen Arbeitgeber mit den Arbeitsagenturen gleich, obwohl beide eine andere wirtschaftliche Zielsetzung verfolgen. Der Arbeitsagentur ist an einer Beschäftigungsvermittlung gelegen, denn nur so bekommt sie eine Vergütung, Provision vom Entleiher.[592] Hingegen ist der gewöhnliche Arbeitgeber unter anderem an einer effizienten Auslastung seines Betriebes und daher an einem flexiblen Personalbedarf, der auch umfasst vorübergehend bei Schwankungen Arbeitskräfte auszuleihen und selber einem anderen Arbeitgeber zu überlassen, interessiert.

Die spezifische Regelung der Arbeitsagenturen erforderte nicht die Abschaffung des § 38 Abs. 4, der lediglich jedem Arbeitgeber ermöglichte, seine Arbeitnehmer, die er nicht zur Arbeitnehmerüberlassung, sondern zur Ausübung einer Tätigkeit einstellte, nach seinen Bedürfnissen einem anderen Arbeitgeber auszuleihen und dies unter den Vorausetzungen, dass der entliehene Arbeitnehmer mit der Leihe (*vypůjčka*) und den Bedingungen (Lohn, Reisekosten u.ä.) einverstanden ist. Diese Praxis wird nach *Kahle* durch keine internationalen Dokumente berührt, noch ist diese in keinem demokratischen Staat mit einem liberalen arbeitsrechtlichen Regelwerk verboten.[593] Nicht einmal aus internationalen Gesichtspunkten war es erforderlich, die rechtliche Regelung, die die vorübergehende Leihe des Arbeitnehmers zu einem anderen Arbeitgeber ermöglichte, abzuschaffen. Wie bereits zuvor erläutert wird, handelt es sich in den gegebenen Praxisfällen nicht um eine Arbeitsvermittlung und daher betreffen die erwähnten internationalen Abkommen über die privaten Arbeitsagenturen diese Problematik, den Regelungsgehalt von § 38 Abs. 4 ArbGB a.F. nicht.

Der Auffassung von *Kahle* ist zuzustimmen. Zum einen ist die zuvor beschriebene Rechtspraxis auch in Deutschland ohne weiteres möglich, vgl. nur § 1 Abs. 3 AÜG. Zum anderen wurde durch die Regelung der Agenturbeschäftigung, der Legalisierung der vermittelnden Tätigkeit der Leiharbeit in den §§ 38 a, b ArbGB eine speziellere Rechtsvorschrift geschaffen. Diese hätte als lex specialis den Vorrang vor einer allgemeinen Vorschrift. Daher hätten die Arbeitsagenturen den § 38 Abs. 4 ArbGB a.F. als allgemeinere Norm nicht gebrauchen kön-

---

591 Vgl. Fn. 580, 582.

592 Vgl. selbst dazu *Jouza*, Práce a mzda 10-11/204, 38, 47 u. 48 unter Punkt 9.

593 So zutreffend Kahle, Práce a mzda 3/2005, 51, 52, dort heißt es wörtlich: *„Tato praxe není dotčena žádnými mezinárodními dokumenty av žádném demokratickém státě (možná i nedemokratickém) s liberální pracovněprávní upravou zakázána není."*

nen. Eine Abschaffung dieser Norm wäre nicht notwendig gewesen. Auch wenn man dem Sinn und Zweck des Gesetzgebers zustimmen mag, dass die Arbeitsagenturen die bisherige rechtliche Regelung der Arbeitnehmerentleihung (§ 38 Abs. 3 ArbGB a.F.) missbrauchten bzw. fehlgebrauchten. Dies geschah aber, weil keine andere Rechtsgrundlage existierte.[594] Somit konnte sich die bisherige Tätigkeit von Zeitarbeitsunternehmen im Bereich einer Grauzone bewegen.[595]

Es gibt auch Bedenken dahingehend, dass die Abschaffung des § 38 Abs. 4 ArbGB a.F. zu einer Erhöhung der Arbeitslosigkeit führt.[596] In Fällen, in denen der Arbeitgeber seine Arbeitnehmer aufgrund von vorübergehendem Mangel an Arbeit gerne an einen anderen Arbeitgeber entleihen würde, fehlt ihm dafür eine Rechtsgrundlage. Nach den bisherigen kogenten Regelungen des ArbGB ist dies praktisch nicht durchsetzbar. Auch nach dem neuen ArbGB dürfte ein solches Anliegen aufgrund des gesetzlichen Charakters des § 13 Abs. 2 lit. h) i.V.m. § 2 Abs. 5 ArbGB n.F., der den Grundsatz aufstellt, dass ein Arbeitgeber nur nach dem § 2 Abs. 5, das die Form der Agenturbeschäftigung definiert, seine Arbeitnehmer vorübergehend an einen anderen Arbeitgeber zuweisen darf. Dem Arbeitgeber verbleibt mitunter nur die Möglichkeit der betriebsbedingten Kündigung wegen Überschüssigkeit (Redundanz)[597], obwohl die Arbeitnehmer nur vorübergehend überflüssig werden. Demgegenüber besteht in Deutschland die Möglichkeit der erlaubnisfreien Arbeitnehmerüberlassung zwischen Arbeitgebern desselben Wirtschaftszweiges zur Vermeidung von Kurzarbeit oder Entlassungen, wenn ein für den Entleiher und Verleiher geltender Tarifvertrag dies vorsieht, § 1 Abs. 3 Nr. 1 AÜG.

Man kann auch nicht mit dem Grund des Gesetzgebers konform gehen, dass aufgrund des überholten Rechtsinstituts dieses abgeschafft werden musste. Die vielen Beispiele aus der Praxis für den Sinn und Zweck des § 38 Abs. 4 ArbGB a.F. sprechen eine deutlich andere Sprache.[598]

---

[594] So auch *Kahle*, Práce a mzda 3/2005, 51, 54.

[595] Vgl. Fn. 571.

[596] Vgl. *Kahle*, Práce a mzda 3/2005, 51, 53; *Píchová*, Právo a zamestnání 12/2003, 6, 7.

[597] Die Möglichkeit der betriebsbedingten Kündigung aus organisatorischen Gründen, worunter auch die Überschüssigkeit eines Arbeitnehmers zählt, ist in § 46 Abs. 1 lit. c) ArbGB bzw. 52 lit. c) ArbGB n.F. geregelt. Daneben kommt die Möglichkeit, den Arbeitnehmer gemäß § 38 Abs. 2 ArbGB bzw. 42 Abs. 2 ArbGb n.F. auf Dienstreise zu einem anderen Arbeitgeber zu schicken, nicht in Betracht. Der Arbeitgeber muss bei dieser Regelung den Arbeitnehmer *„zur Erfüllung seiner Aufgaben"* entsenden. Dies dürfte wohl kaum der Fall der Entleihung des Arbeitnehmers an einen anderen Arbeitgeber sein, die eigentlich unter § 38 Abs. 4 ArbGB a.F. fallen, Denn regelmäßig erfüllt der Leiharbeitnehmer Aufgaben für den entleihenden Arbeitgeber.

[598] Vgl. Fn. 567.

Es bleibt daher rätselhaft, warum der Gesetzgeber eine dispositive Vorschrift wie den § 38 Abs. 4 ArbGB a.F. abgeschafft hat, die niemanden zu etwas zwingt, sondern lediglich einen flexiblen Personaleinsatz, konkret einen Arbeitnehmer mit seiner Zustimmung an einen anderen Arbeitgeber auszuleihen, ermöglicht.[599]

Im Unterschied zur Tschechischen Republik hat die Slowakische Republik, ein anderes Mitglied der EU, die Regelung, welche der tschechische Gesetzgeber abgeschafft hat (§ 38 Abs. 4), weiterhin in ihrem neuen ArbGB[600] und betrachtet dies nicht als ein Widerspruch mit internationalem Recht und den Regelungen der EU.[601]

Im Ganzen betrachtet, war die Abschaffung des § 38 Abs. 4 ArbGB a.F. auch aus internationaler Sicht sinnlos. Weder die Richtlinien der EU noch sonstige internationale Dokumente forderten dies. Geradezu im Gegensatz deuten sie darauf hin, dass es notwendig ist, in der innerstaatlichen Gesetzgebung Regelungen zu erlassen, damit die Freizügigkeit der Arbeitskräfte im Rahmen der EU gewährt wird und dadurch auch die Arbeitslosigkeit sinkt.[602] Hingegen ist die Streichung des § 38 Abs. 4 eher eine politische Entscheidung zugunsten der Arbeitsagenturen, die unzulässig in die Vertragsfreiheit der beiden Arbeitsvertragsparteien eingreift sowie den Schutz der Arbeitnehmer mindert und in ihren Auswirkungen die unternehmerische Freiheit der Arbeitgeber hindert. Die derzeitige Legislative sollte gerade im Einklang mit den gesamtgesellschaftlichen und ökonomischen Änderungen zu einer Liberalisierung und zu einer Stärkung der Vertragsfreiheit führen. Daher ist die Abschaffung des Paragraphen ein umso größerer Fehler.[603]

Abschließend festzuhalten bleibt mit *Píchová*, dass die Abschaffung des § 38 Abs. 4 ArbGB a.F. aus folgenden Gründen nicht überzeugt: Erstens handelt es sich um eine dispositive Vorschrift, die die Arbeitgeber in der Praxis verwenden und die durch die neue Regelung der Beschäftigung durch die Arbeitsagenturen nicht beeinträchtigt wird. Vielmehr handelt es sich um zwei unterschiedliche Rechtsinstitute, die nebeneinander bestehen bleiben können. Die Einfügung von

---

599 So ähnlich auch *Kahle*, Práce a mzda 3/2005, 51, 54.

600 § 58 Arbeitsgesetzbuch der Slowakischen Republik, Gesetz Nr. 311/2001 Slg.

601 Zu Vorstehendem *Kahle*, Práce a mzda 3/2005, 51, 58 und *Krenk*, Práce a mzda 10-11/2004, 90, 92.

602 Vgl. dazu mit Recht *Kahle*, Práce a mzda 3/2005, 51, 59; zur Freizügigkeit der Arbeitnehmer siehe *Langer*, NZA Beilage 2/2005, 83 ff und *Wank*, NZA Beilage 2/2005, 88 ff.

603 Siehe insoweit Kahle, Práce a mzda 3/2005, 51, 61, dort heißt es: *„Jde o pochybení o to závažnější, že současná legislativa by měla směřovat v souladu s celospolečenskými i ekonomickými změnami k liberalizaci pracovního práva a k posílení smluvní volnosti.“*

§§ 38 a, b in das ArbGB ersetzt den § 38 Abs. 4 ArbGB a.F. nicht. Zweitens wird dem Arbeitgeber hierdurch sein dispositives Recht genommen, vorübergehend einen zurzeit nicht gebrauchten Arbeitnehmer solchen Arbeitgebern zuzuteilen, die die entsprechende Arbeit haben. Durch diese Regelung in § 38 Abs. 4 ArbGB a.F. muss es in diesen Fällen nicht zu einer Kündigung aus dem Grund der Überschüssigkeit kommen, soweit diese nur vorübergehend ist. Drittens besteht die Gefahr, dass im Fall der Abschaffung der Regelung die Arbeitgeber die Arbeitnehmer kündigen, soweit sie für sie, obwohl nur vorübergehend, überflüssig werden. Die betroffenen Arbeitnehmer müssen sich dann arbeitslos melden und bekommen eine Arbeitslosenunterstützung. Indessen müssen sich die Arbeitgeber, die nach einer bestimmten Zeit wieder das Know-How der entlassenen Arbeitnehmer brauchen, diese wieder auf dem Arbeitsmarkt suchen. Daher spricht die Abschaffung der zitierten Regelung nicht nur gegen die Interessen und den Schutz der Arbeitnehmer, sondern auch gegen die Interessen der Arbeitgeber und des Staates.[604]

2. Voraussetzungen der Arbeitnehmerüberlassung

a) Vereinbarung über die Überlassung eines Arbeitnehmers

Erstens muss eine Vereinbarung des Zeitarbeitsunternehmens[605] mit dem Kunden[606] über die vorübergehende Überlassung des Arbeitnehmers schriftlich abgeschlossen werden, § 38 a Abs. 3 ArbGB. Die Vereinbarung über die zeitweilige Zuweisung (*dohoda o dočasném přidělení*) des Arbeitnehmers muss gemäß § 38 a Abs. 2 ArbGB folgende grundlegende Punkte enthalten:

a) Grunddaten (Name, Wohnort, Staatsbürgerschaft, Geburtsdatum) über den zeitweilig überlassenen Arbeitnehmer,
b) Art der Arbeit, die der zeitweilig Zugewiesene ausüben wird,
c) Ort der Ausübung der Arbeit,
d) die festgelegte Zeitdauer, in der beim Kunden von dem zeitweilig zugewiesenen Beschäftigten die Arbeitstätigkeit auszuüben ist,
e) der Tag des Antritts des zeitweilig zugewiesenen Beschäftigten beim Kunden,
f) Informationen über die Arbeits- und Lohnbedingungen vergleichbarer Arbeitnehmer beim Kunden,

---

[604] Vgl. *Píchová*, Právo a zamestnání 12/2003, 6, 7.
[605] Im deutschen Arbeitsrecht wird das Zeitarbeitsunternehmen eher Verleiher genannt.
[606] Der Kunde/Klient wird im deutschen Recht als Entleiher bezeichnet; vgl. auch Fn. 573.

g) Bedingungen einer vorzeitigen Beendigung der zeitweiligen Überlassung vor Ablauf des vereinbarten Überlassungszeitraumes,[607]
h) Nummer und Datum des Bescheids, mit dem den Zeitarbeitsunternehmen die Bewilligung zur Vermittlung von Beschäftigung erteilt worden ist.[608]

Die Vereinbarung der Arbeitsagentur (Verleiher) mit dem Nutzer/Klienten (Entleiher) über die Arbeitnehmerüberlassung des Arbeitnehmers der Arbeitsagentur (Leiharbeitnehmer) – *dohoda agentury práce s uživatelem o dočasném přidělení zaměstnance agentury práce* – entspricht im deutschen Recht dem Arbeitnehmerüberlassungsvertrag.

Bei dieser Vereinbarung handelt es sich um einen neuen Vertragstyp (*nový smluvní typ*). Dabei wird wohl, gerade bei einer Beschäftigung einer größeren Anzahl von Leiharbeitnehmern, die Vorschrift des § 38 a Abs. 2 lit. f) in der praktischen Umsetzung problematisch sein. Diese Vorschrift legt dem Arbeitgeber die Pflicht auf, in der Vereinbarung die Informationen über die Arbeits- und Lohnbedingungen des Arbeitnehmers des Entleihers, der die gleiche Arbeit als zeitweilig Beschäftigter ausgeübt hat oder ausüben würde, bei der Berücksichtigung der Qualifikation etc. (i.w.S. vergleichbarer Beschäftigter) aufzuführen.[609]

In der Vereinbarung über die Überlassung oder Versetzung zu einem anderen Arbeitgeber können auch weitere Punkte - als die in § 38 a Abs. 2 ArbGB aufgelistet - geregelt werden. Häufig verbreitet ist die Vereinbarung über den Umfang der Arbeitsverpflichtung, die der Arbeitnehmer zu leisten hat sowie die Vereinbarung über die Gestaltung der Arbeitszeit.[610] Im Zeitraum der vorübergehenden Überlassung des Arbeitnehmers überträgt der Kunde dem überlassenen Arbeitnehmer Aufgaben, leitet ihn an und kontrolliert seine Arbeit, gewährleistet Sicherheit und Gesundheitsschutz, § 38 b Abs. 1 Satz 1 ArbGB.

Jedoch ist der Kunde (Entleiher) nicht befugt, gegenüber dem Arbeitnehmer Rechtshandlungen im Namen des Zeitarbeitsunternehmens (Verleiher) vorzunehmen, etwa eine Kündigung auszusprechen, vgl. § 38 b Abs. 1 Satz 2 ArbGB. Dies entspricht dem deutschen Arbeitnehmerüberlassungsgesetz (AÜG). Denn es besteht eine Rechtsbeziehung zwischen dem Verleiher (Zeitarbeitsunternehmen) und dem Entleiher (Kunden) in Form eines Arbeitnehmerüberlassungsver-

[607] Dabei ist eine Vereinbarung von Bedingungen für die Beendigung der zeitweiligen Zuweisung noch vor Ablauf der beim Kunden vorgesehenen Dauer der Zuweisung, die ausschließlich zugunsten des Kunden geht, von Gesetzes wegen ungültig.
[608] Vgl. auch dazu Bělina - *Pichrt*, S. 431.
[609] Siehe *Krenk*, Práce a mzda 10-11/2004, 90, 91.
[610] Hierzu *Linhart/Schwarz/Hladký*, Arbeitsrecht in Europa, S. 1194, Rn. 54.

trages und eine Rechtsbeziehung zwischen dem Zeitarbeitsunternehmen und dem Arbeitnehmer in Form des (Leih)-Arbeitsvertrages.

b) Weisung zu einer vorübergehenden Arbeitsausübung beim Entleiher

Zu einer zeitweiligen Überlassung eines Arbeitnehmers an den Kunden kommt es aus der Sicht der arbeitsrechtlichen Beziehung zwischen dem Arbeitnehmer und dem Zeitarbeitsunternehmen auf der Grundlage einer schriftlichen (An-)Weisung, § 38 b Abs. 2 ArbGB.
Die schriftliche Anweisung muss nach dem vorgenannten Paragraphen folgende Angaben beinhalten:

a) Namen und Sitz des Kunden (Entleihers),
b) Ort der Ausübung der Arbeit beim Kunden,
c) Dauer der zeitweiligen Zuweisung (Überlassung),
d) Benennung des leitenden Arbeitnehmers des Kunden, der berechtigt ist, dem Arbeitnehmer Arbeit zuzuweisen und sie zu kontrollieren,
e) Bedingungen einer einseitigen Erklärung über die Beendigung der Arbeitsleistung vor Ablauf der vereinbarten Zuweisungsdauer, sofern diese in der Vereinbarung über die zeitweilige Überlassung des Arbeitnehmers (§ 38 a Abs. 2 lit. g) enthalten sind,
f) Informationen über die Arbeits- und Lohnbedingungen eines vergleichbaren Arbeitnehmers des Kunden.

Eine zeitweilige Zuweisung des Arbeitnehmers zur Arbeitsleistung an einen anderen Arbeitgeber entsteht also erst durch die Vereinbarung über die zeitweilige Zuteilung, die der Arbeitnehmer und der Arbeitgeber, bei dem der Arbeitnehmer im Arbeitsverhältnis ist, abschließen.[611] Diese Vereinbarung, schriftliche Anweisung – auch als Arbeitsvertrag zwischen dem Arbeitnehmer einer Arbeitsagentur und der Arbeitsagentur bezeichnet (*pracovní smlouva mezi zaměstnancem agentury a agenturou práce*)[612] – ist mit dem Leiharbeitsvertrag im deutschen Arbeitsrecht vergleichbar.

Dieser Leiharbeitsvertrag muss mit dem Arbeitnehmer schriftlich vereinbart werden. Allerdings hat die Nichteinhaltung der Schriftform keine Nichtigkeit der Anweisung zur Folge.[613]

---

[611] So auch *Linhart/Schwarz/Hladký*, Arbeitsrecht in Europa, S. 1193, Rn. 54.
[612] *Krenk*, Práce a mzda 10-11/2004, 90, 91.
[613] Vgl. Bělina - *Pichrt*, S. 432.

c) Erlaubnispflicht der Arbeitnehmerüberlassung

Gemäß der §§ 38 a ff. ArbGB i.V.m. den §§ 58 ff BeschäftigungsG ist die Arbeitsagentur/Zeitarbeitsunternehmen berechtigt, Zeitarbeiter[614] in der Tschechischen Republik oder aus der Tschechischen Republik ins Ausland sowie Arbeitnehmer aus dem Ausland in die Tschechische Republik zu vermitteln.

Insbesondere ist neu im BeschäftigungsG, dass nunmehr eine Arbeitsagentur die Vermittlung entgeltlich zum Zwecke der Gewinnerzielung durchführen kann. Die Beschäftigungsvermittlung kann die Arbeitsagentur unentgeltlich oder für ein Entgelt, einschließlich einer Vergütung, bei der ein Gewinn erzielt wird, ausüben, vgl. § 58 Abs. 2 BeschäftigungsG. Diese Vergütung zahlt nicht der vermittelte Arbeitnehmer, sondern das Subjekt, für den die Tätigkeit des Arbeitnehmers bestimmt ist, vor allem die juristische oder natürliche Person, die die Leihe vornimmt.[615]

Jedoch muss die Arbeitsagentur bzw. das Zeitarbeitsunternehmen zur Ausübung der Vermittlungstätigkeit beim Ministerium für Arbeit und Soziales eine Genehmigung beantragen, § 60 Abs. 1 BeschäftigungsG.[616] Der Gegenstand der Vermittlung ist dann in der Genehmigung des Ministeriums aufgeführt.

Bei der *agentura práce* handelt es sich um natürliche oder juristische Personen, die eine Bewilligung zur Vermittlung von Arbeitsplätzen haben. Denn nach den Regelungen der Agenturbeschäftigung kann auch eine natürliche Person, die eine Genehmigung zur Vermittlungstätigkeit besitzt, Arbeitnehmer zum Zwecke der vorübergehenden Überlassung bei einem anderen Arbeitgeber beschäftigen.[617]

Im Antrag auf Genehmigung einer Vermittlungstätigkeit muss der Verleiher neben allgemeinen Identifikationsdaten (Geschäftsfirma, Name, Sitz, Identifikationsnummer) unter anderem auch die Form der Vermittlung, die Art der Arbeit, für die eine Genehmigung zur Beschäftigungsvermittlung beantragt wird, und das territoriale Gebiet, in dem er eine Beschäftigungsvermittlung ausüben möchte, angeben, vgl. § 61 BeschäftigungsG.[618] Daneben ist die fachliche Eignung

---

[614] Zeitarbeiter sind vergleichbar mit Leiharbeitern im deutschen Arbeitsrecht.
[615] Vgl. *Jouza*, Práce a mzda 10-11/2004, 38, 48.
[616] So auch *Jouza*, Práce a mzda 10-11/2004, 38, 47.
[617] Ebenso *Jouza*, Práce a mzda 10-11/2004, 38, 47.
[618] So auch *Doležal*, Mandanten-Newsletter, Rödl & Partner, August 2004, S.5; Mehr zu den formellen Antragsvoraussetzungen einer Genehmigung einer Vermittlungstätigkeit (Agenturbeschäftigung) einer natürlichen Person bzw. einer juristischen Person, *Jouza*, Práce a mzda 10-11/2004, 38, 47 bis 50.

des Antragstellers eine zwingende Voraussetzung für die Erteilung einer Genehmigung zur Vermittlungstätigkeit.[619]

Eine solche Genehmigung zur Beschäftigungsvermittlung wird maximal für die Dauer von drei Jahren erteilt. Sie kann jedoch wiederholt erfolgen.

Gemäß § 38 b Abs. 7 ArbGB kann der Umfang der Beschäftigung durch Kollektivvertrag (Tarifvertrag) geregelt werden.

aa) Rechtspraxis (Behandlung der konzerninternen Arbeitnehmerüberlassung als Zeitarbeit)

Zusammen mit der Neuregelung der Zeitarbeit/Beschäftigung mittels einer Arbeitsagentur nach den §§ 38 a ff. ArbGB entfiel insgesamt die Bestimmung über eine zeitweilige Überlassung eines Arbeitnehmers an eine andere Person (Versetzung, § 38 Abs. 4 a.F. ArbGB). Damit wollte der Gesetzgeber offenbar zum Ausdruck bringen, dass nunmehr eine Überlassung eines Arbeitnehmers an eine andere Person künftig nur in Form von Zeitarbeit zulässig ist und zwar durch hierzu berechtigte Träger bzw. Zeitarbeitsunternehmen.[620] Einem Unternehmen ist es nicht erlaubt, auf der Grundlage eines Vertrages seine Arbeitnehmer einem anderen Arbeitgeber zuzuteilen bzw. dorthin zu versetzen.[621] Denn dazu ist nur noch derjenige Arbeitgeber berechtigt, der eine spezielle vom Ministerium für Arbeit und Soziales erteilte Genehmigung hat. Dadurch entfällt beispielsweise für Konzernunternehmen die Möglichkeit, einen vorübergehend nicht benötigten Arbeitnehmer bzw. woanders benötigten Arbeitnehmer einem anderen Tochterunternehmen zuzuteilen.

In der Praxis verlangen nunmehr die Arbeitgeber, die sich einen Arbeitnehmer leihen wollen, paradoxerweise vom Ministerium für Arbeit und Soziales (MPSV), dass in den Gegenstand ihrer Tätigkeit auch die Tätigkeit der Arbeitsvermittlung, die Tätigkeit einer Arbeitsagentur, eingetragen wird. Gegebenenfalls verlängern diese die Vereinbarungen mit den Arbeitnehmern gemäß § 38 Abs. 4 ArbGB a.F. Dies ist aber nur bei Vereinbarungen, die vor dem 1.10.2004 abgeschlossen wurden, möglich.[622] Damit sich die Unternehmen später die Möglichkeit einer vorübergehenden Zuweisung (*dočasně přidělovat*) ihrer Arbeitnehmer zu den Kollegen vorbehalten können, haben viele das Ministerium um

---

[619] Mehr dazu bei *Jouza*, Práce a mzda 10-11/2004, 38, 50.

[620] So im Ergebnis auch *Doležal*, Mandanten-Newsletter, Rödl & Partner, August 2004, S.5 und *Hůrka* vom tschechischen Arbeits- und Sozialministerium. Auskunft erteilt am 06.12.2004.

[621] Vgl. nur *Píchová*, Právo a zaměstnání 12/2003, 4.

[622] Vgl. dazu *Kahle*, Práce mzda 3/2005, 51, 55.

das Ausstellen einer Lizenz zur Vermittlung der Arbeit in Form der vorübergehenden Zuteilung der Arbeitnehmer, also zur Beschäftigung wie durch eine Arbeitsagentur, gebeten. Auf den Direktionen des MPSV häufen sich die nach *Šubrt* unsinnigen Anträge auf eine Anerkennung als Arbeitsagentur, obwohl die Unternehmen diese Tätigkeit gar nicht auf dem freien Arbeitsmarkt ausüben wollen. Es geht ihnen vielmehr um das Lösen von internen Problemen im Rahmen von Konzernen.[623]

bb) Stellungnahme

Es ist anzumerken, dass die neue Regelung der Agenturbeschäftigung für spezielle Agenturen, deren einziger bzw. Hauptunternehmensgegenstand die Vermittlung / Zeitarbeit der natürlichen Personen ist, konzipiert wurde und nicht für solche Arbeitgeber, die innerhalb eines Konzerns Mitarbeiter vorübergehend ausleihen möchten.[624] Für verbundene Gesellschaften ist die Arbeitnehmerüberlassung nur noch möglich, indem sie selbst einer berechtigten (erlaubnispflichtigen) Agenturtätigkeit nachgehen bzw. sich an berechtigte Träger / Zeitarbeitsunternehmen wenden, was einer flexiblen Verleihung gerade nicht sonderlich förderlich ist. Außerdem steht diese Erlaubnispflichtigkeit für Fälle, in denen das ausländische Mutterunternehmen seine Arbeitnehmer in sein Tochterunternehmen in die Tschechischen Republik entsenden möchte und umgekehrt, im direkten Widerspruch zum Gedanken der Freizügigkeit in der EU. Das Recht der Arbeitnehmer auf Freizügigkeit und das Recht der Unternehmen in anderen Ländern der EU das Unternehmen frei zu führen, sind beeinträchtigt.[625] In indirekter Weise werden durch die oben beschriebene unsinnige Praxis die Dienstleistungsfreiheit der Unternehmen und damit einhergehend auch die Freizügigkeit der Arbeitnehmer eingeschränkt.

Die Interessen der konzernverbundenen Gesellschaften werden bei der Einführung der §§ 38 a ff. ArbGB sowie im BeschäftigungsG mit der sog. Agenturbeschäftigung nicht berücksichtigt. Im Gegenteil wird durch die Erlaubnispflicht die Zusammenarbeit bei der vorübergehenden Überlassung im Rahmen eines Konzerns erschwert. Hier muss der Gesetzgeber de lege ferenda eine Ausnahme schaffen. Die Rechtslage ist und bleibt nach wie vor diesbezüglich ungeklärt.

---

[623] *Šubrt*, Práce a mzda 13/2004, 22, 23.

[624] So auch mit Recht *Poljaková*, WiRO 2005, 193, 196.

[625] Siehe *Shahcen/Dyntar*, Zeitungsartikel „Práce v jiných zemích EU se zkomplikuje“ (Die Arbeit in anderen Ländern der EU wird komplizierter), Hospodářské noviny (Wirtschaftszeitung) vom 24.9.2004, S. 23; zur europarechtlichen Dienstleistungsfreiheit näher *Junker*, JZ 2005, 481, 482 f. u. *Boemke*, BB 2005, 266, 267.

cc) De lege ferenda (Rechtslage ab dem 1.1.2007)

Leider sind die Forderungen nach einer (Wieder-)Aufnahme des § 38 Abs. 4 ArbGB a.F. durch das neue ArbGB nicht umgesetzt worden.[626] Mit der umfassenden Neukodifikation des ArbGB durch die Gesetze Nr. 262/263 und 264/2006 Slg. hätte eine Klärung der oben angesprochenen Problematik – nicht nur der konzerninternen Arbeitnehmerüberlassung – erfolgen müssen.

Die Überlassung (Zuteilung) zur Ausübung einer Arbeit bei einer anderen juristischen oder natürlichen Person ist nur im Wege der Agenturbeschäftigung (*agenturního zaměstnávání*) möglich, vgl. dazu die §§ 2 Abs. 5 i.V.m. 13 Abs. 2 lit. h), 308 - 309 ArbGB n.F.

Dabei entsprechen die §§ 308 - 309 ArbGB n.F. den § 38 a und § 38 b ArbGb a.F. und regeln in concreto den Inhalt der Vereinbarung über die Überlassung eines Arbeitnehmers zwischen der Arbeitsagentur/Zeitarbeitsunternehmen[627] und dem Kunden/Nutzer[628], sog. Arbeitnehmerüberlassungsvertrag (§ 308) sowie die Weisung, dem sog. Leiharbeitsvertrag zwischen dem Leiharbeitnehmer und der Arbeitsagentur (§ 309). Neu ist nur, dass die Vereinbarung der Arbeitsagentur mit dem Nutzer über die einstweilige Zuweisung des Arbeitnehmers der Arbeitsagentur schriftlich abgeschlossen werden muss, andernfalls ist sie nach § 308 Abs. 2 ArbGB n.F. nichtig.

Die Agenturbeschäftigung wird als ein Grundprinzip der arbeitsrechtlichen Beziehungen im neuen ArbGB statuiert. § 13 Abs. 2 lit. h) ArbGB n.F. lautet: *Der Arbeitgeber kann den Arbeitnehmer einstweilig zur Leistung der Arbeit zu einer anderen juristischen oder natürlichen Person nur nach § 2 Abs. 5 zuteilen (zuweisen), mit der Ausnahme der Fälle der Vertiefung der Qualifikation oder der Fortbildung bei einer anderen juristischen oder natürlichen Person (§ 230 Abs. 5 und § 231 Abs. 3).* Nach § 2 Abs. 5 ArbGB n.F. wird die Agenturbeschäftigung als eine Form der abhängigen Arbeit angesehen. In § 2 Abs. 5 ArbGB n.F. heißt es: *Zu der abhängigen Arbeit zählt man nach dem Abs. 4 (Anmerkung Verf. in § 2 Abs. 4 wird grundlegend der Begriff der abhängigen Arbeit defi-*

---

[626] Siehe beispielhaft *Šubrt*, Práce a mzda 13/2004, 22, 23, dort heißt es: „*Je nepochybné, že tuto anomálii je potřebné co nejrychleji zastavit nejbližší novelou zákoníku práce, která by do zákona navrátila možnost, aby zaměstnavatelé dočasně přidělovali své zaměstnance k jiným zaměstnavatelům, a to za podmínek, které by zabránily zneužívání tohoto institutu.*" (übersetzt: Es ist zweifelslos, dass diese Annomalie so schnell wie möglich zu stoppen ist und zwar mit der nächsten Novelle des ArbGB, die in das Gesetz die Möglichkeit zurückbringen soll, dass die Arbeitgeber ihre Arbeitnehmer anderen Arbeitgebern ausleihen können, und dies unter Bedingungen, die dieses Institut vor Missbrauch bewahren.)

[627] Verleiher.

[628] Entleiher.

niert) auch die Fälle, wenn der Arbeitgeber aufgrund einer Bewilligung nach Sondervorschrift (weiter nur die Arbeitsagentur – „agentura práce") vorübergehend seinen Arbeitnehmer zur Arbeitsleistung zu einem anderen Arbeitgeber aufgrund einer Vereinbarung im Arbeitsvertrag oder in einer Vereinbarung über die Arbeitstätigkeit zuteilt. Durch diese Bewilligung verpflichtet sich die Arbeitsagentur, ihrem Arbeitnehmer eine vorübergehende Arbeitsleistung nach dem Arbeitsvertrag oder nach der Vereinbarung über die Arbeitstätigkeit bei einem anderen Arbeitgeber (weiter nur Nutzer – „uživatel") zu sichern, und der Arbeitnehmer verpflichtet sich, diese Arbeit nach den Anweisungen und aufgrund der Vereinbarung über die vorübergehende Zuteilung (Zuweisung) des Arbeitnehmers der Arbeitsagentur, die zwischen der Arbeitsagentur und dem Nutzer geschlossen wurde, zu leisten. [629]

Man muss wissen, dass das neue ArbGB zu der Abgrenzung der so genannten Grundsätze der arbeitsrechtlichen Verhältnisse (*základních zásad pracovněprávních vztahů*) zurückkehrt. Ihre Aufgabe ist es nicht, einige Prinzipien der arbeitsrechtlichen Beziehungen zu deklarieren, sondern in Streitfällen als Auslegungsregeln (*výkladová pravidla*) zu helfen, vgl. §§ 13 bis 15 des neuen ArbGB.[630]

Mithin ist auch eine Abweichung von § 13 Abs. 2 lit. h) ArbGB n.F. nicht möglich. Denn nach dieser Vorschrift darf der Arbeitgeber den Arbeitnehmer nur (*„jen"*) nach § 2 Abs. 5 ArbGB n.F. in der Form der Agenturbeschäftigung einer anderen Person vorübergehend zuweisen. Es werden lediglich in den Fällen der Weiterbildung, speziell der Vertiefung der Qualifikation und der Fortbildung, davon Ausnahmen gemacht. Durch das Wort *„nur"* und der Regelung von Ausnahmefällen bei der Agenturbeschäftigung macht der Gesetzgeber deutlich, dass von dieser Bestimmung, auch individualvertraglich, nicht abgewichen werden darf. Nach dem Charakter der Regelung kann man auf diese Auslegung schließen. Die Auslegungstradition in der Tschechischen Republik, nämlich die Besinnung auf eine wortgetreue Auslegung, die die meisten tschechischen Juristen verfolgen, spricht auch für das oben gefundene Ergebnis. Der Wortlaut einer Norm hat Priorität.[631]

Leider hat der tschechische Gesetzgeber nur unzureichend die Forderungen der Fachöffentlichkeit aufgegriffen. Konzernverbundene Unternehmen hatten u.a. gefordert, dass eine konzerninterne Überlassung von Arbeitskräften mit dem Ziel der Aneignung von Know-How etc. möglich sein muss; das Gesundheits-

---

[629] Nichtamtliche Übersetzung von *Veberová*.
[630] So jedenfalls *Bukovjan/Chládková*, Práce a mzda 7-8/2006, 2, 4.
[631] Vgl. dazu nur *Braun*, S. 41; *Eliáš*, Osteuropa Recht 2000, 427, 438 f.; *Zitek*, WiRO 1994, 312, 313.

minsterium kritisierte, dass eine Ausleihe von Ärzten an ein anderes Krankenhaus zum Erlernen neuer Heilungsmethoden notwendig ist; die Staatsverwaltung hatte auf die Ausübung von spezialisierten Tätigkeiten in anderen Behörden hingewiesen.[632] Allerdings sind nur die Fälle der Fortbildung und Vertiefung einer Qualifikation bei dem Leiharbeitgeber/Entleiher gemäß § 13 Abs. 3 lit. h) ArbGB n.F. erfasst. In der Konsequenz werden die Ausnahmefälle unzureichend gesetzlich geregelt. Da diese Ausnahmen auch noch abschließend geregelt und nicht als Beispielsfälle aufgeführt sind, kann eigentlich die Rechtspraxis keine weiteren Fälle unter die oben genannte Vorschrift subsumieren. Die Regelung der zwei Ausnahmefälle deckt nicht alle Fallgestaltungen in der Praxis ab.[633] Zum Beispiel ist es wichtig, dass auch der Wissenstransfer in umgekehrter Folge als erlaubnisfreie Überlassung geregelt wird. Für einen ausländischen Konzern ist es essentiell, dass diese Spezialisten, Mitarbeiter mit einem entsprechenden Know-How, zur Ausbildung der Mitarbeiter in der tschechischen Tochtergesellschaft entsenden darf. Dieser Fall wird schwer unter dem Begriff der Vertiefung der (eigenen) Qualifikation bzw. Qualifikationserhöhung (Fortbildung) zu verstehen sein.[634]

dd) Übertragbarkeit des deutschen Rechts

(1) Rezeption fremden Rechts

Vorangestellt ist, dass eine Übernahme ausländischer Rechtssätze zum Problem der sachgemäßen Auslegung führen kann. Denn die aus einem anderen Rechtssystem rezipierte Regelung ist mit einer konkreten Rechtstheorie sowie Rechtsprechung verbunden, aus welcher der eigentliche Sinn einzelner Normen entnommen werden kann.[635]

Zu bedenken ist dabei, dass das deutsche Arbeitsrecht sehr stark durch das BAG, also durch die Rechtsprechung geprägt wird. Hier gibt es eine dezedierte Rechtsprechung zum AÜG. Dagegen ist die Rechtslage in der Tschechischen Republik in den meisten Bereichen ungeklärt, was nach *Zitek* angesichts der jungen Geschichte nicht verwundert. Die Kommentare sind dünn, die Rechtsprechung spärlich, ganz im Gegensatz zu Deutschland, wo die Kommentare *„...prall gefüllt sind und die Rechtsprechung in manchen Bereichen unüberschaubar er-*

---

[632] Vgl. insoweit *Kahle*, Práce a mzda 3/2005, 51, 54.

[633] Zu den Praxisbeispielen siehe Fn. 567.

[634] § 230 ArbGB n.F. (Vertiefung der Qualifikation) statuiert in Abs. 1, dass als Vertiefung der Qualifikation auch die Erhaltung und ihre Erneuerung beurteilt wird. Demzufolge könnte man auch sagen, dass das Repetieren von Wissen, das letztentlich ein Ausbilder tätigt, mithin auch unter dem Begriffsverständnis der Vertiefung einer Qualifikation fällt. Dies kommt aber einer weiten Dehnung des Wortes Vertiefung gleich.

[635] So *Kranjc*, S. 33, 39; bzw. *derselbe* WiRO 1993, 409, 411.

scheint".[636] Dies ist meines Erachtens unter anderem eine Folge des Fehlens einer fachgerechten Rechtsauslegung in der Tschechischen Republik – man denke nur an das Arbeitsrecht – auf mehreren Rechtsgebieten. Dies führte zu einer Absenkung des allgemeinen Niveaus der Rechtspraxis und indirekt aber auch des Niveaus der Rechtslehre und der Gesetzgebung.[637] Nach *Knauf* fehlt es aufgrund der kaum vorhandenen Rechtsprechung an Kommentaren, die für die Anwendung der Gesetze hilfreich wären. Hier zeigen sich daher die Schwierigkeiten auf.[638]

Indessen werden hauptsächlich nur der Wortlaut Gegenstand der Übernahme und nicht die begleitende Rechtslehre und Rechtsprechung sein.[639] Dies muss bei einer einfachen Übernahme fremder Rechtssätze beachtet werden. Daher ist es sinnvoll die begleitende Rechtsprechung, also die Interpretation der Gesetzesnorm in die Gesetzesmaterialien mit aufzunehmen. Indes wird es geboten sein, dies nicht in das Gesetz zwecks Übersichtlichkeit und Klarheit aufzunehmen, sondern als Begleitmaterialien. Des Weiteren gilt zu beachten, dass das Recht, konkret das Rechtsinstitut, einer Weiterentwicklung offen stehen muss. Die übernommenen Grundsätze können nicht starr angewendet werden. Das gesamte Rechtssystem ist nämlich ein Ausdruck der Rechtskultur. Diese hat ihre eigenen Gesetzmäßigkeiten. Darum kann trotz einer wortgleichen Übernahme fremden Rechts die übernommene Vorschrift in der Praxis eine andere Bedeutung bekommen als sie in ihrem Ursprungsland hat.[640] Man kann also allgemein schwer vorhersagen wie sich das Recht bzw. das Rechtsinstitut entwickeln wird.

Voraussetzung für die Übertragbarkeit von Grundsätzen der Rechtsanwendung aus der einen Rechtsordnung in eine andere sind ein identischer oder zumindest ähnlicher Wortlaut der konkreten Vorschrift, die zudem in ein ähnliches System eingebettet sein muss, eine vergleichbare Kultur und Mentalität sowie ein ähnlicher Gesetzeszweck.[641] Demzufolge ist eine Bedingung für die Übernahme fremder Rechtssätze unter anderem auch eine inhaltliche und terminologische Verwandtschaft beider Rechtssysteme.[642]

---

[636] *Zitek*, WiRO 1994, 312.
[637] So allgemein bei der Rechtskultur der postsozialistischen Staaten *Kranjc*, WiRO 1993, 409, 412.
[638] Vgl. *Knauf*, S. 163.
[639] Ebenfalls *Kranjc*, S. 33, 39.
[640] Vgl. *Kranjc*, S. 33, 39.
[641] Vgl. die Aufzählung bei *Zitek*, WiRO 1994, 312.
[642] Vgl. dazu auch *Kranjc*, WiRO 1993, 409, 411.

(2) Tschechische Rechtstradition – Rechtsdenken

Damit eine Übernahme fremden Rechts auch Auswirkungen auf die Praxis zeigt, also effektiv umgesetzt wird, muss vorab das Rechtsdenken als ein Teil der Rechtskultur bzw. die Rechtstradition sowie die tschechische Mentalität hinterfragt werden. Denn das Recht als Handlungsrahmen kann *„seine Rolle als unentbehrliche Rahmenbedingung für die Wirtschaft nur dann voll übernehmen, wenn seine Effektivität gesichert ist"*.[643] Jedoch haben die sozialistischen Rechtsverhältnisse vor der sanften Revolution die Vorstellungen der Gesellschaft von Recht und Gerechtigkeit tief beeinflusst. Hinzu kommt, dass nach der kommunistischen Ära eine *„... Verwirrung auf dem Gebiet des Rechtes"* [644] bestand. Die Einführung neuer Rechtsverhältnisse unter Abschaffung alter hat zuweilen die Konsequenz, dass ein Rechtszustand geschaffen wird, in dem unklar ist, was geltendes Recht ist. Auf den ersten Blick mag dies seltsam erscheinen, zumal die Gesetzeslage bei wörtlicher Auslegung eindeutig erscheint. Indessen ist jedoch mit der Einführung neuer rechtlicher Regelungen ein *„Umdenken der Bürger"*[645] sowie der Gesetzesanwender verbunden. Darin liegt die Schwierigkeit einer effektiven Geltung des Rechts. Eine Transformation des Rechtszustandes ist nicht mit der Novellierung des Gesetzes-(textes) bewirkt. Vielmehr kommt es auch auf ein Umdenken in der tschechischen Mentalität sowie auf das Bemühen um eine höhere Rechtskultur[646] an, in der das Recht auch respektiert und die gesetzlichen Regelungen nicht nur leere Worte sind. Man lebte zwar mit dem von *„Ideologie"*[647] geprägten Rechtssystem des postsozialisitischen Staates. Aber im Bewusstsein der Bevölkerung spielte es keine besonders positive Rolle und wurde oft als Willkür und politische Gewalt empfunden. Daher beanspruchte das Recht in seinem Rechtssystem keinen allzu hohen Stellenwert.[648] Die tschechische Gesetzgebung war durch einen Umwandlungsprozess von der zentralen Planwirtschaft in eine Marktwirtschaft geprägt.[649] Heute ist die Gesetzgebung immer noch davon beeinflusst. Die Rekodifikation des ArbGB, das noch aus dem Jahr 1965 stammt und durch seine zwingende Regelungen bestimmt ist, stellt ein Beispiel für den Umwandlungs(reform-)prozess dar.

Die Rechtskultur ist aber lediglich ein Teil der allgemeinen Kultur in einer Gesellschaft, von der sie größtenteils bestimmt wird. Dies ist auch einer der Hauptgründe, warum sich dieselben Rechtsinstitute in verschiedenen Rechtskulturen

---

[643] *Kranjc*, S. 33, 34 sowie *ders.* in WiRO 1993, 409.
[644] *Kranjc*, S. 33, 34.
[645] *Kranjc*, S. 33, 35 *ders.* in WiRO 1993, 409, 410.
[646] Die Gesetzgebung ist nur ein Ausdruck der Rechtskultur, die durch eine Vielfalt von Faktoren beeinflusst wird.
[647] *Kranjc* allgemein zur Rechtskultur postsozialistischer Staaten, WiRO 1993, 409, 411 f.
[648] So *Kranjc*, WiRO 1993, 409, 412.
[649] Vgl. *Zitek*, WiRO 1994, 312.

anders entwickeln.[650] Beispielsweise bildet das heutige Recht der tschechischen Republik größtenteils eine Synthese aus österreichischem, deutschem und altem tschechischen Recht. Andererseits spielen die aus der langen Zeit des Sozialismus herrührenden Unterschiede in der Mentalität und Kultur sowie die zum Teil unterschiedliche wirtschaftliche Interessenlage hier eine entscheidende Rolle.[651] Denn das Rechtsempfinden vieler tschechischer Juristen ist nach *Zitek* noch von aus der Zeit des Sozialismus stammenden Vorstellungen, *das alles, was nicht ausdrücklich im Gesetz erlaubt ist, verboten sein muss*, geprägt.[652] Die tschechischen Juristen messen dem Wortlaut von Gesetzen eine weit aus größere Bedeutung zu, als es deutsche Juristen gewohnt sind. *„Die Frage nach Sinn und Zweck sowie ein systematischer Vergleich als Auslegungshilfen sind für viele tschechische Kollegen neu...“*[653] Für westliche Ausländer ist es immer wieder überraschend, wie sehr das ArbGB durch tschechische Gerichte und Behörden *„...rein wörtlich ausgelegt wird...“*.[654]

Das Problem ist nach *Eliáš* auch die juristische Denkweise der großen Mehrheit der tschechischen Juristen.[655] Das formalistische Rechtsverständnis sowie auf das Memorieren der Gesetze und Definitionen angelegte Studium der Rechtswissenschaften, führte zum Ergebnis, dass das Gedächtnis häufig wichtiger als die Fähigkeit zum selbständigen Denken war – jedenfalls in der kommunistischen Zeit. Jedenfalls hat sich die Tendenz herausgebildet, die Gesetze so auszulegen, wie es sich nach dem äußeren Anschein der Wortwahl seiner einzelnen Bestimmungen auf den ersten Blick anbietet.[656] Diese formalistische Art der Gesetzesauslegung hält bis heute an. Nach *Eliáš* wird die Änderung dieser Denkweise viel Arbeit in Anspruch nehmen und es hängt auch viel mit der Art und Weise zusammen, wie man die nachfolgenden Juristengenerationen ausbildet.[657] Die Vermittlung der juristischen Methodenlehre ist mithin ganz entscheidend.

Die tatsächliche Rechtskultur, das so genannte Rechtsempfinden, ist somit entscheidend für die Akzeptanz einer neuen Regelung. Die nationale Auslegungstradition, das stark durch ein formalistisches Rechtsverständnis geprägt ist, herrscht vor. Dies kann ein Erklärungsansatz sein, warum das Rechtsinstitut der (konzerninternen) Arbeitnehmerüberlassung in dem zuvor beschriebenen Sinne

---

[650] Vgl. *Kranjc*, S. 33, 36.
[651] So zutreffend *Zitek*, WiRO 1994, 312, 313.
[652] *Zitek*, WiRO 1994, 312, 313, ebenso *Hajn*, JOR Bd. XXXI/1, 1990, 417, 420: *„Überlebt haben immer noch die Vorstellungen, daß nur das erlaubt ist, was ausdrücklich erlaubt ist, und nicht auch das, was nicht ausdrücklich verboten ist.“*.
[653] *Zitek*, WiRO 1994, 312, 313.
[654] So u.a. *Braun*, S. 41.
[655] So jedenfalls *Eliáš*, Osteuropa Recht 2000, 427, 438.
[656] *Eliáš*, Osteuropa Recht 2000, 427, 438 f.
[657] So *Eliáš*, Osteuropa Recht 2000, 427, 439 f.

zwar mit dem Wortlaut, aber entgegen dem Verständnis sowie dem Sinn und Zweck des Gesetzes ausgelegt wird. Neue Gesetzesformulierungen können auch keine inhaltliche Änderung in der Rechtsgesinnung und in den Wertvorstellungen der Bürger herbeiführen. Eine entsprechende Rechtspraxis muss sich noch bilden. Die formalistische Sichtweise auf das Recht muss anderen Auslegungsmethoden wie der Frage nach dem Sinn und Zweck sowie einem systematischen Vergleich weichen.

(3) Rezeption des deutschen Rechts

Vorab anzumerken ist, dass die Übertragbarkeit vieler im östereichischen und deutschen Recht gewachsenen Grundsätze nach *Zitek* nicht zu leugnen ist.[658] Dies zu Recht. Denn unter anderem ist beispielsweise das tschechische HGB CZ den deutschen und österreischen Vorschriften fast wortgetreu nachgebildet. Das tschechische GmbH-Recht ist dem deutschen relativ ähnlich.[659]

Zu untersuchen ist daher, ob man das deutsche Recht auf das Recht der Tschechischen Republik übertragen kann. Genau genommen geht es um die Rezeption der deutschen Ausnahme bei der konzerninternen Arbeitnehmerüberlassung.

Nach deutschem Recht entfällt die Erlaubnispflichtigkeit einer Arbeitnehmerüberlassung[660] bei konzerninternen Arbeitnehmerüberlassungen, § 1 Abs. 3 Nr. 2 AÜG). Denn bei dieser Art der Überlassung ist der Schutzzweck des Gesetzes nicht berührt. Bei einer Entsendung und einem Austausch von Arbeitnehmern verschiedener Unternehmen desselben Konzerns[661] innerhalb des Konzerns ist nur der interne Arbeitsmarkt des Konzerns betroffen und deshalb der Sozialschutz der Leiharbeitnehmer nicht gefährdet.[662] Die Erlaubnispflicht wäre hier nur eine bürokratische Förmlichkeit.

Natürlich muss individualrechtlich der Arbeitgeber die Dispositionsbefugnis zur Versetzung haben. Der Arbeitgeber muss zum Beispiel durch einen konzernrechtlichen Versetzungsvorbehalt[663] im Arbeitsvertrag dazu berechtigt sein.

Jedoch ist das AÜG nur auf Arbeitnehmerüberlassung innerhalb Deutschlands anwendbar. Grundsätzlich gilt das tschechische Arbeitsrecht, wenn der Arbeit-

---

[658] *Zitek*, WiRO 1994, 312.
[659] Überblick aus deutscher Sicht bei *Scheifele/Thaeter*, S. 40 ff.
[660] Die Gewerbsmäßige bzw. nichtgewerbsmäßige Arbeitnehmerüberlassung.
[661] Hinsichtlich des Konzernbegriffs verweist § 1 Abs. 3 Nr. 2 AÜG selbst auf § 18 AktG. Die Entsendung ist eine Form der Arbeitnehmerüberlassung.
[662] Anstatt aller, siehe Schüren/ *Hamann*, § 1 AÜG Rn. 553. (2.Aufl.2003)
[663] ErfK/*Wank*, § 1 AÜG Rn. 87.

nehmer auf dem Gebiet der Tschechischen Republik tätig ist.[664] Wo der Arbeitnehmer seinen Wohnsitz hat, ist unerheblich.

Was spricht dagegen, den Grundsatz der Ausnahme von der Erlaubnispflichtigkeit der Überlassung bei konzernverbundenen Gesellschaften in das tschechische Recht der Agenturbeschäftigung zu übernehmen? Der Sinn und Zweck der Novellierung der Zeitarbeit jedenfalls nicht. Mit der Erlaubnispflicht sollte das sog. Personaloutsourcing legalisiert werden und die Zeitarbeit aus der Grauzone der Dienstleistungen herausgenommen werden.[665] Die Novelle der Zeitarbeit diente letztendlich dem Arbeitnehmerschutz. Allerdings sollten nicht die Interessen der verbundenen Gesellschaften, die vorübergehend innerhalb des Konzerns Mitarbeiter ausleihen nach dem Sinn und Zweck erfasst werden. Denn diese Ausleihe betrifft nicht den externen Arbeitsmarkt und daher auch nicht direkt den Arbeitnehmerschutz. Natürlich verläuft die Konzernausleihe nicht in einer Grauzone, sondern diese bedarf einer Vereinbarung aller drei beteiligten Subjekte (Verleihunternehmen, Entleihunternehmen, Arbeitnehmer).

Auch die Mehrheit der Literatur, die Fachöffentlichkeit war gegen die Abschaffung des § 38 Abs. 4 ArbGB a.F., der die Entleihungsmöglichkeiten eines Arbeitnehmers regelte.[666] Hier wurde nach Ansicht *Bělina/Pichrt* eine der wenigen wirklichen liberalen Bestimmungen kurz vor der Liberalisierung der arbeitsrechtlichen Verhältnisse aus dem ArbGB herausgenommen.[667]

Einzig und allein die formalistische Sichtweise des Rechts, die wortgetreue Auslegung vieler tschechischer Juristen, die so genannte wortgetreue Auslegungstradition, spricht gegen eine Übernahme der deutschen Regelung gemäß § 1 Abs. 2 Nr. 3 AÜG. Das neue ArbGB regelt abschließend die Agenturbeschäftigung und ihre Ausnahmen von der Erlaubnispflichtigkeit.[668] Die Befreiung von der Erlaubnispflicht bei der konzerninternen Überlassung von Arbeitnehmern nahm der Gesetzgeber bei der umfassenden Rekodifizierung des ArbGB nicht auf.

Der Regelungsbedürftigkeit im Fall der konzerninternen Arbeitnehmerüberlassung darf sich der Gesetzgeber aber nicht verschließen. Jedenfalls sollte dieser die Anregungen und Kritik der Fachöffentlichkeit aufgreifen und nicht ignorie-

---

[664] *Gerauer* Rn. 258.

[665] Vgl. Fn. 571.

[666] Vgl. nur *Kahle*, Práce mzda 3/2005, 51; *Poljaková*, WiRO 2005, 193, 197; *Šubrt*, Práce mzda 11/2005, 2, 6 f. und Fn. 584, 585.

[667] *Bělina/Pichrt*, Právní rozhledy 11/2005, 381, 384 sowie *Bognárová*, Právo a zamestnání 9/2004, 5.

[668] Siehe dazu die vorherigen Ausführungen am Ende unter Punkt Teil 2. B.II.2.c)cc).

ren. Obwohl das Problem im Fall der konzerninternen Ausleihe dem Gesetzgeber bekannt war, hat dieser nichts im neuen ArbGB geregelt.

Der oben genannte Lösungsvorschlag einer Rezeption der deutschen Ausnahme der Erlaubnispflicht der Arbeitnehmerüberlassung zwischen Konzernunternehmen in das ArbGB spricht für die neue Konzeption der Liberalisierung des ArbGB und wäre daher wünschenswert.

ee) Gesamtlösung der Arbeitnehmerüberlassung / Lösungsvarianten

Es gibt meines Erachtens zwei Varianten für das gegenwärtige Problem der Erlaubnispflichtigkeit der Arbeitnehmerüberlassung, die auch für die Arbeitgeber, die die private Beschäftigungsvermittlung nicht als Haupttätigkeit betreiben wie für die privaten Arbeitsagenturen gelten.

Entweder man führt die Regelung des § 38 Abs. 4 ArbGB a.F. wieder ein.[669] Dafür sprechen wie eingangs erwähnt gute Gründe.[670] Eine Wiedereinführung des Paragraphen sollte allerdings mit den Garantien derselben Arbeitsbedingungen vergleichbarer Arbeitnehmer im entleihenden Unternehmen erfolgen, um einen eventuellen Missbrauch dieser Vorschrift zu vermeiden und den Arbeitnehmerschutz zu gewährleisten. Dies führt auch nicht zu Abgrenzungsschwierigkeiten zu der Regelung der Agenturbeschäftigung in den §§ 308, 309 ArbGB n.F. Denn die Tätigkeit der Arbeitsagenturen und die Regulierung der Arbeitsvermittlung, zu dem auch die Leihe von Arbeitnehmern gehört[671], weicht von der schlichten Zuweisung / Entsendung des Arbeitnehmers zur Ausübung einer Tätigkeit bei einem anderem Arbeitgeber ab. Der entsendende Arbeitgeber befasst sich selbstverständlich nicht mit der Vermittlungstätigkeit auf dem Arbeitsmarkt. Der in der Praxis angetroffene Missbrauch der Vorschrift durch die Zeitarbeitsunternehmen, der auch ein Grund für die Abschaffung der Regelung war, sollte nach der eindeutigen Regelung der Agenturbeschäftigung in den §§ 308, 309 ArbGB entfallen. Denn die §§ 308, 309 sind dann als lex specialis für die privaten Arbeitsagenturen, die die Vermittlungstätigkeit auf dem Arbeitsmarkt als Hauptaufgabe betreiben, zu betrachten. Dazu bildet die Regelung des § 38 Abs. 4 den lex generalis Tatbestand für die allgemeine Nutzung. Dementsprechend können die Arbeitsagenturen die allgemeine Bestimmung von § 38 Abs. 4 weder benutzen noch ausnutzen. Um dennoch einen Missbrauch dieser

---

[669] So auch *Bělina/Pichrt*, Právní rozhledy 11/2005, 381, 384; *Bognárová*, Právo a zaměstnání 9/2004, 5; *Šubrt*, Práce a mzda 13/2004, 22, 23; Zum Inhalt des § 38 Abs. 4 ArbGB a.F. siehe Fn. 565.

[670] Siehe vorhergehend unter dem Punkt 1.d. Stellungnahme / Kritik bzw. Fn. 584, 585.

[671] § 66 BeschäftigungsG i.V.m. den §§ 38 a, b ArbGB bzw. §§ 2 Abs. 5, 308, 309 ArbGB n.F.

Vorschrift durch die Arbeitsagenturen zu vermeiden, könnte man mit *Kahle* eine bestimmte Mindestzeit einfügen, die der Arbeitnehmer beim Arbeitgeber beschäftigt sein muss, bevor er ihn einem anderen Arbeitgeber verleihen kann[672], oder für einen derartigen Fehlgebrauch ein Ordnungsgeld verhängen bzw. die Lizenz der Arbeitsagentur nach mehrmaligem Missbrauch entziehen.

Sofern § 38 Abs. 4 ArbGB a.F., neben der Agenturbeschäftigung, den §§ 308, 309 ArbGB n.F., in das ArbGB wieder eingefügt werden sollte, müssen jedoch die §§ 2 Abs. 5 und 13 Abs. 2 lit. h) ArbGB n.F. gestrichen werden bzw. können in dieser Form nicht mehr bestehen bleiben.

Oder der tschechische Gesetzgeber fügt in § 13 Abs. 2 lit. h) ArbGB n.F. weitere Ausnahmen ein. Dies kann er durch die Aufzählung von Beispielsfällen ähnlich der deutschen Regelung in § 1 Abs. 3 AÜG realisieren. Die in § 1 Abs. 3 AÜG[673] genannten Ausnahmen sind bereits oben angesprochen worden und erweisen sich in der Praxis als sinnvoll. Die Aufzählung von Ausnahmefällen könnte abschließend ausgestaltet werden, wie es in der deutschen Konzeption geschehen ist bzw. noch offener und flexibler gestaltet werden durch die Auflistung von *„insbesondere“* Beispielsfällen. Bei der ersten Variante ist der Gesetzgeber aufgefordert, die gesetzlichen Grundlagen den sich ändernden wirtschaftlichen Rahmenbedingungen anzupassen. Dagegen sind bei der zweiten Variante die Rechtspraxis und insbesondere die Rechtsprechung gefordert, ähnlich gelagerte Ausnahmefälle zu schaffen bzw. zuzulassen und die Anwendungspraxis nicht ausufern zu lassen. Diese Variante trägt mehr zur flexiblen Gestaltung der Arbeitnehmerüberlassung bei, allerdings mehr zugunsten der Entleiher. Dem Schutz der Leiharbeitnehmer dient indessen mehr die abschließende Aufzählung von Ausnahmefällen von der Erlaubnispflichtigkeit der Überlassung. Daher ist diese Variante vorzuziehen. Zur Klarstellung sollte bei dieser Vaiante der Ausweitung der Ausnahmefälle in § 13 Abs. 2 lit. h) ArbGB n.F. die Ausnahme von der Agenturbeschäftigung (§§ 308, 309) in einem Nebensatz erwähnt werden.

---

[672] So *Kahle*, Práce mzda 3/2005, 51, 61, der eine Mindestbeschäftigungszeit von drei Monaten oder einem Jahr vorschlägt.

[673] § 1 Abs. 3 AÜG besagt, dass das Arbeitnehmerüberlassungsgesetz, insbesondere die Erlaubnispflichtigkeit der Überlassung nicht auf die Arbeitnehmerüberlassung 1. zwischen Arbeitgebern desselben Wirtschaftszweiges zur Vermeidung von Kurzarbeit oder Entlassungen , wenn ein für den Entleiher und Verleiher geltender Tarifvertrag dies vorsieht, 2. zwischen Konzernunternehmen im Sinne des § 18 des Aktiengesetzes, wenn der Arbeitnehmer seine Arbeit vorübergehend nicht bei seinem Arbeitgeber leistet oder 3. in das Ausland, wenn der Leiharbeitnehmer in ein auf der Grundlage zwischenstaatlicher Vereinbarungen begründetes deutsch-ausländisches Gemeinschaftsunternehmen verliehen wird, an dem der Verleiher beteiligt ist, anzuwenden ist.

ff) Eigener Gesetzgebungsvorschlag

Nach den oben angestellten Überlegungen könnte ein Gesetzesvorschlag folgendermaßen lauten: § 13 Abs. 2 lit. h)

> *Der Arbeitgeber (Verleiher) kann den Arbeitnehmer (Leiharbeitnehmer) einstweilig zur Arbeitsleistung an eine andere juristische oder natürliche Person (Entleiher) nur nach den §§ 2 Abs. 5, 308, 309 ArbGB zuweisen (überlassen, verleihen), mit der Ausnahme folgender (abschließender) Fälle*
> *der Vertiefung der Qualifikation (§ 230 ArbGB) bei dem Entleiher,*
> *der Erhöhung der Qualifikation (§ 231 ArbGB) bei dem Entleiher,*
> *zwischen Konzernunternehmen, wenn der Arbeitnehmer seine Arbeit vorübergehend nicht bei seinem Arbeitgeber (Verleiher) leistet (konzeninterne Arbeitnehmerüberlassung),*
> *der Arbeitnehmerüberlassung in das Ausland, wenn der Leiharbeitnehmer in ein auf der Grundlage zwischenstaatlicher Vereinbarungen begründetes tschechisch-ausländisches Gemeinschaftsunternehmen (Joint-Ventures) verliehen wird, an dem der Verleiher beteiligt ist, oder*
> *zwischen Arbeitgebern desselben Wirtschaftszweiges (Branchenklassifizierung) zur Vermeidung von Kurzarbeit oder Entlassungen (betriebsbedingte Kündigungen), wenn ein für den Entleiher und Verleiher geltender Tarifvertrag dies vorsieht.*

3. Weitere Bedingungen der Arbeitnehmerüberlassung

a) Höchstdauer der Überlassung

Die Festlegung der Dauer, über die der Arbeitnehmer dem Kunden überlassen wird, stellt ein essentielles Erfordernis der Vereinbarung des Verleihers (Zeitarbeitsunternehmen) mit dem Entleiher (Kunden) über die vorübergehende Überlassung des Arbeitnehmers dar.

Grundsätzlich endet die Überlassung mit dem Ablauf der vereinbarten Zeitdauer, § 38 b Abs. 3 ArbGB. Aber eine zeitweilige Überlassung des Arbeitnehmers kann auch vor Ablauf des vereinbarten Zeitraumes mittels einer Vereinbarung zwischen dem Verleiher und dem überlassenen Arbeitnehmer beendet werden.

Hat jedoch der Entleiher mit dem Verleiher in der Vereinbarung der vorübergehenden Überlassung (Arbeitnehmerüberlassungsvertrag) die Möglichkeit einer einseitigen Beendigung der vorübergehenden Überlassung vereinbart, kann die Überlassung auch durch eine einseitige Erklärung des Verleihers oder sogar durch eine einseitige Erklärung des überlassenen Arbeitnehmers beendet werden, § 38 b Abs. 3, 2. HS ArbGB.

Der Verleiher kann gemäß § 38 b Abs. 6 Satz 1 ArbGB denselben Arbeitnehmer bei demselben Arbeitgeber (Entleiher) nicht länger als *12 aufeinander folgende Kalendermonate* zur Arbeitsausübung überlassen. Dies gilt jedoch nicht, sofern der Arbeitnehmer des Verleihers um eine längere Überlassung ausdrücklich ersucht[674] oder wenn der überlassene Arbeitnehmer die Arbeitsausübung in Vertretung eines Arbeitnehmers im Mutterschafts- oder Erziehungsurlaub ausführt bzw. Zivildienst ableistet, § 38 b Abs. 6 Satz 2 ArbGB. Demzufolge ist die Höchstdauer der Überlassung von 12 Monaten beim gleichen Entleiher bei der Vereinbarung der Überlassungszeit zu beachten.

b) Arbeitsbedingungen

Nach § 39 b Abs. 5 ArbGB ist es wichtig, dass die Arbeitsagentur (auch Verleiher genannt) und der Klient (auch Entleiher, Nutzer genannt) sicherstellen, dass die Arbeits- und Lohnbedingungen des vorübergehend überlassenen Arbeitnehmers nicht schlechter sind, als die eines vergleichbaren Arbeitnehmers, so genannter Gleichbehandlungsgrundsatz. Vergleichbar ist ein fest beschäftigter Arbeitnehmer, wenn er die gleiche Arbeit verrichtet und die gleiche Qualifikation und Praxis hat.[675]

---

[674] Vgl. dazu *Šimečková*, S. 122.

[675] So *Šimečková*, S. 122; siehe auch *Jouza*, Práce a mzda 10-11/2004, 38, 48 u. 50.

Falls die Bedingungen für den überlassenen Arbeitnehmer schlechter sind, ist der Verleiher verpflichtet, dem Arbeitnehmer eine gleiche Behandlung zu gewährleisten, vgl. § 38 b Abs. 5 S. 2. HS. 2 ArbGB. Darüber hinaus kann der Arbeitnehmer auch seine sich hieraus ergebenen Ansprüche gegenüber dem Verleiher geltend machen.[676] Ob sich hieraus insbesondere eine Sicherstellung des *„equal payment"*[677] - Prinzips ableiten lässt, ist indes fraglich. Nach *Jouza* geht es um die Sicherstellung der gleichen Lohnbedingungen wie sie die anderen Arbeitnehmer des Entleihers haben, zu dem der Verleiher seine Arbeitnehmer zuteilt.[678] Ein Beispiel: Ein Arbeitnehmer der Arbeitsagentur, eventuell auch eine natürliche Person, die eine Genehmigung zur Beschäftigungsvermittlung hat[679], ist durch diese Agentur vorübergehend zur Arbeitsausübung einem anderen Arbeitgeber (Nutzer) überlassen. Der Leiharbeitnehmer ist Buchhalter. Der Buchhalter muss die gleichen Lohnbedingungen haben wie alle anderen Buchhalter, die bei dem Nutzer arbeiten.[680] Dabei ist der Begriff des vergleichbaren Arbeitnehmers ausschlaggebend, also mit wem die Leiharbeitnehmer verglichen werden sollen. Dafür sind – wie zuvor dargestellt – die Qualifikation und Berufserfahrung, Fachpraxis entscheidend. Allerdings muss die Frage geklärt werden, ob ein solcher Vergleich nur zwischen den Arbeitnehmern, die bei den Agenturen für die Leiharbeit beschäftigt sind, durchgeführt werden soll oder zwischen den verliehenen Arbeitnehmern und Arbeitnehmern, die die vergleichbaren Tätigkeiten bei dem Entleiher ausüben.

Bei der Auslegung der *„Lohnbedingungen"* in § 39 b Abs. 5 S. 1 ArbGB kann man eine Lohnangleichung auf das Niveau eines vergleichbaren Arbeitnehmers annehmen, sog. Mindestlohnprinzip[681]. Allerdings wird im Gegensatz zur deutschen Regelung in § 3 Abs. 1 Nr. 3 AÜG, der wörtlich das *„Arbeitsentgelt"* neben den wesentlichen Arbeitsbedingungen nennt, nur im tschechischen Recht pauschal auf die Lohnbedingungen abgestellt. Es bestehen begründete Zweifel, ob die Arbeitsagenturen dem Nutzer (Leiharbeitgeber/Entleiher) garantieren können, dass die Antidiskriminierungsbedingungen gegenüber dem Arbeitnehmer der Agentur eingehalten werden und dass die Agentur eine solche Vergütung zahlen wird, die den Lohnbedingungen der eigenen Mitarbeiter des Arbeitgebers entspricht. Daher wird letztendlich Aufklärung über die Auslegung und

---

676 Siehe hierzu Bělina - *Pichrt*, S. 433.

677 Zum *„equal pay"* bei der Leiharbeit siehe im deutschen Recht *Grobys/Schmidt/Brocker*, NZA 2003, 777 f. u. *Thüsing*, DB 2003, 446 f.

678 *Jouza,* Práce a mzda 10-11/2004, 38, 42, 48.

679 Vgl. zuvor gemachte Ausführungen unter Teil 1. B.IV.7.c)bb); Eine Arbeitsagentur bzw. Vermittlungsagentur kann eine natürliche Person oder eine juristische Person betreiben, die eine Genehmigung zur Beschäftigungsvermittlung hat.

680 Beispiel von *Jouza,* Práce a mzda 10-11/2004, 38, 48 u. 50.

681 Der gesetzliche Mindestlohn beträgt derzeit 7.955,- CZK (Stand 1.7.2006). Dieser wird im Regelfall weit überschritten, vgl. *Braun*, S. 42.

Durchsetzung der Lohnbedingungen nur die künftige Entscheidungspraxis der tschechischen Gerichte geben. Probleme werden in der Praxis erwartet. *Krenk* fordert sogar Muster von den oben aufgeführten Verträgen und Vereinbarungen (Arbeitnehmerüberlassungsvertrag, Leiharbeitsvertrag), die das MPSV (Arbeits- und Sozialminsterium) auf ihren Servern bereitstellen sollte.[682] Hingegen hat *Jouza* unverbindliche Mustervereinbarungen zum Arbeitnehmerüberlassungsvertrag, der Weisung und zum entsprechenden Arbeitsvertrag, die jedoch nur die gesetzlichen Regelungen berücksichtigen, entworfen.[683]

Im Gegensatz zur tschechischen Regelung ist das *„equal payment"*- Prinzip im deutschen AÜG in § 3 Abs. 1 Nr. 3 AÜG verankert. Allerdings gibt es in Deutschland eine rechtspolitische Diskussion über den Equal - Treatment - Grundsatz allgemein. Die Änderung des AÜG durch das erste Gesetz für moderne Dienstleistungen am Arbeitsmarkt[684], das den Equal - Treatment - Grundsatz einführte, bringt in der Praxis erhebliche Umsetzungsschwierigkeiten. § 3 Abs. 1 Nr. 3 AÜG schreibt den Zeitarbeitsunternehmen vor, ihren Arbeitnehmern ab dem ersten Tag der jeweiligen Überlassung die wesentlichen Arbeitsbedingungen einschließlich des Arbeitsentgelts zu gewähren, die ein vergleichbarer Arbeitnehmer des Einsatzbetriebes erhält. Dies hat zur Folge, dass in der Praxis sämtliche Lohn- und Arbeitsbedingungen vor jedem Einsatz beim Entleiher ermittelt, dokumentiert und kontrolliert werden müssten. Selbst bei der Beantwortung einfacher Fragen, wie etwa der nach dem maßgeblichen Arbeitsentgelt, bei der Berechnung der Lohnfortzahlung im Krankheitsfall, entstehen erhebliche Probleme. Diese Schwierigkeiten ergeben sich insbesondere dann, wenn der Leiharbeiter in mehreren Betrieben nur jeweils kurzfristig eingesetzt wurde und diese Einsätze zuvor von verleihfreien Zeiten unterbrochen wurden. Der dadurch verursachte Verwaltungsaufwand, auch bei der Entgeltabrechnung, wird in der Praxis zu keiner Ausweitung bzw. Flexibilisierung der Leiharbeit führen. Deshalb fordert unter anderem die Bundesvereinigung der Deutschen Arbeitgeberverbände (BDA) die Abschaffung des Equal - Treatment - Grundsatzes.[685]

---

[682] Vgl. *Krenk*, Práce a mzda 10-11/2004, 90, 91.
[683] Mehr dazu bei *Jouza*, Práce a mzda 10-11/2004, 58, 63 ff.
[684] Gesetz v. 19.11.2004, BGBl.I S. 2902.
[685] *BDA*, Bürokratieabbau jetzt!, S. 13, 14.

4. Entsendung von Arbeitnehmern deutscher Unternehmen in die Tschechische Republik

a) Problem der Entsendung als Arbeitnehmerüberlassung

Das neue BeschäftigungsG Nr. 435/2004 Slg. wirkt sich auch auf die Entsendung[686] deutscher Arbeitnehmer durch deutsche Arbeitgeber in die Tschechische Republik aus. So werden diese Arbeitgeber nach der ausdrücklichen Regelung und Auslegung des Beschäftigungsgesetzes grundsätzlich so beurteilt, als ob sie einer so genannten Agenturtätigkeit - Zeitarbeit nachgehen. Die Entsendung eines Arbeitnehmers eines ausländischen Arbeitgebers zu einem tschechischen Unternehmen wird gemäß § 14 Abs. 2 BeschäftigungsG als erlaubnispflichtige Arbeitnehmerüberlassung gesehen.

Nach Inkrafttreten des BeschäftigungsG am 01.10.2004 hat diese Regelung zunächst zu einer erheblichen Unsicherheit in der Praxis geführt. Danach können Arbeitnehmerentsendungen zu anderen Unternehmen nur dann vorgenommen werden, wenn der Arbeitgeber über eine Zulassung als Arbeitsvermittlungsagentur verfügt.[687] Sie sollte wortgetreu zunächst auch auf konzerninterne Entsendungen angewandt werden mit der Folge, dass z.B. auch die zeitweise Überlassung eines Arbeitnehmers einer deutschen Muttergesellschaft an die tschechische Tochtergesellschaft eine Erlaubnis zur Arbeitnehmerüberlassung nach dem BeschäftigungsG erforderte.

Diese Arbeitnehmerüberlassung wird allgemein als wirtschaftliche Beschäftigung bezeichnet. Das heißt, ein Arbeitnehmer wird rechtlich von der verleihenden Gesellschaft (Verleiher) beschäftigt und entlohnt, mit dieser besteht ein Arbeitsvertrag. Aber der Arbeitnehmer arbeitet für eine festgelegte Dauer nach Weisungen einer entleihenden tschechischen Gesellschaft (Entleiher), dem sog. wirtschaftlichen Arbeitgeber.

Im April 2005 konnte jedoch durch eine Stellungnahme des Ministeriums für Arbeit und Soziales zur Auslegung der Vorschrift des § 14 Abs. 2 Beschäfti-

---

[686] Der Begriff der Entsendung ist im Einzelnen umstritten. Aber es besteht weitestgehend Einigkeit, dass es sich um eine Entsendung handelt, wenn ein Arbeitnehmer im Rahmen des mit seinem deutschen Arbeitgeber bestehenden Arbeitsverhältnisses schwerpunktmäßig im Ausland arbeitet und diese Tätigkeit im Voraus zeitlich begrenzt ist. Auf feste Zeitgrenzen ist dabei nicht abzustellen. Entscheidend ist, dass kein endgültiger Einsatz an einem festen ausländischen Arbeitsort erfolgt, denn das käme einer Versetzung gleich und die arbeitsvertraglichen Bindungen zum entsendenden Unternehmen bestehen bleiben. Mehr dazu bei *Reiter*, NZA 2004, 1246, 1254.

[687] Vgl. § 38 a Abs. 1 ArbGB i.V.m. §§ 14, 60 Abs. 1 BeschäftigungsG (Gesetz Nr. 435/2004 Slg.); so auch *Oszwald/Hoffmann/Schindler*, Zeitschrift Plus v. 11.10.2004 der DTIHK, S. 18.

gungsG die Rechtslage für konzerninterne Entsendungen in Form einer Arbeitnehmerüberlassung geklärt werden.[688] Nach § 14 Abs. 1 lit. b) des BeschäftigungsG versteht sich als Beschäftigungsvermittlung die Beschäftigung von natürlichen Personen zum Zweck der Ausübung ihrer Arbeit für den Benutzer (*uživatel*)[689]. Gemäß § 14 Abs. 2 des BeschäftigungG wird festgesetzt, dass es ebenso als Beschäftigungsvermittlung gemäß Abs. 1 lit. b) betrachtet wird, wenn ein Ausländer von seinem ausländischen Arbeitgeber zur Ausübung der Arbeit auf dem Gebiet der Tschechischen Republik aufgrund eines Vertrags mit einer tschechischen juristischen oder natürlichen Person entsandt wird und den Inhalt des Vertrages die Vermietung der Arbeitskraft bildet (*obsahem této smlouvy je pronájem pracovní síly*). Sollte es sich also in den Fällen, die in § 14 Abs. 2 des BeschäftigungsG angeführt sind, um Beschäftigungsvermittlung und also auch um die Pflicht des ausländischen Arbeitgebers handeln, für eine solche Entsendung des Arbeitnehmers, die Genehmigung zur Beschäftigungsvermittlung zu besitzen, so muss der Inhalt des Vertrags, auf dessen Grundlage der Ausländer entsandt wurde, die Vermietung der Arbeitskraft bilden.

Der Begriff *„Vermietung der Arbeitskraft"* wird zwar in der tschechischen Rechtsordnung nicht definiert, bei der Anwendung des Auslegungsvorgangs gemäß *analogie iuris* kann allerdings hergeleitet werden, dass das Begriffsmerkmal des Vertrags über die Vermietung der Arbeitskraft die Entgeltlichkeit bildet, indem zum Zweck der Erzielung des Gewinns (*za účelem dosažení zisku*) ein Entgelt für die Vermietung der Arbeitskraft vereinbart wird.[690]

Wenn mit der tschechischen juristischen oder natürlichen Person ein Vertrag abgeschlossen wird, auf dessen Grundlage der Ausländer von seinem ausländischen Arbeitgeber zur Ausübung der Arbeit in das Gebiet der Tschechischen Republik entsandt wurde, aber für eine solche Überlassung des Arbeitnehmers kein gesondertes Entgelt vereinbart wurde, dessen Zweck die Erzielung des Gewinns bildet, dann handelt es sich für die Zwecke des Beschäftigungsgesetzes um keine Vermietung der Arbeitskraft und deshalb auch um keine Beschäftigungsvermittlung gemäß § 14 Abs. 2 des Beschäftigungsgesetzes.[691]

---

688 Es handelt sich um die seitens des Ministeriums für Arbeit und Soziales am 04.04.2005 veröffentlichte Auslegung zum § 14 Abs. 2 BeschäftigungsG (Gesetz Nr. 435/2004 Slg.), Verfasserin, *Lettlová*.

689 Vgl. Fn. 573.

690 So die Stellungnahme des Ministeriums für Arbeit und Soziales am 04.04.2005 veröffentlichte Auslegung zum § 14 Abs. 2 BeschäftigungsG (Gesetz Nr. 435/2004 Slg.), Verfasserin, *Lettlová*.

691 Vgl. Fn. 688.

Demgemäß handelt es sich bei einer Entsendung eines ausländischen Arbeitnehmers in die Tschechische Republik in Form einer Überlassung dann nicht um eine erlaubnispflichtige Arbeitnehmerüberlassung, wenn die Überlassung/Entsendung nicht der Gewinnerzielung durch den ausländischen Arbeitgeber dient.

Arbeitnehmerentsendungen in Form der Überlassung von Arbeitnehmern zu anderen, nicht konzerneigenen Unternehmen können nur dann vorgenommen werden, wenn der Arbeitgeber über eine Zulassung (Genehmigung) als Arbeitsvermittlungsagentur verfügt.[692] Diese Regelung betrifft sowohl grenzüberschreitende als auch inländische Arbeitnehmerüberlassungen / Entsendeverträge, nach denen Arbeitnehmer über einen festgelegten Zeitraum nach Weisungen einer entleihenden tschechischen Gesellschaft tätig werden.

Bei einer konzerninternen Entsendung vom Ausland nach Tschechien entfällt nur dann die Erlaubnispflicht nach dem BeschäftigungsG für eine Arbeitnehmerüberlassung, wenn diese Entsendung ohne Gewinnerzielungsabsicht erfolgt.

b) Erlaubnis als Arbeitsvermittlungsagentur

Arbeitgeber, die Arbeitnehmer einer anderen Gesellschaft befristet überlassen, benötigen grundsätzlich die Zulassung als Arbeitsvermittlungsagentur (Erlaubnis zur Arbeitnehmerüberlassung). Die Zulassung als Arbeitsvermittlungsagentur ist der Erlaubnispflichtigkeit bei einer gewerbsmäßigen Arbeitnehmerüberlassung nach § 1 AÜG in Deutschland ähnlich.

Diese Zulassung als Vermittlungsagentur ist beim tschechischen Ministerium für Arbeit und Soziales zu beantragen, § 60 BeschäftigungsG. Keine Zulassung benötigen Arbeitgeber mit Sitz in einem Mitgliedstaat der EU, deren Unternehmensgegenstand die Arbeitsvermittlung ist und die die Arbeitnehmerüberlassung nur vorübergehend in der Tschechischen Republik betreiben. Diese Arbeitgeber unterliegen nur eine Meldepflicht beim tschechischen Arbeits- und Sozialministerium, § 14 Abs. 4 BeschäftigungsG.

c) Exkurs: Arbeitsvertragliche Grundlagen

Der Arbeitgeber muss die arbeitsvertragliche Dispositionsbefugnis zur Entsendung des Arbeitnehmers haben. So kann der Arbeitgeber zum Beispiel aufgrund einer konzernweiten Versetzungsklausel[693] im Arbeitsvertrag zu einer Entsendung weisungsbefugt sein. In der Regel wird aber eine einvernehmliche Rege-

---

[692] Vgl. § 2 Abs. 5, §§ 308 f. ArbGB i.V.m. §§ 14, 60 Abs. 1 Gesetz Nr. 435/2004 Slg. (BeschäftigungsG).
[693] Zum Begriff vgl. ErfK/*Wank*, § 1 AÜG Rn. 87.

lung zwischen Arbeitnehmer und Arbeitgeber in Form einer Entsendevereinbarung erforderlich sein, wenn das arbeitgeberseitige Weisungsrecht eine Entsendung ins Ausland nicht abdeckt.

Ist der Arbeitnehmer auf dem Gebiet der tschechischen Republik tätig, werden für das Beschäftigungsverhältnis zwingende Vorschriften des tschechischen Arbeitsrechts gelten. Der Wohnsitz des Arbeitnehmers spielt bei der Bestimmung des anwendbaren Rechts keine Rolle.

Die Einzelheiten des Arbeitsvertrages zwischen dem Leiharbeitnehmer und dem tschechischen Verleiher/Vermittler sowie Einzelheiten des Überlassungsvertrages (zwischen dem Verleih- und dem Entleih-Unternehmen), gemäß deren Regelungen Arbeitnehmer über einen festgelegten Zeitraum für und nach Weisungen einer entleihenden Gesellschaft tätig werden, regeln die §§ 38a, b ArbGB bzw. 308, 309 ArbGB n.F.[694]

5. Vergleich mit Deutschland

a) Konzerninterne Arbeitnehmerüberlassung nach deutschem Recht

Hingegen entfällt nach deutschem Recht die Erlaubnispflichtigkeit einer Arbeitnehmerüberlassung[695] bei konzerninternen Arbeitnehmerüberlassungen, § 1 Abs. 3 Nr. 2 AÜG. Bei einer konzerninternen Überlassung von Arbeitnehmern muss ein Konzern im Sinne des § 18 Aktiengesetzes vorliegen. Ein Konzern muss dabei aus mindestens zwei rechtlich selbständigen Unternehmen mit einer einheitlichen Leitungsmacht bestehen. Die Rechtsform des Unternehmens ist nicht relevant, ebenso ob ein Unterordnungskonzern (aufgrund Beherrschungsvertrag oder Eingliederung) oder ein Gleichordnungskonzern (einheitliche Leitung aus Gleichordnungsvertrag) vorliegt. Wenn mehrere rechtlich selbständige Unternehmen gemeinschaftlich ein anderes, rechtlich selbständiges Unternehmen haben (Gemeinschaftsunternehmen) kann auch ein Konzern vorliegen.[696]

Die zweite Voraussetzung der konzerninternen Arbeitnehmerüberlassung besteht darin, dass der Arbeitnehmer seine Arbeit vorübergehend nicht bei seinem Arbeitgeber leistet. Dabei geht das BAG davon aus, dass eine Überlassung auch dann noch vorübergehend ist, wenn sie zwar für mehrere Jahre andauert, aber nicht endgültig ist.[697] Das Merkmal ist weit auszulegen, die Arbeitnehmerüberlassung darf nur nicht als unabänderlich geplant sein und der Arbeitnehmer soll-

---

694 Siehe dazu die vorhergehenden Gliederungspunkte unter Punkt Teil 2. B. II. 2. Voraussetzungen der Arbeitnehmerüberlassung.

695 Die Gewerbsmäßige bzw. nichtgewerbsmäßige Arbeitnehmerüberlassung.

696 Vgl. *Furier/Kaus*, AiB 6/2004, 360, 361.

697 BAG, Urt. v. 5.5.1988, AP Nr. 8 zu § 1 AÜG.

te aufgrund der Entsendungsregelung in sein ursprüngliches Unternehmen zurückkehren können.

Hier ist der Schutzzweck des Gesetzes nicht berührt. Bei einer Entsendung und dem Austausch von Arbeitnehmern verschiedener Unternehmen desselben Konzerns[698] innerhalb des Konzerns ist nur der interne Arbeitsmarkt des Konzerns betroffen und deshalb der Sozialschutz der Leiharbeitnehmer nicht gefährdet.[699] Die Erlaubnispflicht wäre hier nur eine bürokratische Förmlichkeit.

Natürlich muss individualrechtlich der Arbeitgeber die Dispositionsbefugnis zur Versetzung haben. Der Arbeitgeber muss zum Beispiel durch einen konzernrechtlichen Versetzungsvorbehalt[700] im Arbeitsvertrag dazu berechtigt sein.

Jedoch ist das AÜG nur auf Arbeitnehmerüberlassung innerhalb Deutschlands anwendbar. Grundsätzlich gilt das tschechische Arbeitsrecht (ArbGB), wenn der Arbeitnehmer auf dem Gebiet der tschechischen Republik tätig ist.[701] Wo ein Arbeitnehmer seinen Wohnsitz hat, ist unerheblich. Das Recht zur Rechtswahl bleibt hiervon unberührt.[702]

b) Stellungnahme

Da es zum neuen Beschäftigungsgesetz derzeit weder eine verbindliche Kommentierung gibt, noch in den Motiven des Gesetzgebers Anhaltspunkte dafür enthalten sind, ob die Auslegung der sog. Agenturtätigkeit gerechtfertigt ist, sollten insbesondere Entsendungen im Rahmen eines Konzerns aus Deutschland in die Tschechische Republik nur mit Bedacht und unter Berücksichtigung der tschechischen nationalen Gesetzgebung stattfinden.[703]

Jedoch legt die neue Regelung ausdrücklich fest, dass das Zeitarbeitsunternehmen (Arbeitsagentur) die Vermittlung entgeltlich zum Zweck einer Gewinnerzielung durchführen kann und zur Ausübung dieser wirtschaftlichen Tätigkeit eine Genehmigung beim Ministerium für Arbeit und Soziales zu beantragen hat.[704] Deshalb muss meines Erachtens zwischen gewerbsmäßiger Arbeitneh-

---

[698] Hinsichtlich des Konzernbegriffs verweist § 1 Abs. 3 Nr. 2 AÜG selbst auf § 18 AktG. Die Versendung ist eine Form der Arbeitnehmerüberlassung.

[699] Anstatt aller, siehe Schüren/ *Hamann*, § 1 AÜG Rn. 553.

[700] ErfK/*Wank*, § 1 AÜG Rn. 86.

[701] *Gerauer* Rn. 258.

[702] Im Grundsatz unterliegen Verträge der freien Rechtswahl nach Art. 27 EGBGB; Zum Ganzen siehe *Schlachter*, NZA 2000, 57 ff. u. *Thüsing*, NZA 2003, 1303 ff.

[703] So jedenfalls auch *Klikar*, Rödl & Partner Mandantenbrief, August 2004, S. 3.

[704] Vgl. die §§ 58 Abs. 2, 60 Abs. 1 BeschäftigungsG.

merüberlassung, der so genannten unechten Leiharbeit und nicht gewerbsmäßiger Arbeitnehmerüberlassung - echter Leiharbeit - unterschieden werden.

Im Rahmen der gewerblichen Arbeitnehmerüberlassung stellt ein Unternehmer (Verleiher) bei ihm eingestellte Arbeitnehmer (Leiharbeitnehmer) einem anderen Unternehmen (Entleiher) gewerbsmäßig, also zum Zweck der Gewinnerzielung, zur Arbeitsleistung zur Verfügung.[705]

Bei der echten Leiharbeit werden Arbeitnehmer, die ansonsten im Betrieb ihres Arbeitgebers arbeiten, nur gelegentlich an einen Dritten ausgeliehen. Bei der gewerbsmäßigen Arbeitnehmerüberlassung sind die Leiharbeiter zwar auch Arbeitnehmer des Verleihers, ihres Arbeitgebers, doch ist ihr Verleih wesentlicher Bestandteil der wirtschaftlichen Betätigung ihres Arbeitgebers.[706] Da die neue Regelung der Zeitarbeit im Zusammenhang mit der Genehmigungspflicht ausdrücklich festlegt, dass das Zeitarbeitsunternehmen die Vermittlung entgeltlich zum Zwecke der Gewinnerzielung durchführen kann, ist davon auszugehen, dass der tschechische Gesetzgeber die gewerbsmäßige Arbeitnehmerüberlassung meint.

Die neue Regelung der Zeitarbeit bzw. der Agenturbeschäftigung beschreibt eine erlaubnispflichtige Tätigkeit. Somit geht es ähnlich dem deutschen AÜG um gewerberechtliche Fragen. Deshalb kann man von einem gewerberechtlichen Begriff der Gewerbsmäßigkeit ausgehen.

Gewerbsmäßigkeit wird danach als jede nicht nur gelegentliche, sondern auf eine gewisse Dauer angelegte und auf die Erzielung unmittelbarer oder mittelbarer wirtschaftlicher Vorteile[707] gerichtete selbständige Tätigkeit definiert.[708] Das Merkmal *„auf Dauer angelegt“*, klammert die einmalige[709], nur gelegentliche, kurzfristige Arbeitnehmerüberlassung aus. Damit ist die Form gemeint, die verbreitet – missverständlich – als echte (nicht gewerbsmäßige) Arbeitnehmerüberlassung bezeichnet wird.[710] Daher fällt die konzerninterne vorübergehende und kurzfristige Arbeitnehmerüberlassung[711] nicht unter die Erlaubnispflichtigkeit der Ausleihe. Dies ist auch nach dem Zweck der Legalisierung der Zeitarbeit

---

705 Siehe insoweit *Furier/Kaus*, AiB 6/2004, 360.
706 Vgl. Schüren/*Schüren*, AÜG, Einleitung, Rn. 77.
707 Eine Gewinnerzielungsabsicht ist ausreichend. Ausgeschlossen sind nur Ausleihen, die unmittelbar gemeinnützigen, karikativen oder sonstigen ideellen Zwecken dienen.
708 ErfK/*Wank*, § 1 AÜG Rn. 42; Schüren/*Hamann*, § 1 AÜG Rn. 283.
709 Allerdings erfolgt auch eine einmalige Ausleihe schon dann gewerbsmäßig, wenn sie mit einer Wiederholungsabsicht verbunden ist. Zum Ganzen siehe ErfK/*Wank*, § 1 AÜG Rn. 47.
710 ErfK/*Wank*, § 1 AÜG Rn. 47.
711 Zu der die Entsendung zählt.

verständlich. Ziel des tschechischen Gesetzgebers ist es, den grauen Arbeitsmarkt zu regulieren.[712] Ein großer Teil der Zeitarbeitsunternehmen gewährte nämlich ihre Dienstleistungen in einer gesetzlichen Grauzone auf der Grundlage verschiedener Gewerbeberechtigungen, womit jedoch eine unerlaubte wirtschaftliche Tätigkeit verbunden war.[713]

Die Zulassungspflichtigkeit als Vermittlungsagentur sollte aber nicht die konzerninterne Arbeitnehmerüberlassung bürokratisieren. Denn die Anwendung der Regelungen der Zeitarbeit auf diesen Personalaustausch stelle eine bürokratische Förmlichkeit dar, weil offensichtlich der Schutzzweck des Gesetzes, der Schutz der Leiharbeitnehmer, nicht gefährdet sei.[714] Man kann also durchaus die Ansicht vertreten, dass die Erlaubnispflicht nicht bei einer konzerninternen vorübergehenden Arbeitnehmerüberlassung Anwendung findet.[715] Die entsprechenden Rechtsgrundlagen, § 14 Abs. 2 BeschäftigungsG und § 38 a, b ArbGB bzw. §§ 308, 309 ArbGB n.F. werden teleologisch reduziert und finden auf den Fall einer konzerninternen Überlassung nicht Anwendung.

So ähnlich ist auch die Stellungnahme[716] des tschechischen Arbeits- und Sozialministeriums zu der Auslegung des § 14 Abs. 2 BeschäftigungsG aus dem Jahr 2005. Nach dieser Stellungnahme gilt, dass wenn ein Arbeitnehmer von einer ausländischen Gesellschaft zu einer tschechischen Gesellschaft entsandt wird, um dort eine Arbeit auszuüben, ohne dass für die Überlassung dieses Arbeitnehmers aufgrund des Entsendungsvertrags ein gesondertes Entgelt vereinbart wird, dessen Zweck in der Erzielung von Gewinn auf Seiten der entsendenden Gesellschaft beruht, so handelt es sich nicht um eine entgeltliche leihweise Überlassung der Arbeitskraft und damit auch nicht um eine Arbeitsvermittlung im Sinne des Beschäftigungsgesetzes. In diesem Falle ist also keine Lizenz für die Arbeitsvermittlung erforderlich. Es ist zu schlussfolgern, dass es gerade bei konzerninternen Entsendungen von Arbeitnehmern keiner Genehmigung (Lizenz) für die Vermittlung der Arbeitskräfte bedürfen sollte, da mit der Entsendung in diesen Fällen kein Gewinnerzielungszweck verfolgt wird.

---

[712] Vgl. *Doležal,* Rödl & Partner Newsletter August 2004, S. 5.

[713] Dies führte oft zur Scheinselbständigkeit.

[714] So für das deutsche AÜG ErfK/*Wank,* § 1 AÜG Rn. 82; Schüren/*Hamann,* § 1 AÜG Rn. 553.

[715] Im deutschen AÜG erfolgte ausdrücklich eine Privilegierung in diesem Fall unter § 1 Abs. 3 Nr. 2 AÜG.

[716] Es handelt sich um die seitens des Ministeriums für Arbeit und Soziales am 04.04.2005 veröffentliche Auslegung zum § 14 Abs. 2 des Gesetzes Nr. 435/2004 Slg. (BeschäftigungsG), Verfasserin *Lettlová.*

Auch nach dieser Stellungnahme des tschechischen Arbeits- und Sozialministeriums soll die Zulassungspflichtigkeit der Agenturbeschäftigung nicht für die konzerninterne Arbeitnehmerüberlassung gelten. Entscheidend ist jedoch, dass eine Stellungnahme des Ministeriums keine bindende Rechtsvorschrift, sondern eine unverbindliche Auffassung einer Staatsbehörde ist, die für eine Überbrückung des gesetzlichen Defizits nicht ausreichend ist und keinen nennenswerten Beitrag zur Rechtssicherheit der Parteien leisten kann. Aller Voraussicht nach wird insoweit erst durch höchstrichterliche Entscheidungen endgültig geklärt werden, wie der etwas missglückte Paragraph auszulegen sein wird. Um ganz sicher zu gehen, sollte man deshalb in der Praxis Entsendungen nur im Rahmen der gesetzlichen Vorschriften vornehmen und eine Zulassung beantragen.

Nach dem Sinn- und Zweck der Legalisierung der Zeitarbeit und der Vermittlung sollte der Gesetzgeber de lege ferenda ähnlich wie im deutschen Recht bei konzernverbundenen Unternehmen eine Ausnahme von der Erlaubnispflichtigkeit der Arbeitnehmerüberlassung gesetzlich festschreiben. Denn zurzeit trifft die Bewilligung alle Arbeitgeber. Hier muss daher der Gesetzgeber selbst de lege ferenda eine ausdrückliche Ausnahme schaffen.

Einen eigenen Gesetzgebungsvorschlag zur Lösung der Gesamtproblematik der Arbeitnehmerüberlassung habe ich bereits vorgehend unterbreitet.[717]

III. Versetzung (Zuweisung) an eine andere Arbeit

1. Voraussetzungen für die Versetzung an eine andere Arbeit

a) Begrifflichkeit der Versetzung / Überführung auf eine andere Arbeit

Die Versetzung (Zuweisung) an eine andere Arbeit (*přeložení (přidělení) na jinou práci*) wird auch als *„Umsetzung auf einen anderen Arbeitsplatz mit einem anderen Arbeitsbereich oder Aufgabengebiet bezeichnet“*[718] oder als Überführung auf eine andere Arbeit (*Převedení na jinou práci*)[719].

Die Überführung/Umsetzung auf eine andere Arbeit ist eine Maßnahme des Arbeitgebers, die auf eine Änderung der im Arbeitsvertrag vereinbarten Art der Arbeit abzielt. Sie ist in § 37 ArbGB geregelt. Diese Bestimmung enthält zwei verschiedene Umsetzungsarten. Zum einen gibt es die Umsetzung, die durch das

---

[717] Vgl. Teil 2. Punkt II. 2.c) ff) Eigener Gesetzgebungsvorschlag.
[718] *Klikar*, S. 117.
[719] *Štangová*, Právo a zaměstnání 5/1996, 12, 14.

Direktionsrecht[720] (*řídícího práva*) des Arbeitgebers gedeckt ist, zum anderen eine über das Weisungsrecht des Arbeitgebers hinausgehende Umsetzung.[721] Der Arbeitgeber kann im Rahmen der vereinbarten Art der Arbeit dem Arbeitnehmer verschiedene Aufgaben zuweisen. Sofern diese Tätigkeiten noch im Rahmen der im Arbeitsvertrag vereinbarten Art der Arbeit liegen, darf der Arbeitnehmer ihre Ausführung nicht verweigern. Demzufolge bedeutet nicht jede Überführung auf eine andere Arbeit zugleich eine Änderung des Arbeitsvertrages. Denn weist der Arbeitgeber dem Arbeitnehmer eine andere Arbeit zu, die vom Arbeitsvertrag gedeckt ist, so braucht der Arbeitgeber dafür nicht die Zustimmung des Arbeitnehmers. In diesem Zusammenhang ist es wesentlich, auf die Bedeutung der Formulierung der Art der Arbeit im Arbeitsvertrag hinzuweisen. Eine enge Abgrenzung der Art der Arbeit ist für den Arbeitnehmer vorteilhaft, weil es zu einer Beschränkung der Dispositionsbefugnis des Arbeitgebers führt, mit der er dem Arbeitnehmer im Rahmen der vereinbarten Art der Arbeit Aufgaben zuweisen kann. Dagegen ist eine weite Abgrenzung der Art der Arbeit für den Arbeitgeber vorteilhafter.[722]

Wie im deutschen Recht bestimmt mithin die Beschreibung der Art der Arbeit im Arbeitsvertrag die Weite des Direktionsrechts des Arbeitgebers. Es ergibt sich aus dem Arbeitsvertrag, welche Tätigkeiten dem Arbeitnehmer per Direktionsrecht zugewiesen werden können. Welchen Umfang dieses Direktionsrecht hat, bestimmt sich danach, welche Regelungen im Arbeitsvertrag getroffen wurden. Je genauer die Arbeitsbedingungen im Arbeitsvertrag geregelt sind, desto enger ist das allgemeine Direktionsrecht und umgekehrt.[723]

Die deutsche Terminologie der Umsetzung definiert diese als eine Versetzung im Rahmen des allgemeinen Weisungsrechts.[724] Die deutsche Begrifflichkeit der Umsetzung ist nicht einfach gleichzusetzen mit der tschechischen Umsetzung. Deshalb wird im Folgenden bei der Behandlung der über das Direktionsrecht des Arbeitgebers hinausgehenden Umsetzung von einer Versetzung gesprochen. Bei dieser Versetzungsart geht es um eine Flexibilisierung der Art der Tätigkeit. Dabei handelt es sich um eine einseitige Rechtshandlung des Arbeitgebers, infolgedessen es zu einer Änderung des Arbeitsverhältnisses kommt. Hierbei wird

---

[720] Der deutsche Rechtsterminus des *„Direktionsrechts"* kann im tschechischen Recht als *„právo řízení"*, *„vedoucí právo"*, *„řídící právo"* (Recht zur Steuerung/Leitung-Verhandlung) verstanden werden, vgl. dazu *Čechtická*, S. 213 (Fn. 507).
[721] Galvas/*Gregorová*, tsch.ArbR, S. 141, Rn. 2.5.6.
[722] Zu Vorstehendem *Štangová*, Právo a zaměstnání 5/1996, 12, 14.
[723] Für das deutsche Recht, so Preis - *Lindemann/Urmersbach*, Innovative Arbeitsformen, S. 24; für das tschechische Recht, vgl. *Štangová*, Právo a zaměstnání 5/1996, 12, 14.
[724] Vgl. Fn. 367.

die Art der Arbeitstätigkeit geändert, die zugleich mit einer Änderung des Arbeitsortes verbunden werden kann.[725]

Im Nachfolgenden wird die das *„Arbeitsverhältnis ändernde Umsetzung"*[726], die durch das Weisungsrecht des Arbeitgebers aufgrund des Arbeitsvertrages nicht mehr gedeckt ist, dargestellt

Sofern der Arbeitgeber dem Arbeitnehmer eine andere Art der Arbeit zuweist, die nicht im Rahmen seines Weisungsrechts liegt, braucht der Arbeitgeber grundsätzlich hierfür die Zustimmung des Arbeitnehmers, weil es sich um eine Änderung des Arbeitsvertrages handelt. Die Zustimmung des Arbeitnehmers kann auch konkludent erfolgen, beispielsweise durch Ausübung der anderen Arbeit. Im Interesse der Vorbeugung von arbeitsrechtlichen Streitigkeiten ist es aber besser, die Schriftform der Zustimmung des Arbeitnehmers sowie die Schriftlichkeit der Zuweisung auf eine andere Arbeit einzuhalten. Von diesem Erfordernis der Zustimmung zu einer Überführung auf eine andere als im Arbeitsvertrag vereinbarter Arbeit gibt es Ausnahmen, die taxativ im ArbGB, §§ 37, 38 aufgeführt sind.

Der Arbeitgeber kann einseitig nur die Art der Arbeit und den Ort der Arbeitsausübung ändern und das nur ausnahmsweise in den abschließend aufgeführten Fällen der §§ 37 (Überführung auf eine andere Arbeit) und 38 ArbGB (Dienstreise). Alle anderen Arbeitsbedingungen können nur durch eine Vereinbarung der Arbeitsvertragsparteien geändert werden.

In § 37 ArbGB unterscheidet der Gesetzgeber zwei Versetzungs-, Überführungsarten: zum einen die obligatorische Versetzung nach § 37 Abs. 1 ArbGB, zum anderen die fakultative Versetzung im Sinne des § 37 Abs. 2 und 4 ArbGB.

b) Allgemeine Voraussetzungen für eine Versetzung / Überführung auf eine andere Arbeit

Der Arbeitgeber darf den Arbeitnehmer nur bei Vorliegen der abschließend gesetzlich aufgeführten Gründe[727] versetzen. Unabhängig vom konkreten Grund für die Zuweisung einer anderen Arbeit auch ohne das Einverständnis des Arbeitnehmers müssen zusätzlich die folgenden allgemeinen Voraussetzungen vorliegen. Zum einen muss die Zuweisung einer anderen Tätigkeit ultima ratio sein. Zum anderen darf sie nur erfolgen, wenn der verfolgte Zweck nicht durch die Zuweisung einer Arbeit im Rahmen des Arbeitsvertrages erfolgen kann, also

---

[725] Siehe Galvas/*Gregorová*, tsch.ArbR, S. 142, Rn. 2.5.6.
[726] *Klikar*, S. 117.
[727] Siehe hiezu, § 37 Abs. 1 lit. a) - f), Abs. 2 lit. a) - c) sowie Abs. 4 lit. a) - b) ArbGB.

durch das Direktionsrecht des Arbeitgebers gedeckt ist, § 37 Abs. 3 ArbGB. Falls dies nicht möglich ist, kann der Arbeitnehmer auf eine andere Arbeit überführt werden und das auch gegen seinen Willen.[728]

Darüber hinaus muss der Arbeitgeber den Grund der Versetzung an eine andere Arbeit und deren voraussichtliche Dauer mit dem Arbeitnehmer im Voraus besprechen, § 37 Abs. 6 ArbGB. Die Nichterfüllung dieser Pflicht bedeutet zwar einen Verstoß gegen arbeitsrechtliche Vorschriften, hat aber nicht die Nichtigkei der Überführung auf eine andere Arbeit zur Folge. Falls der Arbeitsvertrag schriftlich abgeschlossen wurde und dieser durch die Versetzung eine Änderung erfährt, ist der Arbeitgeber verpflichtet, dem Arbeitnehmer eine schriftliche Bestätigung über den Grund der Versetzung und ihre Dauer auszuhändigen, § 37 Abs. 6 Satz 1 zweiter Halbsatz ArbGB.[729]

Weiterhin sollte der Arbeitgeber berücksichtigen, dass der Arbeitnehmer auch für die neue Tätigkeit geeignet ist. Auch muss die Arbeit den Fähigkeiten und dem Gesundheitszustand des Arbeitnehmers entsprechen und soweit möglich, auch seiner Qualifikation angemessen und zumutbar sein, § 37 Abs. 5 ArbGB. Die Zuweisung einer gleichwertigen Tätigkeit hat auch Priorität.

Sofern die allgemeinen Voraussetzungen einer Versetzung gegeben sind, darf der Arbeitgeber den Arbeitnehmer versetzen. Dem Arbeitnehmer obliegt dann die Pflicht, die neue ihm zugeteilte Arbeit zu verrichten.

c) Obligatorische Versetzung – Versetzungsgründe

Der Arbeitgeber ist gemäß § 37 Abs.1 ArbGB verpflichtet, den Arbeitnehmer an eine andere Arbeit zu versetzen/zu überführen, wenn,

a) der Arbeitnehmer gemäß ärztlichen Attests oder amtlichen Bescheids angesichts seines Gesundheitszustandes nicht in der Lage ist, die bisherige Arbeit zu verrichten oder wenn er sie nicht ausüben darf, weil er an einer Berufskrankheit erkrankt ist oder an einer solchen zu erkranken droht oder wenn er aufgrund eines Bescheids der zuständigen Behörde des öffentlichen Gesundheitsschutzes an seinem Arbeitsplatz die höchst zulässige Strahlenexposition erreicht hat,
b) es sich um eine schwangere Frau, eine Frau, die stillt oder eine Mutter eines jünger als neun Monate alten Kindes handelt, die die Arbeit nicht ausüben darf oder diese nach ärztlichem Attest ihre Schwangerschaft oder Mutterschaft gefährdet,

---

[728] So *Štangová*, Právo a zaměstnání 5/1996, 12, 15.
[729] Mit Ausnahme der Fälle, die in § 37 Abs. 2 c), Abs. 4 ArbGB aufgeführt sind.

c) es nach ärztlichem Attest oder Bescheid der staatlichen Gesundheitsverwaltung im Interesse des Schutzes anderer Personen vor Infektionskrankheiten erforderlich ist,
d) es nach einer rechtskräftigen Gerichtsentscheidung erforderlich ist,
e) es sich bei der Arbeit um Nachtarbeit handelt und bei dem Arbeitnehmer aufgrund eines ärztlichen Attestes festgestellt wurde, dass er dafür untauglich ist,
f) es sich um eine Nachtarbeit leistende, schwangere Frau oder Mutter eines jünger als neun Monate alten Kindes handelt, die um die Versetzung ersucht hat.

In den Fällen des § 37 Abs. 1 ArbGB muss der Arbeitgeber eine andere Arbeit zuweisen. Dabei handelt es sich insbesondere um Gesundheitsgründe und Schwangerschaft des Arbeitnehmers. Die Versetzung erfolgt zum Schutz des Arbeitnehmers. Hier ist keine Zustimmung seitens des Arbeitnehmers erforderlich. Die Überführung kann also auch gegen den Willen des Arbeitnehmers erfolgen.

d) Fakultative Versetzung – Versetzungsgründe in der Person des Arbeitnehmers

Bei Vorliegen folgender gesetzlich abschließender Versetzungsgründe in § 37 Abs. 2 ArbGB kann der Arbeitgeber den Arbeitnehmer an eine andere Arbeit versetzen/überführen,

a) wenn der Arbeitgeber den Arbeitnehmer aus einem der in § 46 Abs. 1 e) und f) ArbGB aufgeführten Gründen gekündigt hat, also bei Verfehlungen, Pflichtverletzungen des Arbeitnehmers und bei schwerer Verletzung der Arbeitsdisziplin bzw. Dienstunfähigkeit,
b) wenn gegen den Arbeitnehmer ein Strafverfahren wegen des Verdachts einer vorsätzlichen Straftat eingeleitet wurde, die bei der Erfüllung von Arbeitsaufgaben oder in unmittelbaren Zusammenhang damit unter Schädigung des Vermögens des Arbeitgebers begangen wurde, wobei hier die Versetzung für die Zeit bis zum rechtskräftigen Abschluss des Strafverfahrens erfolgen darf,
c) der Arbeitnehmer vorübergehend die durch Rechtsvorschriften festgelegten Voraussetzungen für die Ausübung der Arbeit (Arbeitsfähigkeit) verloren hat. In diesem Fall darf die Versetzung höchstens 30 Arbeitstage im Kalenderjahr betragen.

e) Fakultative Versetzung – Versetzungsgründe auf Seiten des Arbeitgebers

Zudem kann der Arbeitgeber dem Arbeitnehmer auch ohne seine Zustimmung betriebsbedingt bzw. verursacht durch äußere vom Arbeitgeber unabhängige Faktoren an eine andere als die vereinbarte Arbeit versetzen. Dies ist in zwei Fällen möglich, solange ein dringendes Bedürfnis seitens des Arbeitgebers besteht, § 37 Abs. 4 ArbGB. Zum einen, wenn der Arbeitnehmer die Arbeit wegen eines Betriebsstillstands, eines Produktionsausfalls oder wegen einer Arbeitsunterbrechung infolge ungünstiger Witterungseinflüsse nicht ausüben kann, § 37 Abs. 4 a) ArbGB. Zum anderen, wenn die Versetzung zur Abwendung eines Naturereignisses oder eines anderen drohenden Unfalls oder zur Milderung der unmittelbaren Folgen erforderlich ist, § 37 Abs. 4 b) ArbGB.

Ein Betriebs- oder Arbeitsstillstand wird gesetzlich definiert als eine Störung, Mängel bei der maschinellen Anlage, bei der Lieferung von Rohstoffen oder Treibstoffen, durch fehlerhafte Arbeitsunterlagen oder ähnliche betriebliche Ursachen, § 129 Abs. 1 Satz 1 ArbGB.

Der Unterschied zu der zuvor genannten fakultativen Versetzungsberechtigung nach § 37 Abs. 2 ArbGB liegt darin, dass hier die Umsetzungsgründe auf Seiten des Arbeitgebers liegen und nicht auf Seiten des Arbeitnehmers.

f) Rechtsfolgen

Der Arbeitgeber ändert mit einer Versetzung den Inhalt des betreffenden Arbeitsverhältnisses nur vorübergehend. Diese Änderung des Arbeitsverhältnisses führt indes nicht zu einer Änderung des Arbeitsvertrages. Dieser wird während der Versetzungsdauer lediglich hinsichtlich der Art der Arbeitstätigkeit nicht verwirklicht.[730] Der Arbeitsvertrag bleibt also als solcher für die Dauer der Versetzung wirksam.

Wenn der Arbeitgeber bei Vorliegen der Voraussetzungen einer Versetzung den Arbeitnehmer an eine andere Arbeit versetzt, auch wenn dieser damit nicht einverstanden ist, muss der Arbeitnehmer die ihm zugeteilte Arbeit verrichten[731], sonst verletzt er seine Arbeitsdisziplin. Jedoch kann beim Vorliegen einer rechtswidrigen Versetzung[732] in der Weigerung der Ausübung der angeordneten Tätigkeit keine Verletzung der Arbeitsdisziplin gesehen werden.[733] Der Arbeitnehmer kann im Fall einer rechtswidrigen Versetzung Klage auf Feststellung der Unwirksamkeit vor dem Zivilgericht erheben und diese mit der Geltendmachung

---

[730] Vgl. Galvas/*Gregorová*, tsch.ArbR, S. 142, Rn. 2.5.6.
[731] So auch *Klikar*, S. 118.
[732] Die Versetzungsvoraussetzungen sind gerichtlich voll überprüfbar.
[733] Vgl. *Klikar*, S. 121.

eines Lohnersatzanspruchs ab dem Zeitpunkt der unwirksamen Änderung des Arbeitsverhältnisses verbinden.[734]

Es besteht eine Rückversetzungspflicht für den Arbeitgeber, wenn die Versetzungsgründe weggefallen sind, § 39 S. 1 ArbGB. Dann muss er den Arbeitnehmer wieder an seinen ursprünglichen Arbeitsplatz und seine ursprüngliche Tätigkeit zurückversetzen, sofern er mit ihm nichts anderes vereinbart. Erst wenn dies aus dringenden betrieblichen Gründen nicht möglich ist, kommt subsidiär eine Rückführung auf einen dem Arbeitsvertrag entsprechende Tätigkeit in Betracht, § 39 S. 2 ArbGB. Im neuen ArbGB ergeben sich hinsichtlich der Rechtsfolgen bei einem Wegfall der Versetzungsgründe keine wesentlichen Änderungen, vgl. § 44 ArbGB n.F.

2. Mitwirkung des Gewerkschaftsorgans bei der Versetzung

a) De lege lata (Rechtslage bis zum 1.1.2007)

Als besondere Voraussetzung einer Versetzung muss das zuständige Gewerkschaftsorgan angehört werden, wenn der Arbeitnehmer der Versetzung von sich aus nicht zustimmt. Sofern der Arbeitgeber den Arbeitnehmer nach § 37 ArbGB ausnahmsweise auf eine andere Arbeit überführt, als im Arbeitsvertrag vereinbart ist und der Arbeitnehmer der Versetzung nicht zustimmt, kann der Arbeitgeber diese Maßnahme nur nach Erörterung mit dem zuständigen Gewerkschaftsorgan durchführen, § 41 S. 1 ArbGB. Diese Mitbestimmung der Gewerkschaft ist nur bei einer Versetzung erforderlich, die nicht mehr vom allgemeinen Direktionsrecht des Arbeitgebers gedeckt ist. Dies besagt ausdrücklich der § 41 S. 1 ArbGB, indem dieser Paragraph die Versetzung auf eine andere Arbeit bzw. an einen anderen Ort verlangt, „*...als im Arbeitsvertrag vereinbart...*".
Aber alle Veränderungen, die sich im Rahmen der im Arbeitsvertrag bestimmten Arbeitsaufgabe sowie des Arbeitsortes bewegen, lassen sich durch die Ausübung des Direktionsrechts bewirken.

Jedoch ist die Anhörung nicht erforderlich, wenn die Gesamtdauer der Versetzung 22 Werktage im Kalenderjahr nicht überschreitet. Diese besondere Voraussetzung der Anhörung der Gewerkschaft ist jedoch keine Wirksamkeitsvoraussetzung einer individualrechtlichen Versetzung.[735]

---

[734] Insoweit *Štangová*, Právo a zaměstnání 5/1996, 12, 15.
[735] Siehe insoweit Galvas/*Gregorová*, tsch.ArbR, S. 142, Rn. 2.5.6.

b) De lege ferenda (Rechtslage ab dem 1.1.2007)

Nach dem neuen ArbGB kann der Arbeitgeber, sofern er dem Arbeitnehmer ausnahmsweise eine andere Arbeit zuweist als im Arbeitsvertrag vereinbart ist und der Arbeitnehmer dieser Zuweisung nicht zustimmt, diese Maßnahme nur nach Erörterung mit der zuständigen Gewerkschaftsorganisation durchführen. Verletzt der Arbeitgeber diese Erörterungspflicht, hat dies auf die Rechtswirksamkeit der Arbeitszuweisung keine Auswirkungen. Die Neuzuweisung bleibt wirksam, § 19 Abs. 3 ArbGB n.F. Die Erörterung ist indes nicht erforderlich, wenn die Gesamtdauer der Versetzung 21 Werktage im Kalenderjahr nicht überschreitet, vgl. § 46 ArbGB n.F. Warum der tschechische Gesetzgeber anstatt 22 nunmehr 21 Werktage statuiert, ist unverständlich, aber ein rechtsgeberisches Vorhaben.

3. Vergütung bei der Versetzung

a) De lege lata (Rechtslage bis zum 1.1.2007)

Generell wird das Arbeitsverhältnis vom tschechischen Gesetzgeber stark geregelt. Dabei sind die wichtigsten Gesetze zum einen das Gehaltsgesetz, das nur auf Arbeitnehmer Anwendung findet, die in einer öffentlich-rechtlichen Körperschaft angestellt sind. Daneben gibt es noch das Lohngesetz, das sich auf alle anderen Arbeitnehmer bezieht. Jedoch entspricht die Regelung im Gehaltsgesetz der im Lohngesetz.

Falls der Arbeitgeber den betroffenen Arbeitnehmer trotz Vorliegen der Versetzungsvoraussetzungen und einer Versetzungsmöglichkeit im Fall der obligatorischen Versetzung nicht versetzt, liegt eine Arbeitsverhinderung auf Seiten des Arbeitgebers i.S.d.
§ 130 ArbGB vor. Denn der Arbeitnehmer hat hier einen Anspruch auf Versetzung.[736] Der Arbeitnehmer hat dann einen Anspruch auf Lohnersatz in Höhe des Durchschnittsverdienstes, § 130 Abs. 1 ArbGB.[737]

b) Exkurs zum Begriff des durchschnittlichen Lohnes – de lege lata (bis zum 1.1.2007)

Da in den tschechischen arbeitsrechtlichen Vorschriften der Begriff des sog. durchschnittlichen Lohnes verwendet wird, erscheint ein Eingehen darauf zweckdienlich. Im Grundsatz wird der durchschnittliche Lohn nach § 17 LohnG als der im letzten Kalenderquartal ausbezahlte Lohn berechnet. Es sind aber nachstehende Ausnahmen zu beachten:

---

[736] Vgl. dazu *Klikar*, S. 119.

[737] *Jakubka*, § 34, S. 74, zitiert nach *Klikar*, S. 119.

a) Falls der Arbeitnehmer im ausschlaggebenden Zeitraum (Kalenderquartal) weniger als 22 Tage gearbeitet hat, ist der durchschnittliche Lohn aus dem wahrscheinlichen Verdienst zu berechnen. Unter dem wahrscheinlichen Verdienst ist der Verdienst zu verstehen, den der Arbeitnehmer unter normalen Umständen wahrscheinlich erreichen würde.
b) Wenn dem Arbeitnehmer mit dem Lohn ein 13. Monatsgehalt oder eine andere unregelmäßige Entlohnung ausbezahlt wird, ist dies entsprechend zu veranschlagen.

Der letztendlich berechnete durchschnittliche Lohn muss höher sein als der Mindestlohn[738]. Sonst liegt ein Verstoß gegen die gesetzlich geregelte Mindestlohngarantie vor.

Der monatliche Durchschnittsbruttolohn im unternehmerischen Bereich beträgt ca. 700,- €, jedoch mit branchenspezifischen und regionalen Differenzen.[739]

Die Berechnung des durchschnittlichen Lohnes ist beispielsweise für folgende Punkte wichtig:

a) bei der Berechnung von Abfertigungen (Abfindungen) bei der Beendigung des Arbeitsverhältnisses,
b) bei der Urlaubsentlohnung (Urlaubsentgelt, Urlaubsabgeltung),
c) bei der Entlohnung bei Arbeitshindernissen,
d) bei der Feiertagsentlohnung.

Wird ein Arbeitsplatz aus organisatorischen Gründen aufgehoben, also in den Fällen des § 37 Abs. 4 ArbGB oder dem Arbeitnehmer betriebsbedingt gekündigt und dieser während der Kündigungsfrist rechtswidrig auf einen anderen Arbeitsplatz umgesetzt, mit dem er nicht einverstanden ist, handelt es sich auch um eine Arbeitsverhinderung i.S.d. § 130 ArbGB.[740] Die Folge ist auch hier, dass der Arbeitnehmer einen Anspruch auf Lohnentgelt i.H.d. Durchschnittsverdienstes hat.

Sollte die Vergütung nach den unter § 37 Abs.1 a) oder c) genannten Versetzungsgründe geringer als die ursprüngliche ausfallen, ist der Arbeitgeber verpflichtet, diese Differenz auszugleichen.[741] Dies gilt auch für solche Fälle, in

[738] Vgl. Fn. 679.
[739] Siehe insoweit *Braun*, S. 42 und die regionalen Strukturdaten/Lohnspiegel nach Industriezweigen bei *Kutschera*, S. 11 ff. Im 1. Quartal 2004 betrugen die Lohnkosten im Landesdurchschnitt 530,- €.
[740] *Klikar*, S. 120.
[741] *Hanslik*, S. 15.

denen die Versetzung aufgrund der Abwehr einer Naturkatastrophe erfolgte bzw. eines vom Arbeitnehmer nicht verschuldeten Ausfalles der Arbeit.[742]

Liegt ein Betriebsstillstand vor und wurde der Arbeitnehmer nicht an eine andere Arbeit versetzt, gebührt ihm ein Lohnersatz in Höhe von 80 % des Durchschnittsverdienstes, § 129 Abs. 1 ArbGB. Handelt es sich aber um eine Arbeitsstörung, die durch ungünstige Witterungseinflüsse verursacht wurde, ist der Arbeitgeber verpflichtet, dem Arbeitnehmer Lohnersatz von 60 % des Durchschnittslohnes zu zahlen, § 129 Abs. 2 ArbGB. Hier ist aber wiederum Voraussetzung, dass der Arbeitgeber sein Versetzungsrecht nach § 37 Abs. 4 a) ArbGB nicht wahrgenommen hat.

In der Praxis dürfte für den Arbeitgeber eher die Variante der Nichtversetzung in Frage kommen, wenn es keine sinnvollen Tätigkeiten zu verrichten gibt bzw. anders ausgedrückt, die Arbeitskraft nicht anderweitig geeignet einsetzbar ist. Denn es macht schon einen Unterschied, ob nun der Arbeitgeber den vollen Lohn bzw. 80 oder 60 % des Durchschnittsverdiensts zu leisten verpflichtet ist.

Natürlich können die Fälle, in denen ein Ausgleich des Lohnes vorzunehmen ist, durch Tarifvertrag bzw. Betriebsvereinbarung erweitert werden.

Darüber hinaus gebührt auch dem Arbeitnehmer wegen des Versetzungsgrundes nach § 37 Abs. 1 a) sogar eine Ausgleichszahlung, wenn er zu einem anderen Arbeitgeber versetzt wird.

Auffällige Unterschiede zwischen der Vergütung bei einer Versetzung nach § 37 Abs. 1 b) oder f) sind gemäß den Vorschriften über die Krankenversicherung auszugleichen. In den anderen Fällen hat der Arbeitnehmer nur einen Anspruch auf den verringerten Lohn. Wenn jedoch der Arbeitnehmer in dem Versetzungsgrund nach § 37 Abs. 2 b) aus dem gegen ihn eingeleiteten Strafverfahren schuldlos hervorgeht, muss ihm der Arbeitgeber die Differenz des Lohnes auszahlen.[743]

c) Durchschnittsverdienst – de lege ferenda (Rechtslage ab dem 1.1.2007)

Der Durchschnittsverdienst ist nunmehr in den §§ 351 ff. ArbGB n.F. (ab dem 1.1.2007) geregelt. Er wird anhand des Bruttolohnes, der im Bezugszeitraum zur Auszahlung an den Arbeitnehmer vorgesehen ist und der im Bezugszeitraum geleisteten Arbeit ermittelt.

---

[742] Also in den Fällen des § 37 Abs. 4 ArbGB.
[743] Siehe dazu *Hanslik*, S. 15.

Bei der Feststellung des durchschnittlichen Verdienstes wird auch weiter von den drei *Grundparametern (základní parametri)* ausgegangen, und zwar von dem entscheidenden Zeitraum, dem Bruttolohn bzw. Gehalt, das dem Arbeitnehmer zu der Lohnauszahlung in diesem Zeitraum verrechnet wurde und aus der, von dem Arbeitnehmer abgearbeiteten, Zeit in diesem Zeitraum, vgl. § 353 Abs. 1 ArbGB n.F. Unter dem *entscheidenden Zeitraum (rozhodné období)* versteht das neue ArbGB bis auf einige Ausnahmen[744] das vorherige Kalenderquartal. Es konkretisiert dabei im Vergleich zu der bisherigen rechtlichen Regelung, dass der durchschnittliche Verdienst zu dem ersten Tag des Kalendermonats, der nach dem entscheidenden Zeitraum folgt, ermittelt wird, und dass man unter der *abgearbeiteten Zeit (odpracovaná doba)* die Zeit versteht, für die dem Arbeitnehmer ein Lohn oder ein Gehalt zusteht. (§§ 353 Abs. 1 und 2, 354 Abs. 1 und 2 ArbGB n.F.)

Damit es nicht zu einer unbegründeten Erhöhung des durchschnittlichen Verdienstes in den Fällen kommt, wo *der Lohn (das Gehalt) für die Überstundenarbeit in einem anderen entscheidenden Zeitraum als dem verrechnet wird (mzda (plat) za práci přesčas zúčtována v jiném než rozhodném období)*, in dem diese Arbeit ausgeübt wurde, werden in die abgearbeitete Zeit nach dem neuen ArbGB auch die Überstunden eingerechnet, für die Lohn/Gehalt gewährt wird. (§ 353 Abs. 3 ArbGB n.F.)
Das neue ArbGB lässt eine von den bisherigen Formen des durchschnittlichen Verdienstes aus und zwar *den durchschnittlichen täglichen Verdienst (průměrný denní výdělek)*. Daher wird der durchschnittliche Verdienst stündlich ermittelt. (§ 356 Abs. 1 ArbGB n.F.)[745]

d) De lege ferenda (ab dem 1.1.2007)

Die Regelungen zur Vergütung von Arbeitnehmern sind ab dem 1.1.2007 nicht mehr in speziellen Gesetzen (dem Gehalts- bzw. LohnG)[746] geregelt, sondern befinden sich nun im ArbGB. Bis zum 31.12.2006 war die Regelung der Arbeitslöhne in der Privatwirtschaft im LohnG enthalten, die Dienstbezüge im Staatssektor im GehaltsG. Die Lohnregelungen sind nun ab 1.1.2007 im neuen ArbGB enthalten. Das LohnG ist aufgehoben worden. Das GehaltsG gilt nur mehr für die Berufssoldaten.

Im Gegensatz zur früheren Regelung ändert das neue ArbGB nun die Fälle, in denen bei einer Versetzung (Neuzuweisung) Vergütung gezahlt wird, grundlegend. Das Gesetz zählt die Fälle der Versetzung auf, die eine Lohnkürzung nach

---

[744] Siehe dazu beispielsweise die Arbeitszeitkonten.
[745] Vgl. zu Vorstehendem *Bukovjan/Chládková*, Práce a mzda 7-8/2006, 2, 16.
[746] Vgl. Fn. 178.

sich ziehen und in denen ein gesetzlicher Anspruch des Arbeitnehmers auf Ausgleichszahlung bis zur Höhe der Differenz zwischen dem neuen und dem ursprünglichen Durchschnittslohn besteht. Dieser Anspruch besteht bei einer obligatorischen Versetzung im Sinne des § 41 Abs. 1 lit. a) - d) ArbGB n.F. und bei einer fakultativen Versetzung im Sinne des § 41 Abs. 4 ArbGB n.F. Natürlich können die Fälle, in denen ein Ausgleich des Lohnes vorzunehmen ist, durch Tarifvertrag bzw. Betriebsvereinbarung erweitert werden.

Darüber hinaus steht einem Arbeitnehmer im Falle des Zuweisungsgrundes gemäß § 41 Abs. 1 lit. b) ArbGB n.F. (Gesundheitsgründe) eine Ausgleichszahlung zu, wenn er sein Arbeitsverhältnis kündigt und bei einem anderen Arbeitgeber ein neues Arbeitsverhältnis eingeht, weil sein bisheriger Arbeitgeber für ihn keine geeignete Arbeit hat.

Unterschiede zwischen der Vergütung bei einer Versetzung nach § 41 Abs. 1 lit. d) ArbGB n.F. können dem Arbeitgeber zurückerstattet werden. Hierzu ist die tschechische Regierung zum Erlass einer Verordnung ermächtigt. In den anderen Fällen hat der Arbeitnehmer nur einen Anspruch auf den verringerten Lohn. Wenn jedoch der Arbeitnehmer im Falle eines Zuweisungsgrundes gemäß § 41 Abs. 2 lit. b) ArbGB n.F. aus dem gegen ihn eingeleiteten Strafverfahren schuldlos hervorgeht, muss ihm der Arbeitgeber die Differenz der Vergütung auszahlen.

4. Versetzung an eine andere Arbeit - De lege ferenda (ab dem 1.1.2007)

Die Verpflichtung des Arbeitgebers den Arbeitnehmer zu einer anderen Arbeit *(zaměstnance na jinou práci)* zu überführen, gilt neu auch für den Fall, dass der Arbeitnehmer die bisherige Arbeit auf Grund eines amtsärztlichen Befunds oder einer Entscheidung des zuständigen Verwaltungsamtes oder auch *wegen eines Arbeitsunfalls (pro pracovní úraz)* nicht mehr ausüben kann (§ 41 Abs. 1 lit. b) ArbGB n.F.).

Die Möglichkeit des Arbeitgebers, den Arbeitnehmer zu einer anderen Arbeit, als die, die in dem Arbeitsvertrag vereinbart wurde, wegen *eines Stillstandes oder einer Unterbrechung der Arbeit, die durch ungünstige Wetterbedingungen verursacht wurde (pre prostoj nebo pro přerušení práce způsobené nepříznivými povětrnostními vlivy)*, zu überführen, wird neu durch eine *Zustimmung des Arbeitnehmers bedingt (podmáněné souhlasem zaměstnance)*, § 41 Abs. 5 ArbGB n.F. Das bedeutet, dass der Arbeitgeber dem Arbeitnehmer – allerdings nur mit dessen Zustimmung – eine andere als die vereinbarte Arbeit zuweisen darf, wenn der Arbeitnehmer die vereinbarte Arbeit wegen eines Ausfalls im Betrieb (z.B. Stromausfalls) oder nachteiliger Witterungsumstände nicht ausüben kann.

Ansonsten sind die bisherigen obligatorischen in § 41 Abs. 1 und die bisherigen fakultativen Versetzungsgründe in § 41 Abs. 2 ArbGB n.F. aufgeführt. Der Arbeitgeber ist gemäß § 41 Abs. 1 ArbGB n.F. *verpflichtet*, dem Arbeitnehmer eine andere Arbeit zuzuweisen, wenn:

a) der Arbeitnehmer gemäß ärztlichem Attest einer Einrichtung arbeitsmedizinischer Pflege oder gemäß amtlichem Bescheid des zuständigen Verwaltungsamtes, das das Attest überprüft, angesichts seines Gesundheitszustandes die Fähigkeit zur Ausübung der bisherigen Arbeit langfristig verloren hat,
b) der Arbeitnehmer gemäß ärztlichem Attest einer Einrichtung arbeitsmedizinischer Pflege oder gemäß amtlichem Bescheid des zuständigen Verwaltungsamtes, das das Attest überprüft, die bisherige Arbeit nicht mehr ausüben darf wegen eines Arbeitsunfalles, weil er an einer Berufskrankheit leidet oder eine solche Berufskrankheit droht oder wenn er an seinem - durch Beschluss des zuständigen Organs festgestellten - Arbeitsplatz die höchst zulässige Strahlenexposition erreicht hat,
c) es sich um eine schwangere Arbeitnehmerin, eine stillende Arbeitnehmerin oder eine Arbeitnehmerin-Mutter eines weniger als neun Monate alten Kindes handelt, die eine Arbeit ausübt, die solchen Arbeitnehmerinnen verboten ist oder die nach einem ärztlichen Attest ihre Schwangerschaft oder Mutterschaft gefährdet,
d) es gemäß ärztlichem Attest einer Einrichtung arbeitsmedizinischer Pflege oder gemäß Bescheid des zuständigen Verwaltungsamtes im Interesse des Schutzes der Gesundheit anderer natürlicher Personen vor Infektionskrankheiten erforderlich ist,
e) es nach einer rechtskräftigen Entscheidung eines Gerichts oder eines Verwaltungsamtes, eines anderen Staatsorgans oder eines Organ der selbstverwaltenden Gebietskörperschaft erforderlich ist,
f) es sich bei der Arbeit um Nachtarbeit handelt und bei dem Arbeitnehmer aufgrund eines ärztlichen Attestes einer Einrichtung arbeitsmedizinischer Pflege festgestellt wurde, dass er dafür untauglich ist,
g) es sich um eine Nachtarbeit leistende, schwangere Arbeitnehmerin, eine stillende Arbeitnehmerin oder Arbeitnehmerin-Mutter eines weniger als neun Monate alten Kindes handelt, die um die Versetzung ersucht hat.

In den folgenden Fällen des § 41 Abs. 2 ArbGB n.F. *kann* der Arbeitgeber dem Arbeitnehmer eine andere Arbeit zuweisen, wenn:

a) der Arbeitgeber dem Arbeitnehmer aus einem der in § 52 lit. f) und lit. g) ArbGB n.F. angeführten Gründen gekündigt hat, d.h. der Arbeitnehmer (1) die Voraussetzungen für die Arbeitsausübung, wie sie in rechtlichen Vorschriften definiert sind, oder (2) die vom Arbeitgeber gestellten Anforderungen an eine ordnungsgemäße Arbeitsleistung nicht mehr erfüllt, oder (3) Gründe zu vertreten hat, die eine fristlose Auflösung des Arbeitsverhältnisses durch den Arbeitgeber rechtfertigen, oder (4) seine Arbeitspflichten, die sich für ihn aus rechtlichen Vorschriften ergeben, in schwerwiegender Weise verletzt hat;
b) gegen den Arbeitnehmer ein Strafverfahren wegen des Verdachts einer vorsätzlichen Straftat eingeleitet wurde, die bei Erfüllung von Arbeitsaufgaben oder im unmittelbaren Zusammenhang damit unter Schädigung des Vermögens des Arbeitgebers begangen wurde, wobei hier die Versetzung für die Zeit bis zum rechtskräftigem Abschluss des Strafverfahrens erfolgen darf,
c) der Arbeitnehmer vorübergehend die durch Rechtsvorschriften festgelegten Voraussetzungen für die Ausübung der Arbeit (Arbeitsfähigkeit) verloren hat. In diesem Fall darf die Versetzung höchstens 30 Tage dauern.
d) die Zuweisung einer anderen Arbeit notwendig ist, um ein außerordentliches Ereignis oder einen anderen drohenden Unfall abzuwenden oder dessen unmittelbare Folgen zu mildern. Die Neuzuweisung ist auch ohne Zustimmung des Arbeitnehmers zulässig, kann jedoch nur für die Dauer des unbedingt erforderlichen Bedarfs vorgenommen werden (§ 41 Abs. 4 ArbGB n.F.).

IV. Versetzung an einen anderen Arbeitsort

1. De lege lata (Rechtslage bis zum 1.1.2007)

Der Arbeitgeber darf den Arbeitnehmer nur aufgrund eines betrieblichen Erfordernisses und mit Zustimmung des Arbeitnehmers an einen anderen Arbeitsort, als es im Arbeitsvertrag vereinbart ist, beim selben Arbeitgeber versetzen, § 38 Abs. 3 Satz 1 ArbGB. Hier erfolgt die Versetzung lediglich betriebsintern. Die Zuweisung von Arbeitaufgaben an den versetzten Arbeitnehmer erfolgt durch den für die Unternehmensabteilung zuständigen leitenden Arbeitnehmer, zu der der Arbeitnehmer versetzt wurde, § 38 Abs. 3 Satz 2 ArbGB.

Die Versetzung bzw. *Verlegung zur Arbeitsausübung an einen anderen Ort (Přeložení k výkonu práce do jiného místa)*[747] ist im vorliegenden Fall nur aus unbedingt notwendigen Betriebsabläufen und nur nach vorheriger Zustimmung seitens des Arbeitnehmers sowie innerhalb der Organisationseinheit bzw. des Betriebes zulässig.[748] Dabei gilt es insbesondere zu beachten, dass eine Versetzung nur mit ausdrücklicher vorheriger Zustimmung seitens des Arbeitnehmers durchgeführt werden darf. Diese kann sowohl schriftlich als auch mündlich erteilt werden.[749] Individualarbeitsvertraglich kann dies durch eine konzernweite Versetzungsklausel geregelt werden. Dann muss eine konkrete Zustimmung für Versendungen innerhalb des Konzerns beim Arbeitnehmer nicht mehr eingeholt werden.

Die Versetzung ist auch nicht dauerhaft ausgestaltet.[750] Dies wird zudem auch aus § 39 ArbGB ersichtlich. Dieser Paragraph regelt die Pflicht des Arbeitgebers, beim Wegfall des Versetzungsgrundes den Arbeitnehmer wieder an seine ursprüngliche Arbeit und seinen ursprünglichen Arbeitsplatz zurückzuversetzen. Natürlich darf mit dem Arbeitnehmer auch Gegenteiliges vereinbart werden, dann gilt aber jenes, § 39 Satz 1 letzter Halbsatz ArbGB. Diese Prüfungspflicht des Arbeitgebers gilt für alle Versetzungsgründe. Ist aber eine Rücküberführung aus wichtigen betrieblichen Gründen nicht möglich, muss er den Arbeitnehmer an eine andere dem Arbeitsvertrag entsprechende Arbeit versetzen, wenn möglich an denselben Ort, § 39 Satz 2 ArbGB.

Wurde die Zuweisung einer anderen Art von Arbeit oder die Versetzung an einen anderen Ort der Arbeitsleistung im Widerspruch zum ArbGB vorgenommen, kann der Arbeitnehmer mit einer Feststellungsklage diese Versetzung anfechten.[751] Mit dieser Klage begehrt der Arbeitnehmer die Feststellung, dass die Versetzung unwirksam ist. Es handelt sich dabei nicht um eine besondere Klageart gemäß dem ArbGB, sondern um eine allgemeine Feststellungsklage nach den Bestimmungen der Zivilprozessordnung, § 80 ZPO CZ.

2. De lege ferenda (Rechtslage ab dem 1.1.2007)

Der Arbeitgeber darf den Arbeitnehmer auch nach dem neuen ArbGB an einen anderen Arbeitsort nur aufgrund eines dringenden betrieblichen Erfordernisses, mit Zustimmung des Arbeitnehmers und innerhalb des Unternehmens des Arbeitgebers versetzen, vgl. § 43 Abs. 1 ArbGB n.F.

---

747 *Štangová*, Právo a zaměstnání 5/1996, 12, 15.
748 Vgl. hierzu Galvas/*Gregorová*, tsch.ArbR, S. 145, Rn. 2.5.7.
749 Siehe *Štangová*, Právo a zaměstnání 5/1996, 12, 16.
750 Hierzu Galvas/*Gregorová*, tsch. ArbR, S. 144, Rn. 2.5.7.
751 Vgl. nur *Linhart/Schwarz/Hladký*, Arbeitsrecht in Europa, S. 1195, Rn. 56.

In diesem Zusammenhang ist die tschechische Rechtsprechung auch zu dem Schluss gekommen, dass die Zustimmung des Arbeitnehmers immer zu der konkreten Versetzung an eine andere Arbeit (Neuzuweisung) oder an einen anderen Arbeitsort vorliegen muss und dass die Voraussetzungen für die Zustimmung seitens des Arbeitnehmers nicht nur in dem Falle erfüllt sind, in dem der Arbeitnehmer zu der konkreten Änderung der vereinbarten Arbeitsbedingungen seine Zustimmung erteilt, sondern auch dann, wenn seine Zustimmung zu einer eventuellen zukünftigen Versetzung an eine andere Arbeit oder einen anderen Arbeitsort bereits im Arbeitsvertrag selbst beinhaltet ist, beispielsweise durch eine so geannte Versetzungskausel. Diese Zustimmung muss aber wirksam erteilt worden sein. Ist im Arbeitsvertrag die Zustimmung des Arbeitnehmers zur Versetzung an irgend eine andere Arbeit oder an irgend einen anderen Arbeitsort getroffen worden, ist die Zustimmung nicht wirksam, da die Art der Arbeit oder der Arbeitsort für die Zukunft nicht ausreichend bestimmt vereinbart sind und eine solche Willensäußerung das Gesetz umgehen würde.[752]

Bei einer Verweigerung der Zustimmung seitens des Arbeitnehmers ist die Mitwirkung des Gewerkschaftsorgans erforderlich, vgl. § 46 ArbGB n.F. Um Problemen bei der Einholung der erforderlichen Zustimmung vorzubeugen, empfiehlt sich die arbeitsvertragliche Vereinbarung eines konzernweiten Versetzungsrechts. In dem Falle muss der Arbeitgeber keine Zustimmung mehr einholen für Versetzungen innerhalb des Konzerns.

Durch das neue ArbGB ergeben sich keine Änderungen bei der Versetzung an eine andere Arbeit.

V. Versetzung auf Verlangen des Arbeitnehmers

Das tschechische Recht sieht auch eine Versetzung an eine andere Arbeit und eine Versetzung an einen andern Ort auf Verlangen des Arbeitnehmers vor, § 40 ArbGB. Danach ist der Arbeitgeber verpflichtet, dem Verlangen des Arbeitnehmers zu entsprechen, sobald dies seine betrieblichen Möglichkeiten zulassen. Der Arbeitnehmer kann beispielsweise die Versetzung verlangen, wenn es aufgrund eines ärztlichen Attestes[753] nicht Recht ist, am bisherigen Arbeitsplatz weiterzuarbeiten oder wenn andere wichtige Gründe vorliegen. Natürlich muss die neue Arbeit angemessen und geeignet sein.

---

[752] Vgl. Sammlung der Stellungnahmen und Entscheidungen des Obersten Gerichts der Tschechischen Republik, III S. 28.

[753] Das bescheinigt, dass die vereinbarte Arbeitstätigkeit die Gesundheit des Arbeitnehmers gefährdet.

Hierbei handelt es sich aber regelmäßig um eine Einigung zwischen Arbeitgeber und Arbeitnehmer und nicht wie bei den zuvor genannten Versetzungsmöglichkeiten um eine einseitige Rechtshandlung des Arbeitgebers.[754]

Das neue ArbGB sieht auch eine Versetzung an eine andere Arbeit und eine Versetzung an einen andern Ort auf Verlangen des Arbeitnehmers vor, wenn ein ärztliches Attest feststellt, dass die weitere Ausübung der bisherigen Tätigkeit oder das weitere Arbeiten am bisherigen Arbeitsplatz für den Arbeitnehmer nicht mehr geeignet ist, § 45 ArbGB n.F. Der Arbeitgeber ist verpflichtet, dem Verlangen des Arbeitnehmers zu entsprechen, sobald dies seine betrieblichen Möglichkeiten zulassen. Er muss dabei beachten, dass die neue Arbeit bzw. der neue Arbeitsort für den Arbeitnehmer geeignet sind. Hier ergeben sich durch das neue ArbGB keine Änderungen bezüglich der alten Regelung in § 40 ArbGB.

VI. Dienstreise

1. De lege lata (Rechtslage bis zum 1.1.2007)

Das tschechische Arbeitsrecht unterscheidet zwischen der Versetzung des Arbeitnehmers und der vorübergehenden Entsendung auf Dienstreisen. Gemäß § 38 Abs. 1 Satz 1 ArbGB ist unter einer Dienstreise (*služební cesta*)[755] eine zeitlich begrenzte Entsendung des Arbeitnehmers durch den Arbeitgeber außerhalb des Ortes, der für die Arbeitsleistung vereinbart wurde, zu verstehen. Der Arbeitgeber ist nach diesem Paragraph aber nur berechtigt, den Arbeitnehmer auf eine Dienstreise zu schicken, sofern dies im Arbeitsvertrag vereinbart ist.[756] Die Vereinbarung kann entweder im Arbeitsvertrag generell gefasst sein[757] oder auf bestimmte Dienstreisen (nach Kriterien der Zeit oder des Ortes) beschränkt werden.[758]

Eine weitere Definition der Dienstreise findet sich im ReisekostenerstattungsG.[759] Danach ist unter einer Dienstreise der Zeitraum ab Antritt der Reise zur Ausübung der Tätigkeit an einen anderen, von der regelmäßigen Arbeitsstätte des Arbeitnehmers abweichenden Ort, einschließlich der dortigen Arbeitsausübung bis zur Rückkehr zu verstehen. Ferner definiert das Reisekostenerstat-

---

[754] So auch Galvas/*Gregorová*, tsch.ArbR, S. 144, Rn. 2.5.6.
[755] Auch Arbeitsreise *(pracovní cesta)* genannt, vgl. Fn. 235.
[756] So im Ergebnis auch *Linhart/Schwarz/Hladký*, Arbeitsrecht in Europa, S. 1195, Rn. 58; *Poljaková*, WiRO 2005, 193, 196.
[757] - Zustimmung zu allen Dienstreisen nach Bedarf des Arbeitgebers - Bei einer derart globalen Vereinbarung im Arbeitsvertrag bleiben die einzelnen Dienstreisen daher weiterhin dem Direktionsrecht des Arbeitgebers vorbehalten. Vgl. hierzu *Klikar*, S. 124.
[758] *Linhart/Schwarz/Hladký*, Arbeitsrecht in Europa, S. 1195, Rn. 58.
[759] § 2 Abs. 1 ReisekostenerstattungsG (vgl. Fn. 311); Mehr dazu bei *Klikar*, S. 123.

tungsG die regelmäßige Arbeitsstätte als einen Ort, der mit dem Arbeitnehmer vereinbart wurde.[760] Grundsätzlich ist die regelmäßige Arbeitsstätte der Ort, der im Arbeitsvertrag vereinbart wurde, sofern nichts anderes vertraglich fixiert wurde.

Wegen der unterschiedlichen Definitionen in beiden Gesetzen kann es zu der Konstellation kommen, dass dem Arbeitnehmer ein Anspruch auf Reisekostenerstattung i.S.d. ReisekostenerstattungsG zusteht, obwohl nach dem ArbGB keine Dienstreise vorliegt.[761] Dies ist der Fall, wenn der Arbeitgeber mit dem Arbeitnehmer für die Zwecke des ReisekostenerstattungsG als regelmäßige Arbeitsstätte einen anderen Ort als den Ort der Arbeitsausübung i.S.d. Arbeitsvertrages vereinbart hat.

Besonderheiten bestehen bei schwangeren Arbeitnehmerinnen und Frauen, die ein unter 8-jähriges Kind sowie allein stehenden Arbeitnehmerinnen, die ein unter 15-jähriges Kind erziehen. Diese Arbeitnehmergruppen dürfen nur auf eigenes Verlangen auf eine Dienstreise außerhalb ihrer Gemeinde, Wohnsitz entsandt werden, vgl. die §§ 154 Abs. 1, 2 i.V.m. § 270 ArbGB.[762]

2. De lege ferenda (Rechtslage ab dem 1.1.2007)

Als Änderung der vereinbarten Arbeitsbedingungen gilt auch eine Entsendung des Arbeitnehmers auf eine Dienstreise. Gemäß § 42 Abs. 1 ArbGB n.F. ist unter einer Dienstreise eine zeitlich begrenzte Entsendung des Arbeitnehmers durch den Arbeitgeber außerhalb des Ortes, der für die Arbeitsleistung vereinbart wurde, zu verstehen. Der Arbeitgeber ist gemäß dieser Vorschrift aber nur dann berechtigt, den Arbeitnehmer für die Dauer des unbedingt erforderlichen Bedarfs auf Dienstreise zu schicken, wenn dies mit dem Arbeitnehmer vereinbart ist. Anderenfalls läge Zwangsarbeit vor. Eine zeitliche Bestimmung des unbedingt erforderlichen Bedarfs ist im Gesetz nicht enthalten. Dienstreisen können damit kurzfristig (mehrere Tage bis Wochen) wie auch langfristig (mehrere Monate) angelegt sein. Bei unverhältnismäßig langen Dienstreisen ist zu prüfen, ob nicht eine getarnte Versetzung an einen anderen Ort der Arbeitsleistung vorgenommen wurde.

Zu der Entsendung des Arbeitnehmers auf eine Arbeitsreise wird es nicht mehr nötig sein, eine solche Möglichkeit bereits in dem Arbeitsvertrag zu vereinbaren. Aber es wird *eine Vereinbarung zwischen dem Arbeitnehmer und dem Arbeitge-*

---

[760] § 2 Abs. 3 Satz 1 erster Halbsatz ReisekostenerstattungsG (Vgl. Fn. 311).
[761] Součková/ *Součková*, tsch. ArbGB-Kommentar, § 38, S. 110.
[762] Vgl. auch *Poljaková*, WiRO 2005, 193, 197.

ber (dohoda medzi zeměstnancem a zaměstnavatelem)[763] benötigt, einschließlich einer mündlichen Vereinbarung. Die Vereinbarung kann auch mündlich, sogar stillschweigend getroffen werden, indem der Arbeitnehmer eine Dienstreise nach Weisungen des Arbeitgebers antritt. Die Vereinbarung kann entweder generell als Zustimmung zu allen Dienstreisen, die nach Bedarf des Arbeitgebers anfallen, gefasst sein oder auf bestimmte Dienstreisen (nach Kriterien der Zeit oder des Ortes) beschränkt werden. Sie kann auch von Fall zu Fall getroffen werden. Das Einverständnis zu der Entsendung zu einer Dienstsreise erklärt der Arbeitnehmer auch dadurch, dass er zu dieser gemäß den Weisungen des Arbeitgebers antrete, § 42 Abs. 1 ArbGB n.F.

Der Ersatz der Ausgaben, die mit einer Arbeitsausübung verbunden sind (*Náhrada výdajú spojených s výkonem práce*), die früher im ReisekostenerstattungsG geregelt wurde, findet sich nun im neuen ArbGB wieder. Das neue ArbGB rechnet auch weiter mit der Möglichkeit der *Pauschalisierung von Reisesätzen (paušalizace cestovních náhrad)*.

Unter einer regelmäßigen Arbeitsstelle wird für die Zwecke der Reisekosten, die nicht arbeitsvertraglich vereinbart sind, der Ort der Arbeitsausübung, der in dem Arbeitsvertrag vereinbart ist, ausschlaggebend sein. Das neue ArbGB sieht als Novum vor, sofern in einem solchen Fall der Ort der Arbeitsausübung breiter als eine Gemeinde vereinbart wird (z.B. Südböhmen oder Mähren), wird für die *regelmäßige Arbeitsstelle (pravidelné pracoviště)* die Gemeinde gehalten, in der am öftesten die Arbeitsreisen des Arbeitnehmers beginnen, § 34 Abs. 2 ArbGB n.F. Bei fehlender Festlegung der regelmäßigen Arbeitsstätte gilt also die gesetzliche Vermutung, dass die Gemeinde, in der die Dienstreisen des Arbeitnehmers am häufigsten ihren Anfang nehmen, die regelmäßige Arbeitsstätte ist.

Es ist nötig, zwischen einer *Arbeits(-Dienst)reise (pracovní cesta)* (d.h. der Reise zur Arbeitsausübung außerhalb der Arbeitsstelle, die in dem Arbeitsvertrag vereinbart ist) und *einer Reise außerhalb der regelmäßigen Arbeitsstelle (cesta mimo pravidelné pracoviště)* zu unterschieden. (§ 152b i.V.m. § 156 Abs. 2 ArbGB n.F.) Für die Zwecke der Gewährung des *Reisekostenersatzes (cestovní náhrady)* wird aber auch diese Reise als eine Dienstreise verstanden. (§ 156 Abs. 2 ArbGB n.F.)[764]

---

[763] *Bukovjan/Chládková*, Práce a mzda 7-8/2006, 2, 4.
[764] Vgl. *Bukovjan/Chládková*, Práce a mzda 7-8/2006, 2, 11.

VII. Änderung der gesetzlichen arbeitsrechtlichen Regelungen

Der Vollständigkeit halber sei erwähnt, dass selbstverständlich eine Änderung in der arbeitsrechtlichen Gesetzgebung automatisch zu einer Änderung der Rechte und Pflichten aus einem Arbeitsverhältnis führt und zwar ohne den Willen der Arbeitsvertragsparteien.[765] Insbesondere hier müssen die Parteien keine Änderungsverträge bzw. neue, mit der gesetzlichen Lage übereinstimmende Arbeitsverträge abschließen. Alle bis dahin vereinbarten, mit der neuen Gesetzeslage im Widerspruch stehenden Inhalte und Bedingungen werden unwirksam. Dies gilt wiederum nicht, sofern die neue Rechtsnorm den Fortbestand der ursprünglichen Vereinbarungen erlaubt.[766]

VIII. Arbeitszeit

1. Rechtliche Grenzen / Direktionsrecht

Zu einer grundsätzlichen Regelung der gesetzlichen täglichen und wöchentlichen Arbeitszeit und des Umfangs von Überstunden kam es in der Tschechischen Republik mit der „*Euronovelle*"[767], die zum 01.01.2001 in Kraft getreten ist. Im ArbGB wird daher sehr detailliert die Länge der Arbeitszeit und deren Aufteilung auf bestimmte Zeiträume geregelt.

Die gesetzlichen Bestimmungen über die Arbeitszeit (*pracovní doba*) beziehen sich zwingend auf alle Arbeitnehmergruppen, also auch auf Führungskräfte und leitende Angestellte – im Gegensatz zum deutschen Arbeitsrecht. Dort findet nach § 18 das ArbZG keine Anwendung auf leitende Angestellte. Das bedeutet konkret, dass abweichende Vereinbarungen in Arbeits- oder Managerverträgen gegen das tschechische Arbeitsrecht verstoßen.[768]

Die durchschnittliche Wochenarbeitszeit von Vollzeitkräften liegt mit 41,1 Stunden über dem EU- Durchschnitt (40,1) und im Vergleich zu Deutschland (39,9) noch höher.[769] Jedoch ist die tarifliche Normalarbeitszeit mit ca. 38 Stunden deutlich weniger.[770] Allgemein sind die Arbeitstage von Erwerbstätigen in den mittel- und osteuropäischen Staaten, den ehemaligen Beitrittskandidaten, tendenziell länger als in der EU.

---

765 So im Ergebnis auch *Linhart/Schwarz/Hladký*, Arbeitsrecht in Europa, S. 1193, Rn. 52.
766 Zum Beispiel durch gesetzliche Übergangsregelungen; So auch *Klikar*, S. 114.
767 Vgl. dazu die Fn. 215 u. 216.
768 Siehe insoweit *Kutschera*, S. 62.
769 Arbeitskräfteerhebung von Eurostat 2001, vgl. *Carley*, Arbeitsbeziehungen, S. 11 ff.
770 Zu der tariflichen Arbeitszeit ausführlich *Fassmann/Čornejová*, Práce a mzda 7-8/2005, S. 54 f.

Die Länge der Arbeitszeit[771] beträgt nach § 83 a Abs. 1 ArbGB maximal 40 Stunden wöchentlich, [772] (Wochenarbeitszeit). Der maximale Umfang der Überstunden ist auf 8 Stunden wöchentlich begrenzt, § 96 Abs. 1 S. 2 ArbGB.[773] Die Arbeitszeit für Arbeitnehmer, die unter Tage arbeiten[774] sowie solche, die Schichtarbeit[775] leisten oder jünger als 16[776] sind, ist reduziert, § 83 a Abs. 2 lit. a)-d) ArbGB.

Die Arbeitszeit wird in der Regel in eine Fünftagewoche eingeteilt.[777] Erlauben die Art der Arbeit oder die Betriebsbedingungen es nicht, die Arbeitszeit gleichmäßig auf die einzelnen Wochen aufzuteilen, so kann der Arbeitgeber nach Anhörung[778] des zuständigen Gewerkschaftsorgans die Arbeitszeit für eine im Tarifvertrag[779] bestimmte Zeit ungleichmäßig aufteilen. Gegebenenfalls darf er auch eine ungleichmäßige Verteilung der Arbeitszeit mit dem Arbeitnehmer vereinbaren, §85 Abs. 1 S. 1 ArbGB.

Dabei darf bei ungleichmäßiger Wochenarbeitszeit ohne Überstunden die ungleichmäßig aufgeteilte Arbeitszeit, die festgesetzte Wochenarbeitszeit, die höchstens 12 aufeinander folgende Kalendermonate beträgt, im Durchschnitt nicht überschritten werden, § 85 Abs. 1 S. 2 ArbGB. Die Dauer einer Schicht darf bei ungleichmäßiger Verteilung nicht länger als 12 Stunden sein, § 85 Abs. S. 2 ArbGB.

Bei einer gleichmäßigen Verteilung der Arbeitszeit auf einzelne Wochen wird die festgesetzte Wochenarbeitszeit so aufgeteilt, dass die Schichtlänge nicht mehr als neun Stunden beträgt; die durchschnittliche Wochenarbeitszeit ohne Überstunden darf dabei in der Zeit von höchstens vier aufeinander folgenden Wochen die für die Wochenarbeitszeit festgesetzte Grenze nicht überschreiten,

---

[771] Das heißt die Zeit, während der der Arbeitnehmer verpflichtet ist, die Arbeit für den Arbeitgeber zu leisten, § 83 Abs. 1 ArbGB.
[772] Bis zum 01.01.2001betrug die wöchentliche Arbeitszeit 43 Stunden. Bis dato waren auch die Pausen für Essen und zur Erholung im Unfang von 30 Minuten täglich einbegriffen. Nunmehr zählen die gewährten Ruhepausen nicht zu der Arbeitszeit, § 89 Abs. 5 ArbGB.
[773] Vgl. auch *Fassmann/Čornejová*, Práce a mzda 7-8/2005, S. 54.
[774] Bsp. beim Abbau von Kohle, Erz, Untertagebau, Montanarbeitsstätten beträgt die Wochenarbeitszeit höchstens 37,5 Stunden.
[775] Im Drei-Schichtsystem höchstens 37, 5 Wochenstunden, im Zwei-Schichtsystem, also wo sich die Arbeitnehmer innerhalb von 24 aufeinander folgenden Stunden in zwei Schichten ablösen, maximal 38,75 Stunden wöchentlich.
[776] Jugendliche dürfen höchstens 30 Stunden wöchentlich arbeiten, wobei sechs Stunden am Tag nicht überschritten werden dürfen.
[777] Dies sieht § 84 Abs. 1 S. 2 ArbGB vor.
[778] Synonym gebraucht auch Erörterung.
[779] Synonym auch Kollektivvertrag gebraucht.

§ 84 Abs. 2 ArbGB. In § 83 Abs. 3 ArbGB ist legal definiert, dass eine Schicht ein Teil der festgesetzten Wochenarbeitszeit[780] ohne Überstunden ist, den der Arbeitnehmer auf der Grundlage des vorher festgelegten Arbeitsverteilungsplanes der Arbeitsschichten (Schichtarbeit) verpflichtet ist abzuarbeiten und zwar innerhalb von 24 aufeinander folgenden Stunden.

Wichtig ist, dass der Arbeitgeber über die geleistete Arbeitszeit eines jeden Arbeitnehmers einen „Evidenznachweis" führt, § 94 ArbGB - sog. Arbeitszeitnachweis. Dem Arbeitgeber obliegt die Pflicht, einen Nachweis über die Aufteilung der Arbeitszeit, die Überstunden, die Arbeitsbereitschaft und die Nachtarbeit für jeden einzelnen Arbeitnehmer zu führen. Auf Verlangen des Arbeitnehmers muss der Arbeitgeber Einsicht in die Erfassungsunterlagen seiner Arbeitszeit gewähren.

Den Beginn und das Ende der täglichen Arbeitszeit bestimmt der Arbeitgeber nach Anhörung des zuständigen Gewerkschaftsorgans, § 87 Abs. 1 ArbGB. Das Direktionsrecht verbleibt also beim Arbeitgeber, lediglich besteht für das Gewerkschaftsorgan ein Erörterungsrecht. Dies ist kein zwingendes Mitbestimmungsrecht der Gewerkschaft, sondern ein bloßes Mitwirkungsrecht. Die endgültige Entscheidung über die Lage der Arbeitszeit obliegt dem Arbeitgeber selbst. Eine Anhörung des Betriebsrates ist gesetzlich nicht vorgesehen. Ebenso verfügt der Arbeitgeber nach Erörterung des zuständigen Gewerkschaftsorgans die Einteilung der Wochenarbeitszeit, § 84 Abs. 1 S. 1 ArbGB.

Darüber hinaus ist gemäß § 89 Abs.1 ArbGB eine Arbeitspause (Ruhepause) von mindestens 30 Minuten vorgesehen, wenn der Arbeitnehmer ununterbrochen sechs Stunden gearbeitet hat. Jugendliche Arbeitnehmer müssen nach viereinhalb Stunden ununterbrochener Arbeit diese Ruhepause haben.[781] Die gesetzlich vorgeschriebenen Pausen werden nicht in die Arbeitszeit eingerechnet.

---

[780] Die festgesetzte Wochenarbeitszeit ist die nach § 83 a Abs. 1 bis 4 ArbGB bestimmte Arbeitszeit.

[781] Im deutschen Recht ist dies in § 11 Abs. 1 JArbSchG ähnlich geregelt: die Ruhepausen müssen mindestens 30 Min. bei einer Arbeitszeit von mehr als viereinhalb bis sechs Stunden Arbeitszeit betragen.

2. Flexibilisierungsmöglichkeiten

a) Gleitarbeitszeit

Mit der Novelle im Jahr 2000 - Gesetz Nr. 155/2000 Slg. vom 18.05.2000 - wurde erstmals die Regelung über die Gleitzeit eingeführt, §§ 85 a.- d. ArbGB. Das Arbeitsrecht ermöglicht nun auch die Gleitzeit. Die Neuregelungen sollen einem größeren Kreis von Arbeitgebern die Einführung einer flexiblen Arbeitszeit ermöglichen, um die Arbeitskraft besser zu nutzen und den Bedürfnissen der Arbeitnehmer besser entgegenzukommen. Dies ist auch im Gesetz so festgeschrieben worden, § 85 a Abs. 1 S. 1 ArbGB.

Grundsätzlich setzen Arbeitgeber und Arbeitnehmer die Zeit, in der die Arbeit verrichtet wird, selbst fest. Die Arbeitszeit wird als ein Zeitraum verstanden, deren Beginn und Ende der Arbeitnehmer innerhalb des durch den Arbeitgeber vorgegebenen Rahmens selbst festsetzt (sog. wählbare Arbeitszeit - *volitelná pracovní doba*).[782] Daher bestimmt der Arbeitnehmer bei der Gleitarbeitszeit selbst den Beginn, gegebenenfalls auch das Ende der täglichen Arbeitszeit im Rahmen bestimmter Zeitabschnitte „Gleitzeiten", die vom Arbeitgeber vorgegeben werden, § 85 a Abs. 3 S. 1 ArbGB. Vom Arbeitgeber wird auch die sog. Kernarbeitszeit (*základní pracovní doba*), in der der Arbeitnehmer auf seinen Arbeitsplatz zu sein hat, bestimmt, § 85 a Abs. 3 S. 2 ArbGB. Die Kernarbeitszeit muss bei einer 40 Stundenwoche mindestens 5 Stunden täglich betragen, § 85 a Abs. 4 S. 1 ArbGB.[783] Der andere Teil der Gleitzeit besteht aus der sog. frei wählbaren Arbeitszeit des Arbeitnehmers. Dabei muss das Zeitfenster für den Arbeitsbeginn mindestens eine Stunde betragen, § 85 a Abs. 4 S. 2. ArbGB.

Die konkrete Ausgestaltung der Gleitzeitarbeitszeit kann der Arbeitgeber in einer Arbeitsordnung regeln, § 85 a Abs. 2 ArbGB.[784]

Jedoch kann der Arbeitgeber nur unter folgenden gesetzlich abschließenden Voraussetzungen Gleitarbeitszeit einführen. Zum einen ist die Einführung der Gleitzeit nur nach Erörterung mit dem zuständigen Gewerkschaftsorgan möglich. Zum anderen, wenn sie im Interesse der besseren Ausnutzung der Arbeitszeit (Effektivität) und der Befriedigung persönlicher Bedürfnisse der Arbeitnehmer geeignet ist. Die Gleitzeit ist auch nur auf bestimmten Arbeitsplätzen, gegebenenfalls nur bei einigen Arbeitgebern möglich.[785] (§ 85 a Abs. 1 ArbGB)

---

[782] Vgl. *Šimečková*, S. 125; *Svobodová*, Právo a zaměstnání 6/2004, 2, 4.

[783] So auch *Kutschera*, S. 62; *Klikar* spricht lediglich von einer Soll-Verpflichtung des Arbeitgebers bei der täglichen fünfstündigen Kernarbeitszeit, S. 84.

[784] Vgl. hierzu *Klikar*, S. 84.

[785] Vgl. auch *Klikar*, S. 83.

Allerdings steht eine nähere gesetzliche Regelung der Arbeitsplätze oder der Arbeitgeber, bei denen eine Gleitzeit in Frage kommt, bislang aus.[786]

Entsprechend der Dauer des Zeitrahmens, innerhalb dessen der Arbeitnehmer seine Arbeit verrichtet, unterscheidet der tschechische Gesetzgeber drei Formen der Gleitarbeitszeit, § 85 b ArbGB. Es gibt die Tagesgleitzeit, Wochengleitzeit und die Monatsgleitzeit. Zusätzlich müssen während der festgesetzten Zeiträume die gesetzliche Wochenarbeitszeit ausgeglichen werden, § 85 a Abs. 4 S. 3 ArbGB.

b) Arbeitszeitkonten

aa) Derzeitige Gesetzeslage (bis zum 1.1.2007)

Das Flexibilisierungsinstrument der Arbeitszeitkonten ist in den arbeitsrechtlichen Vorschriften derzeit nicht geregelt (bis zum 1.1.2007). Somit ist eine Einführung de lege lata verboten. Es gilt nach wie vor der Grundsatz: *alles was gesetzlich nicht ausdrücklich geregelt ist, ist verboten.*

Zwar hat der Gesetzgeber mit dem Gesetz Nr. 155/2000 die Gleitzeit eingeführt, aber eben nur diese und keine Zeitkonten. Aber die Einführung des Evidenznachweises über die Arbeitszeit in § 94 ArbGB ist als ein Instrument der Arbeitszeiterfassung ein grundlegendes Steuerungselement für die Gewährleistung flexibler Arbeitszeiten. Nach § 94 ArbGB ist der Arbeitgeber verpflichtet, eine Evidenz der Arbeitszeit, der Überstunden, der Arbeitsbereitschaft und der Nachtarbeit für die einzelnen Arbeitnehmer zu führen. Auf Verlangen des Arbeitnehmers muss der Arbeitgeber Einsicht in die Erfassungsunterlagen seiner Arbeitszeit geben. Aber dieser Evidenznachweis kommt dem deutschen Arbeitszeitnachweis nach § 16 Abs. 2 ArbZG gleich.

Natürlich muss man dazu sagen, dass auch in Deutschland die Arbeitszeitkonten nicht gesetzlich festgelegt sind, weder durch das ArbZG noch durch eine sonstige Vorschrift. Indessen gilt aber im deutschen Arbeitsrecht das umgekehrte Prinzip: *es ist alles erlaubt, was gesetzlich nicht (ausdrücklich oder konkludent) verboten ist.* Vielmehr hat im Laufe der letzten zwei bis drei Jahrzehnte die deutsche Wirtschaftspraxis auf dem Gebiet der Arbeitszeitflexibilisierung - teilweise flankiert durch die Gesetzgebung und Rechtsprechung - eine Fülle neuer Formen konzipiert und implementiert.[787]

---

[786] Siehe *Klikar*, S. 84.
[787] Vgl. *Knörzer*, S. 5.

Es gibt aber *„pragmatische Lösungen“*[788], die in der tschechischen Praxis angewendet werden. Die Einführung eines Arbeitszeitmodells wie das Zeitkonto ist für den Arbeitgeber nur möglich, wenn alle Arbeitnehmer dahingehend zustimmen.[789] Da dies für den Arbeitgeber wenig praktikabel und zeitaufwendig sein kann, erscheint dies als keine pragmatische Lösung. Immerhin enthält der vorbereitete Entwurf des neuen Arbeitsgesetzbuches die Regelung der Arbeitszeitkonten; sogar die Einführung von Zeitkonten, die länger als ein Jahr betragen, soll dann möglich sein.

bb) De lege ferenda (Gesetzeslage ab dem 1.1.2007)

Das neue ArbGB (ab dem 1.1.2007) eröffnet die Möglichkeit für den Arbeitgeber ein Arbeitszeitkonto (*konto pracovní doby/učet pracovní doby*) einzuführen, das das alte ArbGB nicht vorsah. Eine grundlegende und lange erwartete Änderung in der Arbeitszeitregelung ist durch die Einführung eines Arbeitszeitkontos als Form der ungleichmäßig aufgeteilten Arbeitszeit geschaffen worden.[790]

De lege ferenda beinhaltet der § 86 ArbGB ArbGB n.F. Folgendes: (Abs.1) *Das Arbeitszeitkonto ist eine andere Weise der ungleichmäßigen Arbeitszeiteinteilung, die nur durch Tarifvertrag oder eine interne Vorschrift geregelt werden kann. Zur Geltendmachung (Einführung, Errichtung) des Arbeitszeitkontos und der Länge des Ausgleichszeitraumes nach Abs. 3 muss der Arbeitgeber die vorherige Zustimmung der einzelnen Arbeitnehmer haben, die von der Arbeitszeiteinteilung betroffen sind.*
(Abs. 3) *Sofern ein Arbeitszeitkonto eingeführt wird, darf der Ausgleichszeitraum 26 aufeinander folgende Wochen nicht überschreiten. Nur ein Tarifvertrag kann jedoch diesen Zeitraum maximal auf 52 aufeinander folgende Wochen abgrenzen.*

Das Arbeitszeitkonto kann nur durch Tarifvertrag oder in einer vom Arbeitgeber herausgegebenen internen Vorschrift festgelegt werden. Die interne Vorschrift ist in § 305 ArbGB n.F. geregelt. Danach kann ein Arbeitgeber, bei dem keine Gewerkschaft tätig ist, durch eine interne Vorschrift die Lohn- und Gehaltsrechte und andere Rechte in den Arbeitsverhältnissen festlegen, vgl. § 305 Abs. 1 S. 1 ArbGB n.F. Jedoch kann die interne Vorschrift diese Rechte nur dann festlegen, wenn die Rechte auf sie durch Tarifvertrag übertragen wird, vgl. § 305 Abs.

---

788 *Braun*, Arbeitsrechtliche Rahmenbedingungen - Tschechische Republik, S. 4.

789 *Braun*, (Rechtsanwalt und Advokát, bpv Braun Haškovcová), Vortrag zu den Arbeitsrechtlichen Rahmenbedingungen - Tschechische Republik auf der Veranstaltung zum Internationalen Arbeitsrecht von BayME - Bayerischer Unternehmensverband Metall- und Elektro e.V. am 29.07.2005 in Regensburg.

790 Vgl. *Braun/Wiesnerová*, Magazin Plus, August 2006, Hrsg. DTIHK, www.dtihk.cz/StartDE.htm sowie *Chládková/Bukovjan*, Práce a mzda 9/2006, 13, 14.

1 S. 2 ArbGB n.F.[791] Die Regel kann unter Umständen zur Folge haben, dass ein (überbetrieblicher, allgemeinverbindlicher) Tarifvertrag gerade eine Übertragung von Lohnrechten ausschließt bzw. die Gewerkschaften auf einer tariflichen Regelung beharren. Der Arbeitgeber bei dem keine Gewerkschaft tätig ist, wäre mithin benachteiligt. Unabhängig davon, ob eine Gewerkschaft im Betrieb des Arbeitgebers ist, muss ein Arbeitgeber die Möglichkeit haben Arbeitszeitkonten einzuführen. Hier muss der Gesetzgeber Abhilfe schaffen. Durch die gewöhnliche Wort-Auslegung der tschechischen Juristen[792] ist nicht geholfen, allenfalls eine teleologische Reduktion des Tatbestandes des § 305 Abs. 1 S. 2 ArbGB n.F. im Zusammenhang mit der Einführung von Arbeitszeitkonten könnte das gewünschte Ergebnis erzielen.

Zur Einführung des Arbeitszeitkontos ist die vorherige Zustimmung jedes Arbeitnehmers notwendig, der davon betroffen sein wird. Das neue ArbGB setzt keine Schriftform der Einwilligung voraus. Daher kann die Einwilligung auch mündlich oder konkludent erfolgen.[793] Zu Beweiszwecken ist allerdings die Schriftform empfehlenswert.

Der Arbeitgeber ist verpflichtet, eine genaue Evidenz zu führen. Die Evidenz betrifft einerseits die Arbeitszeit (Abeitszeitkonto), andererseits den Lohn (Lohnkonto).
Die Dokumentationsfunktion des Arbeitzeitkontos ist in § 87 Abs. 2 ArbGB n.F.genauer geregelt. Der § 87 ArbGB n.F. sieht Folgendes vor:

(Abs.1) Bei Einführung des Arbeitszeitkontos ist der Arbeitgeber verpflichtet, eine Rechnung (Anmerkung: Verf. Nachweis, Evidenz) der Arbeitszeit des Arbeitnehmers und eine Rechnung des Lohnes zu führen.
(Abs.2) Der Nachweis der Arbeitszeit des Arbeitnehmers beinhaltet:
die festgelegte Wochenarbeitszeit bzw. die kürzere Arbeitszeit,
einen Arbeitszeitplan der einzelnen Arbeitstage einschließlich des Beginns und des Endes der Schicht, und
die abgearbeitete (geleistete) Arbeitszeit pro Tag und pro Woche.
(Abs. 3) Der Arbeitgeber ist verpflichtet, jede Woche die Differenz zwischen der festgelegten Wochenarbeitszeit und der abgearbeiteten Arbeitzeit auszuweisen.
(Abs. 4) Wenn bei der Geltendmachung des Arbeitszeitkontos ein kürzerer Zeitraum benutzt wird, als im § 86 Abs. 3 angeführt, beurteilt man die Differenz

---

[791] Dies haben auch *Chládková/Bukovjan* (für problematisch) gesehen, vgl. *Chládková/ Bukovjan*, Práce a mzda 9/2006, 13, 14.
[792] Siehe dazu umfassend unter Punkt Tschechische Rechtstradition - Rechtsdenken, Teil 2 B.II.2.c)dd)(2).
[793] Ebenso *Chládková/Bukovjan*, Práce a mzda 9/2006, 13, 15.

zwischen der festgelegten Wochenarbeitszeit und der abgearbeiteten Arbeitszeit nach dem Abschluss dieses kürzeren Zeitraums.[794]

Der Arbeitgeber wird verpflichtet, für jeden Arbeitnehmer ein Arbeitszeitkonto (*učet pracovní doby*) und ein Lohnkonto (*učet mzdy*) zu führen. Für jede Woche muss der Unterschied zwischen der festgelegten Wochenarbeitszeit und der tatsächlich gearbeiteten Arbeitszeit ausgewiesen werden. Im Ausgleichszeitraum wird der Arbeitnehmer für die einzelnen Kalendermonate einen Lohnanspruch in fester monatlicher Höhe haben, so genannter ständiger Lohn (*stálá mzda*), der im Tarifvertrag vereinbart oder in einer internen Vorschrift bestimmt wird und nicht geringer als 80 Prozent des Durchschnittsverdienstes des Arbeitnehmers sein darf, vgl. § 120 Abs. 1 ArbGB n.F. Das Lohnkonto weist den Lohn in fester Höhe und den tatsächlich erzielten Lohn für den Kalendermonat aus, vgl. § 120 Abs. 2 ArbGB n.F. Für den Ausgleichszeitraum hat der Arbeitnehmer einen Anspruch auf den Unterschied zwischen dem tatsächlich erzielten Lohn und dem festen Lohn, vgl. § 121 Abs. 1 ArbGB n.F. Der feste Lohn gebührt dem Arbeitnehmer in der vollen Höhe auch dann, wenn der Arbeitgeber in dem entsprechenden Kalendermonat die Arbeitszeit nicht einteilt. Hingegen steht dem Arbeitnehmer für die eingeteilte Arbeitszeit während er nicht arbeitet, kein fester Lohn zu, vgl. § 121 Abs. 2 ArbGB n.F. Der Gesetzgeber meint damit die Fälle, in denen der Arbeitnehmer arbeitsunfähig ist, Urlaub nimmt oder aus anderen eigenen Arbeitsverhinderungen nicht arbeitet oder an Gründen auf Seiten des Arbeitgebers (Stillstand/Ausfall/Unterbrechung der Arbeit aufgrund ungünstiger Witterungsverhältnisse, § 207 ArbGB n.F.) liegen.[795] Sollte der tatsächliche Lohn geringer sein, erhält der Arbeitnehmer den Lohn in der festen Höhe.[796] Durch die Dokumentationspflicht wird eine genaue Erfassung der Arbeitszeiten und der Lohnzahlungen realisiert. Dies ist wichtig, da etwaige Lohndifferenzen nach Beendigung eines bestimmten Zeitraumes oder bei Beendigung des Arbeitsverhältnisses durch den Arbeitgeber ausgeglichen werden müssen.

Neben der speziellen Regelung der Erfassung der Arbeitszeit in § 87 ArbGB n.F., gibt es auch eine allgemeine Informationspflicht des Arbeitgebers nach § 84 ArbGB n.F. Die Regelung des § 84 ArbGB n.F. sieht eine Besonderheit im Fall des Arbeitszeitkontos vor. Dieser Paragraph beinhaltet die allgemeine Verpflichtung des Arbeitgebers einen schriftlichen Plan der Wochenarbeitszeit zu erstellen und die Arbeitnehmer spätestens zwei Wochen vor dem Anfang des Zeitraumes, auf den die Arbeitszeit ungleichmäßig eingeteilt wird, zu informieren, sofern er mit dem Arbeitnehmer keine andere Zeit der Unterrichtung ver-

---

[794] Nichtamtliche Übersetzung von *Veberová*.

[795] Vgl. *Chládková/Bukovjan*, Práce a mzda 9/2006, 13, 16.

[796] Vgl. dazu *Braun/Wiesnerová*, Magazin Plus, August 2006, Hrsg. DTIHK, www.dtihk.cz/StartDE.htm.

einbart. Allerdings ist die Zeit der Unterrichtung im Fall des Arbeitszeitkontos auf eine Woche verkürzt. Hier ist der Arbeitgeber verpflichtet, über den Wochenarbeitszeitplan die Arbeitnehmer eine Woche vor Beginn dieser Arbeitszeitverteilung zu informieren, vgl. § 84 ArbGB n.F. Diese Verkürzung der Informationspflicht des Arbeitgebers war im Entwurf zum ArbGB (Regierungsentwurf Nr. 1153) noch nicht enthalten. Im Entwurf regelt § 84 allgemein die Informationspflicht über die Arbeitszeiteinteilung zwei Wochen vor deren Beginn.

Erwähnenswert ist auch, dass de lege ferenda die Einführung von Arbeitszeitkonten bei staatlichen Arbeitgebern explizit verboten sein wird. (§§ 86 Abs. 2, 109 Abs. 3 ArbGB n.F.) Konkret bedeutet dies, dass Arbeitgeber, die ihre Arbeitnehmer mit einem Gehalt entlohnen, beispielsweise der Staat, die territoriale Staatsverwaltung, der Staatsfonds, Schulen etc. kein Arbeitszeitkonto einführen dürfen.

Der Ausgleichszeitraum ist in gleicher Weise wie bei der beschriebenen ungleichmäßig aufgeteilten Arbeitszeit bestimmt, also 26 bzw. 52 Wochen bei einer tarifvertraglichen Regelung.

Zusammenfassend lässt sich somit sagen: Bei der Geltendmachung des Kontos der Arbeitszeit *(konto pracovní doby)* wird der Arbeitgeber dem Arbeitnehmer in dem Ausgleichzeitraum für die einzelnen Kalendermonate den Lohn in einer stabilen monatlichen Höhe gewähren, einen so genannten ständigen Lohn (*stálou mzdu*), der in einem Kollektivvertrag vereinbart, eventuell in einer internen Vorschrift bestimmt wurde. Der ständige Lohn des Arbeitnehmers *darf nicht niedriger sein als 80% des durchschnittlichen Verdienstes des Arbeitnehmers (nesmí být nižší než 80% průmerného výdělku zaměstnance)*, wobei der entscheidende Zeitraum für diese Zwecke die vorherigen 12 nacheinander folgenden Kalendermonate sind. Der Arbeitgeber wird in einem solchen Fall verpflichtet sein, eine *Rechnung des Lohnes des Arbeitnehmers (účet mzdy zaměstnance)* zu führen und auf dieser für den späteren Ausgleich einerseits den ständigen Lohn des Arbeitnehmers, andererseits seinen erreichten Lohn für einen Kalendermonat ausweisen, auf welchen ihm gemäß dieses Gesetzes und nach den vereinbarten Bedingungen ein Recht entstanden ist. (§§ 120, 121, 354 Abs. 4 ArbGB n.F.)[797]

[797] Vgl. zu Vorstehendem auch *Bukovjan/Chládková*, Práce a mzda 7-8/2006, 2, 9.

cc) Stellungnahme

Für eine Vielzahl von tschechischen mittelständischen und größeren Unternehmen stellt sich die Frage, wie ihre Arbeitnehmer effizienter eingesetzt werden können und ob die in Deutschland oder anderen Ländern eingeführten Arbeitszeitmodelle auch in der Tschechischen Republik Anwendung finden, zumal die Arbeitskräfte teurer werden.[798] Das geltende ArGB (bis zum 1.1.2007) erlaubte solche Zeitmodelle nicht. Die Einführung von Arbeitszeitkonten im neuen ArbGB ist daher zu begrüßen. Dadurch wird dem Arbeitgeber ermöglicht, flexibel auf absatzbedingte Schwankungen beim Arbeitskräftebedarf bzw. auf die Menge der Aufträge zu reagieren. Die Arbeitgeber können mit diesem Institut die Arbeitszeit ihrer Arbeitnehmer regulieren und ihnen gleichzeitig ein Festgehalt auszahlen.

Dagegen ist die Voraussetzung der jeweiligen Zustimmung jedes einzelnen Arbeitnehmers für die Errichtung der Konten der Arbeitszeit unglücklich gewählt. Da es sich hierbei meistens um einen kollektiven Tatbestand handelt, sollte die Verhandlung mit den Betriebsparteien, zum einen mit den Gewerkschaften und auf der anderen Seite mit den Arbeitgebern, ausreichen. In einem Betriebs- bzw. überbetrieblichen Kollektivvertrag, ggf. in einer internen Vorschrift, sofern keine Gewerkschaft im Betrieb tätig ist, könnten die Arbeitskontenmodelle geregelt werden. Warum der tschechischen Gesetzgeber jedoch den Weg der vorherigen Zustimmung der einzelnen Arbeitnehmer zu der Einführung von Arbeitszeitkonten verlangt, ist unverständlich. Allerdings kann der Arbeitgeber in der Praxis im Arbeitsvertrag das Konto der Arbeitszeit festlegen und mit der Unterschrift des Arbeitnehmers unter dem Arbeitsvertrag erklärt dieser mithin gleichzeitig seine Zustimmung zu dem Arbeitszeitkonto.

Arbeitszeitkonten sind im tschechischen Arbeitsrecht ein absolutes Novum. Dieses oder ein vergleichbares Institut hat es bis zu seiner Einführung durch das neue ArbGB in der Tschechischen Republik nicht gegeben. Es wird mit Spannung erwartet, wie sich die praktische Umsetzung der Einführung des Arbeitszeitkontos, inklusive eines Lohnkontos in der Rechtspraxis, vor allem in den Betrieben, auswirken wird. Jedenfalls stellen sich in der Praxis schon die ersten Fragen.[799]

---

[798] Insoweit *Braun/Wiesnerová*, Wirtschaftsmagazin Plus, DTIHK, Dezember 2002.
[799] Siehe dazu *Chládková/Bukovjan*, Práce a mzda 9/2006, 13 ff.

c) Tarifvertrag

Eingehend kann mit *ČMKOS* [800] konstatiert werden, dass die Frage der Länge der Arbeitszeit nicht die Priorität bei der kollektiven Verhandlung in der Tschechischen Republik darstellt.[801] Das aktuelle Problem ist nicht die Arbeitszeit, sondern sind die niedrigen Löhne (das Einkommen).[802]

Die Verbesserung der Arbeitsbedingungen, die Erhöhung der Arbeitssicherheit und die Erweiterung des Raumes für die Erhöhung der Arbeitsmöglichkeiten in der Form der Verkürzung der Arbeitszeit sind zusammen mit den Gehaltsfragen, genau wie in der EU, ständiger Bestandteil der Tarifverhandlungen in der ČR.[803] Für die Verkürzung der Arbeitszeit wird tarifrechtlich vor allem Folgendes vereinbart:

- die Verkürzung der gesetzlich wöchentlichen Arbeitszeit ohne die Reduzierung des Lohnes (zum Beispiel kam im Jahr 2004 eine solche Vereinbarung in ca. 94 % der betrieblichen Kollektivverträge vor; die durchschnittlich verhandelte Länge der Arbeitszeit betrug 38 Stunden),
- die Vereinbarung einer weiteren Urlaubswoche, die über den gesetzlich festgelegten Mindesturlaub[804] hinausgeht (im Jahr 2004 verlängerten ca. 76,5% der betrieblichen Kollektivverträge den Grundurlaub um eine Woche und nur 0,5% der Betriebskollektivverträge um zwei Wochen),
- die Ausdehnung der Anzahl der arbeitsfreien Tage in dem Kollektivvertrag, die den Arbeitnehmern über den Rahmen des ArbGB gewährt werden (insgesamt verkürzten 49% der Betriebs-, Unternehmenskollektivverträge die Arbeitszeit in dieser Form),
- in bestimmten Branchen wird in den kollektiven Verträgen auch die Reduktion der Arbeitsbereitschaft auf der Arbeitsstelle sowie des Ausmaßes der Überstunden unter den Limits, die im ArbGB festgelegt sind, vereinbart.[805]

Im Jahr 2004 war es durch die Tätigkeit von insgesamt fünf Gewerkschaftsverbänden, darunter die der Chemie und Textil-, Bekleidungsindustrie, gelungen, den von *ČMKOS* empfohlenen Rahmen der kollektiven Verhandlung für die

800 ČMKOS (die Tschechisch-Mährische Konföderation) ist der größte Gewerkschaftsdachverband; mehr dazu bei *Kühl*, ZESAR 2006, 17, 19.

801 Soweit *Fassmann/Čornejová*, Práce a mzda 7-8/2005, 54.

802 So im Ergebnis *Fassmann/Čornejová*, Práce a mzda 7-8/2005, 54, 58.

803 *Fassmann/Čornejová*, Práce a mzda 7-8/2005, S. 54, 55.

804 Der Grundurlaub beträgt vier Wochen, § 102 Abs. 1 ArbGB.

805 Zu Vorstehendem *Fassmann/Čornejová*, Práce a mzda 7-8/2005, S. 54, 55.

Verkürzung der Arbeitszeit - 37,5 Stunden wöchentlich ohne Lohnabzug - umzusetzen.[806]

d) Betriebsvereinbarung (Betriebskollektivvertrag)

In der Tschechischen Republik gibt es nicht den Begriff einer Betriebsvereinbarung. Das tschechische Tarifrecht kennt nur Kollektivverträge. Kollektivverträge sind zweiseitige Rechtsgeschäfte, die zwischen den Gewerkschaften und den Arbeitgebern, den so genannten Kollektivvertragsparteien abgeschlossen werden.[807] Sie sind vergleichbar mit Tarifverträgen und Betriebsvereinbarungen im deutschen Recht.[808]

Das Gesetz über die Kollektiverhandlung (GKV)[809] unterscheidet zwei Typen von Kollektivverträgen:

- zum einen die betrieblichen Kollektivverträge, sog. Betriebs- oder Unternehmenskollektivverträge,
- zum anderen die Kollektivverträge höherer Stufe, auch überbetriebliche Kollektivverträge oder Verbandskollektivverträge genannt.[810] Die betrieblichen Kollektivverträge sind aufgrund ihrer Inhalte und ihres Umfangs vergleichbar mit den im deutschen Recht bekannten Betriebsvereinbarungen. Hingegen kann man die überbetrieblichen Kollektivverträge mit den deutschen Tarifverträgen gleichsetzen.[811]

Ein Betriebskollektivvertrag ist nach § 2 Abs. 3 a GKV ein Kollektivvertrag, den ein einzelner Arbeitgeber mit dem für ihn zuständigen Gewerkschaftsorgan abschließt. Dieser entspricht im Wesentlichen der deutschen Betriebsvereinbarung, enthält aber auch tarifvertragliche Elemente. Betriebskollektivverträge sind selten, da meistens ein (Verbands-)Tarifvertrag abgeschlossen wird und dieser die Regelung der Arbeitszeit einschließt.

Zwar gibt es in der Tschechischen Republik auch den Betriebsrat (Arbeitnehmerrat) als Form der Arbeitnehmermitbestimmung neben der Gewerkschaft und den Betriebsschutzbeauftragten, jedoch ist die Einführung des Betriebsrats in

[806] So jedenfalls *Fassmann/Čornejová*, Práce a mzda 7-8/2005, S. 54, 55.
[807] *Fuchs/Tröster*, Arbeit und Sozialpolitik 1998, S. 61; mehr zum Tarifrecht in Tschechien bei *Kühl*, ZESAR 2006, 17 ff.
[808] So auch *Linhart/Schwarz/Hladký*, Arbeitsrecht in Europa, S. 1224, Rn. 170.
[809] Auch Tarifvertragsgesetz genannt v. 4.12.1990 (Gesetz Nr. 2/1991 Slg. i.d.F. des Gesetzes Nr. 519/1991 Slg., zuletzt geändert durch das Gesetz Nr. 255/2005 Slg.), nachfolgend GKV bezeichnet; dazu mehr in den Fn. 155, 266.
[810] *Kühl*, ZESAR 2006, 17, 18.
[811] Vgl. hierzu *Linhart/Schwarz/Hladký*, Arbeitsrecht in Europa, S. 1224, Rn. 171.

einem Betrieb mit über 25 Arbeitnehmern unzulässig, in dem eine Gewerkschaftsorganisation tätig ist, vgl. § 25 Abs. 6 a ArbGB. Des Weiteren besitzt der Betriebsrat keine eigene Rechtspersönlichkeit wie die Gewerkschaft. Außerdem hat der Betriebsrat keinerlei Mitbestimmungsrecht so wie die Gewerkschaft und ist nicht tariffähig. Zum Abschluss von betrieblichen Kollektivverträgen mit dem Arbeitgeber ist nur die Gewerkschaft berechtigt, vgl. § 2 Abs. 3 a GKV.

Sofern keine Gewerkschaftsorganisation bei dem Arbeitgeber im Betrieb oder Unternehmen tätig ist, kann er Regelungen, die eigentlich im Tarifvertrag festgelegt werden können - sog. Tarifvorbehalt – durch eine interne Vorschrift bestimmen, vgl. § 21 Abs. 1 GKV. Das bedeutet für den Arbeitgeber, wenn kein örtlich und sachlich einschlägiger Tarifvertrag und keine Gewerkschaft vorhanden sind, darf er beispielsweise Bestimmungen zur Arbeitszeit in einer internen Vorschrift regeln. Die interne Vorschrift ist synonym wie eine Betriebsordnung oder Arbeitsordnung zu verstehen.

e) Beispiel: Sonntagsarbeit

Es gibt kein Verbot der Sonntagsarbeit in der Tschechischen Republik, so wie dies in Deutschland der § 9 Abs. 1 ArbZG grundsätzlich festlegt. Das ArbGB spricht nur von Tagen der Arbeitsruhe. Tage der Arbeitsruhe sind gemäß § 91 Abs. 1 ArbGB Tage, auf die ununterbrochene Ruhezeit des Arbeitnehmers in der Woche fällt (Ruhetage) und Feiertage. An diesen Tagen der Arbeitsruhe darf nur ausnahmsweise und nach Erörterung mit dem zuständigen Gewerkschaftsorgan[812] Arbeit angeordnet werden, § 91 Abs. 2 ArbGB. Die Arbeiten, die in Ausnahmefällen nach Absprache mit dem Gewerkschaftsorgan an diesen Tagen ausgeführt werden können, sind insbesondere dringende Reparaturarbeiten, Auf- und Abladearbeiten, Inventur- und Abschlussarbeiten und Arbeiten, die in Vertretung eines erkrankten Arbeitnehmers vorgenommen werden, § 91 Abs. 3 ArbGB.

Der Arbeitgeber ist verpflichtet, die Arbeitszeit so zu planen, zu verteilen, dass der Arbeitnehmer in einer Woche von 7 Kalendertagen eine ununterbrochene Ruhezeit[813] von mindestens 32 Stunden hat. Bei einem jugendlichen Arbeitnehmer darf die Ruhezeit nicht weniger als 48 Stunden in der Woche betragen, § 92 Abs. 1 ArbGB. Die Ruhezeit soll, sofern es der Betrieb erlaubt, für alle Arbeitnehmer einheitlich auf einen Tag fallen, und zwar nach Möglichkeit auf einen Sonntag, § 92 Abs. 2 ArbGB. Dies stellt keine Pflicht des Arbeitgebers dar, sondern eine Obliegenheit. Das heißt, der Arbeitgeber sollte sich bemühen, dass die Ruhezeit (der Ruhetag) auf einen Sonntag fällt, falls es die Betriebsstruktur und

---

[812] Damit ist das betriebliche Gewerkschaftsorgan gemeint.

[813] Ruhezeit ist nach § 83 Abs. 2 ArbGB legal definiert als die Zeit, die keine Arbeitszeit ist.

der Betriebsablauf erlauben. In der Regel gilt nach § 84 Abs. 1 S. 2 ArbGB, dass die Arbeitszeit in eine fünftägige Arbeitswoche eingeteilt wird. In der Praxis ist deshalb eine Arbeitswoche von Montag bis Samstag anzutreffen. Jedoch darf der Arbeitgeber auch den Samstag als Ruhetag festlegen. Er sollte sich bemühen, dass die ununterbrochene Ruhezeit auf das Wochenende fällt.

Zu beachten ist auch, dass über die Einteilung der Wochenarbeitszeit der Arbeitgeber nach Erörterung mit dem zuständigen Gewerkschaftsorgan entscheidet, § 84 Abs. 1 S. 2 ArbGB. Da das Erörterungsrecht der Gewerkschaft aber kein echtes Mitbestimmungsrecht ist, sondern lediglich als Mitwirkungsrecht ausgestaltet ist, verbleibt die endgültige Entscheidung über die Wochenarbeitszeit beim Arbeitgeber selbst.

3. De lege ferenda (Rechtslage ab dem 1.1.2007)

Es wird die *Grunddefinition der Arbeitszeit (základní definice pracovní doby)* geändert. Unter dieser versteht das neue ArbGB die Zeit, in der der Arbeitnehmer verpflichtet ist, die Arbeit auszuüben und die Zeit, in der der Arbeitnehmer auf der Arbeitstelle gemäß den Weisungen des Arbeitgebers zur *Arbeitsausübung (výkon práce)* bereit ist, § 78 Abs. 1 lit. a) ArbGB n.F. Auch die so genannte Arbeitsbereitschaft wird also als Arbeitszeit angesehen. Die Arbeitsbereitschaft betrifft die Zeit, in der sich ein Arbeitnehmer zu einer eventuellen Arbeitsausübung gemäß des Arbeitsvertrages bereit hält, die im Falle eines Notfalls über dem Rahmen seines Arbeitsschichtsplans ausgeübt werden kann, *wobei sie nur auf einer anderen, mit dem Arbeitgeber vereinbarten, Stelle, welche nicht die Arbeitsstelle des Arbeitgebers ist, ausgeübt werden kann (přičemž může být jen na jiném místě dohodnutém se zaměstnancem, odlišném od pracovišť zaměstnavatele).* (§ 78 Abs. 1 ArbGB n.F.)

Die maximale *Grenze der bestimmten wöchentlichen Arbeitszeit in der Länge von 30 Stunden (hranice stanovené týdenní pracovní doby v délce 30 hodin)* wird neu nicht nur für die Arbeitnehmer gelten, die jünger als 16 Jahre sind, sondern auch für die Arbeitnehmer, die jünger als 18 Jahre sind, § 79 Abs. 2 lit. d) ArbGB n.F. Die Länge der Schicht in den einzelnen Tagen darf bei diesen Arbeitnehmern nicht 6 Stunden überschreiten. Allerdings verlangt weiter das neue ArbGB, dass die Länge der bestimmten wöchentlichen Arbeitszeit in mehreren arbeitsrechtlichen Verhältnissen des Arbeitnehmern, die jünger als 18 Jahre sind, *nicht in seiner Summe 30 Wochenstunden überschreitet (nepřesáhla ve svém souhrnu 30 hodin týdně)*. (§ 79 Abs. 1 ArbGB n.F.)

Für den Zweck der ungleichmäßigen Verteilung der Arbeitszeit, der Überstunden und der Nachtarbeit wird der Durchführungszeitraum anstatt in Monaten in Wochen bestimmt (*se stanoví v týdnech*). (§ 83 ArbGB n.F.)

Ausdrücklich wird in dem neuen ArbGB bestimmt, dass die flexible Aufteilung der Arbeitszeit nicht nur bei der ungleichmäßigen Aufteilung der Arbeitszeit (ungleichmäßige Wochenarbeitszeit) geltend gemacht werden kann, sondern auch bei der gleichmäßigen Einteilung der Arbeitszeit, § 85 Abs. 1 ArbGB n.F.[814] Der Gesetzgeber unterscheidet also die gleichmäßige Gleitzeit und die ungleichmäßige Gleitzeit (gleitende Arbeitszeiteinteilung).

Bei der gleichmäßigen Aufteilung der Arbeitszeit muss allerdings die wöchentliche Arbeitszeit in jeder Woche erfüllt werden, (§ 85 Abs. 2 ArbGB n.F). Das neue ArbGB übernimmt die heutige rechtliche Regelung[815] angesichts der Abgrenzung der Kernarbeitszeit und der frei wählbaren Arbeitszeit bei der flexiblen Arbeitszeitaufteilung nicht *(nepřebírá stávající právní úpravu ohledně vymezení základní a volitelné pracovní doby)*. Stattdessen obliegt die Arbeitszeitaufteilung im Ermessen des Arbeitgebers (§ 85 Abs. 5 ArbGB n.F.).

Bei der ungleichmäßig eingeteilten Arbeitszeit beträgt der Ausgleichszeitraum höchstens 26 Wochen. Nur ein Tarifvertrag kann diese Zeitdauer höchstens auf 52 Wochen verlängern, § 83 Abs. 1 ArbGB n.F. Bisher war tarifvertraglich eine Verlängerung von höchstens 12 Monaten möglich, § 85 Abs. 1 ArbGB. Eine flexible Einteilung der Arbeitszeit ist bei der ungleichmäßigen Gleitzeit möglich. Der Ausgleichszeitraum beträgt vier Wochen, § 85 Abs. 3 ArbGB n.F.

Als eine andere Weise der ungleichmäßigen Aufteilung der Arbeitszeit (Gleitzeit) regelt das neue ArbGB die so genannten Arbeitszeitkonten (*konto pracovní doby*). Die konkreten Bedingungen kann nur ein Kollektivvertrag beinhalten, gegebenenfalls eine interne Vorschrift. Zu der Geltendmachung des Kontos der Arbeitszeit muss der Arbeitgeber *die vorherige Zustimmung der einzelnen Arbeitnehmer (předchozí souhlas jednotlivých zamněstnanců)* haben, die diese Aufteilung der Arbeitszeit betreffen wird. Er wird auch verpflichtet, eine genaue *Rechnung der Arbeitszeit (účet pracovní doby)* zu führen, welche u. a. die Angaben über die aufgeteilte und wirklich abgearbeitete Arbeitszeit beinhalten soll. (§§ 86, 87 ArbGB n.F.)

Das neue ArbGB bestimmt, dass die Pause für Erholung und Essen aufgeteilt werden kann. Die Pausen müssen wenigstens 15 Minuten betragen. Bei dem Abgleich der Pause für das Essen und die Erholung mit der Sicherheitspause *(souběh přestávky v práci na jídlo a oddech s bezpečnostní přestávkou)* wird diese Zeit in die Arbeitszeit eingerechnet (§ 88 Abs. 2, § 89 Abs. 2 ArbGB n.F.).

---

[814] § 85 Abs. 1 ArbGB n.F. lautet: gleitende Arbeitszeiteinteilung erhebt man bei der gleichmäßigen und auch bei der ungleichmäßigen Einteilung.

[815] § 85a Abs. 3 bisheriges (bis zum 1.1.2007 geltendes) ArbGB.

Auf Verlangen des Arbeitnehmers wird der Arbeitgeber verpflichtet sein, ihm Einsicht in seine Rechnung der Arbeitszeit oder der Evidenz der Arbeitszeit und seine Rechnung des Gehaltes zu geben und ihm zu ermöglichen sich Auszüge (*výpisy*) aus diesen, gegebenenfalls Gleichschriften/Abschriften (*stejnopisy*) auf Kosten des Arbeitgebers anzufertigen, § 96 Abs. 2 ArbGB n.F.[816] Das bisherige ArbGB gab dem Arbeitnehmer nur einen Anspruch auf Einsicht in die entsprechenden Unterlagen, vgl. § 94 ArbGB.

Hinsichtlich der Samstags- bzw. Sonntagsarbeit bringt das neue ArbGB keine Änderungen. Generell kann an diesen Tagen gearbeitet werden, vgl. § 92 Abs. 2 ArbGB n.F. der inhaltsgleich mit § 92 Abs. 2. ArbGB (bisherige Fassung) ist. Neu hingegen ist, dass der Arbeitgeber gemäß § 118 ArbGB n.F. verpflichtet ist, einen Lohnzuschlag mindestens in Höhe von 10 % des Durchschnittsverdienstes zu zahlen. Solche und andere Zuschläge sind bisher in Tarifverträgen freiwillig geregelt.

IX. Änderungskündigung

1. Allgemein

Das Flexibilisierungsinstrument der Änderungskündigung (*pozměňovací výpověď*) ist in der Tschechischen Republik nicht geregelt. Aufgrund des zwingenden Charakters des ArbGB ist de lege lata ein Ausspruch einer Änderungskündigung, also einer Kündigung zur Änderung der Arbeitsbedingungen, nicht möglich. Anderseits hat der tschechische Gesetzgeber mit der Einführung von Versetzungen auch gegen den Willen der Arbeitnehmer, §§ 37 Abs. 1, 4 ArbGB etwas Ähnliches normiert; aber nur im Bereich des Versetzungsrechts und bei einigen organisatorischen, betriebsbedingten Änderungen.

2. Neukodifikation des ArbGB

Das neue ArbGB hat das Institut der Änderungskündigung nicht eingeführt. Zwar ist die Grundkonzeption geändert worden und das Pinzip der Vertragsfreiheit gestärkt. Allerdings sind die gesetzlich aufgeführten Kündigungsgründe auch im neuen ArbGB abschließend und für den Arbeitgeber zwingend. Dies folgt aus dem Charakter der Vorschriften.[817] Von den Bestimmungen zu der Beendigung von Arbeitsverhältnissen darf nicht abgewichen werden, allein schon aus Gründen des Arbeitnehmerschutzes.

---

[816] Vgl. zu Vorstehendem *Bukovjan/Chládková*, Práce a mzda 7-8/2006, 2, 7.
[817] Siehe *Vysokajová*, Právní fórum 8/2005, 314, 316; vgl. auch Fn. 286.

3. Rezeption fremden Rechts

a) Allgemeines

Einleitend sei erwähnt, dass bei einer Übernahme fremden Rechts zwischen der (teilweisen) Übernahme einzelner Rechtsgedanken, Bestimmungen, Formulierungen und der Rezeption gesamter Gesetzestexte unterschieden wird.[818] Dabei ist die Ebene der punktuellen Beeinflussung eigener Gesetze der häufigere Fall.[819]

Voraussetzung für die Übernahme fremder Rechtsregeln ist unter anderem die *„...inhaltliche und terminologische Verwandtschaft beider Rechtssysteme, ebenso die Vereinbarkeit sozialer Gegebenheiten, auf die sich die Regelung bezieht“.*[820] Bei der Rezeption kommt es neben der fachgerechten Aufnahme in das Gesetz auch auf ihre sachgemäße Auslegung und Fortbildung an. Insofern sollte dabei die Ausprägung der Rechtskultur mit ihren ideologischen Einflüssen bei der Anpassung des nationalen Rechts beachtet werden. Denn die Ideologie bedingte in den sozialistischen Staaten nicht nur die Rechtssetzung, sondern auch ihre Anwendung und beeinflusste das Rechtsbewusstsein der Bürger.[821] Die Akzeptanz des Rechts wird bei der Rezeption ausländischen Rechts eine große Rolle spielen. Deshalb kann es möglicherweise zu einer abweichenden oder inkonsequenten Anwendung des übernommenen Rechts kommen[822]; allein schon vor dem Hintergrund dessen, dass das Recht im ehemals kommunistischen Land Tschechien bei der Bevölkerung keine besonders positive Rolle spielte. Es wurde oft als Willkür und *„politisch motivierte Gewalt“*[823] empfunden.

Nach Ansicht von *Isak* lebte man zwar mit dem Recht, dieses spielte im Leben aber keine wirkliche Rolle, es wurde allenfalls als Willkür angesehen.[824]

Jedoch kann man als Fazit mit *Kranjc* festhalten, dass eine Rezeption nur dann sinnvoll bleibt, *„...solange die Rechtspraxis imstande ist, die übernommenen Rechtssätze sinnvoll und sachgerecht zu integrieren. Das ist allerdings nur dann möglich, wenn beide Rechtskulturen und vor allem die Wertvorstellungen ihrer Träger nicht zu weit voneinander entfernt sind“.*[825]

---

[818] Vgl. *Schnitzer*, S. 54.
[819] Siehe *Kranjc*, S. 33, 38.
[820] *Kranjc*, S. 33, 39, 40.
[821] Siehe insoweit *Kranjc*, S. 33, 40, 41.
[822] Siehe dazu nur *Kranjc*, S. 33, 42.
[823] *Kranjc*, S. 33, 42 *ders.* WiRO 1993, 409, 412.
[824] Vgl. *Isak*, S. 90.
[825] *Kranjc*, S. 33, 44 *ders.* WiRO 1993, 409, 413.

b) Übernahme der deutschen Systematik der Änderungskündigung

Es ist diskutabel, ob es nicht vorteilhaft wäre, das Institut der Änderungskündigung in die tschechische Rechtsordnung einzuführen.[826] Denn der Arbeitgeber hat in den Fällen, in den eine Änderungskündigung nach deutschem Recht in Betracht käme, nur die Alternative der Beendigung des Arbeitsverhältnisses oder der Änderung der Arbeitsbedingungen durch Änderungsvertrag, die allerdings das Einverständnis des Arbeitnehmers voraussetzt.

Eine Übernahme der deutschen Praxis und der richterlichen Rechtsfortbildung der Änderungskündigung empfiehlt sich aus folgenden Gründen indes nicht. Es hat sich die Änderungskündigung in der deutschen Praxis - sowohl als Individualänderungskündigung als auch als Massenänderungskündigung - als kein effektives Instrument zur einseitigen Änderung von Arbeitsbedingungen erwiesen.[827] Im letzten Fall liegt das zum einen daran, dass die Änderungskündigung auf den einzelnen Arbeitnehmer abzielt und gerade für eine kollektive Änderung von Arbeitsbedingungen eher ungeeignet ist. Zumal auch gerade bei den eventuell anstehenden Kündigungsschutzverfahren ein einheitlicher Ausgang aufgrund der unterschiedlichen Interessenabwägungen nicht prognostiziert werden kann.[828]

Die Rechtsprechung stellt auch hohe Anforderungen an die Änderungskündigung allgemein, was die Anwendung und Durchsetzbarkeit erheblich erschwert.[829] Die Änderungskündigung war – wie *Hanau/Hromadka* Anfang des Jahres 2005 zu diesem Zeitpunkt zutreffend feststellten – *„fast"*[830] und ist nach der neueren Rechtsprechung des BAG wohl gänzlich aussichtslos.[831] Der tschechische Gesetzgeber müsste sich vertieft mit dem Erfordernis der sozialen Rechtfertigung einer Änderungskündigung auseinandersetzen.[832] Dies würde eine umfangreiche Änderung der gesamten Konzeption des tschechischen Kündigungsrechts nach sich ziehen.

Ferner versteht kein Arbeitnehmer in Deutschland, warum wegen einer Änderung einer einzelnen Arbeitsbedingung bzw. Vertragsklausel sein gesamter Ar-

---

[826] So schon *Čechtická*, S. 214, allerdings mit keinem klaren Ergebnis, ob nun eine Eingliederung der Änderungskündigung präferiert wird. Es wird lediglich festgestellt, dass es sich eine fundamentale Änderung im tschechischen Recht handeln würde, deren Durchführung sicherlich eine anstrengende und langwierige gesetzgeberische Vorbereitung benötigt.

[827] Im Einzelnen dazu *Ballering*, S. 76 f. u. 89 f.

[828] Vgl. auch *Wank*, RdA 2005, 271, 275 u. 278.

[829] Vgl. dazu auch die Ausführungen unter Teil 2 A.V.5. Problematik der Änderungskündigung.

[830] *Hanau/Hromadka*, NZA 2005, 73, 74.

[831] BAG, Urt. v. 23.06.2005 - 2 AZR 642/04, NZA 2006, 92.

[832] Ähnlich *Čechtická*, S. 214.

beitsvertrag gekündigt werden muss, sofern sich eine Vertragsänderung nicht einvernehmlich erzielen lässt.[833]

X. Zusammenfassung

Das tschechische ArbGB basiert auf dem Grundsatz, dass die Rechte und Pflichten, die mit dem Arbeitsverhältnis einhergehen, nur mit dem Einverständnis beider Parteien geändert werden können. Eine einseitige Änderung des Arbeitsverhältnisses und damit der Arbeitsbedingungen ist von daher nur in absoluten Ausnahmefällen möglich, und nur dort, wo dies das ArbGB ermöglicht.[834]

Eine Änderung des Arbeitsverhältnisses kann neben der Änderung (Auswechslung) des Arbeitgebers auch den Inhalt des Arbeitsvertrages betreffen. Die Rechte und Pflichten, die den Inhalt des Arbeitsverhältnisses bilden, sind unterschiedlich zu bewerten. Sie haben entweder einen vertraglichen Charakter oder sind durch unabdingbare gesetzliche Regelungen bestimmt. Bei einer Änderung des Inhalts eines Arbeitsverhältnisses kommt es daher immer darauf an, welchen Charakter die betreffenden Rechte und Pflichten haben.[835] Das bedeutet, dass bei den unabdingbaren Inhalten (beispielsweise die maximale Anzahl der Überstunden oder Pflichten im Bereich der Sicherheit und des Gesundheitsschutzes am Arbeitsplatz) nur eine Änderung der gesetzlichen Bestimmungen auch eine Änderung des Inhalts bedeuten kann. Ansonsten dürfen die Vertragsbeteiligten hier nichts vertraglich abändern. Handelt es sich dagegen um Rechte und Pflichten, die vertraglich vereinbart oder festgelegt werden dürfen, so können diese aufgrund neuer beiderseitiger Willenserklärungen und in bestimmten Fällen (§§ 37, 38 ArbGB – Versetzung) auch durch eine einseitige Verfügung des Arbeitgebers, verändert werden.[836]

In der Regel werden die Änderungen des Inhalts eines Arbeitsverhältnisses durch die Änderung des Arbeitsvertrages nach § 36 - Änderung der vereinbarten Arbeitsbedingungen - getroffen. Eine wichtige Komponente bei den Änderungen der vereinbarten Arbeitsbedingungen sind die Änderungen der vereinbarten Arbeit nach § 37 ArbGB (Überführung auf eine andere Arbeit) und des vereinbarten Arbeitsplatzes gemäß § 38 Abs. 3 ArbGB (Versetzung). Die Regelungen des ArbGB gehen im Grundsatz davon aus, dass eine solche Änderung aufgrund eines schriftlichen Vertrages erfolgen muss, vgl. § 36 Abs. 1 ArbGB. Eine Änderung der vereinbarten Arbeit durch eine einseitige Verfügung des Arbeitgebers ist nur in Ausnahmefällen möglich. Dies gilt dann, wenn dem Arbeitnehmer

---

833 Ebenso *Wank*, RdA 2005, 271, 275.
834 Genauso Beratungshandbuch - *Pravda*, Pkt. 4.4.6., S. 2.
835 So zu Recht *Tröster*, IOR, Bd. 39, S. 67.
836 Genauso auch *Tröster*, IOR, Bd. 39, S. 67.

eine neue Arbeit gemäß § 37 ArbGB zugewiesen werden soll. In § 37 ArbGB sind die Fälle abschließend aufgezählt, in denen der Arbeitgeber verpflichtet (§ 37 Abs. 1 ArbGB) oder berechtigt (§ 37 Abs. 2 u. 4 ArbGB) ist, dem Arbeitnehmer eine andere Arbeit zuzuweisen.

Die Auswirkungen durch das neue ArbGB: die Regelungen hinsichtlich Änderung des Arbeitsvertrages, der Überführung in eine andere Arbeit und der Versetzung haben keine großen Veränderungen erfahren. Die Überführung in eine andere Arbeit wegen Produktionsstillstand oder ungünstiger Witterungsbedingungen kann aber nur noch mit Zustimmung des Arbeitnehmers erfolgen (§ 41 Abs. 5 ArbGB n.F).

Das neue als auch das alte ArbGB gehen davon aus, dass es sich bei der Versetzung immer nur um eine außerordentliche, vorübergehende Maßnahme handelt, deren Dauer nur dann von Belang ist, wenn die Gründe, wegen denen es zur Versetzung gekommen ist, andauern. Fallen die Gründe für die Zuweisung einer anderen Arbeit oder die Versetzung an einen anderen Arbeitsort später weg oder ist die vereinbarte Dauer dieser Änderung abgelaufen, ist der Arbeitgeber verpflichtet, den Arbeitnehmer wieder an seinen ursprünglichen Arbeitsort bzw. ihm wieder seine arbeitsvertraglich vereinbarte Arbeit zuzuweisen. Ist dies nicht möglich, verbleibt nur die Möglichkeit der Vereinbarung einer Arbeitsvertragsänderung, § 44 ArbGB n.F.

Arbeitnehmer dürfen nur mit ihrer Zustimmung auf Dienstreisen entsandt werden. Dies ist gleich geblieben (§ 42 Abs. 1 ArbGB n.F.). Nicht geregelt ist, ob diese Vereinbarung wie bislang Inhalt des Arbeitsvertrages sein muss. Das bedeutet, dass die Zustimmung des Arbeitnehmers nicht mehr im Arbeitsvertrag enthalten sein muss. Diese kann auch durch eine gesonderte Vereinbarung oder mündlich erfolgen.

C. Ergebnis / Würdigung

I. Innerstaatlicher Vergleich - Vorteile, Nachteile der Flexibilisierungsinstrumente

1. Allgemeines Direktionsrecht / Direktionsrechtserweiterung

Eine Flexibilisierung von Arbeitsbedingungen kann auf unterschiedliche Art und Weise erreicht werden. Sofern weder ein Gesetz noch der Arbeitsvertrag oder eine anwendbare tarifliche Regelung oder Betriebsvereinbarung eine spezielle Regelung beinhaltet, kommt das allgemeine Direktionsrecht zur Anwendung. Allerdings bestehen begrenzte Änderungsmöglichkeiten durch das allgemeine Direktionsrecht. Denn eine Flexibilisierung ist nur innerhalb enger Grenzen möglich. Vielmehr werden vertragliche Regelungen, die so genannten Direktionsrechtserweiterungsklauseln erforderlich.[837] Das allgemeine Direktionsrecht und die Änderungskündigung erweisen sich insofern als Flexibilisierungsinstrument ungeeignet.

Es zeigen sich in der Praxis Abgrenzungsschwierigkeiten zwischen der Reichweite des Direktionsrechts und den durch eine Änderungskündigung abänderbaren Arbeitsbedingungen.[838] Daher ist es für den Arbeitgeber nicht leicht auf das richtige Rechtsinstitut zu setzen.

Das BAG schafft da aber arbeitgeberfreundliche Abhilfe. Es hat entschieden, dass auch die Änderungskündigung sozial gerechtfertigt ist, wenn ein (tarifvertraglich) vorbehaltener Widerruf im Zusammenhang mit einer Änderungskündigung ausgeübt wird und der Arbeitnehmer das darin liegende Änderungsangebot unter Vorbehalt annimmt, wenn die Ausübung des Widerrufsrechts billigem Ermessen entspricht.[839] Hier hat der Arbeitgeber vorsorglich nach Ausspruch der Änderungskündigung die neue Tätigkeit und den Wegfall einer Zulage durch Zuweisung und entsprechenden Widerruf übertragen.[840] Nach dem LAG Berlin kann sogar eine unwirksame Änderungskündigung in die Ausübung eines Direktionsrechts umgedeutet werden.[841]

Der Umfang des Direktionsrechts hat jedoch Auswirkungen auf die Sozialauswahl bei betriebsbedingten Kündigungen, also Folgen für den Kündigungsschutz.[842] Hier wirkt sich eine weite Versetzungsklausel unter Umständen eher negativ für beide Vertragsparteien aus. Der Arbeitgeber muss den Kreis der Vergleichsgruppe der Arbeitnehmerschaft bei betriebsbedingten Kündigungen ausdehnen und die Abwägung wird folglich schwieriger. Dem betroffenen Arbeitnehmer kann es passieren, dass ein vergleichbarer Arbeitnehmer sozial schutzwürdiger ist als er. Die Erweiterung des Direktionsrechts ist dementsprechend ein zweischneidiges Schwert für Arbeitgeber. Auf der einen Seite werden Arbeitgeber dadurch flexibler; auf der anderen Seite führt dies nach *Wank* im Falle einer Sozialauswahl nach § 1 Abs. 3 KSchG zu einer Erweiterung des Kreises der vergleichbaren Arbeitnehmer.[843]

---

[837] Siehe dazu *Lindemann*, S. 23 ff. u. 340 ff und die Ausführungen unter Teil 2. A. I. 2., II.
[838] Siehe dazu die Ausführungen unter Teil 2. A.V.5.
[839] BAG, Urt. v. 15.11.1995 - 2 AZR 521/95, NZA 1996, 603.
[840] Vgl. auch Spirolke/Regh - *Spirolke*, S. 79.
[841] LAG Berlin, Urt. v. 29.11.1999 - 9 Sa 1277/99, NZA-RR 2000, 131; in diesem Sinne auch Stahlhacke/*Preis*, Rn. 1278.
[842] Vgl. *Lindemann*, S. 346; *Gaul/Bonanni*, NZA 2006, 289, 290.
[843] Siehe *Wank*, RdA 2005, 271, 273; auch *Lindemann*, S. 346; *Gaul/Bonanni*, NZA 2006, 289, 290 und *LAG Köln*, Urt. v. 8.10.2003 - 8 Sa 131/03, AuR 2004, 163.

Allerdings hat das BAG entschieden, das die Sozialauswahl grundsätzlich auch dann betriebsbezogen zu erfolgen hat, wenn sich der Arbeitgeber ein betriebsübergreifendes Versetzungsrecht vorbehalten hat.[844] Nach § 1 Abs. 3 KSchG ist die vom Arbeitgeber zu treffende Sozialauswahl streng betriebsbezogen und auch bei einer entsprechenden Ausweitung des Direktionsrechts des Arbeitgebers grundsätzlich nicht unternehmensbezogen. Besteht in einem der Betriebe eines Unternehmens ein dringendes betriebliches Erfordernis, etwa die Personalstärke an den gesunkenen Arbeitsanfall anzupassen, so kann dies grundsätzlich nur die Kündigung gegenüber Arbeitnehmern dieses Betriebes sozial rechtfertigen. Dafür, im Wege der Sozialauswahl für die zur Kündigung anstehenden Arbeitnehmer Arbeitsplätze in einem anderen Betrieb freizukündigen, besteht kein dringendes, auf den anderen Betrieb bezogenes Erfordernis. Dies gilt auch dann, wenn in den Arbeitsverträgen ein unternehmensweites Versetzungsrecht vereinbart ist. Denn eine Sozialauswahl, die vergleichbare Arbeitnehmer mehrerer, möglicherweise weit auseinander liegender Betriebe des Unternehmens einbezieht, würde die Vorbereitung eines Kündigungsentschlusses durch den Arbeitgeber und dessen Nachprüfung durch die Gerichte ohne ausreichende gesetzliche Grundlage über Gebühr erschweren und darüber hinaus zu nur schwer lösbaren Problemen im Rahmen der Beteiligung des Betriebs-/Personalrats bei derartigen Maßnahmen führen.

Ausnahmefälle von einer betriebsbezogenen Sozialauswahl sind denkbar. Mögliche Ausnahmen von der Betriebsbezogenheit der Sozialauswahl trotz einer betriebsübergreifenden Versetzungsklausel spricht das BAG selbst an. Eine konkrete Vertragsgestaltung (z.B. fortlaufende rotierende Beschäftigung der Arbeitnehmer einer bestimmten Führungsebene in allen Betrieben eines Unternehmens) kann eine betriebsübergreifende Sozialauswahl erfordern.[845]

Die mit einem vertraglichen Versetzungsvorbehalt erzielte Flexibilität wirkt sich bei der Sozialauswahl somit grundsätzlich nicht nachteilig aus.

Hinzuzufügen ist, dass diese Probleme in der Tschechischen Republik nicht existieren. Im tschechischen Arbeitsrecht gibt es bei betriebsbedingten Kündigungen keine gesetzlich vorgeschriebene Sozialauswahl. Nach der Rechtsprechung unterliegt diese ausschließlich dem Arbeitgeber.[846]

---

[844] *BAG*, Urt. v. 02.06.2005 - 2 AZR 158/04, NZA 2005, 175 sowie bestätigt durch *BAG*, Urt. v. 15.12.2005 - 6 AZR 199/05, NZA 2006, 590.

[845] Dazu *BAG*, Urt. v. 02.06.2005 - 2 AZR 158/05, NZA 2005, 1175, 1176.

[846] Vgl. Entscheidung des Bezirksgerichts in Brünn Nr. 90/67, veröffentlicht in der Sammlung der gerichtlichen Entscheidungen und Stellungnahmen, Hrsg. von dem Obersten Gericht der Tschechischen Republik; Vgl. auch *Linhart/Schwarz/Hladký*, Arbeitsrecht in Europa, S. 1207, Rn. 104, bei der Auswahl berücksichtigt der Arbeitgeber seine Betriebsbedürfnisse.

2. Änderungsvertrag / Änderungskündigung

Vorab ist anzumerken, dass der Änderungsvertrag sowie die Änderungskündigung kein besonderes Flexibilisierungspotenzial haben, allein schon aufgrund ihrer tatsächlichen Voraussetzungen.[847] Im ersten Fall ist das in der Regel schwer zu erreichende Einvernehmen mit dem Arbeitnehmer[848] unabdingbare Voraussetzung und im Fall der Änderungskündigung läuft der Arbeitgeber Gefahr, dass das Arbeitsverhältnis vollständig beendet wird, wenn der Arbeitnehmer die Änderungen nicht akzeptiert. Dann erreicht der Arbeitgeber sein eigentliches Ziel, die Änderungen der Arbeitsbedingungen nicht. Auch sind Veränderungen zu Lasten des Arbeitnehmers nur dann vorstellbar, wenn dem an anderer Stelle im Arbeitsvertrag Verbesserungen gegenübergestellt werden oder wenn das Unternehmen in einer Existenzkrise ist.[849]

Die Rechtsunsicherheit bei Anwendung der Änderungskündigung ist auch durch die hohen Anforderungen der Rechtsprechung groß.[850] Bei betriebsbedingten Änderungskündigungen verlangt das BAG *„dringende betriebliche Erfordernisse“*[851]. Jedoch sind die jeweiligen Anforderungen verschieden, je nachdem ob der Arbeitgeber eine Änderung der Arbeitsbedingungen oder eine Entgeltkürzung erreichen will. So hat das BAG[852] eine mit der Änderungskündigung beabsichtigte Herabsetzung der Arbeitszeit von 40 auf 20 Stunden in der Woche mit der Begründung gebilligt, die Umorganisation beruhe auf einer nur sehr beschränkt nachprüfbaren unternehmerischen Entscheidung. Demgegenüber sind (betriebsbedingte) Änderungskündigungen zur Entgeltabsenkung nur in sehr engen Grenzen zulässig.[853] Danach sind Änderungskündigungen zur Entgeltabsenkung nach *Reinecke*[854] praktisch nicht möglich. Denn rechtssicher kann der Arbeitgeber nur dort eine Entgeltkürzung durch eine Änderungskündigung vornehmen, wo als Alternative sonst nur Entlassungen, also Beendigungskündigungen drohen.[855] Jedoch hat das BAG[856] diese Grundsätze für Nebenabreden deut-

---

[847] So auch Preis - *Preis*, Innovative Arbeitsformen, S. 7.

[848] In der Praxis sind Änderungsverträge eher selten, da es häufig am Einverständnis des Arbeitnehmers scheitert. Vgl. Preis - *Lindemann/Urmersbach*, Innovative Arbeitsformen, S. 22.

[849] So schon *Wank*, RdA 2005, 271.

[850] Vgl. dazu nur die Ausführungen unter Teil 2. A.V.5.

[851] BAG, Urt. v. 20.8.1998 - 2 AZR 84/98, NZA 1999, 255; NZA 1999, 471.

[852] BAG, Urt. v. 22.4.2004 - 2 AZR 385/03, NZA 2004, 1158.

[853] BAG, Urt. v. 20.8.1998 - 2 AZR 84/98, NZA 1999, 255 und BAG, Urt. v. 12.01.2006 - 2 AZR 126/052, NZA 2006, 587.

[854] *Reinecke*, NZA 2005, 953, 961; ähnlich *Rieble*, NZA 2000, 34, 37, der die betriebsbedingte Änderungskündigung zur Entgeltabsenkung nach der bisherigen Rechtsprechung als aussichtslos bezeichnet; vgl. zu den Gestaltungsmöglichkeiten durch Änderungskündigungen auch *Stoffels*, ZfA 2002, 401 ff.

[855] Vgl. dazu *Rieble*, NZA 2000, 34, 37; BAG, Urt. v. 18.01.1990 - 2 AZR 183/89, NZA 1990, 734 = AP Nr. 27 zu § 2 KschG 1969.

lich vermindert. Danach unterliegen Änderungskündigungen zur Anpassung vertraglicher Nebenabreden, (z.B. kostenlose Beförderung zum Betriebssitz, Fahrkostenzuschuss, Mietzuschuss) an geänderte Umstände nicht den gleichen strengen Maßstäben wie Änderungskündigungen zur Entgeltabsenkung.[857] Nur der Arbeitgeber, der die Rechtsprechung des BAG verfolgt und kennt bzw. derjenige, der sich rechtskundigen Rat bei einem Fachanwalt für Arbeitsrecht einholt, befindet sich auf der sicheren Seite bei der Rechtsanwendung. Gerade dies macht aber das Instrument der Änderungskündigung als zuverlässiges Flexibilisierungsmittel allerdings untauglich. Soweit es um die Entgeltkürzung geht, sollte auch die Änderungskündigung unter leichteren Voraussetzungen als die Beendigungskündigung zulässig sein.

3. Exkurs: Versetzungsbegriff in Deutschland

Eine individualrechtliche Versetzung[858] kann entweder vertraglich durch eine Direktionsrechtserweiterung - Versetzungsklausel -bzw. ggf. durch das Rechtsinstitut der Änderungskündigung erreicht werden.

Dennoch muss die arbeitsvertragliche, individualrechtliche Versetzung von der betriebsverfassungsrechtlichen Versetzung unterschieden werden. Der Begriff der Versetzung ist betriebsverfassungsrechtlich besonders definiert, § 95 Abs. 3 BetrVG. Im BetrVG gibt es somit einen *„eigenen Versetzungsbegriff"*[859], der von der arbeitsvertraglichen Versetzung unabhängig ist.

Bei Bestehen eines Betriebsrates im Betrieb des Arbeitgebers hat dieser ein echtes Mitbestimmungsrecht (Zustimmungsrecht) bei Versetzungen i. S. d. BetrVG. Es kommt also für das Bestehen eines Mitbestimmungsrechtes nur darauf an, ob eine betriebsverfassungsrechtliche Versetzung vorliegt. Deshalb hat der Betriebsrat auch dann ein Mitbestimmungsrecht, wenn die Versetzung des Arbeitnehmers arbeitsvertraglich zulässig ist. Es muss nur auch zugleich eine Versetzung nach dem Betriebsverfassungsrecht vorliegen.

Eine Versetzung nach § 95 Abs. 3 BetrVG ist die Zuweisung eines anderen Arbeitsbereichs, die voraussichtlich die Dauer von einem Monat überschreitet oder mit einer erheblichen Änderung der Umstände verbunden ist, unter denen die Arbeit zu leisten ist.

---

[856] BAG, Urt. v. 23.11.2000 - 2 AZR 547/99, NZA 2001, 492; BAG, Urt. v. 27.3.2003 - 2 AZR 74/02, NZA 2003, 1029.
[857] BAG in NZA 2003, 1029.
[858] Zu der individualrechtlichen Versetzung siehe die Ausführungen unter Teil 2. A. I. 3.u. A. II. 2.
[859] Preis - *Preis*, Der Arbeitsvertrag, S. 799, Rn. 28.

Vom betriebsverfassungsrechtlichen Versetzungsbegriff können auch Umsetzungen im individualrechtlichen Sinn erfasst werden, die individualrechtlich keine Versetzungen sind.[860]

Das Vertragsrecht und das Betriebsverfassungsrecht verwenden demnach unterschiedliche Versetzungsbegriffe. Dies mag in der Praxis bei den jeweiligen Arbeitgebern zu Irritationen führen.

---

[860] *Wank*, RdA 2005, 271, 276; auch GK/*Kraft/Raab*, BetrVG, § 99 Rn. 55.

II. Zwischenstaatlicher Vergleich

1. Änderung des Arbeitsverhältnisses

a) Allgemeines Direktionsrecht

Das allgemeine Direktionsrecht ist in Tschechien, wie in Deutschland, gesetzlich fixiert. In § 35 Abs. 1 b) ArbGB heißt es: *„...der Arbeitnehmer ist verpflichtet, nach den Weisungen des Arbeitgebers persönlich die vertragsgemäße Arbeit in der festgelegten Arbeitszeit auszuüben und die Arbeitsdisziplin einzuhalten."*[861] Ähnlich verhält es sich in Deutschland, wo die Vorschrift § 106 S. 1 GewO bestimmt, dass *„...der Arbeitgeber den Inhalt, Ort und Zeit der Arbeitsleistung nach billigem Ermessen näher bestimmen kann, soweit diese Arbeitsbedingungen nicht durch den Arbeitsvertrag, Bestimmungen einer Betriebsvereinbarung, eines anwendbaren Tarifvertrages oder gesetzlicher Vorschriften festgelegt sind."*

Das ArbGB regelt die Art und Abgrenzung der Arbeit im Arbeitsvertrag nicht ausdrücklich. Es spricht lediglich in § 29 Abs.1 a) ArbGB von der Art der Arbeit. Daher erfolgt im tschechischen Arbeitsvertrag eine Festlegung der Art der Arbeit, die der Arbeitnehmer verrichten soll. Diese Festlegung kann im Vertrag auf unterschiedliche Art und Weise, beispielsweise durch die Ernennung in eine bestimmte Funktion (Leiter der Rechtsabteilung) oder durch Nennung eines bestimmten Berufs (Metzger) sowie durch Nennung eines bestimmten Berufs in Verbindung mit einer Gehaltsgruppe (Schlosser der 6. Qualifikationsgruppe) erfolgen.[862] Insbesondere bei kleineren Betrieben wird in der Praxis die Art der Arbeit möglichst weit umrissen (Arbeiter), damit der Arbeitgeber eine größere Dispositionsmöglichkeit erhält, also ein weites Direktionsrecht innehat. Grundsätzlich darf der Arbeitgeber dem Arbeitnehmer nämlich nur solche Arbeiten zuweisen, die durch den Arbeitsvertrag abgedeckt sind. Für alle anderen Arbeiten benötigt der Arbeitgeber die Zustimmung des Arbeitgebers.[863] Dies entspricht auch der Rechtsauffassung im deutschen Arbeitsrecht.

Ferner regelt der tschechische Arbeitsvertrag den Ort der Arbeitsleistung. Auch hier bestehen keine genauen Bestimmungen, wie eine solche Vereinbarung im Arbeitsvertrag getroffen werden muss. Der Arbeitgeber hat hier Gestaltungsfreiheit. Es besteht lediglich die Bestimmung, dass die Gemeinde (Stadtteil) und das Unternehmen (Niederlassung, Organisationseinheit, Filiale) konkretisiert werden müssen, vgl. § 29 Abs. 1 b) ArbGB. Sofern eine solche Konkretisierung

---

[861] Der § 19 Abs. 2 GKV spricht auch von einem Weisungsrecht des Arbeitgebers bei notwendigen Arbeiten der tätigen Arbeitnehmer während eines Streiks.
[862] Genauso *Tröster*, IOR, Bd. 39, S. 56.
[863] So auch *Tröster*, IOR, Bd. 39, S. 57.

nicht möglich ist, darf eine andere Festlegung des Arbeitsortes erfolgen; beispielsweise die Einzelhandelsgeschäfte einer Handelskette in einem Bezirk oder Stadtteil.[864] Wird eine Verkäuferin beispielsweise nur für eine bestimmte Filiale eingestellt, so kann sie ohne ihr Einverständnis nicht in eine andere Filiale versetzt werden. In solchen Fällen sind deshalb die Arbeitgeber bemüht, den Arbeitsort möglichts ungenau zu formulieren (Stadtbezirk Nr. 7 oder sogar Prag).[865] Dann können Sie die Verkäuferin flexibel, je nach Personalbedarf einsetzen.

Der Arbeitgeber hat natürlich ein Interesse daran, den Arbeitnehmer je nach Bedarf an verschiedenen Orten einzusetzen. Hingegen ist der Arbeitnehmer bemüht, den Arbeitsort so eng wie möglich zu fassen. Der tschechische Arbeitnehmer ist standortbezogen, „sesshaft“ und eher unflexibel, was einen Wechsel des Arbeitsortes betrifft. Andererseits gibt es in der Tschechischen Republik abschließend gesetzlich geregelte Fälle einer Versetzung. Hier werden die Arbeitsbedingungen durch das ArbGB gestaltet.

b) Änderungskündigung

Das tschechische Recht kennt keine Änderungskündigung. Unter einer Änderung des Arbeitsverhältnisses wird daher allgemein eine Änderung verstanden, die einen bestimmten Teil des Arbeitsvertrages betrifft. Diese Änderung kann entweder einen Vertragsbeteiligten, den Inhalt des Arbeitsvertrages oder eine Änderung betreffen, die erfolgt, weil eine im Gesetz vorgesehene Tatsache eingetreten ist. In solchen Fällen ist das Arbeitsverhältnis in seinen anderen Teilen nicht betroffen und bleibt daher als Ganzes bestehen.[866]

Im tschechischen Recht ist eine Änderung der vertraglichen Entgelt- und sonstigen Arbeitsbedingungen nur einvernehmlich zulässig.[867] In Deutschland hingegen wird beispielsweise eine Änderungskündigung zur Verringerung der Vergütung sowie zur Absenkung der Arbeitszeit für grundsätzlich möglich gehalten.[868]

c) Versetzung / Direktionsrechtserweiterung

Von der Systematik her sind Änderungen der Arbeitsbedingungen in der ČR – über die Art der Tätigkeit, Ort der Arbeitsleistung, Arbeitszeit – grundsätzlich nur dann möglich, wenn Arbeitgeber und Arbeitnehmer dies vereinbaren, vgl. § 36 Abs. 1 ArbGB. Der tschechische Gesetzgeber formuliert aber in den §§ 37,

---

[864] In diesem Sinne *Tröster*, IOR, Bd. 39, S. 57.
[865] Ebenso *Tröster*, IOR, Bd. 39, S. 57.
[866] Insoweit *Tröster*, IOR, Bd. 39, S. 67.
[867] So bereits *Srp/Klustová*, S. 189.
[868] Vgl. dazu nur *Lindemann*, S. 26 m. w. N. der Rechtsprechung des BAG.

38 ArbGB Ausnahmen. Dies ergibt sich aus dem Wortlaut und der Systematik des § 36 ArbGB. § 36 Abs. 2 ArbGB besagt, dass „der Arbeitnehmer nur ausnahmsweise in den Fällen der §§ 37, 38 verpflichtet ist, Arbeiten anderer Art oder an einem anderen Ort zu leisten als im Arbeitsvertrag vereinbart." Die dort genannten Fälle sind vergleichbar mit den in Deutschland bekannten Direktionsrechtserweiterungsklauseln, dem besonderen Direktionsrecht. Dies wird besonders deutlich, wenn man den § 37 Abs. 3 ArbGB genauer betrachtet. Dieser Paragraph bestimmt nämlich, dass zuvorderst eine Versetzung im Rahmen des Arbeitsvertrages, also in den Grenzen des § 35 Abs. 1 lit. b ArbGB, des allgemeinen Direktionsrechts zu erfolgen hat. Erst wenn dies nicht möglich ist, kann der Arbeitgeber einseitig eine Versetzung in den aufgeführten Fällen des § 37 ArbGB anordnen. Der Arbeitnehmer braucht damit auch nicht einverstanden zu sein. Denn der Arbeitgeber ist nur verpflichtet, mit dem Arbeitnehmer den Grund der Versetzung auf eine andere Arbeit und die Zeitdauer der Versetzung im Voraus zu erörtern, § 37 Abs. 6 ArbGB. Das Einverständnis hat nur Bedeutung für die Anhörung der Gewerkschaft nach § 41 ArbGB. Sofern der Arbeitnehmer mit der Maßnahme des Arbeitgebers nicht einverstanden ist, kann der Arbeitgeber die Maßnahme nach § 37 ArbGB nur nach Erörterung mit dem Gewerkschaftsorgan durchführen.

Die Regelung, die der tschechische Gesetzgeber getroffen hat, mag den Anschein einer gewissen Überregulierung haben, verschafft dem Arbeitgeber sowie dem Arbeitnehmer aber mehr Rechtssicherheit und Klarheit. Indessen überwiegt in Deutschland das Richterrecht bei der Ausgestaltung des besonderen Direktionsrechts. Mit einem Blick ins Gesetz weiß der Arbeitgeber nicht, was zulässig und machbar ist. Hier muss er rechtskundigen Rat einholen, wie er die Arbeitsbedingungen flexibel gestalten und das Personal versetzen kann. Außerdem kennt das tschechische Arbeitsrecht keine Änderungskündigung. Schon vor diesem Hintergrund ist die genaue, vielschichtige Regelung einer Versetzung und der Versetzungsarten verständlich.

Im Übrigen trägt die tschechische Variante der Direktionsrechtsgestaltung durch die Verschiedenheit der aufgeführten Einzelfälle auch den Bedürfnissen nach Flexibilität Rechnung.

Somit bleibt letztendlich die Feststellung, dass eine entsprechende Regelung der Änderungskündigung im tschechischen Arbeitsrecht fehlt, dass es aber dafür ein funktionales Äquivalent gibt. Gerade im Hinblick auf die Dogmatik und verfeinerte, differenzierte Kasuistik der Änderungskündigung wäre es unsinnig, dies als Regelungsmodell für eine Rezeption in der Tschechischen Republik zu empfehlen.

Bei Einzelsachverhalten hat der Arbeitgeber in Deutschland nur geringen Spielraum für flexible Lösungen. Schon bei der Ausübung des Weisungsrechts im Hinblick auf Versetzungen im betriebsverfassungsrechtlichen Sinne unterliegt der Arbeitgeber der betrieblichen Mitbestimmung, §§ 95, 99 BetrVG. Hier muss der Arbeitgeber die Zustimmung des Betriebsrates zu der geplanten personellen Einzelmaßnahme einholen. Materielle Arbeitsbedingungen außer im Einvernehmen mit dem Arbeitnehmer zu ändern, ist auf individualvertraglicher Ebene kaum möglich. Die Konstruktion der Änderungskündigung ist verfehlt. Die Rechtsprechung stellt auch an sie hohe Anforderungen und erkennt ein Änderungsrecht nur in engen Grenzen an. Die Änderungskündigung eignet sich auch - wie zuvor festgestellt - nicht zur Abänderung bei einem kollektiven Sachverhalt[869].

Das tschechische Arbeitsrecht dagegen lässt dem Arbeitgeber in den gesetzlich aufgezählten Versetzungsgründen freie Hand. Durch die gesetzliche Ausdifferenzierung des Direktionsrechtes, der Versetzungsgründe, weiß der Arbeitgeber, woran er ist. Hinzu kommt, dass die gesetzlich aufgezählten Versetzungs-, Umsetzungsgründe abschließend sind. Das Gewerkschaftsorgan braucht auch nur angehört zu werden, falls der Arbeitnehmer der Umsetzung nach § 37 ArbGB nicht zustimmt. Es hat kein echtes Mitbestimmungsrecht.

Die Versetzung im betriebsverfassungsrechtlichen Sinne weist eine gewisse Ähnlichkeit mit der tschechischen Versetzung auf einen anderen Arbeitsplatz nach § 38 Abs. 3 ArbGB auf. Bei der Versetzung nach § 38 Abs. 3 ArbGB wird in erster Linie der Ort der Arbeitsausübung geändert. Deshalb wird auch von einer Versetzung an einen anderen Arbeitsort gesprochen. Beide Versetzungen haben gemeinsam, dass sie keinen endgültigen Charakter haben und bei Wegfall des Versetzungsgrundes der Arbeitnehmer wieder zurück auf seinem ursprünglichen Arbeitsplatz eingegliedert werden muss. Die Versetzung muss auch innerhalb der Organisationseinheit des Betriebes erfolgen. Bei der tschechischen Ortsversetzung erfolgt diese lediglich betriebsintern, also innerhalb der Betriebseinheit. Dasselbe gilt für die Versetzung im betriebsverfassungsrechtlichen Sinn nach deutschem Recht. Es stellt keine Versetzung nach § 95 Abs. 3 BetrVG dar, wenn eine endgültige Zuweisung eines anderen Arbeitsbereiches in einem anderen Betrieb desselben Unternehmens erfolgt, da das Mitbestimmungsrecht betriebsbezogen ist.[870] Im Unterschied zur Versetzung im betriebsverfassungsrechtlichen Sinne nach deutschem Arbeitsrecht muss bei einer Versetzung an einen anderen Ort gemäß ArbGB der Arbeitnehmer vorher ausdrücklich zustimmen.[871] Da das tschechische Arbeitsrecht nicht wie das deutsche

---

[869] Stichwort: Massenänderungskündigung.
[870] Vgl. Personalrecht - *Schlochauer,* S. 651, Rn. 4136.
[871] Siehe die Ausführungen unter Teil 2. B. IV.

Recht zwischen der arbeitsvertraglichen und betriebsverfassungsrechtlichen Versetzung unterscheidet, ist das Erfordernis des Einverständnisses bei einer derartigen – wenn auch nur vorübergehenden – Änderung des Inhalts des Arbeitsverhältnisses auch verständlich. Im deutschen Recht muss natürlich individualrechtlich eine vorherige Zustimmung des Arbeitnehmers entweder durch einen Versetzungsvorbehalt oder Änderungsvertrag gegeben sein, damit eine Ortsversetzung wirksam ist. Ob eine Versetzung im betriebsverfassungsrechtlichen Sinne vorliegt, ist nur von Bedeutung für das Bestehen eines Mitbestimmungsrechts des Betriebsrates. Der Betriebsrat hat hier ein Zustimmungsrecht gemäß § 99 Abs. 1 S.1 BetrVG. Indessen gibt es in Tschechien kein Mitbestimmungsrecht der Gewerkschaft bei einer Versetzung an einen anderen Arbeitsort. Lediglich bei den Umsetzungsgründen in den in § 37 ArbGB aufgeführten Fällen gibt es ein Erörterungsrecht der Gewerkschaft. Eine echte Mitbestimmung der Gewerkschaft ist nicht Voraussetzung.

Der deutsche Gesetzgeber verzichtet bei der betriebsverfassungsrechtlichen Versetzung, bei der Definition in § 95 Abs. 3 BetrVG, auf die Auflistung von Versetzungsgründen. Er gibt lediglich durch die Definition: *„Versetzung ...ist die Zuweisung eines anderen Arbeitsbereichs, die voraussichtlich die Dauer von einem Monat nicht überschreitet, oder die mit einer erheblichen Änderung der Umstände verbunden ist, unter denen die Arbeit zu leisten ist"*, einen abstrakten Tatbestand vor. Die einzelnen Voraussetzungen einer Versetzung wie die Zuweisung eines anderen Arbeitsbereiches oder die erhebliche Änderung der Arbeitsumstände müssen erst noch ausgelegt werden. Hier besteht für die Rechtsprechung viel Interpretationsspielraum und unter den abstrakten Tatbestand lassen sich viele Einzelfälle subsumieren. Dagegen ist die gesetzlich abschließende Aufzählung von Einzelfällen einer Versetzung auf einen anderen Arbeitsplatz[872] im tschechischen Arbeitsrecht kennzeichnend. Hier besteht wenig Raum für Auslegung.

Des Weiteren besteht eine Besonderheit im tschechischen Recht im Folgenden: der Gesetzgeber unterscheidet zwischen zwei Umsetzungsarten. Es gibt die obligatorische Umsetzung gemäß § 37 Abs. 1 ArbGB sowie die fakultative Umsetzung nach dem § 37 Abs. 2 und 4 ArbGB. Wie schon dargestellt[873], muss der Arbeitgeber dem Arbeitnehmer an eine andere Arbeit umsetzen, wenn die im Gesetz explizit genannten Fälle alternativ vorliegen. Eine Pflicht zur Überführung auf eine andere Art von Arbeit besteht beispielsweise, wenn der Arbeit-

---

[872] Die Versetzung auf einen anderen Arbeitsplatz mit einem anderen Arbeitsbereich oder Aufgabengebiet, § 37 ArbGB (auch Umsetzung genannt) oder die Versetzung auf einen anderen Arbeitsplatz, § 38 Abs. 3 ArbGB (auch als Versetzung an einen anderen Ort bezeichnet); Zur Begrifflichkeit siehe *Klikar*, S. 117 u. 121.

[873] Vgl. die Ausführungen unter Teil 2. B. III. 1.b).

nehmer aufgrund eines ärztlichen Attestes aus Gesundheitsgründen langfristig nicht in der Lage ist, die bisherige Tätigkeit auszuüben, § 37 Abs. 1 a), 1. Alt. ArbGB. In Deutschland könnte der Arbeitgeber in einem solchen Fall unter Umständen dem Arbeitnehmer aus gesundheitlichen Gründen personenbedingt kündigen. Zuvorderst muss er allerdings alle möglichen und zumutbaren Weiterbeschäftigungsmöglichkeiten ausschöpfen. Deshalb wäre hier das Mittel der Änderungskündigung zu nehmen, wenn der Arbeitsvertrag nichts vorsieht oder ein Änderungsvertrag einvernehmlich nicht erzielt werden kann. Jedenfalls ist in der Tschechischen Republik[874] genauso wie in Deutschland[875] Voraussetzung, dass die neue Arbeitstätigkeit geeignet, zumutbar und angemessen ist. Besteht anderseits aus betrieblichen oder in der Person des Arbeitnehmers liegenden Gründen keine anderweitige Weiterbeschäftigungsmöglichkeit beim Arbeitgeber so darf dieser personenbedingt kündigen. Auch der tschechische Arbeitgeber darf bei einer fehlenden Beschäftigungsmöglichkeit kündigen. Hier wird nach Ansicht von *Klikar*[876] eine Kündigung nach § 46 Abs. 1 a)-c) für zulässig erachtet. Jedoch soll nach der Auffassung von *Klikar* pauschal bei Fehlen einer Umsetzungsmöglichkeit eine Kündigung aus betriebsbedingten Gründen ausgesprochen werden. Warum das so sein soll, bleibt bei *Klikar* offen. Meines Erachtens wäre in dem vorliegenden Fall aber die Kündigung aus gesundheitlichen Gründen nach § 46 Abs. 1 d) der richtige Kündigungsgrund. Denn der eigentliche Kündigungsgrund hat seine Hauptursache in der Person des Arbeitnehmers. Darüber hinaus ist auch an eine Vereinbarung über die Aufhebung des Arbeitsverhältnisses[877] gemäß § 43 ArbGB zu denken.[878]

In Deutschland ist ein Widerruf der Versetzung möglich.[879] In Tschechien besteht dagegen eine Pflicht des Arbeitgebers beim Wegfall der Versetzungsgründe, den Arbeitnehmer an seinen ursprünglichen Arbeitsort und seine Arbeit zurückzuversetzen, § 39 ArbGB. Diese Rückversetzungspflicht existiert so nicht in deutschen Gesetzen. Jedoch kennen die Rechtspraxis mit der *„Reentry-Klausel“*[880] und die Rechtsprechung eine dahingehende Rückversetzung.

---

[874] Vgl. § 37 Abs. 5 ArbGB.
[875] Rechtsprechung des BAG.
[876] *Klikar*, S. 119, 120.
[877] Im deutschen Arbeitsrecht als Aufhebungsvertrag bezeichnet.
[878] Vgl. *Klikar*, S. 120.
[879] BAG, Urt. v. 16.10.1965 - 5 AZR 55/65, AP Nr. 20 zu § 611 BGB Direktionsrecht - Zum Umfang des Weisungsrechts des Arbeitgebers im Hinblick auf den Widerruf einer einem Arbeitnehmer übertragenen qualifizierten Tätigkeit.
[880] Siehe *Kühl*, WiRO 2005, 40, 42.

Festzuhalten bleibt indes: Es besteht eine Besonderheit insofern, als der tschechische Arbeitgeber mit der Versetzung oder Umsetzung den Inhalt des Arbeitsverhältnisses nur für einen vorübergehenden Zeitraum ändern kann. Der Arbeitnehmer braucht aber nicht mit dieser Rechtshandlung zwingend einverstanden zu sein. Zum Beispiel hat der Arbeitgeber nach dem neuen ArbGB die Pflicht, einen Arbeitnehmer auf eine andere Arbeit zu überführen, wenn ein Arbeitsunfall, eine Berufskrankheit u.ä. vorliegt, vgl. § 41 Abs. 1 lit. b) ArbGB n.F., so genannte obligatorische Versetzungsgründe.

Die Versetzung an einen anderen Ort bildet indes die einzige Ausnahme. Hier muss ein Einverständnis des Arbeitnehmers vorliegen (§ 38 ArbGb bzw. § 43 ArBGB n.F.). Neu wird durch das ArbGB n.F. die Zustimmung auch vorausgesetzt, wenn der Arbeitgeber dem Arbeitnehmer wegen eines Maschinenstillstandes oder wegen einer Arbeitsunterbrechung, die durch ungünstige Witterungsverhältnisse verursacht wurde, eine andere Arbeit zuweisen möchte, vgl. § 41 Abs. 5 ArbGB n.F. Eine solche Überführung auf eine andere Arbeit war bisher ohne Einverständnis des Arbeitnehmers möglich (§ 37 Abs. 4 ArbGB).

Hingegen hängt in Deutschland ein flexibler Personaleinsatz von der Gestaltung des Arbeitsvertrages ab und ist wie das Rechtsinstitut des Vertrages schon impliziert von der Zustimmung des Arbeitnehmers abhängig. Jedoch ist eine Versetzung auch dauerhaft möglich. Ansonsten verbleibt dem Arbeitgeber nur die in der Praxis schwer durchführbare Änderungskündigung.

Als Resümee lässt sich sagen, dass in der Tschechischen Republik sowie in Deutschland grundsätzlich der Arbeitgeber dem Arbeitnehmer lediglich nur solche Arbeiten zuweisen darf, die durch den Arbeitsvertrag abgedeckt sind. Für alle anderen Arbeiten benötigt der Arbeitgeber die Zustimmung des Arbeitnehmers. In Tschechien allerdings ist die Zustimmung nur bei der Versetzung an einen anderen Ort echte Wirksamkeitsvoraussetzung. Als Besonderheit steht dem Arbeitgeber in Deutschland noch das Flexibilisierungsinstrument der Änderungskündigung zur Verfügung. Dieses ist indes – wie ich zuvor aufgezeigt habe – mit einigen gewichtigen Problemen bezüglich ihrer Handhabe und rechtlichen Durchsetzbarkeit behaftet.

2. Arbeitszeit / Arbeitszeitkonten

a) Vergleich der Wochen- und Jahresarbeitszeiten

Man kann die tarifvertraglichen, die vereinbarten und die tatsächlich gearbeiteten Wochen- sowie Jahresarbeitszeiten der Vollzeitbeschäftigten unterscheiden. Die vereinbarten Arbeitszeiten ergeben sich für die tarifgebundenen Arbeitnehmer aus den Tarifverträgen und für die nicht tarifgebundenen Beschäftigten aus den Arbeitsverträgen. Die tatsächlichen Arbeitszeiten sind insofern wichtig, da sie von den vereinbarten durch Überstunden nach oben und durch Kurzarbeit oder Krankheit nach unten abweichen.

Nach einer Studie vom *European Industrial Relations Observatory* (EIRO) im Jahr 2004 lagen die durchschnittlichen tarifvertraglichen Wochenarbeitszeiten in Deutschland (West) bei 37,4[881], in der Tschechischen Republik bei 38 Wochenstunden.[882] Damit bewegen sich die Tschechische Republik als neues EU-Mitglied und Deutschland im Mittelfeld der alten EU-Länder. Die Tschechische Republik ist neben der Slowakischen Republik eine der wenigen Ausnahmen der zehn neuen EU-Mitglieder, in denen nicht die 40-Stunden-Woche gilt. Denn bei der Studie fällt auf, dass die wirtschaftlich weniger entwickelten Länder, wie u.a Litauen, Estland, längere tarifliche Arbeitszeiten als die höher entwickelten Länder haben.

Aber für Deutschland lassen sich zuverlässigere Informationen zu den betrieblich vereinbarten Wochenarbeitszeiten im Betriebspanel[883] des *Instituts für Arbeitsmarkt- und Berufsforschung* (IAB) finden. In diesem Betriebspanel wird deutlich, dass die die vereinbarten Arbeitszeiten im Durchschnitt in kleinen Betrieben länger als in großen sind. Die vereinbarten Arbeitszeiten in Betrieben mit Betriebsräten sind auch kürzer als in Betrieben ohne Betriebsräte.[884] Das Gleiche findet sich auch in der Tschechischen Republik.

Die durchschnittlichen tatsächlichen Arbeitszeiten von Vollzeitbeschäftigten lassen sich am besten mit der *Euopäischen Arbeitskräftestichprobe* (European Labour Force Survey - EULFS)[885] vergleichen. Diese wird in allen EU-Ländern

---

[881] In Deutschland (Ost) bei 39, 1 durchschnittlichen tariflichen Wochenarbeitsstunden.

[882] EIRO (2005): Working time developments - 2004, online abgerufen unter www.eiro.eurofound.eu.int /2005/03/update/tn0503104u.html, zuletzt abgerufen am 14.06.2005.

[883] Das Betriebspanel des IAB ist eine regelmäßig durchgeführte repräsentative Unternehmensbefragung.

[884] Siehe *Bosch/Schief/Schietinger*, Trends in der Arbeitszeitpolitik, S. 8, 9.

[885] Die Daten zu den tatsächlichen Arbeitszeiten der Europäischen Arbeitskräftestichprobe beruhen auf den Angaben der Befragten zur Selbsteinschätzung ihrer normalerweise pro Woche gearbeiteten Stunden. Die Befragen gehen hierbei vermutlich von der vereinbarten Ar-

harmonisiert durchgeführt. In der Tschechischen Republik lag die durchschnittliche tatsächliche Wochenarbeitszeit im Jahr 2004 bei 41,3 Stunden, also um 3,3 Wochenstunden höher als das tarifliche Niveau. In Deutschland hingegen betrug die tatsächliche Arbeitszeit in dem Jahr 2004 im Westen 39, 8, im Osten Deutschlands 40 Wochenstunden.[886] Die tatsächlich üblichen Arbeitszeiten überschritten damit das tarifliche Niveau im Westen um 2,4 und in Deutschland Ost um 0,9 Wochenstunden.

Um ein realistisches Bild über die geleistete Arbeitszeit pro Erwerbstätigen zu gewinnen, müssen, wie *Bosch/Schief/Schietinger*[887] anmerken, die Jahresarbeitszeiten und nicht die Wochenarbeitszeiten miteinander verglichen werden. Denn die Wochenarbeitszeiten können bei flexiblen Arbeitszeiten stark schwanken. Außerdem hängt die Dauer der Arbeitszeit erheblich von der Zahl der Urlaubs-, Feier- und Krankheitstage ab. Zu den durchschnittlichen tarifvertraglichen Jahresarbeitszeiten (TJZ) sowie zu den gewöhnlichen Jahresarbeitszeiten (GJZ) Vollzeitbeschäftigter in Europa wurden verlässliche Daten von EIRO vorgelegt. Dabei kann die tarifvertragliche Jahresarbeitszeit als *„Indikator für den formellen Arbeitszeitstandard“*[888] und die gewöhnliche Jahresarbeitszeit als *„Indikator für die tatsächlichen Arbeitszeiten“*[889] betrachtet werden. Die TJZ lag im Jahr 2004 in der Tschechischen Republik bei 1725 Stunden, hingegen die GJZ bei 1877, also um 151 Stunden höher als das tarifliche Durchschnittsniveau. Dagegen liegen in Deutschland die TJZ mit 1657 und die GJZ mit 1756 deutlich unter dem Stand in der Tschechischen Republik. In Deutschland ergibt sich eine Differenz der Abweichung der tatsächlichen von der tarifvertraglichen Jahresarbeitszeit in Höhe von 100 Stunden. Gründe für die Abweichungen sind vor allem die geleistete Mehrarbeit. Bei den üblichen Jahresarbeitszeiten Vollzeitbeschäftigter liegt Deutschland mit 1756 Stunden im Mittelfeld der alten EU-Mitgliedstaaten. Die Tschechische Republik liegt mit 1877 Stunden im oberen Feld des EU-Vergleichs. Spitzenreiter ist Lettland mit einer GJZ von 1971 Stunden. Die niedrigsten üblichen Jahresarbeitszeiten haben die Niederlande mit 1712 Stunden.[890] Überraschenderweise weist Deutschland den viertgrößten Unterschied zwischen der tarifvertraglichen und der üblichen Jahresarbeitszeit auf. Nur in der Tschechischen Republik (151 Stunden) und in Frankreich (172 Stun-

---

beitszeit und den durchschnittlichen Überstunden aus; *Bosch/Schief/Schietinger*, Trends in der Arbeitszeitpolitik, S. 9.

886 Zu Vorstehendem vgl. *Bosch/Schief/Schietinger*, Trends in der Arbeitszeitpolitik, S. 9, 10. Abb.2.

887 *Bosch/Schief/Schietinger*, Trends in der Arbeitszeitpolitik, S. 11.

888 *Bosch/Schief/Schietinger*, Trends in der Arbeitszeitpolitik. S. 14.

889 *Bosch/Schief/Schietinger*, Trends in der Arbeitszeitpolitik. S. 16.

890 Vgl. zu Vorstehendem die Daten bei *Bosch/Schief/Schietinger*, Trends in der Arbeitszeitpolitik. S. 15, Tab. 3 und S. 16 Abb. 3.

den) sowie Großbritannien (252 Stunden) sind die Unterschiede noch größer. Die hohen Unterschiede in Deutschland sind insbesondere auf die abnehmende Tarifbindung[891], aber auch auf Überstunden zurückzuführen.[892]

Anzumerken ist, dass aus der Dauer der Arbeitszeit keinerlei Schlussfolgerungen auf die Wettbewerbsfähigkeit eines Unternehmens gezogen werden können. Denn auch kurze Arbeitszeiten können für Unternehmen vorteilhaft sein, wenn sie mit hoher Produktivität einhergehen.[893] Insbesondere wenn die Arbeit effektiver und flexibler organisiert wird und die Beschäftigten qualifizierter sind und die Kapazität der Maschinen ausgelastet ist, liegen die Lohnstückosten unter Umständen unter den Ländern mit längeren Arbeitszeiten. Vor allem zeigt es sich, dass in Ländern mit kürzeren Arbeitszeiten die Produktivität höher ist als in Ländern mit längerer Arbeitszeit. Beispielsweise hat ein internationaler Vergleich der Arbeitszeitflexibilität in der Automobilindustrie ergeben, dass die deutschen Automobilbetriebe die höchste Arbeitszeitflexibilität in Europa haben.[894] Die im internationalen Vergleich hohe Stundenproduktivität in Deutschland ist auch nicht zuletzt Folge der sehr hohen Arbeitszeitflexibilität.[895]

b) Arbeitszeitflexibilität durch Arbeitszeitkonten

Zusammenfassend spricht man von einer flexiblen Arbeitszeitgestaltung bei einer Abweichung der Dauer und Lage der Arbeitszeit von der einheitlichen tariflichen Wochenarbeitszeit und ihrer gleichmäßigen Verteilung auf fünf Werktage, meistens von Montag bis Freitag.

Mit flexiblen Arbeitszeiten wird die traditionelle enge Bindung zwischen Arbeitszeit und Entgelt entkoppelt. Die vereinbarte Arbeitszeit ist dann nur noch ein Richtwert, eine Durchschnittsgröße. Bei einer flexiblen Verteilung der Arbeitszeit über eine Woche, einen Monat, ein Jahr sollten die Abweichungen auf Arbeitszeitkonten registriert werden. Natürlich kann dies nicht immer geschehen, beispielsweise wo bei Überschreitung von Höchstgrenzen Überstunden verfallen. Deshalb ist es wichtig, dass die tatsächlich geleistete Arbeitszeit auf Arbeitszeitkonten nachgewiesen wird. Denn nur so kann sie zu einem späteren Zeitpunkt vergütet oder in Freizeit ausgeglichen werden.
Seit Jahren funktionieren in der deutschen Unternehmenspraxis flexible Arbeitszeitmodelle und werden Zeitkonten angewendet, die über einen längeren Zeit-

---

[891] In Westdeutschland sind nur noch 70% und in Ostdeutschland nur noch 54% der Beschäftigten tarifgebunden (IAB Betriebspanel 2003).; vgl. *Bosch/Schief/Schietinger*, Trends in der Arbeitszeitpolitik, S. 8.
[892] So *Bosch/Schief/Schietinger*, Trends in der Arbeitszeitpolitik, S. 17.
[893] Ebenso *Bosch/Schief/Schietinger*, Trends in der Arbeitszeitpolitik, S. 21.
[894] Vgl. *Haipeter/Lehndorff*, WSI-Mitteilungen 11/2002, S. 649, 654.
[895] Vgl. zu Vorstehendem *Bosch/Schief/Schietinger*, Trends in der Arbeitszeitpolitik, S. 6.

raum einen Ausgleich von Spitzenbelastungen in ruhigen Zeiten ermöglichen. Diese erlauben eine effizientere Auslastung von Produktionsanlagen und ermöglichen eine schnellere Reaktion auf konjunkturelle Schwankungen. Letztendlich konnten durch solche Modelle auch Arbeitsplätze in Deutschland herhalten werden.[896]

In Deutschland ist die Flexibilisierung der Arbeitszeit durch die verschiedenen Modelle der Arbeitszeitkonten schon fortgeschritten. Insgesamt arbeiten 31 % der abhängig Beschäftigten mit einem selbst gesteuerten Zeitmodell wie Gleitzeit, Vertrauensarbeitszeit oder Arbeitszeitkonto.[897] Allerdings gibt es keine gesetzlichen Vorschriften über Arbeitszeitkonten. Lediglich die Insolvenzsicherung von Arbeitszeitguthaben ist gesetzlich geregelt. In der Tschechischen Republik befindet sich das Arbeitszeitkonto gesetzlich in der Startphase. Mit der gesetzlichen Einführung der Errichtung von Arbeitszeitkonten befindet sie sich erst in den Anfängen. Die Erfahrungen und Umsetzungen in der betrieblichen Praxis stehen noch aus. Dagegen gibt es in Deutschland schon sehr viele tarifvertragliche und betriebliche Modelle von Arbeitszeitkonten.[898] Das erste flexible Arbeitszeitmodell in Form der Gleitzeit wurde in den 60er Jahren in Deutschland eingeführt.[899] Arbeitszeitkonen gehören inzwischen in deutschen Betrieben zum *„...selbstverständlichen Alltag vieler Beschäftigter“.*[900]

Im internationalen Vergleich gehört Deutschland neben den skandinavischen Staaten und Großbritannien zu den Ländern mit der größten Verbreitung von flexiblen Arbeitszeitmodellen. Bei Arbeitszeitkontenmodellen ist Deutschland führend.[901] Insbesondere kurzfristige Arbeitszeitkonten sind sehr verbreitet. Etwa 74 % der Unternehmen haben solche so genannten Kurzzeitkonten (Gleitzeit-, Ampel oder Jahresarbeitszeitkonten) eingeführt.[902] Jedoch hat nur jeder zehnte Betrieb, vor allem Großbetriebe, ein Langzeitkonto (z.B. Lebensarbeitszeitkonto) eingerichtet.[903] Langzeitkonten werden im Allgemeinen dadurch definiert, dass ihr Ausgleichszeitraum zwölf Monate übersteigt.[904] Den *„Löwenan-*

---

[896] So auch *Braun/Wiesnerová*, Wirtschaftsmagazin Plus, DTIHK, Dezember 2002.
[897] Siehe *Munz*, WSI-Mitteilungen 9/2006, 478, 479.
[898] Vgl. nur Klenner/Seifert - *Seifert*, S. 9 ff. m.w.N. sowie *Bosch/Schief/Schietinger*, Trends in der Arbeitszeitpolitik, S. 31 Tab. 4.
[899] Vgl. *Pfander*, Arbeitgeber 1996, 310; bei der Hewlett-Packard GmbH.
[900] *Bosch/Schief/Schietinger*, Trends in der Arbeitszeitpolitik, S. 30.
[901] *European Commission (2003)*, Employment in Europe 2003 - Recent Trends and Prospects, S. 150.
[902] Vgl. WSI-Befragung von Betriebs- und Personalräten 2004/2005; *Schietinger*, WSI-Mitteilungen 6/2005, 339, 341.
[903] Vgl. die Daten bei *Janßen*, IW-Trends 2/2003, S. 12 f.; bei der aktuellen WSI-Befragung ist es nur jeder 6 bzw. 7 Betrieb, *Schietinger*, WSI-Mitteilungen 6/2005, S. 339, 341.
[904] Vgl. nur *Haipeter/Lehndorff*, S. 155.

teil"[905] an Langzeitkonten nimmt die Altersteilzeit im Blockmodell ein. Wie eine aktuelle Betriebsräteumfrage[906] des WSI ergeben hat, haben rund 35 % der Betriebe eine entsprechende Regelung eingeführt.[907] Die aktuelle und erste[908] WSI-Betriebsrätebefragung ergibt, dass insgesamt 77,2 % aller befragten Unternehmen eine Arbeitszeitkontenregelung besitzen.[909] In der Tschechischen Republik gibt es aufgrund der aktuellen gesetzlichen Lage keine vergleichbare Studie wie in Deutschland.

Die Insolvenzsicherung von Arbeitszeitguthaben nimmt in Folge der zunehmenden Flexibilisierung der Arbeitszeit immer mehr an Bedeutung zu. Denn je langfristiger die Arbeitszeitmodelle angelegt sind, desto höher besteht die Gefahr, dass die angesammelten Guthaben bei einer Insolvenz des Unternehmens verloren gehen. In Folge des allgemein gestiegenen Insolvenzrisikos in den letzten Jahren besteht ein reges Interesse der Beschäftigten und der betrieblichen Interessenvertretungen, dass die Arbeitszeitguthaben insolvenzgeschützt werden. Wenn dies sichergestellt wird, besteht die Chance, dass sich die *„...erwünschte Flexibilisierung der Arbeitszeit quantitativ (in ihrer Verbreitung) wie auch qualitativ (hin zu innovativen Modellen) weiterentwickelt"*.[910] Hier bestehen ein dringender gesetzlicher Regelungsbedarf in der Tschechischen Republik sowie ein gesetzlicher Reformbedarf in Deutschland.

Zwar ist die Insolvenzversicherung von Arbeitszeitguthaben in § 7 d SGB IV in Deutschland geregelt, jedoch verband der Gesetzgeber mit der Einführung der Insolvenzsicherung die Hoffnung, dass die Tarifpartner praktikable Insolvenzschutzmodelle/Absicherungsmodelle entwickeln würden. Auf dieser Basis sollte dann die gesetzliche Regelung weiterentwickelt werden.[911] § 7 d SGB IV schreibt vor, dass sich die Vertragsparteien (Arbeitsvertrags-, Betriebs- oder Tarifparteien) auf eine Insolvenzversicherung einigen. Die Laufzeit des Arbeitszeitkontos muss mindestens 27 Monate und das Arbeitszeitguthaben einen Wert von 7.200 € übersteigen.[912] Somit besteht kein Insolvenzschutz bei Kurzzeitkonten. Ferner wurden Mindestgrenzen festgelegt, wann die Sicherungspflicht von Arbeitszeitkonten eintritt. Auf eine Sanktion des Arbeitgebers bei Nichteinhaltung der Absicherungspflicht wurde verzichtet, so dass diese Pflicht eher appel-

---

905 *Bosch/Schief/Schietinger*, Trends in der Arbeitszeitpolitik, S. 30.
906 WSI-Befragung von Betriebs- und Personalräten 2004/2005 der Hans-Böckler-Stiftung.
907 Siehe die Studie von *Schietinger*, WSI-Mitteilungen 6/2005, S. 339, 341.
908 Bislang gab es keine umfassende empirische Untersuchung zum Insolvenzschutz von Arbeitszeitguthaben in der Praxis.
909 Vgl. *Schietinger*, WSI-Mitteilungen 6/2005, S. 339, 340.
910 *Bosch/Schief/Schietinger*, Trends in der Arbeitszeitpolitik, S. 31.
911 Vgl. nur *Hanau/Rolfs*, S. 8; *Schietinger*, WSI-Mitteilungen 6/2005, 339, 344; BT-Drucks. 13/9818, S. 11.
912 Siehe *Schietinger*, WSI-Mitteilungen 6/2005, S. 339.

lativen Charakter hat.[913] Zwar legt § 8 a ATG im Gegensatz zu § 7 d SGB IV eine Verpflichtung des Arbeitgebers für Arbeitszeitguthaben bei Alterszeitvereinbarungen eine Insolvenzsicherung einzuführen fest, ebenso den Ausschluss bestimmter nicht insolvenzfester Sicherungsmodelle. Jedoch sieht der Gesetzgeber auch hier keine Sanktion bei Nichteinhalten der Insolvenzabsicherung vor.

Im Ergebnis wiesen nach einem Bericht des Bundesarbeitsministeriums 2001 knapp 260 Tarifverträge Regelungen zur Insolvenzsicherung auf. Aber nur 94 davon zeigten Modelle der Absicherung auf.[914] Alle bisher bekannten Tarifverträge in Deutschland sprechen lediglich Empfehlungen aus, wie Unternehmen Arbeitszeitkonten absichern können. Es werden in der Regel keine verbindlichen Regelungen getroffen.[915] Typische Beispiele sind hier die Tarifverträge zur Altersteilzeit in der Eisen-, Metall- und Elektroindustrie. Bis heute gibt es nur wenige Tarifverträge, die konkrete und verpflichtende Bestimmungen zur Insolvenzversicherung enthalten.[916] Einen zukunftsweisenden Weg geht der neue Manteltarifvertrag zur Errichtung von Arbeitszeitkonten in der Metall- und Elektroindustrie in Baden-Württemberg. Hier wird ausdrücklich von den offen gehaltenen und allgemein für Arbeitszeitkonten geltenden § 7 d SGB IV abgewichen und auf die strengeren Regelungen des § 8 a ATG für Altersteilzeitlösungen verwiesen.[917]

Auch die Verbreitung der Insolvenzsicherung in deutschen Betrieben/Unternehmen ist mangelhaft. Wie eine Betriebsrätebefragung 2004/2005 offenbarte, ist das Grundproblem der Insolvenzsicherung eine mangelnde Akzeptanz bei den Betrieben.[918] Dies ist unverständlich, da ja die Grundlagen wie gesetzliche Regelungen, eine Aufnahme in Tarifverträge und eine Etablierung von Absicherungsmodellen gegeben sind.[919] Beispielsweise haben 45 % der Betriebe mit Altersteilzeitregelungen eine Insolvenzsicherung weder eingeführt noch geplant, obwohl dazu seit 2004 eine Verpflichtung des Arbeitgebers besteht.[920] Entscheidend für eine Einführung einer Insolvenzsicherung bei Alterszeilzeit ist vor allem die Betriebsgröße. Bei kleineren Unternehmen hat bisher

---

[913] Siehe dazu *Bosch/Schief/Schietinger*, Trends in der Arbeitszeitpolitik, S. 32.
[914] BMA (2001), Bericht des Bundesministeriums für Arbeit und Sozialordnung nach § 7 d SGB IV über die Vereinbarungen zur Absicherung von Wertguthaben und zu Vorschlägen zur Weiterentwicklung des Insolvenzschutzes, Berlin 2001, BT-Drucks. 14/7944.
[915] So die Studie von *Schietinger*, S. 16 ff.
[916] Vgl. *Bosch/Schief/Schietinger*, Trends in der Arbeitszeitpolitik, S. 34.
[917] Tarifvertrag zur Änderung des Manteltarifvertrages der Metall- und Elektroindustrie vom 24.02.2005; auszugsweise abgedruckt bei *Bosch/Schief/Schietinger*, Trends in der Arbeitszeitpolitik, S. 35.
[918] Hierzu *Schietinger*, WSI-Mitteiungen 6/2005, S. 339, 341, 342.
[919] So *Bosch/Schief/Schietinger*, Trends in der Arbeitszeitpolitik, S. 40.
[920] Siehe insoweit *Schietinger*, WSI-Mitteiungen 6/2005, S. 339, 341, 343.

nur ein Drittel der Betriebe eine Absicherung der Altersteilzeitkonten vorgenommen.[921]

Abschließend lässt sich feststellen, dass verbindliche Standards der Insolvenzsicherung von Arbeitszeitkonten in Tarifverträgen eher die Ausnahme in Deutschland sind. In der Regel gehen die Tarifverträge nicht über die offen gehaltene Formulierung des § 7 d AGB IV (*„Die Parteien treffen (...) Vorkehrungen, ...“*) hinaus. Gegenwärtig gibt es nur eine Insolvenzsicherungspflicht für den Arbeitgeber bei Altersteilzeitmodellen. Andererseits gibt es keine Sanktion bei Nichteinhaltung der Insolvenzsicherungspflicht. Ein weiterer Nachteil ist, dass der gesetzliche Insolvenzschutz erst bei hohen Wertguthaben und langer Laufzeit des Kontos greift. Da die vom Gesetzgeber erhoffte flächendeckende Lösung durch die Sozialpartner nicht eintrat, ist dieser wieder gefordert.

Die unterschiedliche gesetzliche Regelung von Arbeitszeitguthaben in Deutschland ist nicht verständlich. Auch Kurzzeitkonten und Langzeitkonten, die die gesetzliche Mindestlaufzeit von 27 Monaten unterschreiten, sind im selben Umfang insolvenzschutzbedürftig wie Arbeitszeitguthaben aus Altersteilzeitvereinbarungen.

Die derzeitigen gesetzlichen Regelungen führen in Deutschland zu einem *„Zweiklassenrecht“*[922], wobei Altersteilzeitguthaben deutlich besser gestellt sind als andere Arbeitszeitkonten. Der Gesetzgeber muss eine einheitliche, verbindliche Regelung für sämtliche Arbeitszeitkonten ohne Mindestgrenzen schaffen und die Insolvenzsicherungspflicht des Arbeitgebers sanktionieren. Letztendlich tragen derzeit die Beschäftigten nach wie vor das Risiko der Arbeitszeitflexibilisierung alleine.[923] Darum besteht die Notwendigkeit die gesetzlichen Vorschriften der Insolvenzsicherung zu novellieren. Dafür plädieren unter anderem *Schietinger*[924] sowie *Hanau/Rolfs*[925] .

---

921 Zu Vorstehendem nur *Schietinger*, WSI-Mitteiungen 6/2005, S. 339, 341, 342.

922 *Bosch/Schief/Schietinger*, Trends in der Arbeitszeitpolitik, S. 38.

923 So auch *Schietinger*, WSI-Mitteiungen 6/2005, S. 339, 343.

924 *Schietinger*, WSI-Mitteilungen 6/2005, S. 339, 344.

925 *Hanau/Rolfs*, S. 55, 56; Sie geben konkrete Empfehlungen für einen Insolvenzschutz von Wertguthaben de lege ferenda.

Für die tschechische Republik gilt Ähnliches. Das ArbGB kennt die Gleitzeitarbeit und im neuen ArbGB (ab 1.1.2007) ist das Arbeitszeitkonto festgeschrieben. Aber die zukünftige Regelung sieht keinen Insolvenzschutz der Wertguthaben vor. Diese Lücke sollte im Interesse der Beschäftigten geschlossen werden. Denn die herkömmlichen Sicherungssysteme wie Arbeitslosengeld und Insolvenzgeld stellen keinen Ersatz des Verlustes von Arbeitszeitguthaben bei einer Insolvenz des Arbeitgebers dar. Ein Reformvorschlag könnte an der deutschen gesetzlichen Regelung in § 8 ATG anknüpfen, der eine explizite Verpflichtung des Arbeitgebers zur Insolvenzsicherung vorsieht. Des Weiteren sollte für alle Konten (Kurz- und Jahresarbeitszeitkonten) ein Insolvenzschutz eingerichtet werden. Dabei können insbesondere die in der Praxis bewährten insolvenzfesten Absicherungsmodelle zur Auswahl gestellt werden. Um die Absicherung zu kontrollieren, sollte zusätzlich eine Nachweispflicht für die Insolvenzsicherung bei den Sozialversicherungsträgern oder beim Arbeitsamt eingeführt werden. Darüber hinaus müsste eine Sanktion für den Arbeitgeber bei Unterlassen einer Insolvenzsicherung gesetzlich vorgesehen werden.

D. Flexibilisierungsinstrumente im Hinblick auf Arbeitgeberleistungen

Der Arbeitgeber hat wegen der Ungewissheit der wirtschaftlichen Entwicklung seines Unternehmens verständlicherweise ein Interesse an Flexibilisierungsinstrumenten, mit denen er die beiderseitigen Leistungspflichten einseitig abändern kann. Denn je weniger die zukünftige Entwicklung voraussehbar ist, desto eher ist ein Bedürfnis nach Flexibilisierung anzuerkennen. Das Bedürfnis der Flexibilisierung ist gerade im Entgeltbereich nicht von der Hand zu weisen. Auch das BAG erkennt dies an, wenn es ausführt, dass der Arbeitgeber wegen der Ungewissheit der wirtschaftlichen Entwicklung des Unternehmens und der allgemeinen Entwicklung des Arbeitsverhältnisses ein anerkennenswertes Interesse daran hat, bestimmte Leistungen, insbesondere Zusatzleistungen flexibel auszugestalten.[926]

Dabei geht es häufig um Verschlechterungen für den Arbeitnehmer hinsichtlich des Arbeitsentgeltes und sonstiger Arbeitsbedingungen. Regelungen, die dem Arbeitgeber Änderungen ermöglichen, können sich in Tarifverträgen, Betriebsvereinbarungen oder Arbeitsverträgen finden.[927] Die rechtlichen Grenzen, insbesondere die Kontrollmaßstäbe und Kontrollintensität, sind dabei sehr unter-

---

[926] Dazu BAG, Urt. v. 12.01.2005 - 5 AZR 364/04, NZA 2005, 465.

[927] Vgl. § 106 S. GewO; neben dem Weisungsrecht des Arbeitgebers mit seinen rechtlichen Grenzen sind vorrangige Flexibilisierungsinstrumente der Tarifvertrag, die Betriebsvereinbarung und der Arbeitsvertrag; siehe dazu auch *Reinecke*, NZA 2005, 953 ff.

schiedlich.[928] Nachstehend wird nur auf die arbeitsvertraglichen Änderungsklauseln des Widerrufs- und Freiwilligkeitsvorbehaltes eingegangen.[929]

I. Deutschland

1. Widerrufsvorbehalt

a) Allgemeines

Änderungsvorbehalte bieten für den Arbeitgeber Möglichkeiten einer Entgeltflexibilisierung. Hier geht es hauptsächlich um freiwillige Zusatzleistungen des Arbeitgebers wie Leistungszulagen, Prämien und Tantiemen (übertarifliche Lohnbestandteile). Dabei geht es einerseits um Entgelt im engeren Sinne (Provisionen, erfolgsabhängige Vergütung, Tantiemen), andererseitsum Leistungen, die der Motivation oder Belohnung von Betriebstreue dienen (Treueprämien, Jubiläumsvergütungen, Leistungen des Cafeteriasystems) oder Leistungen – wie auch vom BAG etwas ungenau formuliert wird – mit *„Aufwendungsersatzcharakter"* (Dienstwagen, Essenszuschuss).[930]

Zudem kann der Arbeitgeber so auf eine wirtschaftliche Notlage seines Unternehmens reagieren, ohne zugleich zum Mittel der Änderungs- oder Beendigungskündigung zu greifen.[931]

Der Widerrufsvorbehalt ist ein Recht des Arbeitgebers, *„versprochene Leistungen einseitig zu ändern"*.[932]

b) Einbeziehungs- und Inhaltskontrolle

Auf für eine Vielzahl von Verträgen vorformulierte Vertragsbedingungen[933] finden die §§ 305 ff. BGB Anwendung. Da in der Praxis - selbst bei leitenden Angestellten - der Arbeitgeber den Vertrag im Wesentlichen vorformuliert[934], muss

---

[928] Siehe *Reinecke*, NZA 2005, 953.

[929] Zu Fällen tarifvertraglicher Entgeltabsenkung, siehe bei *Reinecke*, NZA 2005, 953, 954.

[930] Vgl. *Willemsen/Grau*, NZA 2005, 1137, 1139; BAG v. 07.12.2005 - 5 AZR 535/04, DB 2006, 897.

[931] So auch *Willemsen/Grau*, NZA 2005, 1137.

[932] BAG, Urt. v. 12.01.2005 - 5 AZR 364/04, NZA 2005, 465, 467.

[933] Für alle echten ausgehandelten Vertragsbedingungen, die sog. echten Individualabreden ist der Anwendungsbereich der §§ 305 ff. BGB nicht eröffnet. Für diese bleiben die bisherigen Grundsätze in §§ 134, 138, 242 BGB, 2 KSchG anwendbar. Vgl. nur *Willemsen/Grau*, NZA 2005, 1137, 1138 m.w.N.

[934] Vgl. *Reinecke*, NZA 2005, 953, 957.

eine AGB-Kontrolle, also eine Klauselkontrolle anhand der Maßstäbe des AGB-Rechts vorgenommen werden[935].

Das BAG[936] stellt in seiner Grundsatzentscheidung vom 12.1.2005 folgende Anforderungen an die inhaltliche Überprüfung formularvertraglicher Widerrufsvorbehalte auf: *„Nach § 308 Nr. 4 BGB937 n.F. ist die formularmäßige Vereinbarung eines Rechts des Arbeitgebers, die versprochene Vergütung zu ändern oder von ihr abzuweichen, unwirksam, wenn sie nicht unter Berücksichtigung der Interessen des Arbeitnehmers zumutbar ist. Die Vereinbarung eines Widerrufsrechts ist für den Arbeitnehmer dann zumutbar und somit wirksam, wenn ihm die tarifliche oder mindestens die übliche Vergütung verbleibt und der Schutz gegenüber Änderungskündigungen nicht umgangen wird. Das setzt voraus, dass der Widerruf höchstens 25 bis 30 % der Gesamtvergütung umfasst. Darüber hinaus darf er nicht ohne Grund erfolgen. Dies muss sich aus der vertraglichen Regelung selbst ergeben, die zumindest die Art der Widerrufsgründe (z.B. wirtschaftliche oder solche im Verhalten des Arbeitnehmers) zu benennen hat.“*[938]

Ein zu weit gefasster Änderungsvorbehalt wird auch nicht mehr auf das zulässige Maß reduziert, sondern ist rechtsunwirksam nach § 306 Abs. 1 BGB. Dies führt grundsätzlich zum vollständigen Verlust des vertragsimmanenten Flexibilisierungsinstruments.[939]
Für die Beratungspraxis hat diese Rechtsprechung zur Folge, dass ein Änderungsvorbehalt den §§ 308 Nr. 4, 307 BGB nur standhält, wenn die Voraussetzungen und der Umfang der vorbehaltenen Änderung bereits in der Klausel selbst konkretisiert sind. Für den Widerrufsvorbehalt bedeutet dies, dass dieser nur wirksam ist, wenn dieser an einen oder mehrere konkrete Sachgründe ge-

---

[935] Vgl. ErfK/*Preis*, §§ 305-310 BGB, Rn. 54; Preis - *Preis*, Der Arbeitsvertrag, II V 70, Rn. 9; *Preis/Bender*, NZA-RR 2005, 337; KR/*Rost*, § 2 KSchG, Rn. 48b; Palandt/*Heinrichs*, § 310 BGB, Rn. 51; *Thüsing/Leder*, BB 2005, 93 ff. m.w.N.
[936] BAG, Urt. v. 12.01.2005 - 5 AZR 364/04, NZA 2005, 465 ff.
[937] § 308 Nr. 4 BGB lautet: *„In allgemeinen Geschäftsbedingungen ist insbesondere unwirksam...(Änderungsvorbehalt) die Vereinbarung eines Rechts des Verwenders, die versprochene Leistung zu ändern oder von ihr abzuweichen, wenn nicht die Vereinbarung der Änderung oder Abweichung unter Berücksichtigung der Interessen des Verwenders für den anderen Vertragsteil zumutbar ist.“*
[938] So der 1. und 2. redaktionelle Leitsatz der BAG - Entscheidung, AuA 2005, 179.
[939] Vgl. BAG, Urt. v. 12.1.2005, NZA 2005, 465, 468. Jedenfalls für vor In-Kraft-Treten der Schuldrechtsreform am 1.1.2002 geschlossenen Altverträge kann dem Arbeitgeber aber aus Vertrauensgesichtspunkten eine Widerrufs- oder Anpassungsmöglichkeit nach ergänzender Vertragsauslegung erhalten bleiben; s. BAG, Urt. v. 12.1.2005, NZA 2005, 465, 468; vorher schon *Willemsen/Grau*, RdA 2003, 321 ff; Zum Vertrauensschutz bei Altverträgen allgemein s. *Stoffels*, NZA 2005, 726 ff.

bunden ist.[940] Jedoch sind die Anforderungen an den Sachgrund nicht ganz klar. Das BAG benennt als mögliche Widerrufsgründe durchaus gewichtige Störungen, unter anderem eine wirtschaftliche Notlage des Unternehmens, negatives wirtschaftliches Ergebnis in der Betriebsabteilung, nicht ausreichender Gewinn, Rückgang bzw. Nichterreichen der erwarteten wirtschaftlichen Entwicklung, unterdurchschnittliche Leistungen des Arbeitnehmers, schwerwiegende Pflichtverletzung des Arbeitnehmers. Auch der Grad der Störung müsste konkretisiert werden, wenn der Arbeitgeber hierauf abstellen will. Zugleich wird aber festgestellt, dass in der Widerrufsklausel auch allgemein auf die wirtschaftliche Entwicklung, die Leistung oder das Verhalten des Arbeitnehmers abgestellt werden kann, wenn die betreffenden Gründe *„...nach dem Umfang des Änderungsvorbehalts ausreichen und nach der Vertragsregelung auch ausreichen sollen“.*[941] In der Tat kann daher mit *Willemsen/Grau* bezweifelt werden, *„...dass aus der Sicht des Verwendungsgegners*[942] *z.B. die schlagwortartige Angabe, die Zusatzleistung unterliege bei schlechten Betriebsergebnissen der Widerruflichkeit, tatsächlich zu einem substantiellen Mehr an Transparenz führt als ein allgemeiner Hinweis auf eine vorbehaltene Änderung aus sachlich gerechtfertigtem Grund“.*[943] Daher spricht *Worzalla* allgemein von einer *„Wundertüte“*[944]. Es bleibt die Formulierung hinsichtlich des Grundes bzw. des Grades der Konkretisierung schwierig. Der Formulierungsaufwand ist nicht vorhersehbar.

Die Typik materiell wirksamer (rechtfertigender) Widerrufsgründe wird erst noch entwickelt werden müssen.[945] Es zeichnet sich aber ab, dass sich der Prüfungsschwerpunkt von der Ausübungskontrolle hin zur Inhaltskontrolle verlagert.[946]

Außerdem darf nicht in den *„Kernbereich des Arbeitsvertrages“*[947] durch den Widerrufsvorbehalt eingegriffen werden, sonst würde § 2 KSchG[948] umgangen

---

[940] Neben dem BAG, Urt. v. 12.1.2005 auch so schon das LAG Hamm, Urt. v. 01.05.2004, NZA-RR 2004, 515, 516 ff.; ArbG Düsseldorf, Urt. v. 18.9.2003, DB 2004, 81.

[941] BAG in NZA 2005, 465, 468.

[942] Arbeitnehmer.

[943] *Willemsen/Grau*, NZA 2005, 1137, 1140; im Ergebnis auch *Schimmelpfennig*, NZA 2005, 603, 607.

[944] *Worzalla*, NZA Beilage 3/2006 (zu Heft 24/2006), 122 f.

[945] So das Fazit von *Schimmelpfennig*, NZA 2005, 603, 607.

[946] Zutreffend geht *Preis* davon aus, dass sich die Ausübungskontrolle in die Inhaltskontrolle/Angemessenheitskontrolle vor verlagert, ErfK/*Preis*, §§ 305-310 BGB, Rn. 54, 56.

[947] BAG, Urt. v. 12.1.2005 - 5 AZR 364/04, NZA 2005, 465, 467; allg. zum Kernbereich des Arbeitsverhältnisses BAG v. 21.4.1993. AP Nr. 34 zu § 2 KSchG 1969.

[948] Hierbei kommt es aber nicht auf eine konkrete Umgehung des Schutzes vor Änderungskündigungen und damit die Anwendbarkeit des KSchG an, sondern die §§ 307 ff. BGB treffen eigenständige Wertungen. Deshalb gelten die aufgestellten Grundsätze des BAG auch bei

werden. Die Wertung des § 307 Abs. 2 Nr. 1 BGB verbietet dies. In den Kernbereich des Arbeitsverhältnisses wird nach Ansicht des BAG eingegriffen, wenn der widerrufliche Anteil über 25-30 % der Gesamtvergütung liegt[949] und der Tariflohn unterschritten wird. Es darf also kein krasses Missverhältnis zwischen Arbeitspflicht und Entlohnungspflicht entstehen.[950] Das Gleichgewicht von Leistung und Gegenleistung darf nicht grundlegend gestört werden, sonst wird in den Kernbereich des Arbeitsverhältnisses eingegriffen. Wo aber genau die Grenze zwischen änderungsresistentem Kern- und änderungsoffenem Rand verläuft, sagt das BAG allerdings nicht. Stattdessen arbeitet es mit einer Formel, das Gleichgewicht von Leistung und Gegenleistung dürfe nicht grundlegend, maßgeblich gestört werden. Jedoch muten die Ergebnisse dieses Rechtssatzes nach *Maschmann* zu Recht eher zufällig an. [951] Denn wie lässt sich nachvollziehen, dass nach dem BAG eine Provisionszulage in Höhe von 15 % der Gesamtvergütung, ja selbst eine Zulage, die 25-30 % des Stundenlohnes ausmacht, widerrufbar (änderbar) ist, also nicht zum Kernbereich des Arbeitsvertrages gehöre[952], jedoch eine Zuweisung von höher- oder minderwertiger Tätigkeit über die Zeit mehrerer Wochen oder gar Monate zum Kernbereich gehöre und deshalb nicht direktionsrechtlich änderbar ist.[953] Die Ergebnisse werden ad absurdum geführt, wenn das BAG eine 10%-ige Arbeitszeitverkürzung als vom Kernbereich betroffen an sieht, andererseits eine 30%-ige Lohnkürzung aber nicht. Dies bleibt wie *Maschmann* zutreffend formuliert: *„Geheimnis des Gerichts“*[954].

Nach *Strick* obliegt es dem Gesetzgeber zu entscheiden, bis zu welcher Grenze der Lohn des Arbeitnehmers vom Unternehmenserfolg oder sogar vom freien unternehmerischen Willen des Arbeitgebers abhängig gemacht werden darf.[955]

Kleinbetrieben und während der ersten 6 Monate eines Arbeitsverhältnisses, vgl. *Schimmelpfennig*, NZA 2005, 603, 605 f.

[949] So schon BAG, Urt. v. 13.5.1987 - 5 AZR 125/86, NZA 1988, 95; BAG, Urt. v. 28.5.1997 - 5 AZR 125/96, NZA 1997, 1160; ebenso BAG, Urt. v. 15.8.2000 - 1 AZR 458/99; BAG v. 12.1.2005 - 5 AZR 364/04, NZA 2005, 465 (Zulage von 25-30 % des Gesamtverdienstes, wenn der Tariflohn nicht überschritten wird); vgl. auch *Kort*, NZA 2005, 509, 510.

[950] Vgl. *Wank*, RdA 2005, 271, 274.

[951] *Maschmann*, RdA 2005, 212, 215.

[952] BAG v. 24.1.1993, AP Nr. 34 zu § 2 KSchG 1969 (Provisionszulage); BAG v. 13.6.1986, AP Nr. 19 zu § 2 KSchG 1969 (Stundenlohn); Zum Widerruf von Zulagen siehe BAG v. 7.10.1982, AP Nr. 5 zu § 620 BGB Teilkündigung (Provision in Höhe von 20 % des Mindestgehalts); vgl. insoweit auch Fn. 945.

[953] BAG v. 14.7.1965, AP Nr. 19 zu § 611 BGB Direktionsrecht; BAG v. 17.4.2002, AP Nr. 23 zu § 24 BAT.

[954] *Maschmann*, RdA 2005, 212, 216.

[955] *Strick*, NZA 2005, 723, 726.

Da der Gesetzgeber bis heute noch kein Arbeitsvertragsgesetz geschaffen hat, ist die fehlende Initiative in diesem Bereich auch nicht überraschend.[956]

c) Ausgestaltung

Der Änderungsvorbehalt, insbesondere der Grund des Widerrufs, muss möglichst vertraglich konkretisiert werden.
Für die Vereinbarung eines der Inhaltskontrolle standhaltenden Widerrufsvorbehalts bietet sich die folgende Formulierung von *Hunold* an:
„...Sie erhalten monatlich folgende Vergütung:
a) Tarifgehalt/Grundgehalt:...
b) folgende übertarifliche/zusätzliche Leistungen:
- ...Zulage:...-Fahrtkostenzuschuss:...
Insgesamt:
Den Widerruf der zu b) genannten Vergütungsbestandteile bei Vorliegen eines sachlichen Grundes behalten wir uns ausdrücklich vor. Als sachliche Gründe kommen beispielsweise in Betracht:
=> wirtschaftliche Schwierigkeiten des Unternehmens,
=> trotz Abmahnung unzureichende Leistungen. Ihr Tarifgehalt/Grundgehalt bleibt hierbei unangetastet. Außerdem darf der Widerruf maximal 30 % Ihrer Gesamtvergütung umfassen.“[957]

In jedem Fall sollte ein Flexibilsierungsvolumen von 30 % möglich sein, wenn dem Arbeitnehmer bei vollständigem Widerruf noch eine angemessene Vergütung bleibt und der Tariflohn nicht unterschritten wird.

Außerdem muss der Widerrufsvorbehalt die Angemessenheit und Zumutbarkeit erkennen lassen. Das muss nach dem BAG im Text der Klausel zum Ausdruck kommen. Bei den Voraussetzungen der Änderung, also den Widerrufsgründen, lässt sich nach Auffassung des BAG zumindest die Richtung angeben, aus der der Widerruf möglich sein soll. Das BAG nennt dann in Klammern *„wirtschaftliche Gründe, Leistung oder Verhalten des Arbeitnehmers“*. Der Grad der Störung – wiederum in Klammern *„wirtschaftliche Notlage des Unternehmens, negatives wirtschaftliche Ergebnis der Betriebsabteilung, nicht ausreichender Gewinn, Rückgang bzw. Nichterreichen der erwarteten wirtschaftlichen Entwicklung, unterdurchschnittliche Leistungen des Arbeitnehmers, schwerwiegende Pflichtverletzung“* – muss konkretisiert werden, wenn der Verwender (Arbeitgeber) hierauf abstellen will und nicht schon allgemein auf die wirtschaftliche Entwicklung, die Leistung oder das Verhalten des Arbeitnehmers gestützte Gründe nach dem Umfang des Änderungsvorbehalts ausreichen und nach der

---

[956] So auch *Strick*, NZA 2005, 723, 726.
[957] *Hunold*, AuA 2005, 179, 180 (Kommentar zum BAG, Urt. v. 12.1.2005 - 5 AZR 364/04).

Vertragsgestaltung auch ausreichen sollen.[958] Der Arbeitgeber muss daher zumindest die Richtung angeben, aus der der Widerruf möglich sein soll. Danach reichte es, wenn alternativ oder kumulativ die genannten, in der ersten Klammer aufgeführten Gründe aufgenommen werden.[959] Etwa so: *„ Der Anspruch auf Gratifikation kann aus wirtschaftlichen Gründen widerufen werden. “* Allerdings ist nach den Ausführungen des BAG jedoch der Grad der Störung zu konkretisieren, wenn der Verwender hierauf abstellen will. Dies indes nur, wenn nicht schon der allgemeine Hinweis auf die wirtschaftliche Entwicklung der Leistungsgesichtspunkte *„nach dem Umfang des Änderungsvorbehalts ausreicht“*.[960] Woher soll der Arbeitgeber wissen, ob das Abstellen auf allgemeine Widerrufsgründe ausreichend ist oder nicht bzw. wann er den Grad der Störung zu konkretisieren hat? Im Ergebnis muss es ausreichen, – solange das BAG dem Arbeitgeber keine Handreiche gibt – dass der Arbeitgeber einen allgemeinen nachvollziehbaren Grund für den möglichen Widerruf nennt.[961] Dieser sollte mit dem Grund der Gewährung der Leistung im Kontext stehen.

Es dürfen keine unzumutbaren Anforderungen an die Konkretisierung des Klauseltextes gestellt werden.[962]

Das Nachschieben von anderen nicht formulierten Widerrufsgründen ist auch unzulässig.[963] Bei widerrufbaren Entgeltbestandteilen ist nur der Rand widerrufbar, der Kernbereich der Vergütung ist tabu.[964]

2. Freiwilligkeitsvorbehalt

a) Allgemeines

Im Gegensatz zum Widerrufsvorbehalt bewirkt der Freiwilligkeitsvorbehalt, dass ein Rechtsanspruch des Arbeitnehmers auf die Leistung für die Zukunft erst gar nicht entsteht, ausgeschlossen wird. Somit gelangt nur ein Anspruch auf die konkret versprochene *„punktuelle“*[965] Leistung zur Entstehung, der mit Ihrer Bewirkung erlischt.[966] Beim Freiwilligkeitsvorbehalt fehlt es an einem Rechtsanspruch, der zu beseitigen wäre.[967] Hingegen wird bei den Anpassungsvorbe-

---

[958] Vgl. BAG, Urt. v. 12.1.2005 - 5 AZR 364/04, NZA 2005, 465, 467.
[959] Siehe dazu *Worzalla*, NZA Beilage 3/2006 (zu Heft 24/2006), 122, 124.
[960] BAG, Urt. v. 12.1.2005 - 5 AZR 364/04, NZA 2005, 465, 467.
[961] So im Ergebnis *Worzalla*, NZA Beilage 3/2006 (zu Heft 24/2006), 122, 124.
[962] Siehe dazu auch *Preis*, NZA Beilage 3/2006 (zu Heft 24/2006), 115, 121.
[963] Siehe *Schimmelpfennig*, NZA 2005, 603, 609.
[964] Vgl. Fn. 945 u. 947.
[965] *Willemsen/Grau*, NZA 2005, 1137, 1140.
[966] Vgl. *Hanau/Hromadka*, NZA 2005, 73.
[967] Vgl. insoweit *Rieble*, NZA 2000, 34, 42.

halten wie Widerrufsvorbehalte ein schon bestehender Anspruch durch einen Widerruf für die Zukunft beseitigt.

b) Einbeziehungs- und Inhaltskontrolle

Bei standardisierten Freiwilligkeitsvorbehalten darf die mit dem Freiwilligkeitsvorbehalt verbundene Einschränkung des Leistungsversprechens des Arbeitgebers den Arbeitnehmer gemäß §§ 307 Abs. 1, 2 BGB nicht unangemessen benachteiligen.[968] Nach *Hanau/Hromadka* [969] sind Freiwilligkeitsvorbehalte weder an § 308 Nr. 4 BGB noch an § 307 Abs. 1 zu messen. Denn das AGB-Recht kontrolliert Nebenabreden. Der Arbeitgeber erklärt aber gerade beim Freiwilligkeitsvorbehalt, dass er sich nicht binden wolle. *„Die Kontrollfähigkeit setzt aber eine Abrede voraus, die Frage der Bindung ist dem AGB-Recht vorgelagert."*[970] Hier kann anders als beim Widerrufsrecht keine versprochene Leistung unangemessen wieder entzogen werden, weil nichts für die Zukunft versprochen wird. Auch das BAG scheint in seinem Urteil v. 12.1.2005 durch seine Abgrenzung des Widerrufsvorbehalts von dem Freiwilligkeitsvorbehalt anzuerkennen, dass es einen nicht dem Kontrollmaßstab des § 308 Nr. 4 BGB unterliegenden Bereich echter freiwilliger Leistungen geben kann.[971]

Ein Rechtsanspruch auf zukünftige Gewährung besteht in der Tat nicht. Jedoch wird das Versprechen zu leisten unter die Bedingung gestellt, dass der Arbeitgeber zum Zeitpunkt der Leistung zahlen will. Es handelt sich um ein Versprechen unter einer so genannten „Wollensbedingung".[972] Warum diese nicht auf ihre Angemessenheit überprüft werden kann, ist anscheinend dogmatisch umstritten[973]. Auch wenn man eine AGB-Kontrolle mit *Hanau/Hromadka* u.a. ablehnt, bleibt dennoch das Kontrollinstrument des billigen Ermessens nach § 315 BGB, das zu selben Ergebnissen führt. Danach entspricht die Leistungsbestimmung billigem Ermessen, wenn die wesentlichen Umstände des Falles berücksichtigt und die beiderseitigen Interessen angemessen abgewogen sind.[974] Diese Ausübungskontrolle kommt der Angemessenheitsprüfung in § 307 Abs. 1 BGB im Rahmen der Inhaltskontrolle gleich.

---

968 Vgl. *Willemsen/Grau*, NZA 2005, 1137, 1140.

969 Vgl. *Hanau/Hromadka*, NZA 2005, 73, 74, 75, ebenso spricht sich *Schimmelpfennig* gegen eine Inhaltskontrolle bei Freiwilligkeitsvorbehalten aus, NZA 2005, 603, 604.

970 *Hanau/Hromadka*, NZA 2005, 73, 75.

971 So jedenfalls die Interpretation von *Schimmelpfennig*, NZA 2005, 603, 604.

972 *Strick*, NZA 2005, 723, 724.

973 Vgl. nur die unterschiedlichen Auffassungen von *Willemsen/Grau*, NZA 2005, 1137, 1140 und *Hanau/Hromadka*, NZA 2005, 73, 75.

974 Std. Rechtsprechung des BAG; vgl. nur BAG, Urt. v. 15.8.2000 - 1 AZR 458/99 unter Hinw. auf BAG, Urt. v. 23.6.1993 - 5 AZR 337/92, NZA 1993, 1127.

Mit dem BAG-Urteil zum Widerrufsvorbehalt wird die Ausübungskontrolle, die weiterhin neben der Inhaltskontrolle bestehen bleibt, aber schon in die Inhaltskontrolle vorverlagert[975]. Daher ist bei einem Widerrufsvorbehalt wenig Raum für eine zusätzliche Ausübungskontrolle nach § 315 BGB.[976] Jedoch steigt das Bedürfnis für eine Ausübungskontrolle bei einem Freiwilligkeitsvorbehalt, wenn eine Inhaltskontrolle nicht stattfindet. Die Ausübungskontrolle muss diesem Rechnung tragen.

Der Kernbereich des Arbeitsverhältnisses darf auch nicht angetastet werden. Die Kernbereichsrechtsprechung des BAG bei den Widerrufsvorbehalten ist auch hier als Grenze für eine angemessene Entgeltflexibilisierung mittels eines Freiwilligkeitsvorbehaltes heranzuziehen.[977] Jedoch wird der Freiwilligkeitsvorbehalt in weitem Umfang zugelassen, weil gar kein Anspruch des Arbeitnehmers auf die weitere Leistung entsteht. Der Arbeitgeber kann *„in jedem Fall neu entscheiden, ob er die Leistung gewähren wolle"*.[978] Zudem kann er die Leistung ohne vorherige Ankündigung und ohne Bindung an § 315 BGB einfach einstellen.[979]

c) Ausgestaltung

Aus der Formulierung im Arbeitsvertrag sollte klar hervorgehen, dass die Leistung unter dem Freiwilligkeitsvorbehalt steht. Der Arbeitgeber muss die Leistung *„ohne Anerkennung einer Rechtspflicht"*[980], als *„freiwillig"*[981] in Aussicht stellen. Er sollte also deutlich machen, dass es sich dabei um einen einmaligen Leistungsanspruch handelt, mit dem Ausschluss zukünftiger Rechtsansprüche auf die Leistung.[982]

Zu vermeiden ist auf jeden Fall die Formulierung *freiwillig unter Vorbehalt jederzeitigen Widerrufs*. Aus dieser Formulierung geht nicht hervor, ob es sich dabei um einen Freiwilligkeits- oder Widerrufsvorbehalt handelt. Im Zweifel

---

[975] ErfK/*Preis*, §§ 305-310 BGB, Rn. 54.
[976] So auch *Diekmann/Bieder*, DB 2005, 722, 727.
[977] Vgl. *Willemsen/Grau*, NZA 2005, 1137, 1141; LAG Köln, Urt. v. 21.6.2002, NZA-RR 2003, 247, 248.
[978] *Strick*, NZA 2005, 723.
[979] Vgl. *Strick*, NZA 2005, 723; *Hanau/Hromadka*, NZA 2005, 73, 74.
[980] BAG, Urt. v. 23.10.2002 - 10 AZR 48/02, NZA 2003, 557.
[981] BAG, Urt. v. 23.10.2002, NZA 2003, 557; BAG, Urt. v. 12.1.2000, AP Nr. 223 zu § 611 BGB Gratifikation (Fortführung von BAG, Urt. v. 5.6.1996 - 10 AZR 883/95, AP Nr. 193 zu § 611 BGB Gratifikation).
[982] Vgl. *Willemsen/Grau*, NZA 2005, 1137, 1140.

legt die Rechtsprechung des BAG dies als Widerrufsklausel aus.[983] Eine eindeutige Formulierung liegt im folgenden Fall vor: *Die Leistung erfolgt freiwillig. Ein Anspruch des Arbeitnehmers für die Zukunft entsteht nicht.* Auch hinreichend deutlich ist die Formulierung: *Die Zahlung erfolgt freiwillig und ohne Einräumung eines Rechtsanspruchs.*

Nach *Worzalla* bietet sich folgende Klausel eines Freiwilligkeitsvorbehalts an: *Erhält der Arbeitnehmer eine Sonderzuwendung, so handelt es sich um eine freiwillige Leistung, die ohne Anerkennung einer Leistungspflicht gewährt wird. Die wiederholte freiwillige Zahlung begründet keinen Rechtsanspruch auf die Leistungsgewährung in der Zukunft.*[984]

Die Freiwilligkeitsvorbehalte haben als Gestaltungsalternative gegenüber den Widerrufsvorbehalten den Vorteil, dass eine Präzisierung in Form von Sachgründen nicht in Betracht kommt, sofern nur deutlich wird, dass es sich um einen einmaligen Leistungsanspruch des Arbeitnehmers handelt.[985] Trotz der insofern etwas erleichterten Gestaltung gegenüber den Anpassungsvorbehalten (Widerrufsvorbehalte) dürfen Freiwilligkeitsvorbehalte nur in Bezug auf Gratifikationen und ähnliche Jahressonderleistungen nach der bisherigen gefestigten Rechtsprechung des BAG vereinbart werden.[986] Nach der neuen Meinung in der Literatur sind generell Vergütungsbestandteile, die im Synallagma mit der Arbeitsleistung stehen, vom Freiwilligkeitsvorbehalt ausgeschlossen.[987] Die Einzelheiten sind hier aber umstritten. Darauf muss die beratende Praxis achten. Letztendlich ist diese Situation für beide Arbeitsvertragspartner unbefriedigend.

3. Beteiligungsrecht des Betriebsrates

Der Betriebsrat hat nach § 87 Abs. 1 Nr. 10 BetrVG ein Mitbestimmungsrecht hinsichtlich aller Fragen der Lohngestaltung und damit auch bei allen freiwilligen Leistungen des Arbeitgebers. Allerdings steht dem Betriebsrat bei freiwilligen Leistungen kein umfassendes, sondern nur ein eingeschränktes Mitbestim-

---

983 Vgl. hierzu BAG, Urt. v. 12.1.2005, NZA 2005, 465, 467; *Willemsen/Grau*, NZA 2005, 1137, 1140.
984 *Worzalla*, NZA Beilage 3/2006 (zu Heft 24/2006), 122, 125.
985 Vgl. *Willemsen/Grau*, NZA 2005, 1137, 1140.
986 Siehe *Willemsen/Grau*, NZA 2005, 1137, 1140 m.w.N.
987 Küttner/*Griese*, Personalbuch 2006, Gratifikation, S. 1308, Rn. 6 f.; *Kania*, DB, 1998, 2418, 2419; MünchArbR/*Richardi*, § 14 Rn. 79; *Lindemann/Simon*, BB 2002, 1807, 1810; im Grundsatz auch *Preis*, in: Festschr. 50 Jahre BAG, 2004, S. 133, 142, 143, fort heißt es: *"Außer- und übertraifliche Entgelte sind Bestandteil der Gegenleistung des Arbeitgebers für die versprochene Arbeitsleistung. Sie sind der Preis der Arbeit. Sie als freiwillig zu bezeichnen, ist ein Antagonismus. (...) Freiwilligkeitsvorbehalte bei Leistungen, die in einem Synallagma stehen, sind nicht möglich."*.

mungsrecht hinsichtlich des Gesamtdotierungsrahmens, des mit der freiwilligen Leistung verfolgten Zwecks und des anspruchsberechtigten Arbeitnehmerkreises im Betrieb zu.[988] Abgesehen davon hat der Betriebsrat kein Initiativrecht für freiwillige Leistungen und kann diese nicht in zwingende Leistungen umwandeln.[989] Ein Mitbestimmungsrecht besteht nur hinsichtlich der Verteilung des zur Verfügung gestellten Gesamtdotierungsrahmens auf die ausgewählten Arbeitnehmergruppen zur Wahrung der Verteilungsgerechtigkeit. Spiegelbildlich zur Mitbestimmungsfreiheit der Einführung freiwilliger Leistungen ist auch die ersatzlose Streichung von freiwilligen Leistungen mitbestimmungsfrei.[990]

In der Konsequenz muss daher ein Arbeitgeber, der Personalkosten durch die Ausübung von Freiwilligkeits- und Widerrufsvorbehalten senken will, den Betriebsrat nicht einbinden, wenn er die Vergütungsleistungen jeweils insgesamt einstellt bzw. widerruft. Jedoch hat der Betriebsrat ein Mitbestimmungsrecht, wenn eine überobligatorische Leistung nur teilweise eingestellt bzw. widerrufen wird. Hinsichtlich des anderen Teils bleibt das Mitbestimmungsrecht über den verringerten Dotierungsrahmen bestehen.[991]

II. Tschechische Republik

1. Gesetzeslage

In der Tschechischen Republik gibt es keine gesetzliche Regelung von Änderungsvorbehalten in Form von Freiwilligkeits- und Widerrufsvorbehalt, insbesondere bei Entgeltbestandteilen. Da de lege lata (bis zum 1.1.2007) alles verboten ist, was nicht gesetzlich erlaubt ist, sind auch Freiwilligkeits- und Widerrufsvorbehalte nicht erlaubt. Es ist nach der derzeitigen Gesetzeslage nicht möglich, als Arbeitgeber Freiwilligkeits- oder Widerrufsvorbehalte bei Gratifikationen, Prämien, Boni im Arbeitsvertrag zu vereinbaren. Denn aufgrund der Nichtregelung im ArbGB ist die Vereinbarung solcher Änderungsvorbehalte in der Tschechischen Republik verboten. Durch die Grundkonzeption des neuen ArbGB: *"es ist alles erlaubt, was nicht verboten ist"* sind solche Arbeitgeberleistungen vertraglich vereinbar.

2. Lösungen in der Rechtspraxis

a) Rechtspraxis

In der Beratungspraxis gibt es trotz der Nichtexistenz von Freiwilligkeits- und Widerrufsvorbehalten aber Lösungsmöglichkeiten und ähnliche Flexibilisie-

---

[988] Vgl. *Fitting*, § 87 BetrVG, Rn. 447, 449, 450; Richardi/*Richardi*, § 87 BetrVG, Rn. 771.
[989] Vgl. *Fitting*, § 87 BetrVG, Rn. 445; Richardi/*Richardi*, § 87 BetrVG, Rn. 73.
[990] Vgl. *Fitting*, § 87 BetrVG, Rn. 448; Richardi/*Richardi*, § 87 BetrVG, Rn. 771.
[991] Vgl. zu Vorstehendem *Thüsing/Mengel*, Arbeitsbedingungen, S. 21.

rungsinstrumente. Zum Beispiel werden Teile des Entgelts variabel gestaltet. Letztendlich handelt es sich dabei um die aus dem deutschen Recht bekannten Anpassungsvorbehalte.

Zwar existiert im Grunde keine gesetzliche Regelung von Änderungsvorbehalten, jedoch ist es in der Rechtsprechung und Rechtspraxis anerkannt, dass der Arbeitgeber gewisse Lohnbestandteile/Entgelttatbestände flexibel gestalten darf.[992] Der Lohn ist im tschechischen Arbeitsrecht relativ flexibel geregelt.[993] Zum Beispiel sind Prämien weit verbreitet in der Praxis der Unternehmen. Prämien für die Anwesenheit am Arbeitsplatz sind sehr beliebt. Damit beugen die Arbeitgeber dem hohen Krankenstand (etwa bei 7%), der im Vergleich zu Deutschland wesentlich erhöht ist, tschechischer Arbeitnehmer vor.[994] Nach aktuellen Untersuchungen der tschechischen Sozialversicherungsanstalt sind die Tschechen im laufenden Jahr 2006 weniger krank als im Vergleich zum Vorjahr; um 13 % ist die Zahl der Krankschreibungen gesunken, auch wenn die durchschnittliche Dauer der Arbeitsunfähigkeit zugleich um vier Tage gestiegen ist. Im Mährisch-Schlesischen Kreis mit hoher Arbeitslosigkeit beträgt die Krankeitsdauer ca. 43 Tage, im prosperierenden Prag nur 32 Tage.[995]

Es gibt mehrere Möglichkeiten einer Entgeltregelung. Der Arbeitgeber legt einen Pauschallohn fest, gibt also ein Basisgehalt als Lohn. Bei einer solchen Vereinbarung kann er aber nicht nachträglich Entgeltteile flexibilisieren. Der Pauschallohn steht fest und ist nicht einseitig abdingbar.

Es gibt zwei Möglichkeiten einer Entgeltflexibilisierung, die den Freiwilligkeits- und Widerrufsvorbehalten nahekommen. Eine Variante ist, dass der Arbeitgeber 50 % des Lohnes als Grundlohn festlegt und die anderen Prozentanteile variabel gestaltet. Die anderen Teile müssen jedoch an verschiedene Kriterien gebunden sein. Die Bedingungen einer über 50 % Lohnauszahlung müssen definiert werden. Beispielsweise kann der Arbeitgeber bei Erfüllung einer gewissen Stückzahl eine genau festgelegt Prozentzahl der Vergütung mehr zahlen, so genannter Akkordlohn. Der Arbeitgeber kann konkrete Zielvereinbarungen treffen. Wenn das Ziel erreicht wird, steht dem Arbeitnehmer ein konkreter Mehrbetrag zu. Bei

---

[992] Gespräch mit Frau Rechtsanwältin JUDr. *Alena Čechtická*, Nörr Stiefenhofer Lutz, Prag am 24.03.2006.
[993] Genauso *Wiesnerová*, RIW 1/2000, 37, 38.
[994] Vgl. *Braun*, (Rechtsanwalt und Advokát, bpv Braun Haskovcova), Vortrag zum neuen Arbeitsgesetzbuch in der Tschechische Republik auf der Veranstaltung zum Internationalen Arbeitsrecht von BayME - Bayerischer Unternehmensverband Metall- und Elektro e.V. am 05.10.2006 in München sowie *Braun*, S. 44 zur Lohnfortzahlung.
[995] Vgl. dazu *Kirschner*, Onlineartikel des Radio Prags v. 13.11.2006, Rubrik: Tagesecho, Titel des Beitrags: Weniger aber länger: Krankenstand in Tschechien, www.radio.cz, zuletzt abgerufen am 14.11.2006.

dieser Variante entsteht der Anspruch für den Arbeitnehmer auf die Mehrvergütung bei Erfüllung der konkret definierten Bedingung automatisch. Dies ist dem Widerrufsvorbehalt ähnlich, wo auch bestimmte Ereignisse eintreten, die der Arbeitgeber als Anlass nehmen kann, die Vergütung zu kürzen. Hier ist nur das Instrument umgekehrt, aber das Prinzip dasselbe. Bei beiden entsteht sofort ein Anspruch auf Mehrvergütung.

Die Kriterien einer prozentualen Mehrvergütung werden entweder in einer internen Lohnvorschrift für gewisse Arbeitnehmergruppen vom Arbeitgeber bestimmt oder sind im Arbeitsvertrag regelbar. Jedoch ist die Regelung im Arbeitsvertrag die seltene Ausnahme. In der Regel wird die Vergütungsgestaltung in einer internen Lohnvorschrift des Arbeitgebers geregelt. Insbesondere bei großen Unternehmen regelt der Arbeitgeber den variablen Anteil der Vergütung in einer internen Lohnvorschrift, sofern keine Gewerkschaft im Betrieb tätig ist. Ansonsten wird so etwas kollektivvertraglich zwischen der Gewerkschaft und dem Arbeitgeber vereinbart.

Bei der zweiten Variante gibt es auch ein prozentuales Grundgehalt (z.B. 50 % der Vergütung ist Grundgehalt). Der Rest wird an verschiedene Kriterien gebunden. Erst bei Eintritt der Bedingung entsteht der Anspruch auf die zusätzliche Vergütung. Hier entsteht ein Anspruch des Arbeitnehmers darauf jedoch nicht automatisch. Die endgültige Entscheidung der Auszahlung liegt beim Arbeitgeber, die so genannte Letztentscheidung. Dieser kann auch die zusätzliche Vergütung trotz Erfüllung der Bedingung nicht auszahlen. Diese Variante ist dem Freiwilligkeitsvorbehalt ähnlich. Denn nach deutschem Recht hat der Arbeitnehmer keinen Rechtsanspruch auf die Leistung für die Zukunft. Diese Variante ist auch in der Rechtspraxis anzutreffen. Jedoch hat die Rechtsprechung entschieden, wenn der Arbeitgeber mehrere Jahre die variable Leistung gezahlt hat, entsteht ein Rechtsanspruch des Arbeitnehmers darauf. Dies ist mit der deutschen Praxis der betrieblichen Übung[996] vergleichbar.

Die zweite Variante unterscheidet sich mithin von der ersten dadurch, dass bei der zweiten Variante der Entgeltregelung der Anspruch auf die zusätzliche, variable Vergütung nicht automatisch entsteht, sondern der Arbeitgeber die Letztentscheidungskompetenz hat. Auch bei der zweiten Variante wird der Lohn meistens in einer internen Vorschrift des Arbeitgebers geregelt, anstatt in einem Arbeitsvertrag.

---

[996] Zu der Entstehung einer betrieblichen Übung gibt es kaum Literatur und Rechtsprechung im tschechischen Recht.

b) Rechtsprechung

Zu der Frage der Gewährung von freiwilligen Leistungen gibt es eine Entscheidung des Obergerichts in Prag vom November 2004.[997] Dabei ging es um die Zuerkennung einer außerordentlichen Vergütung. Diese wurde dem Arbeitnehmer (Kläger) durch die Arbeitgeberin (Beklagte im Prozess) zuerkannt. Jedoch wurde die Auszahlung der außerordentlichen Vergütung von der Arbeitgeberin nachträglich widerrufen. Die Arbeitgeberin regelte die Anerkennung und Auszahlung der Vergütung in einer internen Lohnvorschrift, einer so geannten Besoldungsordnung. Dort ist in Art. 6 der Besoldungsordnung der Beklagten eine besondere Vergütung, so genannte *„nicht beanspruchbare Bestandteile des Lohnes" (nenárokové složky mzdy)*, festgesetzt Die Entstehung des Anspruches auf diese Vergütung ist *„durch die Erfüllung einer besonderen Entscheidung des Arbeitgebers, bzw. eines Vorschlages des vorgesetzten Arbeitnehmers, die durch den zuständigen leitenden Arbeitnehmer genehmigt ist, bedingt" (je podmíněn splněním zvláštního rozhodnutí zaměstnavatele, resp. návrhu nadřízeného zaměstnance schváleného příslušným vedoucím zaměstnancem)*.

Das Gericht stellte folgenden Sachverhalt fest: Aus der Sicht des Tatbestandes wurde in der beurteilten Sache festgestellt, dass durch Schreiben vom 11.09.2000, das am demselben Tag dem Kläger zugestellt wurde (in der Zeit, dauerte sein Arbeitsverhältnis mit der Beklagten an), teilte die Beklagte dem Kläger mit, dass sie ihm im Einklang mit Art. 11 bzw. 17 der Besoldungsordnung der K. Aktiengesellschaft, die Auszahlung einer außerordentlichen Vergütung in der Höhe von 196 000 Kc gemeinsam mit der Zahlung des Lohnes für den Monat September, d.h. am 6.10.2000, zuerkennt. Das Schreiben wurde durch den Leiter der Rechtsabteilung Mgr. V.S. unterschrieben. Durch Schreiben vom 29.09.2000, das an den Kläger adressiert wurde, teilte die Beklagte diesem mit, dass auf Grund von neuen Tatsachen, die sich direkt auf die Ausübung des Arbeitsverhältnisses des Klägers in der K. Aktiengesellschaft, Rechtsabteilung, beziehen, sie hiermit ihre Entscheidung von 11.09.2000 über die Auszahlung einer außerordentlichen Vergütung an dem Kläger widerruft. Auch dieser Brief ist vom Mgr. V.S., dem Leiter der Rechtsabteilung, unterschrieben. Der Betrag 196 000 Kc wurde dem Kläger weder mit der Auszahlung des Lohnes für September 2000 noch später ausgezahlt.

---

[997] Urteil des Obergerichts in Prag v. 08.11.2004, Sp.Zn. 21 Cdo 537/2004, unter der Nr. 28/2005 in der Sammlung der Gerichtsentscheidungen und Standpunkte veröffentlicht. Zum damaligen Zeitpunkt war diese Entscheidung vom *Nejvyšší soud v Praze*, also vom Obersten Gericht in Prag getroffen worden. Allerdings gibt es derzeit (Stand 1.1.2006, Nachweis bei *Braun*, S. 53, 54) zwei Obergerichte (*Vrchní soud*) mit Sitz in Prag und Olomouc und darüber schließlich das Oberste Gericht (*Nejvyšší soud*) allerdings mit Sitz in Brno, nicht Prag. Um Missverständnisse zu vermeiden, wird im folgenden Kontext von einer Entscheidung des Obergerichts in Prag ausgegangen, obwohl das Gericht wohl damals ein Oberstes Gericht war.

Auf die Auszahlung des so genannten nicht beanspruchbaren Teil des Lohnes, also des nicht obligatorischen Teils der Vergütung richtet sich die Klage des Arbeitnehmers. Bei dem nicht beanspruchbaren Bestandteil des Lohnes kann man auch von einer freiwilligen Leistung des Arbeitgebers sprechen.

Das Obergericht als Berufungsgericht[998] stellte Folgendes in seiner Begründung fest: Für die Beurteilung der Begründetheit des geltend gemachten Anspruches, in dem Streit um die Zahlung des Lohnes (ihres Teiles), sei entscheidend, ob die Voraussetzungen für die Entstehung des Anspruches auf den Lohn erfüllt oder ob diese Gesichtspunkte den durch das Gesetz bestimmten oder den vertraglich vereinbarten Tatbestand für die Entstehung eines Lohnanspruches nicht erfüllt seien. Dabei sei nicht relevant, ob die Rechtsgrundlage des gewährten Lohnes (oder Teiles) eine Lohnvorschrift oder ein Kollektivvertrag oder ob der Lohn in einem Arbeits- oder anderem Vertrag vereinbart ist. Es sei vor allem die Unterscheidung wichtig, ob die verlangte Erfüllung einen Lohnanspruch darstelle, den der Arbeitgeber verpflichtet ist zu gewähren, soweit der Arbeitnehmer die vereinbarten Bedingungen und Voraussetzungen erfülle (ob es um einen so genannten beanspruchbaren Bestandteil des Lohnes geht – obligatorischer Lohnteil), oder ob es sich um solchen Bestandteil handele, auf den ein Anspruch erst auf Grund einer besonderen Entscheidung des Arbeitgebers über ihre Zuerkennung entstehe (ob es sich um einen so genannten nicht beanspruchbaren Bestandteil des Lohnes handelt – fakultativer Lohnteil).

Das Obergericht in Prag differenziert hier zwischen einen obligatorischen Bestandteil der Vergütung und einer fakultativen Vergütung (Prämie, außerordentliche Vergütung u.ä.). Der nicht beanspruchbare Bestandteil des Lohnes ist nach der Entscheidung des Gerichts dadurch charakterisiert, dass ohne die Entscheidung des Arbeitgebers dieser Bestandteil des Lohnes nur einen fakultativen Charakter hat. Diesen Charakter verliert er aber in dem Zeitpunkt, indem der Arbeitgeber über die Zuerkennung dieses Anspruches gegenüber dem Arbeitnehmer beschließt. Nach einer solchen Entscheidung (wann und ob er sie tätigt, hängt nur von dem Arbeitgeber ab) ändert sich der Charakter dieses Anspruchs, da alle Voraussetzungen für die Gewährung dieses Bestandteiles des Lohnes vorliegen und der Arbeitgeber verpflichtet ist einen solchen Anspruch (Bestandteil des Lohnes) dem Arbeitnehmer zu gewähren. Das Oberste Gericht ist daher zu dem Schluss gekommen, dass der nicht beanspruchbare (fakultative) Bestandteil des

[998] Das Kreisgericht (*Obvodní soud*) für Prag 1 (1. Instanz, auch Stadtbezirksgericht genannt) gab der Klage des Arbeitnehmers statt; das Bezirksgericht für Prag (2. Instanz, für das Stadtgebiet Prag auch als Stadtgericht in Prag bezeichnet, *Městský soud*) änderte nach der Berufung des Beklagten (der Arbeitgeberin) das Urteil der 1. Instanz und wies die ursprüngliche Klage des Abeitnehmers zurück. Die 3. Instanz war nunmehr das Obergericht in Prag als Berufungsgericht.

Lohnes in Folge der Entscheidung des Arbeitgebers über seine Anerkennung zu einem beanspruchbaren (obligatorischen) Bestandteil des Lohnes wird.

Im entschiedenen Fall waren alle Voraussetzungen der internen Lohnvorschrift für den Anspruch auf die freiwillige Leistung des Arbeitgebers erfüllt. Es waren die Voraussetzungen, unter denen dem Arbeitnehmer (Kläger) eine außerordentliche Vergütung gewährt werden kann, in der Besoldungsordnung der Arbeitnehmer der K, Aktiengesellschaft vom Januar 2000 geregelt. Die Voraussetzungen, unter denen dem Kläger eine nicht beanspruchbare (Art. 6 der Besoldungsordnung der Beklagten) außerordentliche Vergütung gemäß der Artikel 11 und 17 der Besoldungsordnung (*Platového řádu*) der Beklagten gewährt wurde, waren erfüllt; einschließlich der Mitteilung des Arbeitgebers über ihre Zuerkennung. Der bislang nicht beanspruchbare Bestandteil des Lohnes wurde somit nach dem Erfüllen dieser Voraussetzungen zu einem Anspruch, den der Kläger geltend machen kann.

Der Leitsatz der Entscheidung lautet auch deshalb, *der nicht beanspruchbare (fakultative) Bestandteil des Lohnes wird in Folge der Entscheidung des Arbeitgebers über seine Anerkennung zu einem beanspruchbaren (obligatorischen) Bestandteil des Lohnes (Nenároková (fakultativní) složka mzdy se v důsledku rozhodnutí zaměstnavatele o jejím přiznání stává složkou mzdy nárokovou (obligatorní)).*

Mit dem Beschluss des Stadtgerichts in Prag, dass der Anspruch des Klägers durch die Entscheidung der Beklagten untergegangen ist, die in derselben Weise gemacht wurde, wie über die Zuerkennung der außerordentlichen Vergütung beschlossen wurde, ist das Obergericht in Prag nicht einverstanden. Weder das LohnG noch das ArbGB regeln den Widerruf bzw. die Aberkennung, Abnahme (*zrušení" odnětí, odebrání*) eines bereits entstandenen Anspruches auf Lohn. Der § 245 ArbGB ermöglicht, unter den aufgeführten Bedingungen, von einem Vertrag zurückzutreten und analog auch von einer einseitigen Rechtshandlung. Einen entstandenen Anspruch auf Lohn oder eines Teils davon wäre also nur in den Fall möglich zu widerrufen (*zrušit*), wenn ein solches Vorgehen nach der internen Gehaltsvorschrift möglich wäre. Eine solche interne Gehaltsvorschrift war bei der Beklagten gerade die Besoldungsordnung der Arbeitnehmer der K. Aktiengesellschaft. Aus der Begründung des Urteiles des Stadtgerichts in Prag wird aber nicht klar, aus welcher Bestimmung dieser Besoldungsordnung das Gericht abgeleitet hatte, dass in gleicher Weise, wie eine außerordentliche Vergütung zuerkannt wird (durch die Entscheidung eines vorgesetzten Arbeitnehmers und des zuständigen leitenden Arbeitgeber), es möglich ist, die zuerkannte außerordentliche Vergütung zu widerrufen (*zrušit*).

Das bedeutet also, dass eine freiwillige fakultative Vergütungsleistung des Arbeitgebers mit seiner Entscheidung über die Zuerkennung zum obligatorischen Bestandteil des Lohnes wird. Allerdings kann der Arbeitgeber die Zuerkennung widerrufen, wenn dieser als Tatbestand in einer internen Lohnvorschrift bzw. in einem Kollektivvertrag geregelt ist.

c) Stellungnahme

Eine gewisse Flexibilisierung des Entgelts ist durch die Rechtspraxis und Rechtsprechung – wie oben aufgezeigt – ermöglicht. Man kann sagen, dass es in der Tschechischen Republik moderne Entgeltsysteme gibt. Sie enthalten variable Entgeltbestandteile. In der Regel wird ein Monatsgrundgehalt mit variablem Anteil (Prämie oder Zulage) gezahlt. Das Grundgehalt hängt zu einem gewissen Teil von der individuellen Leistung ab. Jedoch ist jede Gehaltsgruppe zu einem bestimmten Prozentsatz variabel. Diesen variablen Anteil braucht der Arbeitgeber bei schlechter individueller Leistung oder verminderter Ertragslage des Unternehmens nicht zu zahlen. Im ersten Fall wird meistens ein Akkord- oder Stücklohn vereinbart, woran man die gute bzw. schlechte Leistung misst. Ferner kann für einen leitenden Arbeitnehmer im Vertrag auch ein Gewinnanteil festgesetzt werden.

Aber nach dem neuen ArbGB ist die Möglichkeit einer (noch mehr) flexiblen Entgeltregelung erlaubt. Denn dann gilt das das Prinzip: *„Alles was gesetzlich nicht verboten ist, ist erlaubt"*. Empfehlenswert ist es bei außerordentlichen, freiwilligen Arbeitgeberleistungen, die möglichen Widerrufsgründe in einer internen Lohnvorschrift bzw. in einem Kollektivvertrag anzuführen. Allerdings kann es ein Patentrezept auf dem Weg zu flexiblen Entgeltbedingungen nicht geben. Für jeden Arbeitgeber, jedes Unternehmen stellt sich die Frage anders, weil die Zielsetzung einer Flexibilisierung von Arbeitsentgelt von den Unternehmenszielen abhängt.

III. Ergebnis / Würdigung

1. Innerstaatlicher Vergleich

Das BAG setzt unterschiedliche Maßstäbe beim Freiwilligkeits- und Widerrufsvorbehalt an. Beim Widerrufsvorbehalt differenziert das BAG zwischen der wirksamen Vereinbarung und dessen Ausübung.

Bei der Grundsatzentscheidung des BAG zu den Grenzen formularvertraglicher Widerrufsvorbehalte bleibt indessen nicht ganz zweifelsfrei, welche qualitativen Anforderungen an den Widerrufsgrund zu stellen sind und inwieweit diese vertraglich zu konkretisieren sind. Deshalb kann sich an Stelle der widerruflichen

Zusage, die Leistungsgewährung unter Freiwilligkeitsvorbehalt anbieten.[999] Jedoch sind die Vereinbarungen von Freiwilligkeitsvorbehalten bislang nur bei Gratifikationen und ähnlichen Jahressonderleistungen anerkannt. Hier ist daher eine Entgeltflexibilisierung nur beschränkt möglich. Angesichts der restriktiven Prüfung von Widerrufsvorbehalten ist für die Praxis wohl davon auszugehen, dass Freiwilligkeitsvorbehalte nicht für Leistungen anerkannt werden, die im unmittelbaren Gegenseitigkeitsverhältnis zur Arbeitsleistung stehen.[1000]

Ferner hat ein Freiwilligkeitsvorbehalt nicht die Wirkung, dass der Arbeitgeber die freiwillig gezahlte Leistung ohne Rechtsgrund bewirkt hat.[1001] Er könnte sie daher zurückfordern. Vielmehr soll durch die Vereinbarung eines Freiwilligkeitsvorbehaltes eine betriebliche Übung verhindert werden, die in Zukunft zu gleichartigen Leistungen verpflichten würde. Der Arbeitgeber ist also für die Zukunft gänzlich frei, ob er die Leistung in Zukunft ein weiteres Mal gewähren will oder nicht.

Gemeinsam ist den Flexibilisierungsinstrumenten: Der Kernbereich des Arbeitsvertrages - im Normalarbeitsverhältnis etwa 70 % des Bruttoentgelts - ist veränderungsfest.[1002] Hier ist weder ein Widerrufsvorbehalt noch ein Freiwilligkeitsvorbehalt zulässig. Wird eine Änderung indes notwendig, kann sie nur mit dem Mittel der Änderungskündigung vorgenommen werden. Im Randbereich von etwa 30 % muss das Arbeitsverhältnis *„atmen“*[1003] können.

Auch ermöglicht eine *„interne Flexibilität“*, dass weniger eine Anpassung an veränderte Umstände durch eine *„externe Flexibilität“*[1004], das heißt durch Entlassung und gegebenenfalls Wiedereinstellung, erfolgt. Denn für die Stabilität der Arbeitsverhältnisse ist es besser, wenn die erforderliche Flexibilität durch Veränderungen des Inhalts gesichert wird und nicht durch die Anzahl der Arbeitsverhältnisse.[1005] Allein schon vor diesem Hintergrund sollten die Flexibilisierungsinstrumente im Gesetz geregelt werden.

---

999 So auch *Willemsen/Grau*, NZA 2005, 1137, 1142.

1000 Ebenso ErfK/*Preis*, §§ 305-310 BGB, Rn. 71 und HWK-*Thüsing*, § 611 BGB, Rn. 510.

1001 Vgl. Fn. 965, 970.

1002 Bei Arbeitnehmern in Spitzenpositionen (Chefarzt) kann der änderungsfreie Teil der Vergütung höher sein, Däubler - *Dorndorf*, § 308 Nr. 4 BGB, Rn. 45; auch die Stellung des Arbeitnehmers im Unternehmen ist von Relevanz, vgl. *Lindemann*, S. 218 ff.; BAG, Urt. v 12.1.2005, NZA 2005, 465, 467; dazu auch *Reinecke*, NZA 2005, 953, 958.

1003 *Hanau/Hromadka*, NZA 2005, 73, 77.

1004 *Hanau/Hromadka*, NZA 2005, 73.

1005 Vgl. *Hanau/Hromadka*, NZA 2005, 73.

Tarifverträge und Betriebsvereinbarungen eignen sich ebenso als Flexibilisierungsinstrumente.[1006] Hier scheidet von vornherein eine Inhaltskontrolle nach den §§ 305 ff. BGB aus. Sie sind nach § 310 Abs. IV S. 1 BGB von einer Kontrolle nach AGB-Grundsätzen ausgenommen. Bei Tarifverträgen besteht nach *Reinecke* zwar keine *„Richtigkeitsgewähr"*, aber eine *„große Richtigkeitschance"*[1007], weil sich mit den Tarifvertragsparteien zwei etwa gleich starke Verhandlungspartner gegenüberstehen. Mit anderen Worten: *„die Kontrollintensität ist hier von vornherein geringer als bei arbeitsvertraglichen Vereinbarungen"*.[1008] In der Praxis werden auch meistens freiwillige Zusatzleistungen in einer Betriebsvereinbarung geregelt. Sie wirken auch nach ihrem Ablauf im Gegensatz zu Tarifverträgen[1009] nicht nach, § 77 Abs. 6 BetrVG.

2. Zwischenstaatlicher Vergleich

Zwar gibt es in der Tschechischen Republik nicht die Änderungsvorbehalte Widerrufs- und Freiwilligkeitsvorbehalt, jedoch ist der Lohn relativ flexibel gestaltbar. Dieser kann aus einem festen und variablen Teil bestehen. Dies ist auch häufig bei Verrägen leitender Arbeitnehmer der Fall. Der variable Teil des Lohns kann von der Erfüllung konkreter Aufgaben abhängig gemacht werden. Es kann aber auch ein anderes Kriterium für dessen Auszahlung gewählt werden. Der feste Teil der Vergütung wird im Allgemeinen monatlich ausgezahlt. Der variable Teil kann von der Dauer einer konkreten Aufgabe oder eines bestimmten Zeitraumes - Quartal, Halbjahr, Jahr - abhängen. Bei der Erfüllung der im Vertrag vorgegebenen Bedingungen kann der variable Teil des Lohns auch in Form von Anzahlungen ausgezahlt werden. Hierbei besteht weitestgehend Vertragsfreiheit.[1010] Ferner exisistieren keine Beschränkungen hinsichtlich des Umfangs und der Art der Vergütung durch die Rechtsprechung, anders als in Deutschland.

Beiden Ländern ist gemein, dass es üblich ist, dem Arbeitnehmer ein Monats- und kein Jahresgehalt zu zahlen. Im tschechischen Recht besteht hingegen die Besonderheit, dass der Lohn am Arbeitsort ausgezahlt wird. Der Arbeitgeber kann nicht selbst bestimmen, dass der Arbeitnehmer seinen Lohn auf ein Bankkonto überwiesen bekommt. Dazu benötigt der Arbeitgeber die Zustimmung des Arbeitnehmers.[1011]

[1006] Mehr dazu bei *Reinecke*, NZA 2005, 953 ff.
[1007] *Reinecke*, NZA 2005, 953, 961.
[1008] *Reinecke*, NZA 2005, 953, 954.
[1009] Bei Tarifverträgen ist die Nachwirkung gesetzlich in § 4 Abs. 5 TVG geregelt; jedoch können die Tarifvertragsparteien diese Nachwirkung ausschließen, vgl. BAG, Urt. v. 16.8.1990 - 8 AZR 439/89, NZA 1991, 353.
[1010] So auch *Wiesnerová*, RIW 1/2000, 37, 38.
[1011] Genauso *Wiesnerová*, RIW 1/2000, 37, 38.

In Deutschland wird durch die Rechtsprechung des BAG klargestellt, dass ein Widerruf nur wirksam ist, wenn der widerrufene Teil unter 25 bis 30 % der Gesamtvergütung liegt. In der Tschechischen Republik gibt es derart keinerlei Begrenzung durch die Rechtsprechung.

Der tschechische Gesetzgeber sollte die Mindestkriterien von Änderungsvorbehalten, insbesondere beim Entgelt verbindlich festschreiben bzw. dies den Sozialpartnern überlassen. Die dann entstehenden Rahmenbedingungen sollten dann als Mindestregeln für alle Arbeitgeber gelten. Allerdings sollte man nicht außer Acht lassen, dass eine Entgeltflexibilisierung, egal ob nach oben oder unten, den Arbeitnehmern zugutekommt, weil sie Arbeitsplätze sichert.

E. Nachvertragliches Wettbewerbsverbot und Vertragsstrafe

I. Deutschland

1. Nachvertragliches Wettbewerbsverbot

a) Allgemeines

Während eines bestehenden Arbeitsverhältnisses besteht die gesetzliche Pflicht des Arbeitnehmers Konkurrenztätigkeit zu unterlassen. Diese Pflicht endet grundsätzlich mit der Beendigung des Arbeitsverhältnisses. So genannte nachvertragliche Wettbewerbsverbote bedürfen einer besonderen Vereinbarung. Das Handelsgesetzbuch (HGB) sieht für Handlungsgehilfen bzw. Handlungsvertretern entsprechende Regelungen in den §§ 74 ff. sowie § 90 a HGB vor. Die Regelungen der §§ 74 bis 75 f. HGB sind gemäß § 110 S. 2 GewO auf alle Arbeitnehmer anwendbar. Dies entsprach bereits vor der Novellierung der GewO der gefestigten Rechtsprechung und herrschenden Meinung.[1012] Somit gelten die §§ 74 ff. HGB für alle Arbeitsverhältnisse. Der Arbeitgeber und der Arbeitnehmer können gemeinsam die berufliche Tätigkeit des Arbeitnehmers für die Zeit nach Beendigung des Arbeitsverhältnisses durch Vereinbarung beschränken.

b) Voraussetzungen

Für die Vereinbarung eines nachvertraglichen Wettbewerbsverbots gelten die folgenden gesetzlichen Voraussetzungen:

- Schriftform, Aushändigung einer Urkunde, § 74 Abs. 1 HGB,
- berechtigtes geschäftliches Interesse des Arbeitgebers am Wettbewerbsverbot, § 74 a Abs. 1 S. 1 HGB,
- keine unbillige Erschwerung des Fortkommens des Arbeitnehmers, § 74 a Abs. 1 S. 2 HGB,

[1012] Vgl. *Stoffels*, S. 284; seit BAG, Urt. v. 16.5.1969, AP Nr. 23 zu § 133 f. GewO st. Rspr.

- maximale Vereinbarung eines Wettbewerbsverbots von 2 Jahren, § 74 a Abs. 1 S. 3 HGB,
- Karenzentschädigung an den Arbeitnehmer für die Dauer des Wettbewerbsverbots, mindestens die Hälfte des vorherigen Verdienstes des Arbeitnehmers, § 74 Abs. 2, 74 b HGB.[1013]

Nur wenn die genannten Voraussetzungen erfüllt sind, wird das nachvertragliche Konkurrenzverbot rechtswirksam vereinbart und ist damit verbindlich. Unverbindlich ist deshalb das nachvertragliche Wettbewerbsverbot für den Arbeitnehmer, wenn es von einer Bedingung – *„namentlich davon, dass der Arbeitgeber seine Einhaltung bei Vertragsbeendigung verlangt"* [1014] abhängig gemacht wird. Ferner ist eine nachvertragliche Konkurrenzklausel unverbindlich, wenn sich der Arbeitgeber nicht zur Zahlung einer Karenzentschädigung verpflichtet. Diese muss nach § 74 Abs. 2 zweiter Halbsatz HGB für jedes Jahr des Verbots mindestens die Hälfte der vom Arbeitnehmer zuletzt bezogenen Vergütung betragen.

Vereinbarungen, die von den Vorschriften der §§ 74 bis 75 c HGB zum Nachteil des Arbeitnehmers abweichen, sind nichtig. Somit ist u.a. eine Karenzentschädigung unabdingbar für eine wirksame und verbindliche Konkurrenzklausel.

Abgesehen davon muss der Arbeitgeber bei einer formularmäßigen Konkurrenzklausel den Arbeitnehmer klar und unmissverständlich über die Folgen und Einschränkungen des nachträglichen Wettbewerbsverbots aufklären.[1015] Ansonsten ist die Klausel zu Lasten des Formularverwenders, des Arbeitgebers auszulegen, § 305 c Abs. 2 BGB.
Eine Anrechnung anderweitigen Erwerbs bzw. böswilligen Unterlassens einer anderen Tätigkeit auf die Karenzentschädigung ist auch möglich, vgl. § 74 c HGB.

c) AGB-Inhaltskontrolle

Regelmäßig besteht der vom Arbeitgeber verwendete Arbeitsvertrag aus vorformulierten Vertragsbedingungen, die für eine Vielzahl von Vereinbarungen Verwendung finden. Solche Arbeitsvertragsklauseln unterliegen einer Inhaltskontrolle. Deshalb müsste ein nachvertragliches Wettbewerbsverbot im einseitig vorformulierten Arbeitsvertrag einer AGB-Inhaltskontrolle nach den §§ 307 ff. BGB unterliegen.

[1013] Vgl. *Preis*, Individualarbeitsrecht, S. 306, 307.
[1014] *Preis*, Individualarbeitsrecht, S. 876.
[1015] Siehe BAG, Urt. v. 5.9.1995, AP Nr. 67 zu § 74 HGB.

Es besteht weitestgehend Einigkeit im Schrifttum[1016] und in der Rechtsprechung[1017], dass eine formularmäßige nachvertragliche Konkurrenzklausel einer AGB-Inhaltskontrolle entzogen ist und ausschließlich an den speziellen Regelungen in den §§ 74 ff HGB gemessen wird.[1018]

Nach dem LAG Hamm unterliegt ein nachvertragliches Wettbewerbsverbot ausschließlich den Regelungen im HGB. Eine AGB-Kontrolle findet in sinngemäßer Anwendung des § 307 Abs. 3 BGB nicht statt, da die Vereinbarung lediglich die gesetzlichen Bestimmungen zum nachvertraglichen Wettbewerbsverbot umsetzt.[1019]

Ähnlich argumentiert *Diller*, indem er meint, dass es sich bei einem Wettbewerbsverbot um eine Leistungsbeschreibung handele, die nach § 307 Abs.3 BGB von der Inhaltskontrolle ausgeschlossen sei. Darüber hinaus sei die Wertung des § 74 a HGB eine Besonderheit des Arbeitsrechts, die nach § 310 Abs. 4 S. 2 BGB das AGB-Recht verdränge.[1020]

Nach Ansicht von *Stoffels* finde auch keine Angemessenheitskontrolle nach § 307 BGB statt. Sie ist durch die gesetzlichen Vorschriften der §§ 74 ff. HGB, die ein *„Mindestmaß an beruflicher Bewebungsfreiheit nach Vertragsende“*[1021] garantieren, vorweggenommen. Sie ist *„obsolet“*[1022] geworden. *Stoffels* und *Thüsing/Leder* gehen sogar soweit und sagen, dass § 74 a HGB den AGB-rechtlichen Regelungen als lex specialis vorgehe.[1023]

Da die verschiedenen Lösungsansätze im Ergebnis in dieselbe Richtung gehen, deutet dies auf eine klare Rechtslage hin. Natürlich können insofern die einzelnen Lösungsansätze auf ihre *„dogmatische Tragfähigkeit“*[1024] untersucht werden. Dies ist jedoch nicht Aufgabe der vorliegenden Untersuchung.

[1016] Siehe *Diller*, NZA 2005, 250 ff.; Preis - *Stoffels*, Der Arbeitsvertrag, II W 10 Rn. 29 ff.; *Thüsing/Leder*, BB 2004, 42 ff.

[1017] LAG Hamm, NZA-RR 2003, 513, 515.

[1018] Vgl. zum bisherigen Streitstand *Koch*, RdA 2006, 28.

[1019] LAG Hamm, NZA-RR 2003, 513, 515.

[1020] *Diller*, NZA 2005, 250, 251.

[1021] *Stoffels*, Die Gestaltung von Arbeitsverträgen, Seminar am 14.7.2006, Schloss Neuburg am Inn, Hand-Out, S. 40.

[1022] *Stoffels*, Die Gestaltung von Arbeitsverträgen, Seminar am 14.7.2006, Schloss Neuburg am Inn, Hand-Out, S. 40.

[1023] Vgl. Preis - *Stoffels*, Der Arbeitsvertrag, II W 10 Rn. 29, 32; *Thüsing/Leder*, BB 2004, 42, 47.

[1024] *Koch*, RdA 2006, 28, 29.

Außerdem bietet § 74 a Abs. 1 HGB die Möglichkeit der geltungserhaltenden Reduktion. Aber die Aufgabe des § 74 a HGB kann nicht wie bei § 307 Abs. 1 BGB darin liegen, einen Missbrauch des Arbeitgebers zu sanktionieren. Vielmehr setzt § 74 a Abs. 1 HGB voraus, dass das Wettbewerbsverbot bei Beendigung des Arbeitsverhältnisses noch von einem schutzwürdigen Interesse des Arbeitgebers gedeckt ist.[1025] Deshalb soll die Vorschrift dem Umstand Rechnung tragen, dass sich bei einem auf Dauer angelegten Arbeitsverhältnis auch eine zunächst angemessen erscheinende Regelung im Laufe der Zeit nachträglich als unangemessen erweisen kann.[1026] Aus diesem Grund kann ein Wettbewerbsverbot, das beim Vertragsschluss noch angemessen ist und sich erst im Nachhinein als überzogen herausstellt, den veränderten Gegebenheiten anzupassen sein. Das heißt, dass das Wettbewerbsverbot zunächst wirksam vereinbart wurde, es aber nachträglich reduziert werden kann.

d) Verzicht auf die Konkurrenzklausel

Gem. § 75a HGB kann der Arbeitgeber vor der Beendigung des Dienstverhältnisses durch schriftliche Erklärung auf das Wettbewerbsverbot verzichten mit der Wirkung, dass er mit Ablauf eines Jahres seit der Erklärung von der Verpflichtung zur Zahlung der Entschädigung frei wird. Der Arbeitnehmer ist dann mit sofortiger Wirkung berechtigt, nach dem Ende des Arbeitsverhältnisses Wettbewerb zu treiben. Bei einem Verzicht, der mehr als ein Jahr vor Beendigung des Arbeitsverhältnisses liegt, wird keine Karenzentschädigung fällig. Der Arbeitgeber wird erst nach Ablauf eines Jahres von der Entschädigungspflicht frei. Nach dem Zweck des Gesetzes soll sich der Arbeitnehmer auf die veränderte Lage einstellen können. Will der Arbeitgeber die einjährige Entschädigungspflicht vermeiden, muss er rechtzeitig vor Beendigung des Arbeitsverhältnisses auf das Wettbewerbsverbot verzichten.[1027]

e) Zusätzliche Vereinbarung einer Vertragsstrafe

Nach § 75 c Abs. 1 HGB kann der Arbeitgeber für den Fall der Nichteinhaltung des Konkurrenzverbotes durch den Arbeitnehmer eine Vertragsstrafe vereinbaren. Dabei kann der Arbeitgeber dann seine Ansprüche nur nach Maßgabe des § 340 BGB geltend machen. Allerdings bleiben die Vorschriften des BGB über die Herabsetzung einer unverhältnismäßig hohen Vertragsstrafe unberührt, § 75 c Abs. 1 S. 2 HGB. Das bedeutet, dass eine geltungserhaltende Reduktion bei der Höhe der Vertragsstrafe möglich ist und eine unwirksame (unangemessene) Vertragsstrafe nach § 343 BGB herabgesetzt werden kann.

[1025] Vgl. Ebenroth/Boujoung/Joost - *Boecken*, HGB, 2001, § 74 a Rn. 4.
[1026] Vgl. *Koch*, RdA 2006, 28, 31; ebenso *Diller*, NZA 2005, 250, 251.
[1027] So ErfK/*Schaub*, § 75 a HGB Rn. 7.

Zudem kann der Arbeitgeber nur die verwirkte Vertragsstrafe verlangen, wenn sich der Arbeitnehmer einer Vertragsstrafenregelung unterworfen hat und das Wettbewerbsverbot unverbindlich[1028] ist, vgl. § 75 c Abs. 2 HGB. Dann ist der Anspruch auf Erfüllung oder Ersatz eines weiteren Schadens ausgeschlossen, § 75 c Abs. 2 zweiter Halbsatz HGB.

Auch unterliegt eine zusätzliche vorformulierte[1029] Vertragsstrafenregelung[1030] inhaltlich nicht dem Vertragsstrafenverbot des § 309 Nr. 6 BGB. Nach dieser Bestimmung besteht ein Klauselverbot in den Allgemeinen Geschäftsbedingungen (AGB`s), wenn *„dem Verwender für den Fall der Nichtabnahme oder verspäteten Abnahme der Leistung, des Zahlungsverzugs oder für den Fall, dass der andere Vertragsteil sich vom Vertrag löst, Zahlung einer Vertragsstrafe versprochen wird"*. Im vorliegenden Fall geht es dagegen um eine Vertragsstrafe, weil der Arbeitnehmer eine sonstige Pflichtverletzung des Arbeitsvertrages begangen hat. Er hat sich von der vereinbarten nachvertraglichen Konkurrenzklausel gelöst, jedoch nicht vom Vertrag als solchen. Nach dem ausdrücklichen Wortlaut gilt das Verbot des § 309 Nr. 6 BGB für eine solche Vertragsstrafenabrede nicht.

Demzufolge sind Vertragsstrafenabreden in formularmäßigen Arbeitsverträgen wegen sonstiger Pflichtverletzungen nicht gemäß § 309 Nr. 6 BGB verboten. Aber ihre Unwirksamkeit kann sich aus § 307 BGB ergeben. Jedoch geht § 75 c HGB einer AGB-Kontrolle nach den §§ 307 ff. BGB vor. Es gilt das oben Gesagte zu der AGB-Inhaltskontrolle bei einem nachvertraglichen Wettbewerbsverbot.

f) Ausgestaltung

Wettbewerbsklauseln der nachfolgenden Art werden hauptsächlich mit Führungspersonal, leitenden Angestellten vereinbart. Ein Klauselvorschlag für ein nachvertragliches Wettbewerbsverbot könnte so aussehen:

[1028] Das Wettbewerbsverbot ist unverbindlich, wenn sich der Prinzipal/Arbeitgeber nicht zu einer Karenzentschädigung gegenüber dem Handlungsgehilfen/Arbeitnehmer verpflichtet, vgl. § 74 Abs. 2 HGB.

[1029] Da nachvertragliche Wettbewerbsverbote inklusive einer Vertragsstrafenregelung meistens mit Angestellten in Führungspositionen vereinbart werden, ist der Vertrag meistens „ausgehandelt", so dass eine AGB-Kontrolle in vielen Fällen nicht gegeben sein wird; vgl. dazu *Koch*, RdA 2006, 28, 30.

[1030] Zu der allgemeinen Vertragstrafenregelung (z.B. wegen Vertragsbruchs), deren Möglichkeiten und Grenzen vgl. *Hauck*, NZA 2006, 816 ff.

Nachvertragliches Wettbewerbsverbot

„Zwischen ...(im Folgenden Firma genannt) und Herrn/Frau...wird nachfolgende Wettbewerbsvereinbarung getroffen:
(1) Herr/Frau...verpflichtet sich, für die Dauer von...(maximal:2 Jahren) nach Beendigung des Arbeitsverhältnisses für kein Unternehmen tätig zu sein, das hinsichtlich der nachstehend aufgeführten Tätigkeitsgebiete mit der Firma in einem Wettbewerbsverhältnis steht.
Tätigkeitsgebiete der Firma in diesem Sinne sind: ...
Der räumliche Geltungsbereich der Wettbewerbsvereinbarung umfasst ...
Verboten ist jede unselbständige wie selbständige Konkurrenztätigkeit. Herr/Frau ... wird für die bezeichneten Unternehmen weder unmittelbar noch mittelbar und weder in einem freien Dienstverhältnis noch in einem Arbeitsverhältnis Dienste leisten. Er/Sie wird ein solches Konkurrenzunternehmen weder errichten noch erwerben und sich auch nicht an einem solchen maßgeblich beteiligen.
(2) Für die Einhaltung des Verbots verpflichtet sich die Firma, Herrn/Frau ... während dessen Laufzeit eine Entschädigung in Höhe von ...(mindestens 50%) seiner/ihrer letzten vertragsmäßigen Leistungen zu zahlen. Diese Karenzentschädigung ist in monatlichen Beträgen jeweils am Monatsende zu gewähren.
Auf die fällige Entschädigung wird angerechnet, was Herr/Frau ... während der Laufzeit des Wettbewerbsverbots durch anderweitige Verwertung seiner/ihrer Arbeitskraft erwirbt oder zu erwerben böswillig unterlässt. Eine Anrechnung findet jedoch nur insoweit statt, als die Entschädigung unter Hinzuziehung dieses Betrages die Summe der zuletzt bezogenen vertragsmäßigen Leistungen um mehr als 10% übersteigt. ...
Herr/Frau verpflichtet sich, während der Laufzeit des Wettbewerbsverbots auf Verlangen der Firma jederzeit in prüfbarer Form Auskunft über die seines/ihres Verdienstes zu erteilen.[1031]
(3) Diese Wettbewerbsvereinbarung tritt nur in Kraft, wenn das Arbeitsverhältnis nicht vor Ablauf der Probezeit gekündigt wird. Die Vereinbarung greift auch ein, wenn Herr/Frau in den Ruhestand geht. ...
(4) Kündigt die Firma das Arbeitsverhältnis aus wichtigem Grund wegen vertragswidrigen Verhaltens von Herrn/Frau ..., so wird das Wettbewerbsverbot unwirksam, sofern die Firma binnen eines Monats nach der Kündigung Herrn/Frau ... schriftlich mitteilt, dass sie sich nicht an die Vereinbarung gebunden halte (Lossagung).
Kündigt die Firma das Arbeitsverhältnis ordentlich, ohne dass ein erheblicher Anlass in der Person von Herrn/Frau ... vorliegt, so wird das Wettbewerbsver-

---

[1031] Im gesamten Unterabschnitt (2) der Klausel folgt die gesetzliche Umsetzung der Karenzentschädigung, §§ 74 b, 74 Abs. 2 HGB sowie die Anrechnung anderweitigen Erwerbs nach § 74 c HGB.

bot unwirksam, sofern Herr/Frau ... binnen eines Monats nach Zugang der Kündigung der Firma schriftlich mitteilt, dass er/sie sich nicht an die Vereinbarung gebunden halte. Das Wettbewerbsverbot bleibt in diesem Fall aber wirksam, wenn sich die Firma bei der Kündigung bereits erklärt, während der vorgesehenen Laufzeit des Verbots die vollen zuletzt bezogenen vertragsmäßigen Leistungen an Herrn/Frau ... zu zahlen.[1032]

(5) Die Firma kann bis zur Beendigung des Arbeitsverhältnisses durch schriftliche Erklärung auf das Wettbewerbsverbot verzichten mit der Folge, dass sie nach Ablauf eines Jahres seit Erklärung des Verzichts von der Verpflichtung zur Zahlung der Entschädigung befreit ist.[1033]

(6) Handelt Herr/Frau ... dem Wettbewerbsverbot zuwider, kann die Firma für jeden Fall der Zuwiderhandlung eine Vertragsstrafe in Höhe von ... (z.B. ein Monatsgehalt) beanspruchen, ohne dass es eines Schadensnachweises bedarf. Bei einer dauernden Verletzung des Verbots wird diese Vertragsstrafe für jeden angefangenen Monat der Verletzung neu verwirkt.

Die Geltendmachung weiterer Rechte aus dem Verstoß, insbesondere die Geltendmachung eines weitergehenden Schadens, bleibt hiervon unberührt. Für die Dauer der Vertragsverletzung entfällt der Anspruch auf Zahlung der Karenzentschädigung.

(7) Die sich aus dem Arbeitsvertrag ergebende Geheimhaltungsverpflichtung bleibt von dieser Wettbewerbsvereinbarung unberührt.

(8) Im Übrigen gelten die einschlägigen Vorschriften des Handelsgesetzbuches (§§ 74-75 c) entsprechend.[1034]

(9) Herr/Frau ... bestätigt, eine von beiden Parteien unterzeichnete Ausfertigung dieser Wettbewerbsvereinbarung erhalten zu haben.

(Ort, Datum und Unterschriften)"

2. Vertragsstrafe

a) Allgemeines

Die Vertragsstrafenabrede ist neben dem nachvertraglichen Wettbewerbverbot in den meisten Arbeitsverträgen eine Standardregelung, besonders in leitenden Positionen. Hintergrund der Vertragsstrafe ist folgender: Dem Arbeitgeber ist gemäß § 888 Abs. 3 ZPO nicht möglich, das Erbringen der Arbeitsleistung durch den Arbeitnehmer notfalls durch Vollstreckungsmaßnahmen sicherzustellen. Die Arbeitsleistung ist persönlicher Natur. Demzufolge kann der Arbeitge-

---

[1032] Im gesamten Unterabschnitt (4) der Klausel erfolgt die gesetzliche Umsetzung des § 75 HGB.

[1033] Im Abschnitt (5) der Klausel ist der Verzicht des Prinzipals/Arbeitgebers nach § 75 a HGB umgesetzt.

[1034] Die Vorschriften der §§ 74-75 c sind nach § 75 d HGB zu Ungunsten des Arbeitnehmers unabdingbar.

ber seinen Anspruch auf Arbeitsleistung bei einer Verweigerung des Arbeitnehmers nicht durchsetzen. Dem trägt die Praxis dadurch Rechnung, dass die vorformulierten Arbeitsvertragsbedingungen Vertragsstrafen beinhalten. Die Vertragsstrafenregelung bezieht sich meistens unter anderem auf ein Unterbleiben der Arbeitsaufnahme bei Eingehung eines Arbeitsverhältnisses oder einer vertragswidrigen Einstellung der Arbeitsleistung. Vorliegend wird auch die Vertragsstrafenregelung wegen Vertragsbruchs betrachtet. Diese kann man als Flexibilisierungsinstrument im weitesten Sinne bezeichnen.

b) AGB-Inhaltskontrolle

aa) Klauselverbot des § 309 Nr. 6 BGB

Soweit ein Formulararbeitsvertrag auch eine Verstragsstrafenregelung wegen Vertragsbruch enthält, stellt sie nach der Rechtsprechung des BAG eine Allgemeine Geschäftsbedingung[1035] dar.[1036] Demzufolge ist eine standardisierte Vertragsstrafe nur wirksam, wenn sie einer Inhaltskontrolle nach den §§ 307 ff. BGB standhält.

Nach § 309 Nr. 6 BGB ist eine in AGB enthaltene Vertragsstrafe grundsätzlich unwirksam. Jedoch hat der Gesetzgeber für den Bereich des Arbeitsrechts in § 310 Abs. 4 S. 2 BGB[1037] einen Vorbehalt dahingehend vorgesehen, dass bei der Anwendung der gesetzlichen Regelungen zur Inhaltskontrolle *„die im Arbeitsrecht geltenden Besonderheiten angemessen zu berücksichtigen"* sind. Nach der Rechtsprechung des BAG greift der im allgemeinen Vertragsrecht geltende Grundsatz der Unwirksamkeit von Vertragsstrafen (§ 309 Nr. 6 BGB) bei Formulararbeitsverträgen nicht ein.[1038] Denn die nach § 310 Abs. 4 S. 2 Hs. 1 BGB im Arbeitsrecht geltenden Besonderheiten sind angemessen zu berücksichtigen. *„ Der Ausschluss der Vollstreckbarkeit der Arbeitsleistung nach § 888 Abs. 3 ZPO ist eine im Arbeitsrecht geltende Besonderheit in diesem Sinne. Vertragsstrafenabreden in Formulararbeitsverträgen sind daher nicht auf Grund des Klauselverbots nach § 309 Nr. 6 BGB generell unzulässig, die Unwirksamkeit solcher Abreden kann sich jedoch aus § 307 BGB ergeben."*[1039] Die arbeitsrechtliche Besonderheit, die fehlende Möglichkeit des Arbeitgebers, die Ver-

---

[1035] Auch AGB genannt.

[1036] BAG, Urt. v. 4.3.2004 - 8 AZR 196/03, AuA 2004, 45.

[1037] § 310 Abs. 4 S. 2 BGB lautet: „Bei der Anwendung auf Arbeitsverträge sind die im Arbeitsrecht geltenden Besonderheiten angemessen zu berücksichtigen...".

[1038] Vgl. zu Vorstehendem *Kramer*, AuA 2005, 155, 156.

[1039] BAG, Urt. v. 21.4.2005 - 8 AZR 425/04, NZA 2005, 1053 (Orientierungssätze der Richter und Richterinnen des BAG) im Anschluss an BAG, Urt. v. 4.3.2004 - 8 AZR 196/03, NZA 2004, 727.

pflichtung des Arbeitnehmers zur Arbeitsleistung vollstrecken zu können, führt letztendlich zu einer grundsätzlichen Zulässigkeit einer Vertragsstrafenregelung.

Das vertragliche Sanktionsinstrument der Vertragsstrafe ist in der Regel die einzig wirksame Möglichkeit, um einer Vertragswidrigkeit des Arbeitnehmers vorzubeugen.[1040] Zwar hat der Arbeitgeber etwaige Schadensersatzansprüche gegen den Arbeitnehmer. Aber die Durchsetzung solcher Ansprüche scheitert in der Praxis meistens daran, dass der beweispflichtige Arbeitgeber die Kausalität der Pflichtverletzung für den Schaden sowie die Höhe des Schadens nicht nachweisen kann.[1041] Jedenfalls ist die Nachweiserbringung äußerst schwierig. Beispielsweise lässt sich bei einer konkurrenzwidrigen Eröffnung eines Geschäftes durch den ehemaligen Arbeitnehmer vielleicht die Höhe des Schadens durch einen Umsatzrückgang nachweisen. Aber der Nachweis der Kausalität ist fast unmöglich. Der Umsatzrückgang kann möglicherweise auf viele Ursachen zurückzuführen sein.

bb) Angemessenheitskontrolle (§ 307 BGB)

(1) Rechtsprechung des BAG v. 4.3.2004

Nach der höchstrichterlichen Rechtsprechung des BAG gilt die Angemessenheitskontrolle auch in vollem Umfang für vorformulierte Vertragsstrafenabreden. Sie müssen klar formuliert sein und dürfen den Arbeitnehmer nicht unangemessen benachteiligen, vgl. § 307 Abs. 1 S. 1 BGB. Unangemessen ist jede Beeinträchtigung eines rechtlich anerkannten Interesses des Arbeitnehmers, die nicht durch begründete oder billigenswerte Interessen des Arbeitgebers gerechtfertigt ist oder durch gleichwertige Vorteile ausgeglichen wird.[1042] Eine unangemessene Benachteiligung kann sich auch daraus ergeben, dass die Bestimmung nicht klar und verständlich ist, § 307 Abs. 1 S. 2 BGB. Im Allgemeinen benachteiligen Verstragsstrafenabreden den Arbeitnehmer nicht unangemessen. Davon geht das BAG aus.[1043] Eine Vertragsstrafe ersetzt die in der Regel nicht Erfolg versprechende Geltendmachung eines Schadensersatzes. Jedoch kann sich eine unangemessene Benachteiligung nach der neuen[1044] Rechtsprechung des BAG bereits aus einer überzogenen Höhe der Strafe folgen. Nunmehr soll eine Vertragsstrafe in Höhe eines Monatsgehaltes den Arbeitnehmer dann unan-

---

[1040] Ebenso *Kramer*, AuA 2005, 155, 156.

[1041] Vgl. nur *Kramer*, AuA 2005, 155, 156.

[1042] *Kramer*, AuA 2005, 155, 156; st. Rechtsprechung des BAG, vgl. BAG, Urt. v. 21.4.2005 - 8 AZR 425/04, NZA 2005, 1053, 1055.

[1043] Vgl. BAG, Urt. v. 4.3.2004 - 8 AZR 196/03, AuA 2004, 45 ff.

[1044] Nach der alten Rechtsprechung des BAG galt eine Verstragstrafe in Höhe eines Monatsgehalts bei Vertragsbruch des Arbeitnehmers als angemessen, BAG, Urt. v. 27.4.2000 - 8 AZR 301/99.

gemessen benachteiligen, wenn er sich rechtmäßig mit einer Kündigungsfrist von zwei Wochen vom Vertrag lösen könnte. Die Höhe der Vertragsstrafe ist danach an die Länge der Kündigungsfrist gekoppelt, also an das für die Kündigungsfrist zu zahlende Gehalt gekoppelt. Diese Aussagen gelten bei einem Vertragsbruch des Arbeitnehmers, insbesondere bei folgenden Pflichtverletzungen: Unterbleiben der Arbeitsaufnahme, vertragswidrige Einstellung der Arbeitsleistung, unwirksame Beendigung des Arbeitsverhältnisses durch fristlose Kündigung ohne wichtigen Grund.[1045]

(2) Übertragbarkeit der BAG-Rechtsprechung zur allgemeinen Vertragsstrafe auf eine Vertragsstrafe zur Sicherung eines nachvertraglichen Wettbewerbsverbots?

Die Rechtsprechung des BAG zur Höhe der Vertragsstrafe ist auf den Fall der Vereinbarung einer Vertragsstrafe bei einem nachvertraglichen Wettbewerbverbot nicht übertragbar. Zum einen steht der Arbeitnehmer nicht mehr in einem Arbeitsvertragsverhältnis mit dem Arbeitgeber, zum anderen laufen keine Kündigungsfristen.

cc) Folge unangemessener Benachteiligung

Wie zuvor festgestellt, ist eine Vertragsstrafe wegen Vertragsbruchs in Höhe eines Monatsgehalts unangemessen, wenn der Arbeitnehmer sich rechtmäßig mit einer Kündigungsfrist von zwei Wochen vom Vertrag lösen konnte. Nach der Rechtsprechung des BAG ist die Folge einer unangemessenen Benachteilung die Unwirksamkeit der Klausel. Dies ist auch die Gesetzesfolge, § 307 Abs. 1 BGB. Eine so genannte geltungserhaltende Reduktion findet nicht statt. Die Rückführung einer Formularklausel, insbesondere der Höhe einer Vertragstrafe auf das angemessene Maß durch die Arbeitsgerichte ist nicht mehr möglich. Im AGB-Recht gilt das *„Alles-oder-Nichts-Prinzip"*[1046]. Entweder hält das Arbeitsgericht bei der Prüfung der Klausel diese für wirksam oder vollständig unwirksam. An die Stelle der unwirksamen Bestimmung treten die gesetzlichen Vorschriften, § 306 Abs. 2 BGB. Hier führt die Vereinbarung einer zu hohen Vertragsstrafe dazu, dass der Arbeitgeber überhaupt keinen Anspruch auf eine Vertragsstrafe hat, weil kraft Gesetzes keine Verpflichtung zur Zahlung einer solchen besteht.[1047] Denn im dispositiven Recht besteht keine Vertragsstrafe. Nach Ansicht von *Reuter* passt das Verbot der geltungserhaltenden Reduktion nicht zu

[1045] Vgl. *Kramer*, AuA 2005, 155.
[1046] *Kramer*, AuA 2005, 155, 157.
[1047] Ebenso *Thüsing/Leder*, BB 2005, 938, 944.

„Normzwecken sozialorganisatorischer Art“[1048]. *“Eine relative Gerechtigkeit wird nicht dadurch hergestellt, dass eine unangemessene Benachteiligung in eine unangemessene Bevorzugung umschlägt.“*[1049] Jedoch gibt es nach der Rechtsprechung des BAG nunmehr keinen Mittelweg einer reduzierten Vertragsstrafe. Dies muss der Arbeitgeber bei seiner Vertragsgestaltung beachten.

c) Ausgestaltung

Für den Arbeitgeber ist es ratsam, die Höhe der Vertragsstrafe wegen Vertragsbruchs auf das Arbeitsentgelt zu begrenzen, das während des Verlaufs der jeweils eingreifenden Kündigungsfrist zu zahlen wäre.[1050]

Des Weiteren sollte die die Vertragsstrafe auslösende Pflichtverletzung so klar bezeichnet sein, dass sich der Arbeitnehmer darauf einstellen kann. Denn das BAG hält eine Klausel für unangemessen, wonach eine Vertragsstrafe durch *„schuldhaft vertragswidriges Verhalten des Arbeitnehmers, das den Arbeitgeber zur fristlosen Kündigung des Arbeitsverhältnisses veranlasst“*, verwirkt ist.[1051] Eine solche Formulierung ist nicht klar und verständlich, weil die Pflichtverletzungen nicht hinreichend bestimmt sind.[1052] Denn die Vertragsstrafe lässt hier nicht erkennen, durch welche konkrete Pflichtverletzung die Vertragsstrafe verwirkt wird. Demzufolge sind auch so genannte globale Strafversprechen, die allgemein auf die Absicherung aller arbeitsvertraglichen Pflichten zielen, unwirksam.[1053] Voraussetzung wäre also, dass die mit der Vertragsstrafe sanktionierte Verhaltensweise so genau bezeichnet ist, dass der Arbeitnehmer sein Verhalten danach einrichten kann.

Ferner darf die Vertragsstrafenabrede nicht einseitig nur an Pflichtverletzungen des Arbeitnehmers zu Gunsten des Arbeitgebers anknüpfen. Denn die Verwirkung der Vertragsstrafe muss nach Treu und Glauben beiden Arbeitsvertragsparteien gerecht werden.[1054] Die Vertragsstrafe darf nicht zur bloßen Schöpfung neuer, vom Sachinteresse des Arbeitgebers losgelöster Geldforderungen eingesetzt werden.[1055] Sofern die Vertragsstrafe lediglich als Instrument der Abschöpfung zusätzlicher Gelder vereinbart ist, fehlt es am berechtigten Interesse des

---

[1048] *Reuter* in: Festschrift 50 Jahre Bundesarbeitsgericht, 2004, S. 177, 192.
[1049] *Thüsing/Leder*, BB 2005, 938, 944.
[1050] Vgl. *Kramer*, AuA 2005, 155, 157; BAG, Urt. v. 21.4.2005 - 8 AZR 425/04, NZA 2005, 1053, 1054.
[1051] BAG, Urt. v. 21.4.2005 - 8 AZR 425/04, NZA 2005, 1053 ff.
[1052] Vgl. BAG, Urt. v. 21.4.2005 - 8 AZR 425/04, NZA 2005, 1053, 1055.
[1053] Siehe dazu ErfK/*Müller-Glöge*, §§ 339-345 BGB Rn. 15, unter Hinweis auf BAG, Urt. v. 14.12.1988 - 5 AZR 10/88.
[1054] Vgl. BAG, Urt. v. 21.4.2005 - 8 AZR 425/04, NZA 2005, 1053, 1055.
[1055] Insoweit Preis - *Stoffels*, Der Arbeitsvertrag, II V 30 Rn. 28.

Arbeitgebers. Dies wäre der Fall, wenn der Arbeitgeber bei einem schuldhaften Verhalten des Arbeitnehmers in Form der Verletzung gegenüber anderen Arbeitnehmern, Dritten, das den Arbeitgeber zu einer außerordentlichen Kündigung berechtigen würde, eine Vertragsstrafe vereinbart. Denn hier wird ein Interessenausgleich in erster Linie durch die Möglichkeit der fristlosen Kündigung des Arbeitgebers herbeigeführt. Andererseits kann eine darüber hinausgehende Bestrafung des Arbeitnehmers durch die Vertragsstrafe nur durch die Verletzung weiterer schutzwürdiger Interessen des Arbeitgebers gerechtfertigt sein. So zum Beispiel wenn der Arbeitnehmer bestimmte Eigentums- oder Vermögensverletzungen zuungunsten des Arbeitgebers begeht.[1056] Jedoch verbleiben weiterhin hinsichtlich der Tragweite der konkreten Ausgestaltung von Vertragsstrafen in Formulararbeitsverträgen Risiken.[1057]

Die Klausel könnte folgendermaßen lauten:[1058]

§ 6 Vertragsstrafe[1059]
Tritt der Arbeitnehmer das Arbeitsverhältnis nicht an oder verspätet, beendet er seine Tätigkeit ohne Einhaltung der maßgeblichen Kündigungsfrist, verweigert er vorübergehend die Arbeit oder wird der Arbeitgeber durch strafbewährtes Verhalten des Arbeitnehmers zur fristlosen Kündigung veranlasst, insbesondere bei vorsätzlicher Schädigung/Verletzung des Eigentums, Vermögens des Arbeitgebers, so hat der Arbeitnehmer an den Arbeitgeber eine Vertragsstrafe in folgender Höhe zu zahlen:
- vor (Kündigungsaussschluss vor Arbeitsantritt nach § 4 Kündigungsfristen) und innerhalb der Probezeit in Höhe des Bruttomonatsgehalts, das der Arbeitgeber während des Laufs der arbeitnehmerseits einzuhaltenden 2-wöchigen Kündigungsfrist (§ 2 Probezeit) zu zahlen hätte. Ausgehend von dem vereinbarten Bruttomonatsgehalts in Höhe von 4000 € monatlich (§ 3 Vergütung) ergibt sich daher ein Betrag in Höhe von 2000 €,
- nach Ablauf der Probezeit in Höhe des Bruttomonatsgehalts, das der Arbeitgeber während des Laufs der vom Arbeitnehmer einzuhaltenden Kündigungsfrist (§ 4 Kündigungsfristen) zu zahlen hätte.
Die Geltendmachung eines weitergehenden Schadens bleibt vorbehalten.[1060]

[1056] Vgl. zu Vorstehendem BAG, Urt. v. 21.4.2005 - 8 AZR 425/04, NZA 2005, 1053, 1055, 1056.
[1057] So auch *Kramer*, AuA 2005, 155, 157.
[1058] So ähnlich auch *Kramer*, AuA 2005, 155, 157.
[1059] Um Probleme mit dem Verbot von Überraschungsklauseln / Transparenzgebot zu vermeiden, sollte die Vertragsstrafenklausel unter einer eigenständigen Überschrift im Arbeitsvertrag aufgenommen werden.
[1060] Wobei dies schon unter dem Bestimmtheitsgebot eine kritische Formulierung darstellt.

II. Tschechische Republik

1. Nachvertragliches Wettbewerbsverbot

a) Allgemeines / Historischer Überblick

Im ArbGB war bis zum Jahr 31.12.2000, vor dem Inkrafttreten des Gesetzes Nr. 155/2000 Slg., das Institut des nachvertraglichen Wettbewerbsverbots nicht geregelt. Die Frage, ob eine solche Vereinbarung über den Ausschluss von Konkurrenztätigkeit, eine so genannte *„Konkurrenzklausel“ (dohoda o vyloučení konkurenčního jednání – tzv. „Konkurenční doložka“)*, eine geltende Abmachung ist, war Gegenstand vieler Ausseinandersetzungen und oft zwiespältiger Rechtsprechung.[1061] Es waren sich die Rechtsprechung und Literatur uneinig, ob überhaupt ein nachvertragliches Wettbewerbsverbot Bestandteil eines Arbeitsvertrages sein kann.[1062] Aufgrund des zwingenden Charakters der arbeitsrechtlichen Regelungen ist es nicht zulässig etwas zu vereinbaren, was durch das ArbGB nicht vorgesehen ist. Die Vertragsfreiheit ist durch die zwingenden Normen des geltenden ArbGB (bis zum 1.1.2007) beschränkt.

Lediglich das allgemeine Wettbewerbsverbot während eines bestehenden Arbeitsverhältnisses war und ist heute noch in § 75 Abs. 1 ArbGB geregelt. Jedoch war die Vereinbarung eines nachvertraglichen Wettbewerbsverbotes in der Praxis verbreitet.[1063] Insbesondere wurde es in Anlehnung an die deutsche Praxis in Arbeitsverträgen zwischen tschechischen Gesellschaften (Tochtergesellschaften ausländischer Muttergesellschaften) und tschechischen Arbeitnehmern vereinbart.[1064]

Das zuvor umstrittene[1065] nachvertragliche Wettbewerbsverbot wurde erstmalig mit der so geannnten Euronovelle Nr. 155/2000 Slg., vom 18.5.2000, das am 1.1.2001 in Kraft trat, gesetzlich geregelt. Die Möglichkeit von Wettbewerbsklauseln wurde ausdrücklich in den §§ 29 Abs. 2, 3 ArbGB a.F. geregelt.[1066] Jedoch enthielt diese Bestimmung außer der Höchstdauer eines Wettbewerbsverbots keinerlei weiterer Angaben. Diese Regelung wurde im März 2004 bei der Novellierung des ArbGB durch eine neue Regelung im § 29 a ArbGB ersetzt.

[1061] In diesem Sinne *Havlík*, Práce a mzda 10-11/2004, 93, 102.

[1062] Anstatt vieler, *Linhart/Schwarz/Hladký*, Arbeitsrecht in Europa, S. 1201, Rn. 81.

[1063] Vgl. *Klikar*, S. 66.

[1064] Siehe *Sparfeld*, WiRO 1996, 248.

[1065] Zum alten Meinungsstreit siehe *Klikar*, S. 66 sowie *Sparfeld*, WiRO 1996, 248 ff.; Die bestehende Rechtsunsicherheit wurde durch die Novelle teilweise beseitigt; vgl. dazu auch *Kusak/Čechtická*, WiRO 2000, 409 ff.

[1066] Vgl. zu der gesetzlichen Formulierung, Teil 1, B. IV.5.

Durch diese Novellierung des ArbGB[1067] wurde zwar wiederum nicht die Höhe der Vertragsstrafe[1068] geregelt, aber eine Mindestkarenzentschädigung für den Arbeitnehmer eingeführt, der ein nachvertragliches Wettbewerbsverbot mit dem Arbeitgeber eingeht; § 29 a Abs. 2 ArbGB i.d.g.F.

b) Voraussetzungen

Nach der nunmehr eingeführten Regelung darf der Arbeitgeber mit dem Arbeitnehmer eine Vereinbarung treffen, in der sich der Arbeitnehmer verpflichtet, sich für eine festgelegte Dauer nach Beendigung des Arbeitsverhältnisses, längstens jedoch für ein Jahr, der Ausübung einer Arbeitstätigkeit zu enthalten, die Gegenstand der Tätigkeit des Arbeitgebers ist oder mit dieser im Wettbewerb steht, § 29 a Abs. 1 ArbGB. Es muss gerade vom Arbeitnehmer billigerweise verlangt werden können, dass er für eine bestimmte Zeit eine entgeltliche Konkurrenztätigkeit unterlässt, die den gleichen Unternehmensgegenstand hat wie der des früheren Arbeitgebers oder zu ihm im Wettbewerb steht.

Ein nachvertragliches Wettbewerbsverbot kann der Arbeitgeber mit dem Arbeitnehmer vereinbaren, wenn es möglich ist, *„gerechterweise"*[1069] mit Rücksicht auf den Charakter der Informationen, Kenntnisse von Produktion und technologischen Verfahren, die der Arbeitnehmer im Arbeitsprozess beim Arbeitgeber erworben hat und deren Nutzung bei der anderweitigen Arbeitsausübung des Arbeitnehmers dem Arbeitgeber maßgeblich seine Tätigkeit erschweren könnte, vom Arbeitnehmer zu verlangen (§ 29 a Abs. 3 ArbGB). Gerade die Ausnutzung der während des Arbeitsverhältnisses gewonnenen Erkenntnisse und Informationen über Arbeitsprozesse und technische Vorgänge müssen den früheren Arbeitgeber maßgeblich beeinträchtigen. Damit ist klargestellt, dass die *„bloße Kenntnis von Firmeninterna wie Kundendateien, Kalkulationen oder allgemeinen betrieblichen Prozessen, die auch anderswo angewendet werden"*[1070], nicht ausreichen, um eine Konkurrenzklausel zu vereinbaren. Bei der Bestimmung der gerechten Bedingungen ist wohl neben der Höhe einer Karenzentschädigung auch eine Weiterbeschäftigungsmöglichkeit des Arbeitnehmers entscheidend.[1071] Die Bestimmung in § 29 a Abs. 3 ArbGB zeigt aber, dass für die Ver-

---

[1067] Durch das Begleitgesetz zum Beschäftigungsgesetz (Nr. 435/2004) Nr. 436/2000 Slg., das am 1.10.2004 in Kraft trat.

[1068] Die Literatur geht aufgrund der Entscheidung des Verfassungsgerichts v. 1.11.1995 - Az. II ÚS 192/95 davon aus, dass die Obergrenze der Vertragsstrafe bei sechs Monatsgehältern liegt. Denn eine Vertragsstrafe in Höhe von sechs Monatslöhnen lag der Entscheidung zu Grunde.

[1069] Bei diesem unbestimmten Rechtsbegriff ist wohl auch die Höhe einer Karenzentschädigung von entscheidender Bedeutung.

[1070] *Kutschera*, S. 64.

[1071] Vgl. *Linhart/Schwarz/Hladký*, Arbeitsrecht in Europa, S. 1201, Rn. 87.

einbarung eines nachvertraglichen Wettbewerbsverbot der Arbeitgeber wirtschaftlich berechtigte Interessen haben muss. Hier ist daher ein gewisser Spielraum für die Interessenabwägung durch das Gericht eröffnet. Ähnlich wie in Deutschland soll dabei eine einzelfallbezogene Prüfung der beiderseitigen Interessen unter Berücksichtigung der Höhe der vereinbarten Vertragsstrafe, der Dauer des Arbeitsverhältnisses, der Dauer des Konkurrenzverbotes und des Charakters des Betriebs vorgenommen werden.

Für die Verletzung des nachvertraglichen Wettbewerbsverbots kann der Arbeitgeber eine angemessene Vertragsstrafe vereinbaren, vgl. § 29 a Abs. 4 S. 1 ArbGB. Diese muss aber in der Höhe dem Wesen und der Bedeutung der in Absatz 3 aufgeführten Bedingungen angemessen sein, § 29 a Abs. 4 S. 2 ArbGB. Die Vertragsstrafe muss daher der Höhe nach dem Charakter und den Gründen des Wettbewerbsverbots gerecht werden.

Zudem muss der Arbeitgeber aufgrund der Vereinbarung eines nachvertraglichen Wettbewerbsverbots dem Arbeitnehmer einen angemessenen finanziellen Ausgleich[1072], mindestens in der Höhe des Monatsdurchschnittsverdienstes für jeden Monat der Erfüllung des nachvertraglichen Wettbewerbsverbotes seitens des Arbeitnehmers, zahlen, § 29 a Abs. 2 ArbGB.

Eine im Widerspruch zu den oben aufgeführten Bedingungen stehende Konkurrenzklausel ist nichtig. Eine solche Klausel bedarf zudem der Schriftform; ebenso die Vereinbarung einer Vertragsstrafe, sonst ist sie nichtig, § 29 a Abs. 7 ArbGB. Außerdem ist eine Zustellung[1073] nach § 266 a Abs.1 ArbGB nötig, da die Konkurrenzklausel die aus einem Arbeitsvertrag hervorgehenden Pflichten betrifft.

Sofern mit dem Arbeitnehmer eine Probezeit (§ 31 ArbGB) vereinbart wurde, kann das nachvertragliche Wettbewerbsverbot frühestens nach Ablauf der Probezeit abgeschlossen werden, anderenfalls ist es nichtig, § 29 a Abs. 3 letzter Halbsatz ArbGB.

[1072] Dies ist die so genannte Karenzentschädigung im deutschen Arbeitsrecht.

[1073] Die Zustellung sollte zuvorderst persönlich erfolgen. Also muss zunächst versucht werden, dem Arbeitnehmer das entsprechende Schriftstück persönlich zuzustellen, an seinem Arbeitsplatz oder in seiner Wohnung. Erst wenn das nicht möglich ist, darf postalisch zugestellt werden, per Einschreiben mit Rückschein mit dem Vermerk *„zu eigenen Händen"*. (§ 266 a Abs. 1 ArbGB)

c) Entscheidung des Verfassungsgerichts

aa) Sachverhalt, Entscheidungen der Gerichte

Der Entscheidung des Verfassungsgerichts[1074] lag folgender Sachverhalt[1075] zugrunde:

Ein tschechischer Arbeitgeber hatte das Arbeitsverhältnis zu einigen Arbeitnehmern einvernehmlich aufgelöst. Die Arbeitsverträge der betreffenden Mitarbeiter sahen eine Konkurrenzklausel von 12 Monaten nach Beendigung der Arbeitsverhältnisse auf jegliche Unternehmenstätigkeit mit ähnlichem Unternehmensgegenstand vor. Für den Fall der Verletzung dieser Konkurrenzklausel war eine Vertragsstrafe in Höhe von sechs Bruttomonatsgehältern vorgesehen. Im vorliegenden Fall gründeten die Arbeitnehmer noch während des Bestehens ihrer Arbeitsverhältnisse eine Firma mit ähnlichem Unternehmensgegenstand und ähnlichem Unternehmensnamen wie der des Arbeitgebers. Nach Auflösung der Arbeitsverhältnisse wurden die Arbeitnehmer mit ihrer Firma unternehmerisch tätig. Deshalb verlangte der Arbeitgeber die vereinbarten Vertragsstrafen.

Jedoch blieb der Arbeitgeber in der Instanzrechtsprechung erfolglos. Das Kreisgericht[1076] entschied aufgrund der fehlenden gesetzlichen Regelungen der Vertragsstrafe im ArbGB, dass eine solche Vereinbarung unzulässig sei. Im Übrigen sei eine solche Klausel nicht mit der Berufsfreiheit, Art. 26 sowie Art. 4 Abs. 1[1077] der Charta der Grundrechte und Freiheiten vereinbar. Das Berufungsgericht (Bezirksgericht)[1078] hob das erstinstanzliche Urteil mit der Begründung auf, dass es sich bei der Klausel um eine privatrechtliche Vereinbarung handele, die dem Willen der Parteien unterliege und ihre rechtliche Grundlage in § 29 Abs. 2 ArbGB, Art. 2 Abs. 2 der Charta habe. Ein Verstoß gegen Art. 4 Abs. 1 der Charta liege schon deshalb nicht vor, da die Vertragsparteien die Vereinbarung freiwillig unterzeichneten und diese auch vertraglich abdingbar war. Auch ein Verstoß gegen die Berufsfreiheit scheide aus, weil die nachvertragliche Wettbewerbsklausel zeitlich begrenzt eine bestimmte Tätigkeit untersage und nicht für unbegrenzte Zeit. Hingegen entschied das Obergericht (Revisionsgericht)[1079], dass die nachvertragliche Wettbewerbsklausel unwirksam sowie bei

---

[1074] Verfassungsgericht (*Ústavní soud*) in Brünn (Brno), Beschluss v. 1.11.1995, Sp. Zn. II ÚS 192/95; mehr dazu bei *Sparfeld*, WiRO 1996, 248 ff; *Kahle*, Právní rozhledy 8/1996, 366 ff (Die Entscheidung wird hier rezitiert) und *Steiner*, Práce a mzda 4/197, 25 ff.

[1075] Vgl. *Sparfeld*, WiRO 1996, 248; *Kahle*, Právní rozhledy 8/1996, 366, 367.

[1076] Kreisgericht (*Obvodní soud*) in České Budějovice, Urt. v. 10.06.1993, Nr. 14 C 359/92-60.

[1077] Art. 4 Abs. 1 der Charta der Grundrechte und Grundfreiheiten Nr. 23/1991 Slg. lautet: *„Pflichten können nur auf Grund eines Gesetzes und in seinen Grenzen und nur unter Einhaltung der Grundrechte und Grundfreiheiten auferlegt werden"*.

[1078] Bezirksgericht (*Krajský soud*) in České Budějovice, Urt. v. 14.01.1994, Nr. 7 Co 2163/93-84.

[1079] Obergericht (*Vrchní soud*) in Prag, Urt. v. 20.01.1995, Nr. 6 Cdo 105/94-106.

einem Verstoß gegen diese Vereinbarung eine Vertragsstrafe zu zahlen sei. Im konkreten Fall könne die Klausel nicht als Vereinbarung im Sinne des § 29 Abs. 2 ArbGB angesehen werden. Denn die Vertragsparteien müssten sich gerade über den Inhalt der Vereinbarung geeinigt haben, § 244 Abs. 1 ArbGB. Mit der Vertragsfreiheit[1080] könne nur dort argumentiert werden, wo sie von den arbeitsrechtlichen Normen ausdrücklich erlaubt werde.[1081] Nunmehr sah sich das Bezirksgericht nach der Zurückweisung durch das Obergericht an dessen Auffassung gebunden und bestätigte letztendlich das Urteil des Kreisgerichts.

Der Verfassungsbeschwerde des Arbeitgebers gab das Verfassungsgericht in Brünn statt und hob die Urteile des Bezirks- und Kreisgerichts auf. Es sah eine Grundrechtsverletzung des Arbeitgebers auf unternehmerische Tätigkeit gegeben. Denn die vom Arbeitgeber erworbenen Kenntnisse über einzelne Verfahren, das über Jahre hinweg angehäufte Know - how, auch über andere Tatsachen, die unternehmerischen Wert hätten, würden von Dritten verwertet, ohne dass diese zu dem angesammelten Know - how beigetragen hätten. Das Verfassungsgericht distanzierte sich ausdrücklich von der Auffassung des Obersten Gerichts hinsichtlich der Nichtanwendung von Art. 2 Abs. 3 der Charta und schloss sich der Beurteilung der Wettbewerbsklausel durch das Bezirksgericht an.[1082]

Die Erkenntnis des Verfassungsgerichts lautete: *„die Bestimmung Art. 2 Abs. 2 der Charta der Grundrecht und Freiheiten1083 und Art. 2 Abs. 3 der Verfassung der Tschechischen Republik1084, die besagt, jeder kann tun, was nicht durch ein Gesetz verboten und niemand kann gezwungen werden, etwas zu tun, was durch ein Gesetz nicht auferlegt ist, muss auch für den Bereich der arbeitsrechtlichen Verhältnisse gelten...“*[1085]

bb) Anmerkung

Nach *Sparfeld*[1086] stellt die Entscheidung des Verfassungsgerichts keine Grundsatzentscheidung zur Zulässigkeit eines nachvertraglichen Wettbewerbsverbots dar. Jedoch dürfen nunmehr aus der gesetzlichen Aufnahme dieses Rechtsinstitutes nachvertragliche Wettbewerbsverbote wirksam vereinbart werden.

[1080] Art. 2 Abs. 3 der Charta lautet: *„Jeder kann tun, was gesetzlich nicht verboten ist, und niemand darf gezwungen werden, etwas zu tun, was nicht vom Gesetz auferlegt ist“.*

[1081] Nachweis zu Vorstehendem bei *Sparfeld*, WiRO 1996, 248, 249.

[1082] Siehe zu Vorstehendem *Sparfeld*, WiRO 1996, 248, 249.

[1083] Vgl. Fn. 158.

[1084] Vgl. Fn. 159.

[1085] Verfassungsgericht in Brünn, Beschluss v. 1.11.1995, Sp. Zn. II ÚS 192/95, Právní rozhledy 8/1996, 366.

[1086] *Sparfeld*, WiRO 1996, 248, 249.

Das Verfassungsgericht der Tschechischen Republik stellte im Fall „*Minolta*“[1087] fest, dass bei der Beurteilung von so genannten Konkurrenzklauseln auf den Einzelfall abzustellen ist. Nachvertragliche Wettbewerbsverbote sind individuell, das heißt von Fall zu Fall, zu beurteilen. Allgemein wird es erforderlich sein, die so geannte Konkurrenzklausel individuell zu bewerten.[1088] Das Verfassungsgericht nennt mögliche Abwägungskriterien. Insbesondere seien bei der Einzelfallbetrachtung die Höhe der vereinbarten Vertragsstrafe für die Verletzung des Konkurrenzverbotes, die Länge des Arbeitsverhältnisses, die Länge des Konkurrenzverbotes, die Art des Betriebes und die Position des Arbeitnehmers einzubeziehen.[1089]

Dennoch ist die Frage offen geblieben, wie ein nachvertragliches Wettbewerbsverbot im Falle der Vereinbarung einer Karenzentschädigung beurteilt wird. Diese Frage hat der Gesetzgeber durch die Novelle Nr. 435/2004 entschieden. Der Gesetzgeber führt als Ausgleich für eine nachvertragliche Konkurrenzklausel eine Entschädigungspflicht des Arbeitgebers, die im deutschen Recht bekannte Karenzentschädigung, ein.

Durch die gesetzliche Regelung des Instituts des nachvertraglichen Wettbewerbsverbots im ArbGB wird auch klargestellt, dass es sich dabei um eine Vereinbarung arbeitsrechtlichen Charakters und nicht um eine Regelung zivilrechtlichen Charakters handelt.[1090]

d) Rücktrittsrecht, Kündigung

Der Arbeitgeber kann gemäß § 29 a Abs. 5 ArbGB nur während der Dauer des Arbeitsverhältnisses des Arbeitnehmers von der Konkurrenzklausel zurücktreten. Ein Rücktritt erfordert überdies auch die Schriftform, anderenfalls ist dieser nichtig. Eine Zustellung muss auch erfolgen. Gründe zum Rücktritt von der Klausel durch den Arbeitgeber sind im Gesetz nicht definiert. Daher ist es sinnvoll, die Rücktrittsgründe in der Klausel selbst festzulegen.

Das Rücktrittsrecht des Arbeitgebers während der gesamten Dauer des Arbeitsverhältnisses steht unter Kritik. Nach *Havlík* wäre eine optimale Lösung hier eine deutliche Beschränkung des Arbeitgebers in der Form des Ausschlusses

---

[1087] Verfassungsgericht in Brünn, Beschluss v. 1.11.1995, Sp. Zn. II ÚS 192/95.

[1088] Verfassungsgericht in Brünn, Beschluss v. 1.11.1995, Sp. Zn. II ÚS 192/95, Právní rozhledy 8/1996, 366, 368.

[1089] Verfassungsgericht in Brünn, Beschluss v. 1.11.1995, Sp. Zn. II ÚS 192/95, Právní rozhledy 8/1996, 366, 368; vgl. auch *Linhart/Schwarz/Hladký*, Arbeitsrecht in Europa, S. 1201, Rn. 82.

[1090] Diese Frage wurde in den Entscheidungen der Gerichte diskutiert, aber auch letztendlich vom Verfassungsgericht offen gelassen.

eines Rücktritts von der Vereinbarung während des Verlaufs der Kündigungsfrist bzw. in der Zeit nach dem Abschluss einer Vereinbarung über die Beendigung des Arbeitsverhältnisses, dass heißt, zwischen dem Tag der Unterzeichnung eines Aufhebungsvertrages und dem Tag, der als Ende des Arbeitsverhältnisses vereinbart wurde. So wären Situationen ausgeschlossen, in denen der Arbeitnehmer in der Zeit der Suche nach einer neuen Beschäftigung vorteilhafte Angebote in Respekt der existierenden Verpflichtung hinsichtlich des nachvertraglichen Konkurrenzverbotes zurückweist und diese Vereinbarung unmittelbar vor Beendigung des Arbeitsverhältnisses, inklusive des vereinbarten finanziellen Ausgleichs, vom Arbeitgeber aufgehoben wird.[1091]

Ein Kündigungsrecht steht dem Arbeitgeber indes nicht zu.

Ein Rücktrittsrecht des Arbeitnehmers ist im Gesetz nicht ausdrücklich vorgesehen. Der Arbeitnehmer hat jedoch ein Kündigungsrecht, wenn der Arbeitgeber die Karenzentschädigung oder einen Teil davon nicht spätestens 15 Tage nach Fälligkeit auszahlt. Dann erlischt die Vereinbarung mit dem ersten Tag des Kalendermonats, der auf den Tag der Zustellung der Kündigung folgt. (§ 29 a Abs. 6 ArbGB)

e) Ausgestaltung

Die folgenden Voraussetzungen für eine (wirksame) Konkurrenzklausel sollten arbeitsvertraglich umgesetzt werden:

1. Der Arbeitgeber verpflichtet sich in der Klausel, dem Arbeitnehmer eine Entschädigung in Höhe von mindestens einem durchschnittlichen[1092] Monatslohn für jeden Monat, in welchem der Arbeitnehmer die Vereinbarung einhält, nachträglich zu zahlen.
2. Die Konkurrenzklausel darf nur dann abgeschlossen werden, wenn der Arbeitnehmer aufgrund seiner Position beim Arbeitgeber in den Besitz von vertraulichen, speziellen Informationen oder Kenntnissen gekommen ist, deren Ausnutzung bei der Konkurrenz des Arbeitgebers diesem einen wesentlichen Schaden zufügen kann.
3. Eine solche Vereinbarung kann erst nach Ablauf einer Probezeit abgeschlossen werden.
4. Ein Rückritt von der Klausel seitens des Arbeitgebers ist nur während der Dauer des Arbeitsverhältnisses möglich. Hingegen darf der Arbeitnehmer bei Nichtzahlung der Entschädigung 15 Tage nach dessen Fälligkeit die Vereinbarung kündigen.

[1091] Vgl. *Havlík*, Práce a mzda 10-11/2004, 93, 104.
[1092] Die Zahlung eines durchschnittlichen Monatsgehalts entspricht der üblichen Praxis.

5. Für den Fall der Verletzung der Konkurrenzklausel darf der Arbeitgeber eine angemessene Vertragsstrafe vereinbaren.
6. Die Konkurrenzklausel darf maximal bis zu einem Jahr vereinbart werden.
7. Insgesamt muss die Konkurrenzklausel vertretbar (angemessen) sein. Das bedeutet, dass die Dauer der Klausel im Verhältnis zur Höhe der Entschädigung sowie zu den Geheimhaltungsinteressen des Arbeitgebers stehen sollte.

Die Konkurrenzklausel bedarf insgesamt der Schriftform, ebenso der Rücktritt und die Kündigung von der Vereinbarung. Die Konkurrenzklausel wird typischerweise in Verträge mit Managern oder Fachleuten (z.B. Software-Programmierern) aufgenommen.

Folgende Standardformulierung findet sich häufig in Arbeitsverträgen mit Managern in der Tschechischen Republik:

Konkurrenzklausel[1093]

(1) Der Arbeitnehmer verpflichtet sich, für die Dauer von einem Jahr nach der Beendigung des Arbeitsverhältnisses die Ausübung jeglicher Erwerbstätigkeit, die den Tätigkeitsgegenstand des Arbeitgebers bilden würde oder gegenüber dem Arbeitgeber einen Wettbewerbscharakter hätte, zu unterlassen, insbesondere mit Kunden des Arbeitgebers nicht in geschäftlichen Kontakt zu treten oder diese aktiv abzuwerben. Dieses Wettbewerbsverbot beschränkt sich auf das Gebiet der Tschechischen Republik. Von diesem Wettbewerbsverbot sind die mit dem Arbeitgeber verbundenen Gesellschaften nicht erfasst. Der Arbeitgeber kann auf die Einhaltung des Wettbewerbsverbotes gegenüber anderen Unternehmen verzichten.
(2) Der Arbeitgeber verpflichtet sich, dem Arbeitnehmer für die Einhaltung seiner Verpflichtung eine Vergütung in Höhe eines Durchschnittsmonatseinkommens für jeden Monat der Verpflichtungseinhaltung zu zahlen. Diese Vergütung ist nach Ablauf des jeweiligen Monats zu zahlen.
(3) Verletzt der Arbeitnehmer eine Verpflichtung aus dieser Vereinbarung, ist er verpflichtet, dem Arbeitgeber eine Vertragsstrafe in Höhe des sechsfachen seines Monatsdurchschnittseinkommens vor der Beendigung des Arbeitsverhältnisses zu zahlen. Diese Vertragsstrafe ist binnen 7 Arbeitstagen zu zahlen, nachdem der Arbeitnehmer die erste schriftliche Aufforderung zu seiner Bezahlung erhalten hat. Ferner ist der Arbeitnehmer im Falle der Verletzung seiner Ver-

---

[1093] Mit freundlicher Genehmigung von Nörr Stiefenhofer Lutz, JUDr. *Alena Čechtická*, Prag 2006.

pflichtung verpflichtet, die ihm vom Arbeitgeber gewährte Vergütung innerhalb der Frist nach dem letzten Satz in vollem Umfang zurückzuzahlen. Das Recht des Arbeitgebers auf Ersatz des durch die Verpflichtungsverletzung verursachten Schadens bleibt hiervon unberührt.
(4) Während der Dauer des Arbeitsverhältnisses des Arbeitnehmers bei dem Arbeitgeber kann der Arbeitgeber von dieser Vereinbarung jederzeit einseitig teilweise oder in vollem Umfang zurücktreten. Mit dem Rücktritt von dieser Vereinbarung wird diese Vereinbarung in vollem Umfang aufgelöst, und zwar ab initio.
(5) Diese Vereinbarung besteht auch nach der Beendigung dieses Vertrages.

In tschechischer Sprache lautet die oben stehende Klausel:

Konkurenční doložka

(1) Zaměstnanec se zavazuje, že po dobu jednoho roku od skončení pracovního poměru nebude vykonávat žádnou výdělečnou činnost, která by tvořila předmět činnosti zaměstnavatele nebo by vůči zaměstnavateli měla konkurenční charakter, zejména, že nebude navazovat obchodní kontakty se zákazníky zaměstnavatele ani nebude zákazníky zaměstnavatele aktivně odlákávat. Tento zákaz konkurence se omezuje na území České republiky. Tento zákaz konkurence se nevztahuje na společnosti spojené se zaměstnavatelem. Zaměstnavatel může upustit od dodržení zákazu konkurence vůči jiným podnikům.
(2) Zaměstnavatel se zavazuje platit zaměstnanci za dodržení závazku odměnu ve výši jednoho průměrného měsíčního příjmu za každý měsíc dodržení závazku. Tato odměna je splatná po uplynutí daného měsíce.
(3) Poruší-li zaměstnanec závazek vyplývající z této dohody, bude povinen zaplatit zaměstnavateli smluvní pokutu ve výši šestinásobku svého průměrného měsíčního příjmu před ukončením pracovního poměru. Tato smluvní pokuta je splatná do 7 pracovních dnů ode dne doručení první písemné výzvy k zaplacení zaměstnanci. Dále je zaměstnanec v případě porušení svého závazku povinen vrátit v plném rozsahu odměnu poskytnutou zaměstnavatelem ve lhůtě podle poslední věty. Právo zaměstnavatele na náhradu škody způsobené porušením závazku tím není dotčeno.
(4) Během trvání pracovního poměru zaměstnance u zaměstnavatele může zaměstnavatel od této dohody kdykoli jednostranně částečně nebo v plném rozsahu odstoupit. Odstoupením od této dohody se tato dohoda v plném rozsahu ruší, a to od samého počátku.
(5) Tato dohoda bude nadále trvat i po skončení této smlouvy.

f) Bewertung

In der Praxis wird die Konkurrenzklausel (*konkurenční doložka*) kaum gebraucht. Eine solche Verbotsklausel beschränkt sich auf Einzelfälle und wird beispielsweise bei Geheimnisträgern mit bedeutenden Know-how vereinbart.

Die zwingende Zahlung der Karenzentschädigung macht die Konkurrenzklausel insgesamt unpopulär: 100 % des durchschnittlichen Monatslohns einem Arbeitnehmer nur dafür zu zahlen, dass er jede konkurrierende Tätigkeit unterlässt, ohne für den Arbeitgeber aktiv tätig zu sein, hält viele Arbeitgeber von Konkurrenzklauseln ab. Umso verständlicher ist es, dass Karenzentschädigungen in Höhe von mehr als 100 % des Monatslohns in der Praxis kaum vorkommen. Aus diesen Gründen werden Konkurrenzklauseln in letzter Zeit nur in Verträge mit ausgewählten Top-Managern und Spitzenfachleuten aufgenommen. Jedoch lässt sich die finanzielle Belastung, die mit der Einhaltung von Konkurrenzklauseln verbunden ist, vermeiden, indem der Arbeitgeber von seinem gesetzlichen einseitigen Rücktrittsrecht Gebrauch macht. Dieser hat die gesetzliche Möglichkeit, aufgrund der Auswertung von Know-how, Leistung und erworbenen Kenntnissen des Arbeitnehmers, mit dem er eine Konkurrenzklausel vereinbart hat, zu entscheiden, ob ein Festhalten an der Konkurrenzklausel seinerseits sinnvoll ist. Der Arbeitgeber kann jedoch nur während der Dauer des Arbeitsverhältnisses von seinem gesetzlichen Rücktrittsrecht Gebrauch machen.

g) De lege ferenda (Gesetzeslage ab dem 1.1.2007)

Der Arbeitgeber kann mit einem Arbeitnehmer eine schriftliche Vereinbarung schließen, durch die sich der Arbeitnehmer verpflichtet, über einen bestimmten Zeitraum nach Beendigung des Anstellungsverhältnisses, maximal jedoch über die Dauer eines Jahres, die Ausübung einer Erwerbstätigkeit zu unterlassen, die den Tätigkeitsbereich des Arbeitgebers betrifft oder die ihm gegenüber Wettbewerbscharakter besitzen würde, vgl. § 310 Abs. 1 ArbGB n.F. Voraussetzung dafür ist, dass dies angesichts des Charakters der Informationen, Erkenntnisse usw., die der Arbeitnehmer im Anstellungsverhältnis gewonnen hat, von ihm billigerweise verlangt werden kann, vgl. § 310 Abs. 2 ArbGB n.F. Der Arbeitgeber wiederum muss sich in dieser Vereinbarung verpflichten, dem Arbeitnehmer einen angemessenen finanziellen Ausgleich (mindestens in Höhe des monatlichen Durchschnittsverdienstes) für jeden Monat der Einhaltung zu zahlen. In der Vereinbarung kann ein Geldbetrag (Vertragsstrafe) festgeschrieben werden, den der Arbeitnehmer bei Nichterfüllung seiner Pflicht zu zahlen hat, vgl. § 310 Abs. 3 ArbGB n.F. In dieser Hinsicht hat sich durch das neue ArbGB bei der Konkurrenzklausel nichts geändert. Die Voraussetzungen sind gleich geblieben; bezüglich des Rücktritts und Kündigungsrecht hat sich nach der neuen Regelung auch nichts geändert.

Ebenso ist während des Bestehens einer Probezeit keine Vereinbarung über ein nachvertragliches Wettbewerbsverbot möglich. Eine solche Vereinbarung ist anderenfalls nichtig, vgl. § 310 Abs. 2 letzter Halbsatz ArbGB n.F. Die Forderung der Fachöffentlichkeit, eine Konkurrenzklausel auch während der Probezeit zu vereinbaren[1094], wurde vom Gesetzgeber nicht umgesetzt.

Hingegen kann die Fälligkeit der finanziellen Abfindung, der so genannten Karenzentschädigung, vertraglich vereinbart werden, vgl. § 310 Abs. 1 S. 2 ArbGB n.F. Ferner können die Teilnehmer der arbeitsrechtlichen Beziehungen nicht von § 310 ArbGB abweichen. Dies ist ausdrücklich in § 363 Abs. 2 ArbGB n.F.

[1094] Vgl. *Havlík*, Práce a mzda 10-11/2004, 93, 104.

festgeschrieben. Dieser Paragraph bestimmt Regelungen, von denen man nicht abweichen kann. Nach der Konzeption des neuen ArbGB sind die in § 363 Abs. 2 aufgelisteten Vorschriften demnach zwingend, vgl. § 2 Abs. 1 S. 5 ArbGB n.F.

2. Vertragsstrafe

a) Derzeitige Gesetzeslage (bis zum 1.1.2007)

Die Vereinbarung einer Vertragsstrafe für den Fall des Vertragsbruchs[1095] oder sonstigen Pflichtverletzungen – wie es in Deutschland der Fall ist – ist im tschechischen Recht nicht möglich. Die arbeitsrechtlichen Vorschriften regeln derartige Sanktionen nicht. Daher können solche Vereinbarungen nicht getroffen werden. Im Hinblick auf die zwingende Beschaffenheit des ArbGB ist es derzeit nicht zulässig, irgendeine Vereinbarung zu treffen, die nicht durch das ArbGB vorgesehen ist. Die Vertragsfreiheit wird momentan durch die zwingenden Normen des Arbeitsrechts beschränkt.

Die Vertragsstrafe (*smluvní sankce*) wird lediglich im Zusammenhang mit der Vereinbarung eines Wettbewerbsverbots gesetzlich geregelt, siehe § 29 a Abs. 4 ArbGB bzw. § 310 Abs. 3 ArbGB n.F.

Eine solche Vertragsstrafenklausel kann wohl auch nicht als Vereinbarung im Sinne des § 29 Abs. 2 ArbGB[1096] gesehen werden. Denn diese Norm muss im Zusammenhang mit § 244 Abs. 1 ArbGB[1097] angewandt werden. Eine Einigung ist daher unabdingbare Voraussetzung. Jedoch wird meistens eine solche Verstragstrafenabrede nicht zwischen den Arbeitsvertragsparteien ausgehandelt, sondern vom Arbeitgeber vorgegeben. Die Vertragsfreiheit, nach dem Prinzip: „*jeder kann tun, was gesetzlich nicht verboten ist*“[1098], kann somit nur dort gelten, wo sie von den arbeitsrechtlichen Vorschriften ausdrücklich ermöglicht wird.

[1095] „*Die Vereinbarung einer Vertragsstrafe für den Fall des Vertragsbruchs erfasst im Allgemeinen nur den Fall, dass ein Arbeitnehmer vorsätzlich und rechtswidrig die Arbeit nicht aufnimmt oder das Arbeitsverhältnis vor Ablauf der vereinbarten Vertragszeit oder vor Ablauf der vereinbarten Kündigungsfrist ohne wichtigen Grund beendet. Soll die Vertragsstrafe auch den Fall der vom Arbeitnehmer schuldhaft veranlassten vorzeitigen Beendigung des Arbeitsverhältnisses durch Kündigung des Arbeitgebers erfassen, muss das ausdrücklich vereinbart werden.*“; so im deutschen Recht, BAG, Urt. v. 18.9.1991 - 5 AZR 650/90, AP Nr. 14 zu § 339 BGB.

[1096] § 29 Abs. 2 ArbGB lautet: „*Außerdem können im Arbeitsvertrag weitere Bedingungen vereinbart werden, an denen die Teilnehmer Interesse haben.*“

[1097] § 244 Abs. 1 ArbGB besagt: „*Ein nach den zuständigen arbeitsrechtlichen Vorschriften ausgehandelter Vertrag (Vereinbarung) ist abgeschlossen, sobald sich die Teilnehmer (Vertragspartner) auf seinen (ihren) Inhalt geeinigt haben.*“

[1098] Art. 2 Abs. 3 der Charta der Grundrechte und Freiheiten.

b) Lösungen in der Rechtspraxis

Die tschechische Beratungspraxis sieht in den Arbeitsverträgen Vertragsstrafen für den Fall der Verletzung der Arbeitsdisziplin vor, jedoch nicht in den Fällen des Vertragsbruchs[1099], Nichtantritts der Arbeit oder vorübergehenden Arbeitsverweigerungen.

In größeren Betrieben ohne Gewerkschaften werden Vertragsstrafen wegen Verletzung der Arbeitsdisziplin häufig vereinbart. Meistens jedoch in Arbeitsordnungen oder internen Vorschriften; im Arbeitsvertrag eher selten. Sofern die Arbeitsinspektion oder das Arbeitsamt von solchen ungesetzlichen Regelungen erfährt, droht dem Arbeitgeber ein Ordnungsgeld.

Eine typisch unzulässige Vereinbarung einer Vertragsstrafe wegen Verletzung der Arbeitsdisziplin findet sich in folgender Klausel[1100] eines Arbeitsvertrages. Dies kommt in der Praxis, obwohl nach dem geltenden ArbGB (bis zum 1.1.2007) derzeit verboten, nicht selten vor.

Die Arbeitsdisziplin

(1) Die Arbeitszeit des Arbeitnehmers beginnt um 8.00 und endet um 16.30.

(2) Der Arbeitnehmer ist verpflichtet, auf der Arbeitsstelle immer vor dem Anfang der Arbeitszeit zu sein und die Arbeitsstelle erst nach deren Ende zu verlassen. Jegliche späte Ankünfte zur Arbeitsstelle sowie auch frühe Weggänge von der Arbeitsstelle, für die es keine ernsten Gründe gibt, werden als Störung der Arbeitsdisziplin qualifiziert, aus der von den Vorgesetzten entsprechende arbeitsrechtliche Konsequenzen gezogen werden, d.h. Mahnung des Arbeitnehmers, gegebenenfalls die Beendigung des Arbeitsverhältnisses mit dem Arbeitnehmer (gemäß des Ausmaßes des Vergehens durch den Arbeitnehmer). Außerdem wird dem Arbeitnehmer für jede spätere Ankunft zur Arbeitsstelle und/oder früheres Weggehen von der Arbeitsstelle durch den Arbeitgeber eine Strafe in der Höhe von 100.- Kc auferlegt, mit Hinsicht darauf, dass im Falle der Nichtvollbringung der freiwilligen Zahlung der Strafe, dieser Betrag dem Arbeitnehmer vom dem Lohn, der zum nächsten Zahlungstermin fällig ist, abgezogen wird.

[1099] Die Vereinbarung einer Vertragsstrafe für den Fall des Vertragsbruchs erfasst im Allgemeinen nur den Fall, dass ein Arbeitnehmer vorsätzlich und rechtswidrig die Arbeit nicht aufnimmt oder das Arbeitsverhältnis vor Ablauf der vereinbarten Vertragszeit oder vor Ablauf der vereinbarten Kündigungsfrist ohne wichtigen Grund beendet.

[1100] Mit freundlicher Genehmigung von Nörr Stiefenhofer Lutz, JUDr. *Alena Čechtická*, Prag 2006.

In tschechischer Sprache lautet die oben stehende Klausel:

Pracovní kázeň

(1) Pracovní doba zaměstnance začíná v 8.00 hod a končí v 16.30 hod.

(2) Zaměstnanec je povinen být na pracovišti vždy před začátkem pracovní doby a opouštět pracoviště až po jejím skončení. Jakékoli pozdní příchody na pracoviště stejně jako pozdní odchody z pracoviště, pro které nebudou dány závažné důvody, budou kvalifikovány jako porušení pracovní kázně, z něhož budou přímým nadřízeným vyvozeny příslušné pracovněprávní důsledky, tj. napomenutí zaměstnance příp. ukončení pracovního poměru se zaměstnancem (podle míry provinění zaměstnance). Kromě toho bude zaměstnanci za každý takový pozdní příchod na pracoviště a/nebo dřívější odchod z pracoviště uložena zaměstnavatelem finanční pokuta ve výši 100,-. Kč s tím, že v případě neprovedení dobrovolné úhrady této pokuty může být tato pokuta sražena zaměstnanci ze mzdy splatné v nejbližším výplatním termínu.

Besonders häufig ist eine allgemeine Schadenshaftung bei Verletzung des Konkurrenzverbots oder der Verschwiegenheitspflicht in Managerverträgen anzutreffen.[1101]

c) Ausblick (Gesetzeslage ab dem 1.1.2007)

Zwar gilt im neuen ArbGB der Grundsatz: *es ist alles erlaubt, was nicht gesetzlich verboten ist*, aber der Gedanke, dass dann auch die allgemeine Vertragsstrafe nunmehr zulässig ist, trügt.

Der § 13 Abs. 2 lit. f) ArbGB n.F. statuiert, dass *„der Arbeitgeber dem Arbeitnehmer für eine Pflichtverletzung, die sich aus einer arbeitsrechtlichen Beziehung ergibt, nicht eine Geldbuße auferlegen bzw. von ihm dieses verlangen darf, es sei denn, es bezieht sich auf den Ersatz des Schadens, für den der Arbeitnehmer verantwortlich ist“.*[1102] Das bedeutet, dass der Arbeitgeber den Arbeitnehmer nicht allgemein, pauschal für eventuelle Pflichtverstöße (z.B. Verstöße gegen die Arbeitsdisziplin) finanziell sanktionieren kann. Daher sind auch Vertragsstrafen für den Fall des Vertragsbruchs unzulässig.
Die Haftung des Arbeitnehmers für Schäden nach den §§ 250 - 264 ArbGB n.F. bleibt von dem Verbot der allgemeinen Vertragsstrafe unberührt. In den Fällen der Schadenshaftung könnte also der Arbeitgeber eine allgemeine Vertragsstrafe vereinbaren. Dies ist jedoch nicht zweckmäßig, weil bei einer gesetzlichen Ver-

[1101] Siehe dazu *Wiesnerová*, RIW 1/2000, 37, 39.
[1102] Nichtamtliche Übersetzung von *Veberová*.

antwortlichkeit / Haftung des Arbeitnehmers für Schäden der Arbeitgeber im Allgemeinen kein Interesse daran hat, zusätzlich aus einer vereinbarten Vertragsstrafe vorzugehen, es sei denn, der entstandende Schaden geht über den gesetzlichen Rahmen des Schadensersatzes hinaus.

Von dem allgemeinen Verbot der Auferlegung einer Geldbuße für Pflichtverletzungen aus arbeitsrechtlichen Verhältnissen ist nach § 13 Abs. 2 lit. g)[1103] ArbGB n.F. die Konkurrenzklausel (nachvertragliches Wettbewerbsverbot) ausgenommen. Das hat zur Folge, dass im Rahmen eines nachvertraglichen Wettbewerbsverbotes eine Vertragsstrafe vereinbart werden darf.

Da § 13 ArbGB n.F. Grundsätze der arbeitsrechtlichen Beziehungen (*základních zásad pracovněprávních vztahů*)[1104] darstellt, ist ein Abweichen davon nur schwer vorstellbar. Zukünftig sollte der tschechische Gesetzgeber eine klare Regelung schaffen. Er sollte die allgemeine Vertragsstrafe für alle arbeitsrechtlichen Beziehungen zulassen.

III. Zwischenstaatlicher Vergleich - Konkurrenzklausel im Vergleich

Während des Bestehens eines Arbeitsverhältnisses ist sowohl der Arbeitnehmer in Deutschland als auch in der Tschechischen Republik verpflichtet, das gesetzliche Wettbewerbsverbot einzuhalten. Im tschechischen Recht ist dies in § 75 ArbGB geregelt, in Deutschland im § 60 HGB. Dieses Konkurrenzverbot erlischt automatisch mit der Beendigung des Arbeitsverhältnisses. Sofern der Arbeitgeber darüber hinaus dieses aufrechterhalten will, muss er mit dem Arbeitnehmer ein nachvertragliches Wettbewerbsverbot vereinbaren.

In Deutschland darf nach § 74 a Abs. 1 S. 3 HGB eine solche Konkurrenzklausel für eine maximale Dauer von zwei Jahren ab Beendigung des Arbeitsverhältnisses vereinbart werden. Hingegen legt § 29 a Abs. 1 ArbGB fest, dass die Verbotsdauer maximal ein Jahr betragen darf.

Zwar geht in beiden Regelungen der Gesetzgeber von einer Entschädigungspflicht des Arbeitgebers für die Dauer des Verbots aus, einer so genannten Karenzentschädigung, aber die gesetzliche Mindesthöhe ist unterschiedlich. In der Tschechischen Republik muss der Arbeitgeber mindestens die Höhe eines durchschnittlichen Monatsverdienstes für jeden Monat der Erfüllung des Kon-

---

[1103] Im § 13 Abs. 2 lit. g) ArbGB n.F. heißt es: *„der Arbeitgeber darf eine Sicherung (finanzielle Garantie) im arbeitsrechtlichen Verhältnis vom Arbeitnehmer weder verlangen noch vereinbaren, dies gilt nicht bei der Konkurrenzklausel und den Einnahmeabzügen im arbeitsrechtlichen Verhältnis."*; Nichtamtliche Übersetzung von *Veberová*.

[1104] Vgl. Fn. 628.

kurrenzverbotes zahlen; in Deutschland hingegen mindestens 50 % des vorherigen Verdienstes.

Des Weiteren besteht in Deutschland die Möglichkeit, diese Karenzentschädigung auf das neu von dem Arbeitnehmer erzielte Einkommen anzurechnen, § 74 c HGB. Die Möglichkeit der Anrechnung anderweitigen Erwerbs ist in der Tschechischen Republik indes nicht möglich. Jedoch ist in beiden Ländern die Karenzentschädigung in monatlichen Raten zu zahlen.

In der Tschechischen Republik kann eine Konkurrenzklausel abgeschlossen werden, wenn der Arbeitnehmer bei seinem früheren Arbeitgeber besondere Kenntnisse und Informationen über Produktion und technologische Verfahren (Arbeitsprozessen) erlangt hat, die er bei seiner neuen Tätigkeit einsetzt. In Deutschland muss der Arbeitgeber ein berechtigtes geschäftliches Interesse an einer Konkurrenzklausel haben. Dieser unbestimmte Rechtsbegriff des berechtigten geschäftlichen Interesses wird ähnlich wie die weitergehende gesetzliche Konkretisierung in der Tschechischen Republik ausgelegt. Die Verwendung von abstrakten Tatbeständen, unbestimmten Rechtsbegriffen ist im deutschen Recht sehr häufig anzutreffen. Hingegen lebt das tschechische Arbeitsrecht eher von Aufzählungen, Beispielsfällen, so genannten weitergehende Konkretisierungen. In beiden Fällen muss jedoch die Freizügigkeit des Arbeitnehmers gewahrt bleiben.[1105]

Ebenso darf in der Tschechischen Republik eine solche Konkurrenzklausel frühestens nach Ablauf einer Probezeit geschlossen werden, sofern mit dem Arbeitnehmer eine Probezeit vereinbart wurde. Ansonsten ist eine davor bzw. während einer Probezeit abgeschlossene Konkurrenzklausel nichtig, vgl. § 29 a Abs. 3 letzter Halbsatz ArbGB bzw. § 310 Abs. 2 letzter Halbsatz ArbGB n.F. In Deutschland gibt es eine solche Beschränkung nicht. Hier darf auch vor Eingehung eines Probearbeitsverhältnisses ein nachvertragliches Wettbewerbsverbot wirksam geschlossen werden. Dies ist wichtig, sofern der Arbeitnehmer schon vor Beginn beispielsweise durch etwaige Schulungsmaßnahmen wichtige Informationen, Kenntnisse, die im Zusammenhang mit seiner zukünftigen Beschäftigung stehen, erlangt und das Arbeitsverhältnis nicht antritt.[1106] Die daher berechtigte Forderung von *Havlík*[1107] eine Konkurrenzklausel auch während der Probezeit vereinbaren zu dürfen, hat der tschechische Gesetzgeber nicht umgesetzt.

[1105] Vgl. auch *Čechtická/Gajda*, Wirtschaftsmagazin Plus, DTIHK, Oktober 2005.
[1106] So ähnlich auch *Čechtická/Gajda*, Wirtschaftsmagazin Plus, DTIHK, Oktober 2005.
[1107] Siehe insoweit *Havlík*, Práce a mzda 10-11/2004, 93, 104.

Der Arbeitgeber darf auch in beiden Ländern eine Vertragsstrafe für den Fall des Verstoßes gegen die Konkurrenzklausel vereinbaren. Die Höhe der Vertragsstrafe muss im tschechischen Recht *„dem Charakter und der Bedeutung der im § 29 a Abs. 3 ArbGB aufgeführten Bedingungen angemessen sein"*, siehe § 29 a Abs. 4 S. 2 ArbGB bzw. § 310 Abs. 3 S. 2 ArbGB n.F. Das tschechische Verfassungsgericht urteilte im Fall *„Minolta"*[1108], dass eine Vertragsstrafe in Höhe von sechs Monatsdurchschnittsgehältern bei einer einjährigen Konkurrenzklausel zulässig ist. In Deutschland ermöglicht der § 75 c HGB eine Vertragsstrafenregelung. Sie muss eindeutig beinhalten, ob die Vertragsstrafe für jeden Einzelfall der Zuwiderhandlung, für Zuwiderhandlungen während des gesamten Verbots oder während bestimmter im Einzelnen festzulegender Zeiträume zu zahlen ist. Dabei sind der eingetretene Schaden, die Schwere und Dauer der Zuwiderhandlung, die wirtschaftlichen Verhältnisse und die Fortkommenserschwerung des Arbeitnehmers zu berücksichtigen.[1109] Die Höhe der Vertragsstrafe muss verhältnismäßig sein.

In der Tschechischen Republik darf der Arbeitgeber nur während der Dauer des Arbeitsverhältnisses von der Konkurrenzklausel zurücktreten, § 29 a Abs. 5 ArbGB bzw. § 310 Abs. 4 ArbGB n.F. Ein Rücktritt muss aber schriftlich erfolgen, ansonsten ist dieser unwirksam, vgl. § 29 a Abs. 7 ArbGB bzw. § 310 Abs. 6 ArbGB n.F. Danach ist ein Rücktritt oder gar Kündigungsrecht nicht möglich. Dagegen kann der Arbeitgeber nach deutschem Recht bis zur Beendigung des Arbeitsverhältnisses auf das Wettbewerbsverbot durch schriftliche Erklärung verzichten. Mit der Folge, dass der Arbeitgeber mit dem Ablauf eines Jahres seit der Erklärung von der Verpflichtung zur Zahlung der Entschädigung befreit ist, § 75 a HGB. Die tschechische Regelung des Rücktritts ist in ihrer Rechtsfolge der einseitigen Auflösung der Vereinbarung nach § 245 Abs. 2 ArbGB die gleiche wie die deutsche Verzichtslösung. Letztendlich ist der Verzicht des Arbeitgebers nichts anderes als ein ausgesprochener Rücktritt von der vereinbarten Konkurrenzklausel. Denn die Ausübung des Verzichts erfolgt durch eine einseitige, empfangsbedürftige Erklärung gegenüber dem Arbeitnehmer.[1110] Daher spricht *Hopt* auch richtiger von einem Rücktritt als vom Verzicht des Prinzipals (Arbeitgeber) auf das Wettbewerbsverbot.[1111] Bei Verzicht wird der Arbeitnehmer vom Verbot sofort frei. Das Wettbewerbsverbot entfällt also sofort. Dagegen besteht für den Arbeitgeber nach deutschem Recht weiterhin die Pflicht, dem Arbeitnehmer ein Jahr lang ab Verzichts- bzw. Rücktrittserklärung die Ka-

---

[1108] Verfassungsgericht in Brünn, Beschluss v. 1.11.1995, Sp. Zn. II ÚS 192/95, Právní rozhledy 8/1996, 366 ff.
[1109] Siehe *Čechtická/Gajda*, Wirtschaftsmagazin Plus, DTIHK, Oktober 2005.
[1110] ErfK/*Schaub*, § 75 a HGB Rn. 2 sowie BAG, Urt. v. 31.7.2002 - 10 AZR 513/01, NZA 2003, 100, 102.
[1111] Vgl. Baumbach/*Hopt*, § 75 a HGB Rn. 1.

renzentschädigung zu zahlen. Der Arbeitgeber schuldet also, falls das Arbeitsverhältnis früher als ein Jahr nach Verzicht erlischt, vom Arbeitsende bis zum Ablauf dieses Jahres die Karenzentschädigung.[1112] Diese Einschränkung kennt das tschechische Arbeitsrecht indes nicht, obwohl das Rücktrittsrecht des Arbeitgebers kritisiert wird.[1113]

Die Möglichkeit eines Rücktritts für den Arbeitnehmer während der Dauer des Arbeitsverhältnisses ist nach dem tschechischen Arbeitsrecht genauso wie im deutschen Recht nicht gegeben. Nach § 245 Abs. 1 ArbGB dürfen nur Vertragspartner von einem abgeschlossenen Vertrag (Vereinbarung) zurücktreten, wenn es im ArbGB bestimmt ist oder wenn es von den Vertragspartnern vereinbart ist. Da gesetzlich nur der Rücktritt des Arbeitgebers geregelt ist, besteht für den Arbeitnehmer dazu keine Möglichkeit. Dies sollte auch nicht gegeben sein, weil sonst der Sinn dieses Rechtsinstituts in Frage gestellt würde.[1114] Jedoch lässt der tschechische Gesetzgeber die möglichen Gründe des arbeitgeberseitigen Rücktritts offen. Nach Auffassung von *Čechtická/Gajda*[1115] ist gesetzlich lediglich der Zeitraum des Rücktritts bestimmt. Die genauen Rücktrittsgründe müssen der Arbeitgeber und Arbeitnehmer nach § 245 Abs. 1 ArbGB vereinbaren. Ebenso regelt der deutsche Gesetzgeber keine Rücktrittsgründe in § 75 a HGB. Im deutschen Recht gibt es gesetzlich keine expliziten Gründe für einen Verzicht. Etwaige Gründe sind keine Wirksamkeitsvoraussetzung für einen Verzicht. Dem Arbeitgeber wird durch die Möglichkeit des Verzichts auf das nachvertragliche Wettbewerbsverbot eine Bedenkzeit eingeräumt. Denn ein berechtigtes Interesse für die Konkurrenzklausel kann inzwischen weggefallen sein oder der Arbeitnehmer sich anders entwickelt haben, als vom Arbeitgeber angenommen.[1116] Auch in der Rechtsprechung sind keine Verzichtsgründe bekannt. Der Verzicht muss nur eindeutig sein.[1117]

Nach tschechischem Recht besteht für den Arbeitnehmer die Möglichkeit der Kündigung der Konkurrenzklausel. Er kann die Vereinbarung kündigen, wenn ihm der finanzielle Ausgleich, die Karenzentschädigung, nicht innerhalb von 15 Tagen nach Ablauf der Frist gezahlt wird, vgl. 29 a Abs. 6 ArbGB. Dann erlischt automatisch die Vereinbarung des nachvertraglichen Wettbewerbsverbots am

---

[1112] Vgl. auch Baumbach/*Hopt*, § 75 a HGB Rn. 1.

[1113] Siehe zu der Kritik näher Fn. 1089 und Punkt d) Rücktrittsrecht, Kündigung.

[1114] So jedenfalls *Čechtická/Gajda*, Wirtschaftsmagazin Plus, DTIHK, Oktober 2005.

[1115] *Čechtická/Gajda*, Wirtschaftsmagazin Plus, DTIHK, Oktober 2005.

[1116] Insoweit ErfK/*Schaub*, § 75 a HGB Rn. 1.

[1117] BAG, Urt. v. 13.4.1978 - 3 AZR 822/76, BB 1978, 1168, dort heißt es sinngemäß: der Arbeitgeber muss klar zum Ausdruck bringen, dass er nicht nur selbst keine Karenzentschädigung zahlen, sondern auch den Arbeitnehmer mit sofortiger Wirkung von dessen Pflichten aus dem Wettbewerbsverbot entbinden will.

ersten Tag des auf die Zustellung der Kündigung folgenden Kalendermonats. Die deutsche Lösung sieht im Fall der fehlenden Zahlung der Entschädigung seitens des Arbeitgebers ein Rücktrittsrecht des Arbeitnehmers vor.

Im deutschen Recht ist auch das Unwirksamwerden des Verbots bei einer Kündigung des Arbeitsverhältnisses aus wichtigem Grund im Sinne des § 626 BGB geregelt, vgl.
§ 75 HGB. Eine solche Bestimmung fehlt im tschechischen Arbeitsrecht gänzlich.

Hervorzuheben ist, dass die tschechische Regelung des nachvertraglichen Wettbewerbsverbots von der Nichtigkeit der verletzten Bestimmungen ausgeht, vgl. § 29 a Abs. 7 ArbGB. Indessen unterscheidet die deutsche Regelung in den §§ 74 ff. HGB zwischen der Nichtigkeit und der Unverbindlichkeit der Vereinbarung. Nichtig ist die Konkurrenzklausel, wenn der Arbeitnehmer zur Zeit des Abschlusses minderjährig ist oder wenn sich der Arbeitgeber die Erfüllung des Verbots auf Ehrenwort oder unter ähnlichen Versicherungen versprechen lässt, § 74 a Abs. 2 S. 1 HGB. Die Wirkungen dieser Nichtigkeit sind denen der absoluten Nichtigkeit im tschechischen Recht vergleichbar. Anders ist es hingegen bei der Unverbindlichkeit. Das Konkurrenzverbot ist zum Beispiel unverbindlich, wenn die Bindungsdauer länger als zwei Jahre oder die Karenzentschädigungszahlung niedriger als die Hälfte des Durchschnittsverdienstes des Arbeitnehmers ist, vgl. § 74 Abs. 2 HGB. Hier kann sich der Arbeitgeber nicht auf das Konkurrenzverbot berufen. Es ist für den Arbeitnehmer unverbindlich. Dieser darf jedoch entscheiden, ob er das Konkurrenzverbot mit der Karenzentschädigung einhalten möchte oder eine Konkurrenztätigkeit aufnimmt.[1118]

Abschließend bleibt festzuhalten, dass die tschechische Regelung des nachvertraglichen Wettbewerbsverbots eindeutig zu Gunsten des Arbeitnehmers ausgestaltet ist. Hier erhält er mindestens die Höhe seines Durchschnittsmonatsverdienstes und im Gegensatz zu Deutschland nicht nur die Hälfte als finanziellen Ausgleich. Auch die maximale Länge des Konkurrenzverbotes von bis zu einem Jahr ist halb so kurz wie im deutschen Recht.

Negativ ist jedoch anzumerken, dass es weiterhin unklar bleibt, ob der Arbeitgeber aus jedem beliebigen Grund zurücktreten darf oder die Vertragspartner die Gründe gemäß § 245 Abs. 1 ArbGB, § 48 BGB CZ nach Belieben vereinbaren dürfen. Ebenso bleibt, wie *Čechtická/Gajda*[1119] zu Recht ausführen, unklar, ob der Arbeitnehmer von der Vereinbarung zurücktreten kann und unter welchen

---

[1118] Vgl. zu Vorstehendem auch *Čechtická/Gajda*, Wirtschaftsmagazin Plus, DTIHK, Oktober 2005.
[1119] *Čechtická/Gajda*, Wirtschaftsmagazin Plus, DTIHK, Oktober 2005.

Bedingungen. Diese nicht zufrieden stellende Ergebnisse wurden auch im Entwurf des neuen ArbGB nicht beseitigt. Bei der Regelung des § 310 des neuen ArbGB (Gesetz Nr. 262/2006 Slg.), das das nachvertragliche Wettbewerbsverbot neu regeln soll, wurde der aktuelle Wortlaut des § 29 a ArbGB beinahe wortgleich übernommen. Auch die Mindestkarenzentschädigung bleibt weiterhin sehr hoch.

F. Befristetes Arbeitsverhältnis / Teilzeit

Die befristete Beschäftigung und die Teilzeit sind Formen atypischer Beschäftigungsverhältnisse. Der Begriff atypische Beschäftigungsverhältnisse fasst sämtliche Arbeits- und Beschäftigungssituationen zusammen, die jeweils unterschiedliche Funkionen erfüllen. In personalpolitischer Hinsicht werden sie vielfach gebraucht, um die interne[1120] und externe[1121] Flexibilität zu verbessern und die Arbeitskosten zu senken.

I. Deutschland

1. Befristetes Arbeitsverhältnis

Zwar stellt die Befristung von Arbeitsverhältnissen kein direktes Instrument zur Flexibilisierung der Arbeitsbedingungen dar, aber für den Arbeitgeber bietet die Befristung große Vorteile, gerade *„je größer die wirtschaftlichen Schwierigkeiten"*[1122] sind. Denn er braucht die Mitarbeiter nicht zu kündigen, sondern kann sie *„ohne weiteres verabschieden"*[1123]. Das befristete Arbeitsverhältnis endet automatisch durch Zeitablauf oder Wegfall des bestimmten Befristungsgrundes. Die klassische Form der atypischen Beschäftigung bietet Betrieben daher mittlerweile ein beachtliches Flexibilisierungspotenzial.

Eine Rechtfertigung der Befristung ist stets erforderlich. Sie ist unabhängig von der Betriebsgröße und der Dauer der Befristung.[1124] Das Gesetz unterscheidet in § 14 des Teilzeit- und Befristungsgesetzes (TzBfG) zwei Fälle der Befristung. Eine Befristung ist entweder durch einen Sachgrund (§ 14 Abs. 1 TzBfG) oder unter bestimmten Voraussetzungen auch ohne einen Sachgrund (§ 14 Abs. 2 TzBfG) gerechtfertigt.

[1120] Zu den Formen der internen Flexibilität zählen die Zeitkonten, Teilzeitarbeit, geringfügige Beschäftigung u.a.

[1121] Zu der Kategorie der externen Flexibilität zählen Entlassungen und Einstellungen, Leiharbeit, befristete Beschäftigung u.a., mehr zu den Formen der Flexibilität bei *Keller/Seifert*, WSI-Mitteilungen 5/2006, 234, 237.

[1122] *Däubler*, S. 326, Rn. 1133.

[1123] *Däubler*, S. 326, Rn. 1133.

[1124] Vgl. *Hunold*, S. 59.

Die Befristung eines Arbeitsvertrages bedarf zu ihrer Wirksamkeit der Schriftform, § 14 Abs. 4 TzBfG. Die Befristungsabrede muss schriftlich fixiert werden, egal ob eine sachgrundlose oder eine Sachbefristung vorliegt. Lediglich die Tatsache der Befristung muss in Schriftform erfolgen, nicht der Sachgrund als solcher.[1125] Allerdings muss die Befristungsabrede nach dem BAG vor Beginn der Arbeitsaufnahme vereinbart werden, sonst entsteht nach der eindeutigen gesetzlichen Rechtsfolge des § 16 TzBfG ein unbefristeter Arbeitsvertrag.[1126] Dies wird zu Recht bei Ein-Tages-Arbeitsverhältnissen und insbesondere in der Landwirtschaft oder im Einzelhandel kritisiert.[1127] Allerdings hält das BAG an der gesetzlichen Formvorschrift des § 14 Abs. 4 TzBfG fest und verneint eine Heilung der unwirksamen Befristungsabrede durch nachträgliche Unterzeichnung. Im entschiedenen Fall regelte der Arbeitsvertrag eine Arbeitsaufnahme am 1.11.2000. Jedoch wurde der befristete Vertrag erst am 10.11.2000 unterzeichnet. Das BAG entschied, dass durch die schriftliche Niederlegung die Befristung nicht rückwirkend wirksam werde. Weder sei eine weitere Befristungsabrede getroffen worden, noch sei der formunwirksame befristete Arbeitsvertrag nach § 141 BGB nachträglich bestätigt worden.[1128]

a) Befristung mit Sachgrund

Seit dem Inkrafttreten des TzBfG[1129] bedarf die Befristung eines jeden Arbeitsvertrages gemäß § 14 Abs. 1 S. 1 TzBfG *„...im Regelfall eines sachlichen Grundes“*[1130], es sei denn die Ausnahmetatbestände nach § 14 Abs. 2, 2 a, 3 TzBfG sind einschlägig. Das Grundprinzip der Befristung aus einem sachlichen Grund ist in § 14 Abs. 1 S. 1 TzBfG kodifiziert.[1131]
Der Gesetzgeber hat in § 14 Abs. 1 TzBfG eine nicht abschließende Aufzählung von Befristungsgründen gegeben. Dies ergibt sich aus dem Zusatz *„insbesondere“* in § 14 Abs. 1 S. 2 TzBfG. Dies hat auch die Rechtsprechung des BAG so anerkannt.[1132] Daher sind weitere Sachgründe möglich. Durch Tarifverträge können beispielsweise weitere Sachgründe eingeführt werden. Die tariflichen

---

1125 Siehe Annuß/Thüsing - *Maschmann*, § 14 TzBfG, Rn. 104, 106; vgl. auch *Osnabrügge*, NZA 2003, 639, 640.
1126 BAG, Urt. v. 1.12.2004 - 7 AZR 198/04, NZA 2005, 575, 577.
1127 Vgl. ErfK/*Müler-Glöge*, § 14 TzBfG, Rn. 143.
1128 BAG, Urt. v. 1.12.2004 - 7 AZR 198/04, NZA 2005, 575, 577.
1129 Gesetz über Teilzeitarbeit und befristete Arbeitsverträge und zur Änderung und Aufhebung arbeitsrechtlicher Bestimmungen v. 21.12.2000, in Kraft seit dem 1.1.2001, BGBl I, S. 1966, zuletzt geändert durch Gesetz v. 24.2.2003, BGBl I, S. 3002.
1130 *Maschmann*, RdA 2005, 212, 214.
1131 Vgl. *Preis*, NZA 2005, 714.
1132 BAG, Urt. v. 13.10.2004 - 7 AZR 218/04, NZA 2005, 401, 402, Fortführung der bisherigen Rechtsprechung.

Regelungen können die Befristungsmöglichkeiten einschränken sowie nach herrschender Rechtsprechung[1133] auch erweitern.[1134]

Nach ständiger Rechtsprechung des BAG ist eine Befristung dann zulässig, wenn für sie ein sachlicher Grund spricht. Nur wenn es wirklich einleuchtet, soll ein Arbeitsverhältnis ohne Kündigungsschutz begründet werden.[1135]

Durch § 14 TzBfG erfasst das Gesetz nunmehr auch solche befristeten Arbeitsverträge, die bisher wegen fehlender Umgehung des Kündigungsschutzes kontrollfrei waren. Auch in Kleinbetrieben und bei Arbeitnehmern in den ersten sechs Beschäftigungsmonaten bedürfen Befristungen daher eines sachlichen Grundes, wenn mit demselben Arbeitgeber bereits zuvor ein befristetes oder unbefristetes Arbeitsverhältnis bestanden hat und keine Ausnahme nach § 14 Abs. 2 oder Abs. 3 TzBfG vorliegt.[1136]
Zu den gesetzlichen sachlichen Gründen hat sich eine fast unüberschaubare Rechtsprechungspraxis herausgebildet. Erwähnenswert ist, dass das BAG nach *Preis* bei der Intepretation der kodifizierten Befristungsgründe *„so großzügig wie nur eben möglich verfährt“*[1137]. Er spricht auch von *„gesetzlicher Flexibilität im Befristungsrecht“*.[1138] Im Folgenden wird nur auf die ausdrücklich genannten Sachgründe eingegangen.

[1133] Vgl. nur BAG, Urt. v. 25.2.1998 und Urt. v. 11.3.1998, AP Nr. 11 und Nr. 12 zu § 1 TVb Tarifverträge: Luftfahrt; ebenso *Rost* in FS Dieterich, S. 512 f.

[1134] So jedenfalls *Däubler*, S. 331, Rn. 1152; a.A. *Kliemt*, NZA 2001, 296, 299, der die Schaffung weiterer Sachgründe durch die Tarifvertragsparteien aufgrund des § 22 Abs. 1 TzBfG für nicht möglich hält.

[1135] Grundlegend BAG, AP Nr. 16 zu § 620 BGB befristeter Arbeitsvertrag.

[1136] *BAG*, Urt. v. 6.11.2003 - 2 AZR 690/02, NZA 2005, 218, 219; Vor der gesetzlichen Neuregelung des Befristungsrechts (hierzu Fn. 1127) erfolgte eine richterrechtliche Ankopplung der Befristungskontrolle an das KschG, dem Kündigungsschutzgesetz. Insofern war es ständige Rechtsprechung des
BAG, das ein sachlicher Grund für die Befristung nur dann erforderlich sei, wenn der gesetzliche Kündigungsschutz objektiv umgangen werde. Daher waren bis dato sachgrundlose Befristungen bis zu sechs Monaten zulässig.

[1137] *Preis*, NZA 2005, 714, 715.

[1138] *Preis*, NZA 2005, 714, damit meint er aber nur die materielle Flexibilität im Befristungsrecht, bisweilen er die formalen Anforderungen als zu rigoros, streng empfindet. Dies macht auch sein Titel des Aufsatzes *„Flexibilität und Rigorismus im Befristungsrecht“* deutlich.

aa) Vorübergehender betrieblicher Bedarf an der Arbeitsleistung (§ 14 Abs. 1 Nr. 1 TzBfG)

Ein vorübergehender betrieblicher Bedarf an einer Arbeitsleistung rechtfertigt eine Befristung. In § 14 Abs. 1 Nr. 1 TzBFG werden zwei Fallgestaltungen angesprochen:[1139]
vom Arbeitgeber wird eine zusätzliche nicht eingeplante Leistung verlangt (vorübergehender betrieblicher Mehrbedarf) oder die Arbeitsmenge nimmt ab (zukünftige Verringerung des Arbeitskräftebedarfs).

Ein vorübergehender betrieblicher Mehrbedarf setzt voraus, dass zum Zeitpunkt des Vertragsabschlusses der Arbeitgeber aufgrund greifbarer, konkreter Tatsachen mit hinreichender Sicherheit annehmen darf, dass der Personalbedarf in Zukunft wegfallen wird (Prognose).[1140] Dies kann beispielsweise ein Forschungsprojekt bei dem eine Fortsetzung nicht vorgesehen ist, oder eine Geschäftseröffnung[1141] sein. Jedoch stellt ein erhöhter Auftragseingang, ein auftragsbedingter vorübergehender Personalbedarf keinen Sachgrund dar. Denn die Tatsache, dass der Arbeitgeber nicht weiß, ob er auch in einem Jahr noch genügend Aufträge hat, stellt keinen sachlichen Grund dar. Die Unsicherheit über den künftigen Arbeitskräftebedarf reicht dazu nicht aus.[1142] Denn der Befristungsgrund ist nur erfüllt, wenn bei Vertragsschluss mit hoher Wahrscheinlichkeit feststeht, dass nach Erledigung des Auftrags (vereinbartem Vertragsende), für den die befristete Einstellung erfolgen soll, kein Bedarf an der Arbeitsleistung des Arbeitnehmers besteht, weil keine Anschlussaufträge folgen.[1143] Demzufolge stellt die *„unsichere Konjunkturlage“*[1144] keinen Befristungsgrund dar.

Als eine zukünftige Verringerung des Personalbedarfs und damit als Sachgrund anerkannt ist beispielsweise eine bevorstehende Betriebsschließung. Demnach liegt ein sachlicher Grund für eine Befristung vor, wenn sich der Arbeitgeber bei Vertragsschluss zur Schließung des Betriebs entschlossen hat und wenn er die Prognose stellen kann, dass auch eine Weiterbeschäftigung des Arbeitnehmers in einem anderen Betrieb nicht möglich sein wird.[1145] Eine längerfristige Rationalisierungsmaßnahme kann ebenso dazu führen, dass befristetes Personal nur

---

1139 Siehe dazu *Hunold*, NZA 2002, 255, 258, 259.
1140 Vgl. dazu nur *Hunold*, NZA 2002, 255, 259.
1141 Ausführlich dazu *Hunold*, NZA 2002, 255, 260.
1142 BAG Urteil v. 4.12.2002 - 7 AZR 437/01; ebenso u.a. *Hromadka*, NJW 2001, 400, 404; *Kliemt*, NZA 2001, 296, 297.
1143 Vgl. *Hunold*, S. 60; *ders.* NZA 2002, 255, 260 sowie BAG, Urt. v. 25.8.2004 - 7 AZR 4/04, DB 2005, 502.
1144 *Däubler*, S. 329, Rn. 1144.
1145 So BAG, Urt. v. 16.5.1995, NZA 1995, 1166 bzw. AP Nr. 15 zu § 4 TVG Ordnungsprinzip.

noch für eine Übergangszeit bis zur vollständigen Realisierung des Vorhabens gebraucht wird.[1146]

Entscheidend bei beiden Fallgestaltungen ist, dass zum Zeitpunkt des Vertragsschlusses ein vorübergehender Bedarf feststellbar war.[1147] Daher sind nach *Preis* unter diesem Sachgrund auch Kettenbefristungen möglich, wenn abgegrenzte temporäre Projekte gegeben sind.[1148]

Die Bezeichnung des Vertrages an sich ist auch unbedeutend, beispielsweise die Einstellung zur Aushilfe. Denn es kommt entscheidend auf den tatsächlichen Anlass der Befristung an.[1149]

Bei Auftrags- und Personalbedarfsschwankungen besteht allerdings für den Arbeitgeber nach § 14 Abs. 2 TzBfG noch die Möglichkeit der sachgrundlosen *„erleichterten"*[1150] Befristung; allerdings nur bei den so genannten Neueinstellungen.

bb) Befristung im Anschluss an eine Ausbildung oder ein Studium (§ 14 Abs. 1 Nr. 2 TzBfG)

Die Befristung im Anschluss an eine Ausbildung oder ein Studium um den Übergang des Arbeitnehmers in eine Anschlussbeschäftigung zu erleichtern, stellt einen sachlichen Grund dar.

cc) Vertretung eines anderen Arbeitnehmers (§ 14 Abs. 1 Nr. 3 TzBfG)

Ein sachlicher Grund liegt insbesondere vor, wenn der Arbeitnehmer zur Vertretung eines anderen Arbeitnehmers beschäftigt wird. Weitestgehend Einigkeit besteht darüber, dass befristete Einstellungen zur Vertretung bzw. Aushilfe zur Deckung eines nur vorübergehenden Bedarfs erfolgen, der durch den Ausfall eines Mitarbeiters der Stammbelegschaft bedingt ist.[1151] Zum Beispiel fallen darunter die Vertretung eines urlaubs- oder krankheitsbedingt vorübergehend abwesenden Arbeitnehmers sowie der Fall der Abordnung eines Arbeitsnehmers ins Ausland, des Erziehungsurlaubs, der Elternzeit oder des Wehr- und Zivildienstes.[1152] Dabei bedarf es keiner eigenen Rechtfertigung der Befristungsdau-

---

[1146] So z.B. *Hunold*, NZA 2002, 255, 259.
[1147] Zuletzt BAG Urt. v. 25.8.2004 - 7 AZR 32/04, NZA 2005, 472, 473.
[1148] So *Preis*, NZA 2005, 714, 715.
[1149] Siehe dazu auch *Däubler*, S. 330, Rn. 1144
[1150] *Hunold*, S. 61.
[1151] Ausführliche Nachw. bei *Hunold*, NZA 2002, 255 (Fn. 1).
[1152] Vgl. *Hunold*, NZA 2002, 255, 256.

er. Denn dem Arbeitgeber steht es frei, den Arbeitsausfall überhaupt zu überbrücken.[1153]

Der oben bezeichnete Sachgrund umfasst ferner mittelbare Vertretungen[1154], solche, die ihre Ursache im Vertretungsbedarf haben. Ein Vertretender kann mit anderen Aufgaben als den Aufgaben des Vertretenen beauftragt werden. Daher ist auch eine Befristung möglich, wenn die Aufgabenerfüllung neu organisiert wird und gegebenenfalls ein neuer Arbeitsplatz entsteht.[1155] Die Formulierung in § 14 Abs. 1 Nr. 3 TzBfG *„zur Vertretung eines anderen Arbeitnehmers"* darf nach BAG somit nicht eng verstanden werden.

Generell ist eine Befristung nur möglich, wenn die Arbeitgeberprognose zum Zeitpunkt des Vertragschlusses keinen über den vorgesehenen Endtermin hinausgehenden Dauerbedarf ergibt. Die Befristung darf also nicht zu einer *„Daueraushilfe/Dauervertretung"*[1156] avancieren.

dd) Eigenart der Arbeitsleistung (§ 14 Abs. 1 Nr. 4 TzBfG)

Die Eigenart der Arbeitsleistung, beispielsweise bei Musikern und Schauspielern rechtfertigt eine Befristung. Dies deshalb, weil das Publikum im Allgemeinen Abwechslung wünscht.[1157]

ee) Erprobung (§ 14 Abs. 1 Nr. 5 TzBfG)

In der Praxis ist oft die Befristung zur Erprobung gebräuchlich. Sofern Tarifverträge keine engeren Grenzen ziehen, ist eine Probezeit von höchstens sechs Monaten gerechtfertigt. Zudem muss der Erprobungszweck Vertragsinhalt geworden sein.

ff) Gründe in der Person des Arbeitnehmers (§ 14 Abs. 1 Nr. 6 TzBfG)

Auch in der Person des Arbeitnehmers liegende Gründe können eine Befristung rechtfertigen; so auch der freie Wunsch des Arbeitnehmers nach Befristung sowie der Fall, dass eine Aufenthaltserlaubnis in einiger Zeit ausläuft und nicht

---

[1153] BAG, Urt. v. 13.10.2004 - 7 AZR 654/03, DB 2005, 504.

[1154] BAG, Urt. v. 20.1.1999 - 7 AZR 640/97, NZA 1999, 928, 929; BAG, Urt. v. 21.2.2001 - 7 AZR 107/00, NZA 2001, 1069; BAG, Urt. v. 25.8.2004 - 7 AZR 32/04, NZA 2005, 472, 473; vgl. ferner *Preis*, NZA 2005, 714, 715.

[1155] Vgl. ErfK/*Müller-Glöge*, § 14 TzBfG Rn. 56 sowie *Hunold*, NZA 2002, 255, 256 mit Bsp.; ferner BAG, Urt. v. 10.3.2004 - 7 AZR 402/03, NZA 2004, 925, 927; BAG, Urt. v. 25.8.2004 - 7 AZR 32/04, NZA 2005, 472, 473.

[1156] *Hunold*, NZA 2002, 255, 257.

[1157] Siehe insoweit *Däubler*, S. 330, Rn. 1147.

verlängert wird.[1158] Ferner werden Regelaltersgrenzen[1159] und zum Teil die vorgezogene Altersgrenze[1160] als in der Person des Arbeitnehmers liegender Befristungsgrund gesehen.

gg) Haushaltsmittel, gerichtlicher Vergleich (§ 14 Abs. 1 Nr. 7, 8 TzBfG)

Sofern der Arbeitnehmer aus Haushaltsmitteln vergütet wird, die haushaltsrechtlich für eine befristete Beschäftigung bestimmt sind, liegt darin ein sachlicher Grund für eine entsprechende Befristung. Allerdings reicht die bloße Unsicherheit, ob für das nächste Haushaltsjahr Mittel bewilligt werden nicht aus.[1161]

Kommen Arbeitnehmer und Arbeitgeber bei einer Klage über den Fortbestand des Arbeitsverhältnisses zu einem gerichtlichen Vergleich auf eine befristete Fortsetzung der Arbeit, stellt der gerichtliche Vergleich als solcher den Sachgrund der Befristung dar.

b) Befristung ohne Sachgrund

aa) Höchstbefristung, Fristberechnung

Nach § 14 Abs. 2 S. 1 TzBfG ist die Befristung eines Arbeitsvertrages ohne sachlichen Grund bis zu einer Dauer von zwei Jahren zulässig. Sofern der Arbeitgeber zwei Jahre, beispielsweise vom 15.1.2006 bis zum 15.1.2008 befristen möchte, muss Folgendes beachtet werden.[1162] Die Fristberechnung nach den §§ 187 Abs. 2, 188 Abs. 2, Alt. 2 BGB ist entscheidend. Für den Beginn der Frist ist daher das Datum als solches maßgeblich (15.1.2006), so dass der Befristungsbeginn bei der Berechnung mitgerechnet wird. Deshalb endet die Zweijahresfrist gemäß § 188 Abs. 2, Alt. 2 BGB mit dem Ablauf des 14.1.2008. Am 15.1.2008 um 00:01 Uhr ist die Frist von zwei Jahren demzufolge überschritten.[1163] Dies hat Konsequenzen für die Rechtsfolgen, falls der Arbeitgeber den Arbeitnehmer noch nach Fristablauf (weiter) beschäftigt.

bb) Verlängerungsoption

Innerhalb des Zweijahreszeitraumes darf der Arbeitsvertrag höchstens dreimal verlängert werden. Daher ist zum Beispiel zunächst eine Befristung von acht Monaten möglich, dann darf man weitere sechs Monate anschließen und dann

---

[1158] Beispiel bei *Däubner*, S. 331, Rn. 1149.
[1159] BAG v. 6.11.1997, AP Nr. 7 zu § 41 SGB VI.
[1160] BAG, Urt. v. 19.11.2003 - 7 AZR 296/03, NZA 2004, 1336.
[1161] BAG, AiB 1988, 261.
[1162] So *Osnabrügge*, NZA 2003, 639, 640, wonach die praktische Handhabung diesbezüglich mangelhaft ist.
[1163] Abgewandeltes Bsp. nach *Osnabrügge*, NZA 2003, 639, 640.

noch zweimal auf fünf Monate befristen.[1164] Insgesamt sind also vier Befristungen zulässig. Eine Erstbefristung und drei Verlängerungen.[1165] Hiernach sind also bis zu einem gewissen Grad Kettenbefristungen zulässig. Jedoch müssen sich die jeweiligen Verlängerungen unmittelbar anschließen; zwischen dem Ende und den Beginn des neuen Befristungsvertrages darf keine zeitliche Unterbrechung liegen.[1166] Daher sind Verlängerungen nach Auslaufen des zu verlängernden Vertrages unwirksam.[1167]

Nach dem BAG dürfen bei der jeweiligen Verlängerung der Befristung auch keine Veränderungen des Vertrages in materieller Hinsicht wie der Arbeitszeit, der Vergütung vorgenommen werden.[1168] Dies mag bei verschlechterten Arbeitsbedingungen irgendwie einleuchten. Aber weshalb soll eine Verbesserung der Arbeitsbedingungen im Verlängerungsvertrag zu einer Unzulässigkeit der Verlängerung des befristeten Vertrags führen? Dies fragt sich meines Erachtens zu Recht *Preis*.[1169] Allerdings ist die einvernehmliche Änderung der Arbeitsbedingungen während der Vertragslaufzeit eines nach § 14 Abs. 2 S. 1 TzBfG sachgrundlos befristeten Arbeitsvertrages befristungsrechtlich zulässig, sofern die Vertragsdauer beibehalten wird.[1170]

Vorausetzung für eine Verlängerung im Sinne von § 14 Abs. 2 S. 1 TzBfG ist also, dass die Verlängerungsvereinbarung noch vor Ablauf der Laufzeit des zu verlängernden Vertrags getroffen wird und dass nur die Vertragslaufzeit, nicht aber die übrigen Arbeitsbedingungen geändert werden.

Außerdem befarf jede Befristung, wie eingangs erwähnt, der Schriftform, § 14 Abs. 4 TzBfG. Nach dem BAG muss vor Ablauf des zu verlängernden Vertrages die Verlängerung schriftlich vereinbart worden sein.[1171] Das BAG ist in der Hinsicht ziemlich streng. Aus Gründen der Rechtssicherheit sei ein strenger Maß-

---

[1164] Beispiel von *Däubler*, S. 327, Rn. 1138.

[1165] In diesem Sinne auch *Osnabrügge*, NZA 2003, 639, 640.

[1166] BAG, Urt. v. 26.7.2000 - 7 AZR 51/99, NZA 2001, 546, 548 bzw. DB 2001, 100; vgl. auch *Osnabrügge*, NZA 2003, 639, 640.

[1167] Vgl. nur *Kliemt*, NZA 2001, 296, 299. Dagegen schlägt *Wisskirchen*, DB 1998, 722, 724 vor, eine rückwirkende Verlängerungsvereinbarung gelten zu lassen, was aber vom BAG (1.12.2004, NZA 2005, 575) nicht aufgegriffen wurde.

[1168] BAG, Urt. v. 26.7.2000 - 7 AZR 51/99, NZA 2001, 546, 548; BAG, Urt. v. 25.10.2000 - 7 AZR 483/99, NZA 2001, 659, 660 sowie BAG, Urt. v. 18.01.2006 - 7 AZR 178/05, NZA 2006, 605, 606 dort heißt es: *„eine bloße Verlängerung lässt die übrigen Vertragsbestandteile unberührt"*.

[1169] Vgl. *Preis*, NZA 2005, 714, 716.

[1170] BAG, Urt. v. 18.01.2006 - 7 AZR 178/05, NZA 2006, 605.

[1171] BAG, Urt. v. 1.12.2004 - 7 AZR 198/04, NZA 2005, 575, 576 f.; BAG, Urt.v. 26.7.2000 - 7 AZR 51/99, NZA 2001, 546; BAG, Urt. v. 25.10.2000 - 7 AZR 483/99, NZA 2001, 659.

stab anzulegen.[1172] Mit *Preis* treffend ausgedrückt: *„verpasst ein Arbeitgeber die rechtzeitige schriftliche Verlängerungsvereinbarung, ist das Kind in den Brunnen gefallen".*[1173] Sofern die obigen Voraussetzungen nicht eingehalten werden, *„...riskiert der Arbeitgeber, dass die gewollte Verlängerung als Neuabschluss bewertet wird..."*[1174]. Dann wäre die Befristung nach § 14 ABs. 2 S. 2 TzBfG unwirksam mit der Folge, dass nach § 16 TzBfG ein Arbeitsvertrag auf unbestimmte Zeit (fingiert) geschlossen wird.[1175]

Durch Tarifvertrag kann die Anzahl der Verlängerungen oder die Höchstdauer der Befristung abweichend von § 14 Abs. 2 S. 1 TzBfG festgelegt werden, § 14 Abs. 2 S. 3 TzBfG. Die Befristung ist in diesem Sinne tarifpositiv. Allerdings ist durch eine Betriebsvereinbarung keine Abweichung zulässig. § 14 Abs. 2 S. 3 TzBfG erwähnt ausdrücklich nur den Tarifvertrag. Im Geltungsbereich eines solchen Tarifvertrages können nicht tarifgebundene Arbeitgeber und Arbeitnehmer die Anwendung der tariflichen Regelungen vereinbaren, § 14 Abs. 2 S. 4 TzBfG.

cc) Anschlussverbot (Vorbeschäftigungsverbot)

Die Befristung ohne Sachgrund ist allerdings unzulässig, wenn mit demselben Arbeitgeber (derselben juristischen Person oder natürlichen Person) bereits zuvor ein befristetes oder unbefristetes Arbeitsverhältnis bestanden hat, § 14 Abs. 2 S. 2 TzBfG, ein so genanntes Anschlussverbot. Der Gesetzgeber stellt hier offensichtlich im Unterschied zur Verlängerung der Grundbefristung nach § 14 Abs. 2 S. 1 TzBfG bewusst auf das Arbeitsverhältnis und nicht den Arbeitsvertrag ab. Hier will der Gesetzgeber sachgrundlose Befristungen durch das Hin- und Herwechseln zwischen verschiedenen (Konzern-)Arbeitgebern verhindern sowie allgemein Kettenarbeitsverhältnisse vermeiden.[1176] Durch das Anschlussverbot ist jede Vorbeschäftigung im Unternehmen desselben Arbeitgebers und nicht etwa nur in demselben Betrieb befristungsfeindlich.[1177] Deshalb können

---

[1172] Vgl. nur die Ausführungen des Vors. d. 7. Senats d. BAG, *Dörner*, Rn. 155 zur nachträglichen Befristung; Rn. 488, 561, zum Merkmal *"Verlängerung"*; Rn. 531 zum Merkmal *"zuvor"*.

[1173] *Preis*, NZA 2005, 714, 716.

[1174] *Osnabrügge*, NZA 2003, 639, 640; siehe u.a. *Bauer*, BB 2001, 2473, 2475; *Kliemt*, NZA 2001, 296, 299; *Preis*, NZA 2005, 714, 715 f.

[1175] Vgl. *BAG*, Urt. v. 26.7.2000, BB 2000, 2576 = NZA 2001, 546; *Preis*, NZA 2005, 714, 716.

[1176] BT-Drucks. 14/4374, S. 14, 19; vgl. auch *Dörner*, Rn. 530.

[1177] Annuß/Thüsing - *Maschmann*, § 14 TzBfG, Rn. 77; Zu beachten ist aber, dass das *BAG* mehrere Arbeitgeber, die einen gemeinsamen Betrieb führen, nicht als denselben Arbeitgeber ansieht. Daher ist eine Vorbeschäftigung in demselben gemeinsamen Betrieb unschädlich, sofern sie bei einem anderen Arbeitgeber erfolgte. Auch ist eine Vorbeschäftigung bei einem anderen Unternehmen desselben Konzerns unschädlich und deshalb nicht befristungsfeindvon der Befristung ohne Sachgrund nur Neueinstellungen erfasst werden.[1178] Auch wenn das Arbeitsverhältnis zehn Jahre zurückliegt, ist ein Rückgriff auf die sachgrundlose Befristung ausgeschlossen.[1179] Die *„erleichterte"* Befristung ohne Sachgrund ist nur möglich, wenn der Arbeitnehmer noch nie in seinem Leben in einem Arbeitsverhältnis zu demselben Arbeitgeber gestanden hat. Auch wenn der Arbeitnehmer vor vielen Jahren oder kurzfristig[1180] als (Werk-)Student bei dem Arbeitgeber tätig war, ist es nicht möglich, diesen Arbeitnehmer später nochmals ohne Sachgrund befristet einzustellen.[1181] Das BAG sagt auch: *„das Anschlussverbot enthält - anders als noch § 1 III BeschFG 19961182 - keine zeitliche Begrenzung. Auf den zeitlichen Abstand zwischen dem früheren Arbeitsverhältnis und dem nunmehr ohne Sachgrund befristeten Arbeitsverhältnis kommt es damit grundsätzlich nicht an."*[1183] Allerdings wird ein (Berufs-)Ausbildungsverhältnis nicht als Arbeitsverhältnis im Sinne des § 14 Abs. 2 S. 2 TzBfG angesehen[1184]; ebenso wenig die Vorbeschäftigung als Leiharbeitnehmer[1185]. Festzuhalten bleibt somit, dass nur frühere Arbeitsverhältnisse ungeachtet seiner Art und Dauer mit demselben Arbeitgeber befristungsfeindlich im Sinne der sachgrundlosen Befristung sind.

Der Gesetzgeber dachte an eine Lockerung des Anschlussverbotes. Der Gesetzgeber beschloss am 17.6.2005 das 5. Gesetz zur Änderung des SGB III (SGB III

---

lich, vgl. BAG, Urt. v. 25.4.2001 - 7 AZR 376/00, NZA 2001, 1384 sowie *Bauer*, BB 2001, 2473, 2475. Auch eine Vorbeschäftigung bei einem übernommenen Rechtsträger ist im Falle einer sachgrundlosen befristeten Neueinstellung beim Übernehmer unschädlich, ebenso bei einer Verschmelzung nach dem UmwG, Annuß/Thüsing - *Maschmann*, § 14 TzBfG, Rn. 84; *Bauer*, BB 2001, 2473, 2476.

[1178] So auch die Intention des Gesetzgebers, vgl. BT-Dr. 14/4374, S. 13.

[1179] Vgl. *Däubler*, S. 328, Rn. 1139; ebenso BAG, Urt. v. 6.11.2003 - 2 AZR 690/02, NZA 2005, 218, 220.

[1180] Vgl. *Hromadka*, BB 2001, 621, 627; *ders.* NJW 2001, 400, 404, „...ein paar Wochen als Werkstudent".

[1181] So *Hunold*, S. 61; ebenso *Hromadka*, NJW 2001, 400, 404; *Kliemt*, NZA 2001, 296, 300; *Preis/Gotthardt*, DB 2000, 2665, 2072 u.a. ebenso *LAG* Rheinland-Pfalz, NZA 2002, 1037, 1038; a. A. wird vertreten von Annuß/Thüsing - *Maschmann*, § 14 TzBfG, Rn. 78 (die in der Voraufl. vertretene Ansicht wird aufgegeben); *Löwisch*, BB 2001, 254 f., der eine teleologische Reduktion des § 14 Abs. 2 S. 2 TzBfG vorschlägt u. eine Zwei-Jahres-Grenze fordert; ihm folgend *Palandt/Putzo*, § 620 BGB, Rn. 31; *Bauer*, BB 2001, 2473, 2475; auch *Preis*, NZA 2005, 714, 715; *ders.* RdA 2003, 65, 79.

[1182] Anm. Verf., das BeschFG - Beschäftigungsförderungsgesetz wurde zum 1.1.2001 vom TzBfG abgelöst.

[1183] BAG, Urt. v. 6.11.2003 - 2 AZR 690/02, NZA 2005, 218, 220.

[1184] So BT-Dr. 14/4374, S. 19 f. (Begr. des Regierungsentwurfes) sowie LAG Niedersachsen v. 4.7.2003 - 16 Sa 103/03, NZA-RR 2004, 13, 14.

[1185] Annuß/Thüsing - *Maschmann*, § 14 TzBfG, Rn. 85; *LAG* Niedersachsen v. 29.1.2003 - 10 Sa 18/02, NZA-RR 2003, 624.

ÄnderungsG)[1186]. Leider trat das Gesetz durch die Neuwahlen nicht mehr in Kraft. Danach sollte der § 14 Abs. 2 S. 2 TzBfG folgendermaßen gefasst werden: *„Eine Befristung nach Satz 1 ist nicht zulässig, wenn zwischen dem Beginn des befristeten Arbeitsvertrags und dem Ende eines vorherigen unbefristeten oder befristeten Arbeitsvertrags mit demselben Arbeitgeber ein Zeitraum von weniger als 2 Jahren liegt".*[1187] Damit gab man dem Vorschlag von *Löwisch* statt, der die im Arbeitsverhältnis damals geltende Verjährungsfrist von zwei Jahren[1188] zugrunde legte.[1189]

Die Arbeitsvertragspateien brauchen sich auch nicht ausdrücklich auf die Tatbestände der sachgrundlosen Befristung zu stützen.[1190] Ausreichend ist nach dem BAG, wenn die Voraussetzungen der Rechtsgrundlagen für eine sachgrundlose Befristung, der Rechtfertigungsgrund, bei Vertragsschluss objektiv vorliegen.[1191]

c) Altersbefristung

Ab dem 52. Lebensjahr (ab 1.1.2007 ab dem 58. Lebensjahr) bedarf es keines sachlichen Grundes mehr für eine Befristung eines Arbeitsvertrages, vgl. § 14 Abs. 3 S. 1 i.V.m. S. 4 TzBfG. Es dürfen beliebige Befristungen vereinbart werden, sogar auch *„Ein-Tages-Arbeitsverhältnisse"*[1192]. Eine solche Befristung ist unzulässig, wenn zu einem vorhergehenden unbefristeten Arbeitsvertrages mit demselben Arbeitgeber ein enger sachlicher Zusammenhang besteht. Ein solcher Zusammenhang wird angenommen, wenn zwischen den Arbeitsverträgen ein Zeitraum von weniger als sechs Monaten liegt, vgl. § 14 Abs. 3 S. 3 TzBfG.

[1186] Vgl. Gesetzentwurf der BReg., BT-Dr. 15/5556; Beschlussempfehlung des Ausschusses für Wirtschaft und Arbeit v. 15.6.2005, BT-Dr. 15/5714; Materialien verfügbar unter www.aus-portal.de.

[1187] Vgl. Fn. 1184.

[1188] §§ 196 Abs. 1 Nr. 8 u. 9, 201 BGB vor dem Inkrafttreten des Schuldrechtsmodernisierungsgesetzes am 1.1.2002, BGBl. I S. 42, ber. 2909, ber. BGBl. I 2003, S. 738.

[1189] Siehe *Löwisch*, BB 2001, 254, 255; ähnlich *Preis*, NZA 2005, 714, 715; *ders.* RdA 2003, 65, 79, der einen Zeitraum von sechs Monaten vorschlägt.

[1190] Eine Ausnahme ist § 57 b Abs. 3 Hochschulrahmengesetz (HRG).

[1191] BAG, Urt. v. 5.6.2002 - 7 AZR 241/01, NZA 2003, 149, 152; BAG Urt. v. 4.12.2002 - 7 AZR 545/01, NZA 2003, 916, 917; BAG Urt. v. 4.6.2003 - 7 AZR 489/02, NZA 2003, 1143, 1144.

[1192] *Däubler*, S. 328, Rn. 1140.

aa) Verstoß gegen EG-Richtlinie über befristete Arbeitsverträge

Die Regelung des § 14 Abs. 3 TzBfG, die Altersbefristung verstößt nach *Däubler*[1193] eindeutig gegen die EG-Richtlinie 99/70/EG des Rates vom 28. Juni 1999 zu der EGB-UNICE-CEEP-Rahmenvereinbarung über befristete Arbeitsverträge[1194]. In § 5 der Richtlinie (RL) werden die Mitgliedstaaten verpflichtet, bei mehr als einmaliger Befristung entweder einen sachlichen Grund zu fordern oder eine Höchstdauer festzulegen oder die zulässige Zahl der Verlängerungen solcher Verträge zu begrenzen. Um Missbrauch durch aufeinander folgende befristete Arbeitsverträge oder-verhältnisse zu vermeiden, ergreifen die Mitgliedstaaten nach Anhörung der Sozialpartner unter Berücksichtigung der Anforderungen bestimmter Branchen und Arbeitnehmerkategorien eine oder mehrere der folgenden Maßnahmen:
sachliche Gründe, die eine Verlängerung solcher Verträge oder Verhältnisse rechtfertigen;
die insgesamt maximal zulässige Dauer aufeinander folgender Arbeitsverträge oder-verhältnisse, die Zahl der Verlängerungen solcher Verträge oder Verhältnisse.[1195]

Dennoch gelten eine oder mehrere der genannten Maßnahmen nicht bei Älteren. Der deutsche Gesetzgeber hat sogar ausdrücklich einen sachlichen Grund für befristete Arbeitsverträge bei älteren Arbeitnehmern ausgeschlossen, vgl. § 14 Abs. 3 S. 1 TzBfG. Danach können zurzeit Arbeitsverträge mit Arbeitnehmern, die das 52. Lebensjahr[1196] vollendet haben, grenzenlos und beliebig verlängerbar sachgrundlos befristet werden. Daher ist es im Extremfall sogar möglich, einen 52-jährigen neu einzustellen und den Vertrag wochen- oder tageweise zu befristen, bis der Arbeitnehmer verstirbt. Denn eine Maximalbegrenzung für die Befristung gibt es nicht.[1197] Nach treffender Auffassung von *Preis* ist der Kündigungsschutz für 52-jährige Arbeitslose *„praktisch ausgeschaltet"*.[1198] Hier sind einem Missbrauch Tür und Tor geöffnet.

Der Ansicht von *Däubler* ist Recht zu geben. Tatsächlich hat der deutsche Gesetzgeber § 5 der RL nicht in das TzBfG, gerade bei der Altersbefristung umge-

---

1193 *Däubler*, S. 328, Rn. 1140; auch *Dörner*, Rn. 611 ff., erhebt europarechtliche Einwendungen; die Europarechtskonformität dagegen bejaht *Koberski*, NZA 2005, 79, 84.
1194 Amtsblatt EG Nr. L 175 v. 10.07.1999, S. 43; Abdruck bei *Pelzner/Scheddler/Widlak*, S. 146 ff.
1195 http://europa.eu.int/scadplus/printversion/de/cha/c10822.htm; zuletzt abgerufen am 26.9.2005.
1196 Bis zum 31.12.2006 ist die Altersbefirstung mit der Maßgabe anzuwenden, dass an die Stelle des 58. Lebensjahres das 52. Lebensjahr tritt, vgl. § 14 Abs. 3 S. 4 TzBfG.
1197 Zu Vorstehendem so zu Recht *Preis*, NZA 2005, 714.
1198 *Preis*, NZA 2005, 714.

setzt. Der Wortlaut der RL ist hier eindeutig und lässt einen Spielraum für den nationalen Gesetgeber nur dahingehend zu, dass sich dieser das adäquate Mittel aussuchen darf. Tatsächlich gelten die Einschränkungen bei einer Neueinstellung in § 14 Abs. 2 TzBfG, die Höchstbefristungsdauer von zwei Jahren und die Begrenzung auf höchstens drei Verlängerungen bei der Altersbefristung nach § 14 Abs. 3 TzBfG gerade nicht.[1199] Auch wenn der deutsche Gesetzgeber hier einen Anreiz für die Arbeitgeber zur Einstellung älterer Arbeitnehmer, vor allem Langzeitarbeitsloser schaffen wollte, weil Sie auf dem Arbeitsmarkt geringe Chancen haben[1200], ist ein eventueller Missbrauch durch Befristungsketten nicht zu leugnen.

bb) Verstoß gegen EG - Antidiskriminierungsrichtlinie

Der EuGH hat in der Rechtssache *„Mangold gegen Helm"* am 22.11.2005 entschieden, dass die deutsche Regelung zur Altersbefristung mit Gemeinschaftsrecht und insbesondere Art. 6 Abs. 1 der Antidiskriminierungsrichtlinie 2000/78/EG[1201] unvereinbar sind.[1202] § 14 Abs. 3 S. 4 TzBfG verstößt gegen das Verbot der Altersdiskriminierung. Nach der Überzeugung des EuGH stellt § 14 Abs. 3 S. 4 TzBfG eine nicht gerechtfertigte Ungleichbehandlung wegen des Alters dar.[1203] Das Urteil betrifft jedoch nur die § 14 Abs. 3 S. 4 TzBfG bis zum 31.12.2006 geltende Herabsetzung der Altersbefristung auf 52 Jahre.

Zwar lässt Art. 6 der Richtlinie 2000/78/EG eine Ungleichbehandlung wegen des Alters zu, wenn diese ein legitimes Ziel verfolgt und das gewählte Mittel zur Erreichung des Ziels erforderlich und angemessen ist. Das vom deutschen Gesetzgeber verfolgte Ziel ältere Arbeitnehmer wieder in Beschäftigung zu bringen, ist durchaus ein legitimes Mittel. Dies erkennt auch der EuGH an. Allerdings hat der deutsche Gesetzgeber seinen Ermessensspielraum nach Ansicht des EuGH bei weitem überschritten. Die durch § 14 Abs. 3 S. 4 TzBfG gewählte Maßnahme hält sich nicht mehr im Rahmen des Angemessenen und Erforderlichen. Denn ohne an eine vorherige Arbeitslosigkeit oder deren Dauer anzuknüpfen, könnte die deutsche Regelung der Altersbefrisung dazu führen, dass Arbeitnehmern ab dem 52. Lebensjahr bis zum Erreichen des Rentenalters ausschließlich befristete, unbegrenzt verlängerbare Arbeitsverträge angeboten würden. Dies schließt nach dem EuGH eine Gruppe von Arbeitnehmern, die allein durch ihr Lebensalter definiert ist, während eines erheblichen Teils ihres Berufslebens

---

1199 So auch Pelzner/Scheddler/Widlak, S. 99.
1200 Vgl. BT-Dr. 14/4374, S. 1 ff.
1201 Richtlinie 2000/78/EG des Rates v. 27.11.2000, ABlEG NR. L 303 v. 2.12.2000, S: 16 ff.
1202 EuGH, Urt. v. 22.11.2005 - C 144/04 (Werner Mangold/Rüdiger Helm), NZA 2005, 1345 ff., BB 2005, 2748 ff. – Mangold; siehe dazu Anmerkung von *Nicolai*, DB 2005, 2641 f. und *Strybny*, BB 2005, 2753 (Anmerkung).
1203 EuGH, NZA 2005, 1345, 1347 (Rn. 57 ff.).

von festen Beschäftigungsverhältnissen aus. Dem steht auch nicht entgegen, dass die Umsetzungsfrist der Richtlinie 2000/78/EG noch nicht abgelaufen ist.[1204] Dafür spricht die sog. Vorwirkung der Richtlinie. Das Diskriminierungsverbot ist auch als allgemeiner Grundsatz des Gemeinschaftsrechts anzusehen und daher kann das Verbot der Altersdiskriminierung als Ausprägung des allgemeinen Grundsatzes nicht vom Ablauf der Umsetzungsfrist abhängen.[1205] In der Rechtsfolge soll das nationale Gericht die Bestimmung des § 14 Abs. 3 S. 4 TzBfG unangewendet lassen. Dies bedeutet letzendlich nichts anderes als eine unmittelbare horizontale Drittwirkung der Richtlinie 2000/78/EG zwischen privaten Arbeitsvertragsparteien. Das der EuGH mit der Mangold Entscheidung im Widerspruch zu seiner bisherigen gefestigten Rechtsprechung zur richtlinienkonformen Auslegung und der in Art. 249 EG festgelegten Rechtswirkung von Richtlinien steht, erwähnt er nicht einmal.[1206] Welche weitreichenden Folgen die *„Mangold"* - Entscheidung des EuGH haben wird, bleibt abzuwarten und ist nicht Gegenstand der vorliegenden Arbeit.[1207]

Da numehr § 14 Abs. 3 S. 4 TzBfG totes[1208] Recht ist, muss der Gesetzgeber[1209], der ohnehin eine europarechtskonforme Ausgestaltung der Altersbefristung angekündigt hat, dringend handeln und eine für die Praxis rechtssichere Befristungsmöglichkeit schaffen.[1210]

Auch der Rest der Regelung in § 14 Abs. 3, insbesondere Satz 1 TzBfG ist nicht rechtssicher, wie die zuvor geäußerten Bedenken im Hinblick auf § 5 der Richtlinie 1999/70/EG zeigen.

[1204] Deutschland hat eine Verlängerung der Umsetzungsfrist in Anspruch genommen. Daher läuft sie erst am 2.12.2006 und nicht regulär am 2.12.2003 ab.

[1205] Zu Vorstehendem EuGH, NZA 2005, 1345, 1347 (Rn. 60 ff.).

[1206] Vgl. dazu nur *Bauer/Arnold*, NJW 2006, 6, 8, 12. Der *EuGH* hält in ständiger Rechtsprechung eine unmittelbare Anwendbarkeit von Richtlinien für möglich, wenn die Umsetzungsfrist abgelaufen und die Richtlinie hinreichend genau bestimmt, so dass daraus dem Bürger unmittelbar ein Anspruch abgeleitet werden kann und dies nur im Verhältnis des Bürgers gegenüber dem Staat (sog. vertikale unmittelbare Wirkung), siehe nur EuGH, Urt. v. 10.4.1984 - Rs. 14/83, Slg. 1984, 1891, NJW 1984, 2021 – von Colson und Kamann; Eine Drittwirkung zwischen Privaten hatte der EuGH bisher stets abgelehnt, EuGH, Urt. v. 26.9.2000 - Rs. C-443/98, Slg. 2000, I-7535, NJW 2001, 1847 – Unilever.

[1207] *Bauer/Arnold* stellen sich z.B. die Frage, ob weitere gesetzliche, tarifvertragliche und einzelvertragliche Altersdifferenzierungen des deutschen Rechts noch anwendbar sind, NJW, 2006, 6, 12 f.

[1208] So sinngemäß *Nicolai*, DB 2005, 2641, jedoch offenbar auf § 14 Abs. 3 TzBfG insgesamt bezogen; ebenso *Strybny*, BB 2005, 2753, 2754.

[1209] Im Koalitionsvertrag zwischen CDU, CSU und SPD v. 18.11.2005 ist eine europarechtskonforme Neuausrichtung der Altersbefristung vorgesehen.

[1210] Dafür *Bauer/Arnold*, NJW 2006, 6, 12.

d) Neugründungsbefristung

In neu gegründeten Unternehmen ist in den ersten vier Jahren nach der Gründung die sachgrundlose Befristung bis zu einer Dauer von vier Jahren zulässig, vgl. § 14 Abs. 2 a S. 1 TzBfG. Bis zu dieser Gesamtdauer von vier Jahren ist auch eine mehrfache Verlängerung eines befristeten Arbeitsvertrages zulässig, § 14 Abs. 2a S. 1 zweiter Halbsatz TzBfG. Hier sind also unbegrenzt Verlängerungen der Befristungen möglich, nicht nur drei Verlängerungen wie im Normalfall der sachgrundlosen Befristung. Ferner beträgt die Höchstdauer der Befristung vier Jahre, also doppelt so lange wie im Normalfall. Innerhalb dieser vier Jahre können Existenzgründer beliebig häufige Befristungen und deren Verlängerungen vereinbaren.
Allerdings gilt die erweiterte Möglichkeit der sachgrundlosen Befristung nicht für Neugründungen im Zusammenhang mit der rechtlichen Umstrukturierung (Spaltung, Fusion) von Unternehmen und Konzernen, vgl. § 14 Abs. 2a S. 2 TzBfG. Maßgebend für den Zeitpunkt der Gründung des Unternehmens ist die Aufnahme einer Erwerbstätigkeit, die nach § 138 der Abgabenordnung der Gemeinde oder dem Finanzamt mitzuteilen ist. Bei der Neugründungsbefristung findet § 14 Abs. 2 Sätze 2 bis 4 entsprechende Anwendung.

e) Rechtsfolgen

Sofern ein Sachgrund gemäß § 14 Abs. 1 TzBfG im Einzelfall nicht vorliegt und auch die Voraussetzungen einer sachgrundlosen Befristung nicht gegeben sind, ist die Befristung unwirksam. Das Arbeitsverhältnis besteht von Anfang an unbefristet. Der befristete Arbeitsvertrag gilt als auf unbestimmte Zeit geschlossen, § 16 S. 1 TzBfG. Er kann nur einvernehmlich oder frühestens zum vereinbarten Ende durch ordentliche Kündigung beendet werden, vgl. § 16 S. 1 zweiter Halbsatz TzBfG.

Ferner entsteht auch bei Nichteinhaltung der Schriftform die Fiktion des unbefristeten Arbeitsverhältnisses. Jedoch kann bei diesem Unwirksamkeitsgrund der Arbeitsvertrag auch vor dem vereinbarten Ende ordentlich gekündigt werden, § 16 S. 2 TzBfG.

2. Teilzeit

a) Allgemeines

Grundsätzlich ist die regelmäßige oder durchschnittlich über das Jahr verteilte Wochenarbeitszeit teilzeitbeschäftigter Arbeitnehmer kürzer als die regelmäßige Wochenarbeitszeit vergleichbarer vollzeitbeschäftigter Arbeitnehmer.[1211]

[1211] Vgl. Wehrhahn/Holzbach/Heinen, S. 63.

Die Beweggründe für die Einführung von Teilzeitarbeit änderten sich im Laufe der Zeit. In den Zeiten des Arbeitskräftemangels galt es insbesondere die Erschließung zusätzlichen *„Arbeitskräftepotenzials"*[1212], besonders bei Frauen. Heute geht es vielmehr um die Sicherung bzw. Ausweitung der Betriebszeiten aufgrund verkürzter tarifvertraglich vereinbarter Arbeitszeiten.

b) Teilzeitmodelle

Der Vorteil von Teilzeitmodellen sind die die verschiedensten Kombinationsmöglichkeiten mit anderen Teilzeit- und Vollzeitmodellen.[1213] Im Nachfolgenden werden zwei Teilzeitmodelle kurz vorgestellt.

aa) Kapazitätsorientierte variable Arbeitszeit (KAPOVAZ)

Die kapazitätsorientierte variable Arbeitszeit wird auch als Arbeit auf Abruf bezeichnet. Sie ist in § 12 TzBfG geregelt. Sie bezeichnet eine *„extreme Form von flexibler (Teilzeit-)Arbeitszeit"*[1214]. Sie kommt vorrangig bei *„Arbeitsplätzen mit geringen Qualifikationsanforderungen"*[1215] zur Anwendung. Die KAPOVAZ ist deshalb extrem, da sie sich durch eine auffällig kurzfristige (einseitige) Disposition des Arbeitskräftebedarfs durch den Arbeitgeber auszeichnet. Denn dieser entscheidet überwiegend allein über den zeitlichen Einsatz des Arbeitnehmers aufgrund des Arbeitsanfalls.[1216]

Arbeitgeber und Arbeitnehmer können vereinbaren, dass der Arbeitnehmer seine Arbeitsleistung entsprechend des Arbeitsanfalls zu erbringen hat (Arbeit auf Abruf), § 12 Abs. 1 S. 1 TzBfG. Arbeitsvertraglich muss eine bestimmte Dauer der wöchentlichen und täglichen Arbeitszeit vereinbart werden. Sofern die Arbeitsvertragsparteien nichts festlegen, gilt eine wöchentliche Arbeitszeit von zehn Stunden als vereinbart, vgl. § 12 Abs. 1 S. 2, 3 TzBfG. Des Weiteren ist der Arbeitgeber verpflichtet, den Arbeitnehmer für mindestens drei aufeinande folgenden Stunden zu beschäftigen, soweit nichts anderes vertraglich vereinbart ist, vgl. § 12 Abs. 1 S. 4 TzBfG. Außerdem muss der Arbeitgeber dem Arbeitnehmer die Lage seiner Arbeitszeit jeweils mindestens vier Tage im Voraus mitteilen, vgl. § 12 Abs. 2 TzBfG, sog. Abruffrist[1217]. Von dieser gesetzlichen Ankündigungsfrist darf auch zuungunsten des Arbeitnehmers tarifvertraglich abgewichen werden, vgl. § 12 Abs. 3 S. 1 TzBfG.

[1212] Wehrhahn/Holzbach/Heinen, S. 64.
[1213] Ebenso Wehrhahn/Holzbach/Heinen, S. 64.
[1214] Wehrhahn/Holzbach/Heinen, S. 64.
[1215] *Kutscher*, S. 9.
[1216] Vgl. hierzu Wehrhahn/Holzbach/Heinen, S. 64.
[1217] Siehe Pelzner/Scheddler/Widlak, S. 62.

Allgemein kann durch Tarifvertrag von den Absätzen 1 und 2 des § 12 TzBfG auch zuungunsten des Arbeitnehmers abgewichen werden, wenn der Tarifvertrag Regelungen über die tägliche und wöchentliche Arbeitszeit und die Vorankündigungsfrist vorsieht, § 12 Abs. 3 S. 1 TzBfG. Dies ist für Betriebsvereinbarungen laut Gesetz nicht möglich, siehe § 22 Abs. 1 TzBfG. Auch können nicht tarifgebundene Arbeitgeber und Arbeitnehmer im Geltungsbereich eines solchen Tarifvertrages die tariflichen Regelungen über die Arbeit auf Abruf vereinbaren, § 12 Abs. 3 S. 2 TzBfG.

Hinsichtlich der grundsätzlichen Lage der Arbeitszeit besteht für den Betriebsrat ein Mitbestimmungsrecht nach § 87 Abs. 1 Nr. 2 BetrVG. Jedoch unterliegen die einzelnen Arbeitsanweisungen, an bestimmten Arbeitstagen zu einer konkreten Zeit zu arbeiten, dem Direktionsrecht des Arbeitgebers. Bei einer vorübergehenden Verlängerung oder Verkürzung der betriebsüblichen oder tarifvertraglichen Arbeitszeiten entsteht zusätzlich ein Mitbestimmungsrecht des Betriebsrates nach § 87 Abs. 1 Nr. 3 BetrVG.

Die Abrufarbeit kann durchaus bei kurzfristigen Auftragsspitzen oder krankheitsbedingter Abwesenheit von Arbeitnehmern eine sinnvolle Ergänzung zu den Befristungsmöglichkeiten des § 14 TzBfG sein. Insbesondere ist in dem erstgenannten Fall keine Befristung von Arbeitsverhältnissen möglich, wenn ungewiss ist, wie lange der erhöhte Arbeitskräftebedarf des Arbeitgebers anhält. Denn bei einer Befristung gemäß § 14 Abs. 1 Nr. 1 TzBfG muss der Arbeitgeber aufgrund greifbarer objektiver Tatsachen mit hinreichender Wahrscheinlichkeit annehmen, dass der Mehrbedarf an der Arbeitskraft in Zukunft wegfallen wird.[1218] Die unsichere Auftrags- bzw. Konjunkturlage rechtfertigt keine Befristung. Hier käme dann eine Teilzeitvereinbarung in Frage.

bb) Job-Sharing

Beim Job-Sharing handelt es sich um eine Sonderform der Teilzeit. § 13 TzBfG regelt die Grundsätze der Arbeitsplatzteilung (Job-Sharing). Hier teilen sich zwei oder mehrere sog. *„Job-Sharing-Partner"*[1219] die Arbeitszeit an einem Arbeitsplatz, vgl. § 13 Abs. 1 S. 1 TzBfG. Die Job-Sharing-Partner haben einen rechtlich selbständigen Arbeitsvertrag mit dem Arbeitgeber, keinen gemeinsamen.[1220]

Der Arbeitsplatz, der geteilt werden soll, braucht kein Vollzeitarbeitsplatz zu sein. Auch Arbeitsplätze mit einer kürzeren oder längeren als die betriebsübliche

---

[1218] Vgl. Preis - *Tenbrock*, Innovative Arbeitsformen, S. 643.
[1219] Wehrhahn/Holzbach/Heinen, S. 66.
[1220] Siehe dazu Pelzner/Scheddler/Widlak, S. 63.

Arbeitszeit sind teilbar.[1221] Lediglich die Arbeitszeit des „*Job Sharers*“[1222] muss unterhalb der betriebsüblichen bzw. gesetzlich zulässigen Arbeitszeit nach dem ArbZG bleiben. Im Gegensatz zur Arbeit auf Abruf gelten (gesetzliche) Mindestbeschäftigungszeiten bei der Arbeitsplatzteilung.

Bei dieser Form der Teilzeit sollte der Arbeitgeber allgemeine Leitlinien für die Verteilung der Arbeitszeit und die Besetzungszeiten des Arbeitsplatzes bestimmen, wobei die Aufteilung einer Vollzeitstelle zwischen zwei Arbeitnehmern nicht zwingend im Verhältnis 50:50 vorgenommen werden muss.[1223] Grundsätzlich stimmen die Job Sharer die Verteilung der Arbeitszeit miteinander ab. Erst wenn keine Einigung zu Stande kommt, legt der Arbeitgeber die Aufteilung der Arbeitszeit kraft seines Direktionsrechts fest.[1224]

Als Beispiel für eine sinnvolle Job-Sharing Tätigkeit nennen *Wehrhahn/Holzbach/Heinen* die Ersetzung einer Vollzeitkraft im Büro eines kleinen Handwerkbetriebes durch zwei Teilzeitkräfte. Denn die Bearbeitung der Post, das Schreiben von Angeboten, Rechnungen kann auch von zwei gleichwertigen Teilzeitkräften erledigt werden. Der Vorteil ist, dass bei Krankheit und Urlaub jeweils nur ein Teil der Arbeitszeit entfällt, weil eine Teilzeitkraft weiterhin zur Verfügung steht oder die Teilzeitkraft den Arbeitsplatz vorübergehend ganz ausfüllt.[1225]

Durch rechtliche Vereinbarungen der gegenseitigen Vertretung bei Abwesenheit des Job-Sharing-Partners im Falle von Urlaub oder Krankheit kann das Arbeitsverhältnis im Allgemeinen abgesichert werden. Der Arbeitnehmer ist aber nur zu der Vertretung des anderen Arbeitnehmers verpflichtet, wenn er der Vertretung im Einzelfall zustimmt, vgl. § 13 Abs. 1 S. 2 TzBfG. Die Zustimmung kann auch im Voraus aufgrund ausdrücklicher Vereinbarung erfolgen. Dadurch bleibt das Beschäftigungsverhältnis insgesamt stabil.[1226] Eine Pflicht zur Vertretung besteht auch, wenn der Arbeitsvertrag bei Vorliegen dringender betrieblicher Gründe eine Vertretung vorsieht und diese im Einzelfall zumutbar ist, also nach der Berücksichtigung der Interessen des Arbeitnehmers. Ein dringendes betriebliches Bedürfnis liegt vor, wenn ohne die sofortige Vertretung des verhinderten Arbeitnehmers erhebliche Betriebsablaufstörungen auftreten können. Sofern die Job Sharer gemeinsam die Verantwortung für die zu leistende Arbeit

---

[1221] Vgl. *Pelzner/Scheddler/Widlak*, S. 63; Schaub/*Schaub* - ArbR-Hdb., § 44 Rn. 77.
[1222] *Pelzner/Scheddler/Widlak*, S. 63; Schaub/*Schaub* - ArbR-Hdb., § 44 Rn. 77.
[1223] Siehe hierzu Wehrhahn/Holzbach/Heinen, S. 67.
[1224] Vgl. Pelzner/Scheddler/Widlak, S. 63.
[1225] Vgl. zum Vorstehendem *Wehrhahn/Holzbach/Heinen*, S. 67.
[1226] Vgl. Wehrhahn/Holzbach/Heinen, S. 68.

übernommen haben[1227], ist eine Vertretung geboten. Dagegen müsste der Arbeitgeber beim sog. Job-Splitting, wo mehrere Arbeitnehmer die anfallenden Arbeiten in ihrem Zeithorizont in eigener Verantwortung erledigen, vorrangig eine Aushilfskraft einsetzen.[1228]

Allerdings muss eine entsprechende Vertretungsarbeit gesondert vergütet werden.[1229]

Falls ein Sharing-Partner aus der Arbeitsplatzteilung durch Kündigung ausscheidet, ist eine darauf gestützte Kündigung des Arbeitsverhältnisses des anderen Job - Sharers durch den Arbeitgeber unwirksam. Jedoch bleibt das Recht zur Änderungskündigung aus diesem Anlass und zur Kündigung des Arbeitsverhältnisses aus anderen Gründen davon unberührt, vgl. § 13 Abs. 2 TzBfG.

Durch einen Tarifvertrag kann von der Vertretungsregelung, dem § 13 Abs. 1 TzBfG sowie dem § 13 Abs. 2 TzBfG zu Ungunsten des Arbeitnehmers abgewichen werden, wenn der Tarifvertrag Regelungen über die Vertretung der Arbeitnehmer enthält. In Betriebsvereinbarungen sind Abweichungen zum Nachteil des Arbeitnehmers somit nach §§ 13 Abs. 3, 22 Abs. 1 TzBfG ausgeschlossen.

Bei einer Arbeitsplatzaufteilung obliegt dem Betriebsrat ein Mitbestimmungsrecht nach § 87 Abs. 1 Nr. 2 BetrVG. Eine eventuelle Mehrarbeit durch die Vertretung des Job-Sharing-Partners löst eine Mitbestimmung nach § 87 Abs. 1 Nr. 3 BetrVG aus. Andererseits entsteht kein Mitbestimmungsrecht nach § 99 Abs. 1 BetrVG.[1230]

c) Altersteilzeit

Die Altersteilzeit ist eine besondere Form der Teilzeitarbeit und wird beim vorgezogenen Ruhestand häufig angewandt.[1231] Sie bietet älteren Arbeitnehmern die Möglichkeit eines gleitenden Überganges vom Erwerbsleben in die Altersrente, § 1 Abs. 1 Altersteilzeitgesetz (ATG). Das ATG regelt die Voraussetzungen und den Umfang der Förderung von Altersteilzeitvereinbarungen durch die Bundesagentur für Arbeit. Die Vorteile der Altersteilzeit sind längere Freizeitphasen bei Gehaltsfortzahlung, steuerliche Vorteile sowie einen früheren Ruhestand bei geringeren Einkommenseinbußen.[1232]

[1227] Dies ist beim sog. Job-Pairing der Fall.
[1228] Mehr dazu bei Schaub/*Schaub* - ArbR-Hdb., § 44 Rn. 78, 87.
[1229] Siehe dazu Schaub/*Schaub* - ArbR-Hdb., § 44 Rn. 88.
[1230] Vgl. Wehrhahn/Holzbach/Heinen, S. 69.
[1231] Bei *Wehrhahn/Holzbach/Heinen*, S. 159 ff. ist ein Muster enes Altersteilzeitarbeitsvertrages abgedruckt.
[1232] Siehe dazu Preis - *Meng*, Innovative Arbeitsformen, S. 288.

Die Altersteilzeitarbeit kann ausschließlich durch eine individualrechtliche Vereinbarung zwischen dem Arbeitgeber und dem Arbeitnehmer abgeschlossen werden. Grundsätzlich hat der Arbeitnehmer darauf keinen Anspruch, es sei denn der Arbeitgeber ist tarifvertraglich oder durch eine Betriebsvereinbarung zur Einführung der Altersteilzeit verpflichtet.[1233] Eine Altersteilzeitvereinbarung kann auch nicht mit einem Anspruch auf Verringerung der Arbeitszeit nach § 8 TzBfG erzwungen werden.[1234]

Damit die Altersteilzeit durch die Bundesagentur für Arbeit gefördert wird, müssen bestimmte in § 2 (arbeitnehmerbezogene) und § 3 (arbeitgeberbezogene) ATG genannte Fördervoraussetzungen erfüllt sein. Zu den begünstigten Personenkreis gehören Arbeitnehmer, die das 55. Lebensjahr vollendet haben und innerhalb der letzten fünf Jahre an mindestens 1080 Tagen versicherungspflichtig beschäftigt waren, vgl. § 2 Abs. 1 Nr. 1, Nr. 3 ATG. Des Weiteren setzt eine förderfähige Altersteilzeitvereinbarung voraus, dass eine solche die Verminderung der Arbeitszeit der sozialversicherungspflichtigen Beschäftigung auf die Hälfte der bisherigen wöchentlichen Arbeitszeit vorsieht, vgl. § 2 Abs. 1 Nr. 2 ATG. Außerdem muss sich die Altersteilzeitvereinbarung auf eine Zeit erstrecken, bis eine Rente wegen Alters beansprucht werden kann, maximal bis zum 65. Lebensjahr des Arbeitnehmers[1235]. Der Anspruch des Arbeitgebers auf die Förderleistungen setzt demgegenüber voraus, dass der Arbeitnehmer die persönlichen Voraussetzungen des § 2 ATG erfüllt und der Arbeitgeber die nach § 3 ATG vorgesehenen Leistungen, Zahlung des Aufstockungsbetrages und Wiederbesetzung des frei gewordenen Arbeitsplatzes, erbringt.[1236]

Sofern alle Voraussetzungen für die förderfähige Altersteilzeitvereinbarung erfüllt sind, erstattet die Bundesagentur für Arbeit dem Arbeitgeber nach § 4 Abs. 1 ATG den Aufstockungsbetrag zum Arbeitsentgelt des Arbeitnehmers und die zusätzlichen Beiträge an die gesetzliche Rentenversicherung für längstens sechs Jahre.

Die Verteilung der Arbeitszeit bleibt hierbei dem Arbeitgeber und dem Arbeitnehmer überlassen. Es kann sich hierbei um eine Teilzeitbeschäftigung mit wechselndem oder gleichmäßigem Arbeitszeitvolumen handeln. Das entspricht eher dem klassichen Modell einer Altersteilzeitregelung. Beim so genannten Blockmodell erfolgt die Arbeitszeitreduzierung in zwei Schritten, der Vollar-

[1233] Vgl. Preis - *Schabestiel/Tenbrock*, Innovative Arbeitsformen, S. 94.
[1234] So Pelzner/Scheddler/Widlak, S. 65.
[1235] Siehe Preis - *Schabestiel/Tenbrock*, Innovative Arbeitsformen, S. 95.
[1236] Dazu Preis - *Schabestiel/Tenbrock*, Innovative Arbeitsformen, S. 98.

beits- und der Freistellungsphase.[1237] Beim Blockmodell wird der Arbeitsplatz des Altersteilzeitarbeitnehmers erst in der Freistellungsphase wieder besetzt.

d) Teilzeitanspruch

aa) Rechtspolitische Diskussion

Der allgemeine Teilzeitanspruch im TzBfG, insbesondere die konkrete Ausgestaltung des § 8 TzBfG ist heftigen Diskussionen ausgesetzt. Die Arbeitgeber empfinden das Verfahren zur Durchsetzung des generellen Teilzeitanspruchs als pure Bürokratie, besonders der Mittelstand. Hinzu kommt, dass der gesetzliche Anspruch den weiteren Ausbau der Teilzeit eher blockiert, denn der Arbeitgeber kann den Teilzeitwunsch nur abwenden, wenn er betriebliche Gründe vorbringt. An den Nachweis dieser Gründe stellen die Arbeitsgerichte hohe Anforderungen. Leidtragende sind vor allem die potenziellen Teilzeitkandidaten, die Frauen. Somit wird der gesetzliche Teilzeitanspruch zum Bumerang für die tatsächliche Förderung der Chancengleichheit. Die Forderung nach Abschaffung ist daher berechtigt. Es sollten die Teilzeitvereinbarungen auf freiwilliger Basis ausreichen.[1238]

bb) Voraussetzungen

Das TzBfG dient in seinen teilzeitrechtlichen Bestimmungen der Rezeption der RL 97/81/EWG über Teilzeitarbeit. Jedoch ist der deutsche Gesetzgeber mit der Schaffung eines gesetzlichen Rechtsanspruchs auf Teilzeit über die Richtlinie hinausgegangen.[1239]

Ein Arbeitnehmer, dessen Arbeitsverhältnis länger als sechs Monate bestanden hat, kann verlangen, dass seine vertraglich vereinbarte Arbeitszeit verringert wird, § 8 Abs. 1 TzBfG. Das TzBfG räumt dem Arbeitnehmer kein Gestaltungsrecht zur einseitigen Reduzierung der Arbeitszeit ein, sondern ein Forderungsrecht[1240].[1241]

Die Verringerung der Arbeitszeit muss der Arbeitnehmer mindestens drei Monate vor deren Beginn geltend machen. Er soll dabei die gewünschte Verteilung der Arbeitszeit angeben, § 8 Abs. 2 TzBfG. Ferner hat der Arbeitgeber mit dem Arbeitnehmer die gewünschte Verringerung der Arbeitszeit mit dem Ziel zu er-

---

[1237] Hierzu Preis - *Schabestiel/Tenbrock*, Innovative Arbeitsformen, S. 92.

[1238] Die Teilzeitquote, basierend auf freiwilligen Vereinbarungen ist nach Angaben der BDA von 1991 bis 2000 von 14 % auf 19, 8 % gestiegen. www.bda-pro-job.de, abgerufen am 29.06.2005.

[1239] Vgl. ErfK/*Preis*, § 8 TzBfG Rn. 1.

[1240] Ein Forderungsrecht stellt einen Anspruch dar, der in § 194 Abs. 1 BGB definiert ist.

[1241] So *Pelzner/Scheddler/Widlak*, S. 29; *Hromadka*, NJW 2001, 400, 403.

örtern, zu einer Vereinbarung zu gelangen. Er hat mit dem Arbeitnehmer Einvernehmen über die von ihm festzulegende Verteilung der Arbeitszeit zu erzielen, § 8 Abs. 3 TzBfG. Nach der Gesetzeskonzeption soll die Teilzeitarbeit grundsätzlich einvernehmlich zwischen den beiden Parteien vereinbart werden.

Soweit keine betrieblichen Gründe dem entgegenstehen, hat der Arbeitber der Arbeitszeitverringerung zuzustimmen und die Arbeitszeit den Wünschen des Arbeitnehmers gemäß zu verteilen. Betriebliche Gründe, die dem Teilzeitbegehren des Arbeitnehmers entgegenstehen, können insbesondere eine Beeinträchtigung des Arbeitsablaufes, der betrieblichen Organisation oder der betrieblichen Sicherheit sein, vgl. § 8 Abs. 4 S. 2 TzBfG. Der Gesetzgeber gibt hier beispielhafte Ablehnungsgründe, die durch Tarifvertrag festgelegt werden können, vgl. § 8 Abs. 4 S. 3 TzBfG.[1242] Die betrieblichen Gründe haben Präzisierungen in der Rechtsprechung, vor allem durch das BAG erfahren. Beispielsweise besteht ein betrieblicher Grund nicht, wenn der Arbeitgeber die ausfallende Arbeitszeit durch die Einstellung einer Teilzeitkraft ausgleichen kann. Steht allerdings keine Ersatzkraft in Teilzeit zur Verfügung, kann der Arbeitgeber regelmäßig nicht darauf verwiesen werden, eine Vollzeitkraft einzustellen und Überstunden abzubauen.[1243]

cc) Rechtsfolgen

Sofern alle Voraussetzungen nach § 8 Abs. 1 - 4 TzBfG vorliegen und insbesondere keine betrieblichen Gründe dem Teilzeitbegehren des Arbeitnehmers entgegenstehen, muss der Arbeitgeber der Verringerung der Arbeitszeit zustimmen.

Nach § 8 Abs. 5 S. 1 TzBfG muss der Arbeitgeber seine Entscheidung über die Verringerung der Arbeitszeit und ihre Verteilung dem Arbeitnehmer spätestens einen Monat vor dem gewünschten Beginn der Verringerung schriftlich mitteilen. Sofern sich beide Parteien nicht nach § 8 Abs. 3 TzBfG über den Teilzeitanspruch geeinigt haben und der Arbeitgeber nicht spätestens einen Monat vor deren gewünschtem Beginn schriftlich abgelehnt hat, wird die Verringerung der Arbeitszeit nach dem Verteilungswunsch gesetzlich fingiert, vgl. § 8 Abs. 5 S. 2, 3 TzBfG. Damit wird die Änderung des Arbeitsvertrages fingiert, also die Zustimmung des Arbeitgebers ersetzt. Anders als bei § 8 Abs. 4 S. 1 TzBfG, kommt es nicht darauf an, ob dem Wunsch des Arbeitnehmers betriebliche Gründe entgegenstehen. Den nun geänderten Arbeitsvertrag kann der Arbeitgeber beispielsweise nur durch einen Änderungsvertrag oder eine Änderungskün-

---

[1242] Mehr zu den betrieblichen Gründen, Diskussionsstand in Rechtsprechung und Literatur bei *Gehring*, S. 61 ff.

[1243] BAG, Urt. v. 9.12.2003 - Az. 9 AZR 16/03, NZA 2004, 921 ff.

digung wieder ändern.[1244] Lediglich die Lage der Arbeitszeit, nicht aber den Umfang kann der Arbeitgeber wieder ändern, wenn das betriebliche Interesse daran das Interesse des Arbeitnehmers an der Beibehaltung erheblich überwiegt und der Arbeitgeber die Änderung spätestens einen Monat vorher angekündigt hat, vgl. § 8 Abs. 5 S. 4 TzBfG. Dogmatisch betrachtet, gibt der Gesetzgeber dem Arbeitgeber ein gesetzliches Teilkündigungsrecht.[1245]

II. Tschechische Republik

1. Befristetes Arbeitsverhältnis

a) Allgemeines

Der Anteil der befristeten Beschäftigung liegt in der Tschechischen Republik mit 8, 1 % unter dem EU-Vergleichswert der 15 alten EU-Länder von 13, 4 %.[1246]

Nach § 30 ArbGB wird ein Arbeitsverhältnis auf unbestimmte Zeit (unbefristetes Arbeitsverhältnis - *pracvní pomĕr na dobu určitou*) eingegangen, wenn im Arbeitsvertrag keine Dauer bestimmt ist. Im tschechischen Arbeitsrecht sind somit grundsätzlich Befristungen und *„Kettenarbeitsverhältnisse"* zulässig.[1247] Ein Arbeitsvertrag kann gemäß § 29 Abs. 2 ArbGB auch weitere ergänzende Bedingungen neben den Mindestanforderungen nach § 29 Abs. 1 ArbGB beinhalten. Es können eine Befristung des Arbeitsverhältnisses, eine Konkurrenzklausel, eine Probezeit sowie Teilzeit vereinbart werden.

b) Gesetz Nr. 46/2004 Slg.

Ab dem 1. März 2004 wurde durch das Gesetz Nr. 46/2004 Slg. die Befristung von Arbeitsverhältnissen eingeschränkt.[1248] Danach dürfen die auf bestimmte Zeit eingegangenen Arbeitsverträge insgesamt nur um zwei Jahre abgeschlossen oder verlängert werden, vgl. § 30 Abs. 2 ArbGB. Das so genannte Kettenarbeitsverhältnis ist also auf maximal zwei Jahre begrenzt.[1249] Die Novelle regelt in § 30 Abs. 3 ArbGB jedoch auch Ausnahmen vom Verbot einer wiederholten Vereinbarung oder Verlängerung eines befristeten Anstellungsverhältnisses – Ersatz für einen vorübergehend abwesenden Arbeitnehmer (z. B. Antritt des Mutterschaftsurlaubs, bzw. Erziehungsurlaub einer Arbeitnehmerin), aus wichtigen betrieblichen Gründen (z. B. für Arbeiten an einem zeitlich begrenzten

[1244] Vgl. zu Vorstehendem ErfK/*Preis*, § 8 TzBfG Rn. 20.
[1245] ErfK/*Preis*, § 8 TzBfG Rn. 44.
[1246] Vgl. *Schüttpelz*, WSI-Mitteilungen 1/2003, 33, 35 (Tabelle 2, Daten von 2002).
[1247] Vgl. *Linhart/Schwarz/Hladký*, Arbeitsrecht in Europa, S. 1182.
[1248] Siehe dazu auch *Jouza*, Práce a mzda 10-11/2004, 38, 43.
[1249] Vgl. *Bohata*, WiRO 2004, 156.

Auftrag) oder aus Gründen, die im besonderen Charakter einer Arbeit bestehen (z. B. Saisonarbeiten), und in Fällen, die durch Sondervorschriften geregelt sind (z. B. Beschäftigung von Rentnern).[1250]

Die Novelle Nr. 46/2004 Slg. hebt außerdem hinsichtlich mancher Personen das Verbot auf, befristete Anstellungsverhältnisse abzuschließen, beispielsweise mit Schulabsolventen. Früher durften keine befristeten Arbeitsverhältnisse mit Absolventen von Mittel- und Hochschulen und Absolventen von Lehrlingsanstalten angeschlossen werden, die innerhalb von zwei Jahren nach dem erfolgreichen Ende ihrer Ausbildung in ein Arbeitsverhältnis eintraten.[1251]

Zudem besteht durch die Novelle die Möglichkeit, in Tarifverträgen einen Arbeitnehmerkreis zu bestimmen, mit dem kein befristetes Arbeitsverhältnis abgeschlosssen werden darf.

c) Voraussetzungen

Nach § 30 Abs. 2 S. 1 ArbGB darf ein befristetes Arbeitsverhältnis zwischen den Beteiligten vereinbart werden; eines besonderen sachlichen Grundes bedarf es hierzu nicht. Allerdings darf die Befristung auf die Dauer von höchstens zwei Jahren ab dem Entstehen des befristeten Arbeitsverhältnisses verlängert werden. Dies gilt ebenso für jedes weitere befristete Arbeitsverhältnis, das unter denselben Beteiligen vereinbart wurde, § 30 Abs. 2 S. 1 2. Halbsatz ArbGB. Im tschechischen Arbeitsrecht sind somit grundsätzlich Befristungen und *„Kettenarbeitsverhältnisse"* zulässig.[1252]

Nach Ansicht von *Havlík*, wählte der Gesetzgeber die maximale Zeitdauer der Befristung mit Bedacht (*uvážlivě*). Innerhalb von zwei Jahren hat der Arbeitgeber genügend Zeit, die Effektivität des Arbeitnehmers zu überprüfen und gleichzeitig bindet sich der Arbeitnehmer an dem Arbeitgeber. Dadurch kann der Arbeitgeber flexibel Arbeitskräfte für zeitlich begrenzte Aufgaben einstellen.[1253]

Sofern ab der Beendigung des vorangehenden befristeten Arbeitsverhältnisses die Zeit von mehr als sechs Monaten verstrichen ist, wird das vorherige befristete Arbeitsverhältnis unter denselben Beteiligten nicht berücksichtigt, § 30 Abs. 2 S. 2 ArbGB. Daraus folgt, dass ein Arbeitsverhältnis auf bestimmte Dauer zwi-

---

[1250] Zu Vorstehendem *Braun/Wiesnerová*, Magazin Plus, Februar 2004, Hrsg. DTIHK, www.dtihk.cz/StartDE.htm

[1251] Vgl. *Poljaková*, WiRO 2005, 193, 194; *Jouza*, Práce a mzda 10-11/2004, 38, 44 u. *Svobodová*, in: Tröster/Coester, S. 120.

[1252] Vgl. *Linhart/Schwarz/Hladký*, Arbeitsrecht in Europa, S. 1182.

[1253] Siehe *Havlík*, Práce a mzda 10-11/2004, 93, 94.

schen den gleichen Beteiligten erst nach sechs Monaten wieder vereinbart werden kann. In dieser Zwischenzeit kann der Arbeitnehmer somit ein Arbeitsverhältnis mit einem anderen Arbeitgeber eingehen.[1254]

Ein früheres befristetes Arbeitsverhältnis findet nur dann keine Berücksichtigung, wenn in der Zwischenzeit ein Zeitraum von mehr als sechs Monaten verstrichen ist. Die Höchstdauer der Befristung von zwei Jahren beginnt dann erneut mit dem Entstehen des Weiteren befristeten Arbeitsverhältnisses.

d) Besonderheiten

Das tschechische Arbeitsrecht gibt in § 30 Abs. 5 ArbGB den Tarifvertragsparteien die Möglichkeit, den Arbeitnehmerkreis, mit welchem der Abschluss eines befristeten Arbeitsverhältnisses unzulässig sein soll, in einem Tarifvertrag näher festzulegen. Daher kann beispielsweise mit Absolventen von Mittel- und Hochschulen, Jugendlichen oder Arbeitnehmern, für die der Ausschluss von befristeten Arbeitsverhältnissen durch Tarifvertrag bestimmt ist, kein befristeter Arbeitsvertrag vereinbart werden, sondern es können nur unbefristete Verträge abgeschlossen werden.[1255]

e) Ausnahmen

Darüber hinaus gelten die Beschränkungen des § 30 Abs. 2 ArbGB, insbesondere die Höchstbefristung, nicht für folgende Fälle, in denen es zur Vereinbarung eines befristeten Arbeitsverhältnisses kommt:

a) nach Sondervorschrift oder falls eine Sondervorschrift den Abschluss eines befristeten Arbeitsverhältnisses festlegt, das Vorbedingung für das Entstehen weiterer Ansprüche ist[1256], (§ 30 Abs. 3 a) ArbGB),
b) zwecks Ersatzes des vorübergehend abwesenden Arbeitnehmers für die Dauer des Arbeitshindernisses seitens des Arbeitnehmers (§§ 124-128 ArbGB), (§ 30 Abs. 3 b) ArbGB),
c) aus wichtigen betrieblichen Gründen seitens des Arbeitgebers oder aus Gründen, die durch den besonderen Charakter der Arbeit gegeben sind, die vom Arbeitnehmer ausgeübt werden soll.

Die Betriebsgründe werden vom Arbeitgeber in einer schriftlichen Vereinbarung mit dem zuständigen Gewerkschaftsorgan konkretisiert. Sofern beim Arbeitge-

---

[1254] Ebenfalls *Jouza*, Práce a mzda 10-11/2004, 38, 44.
[1255] So auch *Klikar/Britz*, S. 677.
[1256] Zum Beispiel § 37 Abs. 5 des Gesetzes Nr. 155/1995 Slg. über die Pensionsversicherung, in der Fassung späterer Vorschriften; Bei dieser Ausnahme vom Verbot der Höchstbefristung etc. geht es vorrangig um die Beschäftigung von Rentnern.

ber keine Gewerkschaft tätig ist, sind die ernsthaften Gründe in einer *„schriftlichen Definition"* (*písemné vymezení*) bzw. einer internen Vorschrift näher zu bestimmen, vgl. § 30 Abs. 3 c) ArbGB.[1257]

Somit sind Befristungen aus haushaltsrechtlichen Gründen – nach Sondervorschriften – gemäß § 30 Abs. 3 a) ArbGB in ihrer Dauer unbegrenzt zulässig. Ohne weitere Voraussetzungen, nur aufgrund einer besonderen Rechtsvorschrift[1258] ist ein befristetes Arbeitsverhältnis mit so genannten arbeitenden Rentnern[1259] möglich, die neben der Rente noch verdienen möchten.

Ebenfalls sind Befristungen zur Vertretung eines vorübergehenden abwesenden Arbeitnehmers möglich, vgl. § 30 Abs. 3 b) ArbGB. Dieser Paragraph verweist auf die §§ 124 bis 128 ArbGB, die Arbeitsverhinderung auf Seiten des Arbeitnehmers. Deshalb ist eine Vertretung eines zeitweilig ausfallenden Arbeitnehmers wegen Ausübung öffentlicher Ämter, bürgerlicher Pflichten[1260] (§ 124 ArbGB), wegen der Ableistung des Grundwehrdiensts bzw. Grundwehrersatzdiensts (§125 ArbGB), wegen der Teilnahme an einer Schulung oder Fernstudium (§126 ArbGB) sowie wegen weiterer wichtiger persönlicher Arbeitsverhinderungen wie Krankheit, Unfall, Urlaub, Mutterschaft, Elternzeit (§§ 127, 128 ArbGB) möglich. Ähnliches gilt für die Befristung aufgrund der Eigenart der Arbeitsleistung, die in § 30 Abs. 3 c) ArbGB – *„besonderer Charakter der Arbeit"* angesprochen wird. Unter den Tatbestand der Befristung aus *„wichtigen betrieblichen Gründen seitens des Arbeitgebers"* in § 30 Abs. 3 c) ArbGB kann man einen vorübergehenden Bedarf an Arbeitsleistung subsumieren. Dieser betriebliche Mehrbedarf an Arbeitsleistung muss jedoch zeitlich begrenzt sein. Auch wenn dies nicht im Gesetz zum Ausdruck kommt, gebietet es die Natur der Befristung. Zudem geht auch der Gesetzgeber von im Grundsatz unbefristeten Arbeitsverhältnisses aus.

Hinzu kommt, dass der Arbeitgeber die angeführten Befristungsgründe in § 30 Abs. 3 c) ArbGB mit dem zuständigen Gewerkschaftsorgan gemeinsam schriftlich vereinbaren muss. Nur wenn keine Gewerkschaftsorganisation im Betrieb oder Unternehmen tätig ist, darf der Arbeitgeber in einer internen Vorschrift die Gründe selber festlegen.

Die aufgeführten Ausnahmefälle in § 30 Abs. 3 ArbGB sind gesetzlich abschließend geregelt. Die Struktur der Ausnahmen von der Gemeinregel, die es ermög-

---

1257 Vgl. nur *Klikar/Britz*, S. 676 sowie *Jouza*, Práce a mzda 10-11/2004, 38, 44.
1258 Siehe Fn. 1254.
1259 So beispielsweise *Jouza*, Práce a mzda 10-11/2004, 38, 44.
1260 Darunter fallen z.B. die freiwillige Feuerwehr, Technisches Hilfswerk.

lichen, begrenzte Arbeitsverhältnisse abzuschließen, die die zweijährige Befristungsdauer überschreiten, ist optimal gewählt.[1261]

Die Einschränkungen des § 30 Abs. 2 - 5 gelten nach § 30 Abs. 6 ArbGB nicht für befristete Arbeitsverhältnisse, die zwischen einem Arbeitgeber, der Arbeitsplätze gemäß einer besonderen Rechtsvorschrift[1262] vermittelt, und einem Arbeitnehmer zum Zwecke der Arbeitsausübung bei einem anderen Arbeitgeber abgeschlossen werden (§§ 38 a und 38 b ArbGB). Hier geht es um die Fälle der Beschäftigungsvermittlung durch eine Arbeitsagentur (Zeitarbeitsunternehmen), der so genannten Arbeitnehmerüberlassung. Für den Leiharbeitsvertrag zwischen dem Zeitarbeitsunternehmen und dem Arbeitnehmer zum Zwecke der Arbeitnehmerüberlassung, die in einer vorübergehenden Entsendung besteht, gilt das Befristungsrecht nicht. Allerdings gelten die besonderen Regelungen über die Arbeitnehmerüberlassung nach den §§ 38 a und 38 b ArbGB.

f) Rechtsfolgen

Sofern der Arbeitgeber mit dem Arbeitnehmer ein befristetes Arbeitsverhältnis vereinbart, ohne die Voraussetzungen nach § 30 Abs. 2 und 3 ArbGB zu erfüllen und der Arbeitnehmer vor Ablauf der befristeten Tätigkeit dem Arbeitgeber schriftlich mitteilt, dass er darauf besteht, weiter bei ihm beschäfigt zu werden, gilt das Arbeitsverhältnis als auf unbestimmte Zeit vereinbart, § 30 Abs. 4 S. 1 ArbGB. Das Gesetz fingiert hier ein unbefristetes Arbeitsverhältnis, sofern die gesetzlichen Bedingungen der Befristung nicht erfüllt werden und der Arbeitnehmer eine Weiterbeschäftigung verlangt.

Allerdings dürfen beide Parteien vor Gericht den Antrag auf Feststellung der Rechts(un)wirksamkeit geltend machen. Die Anrufung des Gerichts muss spätestens innerhalb von zwei Monaten nach dem vereinbarten Ende des befristeten Arbeitsverhältnisses erfolgen. Denn § 30 Abs. 4 S. 2 ArbGB bestimmt, dass ein Antrag auf Feststellung, ob die in Abs. 2 und 3 festgelegten Bedingungen erfült sind, sowohl vom Arbeitgeber als auch vom Arbeitnehmer bei Gericht innerhalb

---

1261 So zutreffend *Havlík*, Práce a mzda 10-11/2004, 93, 94.

1262 § 66 des Gesetzes Nr. 435/2004 Slg. (Beschäftigungsgesetz), der auf § 38 a ArbGB verweist. § 66 lautet: „*Als Beschäftigungsvermittlung durch eine Arbeitsagentur (Anm. Verf. Zeitarbeitsunternehmen/Verleiher) nach § 14 Abs. 1 b) gilt der Abschluss eines Arbeitsverhältnisses oder einer Vereinbarung über die Arbeitstätigkeit zwischen einer natürlichen Person (Anm. Verf. Leiharbeitnehmer) und einer Arbeitsagentur für Zwecke der Ausübung von Arbeit bei einem Nutzer (Anm. Entleiher/ein anderer Arbeitgeber). Eine Arbeitsagentur kann seine Arbeitnehmer vorübergehend zur Arbeitsausübung bei einem Nutzer nur aufgrund einer schriftlichen mit dem Nutzer nach einer besonderen Rechtsvorschrift (Anm. Verf. Arbeitnehmerüberlassungsvertrag, § 38 a Abs. 2, 3 ArbGB) abgeschlossenen Vereinbarung über die vorübergehende Entsendung des Arbeitnehmers überlassen.*“

der Zweimonatsfrist ab vereinbartem Ende des befristeten Arbeitsverhältnisses gestellt werden kann. Der Arbeitgeber kann daher geltend machen, dass ein befristetes Arbeitsverhältnis gesetzesmäßig vereinbart wurde und das Gründe für eine befristete Beschäftigung bestanden.[1263]

g) Beendigung eines befristeten Arbeitsverhältnisses

Nach § 56 Abs. 1 S. 1 ArbGB endet ein auf bestimmte Zeit vereinbartes Arbeitsverhältnis mit Ablauf dieser Zeit. Wenn die Zeitdauer des Arbeitsverhältnisses auf die Zeit der Durchführung bestimmter Arbeiten beschränkt wird, soll der Arbeitgeber den Arbeitnehmer auf die Beendigung dieser Arbeiten rechtzeitig hinweisen, in der Regel mindestens drei Tage vorher, vgl. § 56 Abs. 1 S. 1 ArbGB. Setzt der Arbeitnehmer nach Ablauf der vereinbarten Zeit die Arbeitsleistung mit Kenntnis des Arbeitgebers fort, so gilt, dass sich dieses Arbeitsverhältnis in ein auf unbestimmte Zeit abgeschlossenes Arbeitsverhältnis ändert, § 56 Abs. 2 ArbGB. Hier wird also ein unbefristetes Arbeitsverhälnis als Rechtsfolge fingiert.

Vor Ablauf der vereinbarten Zeit kann natürlich das befristete Arbeitsverhältnis auch durch die anderen in § 42 ArbGB[1264] angeführten Arten beendet werden, vgl. § 57 ArbGB.

h) De lege ferenda (Rechtslage ab dem 1.1.2007)

Die Bestimmungen zum befristeten Arbeitsverhältnis sind durch das neue ArbGB nicht geändert worden. Die Regelungen zur bestimmten Beschäftigung befinden sich allerding nunmehr in § 39 ArbGB n.F. Die Beendigung solcher Arbeitsverhältnisse ist in § 65 ArbGB n.F. normiert.

Nach wie vor ist in der Tschechischen Republik keine Sachgrundbefristung, wie sie es in Deutschland gibt, möglich. Nach dem tschechischen Recht sind ebenso kein Befristungsgrund sowie eine Befristungsabrede erforderlich. Eine Entfristungsklage, so wie es in Deutschland der Fall ist, existiert auch nicht. Es ist grundsätzlich nur zwei Monate nach Ablauf der Kündigungsfrist eine Klage auf Feststellung der Unwirksamkeit der Kündigung möglich, vgl. §§ 69 ff. ArbGB n.F. Dabei wird dann inzident die Befristung mit geprüft. Allerdings kann ein befristetes Arbeitsverhältnis, sofern die Befristung ausläuft und der Arbeitnehmer die Weiterbeschäftigung wünscht, das nach den gesetzlichen Vorschriften eine unwirksame Befristung enthält, in ein unbestimmtes Arbeitsverhältnis fingiert werden, vgl. § 39 Abs. 5 ArbGB n.F. Hierbei muss der Arbeitnehmer in-

---

[1263] So *Jouza*, Práce a mzda 10-11/2004, 38, 44.

[1264] Also durch Aufhebungsvertrag, (ordentliche)Kündigung, sofortige Auflösung (außerordentliche Kündigung).

nerhalb von zwei Monaten ab dem Tag des Befristungsendes einen Antrag bei Gericht stellen, dass die gesetzlichen Befristungsbedingungen nicht erfüllt sind. Dem Arbeitgeber steht das gleiche Recht zu, jedoch müsste dann der Antrag darauf gerichtet sein, dass die gesetzlichen Bedingungen bei der Befristung erfüllt wurden. Diese Rechtsfolgen sind indes nicht neu, sondern schon bisher im § 30 Abs. 4 ArbGB statuiert.

Einheitlich ist nunmehr auch bei dem befristeten Arbeitsverhältnis in § 39 Abs. 6 ArbGB n.F. geregelt, dass die Voraussetzungen und Beschränkungen sowie Ausnahmen einer befristeten Beschäftigung, die in den Absätzen 2 bis 5 des § 39 ArbGB n.F. normiert sind, nicht für die Agenturbeschäftigung nach den § 2 Abs. 5 i.V.m. §§ 308, 309 ArbGB n.F. gelten. Dies ist indes nicht neu, sondern ergab sich bisher indirekt aus den Regelungen § 66 des BeschäftigungsG Nr. 435/2004 Slg., und den §§ 38 a, 38 b ArbGB.[1265] Zur Klarstellung ist eine Regelung bei dem befristeten Arbeitsverhältnis im ArbGB erfolgt.

2. Teilzeit

a) Allgemeines / Definitionen

Der Anteil der Teilzeitbeschäftigten ist in den MOE-Staaten[1266] deutlich niedriger als in der EU, wo er im Durchschnitt bei 19 % liegt. In der Tschechischen Republik liegt die Teilzeitbeschäftigungsquote bei 4,5-5 %.[1267] Hingegen liegt die durchschnittliche Wochenarbeitszeit bei Teilzeitbeschäftigten mit 25, 2 Stunden in der Tschechischen Republik über den EU-Vergleichswerten (19,8).[1268]

Allerdings finden Teilzeitarbeitsverhältnisse in der Tschechischen Republik keine große Beachtung.[1269] Die Vereinbarung von Teilzeit ist in der Praxis bislang eher die Ausnahme, auch wenn die Arbeitnehmer beispielsweise für kleine Kinder sorgen. Die meisten Arbeitgeber sind an diesem Beschäftigungsmodell nicht interessiert.

Unter Laien wird sehr oft für die kürzere Arbeitszeit *(kratší pracovní doba)* eine andere Bezeichnung verwendet, nämlich *„Arbeit auf Partiellverpflichtung/ Teilverpflichtung/Teilbeschäftigung"* *(práce na částečný úvazek)* oder *„Arbeit auf gekürzte Verpflichtung/Beschäftigung"* *(práce ne zkrácený úvazek)*. Diese

---

1265 Ähnlich auch *Jouza*, Práce a mzda 10-11/2004, 38, 45.

1266 Bsp. Rumänien 1 %, Lettland 7 %.

1267 Siehe *Fassmann/Čornejová*, Práce a mzda 7-8/2005, 54, 56.

1268 Vgl. zu Vorstehendem *Schüttpelz*, WSI-Mitteilungen 1/2003, 33, 34 (S. 35 Tabelle 2: Daten von 2002).

1269 Vgl. *Klikar/Britz*, S. 677.

Bezeichnungen sind aus zwei Gründen nicht genau. Erstens – das gültige ArbGB regelt nicht den Begriff die Verpflichtung/Beschäftigung. Es definiert nur den Begriff Arbeitszeit *(pracovní doba)* (§ 83 Abs.1 ArbGB) und festgelegte Wochenarbeitszeit *(stanovená týdenní doba)* (§ 83a Abs. 5 ArbGB). Zweitens – es werden zwei verschiedene Begriffe, die *„kürzere Arbeitszeit" (kratší pracovní doba)* und *„abgekürzte Arbeitszeit" (zkrácená pracovní doba)* verwechselt, obwohl es sich um zwei ganz verschiedene Rechtsinstitute handeln.[1270]

Die abgekürzte Arbeitszeit ist die Arbeitszeit, deren Länge unter der festgelegten Wochenarbeitszeit gemäß § 83 Abs. 1 ArbGB und auch in § 83a Abs.2 ArbGB[1271] erniedrigt wird, ohne eine Herabsetzung des Lohnes. Dem Arbeitnehmer gebührt der volle Lohn. Der Begriff der abgekürzten Arbeitszeit kann synonym mit der Kurzarbeit verwendet werden.

Um eine Teilzeitarbeit handelt sich in dem Fall, wenn der Arbeitsnehmer seine Arbeit in der Arbeitszeit ausübt, deren Dauer kürzer als die festgelegte Wochenarbeitsdauer
(§ 83a ArbGB) ist und er für diese Arbeit verhältnismäßig erniedrigten Lohn, der der Teilzeitarbeit entspricht, erhält.

Im Gemeinschaftsrecht der EG wird anstatt des Begriffes kürzere Arbeitszeit *(kratší pracovní doba)* der Begriff Teilzeitarbeit *(částečný úvazek)* verwendet. Dieser Begriff findet sich auch in den tschechischen Übersetzungen der EU-Richtlinien und der Urteile des EuGH, die das Ministerium für Arbeit und soziale Angelegenheiten (MPSV) auf der eigenen Webseite veröffentlicht, wieder.[1272]

Manchmal kann man im Schrifttum den Begriff unvollständige Arbeitszeit *(neúplná pracovní doba)* finden.[1273]

b) Voraussetzungen

Eine kürzere Arbeitszeit, so genannte Teilzeit, kann gemäß § 86 Abs. 1 ArbGB aus betrieblichen, gesundheitlichen oder sonstigen wichtigen, beim Arbeitneh-

---

1270 Vgl. *Svobodová*, Právo a zaměstnání 6/2004, 2 und *dies.* in: Tröster/Coester, S. 118.

1271 Die festgelegte Wochenarbeitszeit in § 83a Abs. 1 und 2 ArbGB wird auch im Schrifttum als gesetzliche *(zákonná)* bezeichnet, denn sie ist direkt durch das Gesetz geregelt. Daher kann die festgelegte Wochenarbeitszeit in § 83a Abs.2 ArbGB auch als gesetzlich abgekürzte Arbeitszeit *(zákonná zkrácená)* geannt werden; *Svobodová*, Právo a zaměstnání 6/2004, 2 (Fn. 3).

1272 So auch *Svobodová*, Právo a zaměstnání 6/2004, 2, 5.

1273 Siehe *Kalenská und Kollektiv*, Tschechisches Arbeitsrecht, Prag, 1988, S. 155 (Kalenská M. a kol., Československé pracovní právo, Praha, 1998, strana 155) mer liegenden Gründen vereinbart werden. Dem Arbeitnehmer gebührt dann ein der kürzeren Arbeitszeit entsprechender Lohn.[1274]

Ferner kann der Arbeitgeber dem Arbeitnehmer auf dessen Ersuchen aus gesundheitlichen oder anderen ernsten (schwerwiegenden) Gründen eine andere geeignete Gestaltung der festgelegten Wochenarbeitszeit oder kürzeren Arbeitszeit erlauben, wenn es der Betrieb erlaubt, vgl. § 86 Abs. 2 ArbGB. Das bedeutet, dass der Arbeitnehmer nicht nur eine Verringerung der Arbeitszeit, sondern auch eine andere Verteilung der Wochenarbeitszeit mit dem Arbeitgeber vereinbaren kann, sofern es *„der Betrieb des Arbeitgebers erlaubt"*[1275]. Dieser betriebliche Grund kann insbesondere in der Organisation oder im Arbeitsablauf des Betriebes liegen. Allerdings kann bei einem Teilzeitverlangen mit Zustimmung des Arbeitnehmers festgelegt werden, dass die Arbeitszeit an einzelnen Tagen mehr als neun Stunden beträgt, vgl. § 86 Abs. 3 ArbGB.

Man muss also zwei Teilzeitalternativen unterscheiden. Zum einen hat der Arbeitgeber die Möglichkeit mit dem Arbeitnehmer individuell, vor allem aus Betriebsgründen, in einem Arbeitsvertrag oder einer sonstigen Vereinbarung *(dohada)* nach § 244 Abs. 1 ArbGB die Teilzeit zu vereinbaren. Dann spricht man von einer vereinbarten Teilzeit. Bei einem solchen zweiseitigen Rechtsakt ist es nicht möglich, die Arbeitszeit einseitig, egal ob durch den Arbeitsnehmer oder Arbeitsgeber, zu erhöhen oder zu erniedrigen.[1276] Sofern der Arbeitsgeber mit dem Arbeitsnehmer eine Teilzeitarbeit in dem Arbeitsvertrag oder in einem anderen Vertrag vereinbart, drückt diese Vereinbarung beider Vertragsparteien ein Einverständnis, Einvernehmen über die Arbeitszeitdauer, die von der Wochenarbeitszeit abweicht, aus. Zum anderen kann der Arbeitsgeber die Teilzeitarbeit aus Gesundheitsgründen oder anderen wichtigen Gründen erlauben, wenn es der Betrieb ermöglicht.[1277] Hier spricht man von einer erlaubten Teilzeit. Im Falle, dass die Teilzeitarbeit auf Antrag des Arbeitnehmers gestattet wurde, kann der Arbeitgeber diese Genehmigung zurücknehmen, wenn es ernsthafte Betriebsgründe verlangen. Das Gesetz bestimmt die Form dieses Rechtsakts nicht. Aber es ist im Interesse der Beteiligten des Arbeitsverhältnisses, dass dies schriftlich gemacht wird.[1278]

[1274] Siehe insoweit *Šimečková*, S. 125.

[1275] So die Übersetzung des § 86 Abs. 1 und Abs. 2 ArbGB; vgl. *Babůrková*, S. 69, 70.

[1276] Vgl. *Svobodová*, Právo a zaměstnání 6/2004, 2, 3.

[1277] Vgl. *Součková und Kollektiv*, tsch. ArbGB-Kommentar, 3. Auflage, 2001, S. 236 (Součková a kol., Zákoník práce. Komentář, 3. vydání, 2001, strana 236).

[1278] Ebenso *Svobodová*, Právo a zaměstnání 6/2004, 2, 3.

c) Ausnahmen

Vom Grundsatz der einvernehmlichen Vereinbarung einer kürzeren Arbeitszeit zwischen Arbeitnehmer und Arbeitgeber, die in der Regel im Rahmen des Arbeitsvertrages erfolgt, gibt es Ausnahmen.

In einigen Fällen besteht für den Arbeitgeber ein „*Kontrahierungszwang*"[1279]:

- zum einen, wenn Schwangere oder eine Arbeitnehmerin, ein Arbeitnehmer, die (der) ein Kind unter 15 Jahren betreuen, um eine kürzere Arbeitszeit ersuchen, vgl. § 156 Abs. 2 und § 270 Abs. 1 ArbGB,
- zum anderen, wenn Arbeitnehmer, die langfristig und überwiegend selbst einen pflegebedürftigen Menschen betreuen, um eine kürzere Arbeitszeit ersuchen, vgl. § 270 Abs. 2 ArbGB.

In diesen Fällen entsteht ein gesetzlicher Anspruch auf Teilzeitarbeit. Sofern der Arbeitsgeber den Antrag des Arbeitnehmers auf Teilzeit nicht berücksichtigt, könnte Klage bei Gericht erhoben werden. In beiden Fällen besteht ein Teilzeitanspruch allerdings nur, sofern dem nicht wichtige betriebliche Gründe seitens des Arbeitgebers entgegenstehen, vgl. § 156 Abs. 2 S. 1 der auf § 86 ArbGB verweist. Dabei verfährt der Arbeitgeber in Mitwirkung mit dem zuständigen Gewerkschaftsorgan, § 156 Abs. 2 S. 1 letzter HS ArbGB. Die Gründe können vom Gericht überprüft werden. Für die Beurteilung der Wichtigkeit der Betriebsgründe ist notwendig, jeden Einzelfall abzuwägen. Zum einen sind der Umfang, die Organisation, der Inhalt und die Einteilung sowie der Zeitplan der Arbeit des teilzeitverlangenen Arbeitnehmers entscheidend. Zum anderen sind die Betriebsumstände des Arbeitsgebers, d.h. Charakter der Tätigkeit, die Möglichkeit einer Vetretung durch einen anderen Arbeitnehmer, die finanzielle Möglichkeit und auch die Beziehung und die Anknüpfung der Arbeit des Arbeitsnehmers in einzelnen Abteilungen des Betriebes, zu überprüfen.[1280]

d) Teilzeitanspruch

Problematisch ist die Situation, wenn der Arbeitsnehmer eine Arbeit auf Grund eines Arbeitsverhältnisses mit festgelegter Wochenarbeitszeit ausübt und den Umfang der Arbeitszeit herabsetzen möchte, der Arbeitsgeber aber kein Interesse an einer Verringerung der Arbeitszeit hat. In der Praxis entstehen dann die Fragen, ob dem Arbeitsnehmer einem Anspruch auf die Teilzeitarbeit zusteht und ob er seinen Anspruch durch Klage bei Gericht durchsetzen kann.[1281]

[1279] *Šimečková*, S. 125.
[1280] Vgl. *Svobodová*, Právo a zaměstnání 6/2004, 2, 3 (Fn. 5).
[1281] So schon *Svobodová*, Právo a zaměstnání 6/2004, 2, 3.

Ein Arbeitsnehmer kann nicht mit den oben erwähnten Ausnahmen in § 156 Abs. 2 und § 270 Abs. 1, 2 ArbGB weitere Fälle der Teilzeitarbeit von dem Arbeitgeber mit einer Klage durchsetzen, denn das Gesetzt gewährleistet ihm diesen Anspruch nicht. Dem Arbeitsgeber obliegt nur die allgemeine Pflicht, die Voraussetzungen sicherzustellen, damit er das Teilzeitersuchen in den Fällen der §§ 156 Abs. 2, 270 ArbGB berücksichtigen und entsprechen kann, sofern es der Betrieb ermöglicht.

Die Arbeitnehmer haben keinen allgemeinen Rechtsanspruch auf Teilzeit.

e) De lege ferenda (Gesetzeslage ab dem 1.1.2007)

Die Vereinbarung einer Teilzeit ist dem Arbeitgeber und dem Arbeitnehmer überlassen. Sie wird nach dem neuen ArbGB an keine besonderen gesetzlichen Voraussetzungen gebunden. Klargestellt wird in § 80 ArbGB n.F nur, dass dem Arbeitnehmer ein der kürzeren Arbeitszeit entsprechender Lohn zusteht.

Ein gesetzlicher Anspruch der Arbeitnehmer auf Teilzeitbeschäftigung besteht nicht. Nur in Ausnahmefällen besteht dieser für bestimmte Personengruppen. Diese Fälle, in denen ein Kontrahierungszwang für den Arbeitgeber besteht, sind gleich geblieben und de lege ferenda in § 241 Abs. 2 ArbGB n.F. geregelt.

III. Ergebnis / Würdigung

1. Innerstaatlicher Vergleich

Das Befristungsrecht in Deutschland offenbart, wie *Preis* zutreffend formuliert, ein *„zwiespältiges Bild“*[1282]. Auf der einen Seite ist es sehr flexibel und dehnbar im materiellen Befristungsrecht ausgestaltet, gerade im Gesetzesrecht zur sachgrundlosen Befristung und in der Rechtsprechungspraxis zur Sachgrundbefristung. Auf der anderen Seite ist es durch einen Rigorismus, durch eine Formstrenge im formellen Befristungsrecht geprägt, gerade bei der Schriftform allgemein und insbesondere bei der Verlängerungsoption und der nachträglichen Befristung. Gerade die juristische Formstrenge ist in den Fällen des täglichen Lebens, im Massengeschäft des befristeten Arbeitsvertrages, ohne Heilung praxisfern und verkompliziert das Recht gerade für kleine Arbeitgeber, die sich keine juristische Beratung vorab leisten können.

Auch die Altersbefristung in § 14 Abs. 3 TzBfG entspricht nicht dem europäischen Recht und bedarf einer dringenden Reform. Empfehlenswert ist nach *Bauer/Arnold* den Gesetzeswortlaut dahingehend zu konkretisieren, dass der Anwendungsbereich auf zuvor Arbeitslose oder ohne den Abschluss des befris-

---

[1282] *Preis*, NZA 2005, 714, 718.

teten Arbeitsvertrags von Arbeitslosigkeit bedrohte Arbeitnehmer ab dem 52. Lebensjahr beschränkt und zusätzlich sowohl eine Begrenzung der maximalen Dauer als auch der Anzahl der Befristungen angenommen wird, um den Missbrauch von Kettenbefristungen zu vermeiden.[1283]

Das derzeitige Teilzeitrecht ist hauptsächlich durch den Anspruch des Arbeitnehmers auf Teilzeit geprägt, der schon bei der Einführung heftigen – nicht nur politischen – Diskussionen ausgesetzt war. Denn aus unternehmerischer Sicht handelt es sich bei den Reduzierungsbegehren nach § 8 TzBfG um einzelne isolierte Maßnahmen, die nicht aufeinander abgestimmt bzw. schwer koordinierbar sind und daher Zweifel an einem konkreten betrieblichen Nutzen aufkommen lassen.[1284]

2. Zwischenstaatlicher Vergleich

Atypische Arbeitsverhältnisse wie die Teilzeit und die befristete Beschäftigung sind in der Tschechischen Republik weit weniger verbreitet als in Deutschland. Diese Arbeitsmodelle finden noch keine große Beachtung in der tschechischen Praxis. Allgemein sind diese Formen der Beschäftigung in den MOE-Staaten seltener als in der EU anzutreffen.[1285] Dies ist nach *Schüttpelz*[1286] vor allem eher ein Resultat der schlechten Nachfrage auf den Arbeitsmärkten. Allerdings sind in den Dienstleistungszentren wie Prag sowie den Industriezentren, insbesondere Mladá Boleslav, Kolín, Plzeň ein Anstieg an Investitionen und Beschäftigungsbedarf zu verzeichnen.[1287]

Jedoch bleibt nicht zu verkennen, dass der *„typische Arbeitnehmer“*[1288] in der Tschechischen Republik ein unbefristet beschäftigter Vollzeitarbeitnehmer ist. Diese Arbeitnehmer bilden bis jetzt 92-93 % der gesamten Beschäftigung in der Tschechischen Republik. Das System der befristeten Arbeitsverhältnisse hat sich in der Tschechischen Republik bislang – auch unter dem Einfluss der gesetzlichen Regelungen und dem Druck der Gewerkschaften – nicht besonders verbreitet. Es macht lediglich 7-8 % der gesamten Beschäftigungsquoten aus. Genauso hat die Teilzeitarbeit in der Tschechischen Republik keine Tradition. Die Zahlen bewegen sich bis dato zwischen 4,5-5 % der Gesamtbeschäftigung.[1289] Dagegen ist die Teilzeitquote in Deutschland nach Angaben der Bundesvereinigung der

---

[1283] Vgl. *Bauer/Arnold*, NJW 2006, 6, 12; so auch die Stellungnahme des Ausschusses Arbeitsrecht des DAV, Stellungnahme Nr. 54/2005 v. Dez. 2005.
[1284] Siehe *Gehring*, S. 166.
[1285] Vgl. dazu die Untersuchungen bei *Carley*, Arbeitsbeziehungen, S. 17, 18.
[1286] *Schüttpelz*, WSI-Mitteilungen 1/2003, 33, 34.
[1287] Vgl. näher zu den regionalen Strukturdaten, *Kutschera*, S. 11 ff.
[1288] *Fassmann/Čornejová*, Práce a mzda 7-8/2005, 54, 56.
[1289] Vgl. zu Vorstehendem *Fassmann/Čornejová*, Práce a mzda 7-8/2005, 54, 56.

deutschen Arbeitgeberverbände (BDA) von 1991 bis 2000 von 14 % auf 19, 8 % gestiegen.[1290] Nach aktuellen Daten hat die Teilzeitarbeit koninuierlich auf fast 23 % der Gesamtbeschäftigung zugenommen. Hingegen bewegt sich der Anteil der befristet Beschäftigten bei rund 8 % (Mitte 2005).[1291] Im Jahr 2004 umfassten atypische Beschäftigungsformen gut ein Drittel aller abhängig Beschäftigten; bei den Frauen lag der Anteil bei knapp 54 %.[1292]

Zwar kann die so genannte verkürzte Arbeitszeit in der Tschechischen Republik vereinbart werden (Teilzeitbeschäftigung). Der Arbeitgeber konnte bisher (bis zum 1.1.2007) mit dem Arbeitnehmer eine verkürzte Arbeitszeit im Arbeitsvertrag aus betrieblichen, gesundheitlichen oder anderen ernsten Gründen auf Seiten des Arbeitnehmers vereinbaren. Nach dem neuen ArbGB sind den Arbeitsvertragsparteien bei der Teilzeitvereinbarung keine gesetzlichen Grenzen gesetzt. Die neue gesetzliche Grundlage der Teilzeit in § 80 ArbGB n.F. statuiert keine Voraussetzungen mehr. Nunmehr braucht der Arbeitgeber für eine verkürzte Arbeitszeit keine ernsten Gründe mehr. Einen generellen Anspruch auf Teilzeitbeschäftigung wie in Deutschland kennt das tschechische Arbeitsrecht auch noch nicht. Allerdings sind Teilzeitmodelle bei tschechischen Arbeitgebern nicht beliebt.

Es gibt auch das allgemeine Gleichbehandungsgebot im tschechischen Arbeitsrecht, § 1 Abs. 3 ArbGB bzw. § 16 Abs. 1 ArbGB n.F. Jedoch ist in der Tschechischen Republik der Grundsatz des Verbotes der Diskriminierung von Teilzeitbeschäftigten nicht ausdrücklich geregelt, was der Tschechischen Republik von der EU vorgeworfen wird.[1293] De lege ferenda ist dies bei der neuen Teilzeitregelung in § 80 ArbGB n.F. auch nicht geschehen. Ein neues Antidiskriminierungsgesetz, was in dem Gründebericht des Regierungsentwurfes Nr. 1153/2005 zum neuen ArbGB beabsichtigt war, wurde noch nicht erlassen. Das neue ArbGB könnte de lege ferenda ein Verbot der Diskriminierung von Teilzeitbeschäftigten ähnlich dem deutschen Recht in § 4 TzBfG[1294] beinhalten. Das

---

[1290] www.bda-pro-job.de, abgerufen am 29.06.2005.

[1291] Vgl. hierzu *Keller/Seifert*, WSI-Mitteilungen 5/2006, 235, 236.

[1292] Diese Anteile sind berechnet als Anteile der atypisch Beschäftigten (Teilzeit-, geringfügig sowie befristet Beschäftigte, Leiharbeit) an allen abhängig Beschäftigten; mehr dazu bei *Keller/Seifert*, WSI-Mitteilungen 5/2006, 235, 236.

[1293] So jedenfalls *Svobodová*, Právo a zaměstnání 6/2004, 2, 5.

[1294] § 4 TzBfG *Verbot der Diskriminierung* lautet (1) Ein teilzeitbeschäftigter Arbeitnehmer darf wegen der Teilzeitarbeit nicht schlechter behandelt werden als ein vergleichbarer vollzeitbeschäftigter Arbeitnehmer, es sei denn, dass sachliche Gründe eine unterschiedliche Behandlung rechtfertigen. Einem teilzeitbeschäftigten Arbeitnehmer ist Arbeitsentgelt oder eine andere teilbare geldwerte Leistung mindestens in dem Umfang zu gewähren, der dem Anteil seiner Arbeitszeit an der Arbeitszeit eines vergleichbaren vollzeitbeschäftigten Arbeitnehmers entspricht.

neue ArbGB verweist in § 17 auf das Antidiskriminierungsgesetz, das noch nicht verabschiedet ist. Auch einen Diskussionsentwurf gibt es derzeit nicht.

In der Tschechischen Republik können die Vertragsparteien ein befristetes Arbeitsverhältnis maximal für einen Zeitraum von zwei Jahren schließen (Höchstbefristung) oder bis auf zwei Jahre ab dem Zeitpunkt seiner Entstehung verlängern. Entsprechendes gilt auch für eventuell weitere zwischen den Vertragsparteien eingegangene befristete Arbeitsverhältnisse, vgl. § 30 Abs. 2 S. 1 ArbGB. Es gibt daher grundsätzlich nur einmal die Möglichkeit, ein konkretes Arbeitsverhältnis auf zwei Jahre zu befristen. Danach müssen die Vertragsparteien entweder das bestimmte Arbeitsverhältnis beenden oder in ein unbefristetes Arbeitsverhältnis umwandeln.[1295] Erst wenn zwischen der Beendigung des befristeten Arbeitsverhältnisses mehr als sechs Monate vergangen sind, wird das vorherige Arbeitsverhältnis unter denselben Vertragsparteien nicht mehr berücksichtigt, § 30 Abs. 2 S. 2 ArbGB. Daher kann erneut zwischen denselben Parteien ein befristetes Arbeitsverhältnis von maximal zwei Jahren vereinbart werden.

Dagegen besteht in Deutschland die Option zwischen einer Befristung mit Sachgrund, die keine Höchstbefristung vorsieht bzw. die sachgrundlose Befristung nach § 14 Abs. 2 S. 1 TzBfG. Allerdings ist bei dieser eine Höchstbefristung von maximal zwei Jahren vorgesehen. Des Weiteren wird diese Befristungsart unter der Bedingung gestellt, dass mit demselben Arbeitgeber nicht bereits zuvor ein befristetes oder unbefristetes Arbeitsverhältnis bestanden hat, vgl. § 14 Abs. 2 S. 2 TzBfG. Theoretisch und praktisch kann daher ein Arbeitgeber einen Arbeitnehmer zuerst bis maximal 2 Jahre ohne Sachgrund befristet einstellen, sofern die Voraussetzungen vorliegen und danach eigentlich *"unbegrenzt"* Befristungen mit einem Sachgrund vornehmen. Allerdings steigen die Anforderungen an die Rechtfertigung der Befristung mit der Dauer der Befristung. Es existiert auch kein generelles Anschlussverbot der Befristung in Deutschland, hinsichtlich eines Wechsels von der sachgrundlosen Befristung zur Befristung mit einem Sachgrund. Hingegen ist es in der Tschechischen Republik grundsätzlich nicht möglich, nach der ersten eingegangenen Befristung nach der Höchstbefristung von zwei Jahren, erneut gleich ein befristetes Arbeitsverhältnis zwischen denselben Parteien einzugehen. Lediglich ist ein Anschlussverbot bei der Vereinbarung einer sachgrundlosen Befristung vorgesehen. Ferner gibt es in Deutschland bei der Altersbefristung gemäß § 14 Abs. 3 TzBfG die Bedingung, dass zwischen den Beteiligten zuvor, in einem Zeitraum von sechs Monaten, kein unbefristeter Arbeitsvertrag zwischen denselben Parteien bestanden haben darf.

[1295] Genauso *Klikar/Britz*, S. 676.

Allerdings gibt es auch in der Tschechischen Republik Ausnahmen von der Höchstbefristung eines Arbeitsverhältnisses, vgl. § 30 Abs. 3 ArbGB. Diese Ausnahmen kann man mit der Sachgrundbefristung in Deutschland vergleichen. Jedoch sind die Ausnahmen in der Tschechischen Republik taxativ, also abschließend im Gesetz geregelt und daher zwingend, im Gegensatz zu Deutschland, wo das TzBfG insbesondere Sachgründe vorschreibt, also nur Beispielsfälle der sachlichen Gründe aufzählt.

Die angeführten Ausnahmefälle im tschechischen Befristungsrecht nach § 30 Abs. 3 ArbGB sind dem Grunde nach den deutschen Befristungsmöglichkeiten gemäß § 14 Abs. 1 S. 2 TzBfG ähnlich. Die tschechische Regelung in § 30 Abs. 3 a) ArbGB, in der die Befristung nach Sondergesetz geregelt ist, worunter auch die Befristung im staatlichen Bereich fällt, ist der deutschen Regelung in § 14 Abs. 1 Nr. 7 TzBfG ähnlich, die Befristungen aus Haushaltsmitteln aufführt. Gleiches gilt für die Befristung aufgrund der vorübergehenden Abwesenheit des Arbeinehmers infolge einer Arbeitsverhinderung[1296] nach § 30 Abs. 3 b) ArbGB. Nach deutschem Arbeitsrecht ist eine Befristungsmöglichkeit für die Vertretung eines anderen Arbeitnehmers möglich, vgl. § 14 Abs. 1 Nr. 3 TzBfG. Bei beiden Befristungsgründen fallen beispielsweise die Krankheits-, Mutterschafts-, Erziehungsvertretungen unter das Gesetz. Auch die Befristung aufgrund wichtiger betrieblicher Gründe auf Seiten des Arbeitgebers gemäß § 30 Abs. 3 c) 1. Alt. ArbGB spiegelt sich in der deutschen Regelung in § 14 Abs. 1 Nr. 1 TzBfG wider. Diese Bestimmung sieht ausdrücklich einen betrieblichen Bedarf an der Arbeitsleistung als Sachgrund für eine Befristung vor. Inhaltlich ist dieses unter den Oberbegriff der *„Betriebsgründe“*, den die tschechische Regelung impliziert, subsumierbar. Da die betrieblichen Gründe zuvorderst mit der Gewerkschaft in einer Vereinbarung näher festgelegt werden, können die Parteien beispielsweise auch die aus dem deutschen Recht bekannte Befristung zur Erprobung als einen solchen Betriebsgrund bestimmen. Dies erscheint sogar sinnvoll, weil die Vereinbarung einer Probezeit nach dem tschechischen Arbeitsrecht längstens 3 Monate betragen darf, vgl. § 31 Abs. 1 S. 1 ArbGB.

Des Weiteren gilt Ähnliches für den Grund der Eigenart der Arbeitstätigkeit, die der Arbeitnehmer ausüben soll, vgl. § 30 Abs. 3 c) 2. Alt. ArbBG. Diese ist mit der Regelung in § 14 Abs. 1 Nr. 4 TzBfG *„die Eigenart der Arbeitsleistung die Befristung rechtfertigt“* vergleichbar. Bei beiden Regelungen sind Befristungsmöglichkeiten für Rundfunkmitarbeiter und Kulturschaffende anerkannt.

[1296] Die Arbeitsverhinderungen seitens des Arbeitnehmers sind in den §§ 124-128 ArbGB festgelegt.

Allerdings gibt es in der Tschechischen Republik keine ausdrücklichen Befristungsmöglichkeiten im ArbGB wie die der Erprobung (§ 14 Abs. 1 Nr. 5 TzBfG), der Erstbeschäftigung nach der Ausbildung (§ 14 Abs. 1 Nr. 2 TzBfG), in der Person des Arbeitnehmers liegende Gründe[1297] (§ 14 Abs. 1 Nr. 7 TzBfG sowie die Befristung aufgrund gerichtlichen Vergleichs (§ 14 Abs. 1 Nr. 8 TzBfG). Dies ist auch nicht erforderlich, weil das tschechische Befristungsrecht sowieso keine Differenzierung zwischen einer Befristung mit Sachgrund und ohne Sachgrund trifft. In dieser Hinsicht gehen die Regelungen des deutschen und des tschechischen Arbeitsrechts deutlich auseinander. Die aufgezählten Ausnahmefälle in § 30 Abs. 3 ArbGB mögen zwar Befristungsrechtfertigungen treffen. Trotzdem gibt es grundsätzlich im tschechischen Arbeitsrecht keinerlei materielle Vorgaben hinsichtlich etwaiger Befristungsgründe. Der tschechische Gesetzgeber macht keinerlei Einschränkungen für befristete Arbeitsverhältnisse, mit Ausnahme der vorgenannten in § 30 Abs. 3 ArbGB, wo die Höchstbefristung und das Anschlussverbot für die Befristung in den Ausnahmefällen wegfallen. Von einer Einschränkung kann hier eigentlich auch nicht die Rede sein. § 30 Abs. 3 ArbGG erweitert vielmehr das Befristungsrecht zu Gunsten der Arbeitgeber.

Da aber nach dem Sinn und Zweck des ArbGB die Befristungen ebenfalls eine Ausnahme bleiben sollen[1298], bedarf es schon einer gewissen Rechtfertigung eines befristeten Arbeitsverhältnisses.

Eine Besonderheit besteht im tschechischen Recht bei den *„Verträgen über Arbeiten außerhalb des Arbeitsverhältnisses"*[1299] nach den §§ 232 ff. ArbGB, die auch zu dem Oberbegriff der arbeitsrechtlichen Verhältnisse[1300] zählen. Bei der Vereinbarung über die Durchführung einer Arbeit gibt der maximale Arbeitszeitumfang von 100 Stunden schon eine Befristung vor, vgl. § 236 Abs.1 ArbGB. Unter diesen besonderen Vertragstypus fällt zum Beispiel die Projektarbeit. Bei der Vereinbarung über die Arbeitstätigkeit gemäß § 236 Abs. 1 ArbGB ist sogar die Befristung von Gesetzes wegen vorgeschrieben.[1301] Allgemein fallen unter die Vereinbarungen über Arbeiten außerhalb des Arbeitsverhältnisses Aushilfstätigkeiten, die jedoch im Hinblick auf die Verpflichtung des

[1297] Worunter auch der Wunsch des Arbeitnehmers fällt.

[1298] So auch *Klikar*, S. 258; vgl. auch *Fassmann/Čornejová*, Práce a mzda, 7-8/2005, S. 54, 56.

[1299] *Tröster*, in IOR, Bd. 39, S. 52.

[1300] Mehr zu den arbeitsrechtlichen Verhältnissen bei *Klikar*, S. 53, Tabelle 6.

[1301] § 238 Abs. 2 S. 1 ArbGB: *„Die Vereinbarung über die Arbeitstätigkeit wird auf befristete Zeit, gegebenenfalls auf unbefristete Zeit abgeschlossen."* Übersetzung von *Babůrková*, Tschechisches Arbeitsgesetzbuch, S. 140.

Arbeitgebers, den Arbeitnehmer insbesondere aufgrund eines Arbeitsvertrages zu beschäftigen, einen Ausnahmecharakter haben, vgl. § 232 Abs. 1 ArbGB.

Eine Gemeinsamkeit besteht formal in der Schriftform der Befristung. In der Tschechischen Republik ergibt sich der Formzwang der Befristung bereits aus § 32 Abs. 1 ArbGB, der dies allgemein für Arbeitsverträge normiert. In Deutschland bedarf es nach § 14 Abs. 4 TzBfG zur Wirksamkeit der Befristung eines Arbeitsvertrages der Schriftform. Indessen sind die Rechtsfolgen einer unwirksamen Befristung aufgrund fehlender Schriftform verschieden. Im deutschen Recht entsteht ein unbefristeter Arbeitsvertrag nach § 16 S. 1 TzBfG, allerdings mit der Möglichkeit der ordentlichen Kündigung, § 16 S. 2 TzBfG. Hingegen führt ein Verstoß gegen das Schriftformgebot im tschechischen Recht zu keinem unbefristeten Arbeitsverhältnis.[1302] Diese Rechtsfolge ist nur bei einem Verstoß gegen die materiellen Voraussetzungen in § 30 Abs. 2, 3 ArbGB nach § 30 Abs. 4 S. 1 ArbGB vorgesehen. Nach *Bělina* führt ein Verstoß gegen das Schriftformerfordernis zum Schutze der Arbeitnehmer nicht zu einer Unwirksamkeit des Arbeitsvertrages, aber auch grundsätzlich nicht zu einer Unwirksamkeit einer mündlich vereinbarten Befristung.[1303]

Allerdings sind die Rechtsfolgen einer unwirksamen Befristung, sofern die Unwirksamkeit der Befristung nicht in der Schriftform besteht, identisch. In Deutschland wird, sofern die Befristung rechtsunwirksam ist, ein unbefristeter Arbeitsvertrag nach § 16 S. 1 TzBfG fingiert. Auch in der Tschechischen Republik ist nach § 30 Abs. 4 S. 1 ArbGB ein unbestimmtes Arbeitsverhältnis geschlossen. Hier besteht jedoch die Besonderheit, dass der Arbeitnehmer vor Befristungsende dem Arbeitgeber schriftlich mitteilen muss, dass er darauf besteht, weiter bei dem Arbeitgeber beschäftigt zu sein. Hier tritt also die Rechtsfolge des unbestimmten Arbeitsverhältnisses erst auf Ersuchen des Arbeitnehmers ein. Zudem ist die gerichtliche Geltendmachung in beiden Ländern ähnlich. Im deutschen Recht ist für den Arbeitnehmer die Entfristungsklage[1304] nach § 17 S. 1 TzBfG gegeben. Der Arbeitnehmer, der die Unwirksamkeit der Befristung eines Arbeitsvertrages geltend machen will, muss innerhalb von drei Wochen nach dem vereinbarten Ende des Arbeitsvertrages Klage beim Arbeitsgericht auf Feststellung erheben, dass das Arbeitsverhältnis auf Grund der Befristung nicht beendet ist. Andererseits kann in der Tschechischen Republik der Antrag auf Feststellung der (Un-)wirksamkeit sowohl der Arbeitnehmer als auch der Arbeitgeber innerhalb von zwei Monaten ab dem Tag, an dem das Arbeitsverhältnis enden soll, bei Gericht stellen, vgl. § 30 Abs. 4 S. 2 ArbGB.

1302 Genauso *Klikar*, S. 261.
1303 Vgl. Součková/*Bělina*, § 30, S. 93.
1304 Anstatt aller, vgl. nur Tschöpe - *Holthöwer*, S. 1927 ff.

Im tschechischen Recht dürfen also beide Arbeitsvertragsparteien die (Ent-) Fristungsklage erheben. In der Praxis hat naturgemäß aber nur der Arbeitnehmer ein Interesse an dieser Feststellung.

Das derzeitige Teilzeitrecht in der Tschechischen Republik basiert ähnlich wie in Deutschland auf dem Grundsatz der einvernehmlichen Vereinbarung der kürzeren Arbeitszeit zwischen beiden Arbeitsvertragsparteien. Allerdings besteht in einigen Fällen für den Arbeitgeber ein Kontrahierungszwang, sofern ein Teilzeitverlangen bestimmter Arbeitnehmergruppen (Schwangere, Arbeitnehmer, die ein Kind unter 15 Jahren betreuen bzw. eine pflegebedürftige Person) vorliegt. In den genannten Fällen der §§ 156 Abs. 2, 270 Abs. 1 und Abs. 2 ArbGB besteht mithin ein Teilzeitanspruch dieser Arbeitnehmergruppen, sofern dem keine schwerwiegenden betrieblichen Gründe entgegenstehen. Arbeitnehmer, die nicht zu der genannten Arbeitnehmergruppe gehören, haben keinen Teilzeitanspruch gegenüber ihrem Arbeitgeber. Das Teilzeitbegehren steht im Ermessen des Arbeitgebers, vgl. in § 86 ArbGB die *kann*-Bestimmung. Im Gegensatz dazu steht allen Arbeitnehmern in Deutschland unter den Voraussetzungen des § 8 TzBfG ein Teilzeitanspruch zu. In beiden Staaten darf jedoch der Arbeitgeber den Teilzeitanspruch ablehnen, wenn dem schwerwiegende betriebliche Gründe (in der Tschechischen Republik) bzw. betriebliche Gründe (in Deutschland) entgegenstehen. Anders als in Deutschland wird der Begriff des ernsten betrieblichen Grundes in der Tschechischen Republik nicht definiert. Dies wäre aber im Sinne der Klarheit und Rechtsanwendung wünschenswert. In Deutschland wird der betriebliche Grund durch den Gesetzgeber in § 8 Abs. 4. S. 2 TzBfG folgendermaßen formuliert: *„Ein betrieblicher Grund liegt insbesondere vor, wenn die Verringerung der Arbeitszeit die Organistion, den Arbeitsablauf oder die Sicherheit im Betrieb wesentlich beeinträchtigt oder unverhältnismäßige Kosten verursacht"*. Gegen eine Übernahme der Definition des betrieblichen Grundes ist nichts einzuwenden. Die Formulierung gibt eine Ausgangsdefinition, die nicht starr, sondern durch das Wort *insbesondere* offen und flexibel gestaltet ist. Die tschechische Rechtspraxis und Rechtsprechung wäre dann vielmehr aufgefordert, der Norm Leben einzuhauchen und die nötige Präzisierung vorzunehmen. Dabei kann die Rechtsprechung des BAG als Anknüpfungspunkt dienen. Ferner besteht die Möglichkeit, dass der tschechische Gesetzgeber den Tarifvertragsparteien die Konkretisierung überlässt, betriebliche Ablehnungsgründe festzulegen, so wie es § 8 Abs. 4 S. 3 TzBfG vorsieht. Dann sollten aber die tariflichen betrieblichen Gründe nur gerichtlich eingeschränkt überprüfbar sein, in den Grenzen einer Billigkeits- oder Missbrauchskontrolle.

Zusammenfassend lässt sich feststellen, dass das Befristungsrecht in Deutschland zwar im materiellen Bereich flexibel gestaltet, dennoch im formalen Recht sehr stringent ist. Auch das tschechische Recht ist sehr offen formuliert. Es gibt keine Befristungsgründe vor. Deshalb können Befristungen auch materiell flexibel gehandhabt werden. Die meisten Befristungsgründe, die im deutschen Recht anerkannt sind, lassen sich auch im tschechischen Recht wiederfinden. Allerdings hängt das Befristungsrecht in Deutschland sehr von der Rechtsprechungspraxis der Arbeitsgerichte ab. Hingegen gibt es in der Tschechischen Republik, wo keine Arbeitsgerichtsbarkeit existiert, kaum eine Rechtsprechung auf diesem Gebiet bzw. gar keine.

Eine Übernahme der deutschen Befristungsregelungen empfiehlt sich schon wegen der EU-widrigkeit einiger Bestimmungen nicht, aber vor allem wegen der Fülle der Rechtsprechung des BAG nicht. Dagegen ist das Teilzeitrecht in Deutschland gesetzlich umfänglich geregelt, anders als in der Tschechischen Republik. Jedoch sind die Vorschriften im tschechsichen Recht mit den §§ 86, 156, 270 ArbGB auch als ausreichend anzusehen – abgesehen von der fehlenden Definition des betrieblichen Grundes –, wenn man bedenkt, wie viel Teilzeitverträge es in der Tschechischen Republik gibt. Diese stellen einen Bruchteil im Gegensatz zu Deutschland dar.

G. Begründung außervertraglicher Arbeitsverhältnisse / Managerverträge

Das ArbGB in der Tschechischen Republik regelt neben dem Arbeitsvertrag auch weitere Vertragstypen, aufgrund derer eine natürliche Person ihre Arbeit für einen Arbeitgeber leistet. Diese Verträge werden als Verträge über Arbeiten außerhalb des Arbeitsverhältnisses bezeichnet. Dabei werden zwei unterschiedliche Typen dieser Verträge unterschieden; zum einen die Vereinbarungen über die Arbeitstätigkeit und die Vereinbarungen über die Durchführung einer Arbeit.[1305]

In der Praxis ist es sehr verbreitet, mehrere Arbeitsverhältnisse nebeneinander zu haben. Der einzelne Arbeitgeber erfährt in der Regel auch nichts von weiteren Arbeitsverhältnissen seines Arbeitnehmers, was zum Teil auch daran liegen mag, dass es in der Tschechischen Republik keine der deutschen Lohnsteuerkarte vergleichbare Legitimation gibt, aus der der Arbeitgeber auf die Existenz weiterer lohnsteuerpflichtiger Arbeitsverhältnisse schließen könnte.

Auch gibt es im Übrigen kein Problem hinsichtlich der höchst zulässigen Arbeitszeit, in der ein Arbeitnehmer beschäftigt werden darf. Hier sind seitens des Arbeitgebers keine Überwachungspflichten hinsichtlich weiterer fremder Arbeitsverhältnisse seines Arbeitnehmers vorgesehen. So kann ein Arbeitnehmer (theoretisch) zwei Vollzeittätigkeiten gleichzeitig nachgehen, ohne dass dies für den einen oder den anderen Arbeitgeber arbeitszeitrechtliche Probleme bei

---

[1305] Zu Vorstehendem *Tröster*, IOR, Bd. 39, S. 52.

Kenntnis über das jeweils andere Vollzeitarbeitsverhältnis nach sich ziehen würde.

Neben dem Arbeitsvertrag gab es in der Tschechischen Republik noch die Möglichkeit, ein Arbeitsverhältnis aufgrund von Wahl oder Ernennung zu begründen.[1306]

Ein weiterer in der arbeitsrechtlichen Praxis diskutierter Themenbereich sind die so genannten *„Managerverträge“*[1307].

I. Tschechien

1. Verträge über Arbeiten außerhalb des Arbeitsverhältnisses

Das tschechische Arbeitsrecht schreibt vor, dass der Arbeitgeber verpflichtet ist, die Erfüllung seiner Aufgaben vor allem durch Arbeitnehmer im Arbeitsverhältnis (Arbeitsvertrag) zu gewährleisten, § 232 Abs. 1 S. 1 ArbGB. Nur ausnahmsweise kann ein Arbeitgeber mit einer natürlichen Personen auch *Vereinbarungen über außerhalb des Arbeitsverhältnisses zu leistende Arbeiten (Dohody o pracích konaných mimo pracovní poměr)* wie die Vereinbarung über die Durchführung einer Arbeit und die Vereinbarung über eine Arbeitstätigkeit abschließen, vgl. § 232 Abs. 1 S. 2 ArbGB. Daher ist nach *Tröster* davon auszugehen, dass diese Vereinbarungen lediglich eine Ergänzung der arbeitsrechtlichen Institute (der Arbeitsverhältnisse) darstellen.[1308] Der § 232 ArbGB hat einen Ausnahmecharakter.

Bei diesen Vereinbarungen muss es sich nach § 232 Abs. 1 a) oder b) ArbGB um Arbeit handeln,

a) bei der eine regelmäßige Arbeitszeit oder Arbeit vom Arbeitgeber nicht so gewährleistet werden kann[1309], dass ihre Leitung und die Überwachung der Arbeitszeiteinteilung zweckmäßig und wirtschaftlich wären, oder
b) wenn die Arbeit im Rahmen eines Arbeitsverhältnisses aus der Sicht der Interessen der Gesellschaft oder für den Arbeitgeber aus anderen Gründen nicht zweckmäßig oder wirtschaftlich ist.

[1306] Ab dem 1.1.2007, mit dem Inkrafttreten des neuen ArbGB gibt es die Wahl als eine Form der Begründung eines Arbeitsverhältnisses nicht mehr.

[1307] *Ueltzhöffer*, in IOR, Bd. 39, S. 74; vgl. auch *Tröster* in WiRO - Handbuch, Bd.1, Kap. D.X. CS Rn. 39; *Wiesnerová*, RIW 1/2000, 37 ff; Spiller/*Čechtická*, S. 71.

[1308] *Tröster*, IOR, Bd. 39, S. 52.

[1309] Wie zum Beispiel bei einer Arbeit auf Abruf.

Bei diesen Verträgen ist also Voraussetzung, dass der Abschluss eines Arbeitsverhältnisses nicht sinnvoll oder wirtschaftlich wäre. Diese Beurteilung unterliegt der freien Unternehmerentscheidung.

Mit Jugendlichen können diese Vereinbarungen nur abgeschlossen werden, wenn dadurch nicht ihre Gesundheit, Entwicklung oder Berufsausbildung gefährdet wird, § 232 Abs. 2 ArbGB.

a) Vereinbarung über die Durchführung einer Arbeit

Eine Vereinbarung über die Durchführung einer Arbeit *(dohoda o provedení práce)* bzw. eines Arbeitsauftrages kommt in der Praxis häufig bei Studentenjobs oder Projektarbeiten vor.

Eine solche Vereinbarung kann gemäß § 236 Abs. 1 S. 1 ArbGB nur abgeschlossen werden, wenn der vorgesehene Arbeitsumfang (die Arbeitsaufgabe) im Jahr 100 Stunden nicht übersteigt. Diese Begrenzung gilt für alle, *mit einem und demselben Arbeitgeber* innerhalb eines Kalenderjahres abgeschlossenen Vereinbarungen.

Eine solche Vereinbarung über die Arbeitsleistung bedarf nach § 236 Abs. 2 ArbGB nicht der Schriftform, sondern kann auch mündlich abgeschlossen werden. Die wesentlichen Inhalte der Vereinbarung sind:

a) die Arbeitsaufgabe,
b) die vereinbarte Vergütung,
c) in der Regel auch die vereinbarte Zeit, in der die vorgegebene Arbeit durchzuführen ist,
d) der voraussichtliche Arbeitsumfang.

Sofern die Vereinbarung mündlich abgeschlossen werden sollte, empfiehlt sich ein Vermerk über die mündlich abgeschlossene Vereinbarung und den vorgesehenen Arbeitsumfang anzufertigen.

Falls die Arbeitsaufgabe, zum Beispiel eine Projektarbeit, nicht in der vorgesehenen Zeit durchgeführt wird, kann der Arbeitgeber von der Vereinbarung zurücktreten, § 236 Abs. 3 S. 1 ArbGB. Der Arbeitnehmer kann von der Vereinbarung zurücktreten, wenn der Arbeitgeber nicht die vereinbarten (angemessenen) Arbeitsbedingungen für ihn geschaffen hat. Dann hat der Arbeitgeber den Schaden zu ersetzen, der dem Arbeitnehmer entstanden ist, § 236 Abs. 3 S. 2 ArbGB. § 233 Abs. 2 a) ArbGB legt die Arbeitsbedingungen fest, insbesondere gehört dazu die arbeitgeberseitige Zurverfügungsstellung der benötigten Arbeitsmittel, Materialien, Geräte und der persönlichen Arbeitsschutzmittel.

Die Beendigung der Vereinbarung über die Durchführung einer Arbeit ist im ArbGB nicht behandelt. Damit ist es den Parteien überlassen, die Beendigung ausdrücklich zu regeln, insbesondere durch Vereinbarung der Kündigungsvoraussetzungen. Ferner endet die Vereinbarung mit der Vollendung des vertragsgegenständlichen Werkes (Erfüllung der Aufgabe).

Grundsätzlich ist die Vergütung für die Durchführung der Arbeitsaufgabe nach Beendigung und Abgabe der Arbeit zur Zahlung fällig. Natürlich können die Parteien auch eine andere Regelung vereinbaren, zum Beispiel Teilzahlungen nach Durchführung bestimmter Teilleistungen, vgl. § 236 Abs. 4 ArbGB.

b) Vereinbarung über die Arbeitstätigkeit

Die Vereinbarung über die Arbeitstätigkeit (Arbeitsvereinbarung) eignet sich für Arbeiten, deren Umfang unter der Hälfte der festgelegten Wochenarbeitszeit liegt, das heißt, beispielsweise für Kurzarbeit, aber auch für Teilzeitbeschäftigungen.

Eine Vereinbarung über die Arbeitstätigkeit *(dohoda o pracovní činnosti)* kann der Arbeitgeber mit einer natürlichen Person auch dann abschließen, wenn der vorgesehene Arbeitsumfang 100 Stunden nicht überschreitet, § 237 Abs. 1 ArbGB. Diese Vorschrift ist dispositiv ausgestaltet. Deshalb kann die ausgeübte Tätigkeit im Gegensatz zur Vereinbarung über die Durchführung einer Arbeit die 100 Stunden-Grenze überschreiten.
Jedoch darf auf der Grundlage einer solchen Vereinbarung keine Arbeit geleistet werden, die in ihrem Umfang im Durchschnitt die Hälfte der festgelegten Wochenarbeitszeit überschreitet. Dies ist in § 237 Abs. 2 ArbGB festgelegt und ist im Gegensatz zu § 237 Abs. 1 ArbGB zwingend. Daher werden derartige Vereinbarungen über die Arbeitstätigkeit bei Kurzarbeit getroffen.

Nach § 238 Abs. 1 S. 1 ArbGB bedarf eine solche Vereinbarung der Schriftform, anderenfalls ist sie nichtig. In der Vereinbarung sind nach § 238 Abs. 1 S. 2 ArbGB die vereinbarte Arbeit, die vereinbarte Vergütung für die geleistete Arbeit, der vereinbarte Umfang der Arbeitszeit und die Laufzeit der abgeschlossenen Vereinbarung anzuführen. Eine Ausfertigung der Vereinbarung über die Arbeitstätigkeit hat der Arbeitgeber dem Arbeitnehmer auszuhändigen, § 238 Abs. 1 S. 3 ArbGB.

Die Vereinbarung über die Arbeitstätigkeit wird auf befristete Zeit, gegebenenfalls unbefristet abgeschlossen, § 238 Abs. 2 S. 1 ArbGB. Der Gesetzgeber geht im Allgemeinen von befristeten Verträgen aus. Dies entspricht auch der Natur der Sache bei solchen Arbeitstätigkeiten, die meistens einen erhöhten vorübergehenden Arbeitskräftebedarf decken. Die Arbeitsvereinbarung kann also sowohl befristet als auch unbefristet getroffen werden. Da auf diese Vereinbarung grundsätzlich nicht die strengeren arbeitsvertraglichen Rechtsvorschriften Anwendung finden, gilt beispielsweise bei der Befristung der Arbeitsvereinbarung nicht die Zweijahresgrenze wie beim Arbeitsvertrag. Hier ist eine längere Befristung, auch wiederholt möglich.

In der Vereinbarung kann die Art und Weise ihrer Auflösung vereinbart werden. Die Aufnahme einer näheren Beendigungsregelung direkt in den Text der Vereinbarung ist daher sinnvoll. Anders als bei der Vereinbarung über die Durchführung einer Arbeit enthält das Gesetz eine ausdrückliche Regelung für den Fall, dass in der Arbeitsvereinbarung eine Beendigungsregelung fehlt. Die Vereinbarung kann dann einseitig aus beliebigem Grund oder ohne Angabe von Gründen mit 15-tägiger Kündigungsfrist beendet werden, § 238 Abs. 2 S. 4 ArbGB. Die Kündigungsfrist beginnt mit Zustellung an die andere Partei zu laufen. Eine fristlose Beendigung der Arbeitsvereinbarung kann jedoch nur für die Fälle vorgesehen werden, die auch eine fristlose Auflösung des Arbeitsverhältnisses rechtfertigen, § 238 Abs. 2 S. 3 ArbGB.

c) Besonderheiten / Abgrenzung zu anderen Verträgen

Die Steuer- und anderen Zahlungspflichten sind bei den oben genannten Vereinbarungen die Vergütung betreffend vereinfacht, weil sie insbesondere dort Anwendung finden, wo der Arbeitsumfang das Ausmaß einer 40-Stunden Woche nicht erreicht.
Die Vereinbarung über die Durchführung eines Arbeitsauftrags unterliegt nicht der Sozial- und Krankenversicherungspflicht. Damit fallen die Lohnnebenkosten beim Arbeitgeber weg. Sie ist daher in der Praxis sehr beliebt. Die Einkünfte aus der Vereinbarung über die Durchführung eines Arbeitsauftrages gelten als Einkünfte aus nicht selbstständiger Arbeit und unterliegen wie diese der Lohnsteuerpflicht. Bis zu einem Betrag von CZK 5.000,00 im Kalendermonat unterliegt die Vergütung einer Pauschalsteuer von 15%. Übersteigen die Einkünfte aus der Vereinbarung 5.000,00 CZK im Monat, findet das gewöhnliche Besteuerungsverfahren statt. Die Einkommensbesteuerung ist progressiv; der Steuertarif liegt zwischen 12% (bei zu versteuerndem Einkommen bis zu 121.000,00 CZK) und 32% (bei zu versteuerndem Einkommen von über 331.000,00 CZK).

Anders als die Vereinbarung über die Durchführung einer Arbeit begründet die Arbeitsvereinbarung die Teilnahme an der Kranken(tagegeld)versicherung des Arbeitnehmers und damit die Pflicht, Beiträge zur Sozial-/Rentenversicherung, zur Beschäftigungsförderung (Arbeitslosenversicherung) und zur Krankenversicherung zu zahlen.

Der größte Vorteil der Vereinbarung über die Arbeitstätigkeit besteht für Arbeitgeber insbesondere in den anwendbaren rechtlichen Regelungen. Diese Vereinbarung bietet ein deutlich flexibleres Kooperationsmodell und der Arbeitgeber hat nicht so viele Pflichten wie im klassischen Arbeitsverhältnis zu tragen. Die arbeitsrechtliche Beziehung mit dem Arbeitnehmer kann hier ohne Angabe von Gründen in relativ kurzer Zeit und ohne Abfindung beendet werden. Es besteht kein Anspruch auf bezahlten Urlaub, kein Anspruch auf Lohnersatz bei Arbeitsunfähigkeit und ähnlichem. Die Vereinbarung über die Arbeitstätigkeit ist innerhalb einer 15-tägigen Kündigungsfrist und ohne Angabe von Gründen auflösbar. Damit ist diese Form der arbeitsrechtlichen Beziehung vorteilhafter, flexibler für den Arbeitgeber als die Teilzeit. Denn die Teilzeit ist wie ein normales Arbeitsverhältnis (Arbeitsvertrag) durch die abschließend aufgezählten gesetzlichen Kündigungsgründe in einer Mindestkündigungsfrist von drei (nach dem neuen ArbGB zwei) Monaten auflösbar. Auch gegenüber den befristeten Arbeitsverhältnissen ist die Vereinbarung über die Arbeitstätigkeit vorteilhafter. Das Verbot der Kettenarbeitsverhältnisse gilt bei einer solchen Vereinbarung nicht. Mit der Vereinbarung über die Arbeitstätigkeit gewinnt der Arbeitgeber mehr Flexibilität bei der Gestaltung der arbeitsrechtlichen Beziehungen.

Hinsichtlich der Lohnsteuerpflicht gilt das zur Vereinbarung über die Durchführung einer Arbeit Gesagte. Der einzige Unterschied zur Vereinbarung über die Durchführung eines Arbeitsauftrages besteht darin, dass die vom Arbeitgeber gezahlten Vergütungen in die Bemessungsgrundlage für die Lohnsteuer mit einzurechnen sind, nach Abzug der gezahlten Sozialversicherungsbeiträge (Renten-, Arbeitslosen- und Krankenversicherung), die der Arbeitgeber für den Arbeitnehmer abzuführen verpflichtet ist.

Die Regelungen der Vereinbarungen über außerhalb des Arbeitsverhältnisses ausgeführte Arbeiten im 4. Teil des ArbGB schließen an einige zivilrechtliche Vertragsformen an, insbesondere an den Werkvertrag und an den Mandatsvertrag. Von diesen Verträgen sind die arbeitsrechtlichen Vereinbarungen nicht immer ganz einfach zu unterscheiden.[1310] Zu Recht meint daher *Tröster*, dass de lege ferenda diese arbeitsvertraglichen Vereinbarungen überdacht und überarbeitet werden müssen, wobei sich für ihn die Frage stellt, ob die Beibehaltung dieser Institute in der tschechischen Rechtsordnung noch sinnvoll ist.[1311]

Zum anderen gibt es neben den sonstigen arbeitsrechtlichen Verhältnisssen, den §§ 232 ff. ArbGB derzeit (bis zum 1.1.2007) noch die Nebenarbeitsverhältnisse (§ 70 ArbGB) sowie die so genannten Nebentätigkeiten (§ 71 ArbGB). Ein Ne-

[1310] So *Tröster*, IOR, Bd. 39, S. 52.
[1311] *Tröster*, IOR, Bd. 39, S. 52.

benarbeitsverhältnis wird in der Regel mit einem anderen Arbeitgeber vereinbart, mit dem der Arbeitnehmer kein Hauptarbeitsverhältnis eingegangen ist. Nur ausnahmsweise kann ein Arbeitnehmer mit demselben Hauptarbeitgeber ein Nebenarbeitsverhältnis eingehen. In einem solchen Fall spricht das ArbGB von einer Nebentätigkeit. Dabei muss es sich u.a. um eine Arbeit handeln, die nicht im Hauptarbeitsvertrag vereinbart ist, vgl. § 71 ArbGB. Diese Nebentätigkeit kann unter den Voraussetzungen eines Nebenarbeitsverhältnisses ausgeübt werden oder aufgrund einer Vereinbarung über Arbeiten außerhalb des Arbeitsverhältnisses. Dies führt in der Praxis zu Unsicherheiten. Vielerorts weiß man gar nicht, unter welchen gesetzlichen Regelungen der Vertrag geschlossen wurde bzw. welcher Vertragstyp im vorliegenden Fall anwendbar ist.

Der Gesetzgeber sollte sich hier für ein Rechtsinstitut entscheiden, entweder für das Nebenarbeitsverhältnis oder für die Verträge über Arbeiten außerhalb des Arbeitsverhältnisses. Vom Sinn und Zweck her regeln nämlich beide Vertragsverhältnisse Ähnliches, die Regelung von Zeitarbeitsverhältnissen, Verträgen auf bestimmte Dauer. Bei beiden geht es inhaltlich um eine ungleichmäßige Verteilung der Arbeitszeit, eine vereinbarte Zeit/Dauer und Arbeit. Zu Recht plädiert *Tröster* für eine Abschaffung eines dieser beiden Rechtsinstitute.[1312]

Im neuen ArbGB gibt es nunmehr lediglich die Vereinbarungen über Arbeiten außerhalb des Arbeitsverhältnisses. Das neue ArbGB kennt gar nicht mehr den Begriff des Haupt- und Nebenarbeitsverhältnisses.[1313] Das bedeutet, dass bei keinem der Arbeitsverhältnisse ein niedrigerer Schutz gelten wird, wie es bei dem Nebenarbeitsverhältnis, gemäß § 70b bei dem geltenden ArbGB der Fall ist. Das neue ArbGB versteht unter dem arbeitsrechtlichen Verhältnis ausschließlich ein Arbeitsverhältnis, eine Vereinbarung über die Arbeitsausübung oder eine Vereinbarung über Ausführung der Arbeit. (§ 3 ArbGB n.F.)

d) De lege ferenda (Gesetzeslage ab dem 1.1.2007)

Im neuen ArbGB sind die Nebenarbeitsverhältnisse nicht mehr geregelt. Bis zum 31.12.2006 wurde bei einem Nebeneinander von mehreren Arbeitsverhältnissen eines Arbeitnehmers (bei verschiedenen Arbeitgebern) zwischen dem so genannten Hauptarbeitsverhältnis und dem oder den Nebenarbeitsverhältnissen unterschieden. Für das Nebenarbeitsverhältnis galten weniger strenge Bedingungen, wie z.B. erleichterte Kündigungsmöglichkeiten. Seit 1.1.2007 ist diese Unterscheidung nun aufgegeben. Das Gesetz kennt die Begriffe Nebenarbeitsverhältnis und Hauptarbeitsverhältnis nicht mehr.

[1312] Vgl. *Tröster*, IOR, Bd. 39, S. 52.
[1313] Vgl. *Bukovjan/Chládková*, Práce a mzda 7-8/2006, 2, 4.

Es gibt nur noch die Vereinbarungen über Arbeiten, die außerhalb des Arbeitsverhältnisses ausgeübt werden, vgl. § 3, §§ 74-77 ArbGB n.F. sowie das Arbeitsverhältnis[1314], vgl. § 3, §§ 30-73 ArbGB. Die Vereinbarung über die Arbeitstätigkeit ist in § 75 und die Vereinbarung über die Arbeitsdurchführung in § 76 ArbGB n.F. geregelt.

In Gegensatz zu den Arbeitnehmern, die ein Arbeitsverhältnis *(pracovní poměr)* eingegangen sind, ist der Arbeitgeber gegenüber den Arbeitnehmern, die auf Grund von einer Vereinbarungen über Arbeiten, welche außerhalb des Arbeitsvertrages ausgeübt werden, *nicht verpflichtet die Arbeitszeit aufzuteilen (není povinen raozvrhout pracovní dobu),* vgl. § 74 Abs. 2 ArbGB n.F.

Auf Grund von einer Vereinbarung über die Durchführung einer Arbeit (beispielsweise ein Projekt) darf die Arbeit in einem Umfang von *bis zu 150 Stunden (do 150 hodin)* im Kalenderjahr für einen Arbeitgeber ausgeübt werden, § 75 ArbGb n.F. Bisher waren es nicht mehr als 100 Stunden. Die Sozialversicherungsfreiheit bleibt bestehen. Lediglich die Steuern muss der Arbeitgeber abführen.

Für die Vereinbarung über die Arbeitstätigkeit gilt auch weiter die Begrenzung in dem Durchschnitt der Hälfte der bestimmten wöchentlichen Arbeitszeit. Das bedeutet, dass die Einhaltung des Vereinbarten und des höchst erlaubten Umfanges der Hälfte der bestimmten wöchentlichen Arbeitszeit für den ganzen Zeitraum beurteilt wird, für den die Vereinbarung über die Arbeitstätigkeit geschlossen wurde, am längsten aber *für den Zeitraum von 52 Wochen (za období 52 týdnů)*. Bisher war dies nur für einen Zeitraum von 12 Monaten möglich. (§§ 75, 76 ArbGB n.F.)

Neu ist auch, dass der Arbeitgeber verpflichtet sein wird, die Arbeitszeit für die Zwecke der Lohnfortzahlung in den ersten 14 Tagen der Arbeitsunfähigkeit einzuteilen, vgl. § 194 ArbGB n.F. Der Arbeitgeber muss hier praktisch den Lohn fortzahlen.

Allerdings ist die 15-tägige beiderseitige Kündigungsfrist bei der Vereinbarung über die Arbeitstätigkeit, sofern durch die Parteien nichts anderes vereinbart ist, gleich geblieben, vgl. § 76 Abs. 6 ArbGB n.F.

Das neue ArbGB kennt nicht mehr die Ausnahmen, die eine Überschreitung des erlaubten Umfanges der Arbeit, bzw. der Arbeitszeit, ermöglichten *(nezná*

[1314] Ein Arbeitsverhältnis entsteht nach dem neuen ArbGB durch Arbeitsvertrag zwischen Arbeitnehmer und Arbeitgeber, § 33 Abs. 1 ArbGB n.F.

výjimky umožňující překročení dovoleného rozsahu práce), wie es bisher in gemäß §§ 38, 39 der durchführenden Regierungsverordnung Nr. 103/1994 Slg. geregelt ist.

Auf die Belohnung *(odměna)* bei den Vereinbarungen über die Arbeiten, welche außerhalb des Arbeitsverhältnisses ausgeübt werden, *werden sich die Bestimmungen über den Minimallohn beziehen (se budou vztahovat ustanovení o minimální mzdě)*. Bis auf einige Ausnahmen, welche in § 77 Abs. 1 des neuen ArbGB oder die Fälle, in denen diese Rechtsvorschrift anderes bestimmt, werden sich die Vereinbarungen über die Arbeiten, welche außerhalb des Arbeitsverhältnisses ausgeübt werden, *nach den Bestimmungen für die Arbeitsausübung in einem Arbeitsverhältnis richten (řídit ustanoveními pro výkon práce v pracovním poměru)*.[1315]

2. Wahl

a) De lege lata (bis zum 1.1.2007)

Das Arbeitsverhältnis wird durch Wahl *(volba)* begründet, soweit dies durch Sondervorschriften bzw. durch Satzungen oder durch Beschluss der zuständigen Organe von Genossenschaften oder rechtsfähigen Vereinen nach besonderem Gesetz[1316] bestimmt ist, § 27 Abs. 3 ArbGB.

b) De lege ferenda (ab dem 1.1.2007)

Die Wahl als eine Form der Entstehung des Arbeitsverhältnisses *(Vznik pracovního poměru)* kennt das neue ArbGB nicht mehr *(volbu ako způsob založení pracovního poměru už nový zákonník práce nezná)*.[1317] Dort, wo eine besondere Rechtsvorschrift oder eine Satzungen vorsieht, dass die Besetzung der Arbeitsstelle auf Grund von einer Wahl erfolgt, wird die Wahl für eine Voraussetzung gehalten, welche der Vereinbarung des Arbeitsvertrages vorgeht. (§ 33 ArbGB n.F.)

Gemäß der Übergangsregelung *(přechodní ustanovení)* § 364 Abs. 3 des neuen ArbGB werden die Arbeitsverhältnisse, welche gemäß den bisherigen Rechtsvorschriften durch eine Wahl oder Ernennung gegründet wurden, *für die Arbeitsverhältnisse gehalten, welche durch einen Arbeitsvertrag gegründet wurden (se považují za pracovní poměry založené prcovní smlouvou)*.[1318]

[1315] Vgl. zu Vorstehendem *Bukovjan/Chládková*, Práce a mzda 7-8/2006, 2, 6, 7.

[1316] Gesetz Nr. 83/1990 Slg., über rechtsfähige Vereine, i.d.F. der Gesetze Nr. 300/1990 Slg., Nr. 513/1991 Slg. und Nr. 68/1993 Slg..

[1317] *Bukovjan/Chládková*, Práce a mzda 7-8/2006, 2, 4.

[1318] *Bukovjan/Chládková*, Práce a mzda 7-8/2006, 2, 4.

3. Ernennung

a) Allgemeines – de lege lata (bis zum 1.1.2007)

Durch Ernennung *(jmenování)* wird ein Arbeitsverhältnis bei leitenden Arbeitnehmern (Angestellten) begründet, die in ihre Stellung nach Sondervorschriften ernannt wurden. Ein Arbeitsverhältnis entsteht bei leitenden Mitarbeitern daher durch eine Bestellung (Ernennung) in die Funktion. Gleiches gilt bei leitenden Angestellten, die bei einem Arbeitgeber, der juristische Person ist, vom vertretungsberechtigten Organ ernannt werden und bei leitenden Angestellten, die von einem Arbeitgeber ernannt werden, der natürliche Person ist, vgl. § 27 Abs. 4 ArbGB. Dabei handelt es sich um Arbeitnehmer, die von den geschäftsführenden Organen in ihre Funktion ernannt werden, etwa durch den Geschäftsfüher einer GmbH oder durch den Arbeitgeber, sofern der Arbeitgeber eine natürliche Person ist. Es werden zum Beispiel der Betriebsdirektor oder seine Stellvertreter ernannt.[1319]

Ferner entsteht ein durch Wahl oder Ernennung begründetes Arbeitsverhältnis mit dem Tag, der als Tag des Amtsantritts bestimmt wurde, § 65 Abs. 1 ArbGB.

Welche Tätigkeitsbereiche als leitende Arbeitnehmer ausgeführt werden, beschreibt § 27 Abs. 5 ArbGB. Danach sind die Stellungen leitender Angestellter

1. im unmittelbar leitenden Aufgabenbereich,
   a) die Stellung des vertretungsberechtigten Organs, wenn der Arbeitgeber eine juristische Person ist,
   b) die Stellung des Arbeitgebers, wenn der Arbeitgeber eine natürliche Person ist,
2. im unmittelbar leitenden Aufgabenbereich die Stellung des leitenden Arbeitnehmers, der direkt
   a) dem vertretungsberechtigten Organ untersteht, wenn der Arbeitgeber eine juristische Person ist,
   b) dem Arbeitgeber untergeordnet ist, wenn der Arbeitgeber eine natürliche Person ist,
3. in den Zentralbehörden.

Für welche leitende Funktion zwingend eine Ernennung in das Arbeitsverhältnis erforderlich ist, ergibt sich daher aus § 27 Abs. 5 ArbGB. Aufgrund der gesetzlichen Regelungen, die genau die Positionen nennen, in denen eine Person ernannt werden darf, kann der Arbeitgeber nicht selbst bestimmen, welche Funktion er durch Ernennung besetzt. § 27 Abs. 4 ArbGB ermöglicht die Ernennung

---

[1319] Siehe dazu *Wiesnerová*, RIW 1/2000, 37, 38.

lediglich bei leitenden Arbeitnehmern in direkter Leistungstätigkeit des geschäftsführenden Organs bzw. des Arbeitgebers und in direkter Leitungstätigkeit des auf diese Weise ernannten Arbeitnehmers; allerdings unter der Bedingung, dass dem ernannten Arbeitnehmer ein weiterer leitender Arbeitnehmer unterstellt ist.[1320]

b) Ernennungsdekret

Ein leitender Arbeitnehmer wird auf der Grundlage eines so genannten Ernennungsdekrets (Ernennungsurkunde) in seine Funktion ernannt. Die Besonderheit ist, dass der einseitige Rechtsakt der Ernennung oder Wahl ein Arbeitsverhältnis begründet. Ein Arbeitsvertrag wird nicht ausgefertigt, da es sich um eine andere Art der Entstehung des Arbeitsverhältnisses handelt.[1321]

Darüber hinaus sind die formellen Erfordernisse eines Ernennungsdekrets gesetzlich nicht genau bestimmt. Fest steht, dass neben dem Namen und Wohnort des Arbeitnehmers die eigentliche Ernennung in die Funktion, das Datum der Ernennung auch die Bestimmung darüber, dass mit diesem Tage zwischen dem Arbeitnehmer und dem Arbeitgeber ein Arbeitsverhältnis entsteht, aufgenommen werden sollte.[1322] Das Datum der Ernennung ist wichtig, denn an diesem Tag entsteht nach § 65 Abs. 1 S. 1 ArbGB das Arbeitsverhältnis. Das Datum und die Unterschrift der dazu vertretungsberechtigten Organe des Arbeitgebers sollten auch nicht fehlen. Eine materielle Voraussetzung stellt natürlich die Zustimmung des Arbeitnehmers zu der Ernennung dar. Diese wird im Allgemeinen mündlich erteilt. In der tschechischen Rechtspraxis wird ein Ernennungsdekret grundsätzlich kurz gefasst.[1323]

c) De lege ferenda (ab dem 1.1.2007)

Das Arbeitsverhältnis wird durch einen Arbeitsvertrag gegründet werden. (§ 33 Abs. 1 ArbGB n.F.) Die Ernennung als eine Form der Eingehung eines Arbeitsverhältnisses wird nur auf die Fälle begrenzt sein, die in § 33 Abs. 2 des neuen ArbGB aufgeführt sind (z.B. die Leiter der Organisationseinheiten des Staates, die Leiter der staatlichen Betriebe, die Leiter der staatlichen Fonds, oder die Leiter der Beistandsorganisationen, die Fälle, welche durch eine besondere Vorschrift geregelt sind).

Die Begründung eines Arbeitsverhältnisses durch Ernennung ist nur bei leitenden Arbeitnehmern (Angestellten) vorgesehen, die im Gesetz ausdrücklich in

---

[1320] So auch *Wiesnerová*, RIW 1/2000, 37, 38.

[1321] Siehe *Wiesnerová*, RIW 1/2000, 37, 38; vgl. auch *Braun*, S. 42.

[1322] Vgl. *Wiesnerová*, RIW 1/2000, 37, 38.

[1323] So jedenfalls *Wiesnerová*, RIW 1/2000, 37, 38.

ihre Stellung ernannt wurden, vgl. § 33 Abs. 3 ArbGB n.F. Es handelt sich insbesondere um Leiter von Staatsbetrieben, Leiter und Direktoren von zuwendungsfinanzierten Einrichtungen (z.B. Bürgervereinigungen) und Haushaltsbudgeteinrichtungen (vom Staatshaushalt finanzierte Einrichtungen) und dergleichen. Nicht erfasst sind hiervon leitende Angestellte in der Privatwirtschaft. Für Arbeitgeber in der Privatwirtschaft bleibt der Abschluss eines Arbeitsvertrages de facto die einzige Art der Begründung eines Arbeitsverhältnisses. Die Ernennung ist nicht mehr vorgesehen.

Nach der Übergangsregelung in § 364 Abs. 3 ArbGB n.F. werden die Arbeitsverhältnisse, welche gemäß den bisherigen Rechtsvorschriften durch eine Wahl oder Ernennung begründet wurden, für Arbeitsverhältnisse gehalten, welche durch einen Arbeitsvertrag entstanden sind *(se považují za pracovní poměry založené prcovní smlouvou)*. Dies gilt selbstverständlich da nicht, wo das neue ArbGB auch weiter mit der Gründung des Arbeitsverhältnisses durch eine Ernennung rechnet.[1324]

Zusammenfassend lässt sich konstatieren, dass künftig ein Arbeitsverhältnis gemäß § 33 Abs.1 und 3 ArbGB n.F. bei allen Arbeitnehmern im Unternehmen grundsätzlich nur noch kraft Arbeitsvertrages entstehen soll, unabhängig davon, ob es sich um leitende Angestellte oder sonstige Arbeitnehmer handelt. Die Hierarchieordnung beim Arbeitgeber wird künftig keine Rolle mehr spielen, vgl. § 27 Abs. 5 ArbGB a.F. Nach dem Willen des Gesetzgebers soll es eine Ernennung in ein Arbeitsverhältnis bei leitenden Angestellten nur noch z.B. in Organisationseinheiten des Staates, der Staatsfonds oder in Zuschussorganisationen geben. Damit will der Gesetzgeber offenbar noch stärker zum Ausdruck bringen, dass ein Arbeitsverhältnis grundsätzlich durch den Abschluss eines Arbeitsvertrages zu begründen ist.

[1324] Vgl. *Bukovjan/Chládková*, Práce a mzda 7-8/2006, 2, 4.

4. Managervertrag – Vertrag eines leitenden Arbeitnehmers

a) Allgemeines

In der Praxis kommt immer häufiger die Vertragsform des „Managervertrages“[1325] vor, der auch als *„Vertrag eines leitenden Arbeitnehmers“*[1326] bezeichnet wird. Das tschechische Arbeitsgesetzbuch kennt diesen Begriff nicht. Der so genannte Managervertrag ist durch rechtliche Vorschriften nicht als Vertragstypus geregelt *(tzv. manažerskou smlouvou, která není právními předpisy upravena jako smluvní typ).*[1327]

In der Praxis versteht man unter Managerverträgen solche Regelungen zwischen Unternehmen und Mitarbeitern, wie sie vor allem für leitende Angestellte üblich sind. Die Vereinbarungen gehen meistens in den Bereichen Vergütung, Incentives, Konkurrenzklauseln etc. weit über den Regelungsgehalt üblicher Arbeitsverträge hinaus.[1328]
Am häufigsten kommt diese Vertragsform bei leitenden Angestellten in Unternehmen vor, die die Leitung des Unternehmens innehaben.[1329]

In einigen Betrieben werden auch die leitenden Angestellten als Manager bezeichnet, die nach § 9 Abs. 3 ArbGB berechtigt sind, im Namen des Arbeitgebers andere Arbeitnehmer anzuweisen, zu leiten, zu überwachen, zu kontrollieren und die Arbeit zu organisieren.[1330] Daher wird dieser Vertrag auch als Managervertrag bezeichnet.

Der Managervertrag *(manažerská smlouva)* bzw. Vertrag eines leitenden Arbeitnehmers *(smlouva vedoucího pracovníka)* kann allerdings einen Arbeitsvertrag *(pracovní smlouva)* nicht ersetzen und daher als Sondertyp des Arbeitsvertrages ein Arbeitsverhältnis nicht begründen.[1331] Denn das Arbeitsverhältnis entsteht nicht durch den Abschluss eines Arbeitsvertrages, sondern durch Wahl oder Ernennung, durch Bestellung in die Funktion, das heißt durch einen einseitigen Rechtsakt, § 27 Abs. 3, 4 ArbGB. Dies wird in der Praxis oft verkannt bzw. nicht gekannt. In der Praxis kommt es deshalb häufig zu dem grundsätzlichen

---

[1325] Vgl. nur *Langner*, S. 209; *Tröster* in WiRO - Handbuch, Bd.1, Kap. D.X. CS Rn. 39; *ders.* in IOR, Bd. 39, S. 53; Beratungshandbuch - *Pravdová/Heidenhain*, Pkt. 4.4.6/A, S. 5.

[1326] Vgl. *Wiesnerová*, RIW 1/2000, 37, 38.

[1327] Vgl. Urteil des Obersten Gerichts der Tschechischen Republik v. 06.10.1998, Sp. Zn. Cdon 1280/97, unter der Nr. 7/2000 in der Sammlung der Gerichtsentscheidungen und Standpunkte veröffentlicht.

[1328] Vgl. dazu *Ueltzhöffer*, IOR, Bd. 39, S. 74.

[1329] So *Tröster* in WiRO - Handbuch, Bd.1, Kap. D.X. CS Rn. 39; *ders.* in IOR, Bd. 39, S. 53.

[1330] So auch *Tröster* in WiRO - Handbuch, Bd.1, kap. D.X. CS Rn. 40; *ders.* in IOR, Bd. 39, S. 53.

[1331] *Tröster*, IOR, Bd. 39, S. 53.

Fehler, dass der leitende Arbeitnehmer kein Ernennungsdekret besitzt, allerdings einen Vertrag eines leitenden Arbeitnehmers, der die Erfordernisse eines Arbeitsvertrages aufweist.[1332]

b) Inhalt eines Managervertrages

Nach der Ernennung werden die Rechtsverhältnisse zwischen dem Arbeitgeber und dem Manager in der Regel durch einen zusätzlichen Arbeitsvertrag, der in der Praxis Managervertrag genannt wird[1333], bestimmt. Hierbei handelt es sich nicht um einen eigentlichen Arbeitsvertrag im Sinne des ArbGB, sondern um eine Vereinbarung, die neben den Rechten und Pflichten der am Arbeitsverhältnis Beteiligten, insbesondere die Entlohnung bestimmt. Ein überwiegender Teil der im Managervertrag vereinbarten Regelungen hat einen arbeitsrechtlichen Charakter. Neben diesen rein arbeitsrechtlichen Bestimmungen werden auch häufig solche Vereinbarungen zum Inhalt des Managervertrages, die anderen Rechtsgebieten wie dem bürgerlichen Recht oder Handelsrecht zuzuordnen sind.[1334]

In der Rechtswissenschaft stellen sich die Fragen, ob ein entsprechender Managervertrag aufgrund des zwingenden Charakters des Arbeitsrechts rechtswirksam vereinbart werden kann und welche Rechtsfolgen sich daraus ergeben sowie ob aufgrund des Managervertrages ein arbeitsrechtliches Verhältnis entstehen kann.[1335] De lege ferenda (ab dem 1.1.2007) dürften mit der Liberalisierung des ArbGB, die eine Stärkung der Vertragsfreiheit mit sich bringt, solche Fragen positiv beantwortet werden können und die rechtswissenschaftliche Diskussion über den Managervertrag zur Makulatur werden.

Es werden üblicherweise in der Praxis folgende Vereinbarungen im Managervertrag getroffen:

[1332] Vgl. *Wiesnerová*, RIW 1/2000, 37, 38.
[1333] So die Bezeichnung bei *Langner*, S. 251 u. 210; vgl. auch Fn. 1323, 1324.
[1334] Siehe dazu *Ueltzhöffer*, IOR, Bd. 39, S. 74.
[1335] Vgl. *Ueltzhöffer*, IOR, Bd. 39, S. 74, 75. Ein Teil der Literatur geht aufgrund des (zurzeit noch - bis zum 1.1.2007) zwingenden Charakters des ArbGB davon aus, dass nur solche Vereinbarungen im Managervertrag getroffen werden dürfen, die das ArbGB auch zulässt. Ein Teil der Literatur geht wiederum davon aus, dass ein Managvertrag auf der Grundlage des § 4 Abs. 3 des LohnG geschlossen werden kann. Jedoch kann ein Managervertrag kein arbeitsrechtliches und auch kein Arbeitsverhältnis aufgrund des § 27 ArbGB begründen. Ein anderer Teil der Literatur meint dagegen, dass der Inhalt des Managervertrages nach dem Charakter der einzelnen Vereinbarungen getrennt werden muss. Zutreffend handelt es sich nach *Ueltzhöffer* bei dem Managervertrag um einen gemischten Vertrag, der sowohl Vereinbarungen über Arbeitsbedingungen, die sich nach dem ArbGB richten, als auch solche, die sich nach Handelsrecht (Mandatsvertrag) richten, zum Inhalt hat.

a) die Vergütung[1336]; dabei darf gemäß § 4 Abs. 3 LohnG der Lohn auch in einem anderen Vertrag als in einem Arbeitsvertrag vereinbart werden, also auch im Managervertrag,
b) Konkurrenz(verbots)klausel; die Konkurrenzklausel muss § 29 a ArbGB entsprechen,[1337]
c) allgemeine Vertragsstrafenregelung (Schadensersatz)
d) Pflicht zur Verschwiegenheit; durch den Managervertrag wird den Arbeitnehmern üblicherweise auch eine strengere Pflicht, Geschäftsgeheimnisse zu wahren, auferlegt,[1338]
e) Befristung des Arbeitsverhältnisses,
f) Tantiemen,
g) Ersatz von Auslagen wie Reisekosten, Bewirtungskosten, Dienstwagen oder Anspruch auf Ersatz der Versicherungsbeiträge für Sozial- und Haftpflichtversicherungen,
h) Entsendung auf Dienstreise für eine bestimmte, zeitlich begrenzte Dauer.[1339]

Da jedoch eine Befristung solcher Arbeitsverhältnisse nicht ausdrücklich im ArbGB geregelt wird, ist die Befristung umstritten. Man kann aber auch die Auffassung vertreten, dass hier § 68 i.V.m. § 30 Abs. 2 ff. ArbGB anwendbar ist. Denn für die durch Wahl oder Ernennung begründeten Arbeitsverhältnisse gelten im Übrigen die Bestimmungen über ein durch ein Arbeitsvertrag vereinbartes Arbeitsverhältnis, § 68 ArbGB. Außerdem ist angesichts der Tatsache, dass ein solcher Managervertrag insbesondere ein Vertrag über die Entlohnung ist, in der Regel für eine bestimmte Dauer abgeschlossen.[1340] In der Praxis werden jedenfalls befristete Managerverträge abgeschlossen.

c) Beendigung eines Managerverhältnisses

aa) De lege lata (bis zum 1.1.2007)

Bei der Beendigung ist es wichtig, zwischen der Abberufung[1341] aus der Funktion bzw. Niederlegung des Mandats (Resignation, auch Rücktritt genannt)[1342],

---

[1336] Vergütung auf Tschechisch: odměňování.
[1337] Dabei muss darauf hingewiesen werden, dass eine höhere als die gesetzlich bestimmte Abfindung, die in Managerverträgen in der Regel vereinbart werden, nur zusammen mit einer Konkurrenzklausel vereinbart werden kann.
[1338] Im Falle der Verletzung des Dienstgeheimnisses muss der Arbeitnehmer den dadurch entstandenen Schaden ersetzen. Da aber die Schäden meistens immateriell schwer bezifferbar sind, wird im Managervertrag für diesen Fall oft eine Vertragsstrafe vereinbart. Diese Praxis ist aber auch umstritten.
[1339] Mehr dazu bei *Tröster*, IOR, Bd. 39, S. 53 sowie *Wiesnerová*, RIW 1/2000, 37, 38 f.
[1340] *Wiesnerová*, RIW 1/2000, 37, 39.
[1341] Abberufung auf Tschechich: odvolání.

Ablauf der Wahlperiode (Zeitablauf), das heißt, der Beendigung der Organstellung und der Beendigung des Arbeitsverhältnisses (Managervertrag) zu unterscheiden.

Die Organstellung endet durch Abberufung, die jederzeit und ohne Angabe von Gründen möglich ist. Dies entspricht auch dem deutschen Recht, wo in § 38 Abs. 1 GmbHG der Grundsatz der jederzeitigen Abberufung ohne Angabe von Gründen geregelt ist. Dieser Grundsatz gilt auch im tschechischen Recht, vgl. § 125 HGB CZ. Demgegenüber ist die Beschränkung der Abberufung auf wichtige Gründe wie es § 38 Abs. 2 GmbHG vorsieht, im tschechischen Recht ausgeschlossen, da dies dem kogenten[1343] Charakter von § 125 Abs. 1 lit. f) HGB CZ widerspricht.[1344]

Ein leitender Arbeitnehmer darf also aus der Funktion jederzeit und ohne Begründung abberufen werden, wie er auch selbst auf die Funktion verzichten kann. Die Abberufung oder Resignation bedarf lediglich der Schriftform und der Zustellung, vgl. § 65 Abs. 2 S. 2, 3 ArbGB, anderenfalls ist sie unwirksam. Damit erlischt aber noch nicht das Arbeitsverhältnis[1345], sofern zusätzlich neben der Organstellung ein Arbeitsvertrag, sog. Managervertrag geschlossen wurde. Nach § 65 Abs. 3 S. 1 ArbGB endet nämlich das Arbeitsverhältnis nicht mit dem Ablauf der Amtsperiode, Abberufung oder Amtsniederlegung (Resignation). Daher muss berücksichtigt werden, dass die Abberufung aus der Funktion des leitenden Angestellten nicht automatisch die absolute Beendigung des arbeitsrechtlichen Verhältnisses an und für sich bedeutet.

Im Falle der Abberufung oder des Verzichts haben der Arbeitgeber und der leitende Arbeitnehmer eine Vereinbarung abzuschließen, wonach dem Arbeitnehmer eine seiner Qualifikation entsprechende Arbeit zugeteilt wird, § 65 Abs. 3 S. 2 ArbGB.[1346] Erst wenn dies nicht möglich ist, darf der Arbeitgeber das Arbeitsverhältnis nach § 46 Abs. 1 lit. c ArbGB wegen allgemeinen Abbaus von

---

[1342] Im tschechischen Recht wird in diesem Zusammenhang ausschließlich von dem Rücktritt von der Funktion *(odstoupení z funkce)* gesprochen (§§ 66 Abs. 1, 194 Abs. 2 S. 1 HGB CZ), währenddessen die Amtsniederlegung bzw. (nach tschechischer Rechtsterminologie: der Rücktritt des Geschäftsführers von seiner Organstellung) nicht spezialgesetzlich geregelt ist. Jedoch finden sich zum Rücktritt von Organen bzw. Organmitgliedern der Handelsgesellschaften in § 66 Abs. 1 HGB CZ eine Rechtsgrundlage; vgl. dazu *Langner*, S. 193.

[1343] Tschechisch: kogentní ustanovení (Kogente, d.h. zwingende Vorschriften).

[1344] Vgl. *Langner*, S. 183 m.w.N.

[1345] Genauso *Wiesnerová*, RIW 1/2000, 37, 39.

[1346] Vgl. dazu auch § 46 Abs. 2 ArbGB. Hier hat der Arbeitgeber die Pflicht, eine neue Weiterbeschäftigungsmöglichkeit zu suchen, bevor er kündigt. Falls aber keine angemessene Weiterbeschäftigungsmöglichkeit existiert, darf der Arbeitgeber selbstverständlich den Arbeitnehmer kündigen.

Arbeitsplätzen (Abundanz des Arbeitnehmers) aus organisatorischen Gründen, betriebsbedingt kündigen. Allerdings ist mit der Anwendung dieses Kündigungsgrundes der Anspruch des Arbeitnehmers auf Abfindung in der Höhe des zweifachen monatlichen Durchschnittsverdienstes verbunden, vgl. § 60 a Abs. 1 S. 1 ArbGB. Nach § 65 Abs. 3 ArbGB ist der Arbeitgeber bei leitenden Angestellten zu dieser Zahlung jedoch nicht verpflichtet. Falls der Arbeitnehmer die ihm abgebotene geeignete Arbeit ablehnt oder für ihn eine solche Arbeit im Unternehmen nicht vorhanden ist, liegt der Kündigungsgrund der Überschüssigkeit des Arbeitnehmers vor. Die einem Arbeitnehmer bei organisatorischen Veränderungen gewährte Abfindung gibt es hierbei nicht. Das Abfindungsgeld gebührt ihm nur, wenn die Beendigung des Arbeitsverhältnisses im Zusammenhang mit der Aufhebung der leitenden Funktion wegen organisatorischen Änderungen erfolgt.[1347]

Einige Praktiker empfehlen sogar, aus der Sicht der Gesellschaft bzw. des Arbeitgebers mit dem Geschäftsführer der GmbH keinen (zusätzlichen) Arbeits-(Manager)Vertrag abzuschließen, weil die Beendigung dieses Arbeitsverhältnisses nach § 46 ArbGB schwierig ist. Außerdem kann es günstiger sein, hier handelsrechtlich einen Mandatsvertrag nach § 566 HGB CZ mit dem Geschäftsführer abzuschließen.[1348] Dieses Mandatsverhältnis kann wesentlich einfacher gelöst werden, allein schon wegen der Vertragsfreiheit, die derzeit im geltenden ArbGB – wo die Kündigungsvorschriften zwingend ausgestaltet sind – nicht vorherrscht.

Zusammenfassend lässt sich sagen, dass eine wichtige Besonderheit bei ernannten leitenden Angestellten im tschechischen Arbeitsrecht darin besteht, dass das Arbeitsverhältnis mit der Abberufung aus der Funktion oder Aufgabe, dem Verzicht auf die Funktion nicht endet. Dies bedeutet in der Praxis, dass sich der Arbeitgeber und der Arbeitnehmer über die weitere Eingruppierung beim Arbeitgeber einigen müssen. Nach dem ArbGB soll die andere Arbeit nach Möglichkeit der Qualifikation des Arbeitnehmers entsprechen. Wenn dies nicht möglich ist, kann ihm der Arbeitgeber eine andere für ihn geeignete Arbeit anbieten. Nur wenn auch eine solche Arbeit beim Arbeitgeber nicht vorhanden ist oder der Arbeitnehmer eine solche ablehnt, liegt ein Kündigungsgrund für den Arbeitgeber

---

[1347] Nach § 65 As. 3 S. 3 letzter HS ArbGB gebührt dem Arbeitnehmer die Abfindung, die er bei Organisationsänderungen erhält, nur im Falle der Auflösung des Arbeitsverhältnisses nach Abberufung aus dem Amt wegen seiner Abschaffung infolge der geänderten Organisation.; vgl. auch *Wiesnerová*, RIW 1/2000, 37, 40.

[1348] So mit guten Gründen JUDr. *Poljaková* von DLA Weiss-Tessbach in Prag, WiRO 2005, 193, 196; Mehr dazu unter Punkt 5. Funktions- oder Mandatsvertrag mit Mitgliedern statutarischer Organe.

nach § 46 Abs. 1 lit. c) ArbGB vor. Eine Kündigung wäre dann aus betrieblichen Gründen gerechtfertigt.

bb) De lege ferenda (ab dem 1.1.2007)

Damit aber nichtstaatliche (private) Arbeitgeber, bei denen das Arbeitsverhältnis in den leitenden Funktionen nicht durch eine Ernennung begründet wird, eine Möglichkeit haben, ihr Management abzuwechseln *(možnost obměny svého managementu)*, ermöglicht es ihnen das neue ArbGB, mit dem leitenden Arbeitnehmer zu vereinbaren, dass dieser von der Arbeitsstelle abberufen werden kann. Gleichzeitig muss aber vereinbart werden, dass der leitende Arbeitnehmer auf diese Stelle verzichten kann, § 73 Abs. 3 ArbGB n.F. Der Arbeitgeber hat also die Möglichkeit, mit einem leitenden Angestellten eine Abberufung und zugleich die Aufgabe dieser Funktion zu vereinbaren.

Die Abgrenzung der leitenden Arbeitnehmer *(vedoucí zaměstnanec)* (der Leitungsstellen) für diese Zwecke ist identisch mit dem bisherigen Wortlaut des ArbGB in § 27 Abs. 5. (§ 73 des neuen ArbGB)[1349]

Nach dem neuen ArbGB ist also für die Beurteilung der Beendigung des Arbeitsverhältnisses mit einem Manager maßgeblich, ob die Möglichkeit der Abberufung vereinbart wurde oder nicht. Die Möglichkeit der Abberufung kann allerdings nur gleichzeitig mit der Möglichkeit des Rücktritts durch den Arbeitnehmer vereinbart werden. Dies kann direkt im Arbeitsvertrag oder aber in einer gesonderten Vereinbarung erfolgen. Es ist ratsam, als nichtstaatlicher Arbeitgeber aktiv zu werden und eine solche Vereinbarung abzuschließen, damit ernannte leitende Arbeitnehmer auch künftig aus den leitenden Positionen abberufen werden können. Sofern keine derartige Regelung getroffen wird, kommt die Übergangsregelung des § 364 Abs. 3 ArbGB n.F. mit der Folge zur Anwendung, dass durch Wahl oder Ernennung begründete Arbeitsverhältnisse ab dem 1.1.2007 als durch Arbeitsvertrag begründete Arbeitsverhältnisse angesehen werden.[1350]

Die Vereinbarung der Möglichkeit einer Abberufung und eines Rücktritts ist zudem auf die beiden höchsten Führungsebenen beschränkt, die leitenden Angestellten, die dem/den organschaftlichen Vertreter/-n direkt unterstellt sind, und die leitenden Angestellten, die den vorgenannten leitenden Angestellten direkt unterstellt sind, vgl. die Aufzählung in § 73 Abs. 3 ArbGB n.F. In diesen Fällen kann die Abberufung jederzeit und aus beliebigem Grund erfolgen, vorausge-

---

1349 Vgl. *Bukovjan/Chládková*, Práce a mzda 7-8/2006, 2, 4.

1350 So auch *Klikar*, Mandantenbrief 11/2006, S. 4, 5, www.roedl.cz, zuletzt abgerufen am 19.11.2006.

setzt die Schriftform wird gewahrt. Mit leitenden Angestellten auf niedrigeren Führungsebenen ist die Vereinbarung der Möglichkeit einer Abberufung bzw. eines Rücktritt daher nicht möglich.

Das Arbeitsverhältnis an sich endet jedoch nicht mit Abberufung / Rücktritt, § 73 Abs. 6 S. 1 ArbGB n.F. Das gilt indes nicht, sofern das Arbeitsverhältnis durch Ernennung für eine bestimmte Zeit entstanden ist. In den Fällen des § 33 Abs. 3 ArbGB n.F., der Begründung eines Arbeitsverhältnisses durch Ernennung bei staatlichen Organisationseinheiten endet also das befristete Arbeitsverhältnis in den Fällen der Abberufung oder des Verzichts. Der § 73 Abs. 6 S. 2 ArbGB n.F. verpflichtet den Arbeitgeber, dem Arbeitnehmer eine andere, seinem Gesundheitszustand und seiner Qualifikation entsprechende Arbeit anzubieten. Wird dem Arbeitnehmer ein solches Angebot unterbreitet, schließen die Parteien im Regelfall einen neuen Managervertrag bzw. einen Nachtrag zum bestehenden Managervertrag, mit dem die Änderung festgehalten wird. Ist keine adäquate Arbeit vorhanden oder lehnt der Arbeitnehmer das Angebot ab, liegt eine Arbeitsverhinderung beim Arbeitgeber und zugleich ein Kündigungsgrund i.S.v. § 52 lit. c) ArbGB n.F. vor. Es liegt dann eine so geannnte Fiktion der Überschüssigkeit vor. In einem solchen Fall gilt keine Nachweispflicht, da die Überzähligkeit von Gesetzes wegen als gegeben gilt. Ein Anspruch auf Abfindung steht dem Arbeitnehmer nur zu, wenn das Arbeitsverhältnis nach Abberufung des leitenden Angestellten im Zusammenhang mit der Streichung seines Arbeitsplatzes infolge der organisatorischen Änderungen beendet wird. (§ 73 Abs. 6 ArbGB n.F.)

d) Managervertrag - de lege ferenda (ab dem 1.1.2007)

aa) Kritik de lege lata (bis zum 1.1.2007)

Ein Arbeitsverhältnis ist nach § 27 Abs. 1 ArbGB als Verhältnis definiert, an dem der Arbeitnehmer für ein Entgelt an der Erfüllung der Aufgaben entsprechend den Weisungen des Arbeitgebers teilnimmt. Diese Definition könnte mithin auch die Arbeitsleistung von Managern umfassen. Allerdings wird zurzeit ein Arbeitsverhältnis entweder durch einen Arbeitsvertrag oder durch eine Wahl oder eine Ernennung begründet. Aus dem Wortlaut folgt, dass ein Managervertrag keine weitere Form der Begründung eines Arbeitsverhältnisses darstellt.[1351] Daher lässt das zurzeit zwingende ArbGB keinen Managervertrag zu und daher ist dieser Vertragstyp nach dem Prinzip: *es ist alles verboten, was nicht gesetzlich erlaubt*, verboten.

[1351] Genauso *Ueltzhöffer*, IOR, Bd. 39, S. 75.

Die Managerverträge werden in der Regel in der Praxis für solche Positionen geschlossen, die durch eine Ernennung besetzt werden oder werden können. Das Arbeitsverhältnis wird mit der Ernennung begründet, nicht mit dem Managervertrag, der sich lediglich auf die Ernennung bezieht und insbesondere die Vergütung und weitere wichtige Pflichten für die Vertragsparteien regelt.[1352]

bb) De lege ferenda (ab dem 1.1.2007)

Laut des bisherigen ArbGB entsteht also bei leitenden Mitarbeitern ein Arbeitsverhältnis durch Ernennung/Bestellung in die Funktion, vgl. § 27 Abs. 4 ArbGB. Nach dem neuen ArbGB entsteht ein Arbeitsverhältnis auch bei leitenden Mitarbeitern grundsätzlich durch einen Arbeitsvertrag, der kraft Gesetzes einer Schriftform bedarf.[1353] Aus den Übergangsbestimmungen des neuen ArbGB geht hervor, dass die nach den bisherigen Rechtsvorschriften durch Wahl oder Ernennung begründeten Arbeitsverhältnisse mit wenigen Ausnahmen als durch einen Arbeitsvertrag begründete Arbeitsverhältnisse gelten, vgl. § 363 Abs. 3 des neuen ArbGB.

§ 363 Abs. 3 S. 1 des neuen ArbGB lautet: *„Arbeitsverhältnisse, die nach den bisherigen Rechtsvorschriften durch Wahl oder Ernnennung begründet wurden, gelten als Arbeitsverhältnisse, die durch einen Arbeitsvertrag begründet werden."* Dies gilt nicht bei leitenden Arbeitnehmern staatlicher Organisationseinheiten, vgl. § 363 Abs. 3 a)-h) des neuen ArbGB. Nach § 33 Abs. 3 des neuen ArbGB entsteht das Arbeitsverhältnis von leitenden Arbeitnehmern bei staatlichen Behörden nach wie vor durch die Ernenunng, wenn eine Sondervorschrift (Satzung) nichts anderes festlegt. Die Ernennung wird von dem durchgeführt, der dafür nach der Sondervorschrift zuständig ist. Daher wird auch weiterhin bei staatlichen leitenden Arbeitnehmern das Arbeitsverhältnis obligatorisch durch Ernennung begründet.

cc) Stellungnahme

Grundsätzlich entsteht nach dem neuen ArbGB ein Arbeitsverhältnis vor allem durch einen Arbeitsvertrag zwischen Arbeitnehmer und Arbeitgeber, vgl. § 33 Abs. 1 des neuen ArbGB.[1354] De lege ferenda wird damit synonym der Manager(Arbeits-)vertrag für die Begründung eines Arbeitsverhältnisses im ArbGB genannt.[1355] Dies ist zu begrüßen. Denn die Ernennung, welche das Arbeitsver-

---

[1352] Vgl. *Ueltzhöffer*, IOR, Bd. 39, S. 75.

[1353] In diesem Sinne *Švéda*, Rödl & Partner Mandantenbrief, 06/2006, S. 1, www.roedl.cz, zuletzt abgerufen am 17.7.2006.

[1354] Ebenso *Vysokajová*, Právní fórum 8/2005, S. 314, 317.

[1355] Vgl. auch den Gründebericht des Regierungsentwurfs Nr. 1153 aus 2005 zur Vorlage des neuen Arbeitsgesetzbuches; deutsche Übersetzung von *Veberová*, S. 44.

hältnis begründet, umfasst nur die Ernennung in die Position und keine sonstigen Regelungen wie zum Beispiel die Vergütung. Außerdem darf man nicht außer Acht lassen, dass ein Manager, der in eine Funktion berufen wird, in dieser Stellung weit weniger Rechtssicherheit hat als ein gewöhnlicher Arbeitnehmer. Der Manager kann aus seiner Funktion abberufen werden, wenn er sich nicht bewährt, wobei eine Kündigungsfrist für die Abberufung gesetzlich nicht geregelt ist. Daher ist es für einen leitenden Arbeitnehmer (Manager) sehr wichtig, wenn er sich auf die Vereinbarungen, die z.B. Abfindungen für einen solchen Fall regeln, im Managervertrag verlassen kann.[1356]

Ein Managervertrag wird in der Praxis in Verbindung mit der Ernennung in eine Funktion geschlossen. Der Managervertrag ist wichtig, weil dieser für die in die Funktion ernannten Arbeitnehmer wichtige Arbeits- und Lohnbedingungen statuiert. Da die Ernennung die Grundlage für die Begründung des Arbeitsverhältnisses darstellt, jedoch selbst keine Vergütungsvereinbarungen oder andere Regelungen der Arbeitsverpflichtungen beinhaltet, wird zu diesem Zweck zusätzlich ein Managervertrag (Arbeitsvertrag) geschlossen.[1357] Durch die neue Rechtsregel, dass das Arbeitsverhältnis vor allem durch einen Arbeitsvertrag begründet wird (§ 33 Abs. 1 des neuen ArbGB), wird der Vertrag eines leitenden Arbeitnehmers als Arbeitsvertrag anerkannt.

Des Weiteren folgt der Gesetzgeber mit seiner Entscheidung, die Begründung eines Arbeitsverhältnisses von leitenden Mitarbeitern durch Arbeitsvertrag zu legitimieren – wobei der Arbeitsvertrag in der Praxis durch den Managervertrag als ein arbeitsrechtliches Verhältnis umgesetzt wird – der Rechtsprechung. Bereits auf der Grundlage eines Managervertrages hat das Bezirksgericht in Pilsen in seiner Entscheidung Nr. 22 Cm 176/98-5 vom 16.2.1998 sowie das Obergericht *(Vrchní soud)* in Prag in seiner Entscheidung Nr. 10 Cmo 154/98-13 vom 14.5.1998 über die gerichtliche Zuständigkeit im Falle einer Verpflichtung, einen gebrauchten und ausgesonderten Wagen an ein ehemaliges Mitglied des Vorstandes der Gesellschaft zu übertragen, den Rechtsstreit an das für arbeitsrechtliche Streitigkeiten in erster Instanz zuständige Amtsgericht verwiesen.[1358] Außerdem hatte das Obergericht in Prag in einer früheren Entscheidung vom 21.4.1993[1359] erklärt: *„weder rechtliche Vorschriften noch die Natur der GmbH*

[1356] So zutreffend *Ueltzhöffer*, IOR, Bd. 39, S. 75, 76.
[1357] So zu Recht *Ueltzhöffer*, IOR, Bd. 39, S. 75.
[1358] Vgl. *Ueltzhöffer*, IOR, Bd. 39, S. 76.
[1359] Rs Nr. 6 Cdo 108/92 (veröffentlicht in der Sammlung der Gerichtsentscheidungen und Stellungnahmen des Obergerichts unter R 13/1995), allerdings ist es nach dem Grundtenor der Entscheidung unzulässig: *„die Tätigkeit eines statutarischen Organs oder Organmitglieds einer GmbH durch eine natürliche Person in einem Arbeitsverhältnis auszuüben und das selbst dann, wenn es sich nicht um einen Gesellschafter handelt."* Danach war es also unzu-

verhindern, dass andere Tätigkeiten für die Gesellschaft durch diese natürliche Personen aufgrund eines arbeitsrechtlichen Verhältnisses ausgeübt werden, es sei denn das Arbeitsverhältnis besteht lediglich in der Ausübung der Funktion als statutarisches Organ.“ Schon damals schlossen die tschechische und rechtsvergleichende Wissenschaft aus, dass Geschäftsführer zusätzlich zum Funktionsvertrag gemäß § 66 Abs. 2 HGB CZ, einen Arbeitsvertrag (Managervertrag) schließen können, der jedoch nicht die Organtätigkeit zum Inhalt haben durfte.[1360] Statutare Organe durften nur im Rahmen ihrer Funktion kein arbeitsrechtliches Verhältnis zu der Gesellschaft haben. In concreto bedeutete dies, sofern der Geschäftsführer neben seiner Organfunktion zusätzlich Aufgaben wahrnahm, konnte ein Arbeitsvertrag zusätzlich neben dem Funktionsvertrag oder der Ernennung geschlossen werden.

Von einer (umfassenden) Regelung des Managervertrages im ArbGB wurde zu Recht abgesehen. Das neue Prinzip, *was nicht gesetzlich verboten ist, ist erlaubt*, das eine wesentliche Konzeptänderung des ArbGB hin zu mehr Vertragsfreiheit darstellt, macht eine Regelung des Managervertrages obsolet. Damit ist eine Empfehlung von *Ueltzhöffer* [1361], der eine Regelung des Rahmens im Sinne einer weitgehenden Vertragsfreiheit forderte, umgesetzt worden.
Künftig wird ein Arbeitsverhältnis durch Ernennung nur in Ausnahmefällen begründet und zwar bei leitenden Arbeitnehmern staatlicher Organisationen (vgl. § 33 Abs. 3 des neuen ArbGB).[1362]

5. Funktions-oder Mandatsvertrag mit den Mitgliedern statutarischer Organe (Vorstandsmitglieder, Geschäftsführer)

a) Funktions- oder Mandatsvertrag

Bei Mitgliedern statutarischer Organe, wie dem Vorstand einer Aktiengesellschaft, dem Geschäftsführer einer GmbH, ist zwischen dem oben erörterten Managervertrag und einem *Vertrag über die Ausübung der Funktion* (Funktionsver-

---

lässig, die Funktion eines Geschäftsfühers oder Vorstandsmitglieds im Arbeitsverhältnis auszuüben. Vgl. dazu *Loges/Nedelka*, WiRO 1998, 133, 135; *Langner*, S. 210.

[1360] Siehe nur *Gerauer*, Rn. 37; *Loges/Nedelka*, WiRO 1998, 133, 135; *Winkelmann*, WiRO 2002, 65, 68.

[1361] *Ueltzhöffer*, IOR, Bd. 39, S. 76, dort heißt es: *„ Die unsichere und unklare Stellung der Managerverträge und ihrer Inhalte bedarf m.E. einer gesetzlichen Regelung in den entsprechenden Rechtsvorschriften. Dabei ist eine Regelung des Rahmens im Sinne einer weitestgehenden Vertragsfreiheit ausreichend.“*

[1362] Siehe *Švéda*, Rödl & Partner Mandantenbrief, 06/2006, S. 1, www.roedl.cz, zuletzt abgerufen am 17.7.2006.

trag)[1363] zu unterscheiden. In der tschechischen Rechtspraxis ist der Abschluss von Anstellungsverträgen mit Geschäftsführern (Funktionsverträge) üblich und entspricht zunehmend wie im deutschen Recht dem Regelfall.[1364] Ein solcher Vertrag wird auch als Vertrag über die Ausübung der Geschäftsführerfunktion bezeichnet.

Der Funktionsvertrag von Organmitgliedern ist im tschechischen HGB CZ in § 66 Abs. 2 HGB CZ geregelt. Ein solcher Vertrag kann mit Personen abgeschlossen werden, die eine Funktion als statutarisches Organ einer Handelsgesellschaft[1365] ausüben. Hierbei handelt es sich nach *Hanslik* um einen Mandatsvertrag.[1366] Dies ist nicht überzeugend. Denn § 66 Abs. 2 HGB CZ unterscheidet schon zwischen einem Funktionsvertrag und einem Mandatsvertrag (§§ 566-576 HGB CZ). Deshalb kann die Gleichsetzung beider Verträge durch *Hanslik* nicht richtig sein, auch wenn die rechtlichen Folgen dieselben sein mögen. Denn das Gesetz legt fest, dass die Regelungen über den Mandatsvertrag erst dann analog anzuwenden sind, wenn kein Funktionsvertrag geschlossen wurde.[1367]

Die inhaltliche Gestaltung eines Funktionsvertrages überlässt der tschechische Gesetzgeber weitestgehend den Vertragsparteien.[1368] Die Mindestanforderungen sind in § 66 Abs. 2 S. 2 und 3 HGB CZ geregelt. Die Ausübung der Funktion (Geschäftsführung) ist eine persönliche Schuld. Der Funktionsvertrag muss schriftlich abgeschlossen werden und durch die Hauptversammlung oder durch alle persönlich und unbegrenzt haftenden Gesellschafter schriftlich genehmigt werden. Sofern sich aus den gesetzlichen Bestimmungen des HGB CZ und dem Inhalt des Funktionsvertrages keine anderen Rechte und Pflichten ergeben, sind die Normen des Mandatsvertrages entsprechend anzuwenden, vgl. § 66 Abs. 2 S. 1 2. HS HGB CZ. Auch bestimmt § 66 Abs. 2 S. 1 2. HS HGB CZ, dass die Vorschriften über den Mandatsvertrag entsprechend anzuwenden sind, sofern nicht ein Funktionsvertrag geschlossen wurde. Daraus ergibt sich, dass der Abschluss eines Funktionsvertrages der Gesellschaft mit dem Geschäftsführer nicht zwingend erforderlich ist.[1369] Der Abschluss eines Vertrages über die Ausübung der Geschäftsführerfunktion ist nicht obligatorisch.

1363 Im folgenden Funktionsvertrag; Tschechisch: *Smlouva o pověření a výkonu funkce* (Vertrag über das Betrauen und die Ausübung der Funktion) bzw. abgekürzt *funkční smlouva.*

1364 Vgl. Eliáš/Bartošíková/Pokorná, Rn. 381.

1365 Meistens einer AG oder GmbH, also Vorstandsmitglied oder Geschäftsführer.

1366 *Hanslik*, Tschechisches Arbeitsrecht, S. 49; Mandatsvertrag auf Tschechisch: Mandátní smlouva.

1367 So auch *Langner*, S. 63 u. S. 208.

1368 Insoweit auch *Langner*, S. 207.

1369 So zutreffend *Loges/Nedelka*, WiRO 1998, 133, 134.

Den Mandatsvertrag kann man mit dem Geschäftsbesorgungsvertrag im deutschen Recht gemäß § 675 BGB vergleichen.[1370] Durch den Mandatsvertrag verpflichtet sich der Bevollmächtigte für seinen Mandanten gegen eine Vergütung auf dessen Rechnung eine bestimmte Handelsangelegenheit im Namen des Mandanten durch Rechtshandlungen und andere Tätigkeiten zu erledigen und der Mandant verpflichtet sich, den Bevollmächtigten zu vergüten (§566 Abs. 1 HGB CZ). Bei einem Mandatsverhältnis ist es wichtig, dass vertraglich die Vergütung geregelt wird. Überhaupt ist es essentiell, dass die Vergütungsfrage vertraglich geregelt wird. Denn § 571 Abs. 1 HGB CZ legt fest, sofern die Höhe der Vergütung im Vertrag nicht geregelt ist, so ist der Mandant verpflichtet, die Vergütung zu erbringen, die zum Zeitpunkt des Vertragsschlusses für eine vergleichbare Tätigkeit üblich ist. Ferner bestimmt § 571 Abs. 2 HGB CZ, dass ein Anspruch des Bevollmächtigten auf Vergütung zu dem Zeitpunkt entsteht, in dem er die Tätigkeit, zu der er verpflichtet war, unabhängig von dem erwarteten Erfolg ordnungsgemäß erbringt.

Den Mandats- oder Funktionsvertrag *(mandátní nebo funkční smlouva)* auf Seiten der Gesellschaft schließt das Organmitglied selbst ab. Daher kann es vorkommen, dass der alleinvertretungsberechtigte Geschäftsführer einer GmbH sich selbst in das arbeitsrechtliche Verhältnis einers Direktors (Manager) ernennen muss.[1371] Jedoch muss nach § 66 Abs. 2 S. 3 HGB CZ die Gesellschafter- bzw. Hauptversammlung den Anstellungsvertrag schriftlich genehmigen.[1372] Bei einer so genannten Einmann-GmbH muss der Vertrag notariell beglaubigt werden.

b) Inhalt eines Mandatsvertrages

Da nach den §§ 66 Abs. 2, 263, 576 HGB CZ das Mandatsvertragsrecht (§§566-576 HGB CZ) Anwendung findet, sofern keine abweichende vertragliche Vereinbarung existiert, können die Bestimmungen der §§ 566 ff. HGB CZ durch Vertrag abbedungen werden. Das Rechtsverhältnis (Anstellungsverhältnis) kann daher zwischen Organmitglied und Gesellschaft grundsätzlich frei geregelt werden. Dies entspricht auch deutschem Recht. Nach *Loges/Nedelka* kann ein Mandatsvertrag in Anlehung an einen deutschen Anstellungsvertrag abgefasst werden, wie ihn eine deutsche Gesellschaft mit ihrem Geschäftsführer oder Vorstandsmitglied schließt.[1373]

1370 Ebenfalls *Langner*, S. 209.

1371 Beispiel von *Poljaková*, WiRO 2005, 193, 196.

1372 Vor der großen HGB CZ-Novelle im Jahr 2000 wurde die schriftliche Zustimmung der Gesellschafterversammlung bzw. Hauptversammlung zu dem Anstellungsvertrag von der Beratungspraxis dringend gefordert und auch empfohlen; vgl. *Loges/Nedelka*, WiRO 1998, 133, 134 m.w.N.

1373 Vgl. *Loges/Nedelka*, WiRO 1998, 133, 134; Zur Vertragsgestaltung in der Praxis siehe für das deutsche Recht, *Jaeger*, Der Anstellungsvertrag des GmbH-Geschäftsführers, S. 44 ff

Der Inhalt von Mandatsverträgen bezieht sich in der Regel auf die folgenden Punkte:

a) die organschaftliche Position und Vertretungsmacht des Bevollmächtigten (Organmitglied),
b) interne Beschränkungen der Geschäftsführungsbefugnis,
c) die Vergütung des Bevollmächtigten,
d) die Laufzeit des Vertrages und seine Kündbarkeit,
e) Arbeitszeit und Urlaub,
f) Geheimhaltungs- und Verschwiegenheitspflichten,
g) Wettbewerbsverbot[1374],
h) nachvertragliches Konkurrenzverbot (Allgemeine Vertragsstrafe).[1375]

Dies entspricht auch dem Inhalt eines Managervertrages bzw. eines Vertrages eines leitenden Mitarbeiters, nur mit dem Unterschied der Kündigungsschutzvorschriften des ArbGB beim Manager(arbeits-)verhältnis. Da die Bestimmungen des ArbGB beim Mandatsvertrag nicht gelten, können die Vertragsparteien die Laufzeit und die Kündigungsmöglichkeiten des Vertrages frei vereinbaren. Weder das Mandatsvertragsrecht, insbesondere § 574 HGB CZ, noch die allgemeinen Regelungen des HGB CZ verlangen für die Kündigung von Dauerschuldverhältnissen wie des Mandats- oder Funktionsvertrages die Einhaltung einer bestimmten gesetzlichen Kündigungsfrist.[1376] Üblich ist es aber, die Laufzeit des Mandatsvertrages an die Dauer der Ernennung (Bestellung in die Funktion) zum Geschäftsführer oder Vorstandsmitglied zu binden.[1377]

c) Sonderfall eines Managervertrages

Der Geschäftsführer ist satzungsmäßiges Organ. Die arbeitsrechtlichen Vorschriften beziehen sich nicht auf ihn. Er ist kein Arbeitnehmer. Wesentlich ist, dass das Geschäftsführerverhältnis ein reines handelsrechtliches Verhältnis darstellt. In seiner Tätigkeit richtet er sich nach den Rechtsvorschriften, dem Gesellschaftsvertrag und den Beschlüssen der Gesellschafter- bzw. Hauptversammlung. Durch die höchstrichterliche Rechtsprechung ist klargestellt, dass die Funktion eines Statutarorgans, zum Beispiel Geschäftsführer, nicht aufgrund eines arbeitsrechtlichen Verhältnisses ausgeübt wird. Geschäftsführer und Vor-

---

bzw. *Klamroth/Reiserer*, Der GmbH-Geschäftsführer-Vertrag, S. 8 ff. oder *Fuhrmann*, Der GmbH-Geschäftsführer-Vertrag, S. 41 ff.; Für das tschechische Recht, *Zoufalý/Munková*, Velká kniha smluvních vzorů (Großes Vertragsmusterhandbuch), S. 491 ff.

[1374] Vgl. § 136 HGB CZ (für die GmbH – společnost s ručením omezeným, abgekürzt s.r.o.) und § 196 HGB CZ (für die AG – akciová společnost, abgekürzt a.s.).

[1375] Mehr dazu bei *Loges/Nedelka*, WiRO 1998, 133, 134.

[1376] Vgl. *Langner*, S. 236, 237 m.w.N.

[1377] Siehe hierzu *Loges/Nedelka*, WiRO 1998, 133, 134.

stände haben einen so genannten Vertrag über die Ausübung der Funktion nach dem HGB CZ abzuschließen.

Häufig kommt jedoch parallel der Abschluss eines Managervertrages (Arbeitsvertrages) mit Geschäftsführern in der Praxis vor. Denn nicht selten wünschen diese, dem „*...Schutz des Arbeitsgesetzbuches...*"[1378] zu unterliegen. Grund dafür ist unter anderem die Haftungsbegrenzung bei Arbeitsverträgen, die nicht für die Geschäftsführer- und Vorstandstätigkeit im Handelsrecht gilt. Im Handelsrecht besteht eine unbegrenzte Haftung und eine Beweisumkehr zu Lasten des Geschäftsführers.[1379] *„Eine Vielzahl von arbeitnehmerfreundlichen Bestimmungen...gelten in einem Arbeitsvertrag, nicht jedoch bei einem reinen handelsrechtlichen Geschäftsführervertrag (Vertrag über die Ausübung der Funktion).*"[1380]

Die Stellung des Geschäftsführers als Organ bleibt vom Erscheinungsbild des Anstellungsvertrages allerdings unberührt. Nur zusätzlich wird neben der Organstellung ein Arbeitsvertrag, der in der Praxis Managervertrag[1381] genannt wird, geschlossen.[1382]
Der Arbeitsvertrag darf sich jedoch nicht auf die eigentliche Leitung und Vertretung der Gesellschaft (Organstellung) beziehen, sondern auf die etwa näher zu beschreibende Managementtätigkeit oder die Funktion des in der Tschechischen Republik üblichen Generaldirektors.[1383] Ein Arbeitsvertrag darf nicht die gleichen Verpflichtungen beinhalten wie die Pflichten eines Geschäftsführers.

Durch die zwei unabhängigen Rechtsverhältnisse (Organ- und Anstellungsverhältnis) kommt der Geschäftsführer daher in dem Fall der Abberufung aus der Funktion in den Genuss der arbeitsrechtlichen Kündigungsvorschriften (§§ 46, 65 ArbGB).[1384] Zwar wird die Arbeitnehmereigenschaft des Geschäftsführers

---

[1378] *Langner*, S. 209; siehe auch *Loges/Nedelka*, WiRO 1998, 133, 134.
[1379] Ebenso *Braun/Wiesnerová*, Ost-West-Contact 09/2005, 66.
[1380] *Braun/Wiesnerová*, Ost-West-Contact 09/2005, 66.
[1381] Vgl. vorhergehende Fn. 1323, 1324, 1331.
[1382] Folgendes Beispiel von *Gerauer*, Rn. 37: A wird zum Geschäftsführer einer Computer-GmbH bestellt. Seine Geschäftsführerpflichten kann A nicht in einem Arbeitsverhältnis ausüben. Wenn er daneben andere Aufgaben (z.B. Betriebsschulungen) erfüllen soll, kann er zu diesem Zweck zusätzlich zum Organverhältnis ein Arbeitsverhältnis mit der Gesellschaft eingehen.
[1383] Dazu *Langner*, S. 211; *Loges/Nedelka*, WiRO 1998, 133, 135 sowie *Poljaková*, WiRO 2005, 193, 196.
[1384] Zum Kündigungsschutz leitender Mitarbeiter im tschechischen Recht, vgl. *Bučková*, RdW 2001, 349 ff. sowie *Wiesnerová*, RIW 2000, 37 ff.

oder Vorstandsmitglieds in der tschechischen Rechtsprechung[1385] und in der Literatur[1386] sowie der rechtsvergleichenden Rechtswissenschaft[1387] abgelehnt. Indessen kann der Geschäftsführer Arbeitnehmer sein, sofern seine Rechte aus einem zusätzlichen Arbeitsvertrag (Managervertrag) betroffen sind. Dabei geht es nicht um die eigentliche Leitung und Vertretung der Gesellschaft (die originäre Organstellung), sondern um andere mit der Unternehmensleitung verbundene Aufgaben.

Der Inhalt eines Managervertrages ist unter Punkt 4 näher dargestellt. Daher wird an dieser Stelle auf eine Auseinandersetzung mit dieser Thematik verzichtet.

d) Zusammenfassung

Das Anstellungsverhältnis wird im Allgemeinen durch einen schriftlichen Funktionsvertrag begründet, der von der Gesellschafterversammlung noch nach § 125 Abs. 1 lit. f) HGB CZ genehmigt werden muss. Sofern kein Funktionsvertrag vereinbart wurde, gelten gemäß § 66 Abs. 2 HGB CZ die Bestimmungen über den Mandatsvertrag (§§ 566 - 576 HGB CZ).

Es besteht jedoch keine Pflicht, überhaupt einen schriftlichen Mandatsvertrag abzuschließen, da die Bestellung zum Organmitglied grundsätzlich abstrakt, das heißt, unabhängig von dem ihr zugrundeliegenden Rechtsverhältnis (Anstellungsverhältnis) ist.[1388] Dies wird durch das Gesetz (§§ 66 Abs. 2, 263 HGB CZ) bestätigt. Nach diesen Bestimmungen können die §§ 566 ff. HGB CZ, die das Mandatsvertragsrecht regeln, durch Vertrag abbedungen werden.

In der Praxis wird zunehmend zwischen dem Geschäftsführer und der Gesellschaft ein Arbeitsvertrag, ein sog. Managervertrag, geschlossen. Dieser darf indes nicht die Organstellung zum Inhalt haben.

6. Schlussfolgerung

Somit kann im Falle einer Bestellung einer Person zum statutarischen Organ das Rechtsverhältnis zwischen der Gesellschaft, dem Arbeitgeber und der bestellten

---

[1385] Entscheidung des Obergerichts in Prag v. 21.4.1993 – 6 Cdo 108/92, in der Sammlung der Gerichtsentscheidungen der Tschechischen Republik unter R 13/1995 zu finden; Obergericht in Brünn v. 12.3.2002 - 29 Odo 328/2001, SR NS Nr. 15, C 1085, S. 90; Obergericht in Brünn v. 15.1.2003 - 21 Cdo 963/2002, 23/C 1353 (iPrávník).

[1386] Vgl. nur *Eliáš/Bartošiková/Pokorná*, Rn. 381 und *Langner*, S. 226 m.w.N.

[1387] Siehe dazu *Gerauer*, Rn. 37; *Loges/Nedelka*, WiRO 1998, 133, 135; *Winkelmann*, WiRO 2002, 65, 68.

[1388] Vgl. *Salačová*, Právo a podnikání 4/1996, 2, 3; *Loges/Nedelka*, WiRO 1998, 133, 134.

Person auf zwei Arten geregelt werden. Zum einen als arbeitsrechtliches Verhältnis (Managervertrag). In diesem Fall muss die Person nach der Bestellung[1389] zum statutarischen Organ als Arbeitnehmer (Manager) angestellt[1390] werden. Daher ist es zum Beispiel unzulässig, einen Arbeits(Manager)vertrag in Bezug auf die Position des *„Vorstandsmitgliedes oder Geschäftsführers"* abzuschließen und zum anderen als handelsrechtliches Verhältnis (Mandatsvertrag) einzugehen.

In der Regel wird einer dieser beschriebenen Verträge[1391] abgeschlossen, wenn dem Manager ein Entgelt für die Ausübung der Funktion gebührt. Andererseits können auch gleichzeitig zwei Verträge bezüglich beider Verhältnisse[1392] abgeschlossen werden.

Es gibt nachstehende Vor- und Nachteile beider Verhältnisse, wobei bestimmte Unterschiede nur Vorstandsmitglieder betreffen, weil in einigen Vorschriften (insb. im ArbGB) GmbH-Geschäftsführer (leitende Angestellte) wie Arbeitnehmer behandelt werden.

[1389] Welches einen einseitigen Rechtsakt darstellt.
[1390] Welches einen zweiseitigen Rechtsakt darstellt.
[1391] Manager- oder Mandatsvertrag.
[1392] Einmal hinsichtlich der Funktion - des handelsrechtliches Verhältnisses und des Arbeitsverhältnisses.

Unterschied[1393]	**Arbeitsrechtliches Verhältnis (Managervertrag)**	**Handelsrechtliches Verhältnis (Mandatsvertrag)**
Vertragsschluss	Der Vertrag muss mit dem Manager im Namen der Gesellschaft durch ihr statutarisches Organ abgeschlossen werden. Meistens wird der Vertrag vom Manager zweimal (im Namen der Gesellschaft und im eigenem Namen) unterschrieben.	Der Vertrag ist vom Hauptorgan der Gesellschaft, der Gesellschafterversammlung oder dem Aufsichtsrat zu genehmigen.
Entgelt	Allgemeine arbeitsrechtliche Regelung	Das Entgelt muss von der Gesellschafterversammlung genehmigt werden, wobei ein allgemeiner Gewinnanteil erst nach oder gleichzeitig mit der Genehmigung des Jahresabschlusses genehmigt werden darf.
Steuer	Der an den Arbeitnehmer ausbezahlte Verdienst stellt Steuerkosten dar.	Das dem Vorstandsmitglied gezahlte Entgelt kann nicht steuerlich abgesetzt werden.
Sozial-, Gesundheits- und Krankenversicherung	Hier muss der Arbeitgeber dem Arbeitnehmer 35 % der Versicherungen bezahlen.	Das Vorstandsmitglied hat seine Versicherungen selbst zu tragen.
Beendigung des Verhältnisses	Zur Beendigung des Verhältnisses sind zwei „Akte“ nötig: Einmal - die Abberufung aus der Funktion des statutarischen Organs, dies ist im Regelfall durch die Hauptversammlung der Gesellschaft durchzu-	Wenn im Mandatsvertrag nicht anderes geregelt ist, erlischt das Mandatsverhältnis mit dem Ablauf der Amtszeit oder der Abberufung aus der Funktion, also mit der Beendigung der Funktion.

1393 Vgl. Übersicht bei *Hanslik*, Tschechisches Arbeitsrecht, Stand November 2004 (IHK - Tagung in Dresden), S. 49, 50.

	führen, - Abberufung aus der Managerfunktion, dies muss die Gesellschaft selbst durch ihr statutarisches Organ vornehmen und fällt regelmäßig mit dem ersten Schritt zusammen, - Beendigung des Arbeitsverhältnisses durch Kündigung oder Aufhebungsvereinbarung	
Vertragsfreiheit	Die Regelung des Arbeitsverhältnisses ist zwingend; wenn man sich für einen Managervertrag entscheidet, darf man nicht von den Regelungen im ArbGB abweichen. Eigentlich ist der Managervertrag de lege lata verboten. Dieser wird jedoch in der Praxis angewendet.	Die Vertragsfreiheit der Partner eines handelsrechtlichen Verhältnisses ist nur sehr wenig beschränkt, z.B. durch die Genehmigungspflicht des Mandatsvertrages.

II. Vergleich mit Deutschland

1. Begründung außervertraglicher Arbeitsverhältnisse

Wie zuvor erörtert, gibt es in der Tschechischen Republik neben dem Arbeitsvertrag die Möglichkeit ein Arbeitsverhältnis auf Grund von Ernennung (Berufung) oder Wahl zu begründen, vgl. § 27 Abs. 3 und 4 ArbGB. Somit kann ein Arbeitsverhältnis im Gegensatz zur allgemeinen Konzeption des ArbGB, wonach ein Arbeitsverhältnis mit Abschluss des Arbeitsvertrages und dem Tag des Antritts der Arbeit beginnt (§§ 27 Abs. 2, 33 Abs. 1 ArbGB), bei Geschäftsführern, leitenden Angestellten durch die Bestellung/Ernennung in die Funktion begründet werden. Die Regelungen über diese außervertraglichen Arbeitsverhältnisse stellen eine Besonderheit des tschechischen Rechts dar. Vergleichbares lässt sich im deutschen Recht nicht antreffen.

In Deutschland kann ein Arbeitsverhältnis in der Regel nur auf Grund eines Arbeitsvertrages begründet werden. Nur in besonderen Ausnahmefällen kann durch ein einseitiges Rechtsgeschäft, wie zum Beispiel die Ausübung eines Gestaltungsrechts durch den Arbeitnehmer nach § 78 a Abs. 2 S. 1 BetrVG[1394], § 9 Abs. 2 BPersVG[1395] oder kraft Gesetzes[1396] ein Arbeitsverhältnis begründet werden.[1397] Außervertragliche Arbeitsverhältnisse auf der Grundlage einer Ernennng oder Wahl sind dem deutschen Arbeitsrecht gänzlich fremd.

Diese außervertraglichen Arbeitsverhältnisse regeln in der Tschechischen Republik insbesondere die Beschäftigung bei staatlichen Organisationseinheiten (Behörden), dem öffentlichen Sektor sowie nach besonderen Rechtsvorschriften (Satzungen) der Genossenschaften oder der Bürgervereinigungen. Demgegenüber wird in Deutschland bei der Beschäftigung im öffentlichen Dienst zwischen dem öffentlich-rechtlichen Dienst- oder Ausbildungsverhältnis und dem privatrechtlichen Arbeits- oder Ausbildungsverhältnis differenziert.[1398] Zu dem Personenkreis, die in einem öffentlich-rechtlichen Dienstverhältnis stehen, gehören Beamte, Richter oder Soldaten.[1399] Sie werden durch die Aushändigung einer gesetzlich vorgeschriebenen Ernennungsurkunde in ein Dienst- und Treueverhältnis bzw. Richteramt oder Wehrdienstverhältnis berufen.[1400] In dieser Ernennungs- bzw. Berufungsurkunde muss die Formulierung: „unter Berufung in das Beamtenverhältnis/Richterverhältnis/Dienstverhältnis eines Berufssoldaten oder Soldaten auf Zeit“ vorkommen. Dieser Wortlaut und der Charakter der Berufung bzw. Ernennung mögen zwar an das Ernennungsdekret im tschechischen Recht erinnern, aber es handelt sich bei den oben genannten Dienstverhältnissen, im Gegensatz zum tschechischen Recht, nicht um Arbeitsverhältnisse.[1401] Denn diese Dienst- und Treueverhältnisse unterstehen eigenständigen Regeln des öffent-

---

[1394] § 78 a Abs. 2 S. 1 BetrVG lautet: „*Verlangt ein nach Absatz 1 genannter Auszubildender innerhalb der letzten drei Monate vor Beendigung des Berufsausbildungsverhältnisses schriftlich vom Arbeitgeber die Weiterbeschäftigung, so gilt zwischen Auszubildendem und Arbeitgeber im Anschluss an das Berufsausbildungsverhältnis ein Arbeitsverhältnis auf unbestimmte Zeit als begründet.*“

[1395] Bundespersonalvertretungsgesetz (BPersVG) v. 15.03.1974; BGBl. I, S. 693 ff.

[1396] Zum Beispiel § 10 Abs. 1 S. 1 Arbeitnehmerüberlassungsgesetz (AÜG) bestimmt: „ *Ist der Vertrag zwischen einem Verleiher und einem Leiharbeitnehmer nach § 9 Nr. 1 unwirksam, so gilt ein Arbeitsverhältnis zwischen Entleiher und Leiharbeitnehmer zu dem zwischen dem Entleiher und dem Verleiher für den Beginn der Tätigkeit vorgesehenen Zeitpunkt als zustande gekommen; ...*“

[1397] Vgl. *Hromadka/Maschmann*, Individualarbeitsrecht, § 5 Rn. 83 f.

[1398] Ebenso *Müller/Preis*, Arbeitsrecht im öffentlichen Dienst, Rn. 7, 14.

[1399] Vgl. hierzu *Müller/Preis*, Arbeitsrecht im öffentlichen Dienst, Rn. 8 f.

[1400] Vgl. die §§ 2 Abs. 1, 5 Abs. 2 BRRG (Bundesrechtsrahmengesetz v. 31.03.1999; BGBl. I, S. 654); §§ 2 Abs. 1, 6 Abs. 2 BBG (Bundesbeamtengesetz v. 31.03.1999; BGBl. I, S. 675); §§ 5 Abs. 1, 17 Abs. 3 DRiG (Deutsches Richtergesetz v. 19.4.1972; BGBl. I, S. 713); §§ 1 Abs.1, 41 Abs. 1 S. 2 Nr. 1 SG (Soldatengesetz v. 14.2.2001; BGBl. I. S. 232).

[1401] Vgl. dazu *Dütz*, Rn. 30; *Löwisch*, Arbeitsrecht, Rn. 12 sowie *Söllner/Waltermann*, S. 22, Rn. 31; Beamte. Richter und Soldaten sind keine Arbeitnehmer, sie werden aufgrund eines öffentlich-rechtlichen Dienstverhältnisses tätig.

lichen Rechts.[1402] Lediglich die Personen, die auf der Grundlage eines privatrechtlichen Arbeits- oder Ausbildungsverhältnisses im öffentlichen Dienst beschäftigt werden, sind die Angestellten und Arbeiter sowie Auszubildenen. Man kann diese Personen auch als Arbeitnehmer des öffentlichen Dienstes bezeichnen.[1403]

Demnach kann auch in Deutschland die Beschäftigung im öffentlichen Bereich auf Grund eines Arbeitsverhältnisses erfolgen. Dabei handelt es sich hauptsächlich entweder um einen Arbeitsvertrag oder einen Berufsausbildungsvertrag. Währenddessen findet in der Tschechischen Republik die Beschäftigung im öffentlichen Dienst nur auf der Grundlage der außervertraglichen Arbeitsverhältnisse statt und nicht auf Grund eines Arbeitsvertrages. Auch künftig wird ein Arbeitsverhältnis im öffentlichen Dienst nur durch die Ernennung (Bestellung in die Funktion) und zwar bei leitenden Angestellten staatlicher Organisationen begründet, vgl. § 33 Abs. 3 ArbGB n.F. Lediglich im privatrechtlichen Bereich wird ein nach den bisherigen Rechtsvorschriften durch Wahl oder Ernennung begründeten Arbeitsverhältnisses als durch einen Arbeitsvertrag begründetes Arbeitsverhältnis gelten, vgl. § 363 Abs. 3 des neuen ArbGB. Im Unterschied zu der geltenden Fassung des ArbGB begrenzt das neue ArbGB die Begründung eines Arbeitsverhältnisses durch Ernennung *(jmenování)* nur auf die Fälle, die in § 33 Abs. 3 ArbGB n.F. aufgeführt sind (nur bei den staatlichen Arbeitgebern).[1404]

2. Organ- und Anstellungsverhältnis

Das Organverhältnis wird im deutschen wie auch im tschechischen Recht durch die Bestellung des Geschäftsführers begründet. Die Bestellung erfolgt entweder im Gesellschaftsvertrag (Gründungsgeschäftsführer) oder zu einem späteren Zeitpunkt durch Beschluss der Gesellschafterversammlung, vgl. §§ 6 Abs. 3 S. 2, 46 Nr. 5 GmbHG[1405] im deutschen Recht sowie §§ 110 Abs. 1 lit. e), 125 Abs. 1 lit. f), 133 Abs. 3 HGB CZ. Das tschechische GmbH-Recht ist dem deutschen relativ ähnlich.[1406] Allerdings kennt das heutige tschechische Recht kein eigenständiges GmbHG oder AktG so wie es in Deutschland der Fall ist. Die hierfür geschaffenen Rechtsvorschriften finden sich hauptsächlich im HGB CZ wieder.[1407]

1402 Anstatt aller vgl. Schaub/*Schaub* - ArbR-Hdb., § 15 Rn. 2 oder *Dütz*, Rn. 30.

1403 Siehe *Müller/Preis*, Arbeitsrecht im öffentlichen Dienst, Rn. 14, 15.

1404 Vgl. dazu nur *Bělina/Pichrt*, Právní rozhledy 11/2005, 381, 385.

1405 Gesetz betreffend die Gesellschaften mit beschränkter Haftung (GmbHG) v. 20.04.1892, zuletzt geändert am 22.03.2005, BGBl. I 837.

1406 Überblick aus deutscher Sicht bei *Scheifele/Thaeter*, Unternehmenskauf, Joint Venture und Firmengründung in der Tschechischen Republik, S. 40 ff.

1407 So auch *Winkelmann*, WIRO 2002, 65.

Im deutschen Recht wird zwischen Organstellung und Anstellung eines GmbH-Geschäftsführers strikt getrennt.[1408] Die Bestellung begründet die Organstellung des Geschäftsführers mit allen gesetzlichen Rechten und Pflichten und verleiht ihm insbesondere die Rechtsmacht die GmbH zu vertreten. Der Anstellungsvertrag regelt hingegen die Rechtsbeziehungen zwischen dem Geschäftsführer und der Gesellschaft, soweit diese nicht bzw. nicht ausschließlich organschaftlicher Natur sind.[1409] Im tschechischen Recht hat der Gesetzgeber zwar auch eine Trennung gesetzlich vorgesehen, ihr wird jedoch kaum Beachtung geschenkt. Dem Anstellungsverhältnis kommt im tschechischen Recht eine wichtige konkretisierende Wirkung zu; daraus lässt sich jedoch ein vom Organverhältnis unabhängiges Rechtsverhältnis nicht ableiten.[1410] Die Trennung beider Rechtsverhältnisse (Organstellung und Anstellungsverhältnis) hat zwar im tschechischen Recht im Gesetzeswortlaut (§§ 66 Abs. 2, 127 Abs. 5 HGB CZ) Anklang gefunden, sie wird allerdings durch die weitreichende Vertragsfreiheit und die tatsächliche Rechtspraxis durchbrochen.[1411]

Der Managervertrag als eine in der Praxis anerkannte Vertragsform zur Regelung der arbeitsrechtlichen Beziehungen ist nicht explizit im tschechischen Arbeitsrecht geregelt. Deshalb ist auch vieles streitig, was beispielsweise die Befristung oder einer Vertragsstrafe angeht. Für die Praxis ist jedoch gegenwärtig davon auszugehen, dass solche Managerverträge mit Geschäftsführern und Vorstandsmitgliedern zulässig sind. Durch das neue ArbGB wird diese Praxis de lege ferenda bestätigt. Zukünftig wird durch das neue Grundprinzip des neuen ArbGB: *„was nicht verboten ist, ist erlaubt"*, das Prinzip der Vertragsfreiheit der Parteien bestärkt. Daher kann man ab dem 1.1.2007, wenn das neue ArbGB in Kraft ist, Managerverträge als allgemein zulässig erachten.

Anstellungsverträge mit Geschäftsführern oder Vorstandsmitgliedern in der Tschechischen Republik ähneln grundsätzlich den auch in Deutschland üblichen Verträgen.[1412] Die inhaltliche Ausgestaltung eines tschechischen Anstellungsverhältnisses (ob nun Funktions- bzw. Mandatsvertrag oder Managervertrag) orientiert sich üblicherweise an folgenden Punkten: Rechte und Pflichten des Geschäftsführers, insbesondere die Geschäftsführungs- und Vertretungsbefug-

---

[1408] Vgl. dazu *Jaeger*, S. 23, 27.
[1409] Siehe *Fuhrmann*, S. 13.
[1410] *Langner*, S. 60, 68, 69 mit ausführlicher Stellungnahme; a. A. *Loges/Nedelka*, WiRO 1998, 133, 134, dort heißt es: *„Ebenson wie im deutschen wird auch im tschechischen Recht zwischen dem organschaftlichen Verhältnis, das durch die Bestellung zum Geschäftsführer oder Vorstand begründet wird, und dem zugrunde liegenden Anstellungsverhältnis unterschieden."* *Loges/Nedelka* begründen ihre Auffassung allerdings nicht.
[1411] Vgl. nur *Langner*, S. 68, 69.
[1412] So zutreffend schon *Loges/Nedelka*, WiRO 1998, 133, 136.

nisse, Dauer des Vertrages, Kündigungsfristen, Vergütung[1413] und Sonderleistungen[1414], Arbeitszeit und Urlaub, Geheimhaltungs- und Verschwiegenheitspflichten, vertragliches und nachvertragliches Wettbewerbsverbot sowie Vertragsstrafen. Wie eingangs festgestellt, orientieren sich dabei die tschechischen Anstellungsverträge am deutschen Recht.[1415] In der Praxis sind Arbeitsverhältnisse, sog. Managerverträge mit Organmitgliedern weit verbreitet, obwohl sie aus Sicht der Gesellschaft allein aufgrund der Kündigungsschutzvorschriften und Haftungsprivilegien des ArbGB ungünstiger sind.[1416] Dagegen entfalten Mandats- bzw. Funktionsverräge faktisch keinen Bestandsschutz für den Geschäftsführer. Andererseits wird in der Praxis, in Anlehnung an die §§ 45, 46 ArbGB, eine dreimonatige Kündigungsfrist für beide Vertragsparteien vereinbart.[1417]

1413 Vergütung einschließlich Prämien, Tantiemen, Gewinnbeteiligungen.
1414 Sonderleistungen wie Dienstwagen, Handy, Laptop.
1415 Vgl. Fn. 1410.
1416 Vgl. dazu die vorhergehenden Fn. 1377, 1378, 1382.
1417 Vgl. Art. 4 Nr. 3 des Vertragsmusters zum Funktionsvertrag bei *Zoufalý/Munková*, Velká kniha smluvních vzorů (Großes Vertragsmusterhandbuch), S. 491 ff.

Teil 3. Schlussbetrachtungen

A. Zusammenfassung der Ergebnisse

Das Arbeitsrecht in der Tschechischen Republik lässt sich zwar wie das deuschte Arbeitsrecht auch in das Individual- und Kollektivarbeitsrecht einteilen. Jedoch ist das tschechische Kollektivarbeitsrecht einerseits durch eine Monopolstellung der Gewerkschaften und eine fehlende Betriebsverfassung andererseits geprägt. Daher ist es mit dem deutschen Kollektivarbeitsrecht nur eingeschränkt vergleichbar.

Dagegen ergeben sich im Individualarbeitsrecht, das den vorliegenden Untersuchungsgegenstand bildet, Unterschiede. Dies resultiert vor allem schon aus der Tatsache, dass in der Tschechischen Republik ein Arbeitsgesetzbuch, ein Arbeitskodex existiert.

Es lässt sich konstatieren, dass es sich in dem größten Teil der Rekodifikation des ArbGB nicht um ein neues ArbGB, sondern um eine *„Umschrift“*[1418] der bisherigen Vorschriften handelt. Dort, wo einige Institute wie das Arbeitszeitkonto eingeführt wurden, zeigt sich die neue Regelung wenig durchgearbeitet und durchdacht. Dies soll das Bemühen der Reformer um das neue ArbGB nicht schmälern, denn das neue ArbGB ist historisch, weil es die erste komplexe Überarbeitung des geltenden Arbeitsgesetzbuches aus der sozialistischen Ära darstellt.

Das neue Arbeitsgesetzbuch stellt die größte Änderung im Arbeitsrecht seit mehr als 40 Jahren dar. Das bedeutet eine Herausforderung für alle Arbeitgeber und Arbeitnehmer, die sich dem Inhalt dieser umfangreichen Rechtsvorschriften rechtzeitig vertraut machen müssen. Änderungsbedarf besteht sowohl bei Individualarbeitsverträgen als auch bei Kollektivarbeitsverträgen. In der Rechtspraxis wird sich es zeigen, wie die einzelnen Normen ausgelegt werden. Es wird vermutlich Jahre dauern, bis relevante Gerichtsurteile zu den neuen Bestimmungen vorliegen. Daher wird im Arbeitsrecht eine noch größere Rechtsunsicherheit bestehen als dies bereits jetzt der Fall ist.

B. Rechtspolitischer Ausblick, Reformbestrebungen

Trotz einer umfassenden Neukodifikation des ArbGB, die zum 1.1.2007 in Kraft trat, bleibt dennoch ein entsprechender Regelungsbedarf.
Bei der Verabschiedung des neuen Arbeitskodexes versäumte man, einen grundlegenden politischen Konsens und einen Konsens der Anwender dieser Norm, das heißt, der Arbeitgeber und Arbeitnehmer bzw. ihrer Vertreter herzustellen.

[1418] *Bělina/Pichrt*, Pravní rozhledy 11/2005, 381, 389.

Dies wurde bereits vom Beginn der Vorbereitung des neuen ArbGB nicht erlangt. Dies ist auch einer der Gründe, weshalb die Diskussion über den Entwurf eines neuen ArbGB oftmals eher politisch und konfrontativ als sachlich und fachlich war.[1419]

Einige wichtige Kritikpunkte möchte die Verfasserin hier daher ansprechen:

I. Stellung der Gewerkschaften

Das bisherige (bis zum 1.1.2007 geltende) sowie das neue ArbGB hält das ungleiche Verhältnis zwischen den Gewerkschaften einerseits und anderen Arbeitnehmervertretungen (Betriebsräte und Vertreter für Sicherheit und Gesundheitsschutz bei der Arbeit) andererseits aufrecht. Im Gegensatz zu den Gewerkschaften genießen weder die Betriebsräte noch die Vertreter für Sicherheit und Gesundheitsschutz bei der Arbeit Rechtssubjektivität. Dies ist unverständlich und nicht akzeptabel. Nur ein Gewerkschaftsorgan hat das Recht, betriebliche sowie überbetriebliche Tarifverträge (Tarifverträge höherer Art bzw. Verbandstarifverträge)[1420] in Vertretung der Arbeitnehmer abzuschließen, vgl. § 22 ArbGB n.F.

Erst seit dem 01.01.2001 können in der Tschechischen Republik Betriebsräte gegründet werden. Im Unterschied zu Gewerkschaften nimmt der Betriebsrat weder an Tarifverhandlungen teil, noch entscheidet er bei der Auflösung von Arbeitsverhältnissen mit. Auch wenn die Verankerung des Betriebsrates im tschechischen Arbeitsrecht vollzogen wurde, werden die Gewerkschaften als Vertreter der Arbeitnehmer durch das tschechische Arbeitsrecht weiterhin bevorzugt. Die Bildung eines Betriebsrates ist neben der Tätigkeit eines Gewerkschaftsorgans im Betrieb des Arbeitgebers auch im neuen ArbGB nicht möglich, vgl. § 281 Abs. 1 S. 1 ArbGB n.F. Hier übernimmt das neue ArbGB die bisherige ausschließliche Stellung der Gewerkschaften und stärkt diese. Auch dort, wo früher eine Gewerkschaftsorganisation nicht tätig war und ein Betriebsrat gewählt werden konnte, erlischt der Betriebsrat durch den Abschluss eines betrieblichen Kollektivvertrages, vgl. § 282 Abs. 1 lit. c) ArbGB n.F.. Diese Konzeption halten auch zu Recht *Bělina/Pichrt* für *„nicht glücklich"*.[1421]

[1419] Vgl. zu Vorstehendem *Bělina*, Pravní rozhledy 9/2006, 2.

[1420] Mehr zu den Tarifverträgen und zum Tarifrecht in der Tschechischen Republik, *Kühl*, ZESAR 2006, 17 ff.

[1421] *Bělina/Pichrt*, Pravní rozhledy 11/2005, 381, 389; mehr dazu auch *Kühl/Čechtická*, WiRO 2007, 101, 105 f.

Den Gewerkschaften obliegt auch die Vertretung nicht nur Ihrer Mitglieder, sondern auch der anderen Arbeitnehmer (Nichtmitglieder). Sie schließen für alle Arbeitnehmer Kollektivverträge ab, vgl. § 24 Abs. 1 ArbGB n.F. Dies ist verfassungsrechtlich bedenklich, da die Vertretung von Nichtmitgliedern die negative Koalitionsfreiheit[1422] berührt. Das monopolistische Modell der betrieblichen Interessenvertretung in der Tschechischen Republik ist nicht mehr zeitgemäß. Im Vergleich der tschechischen Norm mit entsprechenden Regelungen in anderen europäischen Staaten erscheint das tschechische System recht veraltet.[1423]

Ferner ist bedenklich, dass die Gewerkschaften nach den §§ 321-323 ArbGB n.F. originäre staatliche Aufgaben der Kontrolle und Einhaltung der Rechtsvorschriften in den Unternehmen sowie der Sicherheit und des Gesundheitsschutzes bei der Arbeit übernehmen. Die Gewerkschaften sind sogar (notfalls) zur Stilllegung des Betriebes berechtigt, vgl. § 322 Abs. 2 lit. a) ArbGB n.F.[1424] Darüber hinaus können sie dem Arbeitgeber verbieten, Überstunden- oder Nachtarbeit im Betrieb anzuordnen, wenn eine Gefahr für die Sicherheit und den Gesundheitsschutz am Arbeitsplatz besteht. Die Unternehmer befürchten, dass die Gewerkschaften dadurch die wirtschaftliche Politik der Firmen beeinflussen werden. Die Arbeitgebervertreter hatten von Anfang an Vorbehalte gegen das neue ArbGB. Nach *Zdeněk Liška* vom Wirtschafts- und Handelsverband bringt das neue ArbGB außer der Stärkung der Position der Gewerkschaften keine bedeutenden Änderungen mit sich.[1425] Positiv ist aber die Regelung der Arbeitszeitkonten.

Die Berechtigung zur Kontrolle der Gewerkschaften, einschließlich die Nachtarbeit und die Überstunden bei einer Gefahr für die Sicherheit und den Gesundheit der Arbeitnehmer zu verbieten, und die Vertretung der Nichtmitglieder durch die Gewerkschaften, nicht nur im Bereich der Kollektivverhandlung, aber auch bei individuellen Rechtshandlungen sowie die Repräsentation der Gewerk-

---

[1422] Art. 20 Abs. 1 der Urkunde der Grundrechte und Freiheiten legt fest, dass das Recht der Vereinigungsfreiheit gewährleistet ist. Jedermann hat das Recht sich mit anderen in Vereinen, Gesellschaften und anderen Vereinigungen zusammenzuschließen.

[1423] *Kohl/Platzer* sprechen sogar von einem *„Tschechischem Modell"*; Betriebsräte können nur gebildet werden, falls keine Gewerkschaft im Unternehmen vorhanden ist; Interessenvertretungsstrukturen im Vergleich, Übersicht bei *Kohl/Platzer*, S. 131 u. 135

[1424] § 322 Abs. 2 lit. a) lautet: *Gewerkschaftsorgane sind berechtigt, durch eine verbindliche Anweisung, dem Arbeitgeber die Entfernung der Beanstandungen im Betrieb an den Maschinen und Einrichtungen, bei Arbeitsverfahren zu verlangen und im Falle der unmittelbaren Bedrohung des Lebens oder der Gesundheit der Arbeitnehmer die weitere Arbeit (Anmerkung d. Verf. Weiterarbeit) zu verbieten.*

[1425] Vgl. *Štefek*, Zeitungsartikel über die Verabschiedung des neuen ArbGB in der Tschechischen Republik, Titel des Artikels: Das Arbeitsgesetzbuch: die Kommunisten haben geholfen.

schaften stehen im Widerspruch zu der Verfassung der Tschechischen Republik.[1426]

Numehr hat die Industrie- und Handelskammer durch ihren Präsidenten *Jaromír Drábek* Verfassungsbeschwerde u.a. gegen die Bestimmung, wonach die Gewerkschaften die Nacht- und Überstundenarbeit verbieten können, eingereicht. Dies sollte zu Recht in der Kompetenz der staatlichen Organe, beispielsweise der Arbeitsinspektionen bleiben.[1427]

Außerdem darf der Arbeitgeber eine interne Vorschrift, beispielsweise über die arbeitsrechtlichen Ansprüche der Arbeitnehmer (Lohn-, Reisekostenersatz), nur dann erlassen, wenn in seinem Betrieb keine Gewerkschaft tätig ist. Hier wird die bisherige Praxis aus § 21 Abs. 1 ArbGB im neuen § 305 Abs. 1 S. 1 ArbGB n.F. übernommen. Allerdings kann die interne Vorschrift nur solche Rechte[1428] festlegen, sofern diese durch einen Tarifvertrag übertragen werden, § 305 Abs. 1 S. 2 ArbGB n.F. Daher liegt es in der Hand der Gewerkschaften, soweit sie es wollen, dass eine interne Vorschrift bestimmte Ansprüche nicht regeln darf, aber ein Tarifvertrag. Dies muss dann die Gewerkschaft bei einer Kollektivverhandlung vereinbaren.[1429] Es kann nicht zulässig sein, dass der Arbeitgeber nicht einmal berechtigt ist, in einer internen Vorschrift die arbeitsrechtlichen Ansprüche seiner Arbeitnehmer (zum Beispiel auf Urlaub) ohne die Gewerkschaft erhöhen darf.[1430] Dies steht im Widerspruch zum Günstigkeitsprinzip. Gerade eine Erhöhung von Ansprüchen der Arbeitnehmer muss dem Arbeitgeber doch in einer internen Vorschrift gestattet sein. Jedoch ist die Regelung der internen Vorschrift in § 305 ArbGB n.F. zwingend. Dies ergibt sich aus der Aufzählung der zwingenden Vorschriften in § 363 Abs. 2 ArbGB n.F., worunter auch die interne Vorschrift aufgelistet ist. Insofern stellt die in § 305 Abs.1 ArbGB n.F. vorgenommene Differenzierung der Möglichkeit des Arbeitgebers, eine interne Vorschrift zu erlassen, je nach dem, ob bei ihm eine Gewerkschaft tätig ist, gleichzeitig eine Verletzung des verfassungsrechtlichen Grundsatzes der Gleichbehandlung dar.

II. Arbeitnehmerüberlassung (Agenturbeschäftigung)

Im Rahmen des Regierungsentwurfs Nr. 1153 zum Vorschlag eines neuen ArbGB wurde die Agenturbeschäftigung dahingehend kritisiert, dass sie die In-

---

[1426] Siehe insoweit auch *Bělina*, Pravní rozhledy 9/2006, 2.

[1427] Vgl. Ekonomika.iHNed.cz v. 03.10.06.

[1428] Eine interne Vorschrift darf keine Pflichten der einzelnen Arbeitnehmer bestimmen, § 305 Abs. 1 S. 3 ArbGB n.F.

[1429] So zutreffend *Kahle*, Právo a zamestnání 4/2005, 3, 5.

[1430] In diesem Sinne auch *Kahle*, Právo a zamestnání 4/2005, 3, 5.

teressen der verbundenen Gesellschaften nicht berücksichtigt und die Zusammenarbeit bei der vorübergehenden Überlassung der Arbeitnehmer im Rahmen eines Konzerns erschwert.[1431] Leider gibt es in den §§ 308-309 ArbGB n.F., die die erlaubnispflichtige Agenturbeschäftigung und mithin die Arbeitnehmerüberlassung regeln, keine Ausnahme von der Erlaubnispflichtigkeit der Überlassung für die konzerninterne Leihe. Die Überlassung (Zuteilung) zur Ausübung einer Arbeit bei einer anderen juristischen oder natürlichen Person ist nur (ausschließlich) im Wege der Agenturbeschäftigung möglich, vgl. dazu die §§ 2 Abs. 5 i.V.m. 13 Abs. 2 lit. h)[1432], 308, 309 ArbGB n.F. Dies ist weder historisch bedingt, noch findet sich im Ausland dafür eine Parallele.[1433]

Hintergrund:
Zusammen mit der Neuregelung der Zeitarbeit/Beschäftigung mittels einer Arbeitsagentur nach den §§ 38a ff. ArbGB durch das Gesetz Nr. 436/2004 Slg. entfiel insgesamt die Bestimmung über eine zeitweilige Überlassung eines Arbeitnehmers an eine andere Person (Versetzung, § 38 Abs. 4 a.F. ArbGB).[1434] Damit will der Gesetzgeber offenbar zum Ausdruck bringen, dass nunmehr eine Überlassung eines Arbeitnehmers an eine andere Person künftig nur in Form von Zeitarbeit zulässig ist und zwar durch hierzu berechtigte Träger bzw. Zeitarbeitsunternehmen.[1435] Einem Unternehmen ist es nicht erlaubt, auf der Grundlage eines Vertrages seine Arbeitnehmer einem anderen Arbeitgeber zuzuteilen bzw. dorthin zu versetzen.[1436] Denn dazu ist nur noch derjenige Arbeitgeber berechtigt, der eine spezielle vom Ministerium für Arbeit und Soziales erteilte Genehmigung hat. Von diesem Prinzip werden keine Ausnahmen zugelassen, und zwar auch nicht für Konzernunternehmen, die von Zeit zu Zeit ihre Manager und Spezialisten zu anderen Unternehmen des Konzerns vorübergehend entsenden, um den Kow-how-Austausch zu fördern. Auch für die Konzerne ist daher eine Arbeitnehmerüberlassung nur möglich, wenn sie selber einer rechtsmäßigen (erlaubnispflichtigen) Agenturtätigkeit nachgehen bzw. sich an zugelassene (berechtigte) Träger / Zeitarbeitsunternehmen wenden; dies ist einer flexiblen Ver-

---

[1431] So auch *Poljaková*, WiRO 2005, 193.198; *Šubrt*, Práce a mzda 11/2005, S. 2, 7; *Bělina/Pichrt*, Pravni rozhledy 11/2005, S. 381, 384.

[1432] Mit Ausnahme der Fälle der Vertiefung der Qualifikation oder der Fortbildung bei einer anderen juristischen oder natürlichen Person (§ 13 Abs. 2 lit h) 2. HS. des neuen ArbGB).

[1433] Siehe *Kahle*, Právo a zamestnání 4/2005, 3, 4.

[1434] § 38 Abs. 4 a.F. ArbGB, durch die Novelle Nr. 436/2004 Slg. abgeschafft, machte die *unentgeltliche bzw. gemeinnützige Entleihung* (im deutschen Recht unter echter Leiharbeit bekannt) des Arbeitnehmers zwischen zwei Arbeitgebern möglich; die Abschaffung wird von der Mehrheit der Fachöffentlichkeit kritisiert.

[1435] So im Ergebnis auch *Doležal*, Mandanten-Newsletter, Rödl & Partner, August 2004, S.5 und *Hûrka* vom tschechischen Arbeits- und Sozialministerium. Auskunft erteilt am 06.12.2004.

[1436] Vgl. nur *Píchová*, Právo a zaměstnání 12/2003, 4.

leihungsgestaltung nicht gerade förderlich. Dadurch entfällt faktisch die Möglichkeit, einen vorübergehend nicht benötigten Arbeitnehmer bzw. woanders gebrauchten Arbeitnehmer einem anderen Tochterunternehmen zuzuteilen.

Es ist offensichtlich, dass diese im Jahr 2004 eingeführte Regelung der Agenturbeschäftigung für spezielle Agenturen, deren einziger bzw. Hauptunternehmensgegenstand die Vermittlung / Zeitarbeit von natürlichen Personen ist und nicht für solche Arbeitgeber, die innerhalb eines Konzerns Mitarbeiter vorübergehend ausleihen möchten, konzipiert wurde.[1437] Die Arbeitsagenturen verfolgen eine andere Zielsetzung als gewöhnliche Arbeitgeber. Diese Arbeitgeber beschäftigen die Arbeitnehmer für den eigenen Bedarf, zur Erfüllung von eigenen Aufgaben. Diese dürfen nicht daran gehindert werden, ihre Arbeitnehmer im Fall des Bedarfs (Naturkatastrophe, Schulung, Praktikum, Aushilfe eines Kollegen, vorübergehender Mangel an Arbeit, das Erlangen von nötigen Kenntnissen, Know-How)[1438] mit Zustimmung des jeweiligen Arbeitnehmers, an einen anderen Arbeitgeber zu verleihen, vorübergehend zu überlassen.

Das ArbGB hat an dieser Situation nichts geändert, obwohl die Praxis die Schwerfälligkeit dieser Regelung mehr als deutlich machte und viele auf eine Änderung hofften. Ausländischen Unternehmen, die ihre Mitarbeiter nach Tschechien entsenden wollen, wird damit wahrscheinlich nichts anderes übrigbleiben, als sich auf die Stellungnahme des Ministeriums für Arbeit und Soziales von 2005[1439] zu stützen, mit der ein Versuch zur Beseitigung des Gesetzgebungsdefizits unternommen wurde. Nach dieser Stellungnahme gilt Folgendes: sofern ein Arbeitnehmer von einer ausländischen Gesellschaft zu einer tschechischen Gesellschaft entsandt wird, um dort eine Arbeit auszuüben, ohne dass für die Überlassung dieses Arbeitnehmers aufgrund des Entsendungsvertrags ein gesondertes Entgelt vereinbart wird, dessen Zweck die Erzielung des Gewinns auf Seiten der entsendenden Gesellschaft bildet, dann handelt es sich nicht um eine entgeltliche leihweise Überlassung der Arbeitskraft und damit auch nicht um eine Arbeitsvermittlung im Sinne des Beschäftigungsgesetzes. In diesem Falle ist also keine Lizenz für die Arbeitsvermittlung erforderlich. Es ist zu schlussfolgern, dass es gerade bei konzerninternen Entsendungen von Arbeitnehmern keiner Genehmigung (Lizenz) für die Vermittlung der Arbeitskräfte bedürfen sollte, da mit der Entsendung in diesen Fällen kein Gewinnerzielungszweck verfolgt wird.

[1437] So auch mit Recht *Poljaková*, WiRO 2005, 193, 197.

[1438] Es existieren lediglich im Fall der Vertiefung der Qualifikation oder Fortbildung von Arbeitnehmern bei dem Verleiher eine Ausnahme von der Agenturbeschäftigung und somit ihrer Erlaubnispflichtigkeit, vgl. § 13 Abs. 2 lit. h) ArbGB n.F.

[1439] Es handelt sich um die vom Ministerium für Arbeit und Soziales am 04.04.2005 veröffentliche Auslegung zum § 14 Abs. 2 des Gesetzes Nr. 435/2004 Slg., Verfasserin, *Lettlová*.

Allerdings ist in der Stellungnahme des Ministeriums nur der Fall erfasst, das ausländische Arbeitnehmer nach Tschechien entsandt werden. Die umgekehrte Konstellation – die Entsendung von Arbeitnehmern aus Tschechien zu ausländischen Konzernunternehmen – wird hingegen darin nicht behandelt. Noch wichtiger ist jedoch, dass eine Stellungnahme des Ministeriums keine bindende Rechtsvorschrift, sondern eine unverbindliche Auffassung einer Staatsbehörde ist, die für eine Überbrückung des gesetzlichen Defizits nicht ausreichend ist und keinen nennenswerten Beitrag zur Rechtssicherheit der Parteien leisten kann. Hier muss der Gesetzgeber de lege ferenda eine Ausnahme schaffen.[1440] Die Rechtslage bleibt diesbezüglich ungeklärt.

III. Kündigung von Arbeitsverhältnissen / Abfindung

Leider wurde das *„hoffnungsvolle Versprechen"*[1441], das in der Vorbereitungsphase zum neuen ArbGB gegeben wurde, nämlich die Kündigung durch den Arbeitgeber ohne Grund gegen eine Abfindung (finanzielle Entschädigung), nicht eingelöst. Dies wird nicht nur von der Wissenschaft, sondern auch von der Praxis, einschließlich der Justizpraxis gefordert.[1442] Denn für keine kasuistische Aufzählung *(žádného kazuistického výčtu)* ist es möglich, alle Fälle aufzugreifen, in denen der Wunsch des Arbeitgebers nach Beendigung des Arbeitsverhältnisses legitim ist, also in denen die Beschäftigung eines konkreten Arbeitnehmers ineffizient ist. Die Beurteilung der Wirtschaftlichkeit der Tätigkeit des Arbeitnehmers sollte unbedingt nur *(nutné pouze)* dem Arbeitgeber überlassen bleiben.[1443] De lege ferenda bleibt daher zu wünschen, dass in den Fällen, die bisher nicht unter die Kasuistik der Kündigungsgründe des Arbeitgebers[1444] fallen, dieser trotzdem die Möglichkeit hat, ein für ihn ineffizientes Arbeitsverhältnis gegen eine angemessene Abfindung zu beenden.[1445]

Der Arbeitgeber kann auch weiterhin nur aus den abschließend im ArbGB aufgeführten Kündigungsgründen einen Arbeitnehmer ordentlich kündigen, vgl. § 52 ArbGB n.F.

[1440] Im deutschen Recht ist in § 1 Abs. 3 Nr. 2 Arbeitnehmerüberlassungsgesetz (AÜG) eine Ausnahme von der Erlaubnispflicht für konzerinterne Arbeitnehmerüberlassungen vorgesehen; Siehe zu der Gesamtproblematik der Arbeitnehmerüberlassung auch den Gesetzgebungsvorschlag der Verfasserin unter Punkt Teil 2. B. II. 2. ff; mehr zu dem Kritikpunkt auch *Kühl/Čechtická*, WiRO 2007, 101, 105 f.

[1441] *Bělina/Pichrt*, Právní rozhledy 11/2005, 381, 387.

[1442] Vgl. nur *Kahle*, Právo a zamestnání 4/2005, 3, 4 sowie *Bělina/Pichrt*, Právní rozhledy 11/2005, 381, 387.

[1443] So mit Recht *Havlík*, Práce a mzda 10-11/2004, 93, 100.

[1444] Vgl. § 46 Abs. 1 ArbGB bzw. § 52 ArbGB n.F.

[1445] So schon u.a. *Havlík*, Práce a mzda 10-11/2004, 93, 100.

IV. Arbeitsgerichtsbarkeit

Um den Besonderheiten des Arbeitsrechts gerecht zu werden, wird schon seit einiger Zeit die Schaffung einer eigenen Arbeitsgerichtsbarkeit angemahnt.[1446] Dieser Forderung kann die Verfasserin nur Nachdruck verleihen. Bisher ist für Individualrechtsstreitigkeiten die Zivilgerichtsbarkeit eröffnet, hingegen besteht für kollektivrechtliche Streitigkeiten keine gerichtliche Überprüfungsmöglichkeit. Nur ausnahmsweise sind die Zivilgerichte zuständig. Bei der Überprüfung eines Schiedsspruchs über eine kollektivrechtliche Erfüllungsstreitigkeit (§ 14 Abs. 2 GKV) sowie bei der Feststellung der Rechtswidrigkeit eines Streiks bzw. einer Aussperrung (§§ 21, 29 GKV).

Allerdings kann man wohl in der Zukunft keine Reform erwarten. Eine Justizreform zur Schaffung einer Fachgerichtsbarkeit ist kaum vorstellbar. In der Tschechischen Republik, in der innerhalb von 16 Jahren 15-mal der Posten des Justizministers neu besetzt wurde[1447], kann man diese Aufgabe insofern mit Skepsis betrachten.

Arbeitsrechtliche Streitigkeiten sind in der Praxis eine verhältnismäßig langwierige Angelegenheit. Die durchschnittliche Verfahrensdauer ist beachtlich. Sie beträgt ca. 1,5 Jahre von der Klageerhebung bis zum rechtskräftigen Abschluss des Verfahrens.[1448] Beispielsweise dauern in einem Bezirk eines Regionalgerichts die Zivilverfahren vor den Amtsgerichten ca. 269 Tage, demgegenüber aber im langsamsten Bezirk 765 Tage und in drei Bezirken fast doppelt so lange. In Nordböhmen und Nordmähren ist die Justiz seit vielen Jahren personell unterbesetzt.[1449] Bei Kündigungsschutzprozessen sind etwa ein bis zwei Jahre zu veranschlagen und das Kostenrisiko für den Arbeitgeber beträgt ca. sechs Monatsgehälter. Trotz des Anstiegs der Häufigkeit von Kündigungsschutzklagen ist man dennoch weit von deutschen Verhältnissen entfernt.[1450]

Aufgrund der durchschnittlich langen Verfahrensdauer vor den tschechischen Gerichten ist eine Spezialisierung durch Fachgerichte auch sinnvoll. Dies würde zu einer Entlastung der ordentlichen Gerichtsbarkeit spürbar beitragen.

[1446] Vgl. *Löblich*, S. 279 ff., 301 m.w.N.

[1447] Siehe dazu *Springer*, WiRO 2006, 81.

[1448] Bei *Bohata*, S. 127 sind die arbeitsrechtlichen Angelegenheiten nach Streitgegenstand aufgelistet, beispielsweise dauern Lohnansprüche ca. 671 Tage, Ansprüche aus Berufskrankheit ca. 894 Tage und bei Entstehung und Beendigung von Arbeitsverhältnissen ca. 620 Tage.

[1449] Mehr dazu bei *Springer*, WiRO 2006, 81, 82, 83.

[1450] Vgl. *Braun*, S. 44.

V. Schlussbetrachtung

Es ist nicht gelungen, die sachlichen und fachlichen Bedenken sowie auch den Mangel am Konsens abzuschaffen. Das Ziel der gesetzgeberischen Regelung sollte es gerade nicht sein, ein *„besseres Arbeitsgesetzbuch“ (lepšího zákoníku práce)*[1451] zu schaffen als das bisherige ArbGB. Es sollte vielmehr ein ArbGB geschaffen werden, das der Stellung der Tschechischen Republik und den wirtschaftlichen und gesellschaftlichen Bedingungen des 21. Jahrhunderts entspricht. Dies ist trotz der positiven Impulse wie vor allem das neue Prinzip: was nicht verboten ist, ist erlaubt, nicht gelungen.[1452] Die Worte von *Zdeňek Škromach* (ČSSD, ehemaliger Arbeits- und Sozialminister), der in der Einführungsrede bei der Verhandlung des Vorschlags des neuen ArbGB im Parlament am 21.04.2006 vortrug: *„ich bin davon überzeugt, dass soweit es uns nicht gelingen wird die Zweifel zu zerstreuen, wird in der Zeit der Legisvakanz1453 des Gesetzesbuchs ein Raum für etwaige Änderungen gebildet“ (mám za to, že nepodář-li se vznášené pochybnosti rozptýlit, bude v období legisvakance zákoníku práce vytvořen prostor pro případné korekce)* , zeigen deutlich, dass es mit dem neuen ArbGB nicht gelungen ist, eine stabile rechtliche Regelung für die Regulierung der arbeitsrechtlichen Verhältnisse in der Tschechischen Republik zu bilden.[1454]

De lege ferenda bleibt zu wünschen, dass sich der Gesetzgeber der Reformvorschläge annimmt und es nicht bei der Neukodifikation des ArbGB belässt. Der neue Arbeitsminister der tschechischen Minderheitsregierung[1455] *Petr Nečas* (ODS, Arbeits- und Sozialminister) meint, dass das neue ArbGB in 60 Passagen geändert werden muss sowie diesbezüglich 14 andere Gesetze auch. Es fehlen beispielsweise die entsprechenden Durchführungsvorschriften und weitere an das ArbGB anknüpfende Gesetze wie das Antidiskriminierungsgesetz. Das neue Arbeitsgesetz gilt ab Januar 2007. Nach Worten des Arbeits- und Sozialministers *Petr Nečas* enthält es etwa achtzig Fehler.[1456] Daher ist es ist nicht ausgeschlossen, das es in dem einen oder anderen Fall nach dem Inkrafttreten des

---

[1451] *Bělina*, Právní rozhledy 9/2006, 2.

[1452] So zu Recht *Bělina*, Právní rozhledy 9/2006, 2.

[1453] Anm. Verf. Legisvakanz bezeichnet die Zeit zwischen der Veröffentlichung im Slg. und dem Inkrafttreten eines Gesetzes.

[1454] Genauso *Bělina*, Právní rozhledy 9/2006, 2.

[1455] Die Minderheitsregierung von Premier Mirek Topolánek (ODS) unterlag am 03.10.2006 der Vertrauensabstimmung im Parlament. Sie wird daher zurücktreten, vgl. *Janzer*, Onlineartikel des Radio Prags v. 04.10.2006, Rubrik: Tagesecho, Titel des Beitrags: Regierung bei Vertrauensabstimmung gescheitet – Präsident Klaus fordert Denkpause, www.radio.cz, zuletzt abgerufen am 09.10.2006

[1456] Siehe dazu the fleet sheet Nr. 3728 v. 14.11.2006, www. fleet.cz sowie Nachrichten des Radio Prag v. 23.11.2006, www.radio.cz.

neuen ArbGB (Gesetz Nr. 262/2006 Slg.) nochmals zu weiteren, eher technischen, Änderungen kommt.[1457] Mit einer noch größeren Rechtsunsicherheit als bisher werden sowohl Arbeitgeber als auch Arbeitnehmer leben müssen.

Die Mehrheit der Unternehmer lehnt das neue ArbGB nach einer neusten Umfrage ab. Der Arbeitskodex bringt danach eine Erhöhung der Arbeitslosigkeit, eine Erschwerung der Bedingungen für Unternehmen und eine Steigerung der Macht der Gewerkschaften mit sich.[1458]

Selbstverständlich lässt der begrenzte Umfang einer Dissertationsarbeit nicht genügend Raum für eine komplexe und konkrete Auseinandersetzung mit dem gesamten Arbeitskodex, auch hinsichtlich des neuen ArbGB. Daher sind die teilweisen Beispiele nur exemplarisch, stellvertretend ein Spiegelbild des neuen ArbGB.

Trotz der positiven neuen Impulse, die das neue ArbGB mit sich bringt, haben sich der große Zeitdruck, unter dem das Reformverfahren des neuen Arbeitsgesetzbuches vorangetrieben wurde und dessen starke Politisierung in der Schlussphase negativ auf die Qualität des neuen ArbGB ausgewirkt. Nach so vielen Jahren hätten die Bürger ein progressiveres Gesetzbuch verdient. Festzuhalten ist, dass es sich bei der Rekodifikation des ArbGB im Großteil nicht um ein neues ArbGB, sondern um eine *„Umschrift" (přepis)*[1459] der bisherigen Vorschriften handelt. Dort, wo einige Institute wie das Arbeitszeitkonto eingeführt wurden, zeigt sich die neue Regelung wenig durchgearbeitet und durchdacht.[1460] Dies soll das Bemühen der Reformer um das neue ArbGB nicht schmälern, denn das neue ArbGB ist historisch, weil es die erste komplexe Überarbeitung des geltenden Arbeitsgesetzbuches aus der sozialistischen Ära darstellt.

1457 Vgl. *Havligerová*, Onlineartikel mit dem Titel: Zákoník práce se změní, odbory mírně couvly, abrufbar unter http://ihned.cz/mail/0/21254890 v. 29.05.2007.

1458 Vgl. Ekonomika.iHNed.cz v. 03.10.2006.

1459 *Bělina/Pichrt*, Právní rozhledy 11/2005, 381, 389.

1460 Siehe dazu die Ausführungen unter Punkt Teil 2 B. VIII.2.b)bb) u.cc) sowie *Chládková/Bukovjan*, Práce a mzda 9/2006, 13 ff.

Literaturverzeichnis

Ahlberg, René: Marxismus-Leninismus, in: Wörterbuch Staat und Politik, Hrsg. Nohlen, Dieter, Piper Verlag, München, Zürich, 1995, S. 412-414

Annuß, Georg/Thüsing, Gregor (Hrsg.): Teilzeit- und Befristungsgesetz, Kommentar, 2. Aufl., Frankfurt a. M., 2006, (zit.: Annuß/Thüsing - *Bearbeiter*)

Annuß, Georg: Der Vorrang der Änderungs- vor der Beendigungskündigung, NZA 2005, 443-447

Arnold, Hans: Die Europäische Gemeinschaft zwischen Vertiefung und Erweiterung, in: Europa-Archiv, Bd. 10, 1991, S. 318-326

Ballering, Philipp: Die einseitige Änderung von Arbeitsbedingungen - Eine Systematik der verschiedenen Änderungsinstrumente unter besonderer Berücksichtigung der §§ 8, 9 TzBfG, zugl.: Bochum, Univ., Diss., 2003

Bauer, Jobst-Hubertus: Befristete Arbeitsverträge unter neuen Vorzeichen, BB 2001, 2473-2478

Bauer, Jobst-Hubertus/Arnold, Christian: Auf „Junk" folgt „Mangold" - Europarecht verdrängt deutsches Arbeitsrecht, NJW 2006, 6-12

Bauer, Jobst-Hubertus/Opolony, Bernhard: Arbeitsrechtliche Fragen bei Katastrophen, NJW 2002, 3503-3508

Baumbach, Adolf/Hopt, Klaus J. (Hrsg.): Handelsgesetzbuch, 32. Aufl., München 2006 (zit.: Baumbach/*Bearbeiter*)

Barancová, Helena/ Schronk, Robert: Tschechisch-Slowakisches Arbeitsrecht, Systematische Darstellung und Gesetzestext, Hrsg. Mazal, Wolfgang, Wien, Bratislava, 1993

BDA (Bundesvereinigung der Arbeitgeberverbände, Hrsg.): Bürokratieabbau jetzt!, Vorschläge zur Entbürokratisierung des Arbeits- und Sozialrechtes, Berlin, Januar 2003

Beck, Ulrich: Was ist Globalisierung?, Irrtümer des Globalismus, Antworten auf Globalisierung, 1. Aufl., Frankfurt a. Main 1997

Becker, Friedrich/ Etzel, Gerhard/Bader, Peter/ (Hrsg.u.a.): Gemeinschaftskommentar zum Kündigungsschutzgesetz und zu sonstigen kündigungsschutzrechtlichen Vorschriften, München, 7. Aufl. 2004, (zit.: KR/*Bearbeiter*)

Bělina, Miroslav: Nový zákoník práce (Das neue Arbeitsgesetzbuch), Právní rozhledy (Rechtsrundschau) 9/2006, strana 2, S. 2

Bělina, Miroslav a kolektiv: Pracovní právo (Arbeitsrecht), Prag, 2. Aufl. 2004, (zi.: Bělina -*Bearbeiter*)

Bělina, Miroslav/Pichrt, Jan: Nad návrhem nového zákoníku práce (Über den Entwurf eines neuen Arbeitsgesetzbuches), Právní rozhledy (Rechtsrundschau) 11/2005, strana 381-389, S. 381-389

Bělina, Miroslav/Brádlerová, Libuše: Stanovisko Výboru Společnosti pro pracovní právo a právo sociálního zabezpečeni k návrhu zákonníku práce (Der Standpunkt des Ausschusses der Gesellschaft für das Arbeitsrecht und das Recht der sozialen Sicherung zu dem Entwurf des neuen ArbGB), Právo a zamestnání (Recht und Beschäftigung) 4/2005, strana 23-24, S. 23-24

Benecke, Martina: Die „überflüssige Änderungskündigung"- ein Scheinproblem, NZA 2005, S. 1092-1096

Berkowsky, Wilfried: Änderungskündigung, Direktionsrecht und Tarifvertrag-Zur Dogmatik der „überflüssigen Änderungskündigung", NZA 1999, S. 293-299

Bispinck, Reinhard: Zeitfragen - Streitfragen, Zur Entwicklung der kollektiven Regulierung von Arbeitsrecht, Düsseldorf, 1996, in: WSI-Mitteilungen 7/1996, S. 414-422

Boemke, Burkhard: EU-Osterweiterung und grenzüberschreitende Arbeitnehmerüberlassung, BB 2005, 266-272

Boewer, Dietrich: Streitgegenstand und Prüfungsmaßstab bei der Änderungsschutzklage, BB 1996, S. 2618-2622

Bognárová, Vera: Novelizace zákoníku práce v návaznosti na nový zákon o zaměstnanosti (Die Novelle des Arbeitsgesetzbuches im Zusammenhang mit dem neuen Gesetz über die Beschäftigung), Právo a zaměstnání (Recht und Beschäftigung) 9/2004, strana 5, S. 5

Bohata, Petr: Tschechische Republik – Rechtliche Rahmenbedingungen, Bd. 9, Hrsg. Bayerischer Unternehmensverband Metall und Elektro e.V. (BayME), München, 2006

Bohata, Petr: Rechtsentwicklung, Tschechische Republik, WiRO 2006, 247-252

Bohata, Petr: Chronik der Rechtsentwicklung, Tschechische Republik, WiRO, 2004, 378-380

Bohata, Petr: Rechtsentwicklung 2004, Tschechische Republik, JOR, Bd. 46/1, 2005, S. 130-135

Bohata, Petr: Schwerpunkte der Rechtsentwicklung in Osteuropa 2000, Tschechische Republik, JOR Bd. 42/1, 2001, S. 184-189

Bohata, Petr: Die Tschechische Republik und die Slowakische Republik fünf Jahre nach der Revolution, JOR Bd. XXXVI/1, 1995, 235-255

Bohata, Petr: Die Rechtsentwicklung in Osteuropa 1994, Tschechische Republik, JOR Bd. XXXVI/1, 1995, S. 96-97

Bohata, Petr: Die Verfassung der Tschechischen Republik, JOR Bd. XXXV/1, 1994, S. 25-35

Bohata, Petr: Osteuropa-Report, WiRO 1994, 188

Bohata, Petr: Festschreibung der Arbeitsbedingungen in der Tschechischen Republik, WiRO 1994, S. 222-223

Bohata, Petr: Tschechoslowakische Justiz im Umbruch, JOR Bd. XXXIII/1, 1992, S. 35-44

Bohata, Petr: Tschechoslowakei, in : Die Rechtsformen der privatwirtschaftlichen Erwerbstätigkeit in Osteuropa, Hrsg. Schroeder, Friedrich-Christian/ Brunner, Georg/ Westen, Klaus, Berlin, 1992, S. 79-88

Bohata, Petr: Liste der Grundrechte und Freiheiten, JOR Bd. XXXII/1, 1991, S. 175-191

Bohata, Petr: Vergangenheitsbewältigung in der Tschechoslowakei, JOR Bd. XXXII/2, 1991, S. 325-344

Bohata, Petr: Ein Jahr danach – Eine Zwischenbilanz der tschechoslowakischen Rechtsreform, ROW 1991, S. 233-237

Bohata, Petr: Chronik der Rechtsentwicklung, Tschechische Republik, WiRO 2006, 247-252

Bosch, Gerhard/Schief, Sebastian/Schietinger, Marc: Trends in der Arbeitszeitpolitik, Zur Diskussion um Dauer und Flexibilisierung der Arbeitszeit sowie der Insolvenzversicherung von Arbeitszeitguthaben, Hrsg. Friedrich-Ebert-Stiftung, Bonn 2005, (zit.: *Bosch/Schief/Schietinger*)

Boujong, Karlheinz/Ebenroth, Carsten Thomas/Joost, Detlev (Hrsg.): Handelsgesetzbuch, Band 1 §§ 1-342a, München, 1. Aufl. 2001, (zit.: Ebenroth/ Boujong/Joost - *Bearbeiter*)

Boulanger, Christian: Recht in der Transformation. Rechts- und Verfassungswandel in Mittel- und Osteuropa: Beiträge zur Debatte, Recht in der Transformation - Transformation durch Recht?, Berliner Debatte Wissenschaftsverlag, Berlin, 2002, S. 7-12

Brand, Oliver: Grundfragen der Rechtsvergleichung – Ein Leitfaden für die Wahlfachprüfung, JuS 2003, 1082-1091

Braun, Arthur: Erfolgreich investieren – Wirtschaftsrecht der Tschechischen Republik, Hrsg. Deutsch-Tschechische Industrie- und Handelskammer (DTIHK), Prag, 5. Aufl. 2006

Braun, Arthur/Wiesnerová, Štěpánka: Neues Arbeitsgesetzbuch in Tschechien ab 2007, Wirtschaftsmagazin Plus, Hrsg. Deutsch-Tschechische Industrie- und Handelskammer (DTIHK), August 2006, online unter http://www.dtihk.cz/StartDE.htm, zuletzt abgerufen am 09.10.2006

Braun, Arthur/Wiesnerová, Štěpánka: Mehr Flexibilität im Arbeitsrecht, Einige neue Gerichtsurteile und Gesetze gehen einen Schritt zurück, Ost-West-Contact 09/2005, 66

Braun, Arthur/Wiesnerová, Štěpánka: Neue Regelungen im Arbeitsrecht, Wirtschaftsmagazin Plus, Hrsg. Deutsch-Tschechische Industrie- und Handelskammer (DTIHK), Februar 2004, online unter http://www.dtihk.cz/StartDE.htm, zuletzt abgerufen am 09.10.2006

Braun, Arthur/Wiesnerová, Štěpánka: Časová konta, Lze použít německé modely v našich poměrech? (Arbeitszeitkonten, Können deutsche Modelle übertragen werden), Wirtschaftsmagazin Plus, Hrsg. Deutsch-Tschechische Industrie- und Handelskammer (DTIHK), Dezember 2002

Breidenbach, Stephan (Hrsg.): Handbuch Wirtschaft und Recht in Osteuropa, Bd. 1 (69. Ergänzungslieferung Juli 2006), München 2006 (zit.: *Bearbeiter* in WiRO - Handbuch)

Brokl, Lubomír/ Mansfeldová, Zdenka: Von der „unpolitischen" zur „professionellen" Politik. Aspekte der politischen Kultur der ČSFR in der Periode des Systemwechsels, in: Regimewechsel. Demokratisierung und politische Kultur in Ost-Mitteleuropa, Hrsg. Gerlich, Peter/ Plasser, Fritz/ Ulram, Peter A., Wien, Köln, Graz, 1992, S. 163-202

Brunner, Georg/ Hofmann, Mahulena/ Holländer, Pavel: Verfassungsgerichtsbarkeit in der Tschechischen Republik. Analysen und Sammlung ausgewählter Entscheidungen des Tschechischen Verfassungsgerichts (Bände I.-X. der amtlichen Sammlung), Nomos-Verlag, Baden-Baden, 2001

Buch, Claudia M.: Die Osterweiterung der EU aus ökonomischer Sicht, in: Die Weltwirtschaft Heft 2 (2003), Hrsg. Institut für Weltwirtschaft Kiel

Bučková, Ivana: Beendigung eines Arbeitsverhältnisses durch Kündigung nach tschechischem Recht, RdW 2001, 349-352

Bukovjan, Petr/Chládková, Alena: Některé změny v souvislosti s novým zákoníkem práce (Einige Änderungen im Zusammenhang mit dem neuen Arbeitsgesetzbuch), Práce a mzda (Arbeit und Lohn) 7-8/2006, strana 2-18, S. 2-18

Carley, Mark: Industrial relations in the EU Member States and candidate countries (Arbeitsbeziehungen in den Mitgliedstaaten der Europäischen Union und den beitrittswilligen Ländern), veröffentlicht am 30.09.2002, online unter http://www.eiro.eurofound.eu.int/2002/07/feature/tn0207102f.html, zuletzt abgerufen am 23.01.2006

Čechtická, Alena/Gajda, Martin: Die „Konkurrenzklausel" in Tschechien und Deutschland, Wirtschaftsmagazin Plus, Hrsg. Deutsch-Tschechische Industrie- und Handelskammer (DTIHK), Oktober 2005, online unter http://www.dtihk.cz/StartDE.htm, zuletzt abgerufen am 30.11.2005

Čechtická, Alena: Výpověď pracovního poměru podle práva ČR a SRN (Kündigung des Arbeitsverhältnisses nach dem Recht der Tschechischen Republik und der Bundesrepublik Deutschland), Praha, Univerzita Karlova (Karls-Universität), Diss., 2001

Cermak, Franz G.: Die Erweiterung der Europäischen Union. Entwicklung, Rahmenbedingungen und Instrumente, in: Isak, Hubert (Hrsg.), Der Erweiterungsprozess aus der Sicht der Europäischen Kommission, Österreichs und der Länder Mittel- und Osteuropas, Graz, 1999, S. 1-18

Chládková, Alena/Bukovjan, Petr: Otazníky kolem konta pracovní doby (Fragen zum Arbeitszeitkonto), Práce a mzda (Arbeit und Lohn) 9/2006, strana 13-20, S. 13-20

Daubner, Robert: Verfassungsumwandlung, Privatisierung und Privatrechtskodifikation in der Tschechischen Republik, Berlin, 1997

Daubner, Robert: Formaler Status der Charta der Grundrechte und Grundfreiheiten innerhalb der „verfassungsmäßigen Ordnung“ der ČR, WiRO 1992, S. 92-95

Dauderstädt, Michael: EU-Osterweiterung, Wirkungen, Erwartungen und Interessen in den Beitrittsländern, in: Integration Heft 3/1998, S. 149 - 167

Dauderstädt, Michael: Das erweiterte Europa in einer bedrohlichen Welt, in Integration Heft 1/2004

Dauderstädt, Michael: Vom Ostblock in die Europäische Union: Reformen, Anpassung, Konflikte, 2004, www.fes.de/international/moe (Rubrik: Publikationen), zuletzt abgerufen am 6.7.2005, S. 1-13, (zit.: Dauderstädt, 2004)

Dauderstädt, Michael (Hrsg.): EU-Osterweiterung und Entwicklungspolitik : die "neuen" Geberländer Polen, Tschechien, Ungarn, Friedrich-Ebert-Stiftung, Internationale Politik-Analyse - (Politikinformation Osteuropa; 107) Bonn, 2002

Dauses, Manfred/ Verny, Arséne/ Zemánek, Jiři: Allgemeine Methodik der Rechtsangleichung an das EU-Recht am Beispiel der Tschechischen Republik, in: Bamberg Economic Research Group on Government and Growth Universität Bamberg (Hrsg.), Working Paper Nr. 22, September 1997, Bamberg, 1997

Dauses, Manfred/Verny, Arsène/Zemánek, Jiři: Allgemeine Methodik der Rechtsangleichung an das EU-Recht am Beispiel der Tschechischen Republik, in: Osterweiterung der EU: Rechtsangleichung und strukturpolitischer Rahmen, Hrsg. Dauses, Manfred, DUV-Deutscher Universitätsverlag, Wiesbaden, 1998, S. 21-98 (zit.: Allgemeine Metho-dik der Rechtsangleichung, Hrsg. Dauses)

Däubler, Wolfgang: Arbeitsrecht, Ratgeber für Beruf, Praxis und Studium, Bund-Verlag, Frankfurt am Main, 5. Aufl. 2004

Däubler, Wolfgang: Das geplante Teilzeit- und Befristungsgesetz, ZIP 2000, 1961-1969

Däubler, Wolfgang/Dorndorf, Eberhard: AGB-Kontrolle im Arbeitsrecht, Kommentierung zu den §§ 305 bis 310 BGB, München, 2004, (zit.: Däubler - *Bearbeiter*)

Deppe, Rainer/ Tatur, Melanie: Rekonstitution und Marginalisierung, Transformations-prozesse und Gewerkschaften in Polen und Ungarn, Campus Verlag, Frankfurt, 2002

Diekmann, Sabine/Bieder, Marcus A.: Wirksamkeit von Widerrufsvorbehalten in Formulararbeitsverträgen bei der Gewährung freiwilliger Leistungen, DB 2005, 722-727

Dieterich, Thomas/Müller-Glöge, Rudi/Preis, Ulrich/Schaub, Günther (Hrsg.): Erfurter Kommentar zum Arbeitsrecht, 6. Aufl., München, 2006, (zit. ErfK/*Bearbeiter*)

Diller, Martin: Nachvertragliche Wettbewerbsverbote und AGB-Recht, NZA 2005, 250-254

Dörner, Hans - Jürgen: Der befristete Arbeitsvertrag, München, 2004

Dräger, Thomas: Arbeitsrechtliche Aspekte der Flexibilität, in: Das flexible Unternehmen: Arbeitszeit, Gruppenarbeit, Entgeltsystem, 12. Aufl., 11. Nachlieferung, Loseblattwerk Band 3, Hrsg. Antoni, Conny Herbert/Eyer, Eckhard/ Kutscher, Jan, Düsseldorf, Oktober 1998

Dütz, Wilhelm: Arbeitsrecht, 10. Aufl., München 2005

Ebke, Werner F.: Kleine und mittlere Unternehmen im Aufwind der Globalisierung, ZVglRWiss 104 (2005), 1-9

Ehinger, Kristian: Rechtliche und praktische Schwierigkeiten beim Erwerb eines Unternehmens in einem ehemals sozialistischen Land – dargestellt am Beispiel des VW/SKODA-Projekts, in: Wirtschafts- und Gesellschaftsrecht Osteuropas im Zeichen des Übergangs zur Marktwirtschaft, Schriftenreihe zum osteuropäischen Recht, Bd. 1, Hrsg. Säcker, Franz-Jürgen/Seiffert, Wolfgang/ Wolfrum, Rüdiger, Christian-Albrecht-Universität Kiel, München, C.H. Beck Verlag, 1992, S. 297-310

Eliáš, Karel: Entwicklung, Stand und Perspektiven des Privatrechts in der Tschechischen Republik (Versuch einer Diagnose), Osteuropa Recht 2000, 427-441

Eliáš, Karel/Bartošíková, Miroslava/Pokorná, Jaroslava: Kurs obchodního práva - Pránické osoby jako podnikatelé (Kurs des Handelsrechts – Juristische Personen als Unternehmer), 3. vydání (Auflage), Prag 2001

Fadé, Lujo: Rechtstransfer nach Osteuropa - eine Investition in die Zukunft, WiRO 1993, 87-89

Fassmann, Martin/Čornejová, Helena: Pracovní doba v České republice z pohledu kolektivního vyjednávání (Die Arbeitszeit in der Tschechischen Republik aus der Sicht der kollektiven Handlung), Práce a mzda (Arbeit und Lohn), 7-8/2005, strana 54-58, S. 54-58

Fitting, Karl/Engels, Gerd/Schmidt, Ingrid/Trebinger, Yvonne/ Linsenmaier, Wolfgang: Betriebsverfassungsgesetz, München, 23. Aufl. 2006, (zit.: *Fitting*, BetrVG)

Flüter-Hoffmann, Christiane./Solbrig, Jörn: Arbeitszeitflexibilisierung - Erfolgskonzept auch für kleinere und mittlere Unternehmen, 2003 Köln

Friedhofen, Peter/Weber, Ulrich: Flexibler Personaleinsatz - Direktionsrecht oder Änderungskündigung - Die Erweiterung des Direktionsrechts durch einzelvertragliche Vereinbarung, NZA 1986, S. 145-147

Fuchs, Maximilian/Tröster, Petr: Das Arbeits- und Sozialversicherungsrecht der Tschechischen Republik, ZESAR 2005, 155-163

Fuchs, Maximilian/Tröster, Petr: Das Arbeitsrecht der Tschechischen Republik, Teil 1, Arbeit und Sozialpolitik 1-2/98, 43-51

Fuchs, Maximilian/Tröster, Petr: Das Arbeitsrecht der Tschechischen Republik, Teil 2, Arbeit und Sozialpolitik 3-4/98, 60-64

Fuhrmann, Lambertus J.: Der GmbH-Geschäftsführervertrag: Musterklauseln mit Varianten und Praxishinweisen, Köln 2001

Furier, Manfred/Kaus, Rüdiger: Leiharbeitnehmer im Betrieb, AiB 6/2004, 360-376

Galvas, Milan a kolektiv: Pracovní právo pro podníkovou praxi v otázkách a odpovědích (Das Arbeitsrecht für die Unternehmenspraxis in Fragen und Antworten), Prag, 1996, (zit.: Galvas/*Bearbeiter*, tsch. ArbR)

Gaul, Björn/Bonanni, Andrea: Betriebsübergreifende Sozialauswahl und die Bedeutung von Versetzungsklauseln, NZA 2006, 289-293

Gärtner, Wolfram: Die Neugestaltung der Wirtschaftsverfassungen in Ostmitteleuropa. Eine vergleichende Untersuchung am Beispiel Ungarns, Polens, der Tschechischen und der Slowakischen Republik, Berlin Verlag Arno Spitz, Berlin, 1996

Gärtner, Wolfram: Zu Inhalt und unmittelbaren Anwendung der Europa-Abkommen der EG mit den osteuropäischen Staaten, ROW 1993, 332-335

Gehring, Steffen: Das Recht auf Teilzeitarbeit – Anspruch und Wirklichkeit, Eine Untersuchung zu § 8 TzBfG, zugl.: Tübingen, Univ., Diss., 2005

Gerauer, Alfred/Britz, Thomas: Arbeitsrecht in der Tschechischen Republik, 2. Aufl., München 2006, (zit.: *Gerauer*)

Goleva, Polja: Schwierigkeiten bei der Anwendung der westeuropäischen Rechtsmodelle in den osteuropäischen Staaten, in : Europäische Integration und nationale Rechtskulturen, Referate des 13. Symposiums der Alexander von Humboldt-Stiftung vom 19. bis 23. September 1993 in Bamberg, Hrsg. Tomuschat, Christian/ Kötz, Heinz/ Von Maydell, Bernd, Heymanns Verlag, Köln, Berlin, Bonn, München, 1995, S. 57-62

Gralla, Erhardt/Leonhardt, Peter: Chronik der Rechtsentwicklung in den osteuropäischen Staaten, Arbeits- und Sozialrecht, ROW, 1991, 200-212

Gralla, Erhardt/Leonhardt, Peter: Chronik der Rechtsentwicklung in Osteuropa, WiRO 1994, 258

Grobys, Marcel/Schmidt, Charlotte/Brocker, Till: Verfassungsmäßigkeit von „Equal Pay"?, NZA 2003, 777-783

Groß, Hermann: Verbreitung und Struktur von Arbeitszeitkonten, in: Moderne Zeiten: Arbeitszeitflexibilität durch Arbeitszeitkonten, Gesprächskreis Arbeit und Soziales Nr. 95, Hrsg. Friedrich-Ebert-Stiftung, Bonn 2001, S. 13-30

Haarland, Hans Peter/Niessen, Hans-Joachim: Der Transformationsprozess in der Tschechischen und Slowakischen Republik, FiO, Forschungsinstitut für Ordnungspolitik gGmbH. - Bonn : Europa-Union-Verl., 1995

Haipeter, Thomas/Lehndorff, Steffen: Atmende Betriebe, atemlose Beschäftigte? - Erfahrungen mit neuartigen Formen betrieblicher Arbeitszeitregulierung, Hrsg. Hans-Böckler-Stiftung, Düsseldorf 2004

Haipeter, Thomas/Lehndorff, Steffen: Regulierte Flexibilität? - Arbeitszeitregulierung in der deutschen Automobilindustrie, WSI-Mitteilungen, 11/2002, S. 649-655

Hajn, Petr: Probleme der Vertragsfreiheit in der ČSFR, JOR, Bd. XXXI/1, 1990, S. 417-425

Hamburg-Mannheimer Versicherungs-AG (Hrsg.): Die neue, flexible Arbeitszeit in der Hamburg-Mannheimer, Personalabteilung, Arbeitszeit, Mitarbeiterinformation, 2003 (unveröffentlicht)

Hanák, Jiří: Die Tschechische Republik - sechs Jahre danach, in: Die Neue Gesellschaft, Frankfurter Hefte, Bd. 1, Heft 10, 1995, S. 898-906

Handl, Vladimir: Tschechische Europapolitik: Profilsuche und Kursbestimmung, in: Integration, Hrsg. Schneider, Heinrich, Heft 3, 1993, S. 125-137

Hanau, Peter/Wolfgang, Hromadka: Richterliche Kontrolle flexibler Entgeltregelungen in Allgemeinen Arbeitsbedingungen, NZA 2005, 73-78

Hanau, Peter/Rolfs, Christian: Insolvenzschutz von Wertguthaben, Hrsg. Hans-Böckler-Stiftung, Arbeitspapier 70, Düsseldorf 2003

Hatje, Armin: Grenzen der Flexibilität einer erweiterten Europäischen Union, in: Europarecht, Heft 2, 2005, S. 148-161

Hauck, Friedrich: Die Vertragsstrafe im Arbeitsrecht im Lichte der Schuldrechtsreform, NZA 2006, 816-819

Havlan, Petr: Eigentum des Staates – Probleme seiner Umwandlung in der Tschechischen Republik, Osteuropa Recht, 2001, S. 102-113

Havlík, Antonín: Smluvní svoboda v pracovním právu – pracovní poměr na dobu určitou, ukončení pracovního poměru a omezení zaměstnance po ukončení pracovního poměru (Vertragsfreiheit im Arbeitsrecht – Befristetes Arbeitsverhältnis, Beendigung des Arbeitsverhältnisses und Beschränkungen des Arbeitnehmers nach Beendigung des Arbeitsverhältnisses), Práce a mzda (Arbeit und Lohn) 10-11/2004, strana 93-105, S. 93-105

Hedri, Gabriella Izik: Die EG und die Staaten des „Visegráder Dreieicks". Zu den Assoziierungsabkommen der Europäischen Gemeinschaft mit Polen, der Tschechoslowakei und insbesondere Ungarn, in: Osteuropa, Bd. 1, Heft 2, 1993, S. 154-166

Henssler, Martin/Braun, Axel (Hrsg.): Arbeitsrecht in Europa, Köln 2003, (zit.: *Bearbeiter*, Arbeitsrecht in Europa)

Henssler, Martin/Willemsen, Heinz Josef/Kalb, Heinz-Jürgen (Hrsg.): Arbeitsrechtskommentar, Köln 2004

Heydebrand, Wolf: Die Dynamik des rechtlichen Wandels in Mittel- und Osteuropa, in: Recht in der Transformation. Rechts- und Verfassungswandel in Mittel- und Osteuropa: Beiträge zur Debatte, Hrsg. Christian Boulanger, Berliner Debatte Wissenschaftsverlag, Berlin, 2002, S. 13-35

Hiller, Kinga: Rechtsangleichung und EU-Assoziierung Ungarns, WiRO 1997, 281-284

Hofmann (Hošková), Mahulena: Völkerrecht in der Rechtsprechung des tschechischen Verfassungsgerichts, in: Verfassungsgerichtsbarkeit in der Tschechischen Republik, Hrsg. Brunner, Georg/ Hofmann, Mahulena/ Holländer, Pavel, Nomos-Verlag, Baden-Baden, 2001, S. 85-107

Hošková, Mahulena: Die Charta der Grundrechte und Grundfreiheiten der ČSFR, EuGRZ 1991, S. 369-374

Hošková, Mahulena: Die tschechische Perspektive, in: Zukunftsprobleme der Europäischen Union: Erweiterung nach Osten oder Vertiefung oder beides?, Hrsg. Stern, Klaus, de Gruyter Verlag, Berlin, New York, 1997, S. 115-124, (zit.: Die tschechische Perspektive, Hrsg. Stern)

Horálková, Milena: Německo Český právnický slovník (deutsch tschechisches Rechtswörterbuch), Brno 2003

Höland, Armin: EU-Recht auf dem Weg nach Osten: Rechtssozilogische Fragen, in: Recht in der Transformation. Rechts- und Verfassungswandel in Mittel- und Osteuropa: Beiträge zur Debatte, Hrsg. Boulanger, Christian, Berliner Debatte Wissenschaftsverlag, Berlin, 2002, S. 78-101

Hoyningen-Huene, Gerrick/Linck, Rüdiger: Kündigungsschutzgesetz, 13. Aufl., München 2002 (zit.: v. Hoyningen-Huene/Linck, KSchG)

Hromadka, Wolfgang, Jung-Vonnahme, Inken: Neues tschechoslowakisches Gesetz über Tarifverhandlungen, RdA 1992, 194-195

Hromadka, Wolfgang/Maschmann, Frank: Arbeitsrecht Band 1, Individualarbeitsrecht, 3. Aufl., Berlin 2005, (zit.: *Hromadka/Maschmann*, Individualarbeitsrecht)

Hromadka, Wolfgang: Das allgemeine Weisungsrecht, DB 1995, S. 2601-2606

Hromadka, Wolfgang: Das neue Teilzeit- und Befristungsrecht, NJW 2001, 400-405

Hromadka, Wolfgang: Befristete und bedingte Arbeitsverhältnisse neu geregelt, BB 2001, 621-627

Hudalla, Anneke: Der Beitritt der Tschechischen Republik zur Europäischen Union, Eine Fallstudie zu den Auswirkungen der EU-Osterweiterung auf die finalite politique des europäischen Integrationsprozesses, LIT Verlag, Hamburg, 1996

Hunold, Wolf: Das neue Kündigungs- und Befristungsrecht 2004, Kissing 2004

Hunold, Wolf: Inhaltskontrolle einer Widerrufsklausel, Kommentar zu BAG, Urt. v. 12.1.2005 - 5 AZR 364/04, AuA 2005, 179-180

Hunold, Wolf: Aktuelle Fragen des Befristungsrechts unter Berücksichtigung von §§ 14, 16 TzBfG, NZA 2002, 255-262

Hůrka, Petr: The view of Eastern Europe, Hrsg. Rieble, Volker, ZAAR-Schriftenreihe Bd. 6, München 2006, (zit.: ZAAR-Schriftenreihe Bd. 6)

Hümmerich, Klaus: Aufhebungs- und Abwicklungsvertrag in einem sich wandelnden Arbeitsrecht, NJW 2004, 2921-2931

Hümmerich, Klaus: Alea iacta est - Aufhebungsvertrag kein Haustürgeschäft, NZA 2004, 809-817

Hümmerich, Klaus: Flexibilisierung der Arbeitszeit durch Betriebsvereinbarung, DB 1996, 1182-1186

Isak, Hubert: Der Gedanke der Rechtseinheit mit Blick auf den Beitritt mittel- und osteuropäischer Staaten, in: Europäische Rechtseinheit durch einheitliche Rechtsdurchsetzung, Hrsg. Schwarze, Jürgen, Baden-Baden, Beiheft 1, 1998, S. 73-93

Jaeger, Georg: Der Anstellungsvertrag des GmbH-Geschäftsführers, 4. Aufl., München 2001

Janßen, Peter: Investive Arbeitszeitpolitik - Mehr Weiterbildung durch Arbeitszeitflexibilisierung, Hrsg. Institut der deutschen Wirtschaft Köln, IW-Trends, 30. Jahrgang, 2/2003, S. 1-19

Jerman, Václav: Unternehmenskauf in der Tschechischen Republik, WiRO 1994, 37-39

Jouza, Ladislav: Agenturní zaměstnávání - Dočasné zapůjčování zaměstnanců podle zákona o zaměstnanosti (Die Agenturbeschäftigung - die zeitweilige Leihe der Arbeitnehmer nach dem Beschäftigungsgesetz), Práce a mzda (Arbeit und Lohn) 10-11/2004, strana 58-67, S. 58-67

Jouza, Ladislav: Změny v předpisech po přijetí zákona o zaměstnanosti – Novela zákoníku práce (Die Änderungen in den Vorschriften nach dem Erlass des Gesetzes über die Beschäftigung – Die Novelle des Arbeitsgesetzbuches), Práce a mzda (Arbeit und Lohn) 10-11/2004, strana 38-53, S. 38-53

Juchler, Jakob: Osteuropäische Erfolgsstorys? – Die Reformwege Polens und Tschechiens im Vergleich, in: Europäische Rundschau, Bd. 1, Heft 4, 1995, S. 25-36

Junker, Abbo: Arbeitnehmerentsendung aus deutscher und europäischer Sicht, JZ 2005, 481-488

Kahl, Wolfgang: Das Grundrechtsverständnis der postsozialistischen Verfassungen Osteuropas: eine Studie am Beispiel von Polen, Ungarn, Tschechien, Slowakei und Russland, Duncker & Humblot Verlag, Berlin, 1994

Kahle, Bohuslav: Zapůjčit zaměstnance lze?! (Kann man einen Arbeitnehmer entleihen?!), Práce a mzda (Arbeit und Lohn) 3/2005, strana 51-61, S. 51-61

Kahle, Bohuslav: Nad novým zákonníkem práce (Über das neue Arbeitsgesetzbuch), Právo a zamestnání (Recht und Beschäftigung) 4/2005, strana 3-6, S. 3-6

Kahle, Bohuslav: Ústavní soud České republiky: K dodržování základních práv a svobod v pracovněprávních vztazích (Verfassungsgericht der Tschechischen Republik: Die Einhaltung der Grundrechte und Grundpflichten in den arbeitsrechtlichen Verhältnissen), Právní rozhledy (Rechtsrundschau) 8/1996, strana 366-368, S. 366-368

Kalenská, Maria a kolektiv: Československé pracovní právo (Tschechisches Arbeitsrecht), Prag, 1988, (zit.: Kalenská und Kollektiv)

Kanda, Anton: Zur Rekodifizierung des tschechischen Privatrechts, WiRO, 1997, 441-443

Kania, Thomas: Flexible Vergütungsgestaltung, DB 1998, 2418-2420

Keilhofer, Franz X.: Fünf Jahre „Schock-Therapie" in der Tschechischen Republik, Süddeutsche Zeitung, Beilage Nr. 276, Seite IV, VII v. 30.11.1995

Keilhofer, Franz X.: Wirtschaftliche Transformation in der Tschechischen Republik und in der Slowakischen Republik. Das ORDO-liberale Konzept der Wettbewerbsordnungen und seine Bedeutung für die wirtschaftspolitischen Herausforderungen in Mittel- und Osteuropa, Schriften zum Vergleich von Wirtschaftsordnungen, Bd. 51, Stuttgart, Jena, New York: Gustav Fischer Verlag, 1995

Keller, Berndt/Seifert, Hartmut: Atypische Beschäftigungsverhältnisse: Flexibilität, soziale Sicherheit und Prekarität, WSI-Mitteilungen 5/2006, 235-240

Kinkel, Klaus: Juristischer Know-how-Transfer in die Staaten Mittel- und Osteuropas, WiRO 1992, 2-4

Kischel, Uwe: Vorsicht, Rechtsvergleichung!, ZVglRWiss 104 (2005), 10-30

Klamroth, Sabine/Kerstin, Reiserer: Der GmbH-Geschäftsführer-Vertrag, 14. Aufl., Heidelberg 2005

Klenner, Christina/Seifert, Hartmut (Hrsg.): Zeitkonten – Arbeit á la carte?, Neue Modelle der Arbeitszeitgestaltung, Hamburg, 1998, (zit.: Klenner/Seifert - *Bearbeiter*)

Kliemt, Michael: Der neue Teilzeitanspruch - Die gesetzliche Neuregelung der Teilzeitarbeit ab dem 1. 1. 2001, NZA 2001, 63-71

Kliemt, Michael: Das neue Befristungsrecht, NZA 2001, 296-307

Klikar, Alena: Tschechisches Individualarbeitsrecht - Struktureller Vergleich zwischen dem tschechischen und dem deutschen Individualarbeitsrecht, 2003

Klikar, Alena/Britz, Thomas: Personalrecht in Tschechien, in: Personalrecht in Europa, Hrsg. Tillmann, Michael, Haufe Verlag, München, 2004, S. 648-705, (zit.: *Klikar/Britz*)

Knauf, Angelika: Angleichung des Wirtschaftsrechts der EU-assoziierten Staaten am Beispiel der Tschechischen Republik, in: Osterweiterung der EU: Rechtsangleichung und strukturpolitischer Rahmen, Hrsg. Dauses, Manfred, DUV-Deutscher Universitätsverlag, Wiesbaden, 1998, S. 99-196

Knieper, Rolf: Zur Technik der Gesetzgebung in Reformstaaten, WiRO 1998, S. 361-367

Knörzer, Michael: Flexible Arbeitszeiten und alternative Beschäftigungsformen in der Personalplanung, zugl.: Frankfurt/M., Univ., Diss., 2001

Knüpfer, Werner: Privatisierung in den osteuropäischen Ländern und ihre Rechtsgrundlagen – Darstellung, kritische Analyse, Vergleich, in: Wirtschafts- und Gesellschaftsrecht Osteuropas im Zeichen des Übergangs zur Marktwirtschaft, Schriftenreihe zum osteuropäischen Recht, Bd. 1, Hrsg. Säcker, Franz-Jürgen/Seiffert, Wolfgang/Wolfrum, Rüdiger, Christian-Albrecht-Universität Kiel, München, 1992, S. 53-80

Koberski, Wolfgang: Befristete Arbeitsverträge älterer Arbeitnehmer im Einklang mit Gemeinschaftsrecht, NZA 2005, 79-84

Koch, Jens: Das nachvertragliche Wettbewerbsverbot im einseitig vorformulierten Arbeitsvertrag, RdA 2006, 28-33

Kohl, Heribert/Platzer, Hans-Wolfgang: Arbeitsbeziehungen in Mittelosteuropa, Transformation und Integration, Die acht neuen EU-Mitgliedsländer im Vergleich, Baden-Baden, 2. Aufl. 2004

Kohl, Heribert/Lecher, Wolfgang/Platzer, Hans-Wolfgang: Arbeitsbeziehungen in Ostmitteleuropa zwischen Transformation und EU-Beitritt, Politikinformation Osteuropa Nr. 85, Hrsg. Friedrich-Ebert-Stiftung, Bonn, 2000, S. 1-23, online abrufbar unter http://library.fes.de/fulltext/id/00884.htm

Kort, Michael: Der Widerruf einer Gesamtzusage bei Bindung des Widerrufsvorbehalts an das Schicksal einer Kollektivvereinbarung, NZA 2005, 509-511

Kosta, Jiří: Stand und Perspektiven der ökonomischen Transformation, in: Tschechien, der ferne Nachbar, Politik, Wirtschaft und Kultur seit 1989, Hrsg. Herda, Jürgen/ Trägler, Adolf, Regensburg, 1999, S. 130-158

Kosta, Jiří: Die Tschechoslowakei nach der „sanften Revolution", in: Demokratie und Marktwirtschaft in Osteuropa, Hrsg. Weidenfeld, Werner, Gütersloh, Verlag Bertelsmann Stiftung, 1995, S. 143-156

Kosta, Jiří: Die Transformation des Wirtschaftssystems in der Tschechoslowakei und den beiden Nachfolgestaaten, in: Pradetto, August (Hrsg.), Die Rekonstruktion Ostmitteleuropas, Opladen, Westdeutscher Verlag, 1994, S. 157-187

Kosta, Jiří: Staat und Wirtschaft der ČSFR vor der Spaltung, Osteuropa Recht 1992, S. 984-996

Kostečka, Jan: Neues Arbeitsrecht in der Tschechischen Republik, AuR 12/1994, 433-437

Kostečka, Jan: Neugestaltung des kollektiven Arbeitsrechts in der ČSFR, AuR 11/1992, 321-326

Kramer, Stefan: Vertragsstrafenabrede und Inhaltskontrolle, AuA 2005, 155-157

Kranjc, Janez: Die Übernahme ausländischer Rechtssätze in das nationale Rechtssystem als Problem der Rechtskultur, in : Europäische Integration und nationale Rechtskulturen, Referate des 13. Symposiums der Alexander von Humboldt-Stiftung vom 19. bis 23. September 1993 in Bamberg, Hrsg. Tomuschat, Christian/ Kötz, Heinz/ Von Maydell, Bernd, Heymanns Verlag, Köln, Berlin, Bonn, München, 1995, S. 33-44

Kranjc, Janez: Probleme der Übernahme ausländischer Rechtssätze in nationale Rechtssysteme, WiRO 1993, 409-413

Krenk, Karel: Zaměstnanec agentury práce - nový subject pracovně právních vztahů (Arbeitnehmer einer Arbeitsagentur - neues Subjekt arbeitsrechtlicher Verhältnisse), Práce a mzda (Arbeit und Lohn) 10-11/2004, strana 90-92, S. 90-92

Kroll, Oliver: Arbeitszeitkonten und ihre Abwicklung, zugl.: Greifswald, Univ., Diss., 2004

Kusak, Barbara/Čechtická, Alena: Große Novelle des tschechischen Arbeitsgesetzbuches, WiRO 2000, 409-412

Kuschel, Hans-Dieter: Die Europaabkommen der EG mit Polen, Ungarn und der CSFR, in: Wirtschaftsdienst, Bd. 72, 1992/II, Hrsg. HWWA-Institut für Wirtschaftsforschung Hamburg, 1992, S. 93-100

Kuss, Klaus-Jürgen: Methodische Fragen der Ost-West-Rechtsvergleichung im Zeichen des Systemwechsels in Osteuropa, ZVglRWiss 91 (1992), S. 405-422

Kutscher, Jan/Weidinger, Michael/Hoff, Andreas: Flexible Arbeitszeitgestaltung: Praxis-Handbuch zur Einführung innovativer Arbeitszeitmodelle, Wiesbaden, 1998

Kutschera, Peter: Der tschechische Arbeitsmarkt, Fachkräftepotenzial, Personalentwicklung, Arbeitsrecht, Hrsg. Deutsch-Tschechische Industrie und Handelskammer (DTIHK), Prag, 2004

Kühl, Cessy: Sozialversicherungspflicht bei der Entsendung von Arbeitnehmern nach Tschechien, WiRO 2005, 40-43

Kühl, Cessy: Tarifrecht in Tschechien, ZESAR 2006, 17-26

Kühl, Cessy: Arbeitskampfrecht in Tschechien, ZESAR 2006, 113-121

Kühl, Cessy/Čechtická, Alena: Neues tschechisches Arbeitsrecht – Auswirkungen auf die Praxis, WiRO 2007, 101-106

Küttner, Wolfdieter (Hrsg.): Personalbuch 2006, Arbeitsrecht, Lohnsteuerrecht, Sozialversicherungsrecht, München, 13. Aufl. 2006, (zit.: Küttner/*Bearbeiter*, Personalbuch 2006)

Lang, Joachim: Das tschechische Tarifvertragsgesetz, Osteuropa Recht 1995, 225-236

Langer, Rose: Primärrechtliche Regelungen der Dienstleistungsfreiheit, Niederlassungsfreiheit und Freizügigkeit der Arbeitnehmer, NZA Beilage 2/2005, 83-87.

Langhammer, Rolf J.: Die Assoziierungsabkommen mit der CSFR, Polen und Ungarn: wegweisend oder abweisend?, in: Kieler Diskussionsbeiträge 182, März 1992, Institut für Weltwirtschaft Kiel (Hrsg.), Kiel, 1992

Langner, Sören: Der GmbH-Geschäftsführer im tschechischen Recht, zugl.: Halle-Wittenberg, Univ.; Diss., 2004

Larenz, Karl/Wolf, Manfred: Allgemeiner Teil des Bürgerlichen Rechts, 9. Aufl., München 2004, (zit.: Larenz, Allgemeiner Teil des BGB)

Lazar, Ján: Die Veränderungen der Eigentumsordnung in der ehemaligen Tschechoslowakei während der Jahre 1948 bis 1989, in: Recht im Sozialismus: Analysen zur Normdurchsetzung in osteuropäischen Nachkriegsgesellschaften (1944/45-1989), Bd. 1, Enteignung, Studien zur Europäischen Rechtsgeschichte, Hrsg. Bender, Gerd/Falk, Ulrich, Vittorio Klostermann Verlag, Frankfurt am Main, 1999, S. 101-116

Lindemann, Viola: Flexible Gestaltung von Arbeitsbedingungen nach der Schuldrechtsreform, zugl.: Köln, Univ., Diss., 2003

Lindemann, Achim/Simon, Oliver: Flexible Bonusregelungen im Arbeitsvertrag, BB 2002, 1807-1814

Linnenkohl, Karl/Rauschenberg, Hans-Jürgen/Gressierer, Christine/ Schütz, Regina: Arbeitszeitflexibilisierung - Die Unternehmen und ihre Modelle, Heidelberg, 4. Aufl., 2001

Loges, Rainer/Nedelka, Martin: Anstellungs- und Arbeitsverträge mit Geschäftsführern und Vorstandsmitgliedern in der Tschechischen Republik, WiRO 1998, 133-136

Lohmann, Astrid: Insolvenzversicherung von Arbeitszeitkonten, zugl.: Münster, Univ., Diss., 2004

Löblich, Nicole: Transformation des kollektiven Arbeitsrechts in der Tschechischen Republik, zugl.: Frankfurt (Main), Uni., Diss., 2004

Löwisch, Manfred: Arbeitsrecht, 7. Aufl., Düsseldorf 2004, (zit.: Löwisch, Arbeitsrecht)

Löwisch, Manfred: "Zuvor" bedeutet nicht: "In aller Vergangenheit" - Zur Auslegung von § 14 Abs. 2 Satz 2 Teilzeit- und Befristungsgesetz, BB 2001, 254-255

Maschmann, Frank: Die Befristung einzelner Arbeitsbedingungen, RdA 2005, 212-226

Malenovský, Jiři: Der Aufbau des Rechtsstaates in der Tschechoslowakei, ROW 1993, 12-17

Martinsen, Kåhre Dahl: Václav Klaus und die politische Stabilität in der Tschechischen Republik, in : Osteuropa, Heft 11, 1994, S. 1057-1069

Memento (Hrsg.): Personalrecht für die Praxis 2004, Arbeitsrecht, Lohnsteuer und Sozialversicherung, Freiburg, 2004, (zit.: Personalrecht - *Bearbeiter*)

Mokrý, Antonín: Recht und Rechtspflege in der Tschechischen Republik, JOR, Bd. XXXVI/1, 1995, S. 59-68

Munz, Eva: Mehr Balance durch selbst gesteuerte Arbeitszeiten?, WSI-Mitteilungen 9/2006, 478-484

Müller, Bernd/Preis, Francisca: Arbeitsrecht im öffentlichen Dienst mit TVöD, 6. Aufl. München 2006

Neupert, Martin (Hrsg.): Beratungshandbuch EU Osterweiterung, Wirtschaft, Steuern, Recht, Augsburg, Mai 2006, (zit.: Beratungshandbuch - *Bearbeiter*)

Nicolai, Andrea: Anmerkung zum EuGH-Urteil v. 22.11.2005 – C 144/04 (Mangold/Helm), DB 2005, 2641-2642

Offe, Claus: Der Tunnel am Ende des Lichts, Erkundungen der politischen Transformation im Neuen Osten, Frankfurt a.M./New York, 1994

Osnabrügge, Stephan: Die sachgrundlose Befristung von Arbeitsverhältnissen nach § 14 II TzBfG, NZA 2003, 639-644

Oszwald, Günter/Hoffmann, Thilo/Schindler, Jörg: Neues Beschäftigungsgesetz und Änderungen des Arbeitsgesetzbuchs, Wirtschaftsmagazin Plus, Hrsg. Deutsch-Tschechische Industrie- und Handelskammer (DTIHK), Oktober 2004, online unter http://www.dtihk.cz/StartDE.htm, zuletzt abgerufen am 26.11.2006

Otáhal, Milan: Der raue Weg zur „samtenen Revolution". Vorgeschichte, Verlauf und Akteure der antitotalitären Wende in der Tschechoslowakei, in: Berichte des Bundesinstituts für ostwissenschaftliche und internationale Studien, Nr. 25/1992, Köln, 1992

Palandt: Bürgerliches Gesetzbuch, 65. Aufl., München, 2006 (zit.: Palandt / *Bearbeiter*)

Palivec, Jiří: Quantification analyis of the Process of Approximation of Czech and EC Law (Bewertungsanalyse des Annäherungsprozesses der Tschechischen Rechts an das Recht der Europäischen Gemeinschaft), Právník (Der Jurist), 1/2005, strana 66, S. 66

Pelzner, Maren/Scheddler, Albrecht/Widlak, Harald: Flexibilität im Arbeitsverhältnis, Das neue Teilzeit- und Befristungsrecht in der Praxis, Neuwied 2001

Pfander, Werner: „Das Zeitkontenmodell der Hewlett-Packard GmbH", Der Arbeitgeber 1996, 310-312

Píchová, Irena: Nad návrhem nového zákona o zaměstnanosti (Über den Gesetzesvorschlag zum neuen Gesetz über die Beschäftigung), Právo a zaměstnání (Recht und Beschäftigung) 12/2003, strana 4, S. 4

Preis, Ulrich (Hrsg.): Der Arbeitsvertrag, Köln, 2. Auf. 2005, (zit.: Preis - *Bearbeiter*, Der Arbeitsvertrag)

Preis, Ulrich (Hrsg.): Innovative Arbeitsformen, Flexibilisierung von Arbeitszeit, Arbeitsentgelt, Arbeitsorganisation, Verlag Dr. Otto Schmidt, Köln, 2005, (zitiert Preis - *Bearbeiter*, Innovative Arbeitsformen)

Preis, Ulrich: AGB-Recht und Arbeitsrecht, NZA Beilage 3/2006 (zu Heft 24/2006), 115-122

Preis, Ulrich: Flexibilität und Rigorismus im Befristungsrecht, NZA 2005, 714-718

Preis, Ulrich: Das erneuerte BGB und das Bundesarbeitsgericht, in: Festschrift 50 Jahre Bundesarbeitsgericht, Hrsg. Oetker, Hartmut/Preis, Ulrich/Rieble, Volker, München 2004, S. 123-152

Preis, Ulrich: Praxis-Lehrbuch zum Individualarbeitsrecht, Köln, 2. Aufl. 2003, (zit.: *Preis*, Individualarbeitsrecht)

Preis, Ulrich: Reform des Bestandschutzrechts im Arbeitsverhältnis, RdA 2003, 65-81

Preis, Ulrich/Gotthardt, Michael: Neuregelung der Teilzeitarbeit und befristeten Arbeitsverhältnisse, DB 2000, 2065-2074

Poljaková, Milena: Arbeitsrecht in der Tschechischen Republik, WiRO 2005, 193-198

Quaritsch, Helmut: Eigenarten und Rechtsfragen der DDR-Revolution, Verwaltungsarchiv, Bd. 83, 1992, 314-329

Reinecke, Gerhard: Flexibilisierung von Arbeitsentgelt und Arbeitsbedingungen nach dem Schuldrechtsmodernisierungsgesetz, NZA 2005, 953-961

Reiter, Christian: Anwendbare Rechtsnormen bei der Kündigung ins Ausland entsandter Arbeitnehmer, NZA 2004, 1246

Richardi, Reinhard: Gestaltung der Arbeitsverträge durch Allgemeine Geschäftsbedingungen nach dem Schuldrechtsmodernisierungsgesetz, NZA 2002, 1057-1064

Richardi, Reinhard/Wlotzke, Otfried (Hrsg.): Münchener Handbuch zum Arbeitsrecht, Bd. 1 Individualarbeitsrecht I, München, 2. Aufl. 2000, (zit.: MünchArbR/*Bearbeiter*)

Richardi, Reinhard (Hrsg.): Betriebsverfassungsgesetz, Kommentar, München, 10. Aufl. 2006, (zit.: Richardi/*Bearbeiter*)

Rieble, Volker: Flexible Gestaltung von Entgelt und Arbeitszeit im Arbeitsvertrag, NZA 2000, 34-44

Roggemann, Herwig: Verfassungsentwicklung und Verfassungsrecht in Osteuropa, ROW 1996, S. 177-187

Rose, Richard/Haerpfer, Christian: Das subjektive Wirtschaftsklima in Ungarn, der Tschechoslowakei und in Polen, in: Regimewechsel. Demokratisierung und politische Kultur in Ost-Mittelcuropa, Hrsg. Gerlich, Peter/Plasser, Fritz/Ulram, Peter A., Wien, Köln, Graz, 1992, S. 317-341

Rost, Friedhelm: Die „Erweiterung des Direktionsrechts" durch Tarifvertrag, in: Festschrift für Thomas Dieterich zum 65. Geburtstag, Hrsg. Hanau, Peter/Heither, Friedrich/Kühling, Jürgen, München 1999, S. 505-518

Salačová, Marketa: K výkonu funkce člena statutárního orgánu nebo jiného orgánu akciové společnosti (Zur Ausübung der Funktion des statutarischen Organmitglieds der anderer Organe der Aktiengesellschaft), Právo a podnikání (Recht und Unternehmen) 4/1996, strana 2, S. 2

Schaub, Günter/Koch, Ulrich/Linck, Rüdiger: Arbeitsrechts-Handbuch, Systematische Darstellung und Nachschlagewerk für die Praxis, 11. Aufl., München 2005, (zit.: Schaub/*Bearbeiter* - ArbR-Hdb.)

Scheifele, Bernd /Thaeter, Ralf: Unternehmenskauf, Joint Venture und Firmengründung in der Tschechischen Republik, 2. Aufl., Köln 1994

Schietinger, Mark: Insolvenzversicherung von Arbeitszeitguthaben - Wer trägt das Risiko der Arbeitszeitflexibilisierung?, WSI-Mitteilungen 6/2005, 339-345

Schietinger, Marc.: Praxis in NRW - Insolvenzsicherung von Arbeitszeitguthaben, Hrsg. Ministerium für Wirtschaft und Arbeit des Landes Nordrhein-Westfalen, Düsseldorf 2003

Schimmelpfennig, Hans-Christoph: Inhaltskontrolle eines formularmäßigen Änderungsvorbehalts, NZA 2005, 603-610

Schlachter, Monika: Arbeitsrecht und Rechtsvergleichung, RdA 1999, 118-124

Schlachter, Monika: Grenzüberschreitende Arbeitsverhältnisse, NZA 2000, 57-64

Schlemann, Berndt/ Verny, Arsène: Die Harmonisierung des Rechts der Tschechischen Republik im Rahmen des Assoziierungsprozesses, WiRO 1996, 89-92

Schmid, Karin: ČR - Einführung, in: Wirtschaftsrecht der osteuropäischen Staaten (WOS) - Slowakische/Tschechische Republik, Hrsg. Brunner, Georg/ Schmid, Karin/Westen, Klaus, 42. Lieferung, Januar 1997, S. 1-12

Schnitzer, Adolf F.: Vergleichende Rechtslehre, Band 1, 2.Aufl., Verlag für Recht und Gesellschaft, Basel, 1961

Schüren, Peter: Kommentar zum Arbeitnehmerüberlassungsgesetz, 2. Aufl. 2003 (zit. Schüren/*Bearbeiter*)

Schulten, Thorsten/Bispinck, Reinhard (Hrsg.): Tarifpolitik unter dem EURO, Perspektiven einer europäischen Koordinierung: das Beispiel Metallindustrie, VSA-Verlag, Hamburg, 1999

Schüttpelz, Arne: Die Arbeitsmärkte in den EU-Beitrittsländern, WSI-Mitteilungen 1/2003, 33-39

Schwarz, Andrea/Wenzel, Heinz-Dieter: Ein Vergleich der Privatisierung in Polen, Ungarn und der Tschechischen Republik, in: Bamberg Economic Research Group on Government and Growth Universität Bamberg (Hrsg.), Working Paper Nr. 9, August 1995, Bamberg, S. 57-130

Schwiesau, Hermann: Zur Auflösung des tschechoslowakischen Staates, in: Zeitschrift für europäische Politik und Dialog, Heft 3, 1993, S. 42-45

Schwintowski, Hans-Peter: Einführung in die Rechtsvergleichung, JA 1991, 241-251

Seibold, Robert: Die Osterweiterung der Europäischen Union und das Arbeitsrecht der Tschechischen Republik, zugl.: Münster (Westfalen), Univ., Diss., 2000

Šimečková, Eva: Arbeits- und sozialrechtliche Fragen, in: Unternehmer in Tschechien, Ausgewählte Rechtsfragen, CLC - Center of Legal Competence (Hrsg.), CLC-Schriftenreihe Band 18, Wien 2005, S. 119-133

Slapnicka, Helmut: Die Verfassungsordnung der Tschechischen Republik, Osteuropa Recht 1994, S. 28-63

Slapnicka, Helmut: Das tschechoslowakische Verfassungsprovisorium, Osteuropa Recht 1991, 257-285

Součková, Marie a kolektiv: Zákoník práce – komentář (Das Arbeitsgesetzbuch - Kommentar), 3. Aufl., Prag 2001 (zit.: Součková/*Bearbeiter*, tsch. ArbGB-Kommentar)

Söllner, Alfred/Waltermann, Raimund: Grundriß des Arbeitsrechts, 14. Aufl., München 2007

Sparfeld, Silvia: Nachvertragliches Wettbewerbsverbot im tschechischen Recht, WiRO 1996, 248-249

Spiller, Ralf/Weidemann, Joachim (Hrsg.): Investmentguide EU-Osterweiterung; Fördermittel, Steuer- und Arbeitsrecht, Immobilienerwerb, Düsseldorf 2004 (zit.: Spiller/*Bearbeiter*)

Spirolke, Matthias/Regh, Thomas: Die Änderungskündigung, Verlag Recht und Wirtschaft, Heidelberg, 2004 (zit. Spirolke/Regh - *Bearbeiter*)

Springer, Paul: Justizreform in Tschechien – eine unendlich erfolglose Aufgabe?, WiRO 2006, 81-84

Srp, Dušan/Klustová, Petra: Arbeits- und sozialrechtliche Rahmenbedingungen in Tschechien, in: Arbeits- und Sozialrecht in Mittel- und Osteuropa, Hainz, Bernhard/Tinhofer, Andreas (Hrsg.), Wien 2004, S. 177-195

Stahlhacke, Eugen/Preis, Ulrich/Vossen, Reinhard: Kündigung und Kündigungsschutz im Arbeitsverhältnis, 9. Aufl., München 2005 (zit.: Stahlhacke/*Bearbeiter*)

Štangová, Věra: K připravované novele zákoníku práce (Zur kommenden Novelle des Arbeitsgesetzbuches), Právo a zaměstnání (Recht und Beschäftigung) 3-4/2000, strana 3-6, S. 3-6

Štangová, Věra: K právní úpravě změny pracovního poměru (Zur Regelung der Änderung des Arbeitsverhältnisses), Právo a zaměstnání (Recht und Beschäftigung) 5/1996, strana 12-16. S. 12-16

Steiner, Marek: K Významnému judikátu ustavního soudu (Zu dem bedeutenden Spruch des Verfassungsgerichts), Práce a mzda (Arbeit und Lohn) 4/1997, strana 25-27, S. 25-27

Štefko, Martin: Entsendung der Arbeitnehmer zur Dienstleistungserbringung, in: Europäisches Arbeits- und Sozialrecht, Hrsg. Tröster, Petr/Coester, Michael, Bd. 28, Prag 2006, S. 27-34, zit.: (*Štefko*, in: Tröster/Coester)

Strick, Kerstin: Freiwilligkeitsvorbehalt und Widerrufsvorbehalt - Der Wille als Bedingung, NZA 2005, 723-726

Strybny, Derk: BB-Kommentar zum EuGH-Urteil v. 22.11.2005 – C 144/04 (Mangold/Helm), BB 2005, 2753-2755

Stoffels, Markus: Der Vertragsbruch des Arbeitnehmers, zugl.: Köln, Univ., Diss., 1993

Stoffels, Markus: Gestaltungsmöglichkeiten durch Änderungskündigungen, ZfA 2002, 401-426

Stoffels, Markus: Altverträge nach der Schuldrechtsreform - Überlegungen zum Vertrauensschutz im Arbeitsvertragsrecht, NZA 2005, 726-730

Stück, Volker: Richtig änderungskündigen, AuA 2005, 212

Svobodová, Eva: Teilzeitarbeit und das befristete Arbeitsverhältnis nach dem tschechischen Arbeitsrecht, in: Europäisches Arbeits- und Sozialrecht, Hrsg. Tröster, Petr/Coester, Michael, Bd. 28, Prag 2006, S. 118-122, zit.: (, in: *Svobodová*, in: Tröster/Coester)

Svobodová, Eva: Několik poznámek ke kratší pracovní době (Ein paar Anmerkungen zur Teilzeitarbeit), Právo a zaměstnání (Recht und Beschäftigung) 6/2004, strana 2-8, S. 2-8

Šubrt, Bořivoj: K návrhu nového zákoníku práce (Zu dem Entwurf des neuen Arbeitsgesetzbuch), Práce a mzda (Arbeit und Lohn) 11/2005, strana 2-7, S. 2-7

Šubrt, Bořivoj: Pracovněprávní problémy dodávek prací a agenturního zaměstnávání (Die arbeitsrechtlichen Probleme der Lieferungen von Arbeiten und der Beschäftigung in den Agenturen), Práce a mzda (Arbeit und Lohn) 13/2004, strana 22, S. 22.

Szurgacz, Herbert: Das polnische Arbeitsrecht in der Phase der Anpassung an das europäische Arbeitsrecht, in: Europäische Integration und nationale Rechtskulturen, Referate des 13. Symposiums der Alexander von Humboldt-Stiftung vom 19. bis 23. September 1993 in Bamberg, Hrsg. Tomuschat, Christian/ Kötz, Heinz/ Von Maydell, Bernd, Heymanns Verlag, Köln, Berlin, Bonn, München, 1995, S. 395-404

Thaeter, Ralf: Zur Novellierung des tschechischen Arbeitsgesetzbuches von 1965, WiRO 1994, 401-402

Thüsing, Gregor/Mengel, Anja: Flexibilisierung von Arbeitsbedingungen und Entgelt, München, 2005 (zit.: *Thüsing/Mengel*, Arbeitsbedingungen)

Thüsing, Gregor/Leder, Tobias: Gestaltungsspielräume bei der Verwendung vorformulierter Arbeitsvertragsbedigungen – Allgemeine Grundsätze, BB 2005, 938-945

Thüsing, Gregor: Equal pay bei Leiharbeit, DB 2003, 446-451

Thüsing, Gregor: Rechtsfragen grenzüberschreitender Arbeitsverhältnisse, NZA 2003, 1303

Tomášek, Marcel: Privatisierung, Post-Privatisierung und der Rechtsstaat – Das Beispiel der Tschechischen Republik, in: Recht in der Transformation. Rechts- und Verfassungswandel in Mittel- und Osteuropa: Beiträge zur Debatte, Hrsg. Christian Boulanger, Berliner Debatte Wissenschaftsverlag, Berlin, 2002, S.62-77

Trägler, Adolf: Die Osterweiterung aus Sicht der Europäischen Union, in: Tschechien, der ferne Nachbar, Politik, Wirtschaft und Kultur seit 1989, Hrsg. Herda, Jürgen/ Trägler, Adolf, Regensburg, 1999, S. 91-100

Tröster, Petr: Individuelles Arbeitsrecht in der Tschechischen Republik, in: Individuelles Arbeitsrecht in Osteuropa, VIII. Münchener Ost-West-Rechtstagung am Institut für Ostrecht in München, Hrsg. Richardi, Reinhard, Band 39, Studien des Instituts für Ostrecht München, Berlin, 2000, S. 49-70, zit.: (*Tröster*, IOR, Bd. 39)

Tröster, Petr: Wirtschaftliche, soziale und rechtliche Aspekte des Eintritts der Tschechischen Republik in die Europäische Union, JOR, Bd. XL/1, 1999, S. 27-35

Tröster, Petr: Sbližování českého pracovního práva s právem Evropské unie (Annäherung des tschechischen Arbeitsrechts an das Recht der Europäischen Union), Právo a zaměstnání (Recht und Beschäftigung), 11/1997, strana 8-13, S. 8-13

Tschöpe, Ulrich (Hrsg.): Anwalts-Handbuch, Arbeitsrecht, Köln, 2. Aufl. 2000, (zit.: Tschöpe - *Bearbeiter*)

Ueltzhöffer, Andreas: Praktische Probleme des tschechischen Arbeitsrechts, in: Individuelles Arbeitsrecht in Osteuropa, VIII. Münchener Ost-West-Rechtstagung am Institut für Ostrecht in München, Hrsg. Richardi, Reinhard, Band 39, Studien des Instituts für Ostrecht München, Berlin, 2000, S. 71-76, zit.: (*Ueltzhöffer*, IOR, Bd. 39)

Verny, Arséne: Die Vorbereitung der MOEL auf den Beitritt: Implementierung der Europa-Abkommen und Umsetzung des Weissbuchs - Materiellrechtliche und institutionelle Probleme der Rechtsangleichung, in: Isak, Hubert (Hrsg.), Der Erweiterungsprozess aus der Sicht der Europäischen Kommission, Österreichs und der Länder Mittel- und Osteuropas, Graz, 1999, S. 217-230

Verny, Arséne: Rechtsangleichung und EU-Integration. Die Reformen in den assoziierten Ländern Mittel- und Osteuropas, in : Im Osten was Neues: Aspekte der EU-Osterweiterung, Hrsg. Wagener, Hans-Jürgen/ Fritz, Heiko, Verlag J.H.W. Dietz, Bonn, 1998, S. 265-282, (zit.: Verny, Rechtsangleichung und EU-Integration)

Vysokajová, Margerita: K návrhu nového zákoníku práce (Zu dem Entwurf des neuen Arbeitsgesetzbuches), Právní fórum (Rechtsforum), 8/2005, strana 314-320, S. 314-320

Wank, Rolf: Die Entwicklung der Dienstleistungs- und Niederlassungsfreiheit in der EU, NZA Beilage 2/2005, 88-97

Wank, Rolf: Die Änderung der Arbeitsbedingungen – Systematik der Änderungsmöglichkeiten, mit Vergleich zum japanischen Recht, RdA 2005, 271-284

Weber, Andreas: Tschechisches Arbeitsrecht, Verlag BABText, Prag, 1993, (zit.: Arbeitsgesetzbuch)

Weber, Ulrich/Ehrich, Christian: Direktionsrecht und Änderungskündigung bei Veränderungen im Arbeitsverhältnis, BB 1996, 2246-2254

Weber, Max: Wirtschaft und Gesellschaft. Grundriss der verstehenden Soziologie, Mohr-Verlag, Tübingen, 5.Aufl. 1980 (orig. 1921).

Wehrhahn, Birgit/Holzbach, Wiebke/Heinen, Ewald: Flexible Arbeitszeitgestaltung, Gifhorn, 2001, (zit.: *Wehrhahn/Holzbach/Heinen*)

Weiss, Stephanie: Zwischen Euphorie und Euroskeptizismus. Die Erweiterung aus der Sicht der Beitrittskandidaten. In: LpB - Landeszentrale für politische Bildung Baden-Württemberg (Hrsg.): Der Bürger im Staat. Die Osterweiterung der EU, Heft 1/2004, online verfügbar unter www.lpb.bwue.de/aktuell/bis/1_04/sicht.htm, zuletzt abgerufen am 13.09.2005

Weiss, Manfred: Arbeitsrechtliche Regelungsprobleme im Mittel- und Osteuropa, ROW 1994, 209-214

Welfens, Paul J.J.: Die Europäische Union und die mittelosteuropäischen Länder. Entwicklungen, Probleme, politische Optionen, Berichte des Bundesinstituts für ostwissenschaftliche Studien, Nr. 7/1995, Köln, 1995

Westen, Klaus: Das Recht auf Arbeit in den Prämissen sozialistischer Verfassungen, in: Das Recht des Menschen auf Arbeit, Tübinger Universitätsschriften, Forschungsprojekt Menschenrechte, Hrsg. Ryffel, Hans/ Schwartländer, Johannes, N.P. Engel Verlag, Kehl am Rhein, Straßburg, Band 4, 1983, S. 135-151

Westen, Klaus: Die sozialistischen Rechtsordnungen, in: Einführung in die großen Rechtssysteme der Gegenwart, Hrsg. Grasmann, Günther/ David, René, C.H. Beck Verlag, München, 1988, S. 222-429

Westen, Klaus: Die Rolle der Rechtsvergleichung im ost- und mitteleuropäischen Reformprozeß, ROW 1991, 1-5

Wiese, Günther/Kreutz, Peter/Oetker, Hartmut/Raab, Thomas/Weber, Christoph/Franzen, Martin (Hrsg.): Gemeinschaftskommentar zum Betriebsverfassungsgesetz, Band 2: §§ 74-132 BetrVG, 8. Aufl., München, 2005 (zit.: GK/*Bearbeiter*, BetrVG)

Wiesnerová, Štěpánka: Verträge leitender Arbeitnehmer nach tschechischem Arbeitsrecht, RIW 1/2000, 37-40

Willemsen, Heiz, Josef/Grau, Timon: Alternative Instrumente zur Entgeltflexibilisierung im Standardarbeitsvertrag, NZA 2005, 1137-1142

Willemsen, Heiz, Josef/Grau, Timon: Geltungserhaltende Reduktion und „Besonderheiten des Arbeitsrechts" – Zu den Rechtsfolgen unzulässiger Klauseln in Formulararbeitsverträgen, RdA 2003, 321-328

Winkelmann, Fritjof: Die Schadensersatzhaftung des Geschäftsführers einer tschechischen GmbH, WiRO 2002, 65-71

Wisskirchen, Gerlind: Erleichterte Zulassung befristeter Arbeitsverträge nach dem Beschäftigungsförderungsgesetz 1996, DB 1998, 722-728

Witt, Alexander: Keine AGB-Kontrolle tariflicher Regelungen?, NZA 2004, 135-138

Worzalla, Michael: Die Wirksamkeit einzelner Arbeitsvertragsklauseln nach der Schuldrechtsreform, NZA Beilage 3/2006 (zu Heft 24/2006), 122-133

Wyrzykowski, Miroslaw: Die Wege zur Rechtstaatlichkeit in mittel- und osteuropäischen Staaten, in: Europäische Integration und nationale Rechtskulturen, Referate des 13. Symposiums der Alexander von Humboldt-Stiftung vom 19. bis 23. September 1993 in Bamberg, Hrsg. Tomuschat, Christian/ Kötz, Heinz/ Von Maydell, Bernd, Heymanns Verlag, Köln, Berlin, Bonn, München, 1995, S. 137-157

Zitek, Daniel: Übertragbarkeit ausländischer Rechtsprechung auf das Recht der Tschechischen Republik, WiRO 1994, 312-313

Zoufalý, Vladimir/Munková, Jindřiška: Velká kniha smluvních vzorů – Pacta sunt servanda (Großes Vertragshandbuch), 3. vydání (Auflage), Prag, 2001

Zweigert, Konrad/Kötz, Hein: Einführung in die Rechtsvergleichung: auf dem Gebiete des Privatrechts, 3. Aufl., Tübingen 1996

Dokumentenverzeichnis

Arbeitsgesetzbuch der Tschechischen Republik: Gesetz Nr. 262/2006 Slg. vom 21.4.2006, am 23.5.2006 im Parlament beschlossen, im Gesetzesblatt (Slg.) am 7.6.2006 verkündet, tritt am 1.1.2007 in Kraft; deutsche Übersetzung von Lenka Veberová, (zit.: ArbGB n.F.)

Arbeits- und Sozialministerium der Tschechischen Republik/Škromach, Zdeněk (Hrsg.): Gründebericht des Regierungsentwurfs Nr. 1153 aus 2005 zur Vorlage des neuen Arbeitsgesetzbuches, September 2005, S. 1-152; deutsche Übersetzung von Lenka Veberová

Arbeits- und Sozialministerium der Tschechischen Republik/Škromach, Zdeněk (Hrsg.): Regierungsentwurf Nr. 1153 aus 2005 zur Vorlage des neuen Arbeitsgesetzbuches, September 2005, S. 1-244; deutsche Übersetzung von Lenka Veberová

Babůrková, Dietlinde: Tschechisches Arbeitsgesetzbuch, Hrsg. Babůrek, 3. Aufl., Prag, 2004

Babůrková, Dietlinde: Tschechisches Arbeitsgesetzbuch, Hrsg. Babůrek, 4. Aufl., Prag, 2006 (Übersetzung des ArbGB n.F.)

Babůrková, Dietlinde: Tschechisches Bürgerliches Gesetzbuch, Hrsg. Babůrek, Prag, 2006

Begleitgesetz zum Beschäftigungsgesetz der Tschechischen Republik: Zákon kterým se mění některé zákony v souvislosti s přijetím zákona o zaměstnanosti, Gesetz Nr. 436/2004 Slg. vom 24.5.2004, trat am 1.10.2004 in Kraft, im Gesetzesblatt am 23.7.2004 verkündet; deutsche Übersetzung von Sona Rau (ehemals Rydlová)

Beschäftigungsgesetz der Tschechischen Republik: Zákon o zaměstnanosti (Gesetz über die Beschäftigung), Gesetz Nr. 435/2004 Slg. vom 13.5.2004, trat am 1.10.2004 in Kraft, im Gesetzesblatt am 23.7.2004 verkündet; deutsche Übersetzung von Sona Rau (ehemals Rydlová)

BMA (Bundesministerium für Arbeit und Sozialordnung): Bericht des Bundesministeriums für Arbeit und Sozialordnung nach § 7 d SGB IV über die Vereinbarungen zur Absicherung von Wertguthaben und zu Vorschlägen zur Weiterentwicklung des Insolvenzschutzes, Berlin 2001, BT-Drucks. 14/7944 v. 18.12.2001

Braun, Arthur: Arbeitsrechtliche Rahmenbedingungen - Tschechische Republik, Skript v. 25.07.2005

Breidenbach, Stephan (Hrsg.): Handbuch Wirtschaft und Recht in Osteuropa, Band 1, CS 600 (Losebl. Stand Mai 2006), Arbeitsgesetzbuch, übersetzt von Eck, Joachim/Eck, Lothar

Doležal, Ondřej: Zeitarbeit, Rödl & Partner Mandantenbrief, August 2004, http://www.roedl.cz/www/download/n-letter/mb0408d.pdf, zuletzt abgerufen am 31.10.2006

EIRO (European Industrial Relations Observatory, Hrsg.): Working time developments - 2004, online abgerufen unter www.eiro.eurofound.eu.int/2005/03/update/tn0503104u.html, zuletzt abgerufen am 14.06.2005

European Commission, Hrsg.: Employment in Europe 2003 - Recent Trends and Prospects, Brüssel, 2003

Hanslik, Erwin: Tschechisches Arbeitsrecht, Hrsg. IHK Dresden, November 2004

Havligerová, Jana: Onlineartikel v. 29.05.2007 mit dem Titel: Zákoník práce se změní, odbory mírně couvly, abrufbar unter http://ihned.cz/mail/0/21254890, zuletzt abgerufen am 18.06.2007

Hůrka, Petr: Vortrag über „The view of Eastern Europe“ bei dem 3. ZAAR-Kongreß - Reformdruck auf das Arbeitsrecht in Europa - Wie reagieren nationale Rechtsordnungen? / External pressures to reform Labour Law in Europe - How do and will national jurisdictions react?, am 5.5.2006, München

Jakubka, Jaroslav: Nový zákoník práce, včetně důvodové zprávy (Neues Arbeitsgesetzbuch, inklusive Gründebericht), Hrsg. ANAG, Olomouc 2006

Janzer, Till: Onlineartikel des Radio Prags v. 09.01.2007, Rubrik: Tagesecho, Titel des Beitrags: Neue Regierung ernannt – ein Kabinett mit Gegensätzen, www.radio.cz/de/artikel/87047, zuletzt abgerufen am 14.06.2007

Janzer, Till: Onlineartikel des Radio Prags v. 4.10.2006, Rubrik: Tagesecho, Titel des Beitrags: Regierung bei Vertrauensabstimmung gescheitet – Präsident Klaus fordert Denkpause, www.radio.cz/de/artikel/83821, zuletzt abgerufen am 9.10.2006

Janzer, Till: Onlineartikel des Radio Prags v. 8.11.2006, Rubrik: Tagesecho, Titel des Beitrags: Regierungsbildung Nummer zwei bedeutet mehr Druck auf Topolanek, www.radio.cz/de/artikel/85063, zuletzt abgerufen am 14.11.2006

Janzer, Till: Onlineartikel des Radio Prags v. 14.11.2005, Rubrik: Tagesecho, Titel des Beitrags: Durchbruch in den Regierungsgesprächen – erstmals einigten sich Paroubek und Topolanek, www.radio.cz/de/artikel/85268, zuletzt abgerufen am 15.11.2006

Kirschner, Thomas: Onlineartikel des Radio Prags v. 24.4.2006, Rubrik: Tagesecho, Titel des Beitrags: Rot-rotes Bündnis drückt neues Arbeitsrecht durch, www.radio.cz/de/artikel/78226, zuletzt abgerufen am 27.4.2006

Kirschner, Thomas: Onlineartikel des Radio Prags v. 15.6.2006, Rubrik: Tagesecho, Titel des Beitrags: Wahl 2006: Regierung kommt, Lösung nicht in Sicht, www.radio.cz/de/artikel/80123, zuletzt abgerufen am 3.8.2006

Kirschner, Thomas: Onlineartikel des Radio Prags v. 2.10.2006, Rubrik: Tagesecho, Titel des Beitrags: Vaclav Havel: Neuwahlen sind der einzige Weg, www.radio.cz/de/artikel/83756, zuletzt abgerufen am 04.10.2006

Kirschner, Thomas: Onlineartikel des Radio Prags v. 13.11.2006, Rubrik: Tagesecho, Titel des Beitrags: Weniger, aber länger: Krankenstand in Tschechien, www.radio.cz/de/artikel/85230, zuletzt abgerufen am 14.11.2006

Klikar, Alena: Beitritt der Tschechischen Republik zur Europäischen Union und das Recht der EU, Rödl & Partner Mandantenbrief, August 2004, http://www.roedl.cz/www/download/n-letter/mb0408d.pdf, zuletzt abgerufen am 31.10.2006

Klikar, Alena: Neues Arbeitsgesetzbuch und Änderungen bei leitenden Angestellten, Rödl & Partner Mandantenbrief, November 2006, http://www.roedl.cz/www/download/n-letter/mb0611d.pdf, zuletzt abgerufen am 6.11.2006

Kubátová, Zuzana: Šance na odklad zákoníku práce slábnou (Verzugschancen des neuen Arbeitsgesetzbuches), im Handelsanzeiger v. 24.10.2006, www.ihned.cz/mail/0/19594760/10052830, zuletzt abgerufen am 6.11.2006

Lettlová, Eva: Výklad § 14 odst. 2 zákona č. 435/2004 Sb., o zaměstnanosti (Auslegung des § 14 Abs. 2 des Gesetzes Nr. 435/2004 Slg., Beschäftigungsgesetz), Hrsg. Arbeits- und Sozialministerium der Tschechischen Republik, veröffentlicht am 4.4. 2005

Procházková, Bára: Onlineartikel des Radio Prags v. 20.7.2006, Rubrik: Tagesecho, Titel des Beitrags: Magische 101 Stimmen im Abgeordnetenhaus, www.radio.cz/de/artikel/81308, zuletzt abgerufen am 31.7.2006

Schneibergová, Martina: Onlineartikel des Radio Prags v. 22.01.2007, Rubrik: Tagesecho, Titel des Beitrags: Sieben Monate nach den Wahlen: Endlich ein Kabinett, http://www.radio.cz/de/artikel/87509, zuletzt abgerufen am 14.06.2007

Shahcen, Michael/Dyntar, Radek: Práce v jiných zemích EU se zkomplikuje (Die Arbeit in anderen Ländern der EU wird komplizierter), Hospodářské noviny (Wirtschaftszeitung) v. 24.9.2004, S. 23

Štefek, Jiři: Zeitungsartikel über die Verabschiedung des neuen ArbGB in der Tschechischen Republik, Titel des Beitrags: Das Arbeitsgesetzbuch: die Kommunisten haben geholfen, Mladá fronta dnes (Junge Frontzeitung), 2006

Švéda, Martin: Rödl & Partner Mandantenbrief, 06/2006, Titel des Beitrags: Das neue Arbeitsgesetzbuch, www.roedl.cz/www/download/N-Letter/MB0606D.pdf, zuletzt abgerufen am 3.8.2006

Zöller, Renate: Onlineartikel des Radio Prags v. 24.5.2006, Rubrik: Tagesecho, Titel des Beitrags: Präsidentenveto wird von den linken Parteien überstimmt, www.radio.cz/de/artikel/79247, zuletzt abgerufen am 3.8.2006

Studien zum Arbeitsrecht und zur Arbeitsrechtsvergleichung

Herausgegeben von Manfred Weiss und Spiros Simitis

Band 1 Sebastian Fritzsche: Die Vereinbarkeit des Arbeitnehmer-Entsendegesetzes sowie der erfassten Tarifverträge mit höherrangigem Recht. 2001.

Band 2 Arnd Hermann: Outplacement. Eine Untersuchung der individualvertraglichen Gestaltung und kollektivarbeitsrechtlichen Aspekte eines neuen Instruments des Personalabbaus. 2001.

Band 3 Christoph Schmid: Das Personalrecht der Europäischen Zentralbank. Grundlagen und Grenzen der rechtlichen Bindungen der Europäischen Zentralbank unter besonderer Berücksichtigung der Bereiche Arbeitnehmervertretung, Kündigungsschutz und Datenschutz. 2002.

Band 4 Charis Chaldoupis: Auswirkungen neuer Technologien auf die Tarifautonomie. Funktionsfähigkeit und Legitimität qualitativer Tarifpolitik anhand der Rationalisierungsentwicklungen im industriellen Produktionsbereich. 2003.

Band 5 Robert Kretzschmar: Die Rolle der Koalitionsfreiheit für Beschäftigungsverhältnisse jenseits des Arbeitnehmerbegriffs. Zur Abgrenzung abhängiger von selbständiger Beschäftigung und zur Eröffnung kollektiver Handlungsformen für selbständig Beschäftigte durch Art. 9 Abs. 3 GG. 2003.

Band 6 Thilo Mahnhold: Compliance und Arbeitsrecht. Insiderrechtliche Verhaltenskonzepte im nationalen und multinationalen Unternehmen. 2004.

Band 7 Nicole Löblich: Transformation des kollektiven Arbeitsrechts in der Tschechischen Republik. 2004.

Band 8 Lena Huth: Voraussetzungen und Grenzen nachträglicher Sozialplanänderungen. 2004.

Band 9 Nisha Biswas: Vertrauensarbeitszeit und Arbeitszeitfreiheit im arbeitszeitrechtlichen und betriebsverfassungsrechtlichen Kontext. 2004.

Band 10 Dirk Schäfer: Der europäische Rahmen für Arbeitnehmermitwirkung. 2005.

Band 11 Jochen A. Keilich: Die Auswirkungen der Grundrechte / Menschenrechte für das Arbeitsrecht in Deutschland und England. 2004.

Band 12 Boris Kaehler: Rechtsprobleme betrieblicher Personalauswahl. Die Zulässigkeit eignungsdiagnostischer Maßnahmen im arbeitsvertraglichen Anbahnungsverhältnis. 2005.

Band 13 Natascha Ahmad: Rechtsschutz für und durch Gewerkschaften bei tarifwidrigem Arbeitgeberverhalten in Deutschland und Frankreich. 2005.

Band 14 Volker Güntzel: Die Richtlinie über die Arbeitnehmerbeteiligung in der Europäischen Aktiengesellschaft (SE) und ihre Umsetzung in das deutsche Recht. 2006.

Band 15 Peter Gumnior: Die Rechtmäßigkeit des Sympathiestreiks. 2007.

Band 16 Elena Benz: Auf dem Weg zum lebenslangen Lernen? Die Berufsbildungspolitik der Europäischen Union und die tatsächliche und rechtliche Situation der beruflichen Weiterbildung in der Bundesrepublik Deutschland. 2007.

Band 17 Cessy Kühl: Flexibilisierung von Arbeitsbedingungen. Vergleich ausgewählter arbeitsrechtlicher Gestaltungsmittel zwischen dem deutschen und dem tschechischen Individualarbeitsrecht. 2007.

www.peterlang.de